Les cartulaires

MÉMOIRES ET DOCUMENTS
DE L'ÉCOLE DES CHARTES

39

LES CARTULAIRES

Actes de la Table ronde
organisée par l'Ecole nationale des chartes
et le G.D.R. 121 du C.N.R.S.
(Paris, 5-7 décembre 1991)

réunis par Olivier Guyotjeannin,
Laurent Morelle et Michel Parisse

*Ouvrage publié avec le concours
du Centre National de la Recherche Scientifique*

PARIS

ÉCOLE DES CHARTES

1993

Liste des auteurs de communication

Dominique BARTHÉLEMY, Professeur à l'université Paris-XII Créteil.

Robert-Henri BAUTIER, Membre de l'Institut, Professeur émérite de l'Ecole des chartes, Paris.

Pascale BOURGAIN, Professeur à l'Ecole des chartes, Paris.

Caroline BOURLET, Ingénieur de recherche, I.R.H.T., Paris.

Monique BOURIN, Professeur à l'université Paris I-Panthéon-Sorbonne.

Jean-Luc CHASSEL, Assistant chargé de cours à l'université Paris X, Nanterre.

Helène DÉBAX, Agrégé d'histoire, université Toulouse II-Le Mirail.

Bernard DELMAIRE, Professeur à l'université Charles-de-Gaulle de Lille.

Annie DUFOUR, Ingénieur de recherche, I.R.H.T., Paris.

Laurent FELLER, Maître de conférences à l'université Paris I-Panthéon-Sorbonne.

Lucie FOSSIER, Ingénieur de recherche, I.R.H.T., Paris.

Jean-Philippe GENET, Maître de conférences à l'université Paris I-Panthéon-Sorbonne.

Dr. Rolf GROSSE, Institut historique allemand de Paris.

Hubert GUILLOTEL, Maître de conférences à l'université Paris II.

Olivier GUYOTJEANNIN, Professeur à l'Ecole des chartes, Paris.

Dominique IOGNA-PRAT, Chercheur au C.N.R.S., Nancy.

Patrick GEARY, Directeur du Center for Medieval and Renaissance Studies, University of California, Los Angeles.

Marie-Clotilde HUBERT, Secrétaire générale de l'Ecole des chartes, Paris.

Elisabeth LALOU, Ingénieur de recherche, I.R.H.T., Orléans.

Daniel LE BLEVEC, Maître de conférences, université Paul-Valéry, Montpellier-III.

Anne-Marie LEGRAS, Ingénieur de recherche, I.R.H.T., Orléans.

Jean-Loup LEMAÎTRE, Professeur à l'Ecole Pratique des Hautes Etudes, Paris.

Prof. Dr. Dietrich LOHRMANN, Technische Hochschule, Aix-la-Chapelle.

Laurent MORELLE, Maître de conférences à l'université d'Artois, Arras.

Joseph MORSEL, Mission historique française en Allemagne, Göttingen.

Michel PARISSE, Professeur à l'université Paris I-Panthéon-Sorbonne.

Patricia STIRNEMANN, Chercheur au C.N.R.S., Paris.

Benoît-Michel TOCK, Maître de conférences à l'université Strasbourg-III.

François-Olivier TOUATI, Maître de conférences à l'université Paris-XII, Créteil.

Alain VENTURINI, Conservateur aux Archives nationales (Espeyran).

Jacques VERGER, Maître de conférences à l'Ecole normale supérieure, Paris.

Isabelle VERITÉ, Ingénieur de recherche I.R.H.T., Orléans.

Françoise VIELLIARD, Professeur à l'Ecole des chartes, Paris.

Charles VULLIEZ, Maître de conférences à l'université Paris-X, Nanterre.

Monique ZERNER, Maître de conférences à l'université de Nice.

ISBN 2 900791-07-3
ISSN 1158-6060

AVANT-PROPOS

Des sources écrites de l'histoire médiévale, il en est peu qui aient été autant citées, compulsées, exploitées, voire labourées, que le cartulaire. Objet précoce des enthousiasmes de l'érudition d'Ancien régime, le cartulaire est devenu sans rupture une pièce maîtresse du projet archivistique révolutionnaire, son statut d'instrument du savoir lui assignant du reste les bibliothèques comme dépôt naturel. Dans sa boulimie d'informations, l'historiographie de l'âge romantique en a fait un objet privilégié de recensement et d'édition et l'époque positiviste s'est approprié le programme avec des méthodes simplement perfectionnées. Rassemblement massif et commode de données, le cartulaire a su conserver une faveur déjà ancienne quand le besoin s'est fait sentir d'introduire le chiffre dans l'histoire, sur une voie ouverte, au vrai, dès les fameux *Prolégomènes* de Benjamin Guérard. Le cartulaire est ainsi devenu, en près de trois siècles, emblématique des sources documentaires médiévales ; et c'est encore à ce titre qu'entre les «cahiers de doléance» et les «chartes», près du «cinéma» et guère loin du «document», il a eu droit aux honneurs du récent *Dictionnaire des sciences historiques*[1].

Le flou terminologique, inauguré au Moyen Age, n'a certes pas été sans conséquences fâcheuses. La diplomatique contemporaine a permis de dégager une définition stricte du cartulaire, transcription organisée, sélective ou exhaustive, de documents diplomatiques, réalisée par le détenteur de ceux-ci ou pour son compte[2]. Si le type est mieux circonscrit, il reste encore, on le sait, beaucoup à faire pour compléter le recensement et la bibliographie. Avec le «Stein», vieilli mais toujours utile et aujourd'hui remis en chantier[3],

1. *Dictionnaire des sciences historiques*, sous la dir. d'André Burguière, Paris, 1986, p. 110-111, par Jean-Marie Martin.

2. Cf. *Diplomatica et sigillographica : travaux préliminaires de la Commission internationale de Diplomatique et de la Commission internationale de Sigillographie pour une normalisation internationale des éditions de documents et un vocabulaire international de la diplomatique et de la sigillographie*, Saragosse, 1984 (*Folia Caesaraugustana*, 1)   [nouv. éd. sous presse].

3. Henri Stein, *Bibliographie générale des cartulaires français ou relatifs à l'histoire de France*, Paris, 1907, XV-627 p. (*Manuels de bibliographie historique*, 4). Sur les entreprises successives menées en France, jusqu'à la campagne actuelle de l'Institut de recherche et d'histoire des textes, voir ci-dessous, p. 179-213.

la France se situe dans une honnête moyenne européenne, puisque l'Allemagne, pays d'*Urkundenbücher* plus que de cartulaires, l'Espagne et l'Italie, terres de notariat, n'ont aucun guide, que la Belgique n'en a que de sommaires[4], quand la Grande-Bretagne dispose, avec le «Davis», d'un modèle du genre[5]. Au chapitre des règles d'édition et d'analyse, il reste encore à faire, mais surtout à mieux diffuser des conseils et des exemples qui forment un corps de doctrine et de modèles déjà bien constitué[6].

Il est pourtant deux autres voies où la recherche ne s'est encore engagée que trop ponctuellement, et qui nous ont semblé mériter un moment de réflexion. La première direction tient en un déplacement du regard porté sur le cartulaire lui-même, le faisant passer du statut de réservoir de données à celui d'objet central d'étude. Par son apparition dans une région ou chez un type de commanditaire, par le moment fort qu'il représente dans la gestion d'un chartrier, et donc d'une mémoire, par les techniques qui sont mises en oeuvre et par les choix, jamais gratuits, qui sont faits pendant et après la compilation, le cartulaire cristallise en effet un ensemble de pratiques et de regards sur le passé et le présent. De *munimentum*, il devient ainsi *monumentum*, pour emprunter les mots des rédacteurs d'actes médiévaux ; il est susceptible d'enquêtes multiples, qui empruntent à la codicologie comme à la cartographie, à la statistique comme à la philologie, à l'iconographie comme à l'étude de contenu. Ces voies d'analyse n'avaient certes pas été ignorées quand on critiquait un cartulaire ou que l'on cherchait à étudier le genre[7] ; on a seulement voulu les introduire au centre même de la discussion et les insérer dans l'essor actuel d'une discipline typologique, où viendraient se fondre les questionnaires de la diplomatique et de l'histoire[8].

---

4. *Inventaire des cartulaires conservés dans les dépôts des Archives de l'État en Belgique,* Bruxelles, 1895, 123 p. *Inventaire des cartulaires conservés en Belgique ailleurs que dans les dépôts des Archives de l'État,* Bruxelles, 1897, 66 p. *Inventaire des cartulaires belges conservés à l'étranger,* Bruxelles, 1899, 72 p.

5. G.R.C. Davis, *Medieval cartularies of Great Britain : a short catalogue,* Londres, 1958, XXI-182 p.

6. Sur les règles d'édition, les normes mises au point par Robert-Henri Bautier ont été en large partie reprises par le Comité [français] des travaux historiques et scientifiques et par la Commission internationale de diplomatique (*Diplomatica* [ci-dessus, n. 2]). Sans vouloir dresser de palmarès, on peut citer comme exemples d'étude l'article d'Hubert Flammarion, *Une équipe de scribes au travail au XIIIe siècle : le grand cartulaire du chapitre cathédral de Langres,* dans *Archiv für Diplomatik,* t. 28, 1982, p. 271-305, et l'ouvrage de Martin Schoebel, *Archiv und Besitz der Abtei St. Viktor in Paris,* Bonn, 1991 (*Pariser historische Studien,* 31).

7. Outre les passages des manuels de diplomatique, voir par exemple David Walker, *The organization of material in medieval Cartularies,* dans *The Study of Medieval Records : Essays in honour of Kathleen Major,* ed. Donald A. Bullough et R. L. Storey, Oxford, 1971, p. 132-150.

8. La dernière illustration en a été donnée de façon pleinement convaincante par Paolo Cammarosano, *Italia medievale : struttura e geografi delle fonti scritte,* Rome, 1991 (*Studi superiori, Storia,* 109).

Armés d'un intérêt ancien et de curiosités renouvelées, les chercheurs doivent aussi constater que, dans un champ très large, nos prédécesseurs ont, par goût et par nécessité, concentré leurs efforts sur le secteur, riche et premier, des cartulaires ecclésiastiques médiévaux. Or des questions souvent analogues, parfois spécifiques, toujours aussi intéressantes, viennent à se poser quand l'étude passe aux cartulaires de communes[9], aux cartulaires de particuliers, ou encore aux documents hybrides élaborés dans les chancelleries princières ou les chartriers seigneuriaux.

Le champ chronologique, du Xe au XVIIIe siècle pour la France, n'est pas moins large ; il a vu se succéder bien des formes, depuis le dossier de transcriptions, préparé à l'appui d'une demande de confirmation, jusqu'aux tentatives d'inventaire méthodique d'un chartrier ; depuis le «cartulaire-chronique» où se traduisent une lecture globale de l'histoire de l'établissement, si ce n'est du monde, et une indifférenciation entre archives et bibliothèques, entre gestion et culture, jusqu'au recueil de l'époque moderne, compilé avec les goûts et les méthodes de l'érudition d'Ancien régime. A des motivations partiellement renouvelées, d'autres solutions ont été progressivement apportées : registres de chancellerie, livres de raison, mémoriaux, inventaires d'archives, types documentaires dont la genèse et le développement sont liés à l'évolution du cartulaire, quand ils n'en procèdent directement.

Répartition chronologique et spatiale, étapes de la vie du cartulaire, techniques de fabrication et de présentation, relations complexes avec les actes originaux, place dans l'articulation hiérarchique entre chef d'ordre, maisons, prieurés et granges, rapports avec les autres types de «livres» : le programme, on le voit, est vaste. Il n'est pas jusqu'à un essai d'évaluation critique qui ne doive être tenté - et l'on voudra bien n'y pas voir d'iconoclasme - : le cartulaire, une fois compilé, a-t-il été aussi utile au commanditaire qu'il est aujourd'hui précieux à l'historien ?

Nous n'avons pu ni voulu, on l'aura compris, tendre à l'exhaustivité et à la synthèse. Née de la collaboration qui associe l'École nationale des chartes et le Groupement de recherche pour l'édition des actes des évêques de France du Centre national de la recherche scientifique, une table métaphoriquement ronde a été dressée à Paris du 5 au 7 décembre 1991. Elle a réuni des chercheurs français et étrangers, soucieux d'échanger informations et hypothèses de travail, ce qui nous a déterminé à publier le texte des interventions orales à la suite des communications. Puisse le lecteur y trouver, comme nous, de multiples incitations et le plaisir de la recherche partagée.

---

9. Pour l'Italie centro-septentrionale, voir Antonella Rovere, *I «libri iurium» dell'Italia comunale*, dans *Civiltà comunale : libro, scrittura, documento, Atti del convegno (Genova, 8-11 novembre 1988)*, Gênes, 1989 (*Atti della Società ligure di storia patria*, t. 103 = n.s., t. 29, fasc. 2), p. 157-199.

LES CARTULAIRES
DANS L'HISTOIRE DE L'ECRIT

ENTRE GESTION ET *GESTA*

par

Patrick GEARY

«Chaque cartulaire est un témoin de l'état des archives d'une église au temps où il a été composé» [1]. Ce jugement d'Emile Lesne caractérise bien les limites de l'intérêt que les chercheurs ont porté aux cartulaires et à leur valeur pour la recherche. Les diplomatistes n'ont accordé que très peu d'attention à l'étude des cartulaires en tant que tels. Ils les ont surtout utilisés pour restituer le texte des originaux perdus, sans montrer beaucoup d'intérêt pour leur nature, leur fonction, ou l'histoire des cartulaires eux-mêmes [2]. L'examen de leur contenu portait surtout sur des questions de falsification et d'interpolation afin de reconstituer le texte des chartes originales. En éditant les cartulaires, la plupart des éditeurs du XIXe et du XXe siècle ont tenté de présenter toutes les chartes d'une institution donnée dans un ordre chronologique, sans se soucier de respecter l'ordre des cartulaires. Autrement dit, l'intérêt scientifique portait sur l'élimination du cartulaire lui-même pour créer une fenêtre transparente par laquelle on pouvait regarder les archives de l'église ou du monastère.

L'existence même de la table ronde «Cartulaires» prouve que l'on n'accepte plus ce jugement des générations précédentes de chercheurs. Les raisons pour lesquelles des institutions ont rédigé ou non des cartulaires, le processus de sélection des documents pour ces manuscrits, les principes qui régissent leur organisation, ne vont pas de soi. Nous devons mettre en question l'existence des cartulaires, leurs buts, leurs significations, pas uniquement comme phénomène de l'histoire de l'administration mais aussi de l'histoire cultu-

---

1. Emile Lesne, *Histoire de la propriété ecclésiastique en France*, vol. IV, *Les livres «Scriptoria» et Bibliothèques du commencement du VIIIe à la fin du XIe siècle*, Lille, 1938. Appendice : «Les archives ecclésiastiques et monastiques», p. 809.

2. Quelques exceptions : D. Walker, *The Organization of Material in Medieval Cartularies*, dans *The Study of Medieval Records: Essays in Honour of Kathleen Major*, ed D.A. Bullough - R.L. Storey, Oxford, 1971, p. 132-150 et Jean-Pierre Genet, *Cartulaires, registres, et histoire : L'exemple anglais*, dans *Le métier d'historien au moyen âge. Etudes sur l'historiographie médiévale*, éd. Bernard Guenée (Publications de la Sorbonne : Etudes, t. 13), Paris, 1977, p. 95-138.

relle. L'histoire des cartulaires est à écrire, et c'est notre espérance commune que cette table ronde en marque le commencement.

La présente contribution, très limitée, est d'examiner certains des rares cartulaires originaux du IXᵉ siècle qui sont parvenus jusqu'à nous, en posant deux questions : premièrement, pourquoi ce genre de document apparaît-il dans le monde franc, surtout à l'est et pas à l'ouest ? Deuxièmement, quels types de cartulaires apparaissent pour la première fois au cours du IXᵉ siècle ? Je dis : poser ces questions et non y répondre ; une réponse serait prématurée, mais j'espère vous offrir certains thèmes de réflexion pour étudier les cartulaires postérieurs.

La décision de rédiger des volumes contenant des copies d'actes privés plutôt que de conserver une collection d'originaux comme cela a été fait à Saint-Gall et, semble-t-il, dans les monastères et cathédrales de l'ouest avant le Xᵉ siècle, n'allait pas de soi. Les originaux jouissaient d'une certaine valeur pour prouver le droit de propriété ; mais il ne semble pas que des copies pouvaient jouer le même rôle après la disparition des *gesta municipalia* et avant l'apparition des notaires et des pancartes. Au VIIIᵉ siècle dans certaines régions, on continua à rédiger des *apennis,* c'est à dire des documents destinés à prendre la place des titres perdus ³. On voit que les textes des *placita* carolingiens parlent de l'emploi des chartes et, plus fréquemment, des diplômes royaux, comme preuves. Mais on ne connaît aucun exemple de l'emploi de copies reconnues comme telles dans un plaid carolingien.

De plus, en tant qu'instruments de gestion, des copies d'originaux n'étaient pas idéales puisque, à la différence des autres documents fiscaux ou administratifs comme les polyptyques ou *brevia,* elles ne donnent ni une description précise des terres, ni une indication de leurs revenus. Mais c'est précisément pendant la première moitié du IXᵉ siècle qu'apparaissent les premiers cartulaires, principalement dans le royaume de Louis le Germanique. Pourquoi ?

Dans la première moitié de ce siècle, Alfons Dopsch a supposé que l'apparition des cartulaires était liée aux réformes de Benoît d'Aniane à partir de 817, sans en fournir de preuves ⁴. Dans une série d'études sur le fisc impérial, Wolfang Metz a fait l'hypothèse que les cartulaires résultaient non d'une

---

3. Comme par exemple à Marseille au commencement du siècle, ou à Nîmes. *Cartulaire de l'abbaye de Saint-Victor de Marseille,* éd. Benjamin Guérard, Paris, 1857, n° 31, p. 43-46, où il est question d'un remplacement pour une charte détruite par le patrice Antenor. *Cartulaire du Chapitre de l'église cathédrale Notre-Dame de Nîmes,* éd. Eugène Germer-Durand, Nîmes, 1874, n° 32, p. 56-57. Pour les formules : *M.G.H. Formulae,* Angers, n° 31, 32, p. 14-15; Tours 28, p. 151; Sens, 38, p. 202.

4. Alfons Dopsch, *Die Wirtschaftsentwicklung der Karolingerzeit vornehmlich in Deutschland,* I, 3ᵉ édition, Weimar, 1962, p. 110; voir Glöckner-Doll, *Traditiones Wizenburgenses* (note 14), p. 40.

tradition de réforme religieuse *per se,* mais plutôt des préoccupations du souverains en ce qui concerne les domaines monastiques et impériaux. Aussi ces textes devaient être vus en conjonction avec d'autres types d'inventaires et avec les capitulaires prescrivant des inventaires des domaines royaux et monastiques [5]. Walter Goffart a suggéré que la formation des cartulaires, des *Traditionsbücher,* et des polyptyques avait résulté des changements de programme royaux concernant la disposition des biens d'Église qui n'étaient pas utilisés pour l'entretien direct des moines ou des chanoines [6].

Un certain nombre de problèmes rendent toutes ces hypothèses insuffisantes. D'abord, les notices des traditions les plus anciennes, la *Notitia Arnonis* (788/790) et les *Breves Noticie* (798/800) de Salzbourg, sont antérieures d'une génération aux programmes décrits par Dopsch, Metz et Goffart. Même si de telles considérations ont influencé ces collections, elles ne peuvent expliquer leurs origines. Comme Heinrich Fichtenau l'a noté en suivant les observations d'Alain de Boüard, les notices du VIIIᵉ siècle s'inscrivent dans une longue tradition qui prend ses racines dans les *gesta municipalia* de l'antiquité tardive [7]. Les formes des notices dressées devant les magistrats urbains inspirèrent directement celles préparées devant l'évêque. Mais ces notices n'ont jamais été des copies intégrales, comme c'est le cas pour les documents tels qu'on les trouve dans les cartulaires du IXᵉ siècle.

De plus, il faut se demander pourquoi, si l'élaboration des cartulaires était une réponse aux réformes d'Aix-la-Chapelle ou à un programme impérial, de tels textes semblent ne pas avoir été rédigés à l'ouest de l'empire. Non seulement aucun fragment d'une telle collection ne nous est parvenu, mais de plus, aucun des compilateurs de cartulaires postérieurs qui ont travaillé avec des archives carolingiennes n'a indiqué qu'il avait utilisé un cartulaire antérieur [8]. Finalement il faut se demander, si l'élaboration des cartulaires a émergé des mêmes traditions qui ont donné naissance aux notices de précaires

5. Surtout Wolfgang Metz, *Zur Geschichte und Kritik der frühmittelalterlichen Güterverzeichnisse Deutschlands,* dans *Archiv für Diplomatik,* t. 4, 1958, p. 183-206; *Das Karolingische Reichsgut. Eine verfassungs- und verwaltungsgeschichtliche Untersuchung,* Berlin, 1960, p. 18-19.

6. Walter Goffart, *The Le Mans Forgeries: a Chapter from the History of Church Property in the Ninth Century,* Cambridge, Mass., 1966, p. 10-13. Goffart suggère qu'après 819, l'empereur a renoncé au droit réclamé par ses prédécesseurs de distribuer des biens de l'église aux fidèles. Le résultat, selon Goffart, fut que les institutions ecclésiastiques se montrèrent plus soucieuses de connaître l'origine de leurs biens et la nature de leurs précaires afin de pouvoir les récupérer une fois libres.

7. Heinrich Fichtenau, *Das Urkundenwesen in Österreich vom 8. bis zum frühen 13. Jahrhundert,* Vienne, 1971, p. 77-78.

8. Certaines des collections de documents ont été préparées pour la défense de biens et de droits, comme le dossier préparé par les moines de Saint-Calais pour le pape Nicolas au milieu du IXᵉ siècle. Voir Goffart, *op. cit.,* Appendix B, The Textual Transmission of the Cartulary of St. Calais, p. 321-326.

comme le montre les *brevium exempla*, pourquoi on trouve d'autres genres de documents, tels que les ventes, les donations, les échanges, etc., mélangés avec les précaires et les *praestaria* ?

Heinrich Fichtenau a adopté une approche beaucoup plus fructueuse dans son *Urkundenwesen in Österreich*. Il a reconnu que, dès l'origine, les chartes n'ont jamais été rédigées uniquement dans un but administratif ou légal. Elles avaient toujours un rôle symbolique. Plus récemment, Peter Johanek a réorienté la discussion des questions juridiques vers le rôle commémoratif de tels documents [9]. Dans un essai d'historiographie des *Traditionsbücher* qui s'appuie largement sur les travaux de Fichtenau et de Johanek, Stephan Molitor a souligné que ces collections jouaient simultanément trois fonctions : légale, historiographique, et sacrée [10]. Il faut dire la même chose des cartulaires. Dès leur apparition au IXe siècle, les cartulaires ne servent pas uniquement à protéger les biens de l'église vis-à-vis des rois, des seigneurs laïques, et des tenanciers, mais en même temps, ils protègent la mémoire des donateurs, des abbés, et des évêques. De plus, le rôle commémoratif des cartulaires a influencé la forme de ces collections ainsi que les principes d'inclusion et d'exclusion des chartes.

Nous voyons alors trois éléments qui ont donné naissance aux cartulaires au IXe siècle: gestion, protection et commémoration. Ces trois préoccupations ne s'excluent pas mutuellement et sont toujours présentes, même si c'est à des degrés différents.

Premièrement, l'apparition de certains cartulaires à l'est est peut-être liée à l'existence, en Bavière et en Alémanie, de dossiers préparés à la fin du VIIIe siècle, qui sans être des cartulaires, préservaient des séries de documents. Ces derniers ont pû être intégrés plus tard dans des cartulaires sous le règne de Louis le Pieux, ou plutôt sous celui de son fils Louis le Germanique. Ces dossiers ont été rédigés pour sauvegarder des droits lors de la conquête de ces régions par les Carolingiens. En effet cette conquête remit en cause des donations faites par, ou avec l'approbation, des ducs de ces régions. Puisque la mainmise carolingienne sur la Francie avait été faite plus tôt et dans des circonstances différentes, de tels dossiers n'y existaient pas. On peut dire d'une manière générale qu'à l'ouest, les documents de gestion trahissaient un souci de revenus, tandis qu'à l'est c'était un souci de possession. Les traces les plus anciennes de ces dossiers sont la *Notitia Arnonis* (788/790) et les *Breves Noticie* (798/800), préparés sous la direction

9. Peter Johanek, *Zur rechtlichen Funktion von Traditionsnotiz, Traditionsbuch und früher Siegelurkunde,* dans *Recht und Schrift im Mittelalter,* éd. Peter Classen, Sigmaringen, 1977 (*Vorträge und Forschungen,* t. 23), p. 131-162.

10. Stephan Molitor, *Das Traditionsbuch: Zur Forschungsgeschichte einer Quellengattung und zu einem Beispiel aus Südwestdeutschland,* dans *Archiv für Diplomatik,* t. 36, 1990, p. 61-92.

de l'évêque Arn de Salsbourg [11]. Leur modèle était un document plus ancien, le *Libellus Virgilii*, destiné à la défense des droits de son église dans la Maximilianszelle et dans la région d'Ötting dans le Chiemgau [12]. Le contenu des cartulaires de Passau, de Ratisbonne et de Freising suggère que de tels dossiers existaient dans les archives des autres cathédrales bavaroises pour la défense de leurs droits dans les années qui suivirent la chute du duc Tassilon [13]. Dans le fragment du plus ancien cartulaire de Passau, rédigé dans les années 840, par exemple, seuls quatre des cinquante-huit documents datent d'une période postérieure à la mort de Charlemagne en 814. Huit, et peut-être dix datent de la période antérieure à 788. Neuf sont de 788/89 et cinq de 788-800. Cette chronologie suggère que le cartulaire ne rassemblait pas simplement toutes les chartes de l'église de Passau qui se trouvaient dans les archives au moment où il fut rédigé, mais que son auteur (qui n'est pas un simple copiste) travaillait sur la base de certaines collections préexistantes qui concernaient la période de transition avec les Carolingiens. En Alémanie, on trouve le même souci de préserver des liens avec la période antérieure aux Carolingiens. L'exemple le plus frappant en est le cartulaire de Wissembourg qui date du milieu du IXe siècle [14]. Dans les chartes alsaciennes surtout, on remarque un intérêt tout particulier pour les donations des Etichonides. Les éditeurs ont avancé l'hypothèse que, loin d'être un cartulaire de tous les actes, cette collection regroupait des actes concernant des terres perdues par le monastère [15]. Honau peut nous donner un autre exemple alsacien.

11. Voir plus récemment Fritz Losvek, *Notitia Arnonis und Breves Notitiae. Die Salzburger Güterverzeichnisse aus der Zeit um 800: Sprachlichhistorische Einleitung, Text und Übersetzung,* dans *Mitteilungen der Gesellschaft für Salzburger Landeskunde,* t. 130, 1990, p. 5-193; Herwig Wolfram, *Libellus Virgilii. Ein quellenkritisches Problem der ältesten Salzburger Güterverzeichnisse,* dans *Mönchtum, Episkopat und Adel zur Gründungszeit des Klosters Reichenau (Vorträge und Forschungen,* t. 20), éd. Arno Borst, Sigmoringen, 1974, p. 177-214; *Die Notitia Arnonis und ähnliche Formen der Rechtssicherung in nachagilolfingischen Bayern,* dans *Vorträge und Forschungen,* t. 23, éd. Peter Classen, 1977, p. 115-130; *Die Geburt Mitteleuropas, Geschichte Österreichs vor seiner Enstehung 378-907,* Vienne, 1987, p. 88-89.

12. Voii Joachim Jahn, *Virgil, Arbeo und Cozroh: Verfassungsgeschichtliche Beobachtungen an Bairischen Quellen des 8. und 9. Jahrhunderts,* dans *Mitteilungen des Gesellschafts für salzburger Landeskunde,* t. 130, 1990, p. 201-291, surtout 213-217.

13. Ratisbonne: Munich, bayerische Hauptstaatsarchiv, Regensburg St. Emmeram, Lit. 5 1/2, fol. 9-14. Passau: Munich, bayerische Hauptstaatsarchiv, Hochstift Passau Lit. 1. éd. Max Heuwieser, *Die Traditionen des Hochstifts Passau, (Quellen und Erörterungen zur bayerischen Geschichte* n. F. t. 6), Munich, 1930. Freising: Munich, bayerische Hauptstaatsarchiv, Lit. Freising 3a. Theodor Bitterauf, éd. *die Traditionen des Hochstifts Freising,* pp. XIX-XXII.

14. *Traditiones Wizenburgenses: Die Urkunden des Klosters Weissenburg,* 661-864, éd. Karl Glöckner et Anton Doll, Darmstadt, 1979.

15. p. 42-43. Pourtant on peut se demander si toutes les évidences mènent à cette conclusion. Les éditeurs citent des références aux diplômes royaux dans le volume perdu. Or, les cartulaires originaux du IXe siècle ne contiennent que très rarement de tels diplômes. Ces derniers semblent avoir été préservés à part des chartes et copiés surtout aux Xe et XIe siècles (fréquemment in-

La strate la plus ancienne du cartulaire aujourd'hui perdu semble avoir été préparée à partir d'un dossier d'environ mille actes de la période antérieure à Charlemagne. On ne sait pas si ces documents formaient un cartulaire ou un dossier d'originaux, mais leur unité et leur quantité peuvent refléter aussi des efforts antérieurs pour préserver les traditions de l'institution qui passait des Etichonides aux Carolingiens [16].

Certes, tous les cartulaires du IXe siècle, même bavarois, n'entrent pas dans cette catégorie, mais on peut trouver ailleurs des traces d'autres sortes de collections copiées plus tard sous forme de cartulaires. Le cartulaire de Mondsee, par exemple, qui date des environs de 854, contient 128 actes qui sont distribués d'une manière équilibrée entre ca. 736 et 829 [17]. Mais il contient seulement sept chartes rédigées entre 829 et 854. Ici encore, on voit une collection ancienne réemployée dans un cartulaire, non pas un simple relevé de tous les titres contenus dans les archives.

Mais l'existence de ces collections antérieures qui ont été probablement des groupements d'originaux, n'explique pas pourquoi on les a copiées dans des cartulaires. De telles collections existaient ailleurs, à Redon par exemple, où certaines chartes formaient également des dossiers au IXe siècle, mais elles n'ont été copiées dans un cartulaire que plus d'un siècle plus tard [18]. La motivation qui poussait les établissements orientaux à copier intégralement ou presque des originaux dans des volumes n'est pas claire. On peut commencer à la comprendre en faisant une étude codicologique des cartulaires originaux ainsi qu'une analyse de l'organisation de leur contenu. Il émerge de cette étude deux traditions. La première est représentée par les cartulaires de Fulda (ca. 828) et de Mondsee (ca. 854), mais également certains cartulaires de Ratisbonne, de Passau, de Wissembourg et de Werden. Elle présente l'image de documents de gestion parfois préparés sur un parchemin de qualité inférieure avec peu de décoration ou de rubrication, organisés dans l'ordre géographique, et à l'origine conservés comme des *libelli* auxquels de temps en temps on pouvait faire des additions.

Le cartulaire de Fulda, rédigé vers 828, est un manuscrit modeste sans décoration et écrit dans une minuscule insulaire (voir planche 1). A l'origine, il renfermait environ 2.000 actes privés divisés en quinze carnets, chacun

---

terpolés ou forgés). L'existence de tels diplômes dans le manuscrit perdu peut suggérer une date plus tardive pour le «Salbuch» disparu.

16. Christian Wilsdorf, *Le monasterium Scottorum de Honau et la famille des ducs d'Alsace au VIIe siècle. Vestiges d'un cartulaire perdu*, dans *Francia*, t. 3, 1975, p. 1-87, à la p. 11.

17 Vienne Staatsarchiv. Cod. 179. *Das älteste Traditionsbuch des Klosters Mondsee* éd. Gebhard Rath et Erich Reiter, (*Forschungen zur Geschichte Oberösterreichs*, t. 16), Linz, Oberösterreichisches Landesarchiv, 1989.

18. Wendy Davies, *The Composition of the Redon Cartulary*, dans *Francia*, t. 17, 1990, p. 69-90.

*Cartulaire de Fulda, fol. 6
(Hessisches Staatsarchiv, Marburg, K 424).*

consacré à un Gau ou comté [19]. Dans tous ces carnets, sauf celui du Wormsgau, les actes sont entrés dans l'ordre chronologique des abbés. Ce cartulaire contenait surtout des donations et des précaires mais aussi des ventes, des échanges, et deux *praestariae* [20]. La simplicité de son ornementation, l'organisation globale par Gau, et la prépondérance des donations et des précaires nous suggère que le manuscrit était destiné à un but pratique : maintenir des droits dans les comtés où Fulda avait obtenu des terres.

La partie la plus ancienne du cartulaire de Mondsee contient 52 feuilles [21] renfermant 138 chartes, la plus récente datant de 854 [22]. Le parchemin est d'une qualité médiocre, avec de nombreux trous et imperfections. Les seules rubriques sont les têtes des chapitres, en majuscules, et quelques noms de lieux dans les subdivisions. Les éditeurs décrivent le manuscrit comme un «Gebrauchshandschrift» [23]. Comme pour le cartulaire de Fulda, son organisation est géographique. Mais ici, cette organisation est encore plus poussée : dans chaque Gau, les chartes sont subdivisées par lieu-dit. Bien que les chartes soient des copies intégrales rédigées à la première personne du singulier et non à la troisième personne comme des notices comme on en trouve dans les *breves* et les «Traditionsbücher», il manque la plupart des listes de témoins qui sont remplacées par la mention *testes multi*. Les caractères physiques, l'organisation strictement géographique, et l'omission des listes des témoins suggèrent qu'il s'agit d'un usage pratique pour la gestion interne du monastère, et non de titres servant à prouver des droits de possession. Une telle collection ne pouvait pas jouer un rôle de preuve dans un plaid comtal ou royal, surtout sans listes de témoins.

Le cartulaire de Freising se situe à l'opposé dans la gamme présentée par les cartulaires du IXe siècle. Ce manuscrit, qui est à peu près de la même période que celui de Fulda, a été réalisé par le diacre Cozroh pour l'évêque

---

19. Le plus ancien cartulaire de Fulda, rédigé vers 828, contenait plus de 2000 chartes. Il ne reste que des fragments du cartulaire: 86 feuilles au Marburg Staatarchiv, Kop. n° 1; et une double feuille à Samen datant d'environ 833. Voir Edmund E. Stengel, *Urkundenbuch des Klosters Fulda,* t. I, 2, Marburg, 1956, p. xxvii-xxi. Les chartes antérieures à 803 sont éditées par Stengel, *op. cit.,* t. I et II. Pour les autres, il faut toujours consulter Ernst Friedrich Johann Dronke, *Codex Diplomaticus Fuldensis,* Cassel, 1850. Le contenu des libelli est le suivant : 1. Alsace; 2. Wormsgau; 3. Rheingau et Nahegau; 4. le Volkfeld, Gollachgau, Taubergau, Jagstgau, Rangau, et Badenachgau; 5. Saalegau; 6. Aschfeld et Werngau; 7. Grabfeld; 8. Hessengau et Lahngau; 9. Thuringe; 10. Bavière et Souabe; 11. Saxe; 12. Frise; 13. Niddagau; 14. Wetterau; 15. Maingau.
20. Sur les manuscrits et leur composition, voir l'introduction de l'édition de Stengel, *Urkundenbuch des Klosters Fulda* t. I, Marburg, 1956, p. xviii-xxi.
21. Voir P. Willibald Hauthaler, *Der Mondseer Codex traditionum,* dans *Mitteilungen des Instituts für österreichische Geschichtsforschung,* t. 7, 1886, p. 223-239; Heinrich Fichtenau, *Das Urkundenwesen in Österreich vom 8. bis zum frühen 13. Jahrhundert,* Vienne, 1971, p. 15.
22. *Das älteste Traditionsbuch des Klosters Mondsee,* n° 67 du 5 mai 854, p. 169-170.
23. *Ibid.,* p. 29.

Cartulaire de Cozroh, fol. 187
(Bayerisches Hauptstaatsarchiv, München, HL Freising 3a).

Hitto (811-835) [24]. Cette collection, qui contient aujourd'hui 404 folios, diffère sensiblement des deux précédentes par ses caractères paléographiques et son principe d'organisation. D'abord, c'est un manuscrit préparé avec beaucoup de soin, bien rubriqué et orné de titres rouges et verts (voir planche 2). Deuxièmement, à la différence des autres cartulaires, son organisation est chronologique, regroupant toutes les chartes par épiscopat. Dans cet ordre chronologique, on ne remarque pas d'effort de sous-classement géographique. Même les chartes de Hitto sont classées dans l'ordre chronologique. Cet ordre chronologique rend beaucoup plus difficile l'utilisation d'une telle collection pour des buts administratifs ou légaux. Pour retrouver les chartes par lieux, on a rédigé une table du contenu, peut-être à partir des notices dorsales. Néanmoins cette table n'offre pas toujours les informations nécessaires pour identifier les personnes et les lieux mentionnés dans les actes.

Nous comprenons le but du cartulaire de Freising beaucoup plus clairement que pour d'autres puisque son auteur, Cozroh, a écrit une préface qui en explique l'origine. Il le présente dans le contexte des autres projets de réforme de l'écrit entrepris par l'évêque Hitto quand il est arrivé à Freising [25]. Hitto a d'abord restauré les manuscrits de l'Ecriture sainte et entrepris de combler les lacunes de la collection de sa cathédrale. Ensuite, il a complété la collection des chants et des textes pour l'office divin (*cantelenis et omnium divinarum documentorum officiis*), c'est-à-dire les textes liturgiques. De plus, il les a fait décorer artistiquement avec du métal précieux. Enfin, il a recommandé que soit inscrit les *testimonia* de ceux qui avaient enrichi l'église pour la rédemption de leurs âmes. Cozroh met l'accent sur l'importance qu'il y avait à préserver la *memoria* de ces patrons : «Afin que la mémoire de ceux qui ont enrichi cette maison avec leurs biens et qui l'ont faite leur héritière puisse survivre à jamais ainsi que tout ce qu'il ont transmis et donné pour le salut de leurs âmes» [26]. Il explique ensuite que certaines preuves des donations avaient été perdues, soit par la négligence, soit par la malice des étrangers et des «faux frères». Afin de faciliter la consultation de ces notices de donations, Hitto a recommandé à Cozroh de copier *rationabiliter* dans un volume unique tout ce qu'il trouverait écrit dans chaque charte et confirmé par des témoins certains. Cette collection devait regrouper les donations du temps de ses prédécesseurs et de l'époque d'Hitto lui-même. L'évêque a insisté pour que Cozroh n'ajoute ni ne retranche rien à ce qu'il trouvait dans les originaux. Il ne devait corriger que les erreurs des scribes. L'avantage de cette copie,

---

24. Theodor Bitterauf éd., *Die Traditionen des Hochstifts Freising*, p. xix-xxii. Voir Jahn, op. cit., p. 240-276.

25. Ed. Bitterauf, *op. cit.*, p. 1-2.

26. *Ut in perpetuum permaneret eorum memoria qui hanc domum suis rebus ditaverunt et hereditaverunt, seu quicquid pro remedio animarum suarum ad ipsam domum tradiderunt et condonaverunt.*

explique Cozroh, est qu'elle rend les chartes plus accessibles à ceux qui veulent les consulter parce qu'elle a été organisée d'une manière rationnelle.

Dès l'origine, donc, la collection avait un triple but. Premièrement, elle permettait d'enregistrer la *memoria* des bienfaiteurs, une obligation liée à la commémoration des morts et aux réformes des textes liturgiques entreprises par Hitto. Comme pour les textes liturgiques que l'on a restaurés, complétés et ornés, on a collationné, complété et orné les *testimonia* de ceux pour lesquels ces liturgies devaient être célébrées. Dans ce sens, le volume rédigé par Cozroh appartenait au même type de manuscrit que les nécrologes et les *libri vitae*. Joachim Jahn a même suggéré qu'à Freising, on n'avait pas besoin d'un *liber vitae* à cause de l'existence du cartulaire [27]. Mais cette collection ne servait pas uniquement à perpétuer la mémoire des patrons. Hitto voulait sauvegarder les témoignages écrits des *testimonia* et des *confirmationes* qui risquaient d'être volés par des ennemis. Cozroh n'explique pas comment la copie des chartes pouvait empêcher ces vols. Mais la *memoria* à préserver n'était pas uniquement celle des donateurs, mais aussi celle des donations elles-mêmes pour les protéger à la fois des ennemis intérieurs et extérieurs.

Finalement, l'organisation «rationnelle» des chartes suivait un ordre chronologique et faisait de la collection un mémorial des droits et une histoire des évêques. La collection renfermait des actes des épiscopats de Joseph, Arbeo, Atto, et Hitto. On l'a continuée pendant l'épiscopat d'Erchanbert (836-854).

L'aspect historiographique et commémoratif des cartulaires n'est nullement limité à Freising. Vers la fin du IXᵉ siècle, le cartulaire, ou livre des traditions, écrit par Anamot pour Saint-Emmeran de Ratisbonne commence avec une dédicace à l'évêque Ambricho (†891). Comme à Freising, elle inscrit l'élaboration du cartulaire dans le contexte de l'intérêt de l'évêque pour la préservation des livres et de la liturgie. Le manuscrit a même été orné d'un poème en honneur d'Ambricho et d'une image de l'évêque, aujourd'hui perdue. Ce texte, que l'on peut voir en KL Regensburg, St. Emmeran 5 1/3, se présente comme un manuscrit d'une qualité beaucoup plus grande que ceux de Passau, de Mondsee, ou de Fulda [28].

Autrement dit, ces collections de Freising et de Ratisbonne étaient d'une certaine manière des *gesta episcoporum*. En effet, quand on a composé en

---

27. Jahn, *op. cit.*, p. 241: «Somit liegen aus Freising und von der Reichnau spiegelbildliche Überlieferungen vor: Während man im Inselkloster einem Liber Vitae, aber offenbach kein Kopialbuch der Traditionsurkunden anlegte, schuf man in Freising einen Traditionskodex verzichtete aber auf ein Verbrüderungsbuch».

28. *Presulis hic pulchram venerandi cernite formam* ; le vers et l'image ont été grattés au XVᵉ siècle, mais le vers a été copié au folio 71v. Une image de l'abbé Berthold Iᵉʳ, (1143-49) faite au XIIᵉ siècle au folio 146v, le fut probablement d'après le modèle perdu représentant Ambricho.

1187 des *gesta episcoporum Frisingensium,* l'auteur a pris toutes ses
informations concernant les premiers évêques dans le cartulaire [29]. Ce rapport
très étroit entre cartulaire et *gesta* a été remarqué par Michel Sot: «Les *gesta*
sont aussi, et parfois d'abord, une histoire du patrimoine foncier» [30]. On
peut dire également que les instruments du patrimoine foncier sont aussi,
et parfois d'abord, des *gesta.* Comme M. Sot l'a remarqué, les auteurs des
gesta utilisaient énormément les archives de leurs institutions. Ils dressaient
des sommaires des chartes de donations acquises pendant le règne de chaque
évêque ou abbé. Ils les copiaient en appendice comme dans le cas du Mans.
Enfin ils pouvaient les intégrer dans la narration elle-même, comme dans
les *Gesta sanctorum patrum Fontanellensis coenobii* [31]. Le cas le plus extrême
est celui des *Gesta abbatum Sancti Bertini Sithiensum,* rédigés au siècle suivant.
Ils sont presque entièrement composés d'une série de documents, au point
que Guérard les a publiés sous le titre de *Cartulaire de l'abbaye de Saint-
Bertin.* Dans le contexte de notre table ronde, je crois que nous verrons
que la tradition des cartulaires comme les *gesta episcoporum et abbatum*
a joué un rôle primordial dans l'apparition des cartulaires en France aux
X^e et XIe siècles.

Mais ces observations sur la nature historiographique des cartulaires ne
sont pas limitées à ceux du type de Freising. Même les cartulaires plutôt
administratifs du type de Fulda-Mondsee sortent du cadre d'une fonction
uniquement gestionnaire. Ils comprennent des documents et des dossiers qui
ne sont plus d'une valeur ponctuelle. Ils créent ainsi l'esquisse d'une histoire
monastique ou épiscopale, dans laquelle joue la *memoria* des donateurs et
des patrons du passé. Dans leur genèse et leur développement, du IXe au
XIIe siècle, les cartulaires n'ont pas uniquement protégé des droits mais
également la mémoire des bienfaiteurs et l'oeuvre des abbés et des évêques.
De plus, ces rôles multiples ont influencé la forme de ces collections et
les principes d'inclusion et d'exclusion qui les régissaient, pour ne rien dire
de la falsification ou de l'interpolation de leur contenu.

                        REMARQUES ET DISCUSSION

Michel PARISSE : *Je souhaiterais poser deux questions qui vous permettront de
    compléter un exposé qui m'a fort intéressé et qui offre l'avantage d'attirer l'attention
    sur un pays trop peu connu des auditeurs.*

    29. *M.G.H., SS,* p. 24, 318-332.
    30. Michel Sot, *Gesta episcoporum, Gesta abbatum,* Turnhout, 1981 (*Typologie des sources
du moyen âge occidental,* t. 37), p. 20-21.
    31. Ed. F. Lohier et J. Laporte, Paris, 1936.

1) Peut-on faire une distinction entre les recueils d'actes (Urkundenbücher) *et les livres de traditions* (Traditionsbücher) *?*

2) Le Liber memorialis *de Remiremont, ouvert au IXᵉ siècle, comprend des notices très brèves, analysant des actes perdus ou n'ayant pas existé ; il a eu un usage liturgique et permettait de donner une force particulière aux notices. A-t-on d'autres exemples de cet usage liturgique concernant de tels ouvrages ?*

Patrick GEARY : *1) The rare sources which describe what we call in a general way «cartularies» from before the year thousand speak of «libri kartularum» or «libri traditionum». The vocabulary used to describe these collections in modern studies in English, French, Italian and German is varied, inconsistent, and confusing. Generally German scholars use the term* Traditionsbuch *(pl.* Traditionsbücher) *to refer to libelli containing primarily objective or «impersonal» summary notices of transactions, although some contain scattered integral copies of tradition notices and even subjective or personal texts as well.* Kopialbücher *normally contain integral or nearly integral copies of charters. Unfortunately, modern editors often use the term* Traditionsbuch *to refer to both.* Urkundenbücher *are anachronistic editions of a given institution's charters drawn from tradition notices, cartulary copies, and originals organized chronologically. Fortunately, in recent years editors have realized the importance of respecting the order and texts of the medieval manuscripts themselves in, for example, the editions of the traditions of Mondsee and Weissembourg :* Das älteste Traditionsbuch des Klosters Mondsee, *ed. Gehard Rath and Erich Reiter, Linz, 1989 (Forschungen zur Geschichte Oberösterreichs 16) ;* Traditiones Wizenburgenses Die Urkunden des Klosters Weissenburg 661-864, *ed. Karl Glöckner and Anton Doll., Darmstadt, 1979 (Arbeiten der Hessischen Historischen Kommission Darmstadt).*

2) I am very pleased that you should mention the entry of notices in liturgical manuscripts, because these remind us of the importance of recording and celebrating the memoria *of benefactors which was an essential part of the elaboration of early cartularies and similar documents. Entries of the sort that you cite at Remiremont are common. Heinrich Fichtenau, in his path-breaking study of Austrian diplomatics, cites a tenth century tradition notice in the* Liber vitae *of St. Peter of Salzburg by a woman who specifically requested that the donation be noted there :* «Hanc deditionem... in libro vite, ut stabilior posset esse, scriptitare publice praecabatur».: *Heinrich Fichtenau,* Das Urkundenwesen in Österreich vom 8. bis zum frühen 13. Jahrhundert, Mitteilungen des Instituts für österreichische Geschichtsforchung, *Vienne, 1971 (Ergänzungsband, 23), p. 83.*

Jean FAVIER : *Que le cartulaire ne soit pas un instrument de gestion domaniale, j'en suis convaincu. Mais qu'en est-il de la défense des droits ? Produit-on un cartulaire en justice ? Finalement, le cartulaire est aussi une commodité, avec valeur probatoire tacitement reconnue, à charge de présenter l'original si le contentieux s'aggrave.*

Patrick GEARY : *That some early cartularies did indeed play a role in «gestion domaniale» is certain. That they had a «valeur probatoire» is less easy to demonstrate.*

Certain cartularies, most notably the earliest portions of Hemmings Cartulary,
prepared in the last decade of the tenth century for Worcester, show evidence
of having been updated to maintain a record of lessees (see N.R. Ker, «Hemming's
Cartulary : A Description of the two Worcester Cartularies in Cotton Tiberius
A. XIII», Studies in Medieval History presented to Frederick Maurice Powicke,
ed. R.W. Hunt, W.A. Pantin, R.W. Southern, Oxford, 1948, 49-75). *Surely this*
was done as a part of what might be termed «gestion domaniale». On the other
hand, it is to my knowledge impossible to demonstrate that any cartulary or
Traditionsbuch *was presented before a court of justice to prove ownership prior*
to the late twelfth century. The exceptions are ad hoc *dossiers of charters and*
diplomas prepared for papal confirmations. Nor is there any evidence that cartulary
copies might have been presented in initial disputes, «à charge de présenter l'original
si le contentieux s'aggrave». This may have been the case, but any such hypothesis
is constructed on the argument ex silentio. *Moreover, the prefaces of cartularies*
such as that of Freising contradict this hypothesis, suggesting that the copies
themselves might in some way protect rights in case of the loss or intentional
destruction of originals. I do not doubt that early cartularies had a «valeur probatoire
tacitement reconnue», but this value was probably no greater than other types
of written texts, be they histories, hagiography, or memorial texts. Peter Johanek
has presented a marvelous example of just such a case : The twelfth century
Vita Gebehardi archiepiscopi Salisburgensis, *recounting the establishment of the*
diocese of Gurk in 1072, explains that the establishment was based in part on
what Gebhard had found in a quidam veterum noticiarum codex. *Historians had*
long assumed that this noticiarum codex *was a cartulary. In fact, it is the* Conversio
Bagoariorum et Carantanorum, *an historical-hagiographical text which was*
apparently considered to have the same «valeur probatoire» as charters or diplomas:
Peter Johanek, Zur rechtlichen Funktion von Traditionsnotiz, Traditionsbuch und
früher Siegelurkunde, *dans* Recht und Schrift im Mittelalter, *ed. Peter Classen,*
Sigmaringen, 1977 (Vorträge und Forschungen, 23), p. 134-135.

LA CONFECTION DES CARTULAIRES
ET L'HISTORIOGRAPHIE A CLUNY
(XIe-XIIe siècles)

par

Dominique IOGNA-PRAT

A la lecture des nombreuses et importantes études d'histoire sociale s'alimentant aux chartes de l'abbaye de Cluny, on pourrait croire qu'avec l'édition du *Recueil* de Bernard et Bruel, parue entre 1876 et 1903, le chercheur dispose d'une base documentaire solide [1]. Sans doute peu d'éditions ont-elles fait à la fois tant de bien et tant de mal. Bien, parce qu'elle a livré aux historiens des pièces d'une abondance et d'une richesse exceptionnelle (surtout pour les Xe, XIe et XIIe siècles) ; mal, parce que ses utilisateurs ont rarement (eu) conscience de ses limites. L'édition de Bernard et Bruel n'est pas, en effet, véritablement critique. C'est un recueil factice, organisé suivant un ordre chronologique (d'ailleurs en partie remis en cause par les travaux du chanoine Chaume et ceux, plus récents, de l'équipe de Münster [2]) mêlant originaux et copies.

Les originaux n'y sont critiqués ni sur la forme (aspect extérieur et écriture des pièces), ni sur le fond (formulaires). En un siècle, la connaissance de ces pièces originales a somme toute peu avancé. Elles ont été systématiquement collectées et répertoriées à l'ARTEM (Nancy), mais demeurent non critiquées [3]. Monique-Cécile Garand et Maria Hillebrandt ont identifié certains scribes

---

1. *Recueil des chartes de l'abbaye de Cluny,* publiées par A. Bernard et A. Bruel, 6 vol., Paris, 1876-1903 *(Collection de documents inédits sur l'histoire de la France),* désormais cité CLU (le n° de la pièce étant accompagné d'un renvoi au tome et à la page dans l'édition du *Recueil*).

2. M. Chaume, *Observations sur la chronologie des chartes de l'abbaye de Cluny,* dans *Revue Mabillon,* t. 16, 1926, p. 44-48 ; t. 29, 1939, p. 81-89 et 133-142 ; t. 31, 1941, p. 14-19, 42-45, 69-82 t. 32, 1942, p. 14-20 et 133-136 ; t. 38, 1948, p. 1-6 ; t. 39, p. 1949, p. 41-43 ; t. 42, 1952, p. 1-4. Maria Hillebrandt, *Studien zu den Datierrungen der Urkunden der Abtei Cluny* (à paraître dans les *Münstersche Mittelalter-Schriften*).

3. Cf. *Diplomatica. Inventaire des actes originaux du haut Moyen Age conservés en France,* publié par M. Courtois et M.-C. Duchenne, Nancy, 1987.

des Xe, XIe et XIIe siècles travaillant à la fois pour le *scriptorium* et la chancellerie qui ne formaient sans doute qu'un seul atelier d'écriture sous la direction de l'*armarius* [4]. On voit bien apparaître, au fil des pièces, la mention de notaires, de chanceliers clunisiens ou de sceaux (abbatiaux ou conventuels) [5] ; on devine bien, en se penchant sur les formulaires, des contaminations. Mais, au total, autant reconnaître qu'on ne sait encore presque rien sur la «chancellerie» clunisienne, sur ses rapports avec d'autres chancelleries (pontificale, royales[6], épiscopales...) et, à l'aval, sur l'organisation des archives du monastère [7].

Quant aux différents cartulaires dont s'est dotée l'abbaye, sans doute entre le milieu du XIe et le début du XIIe siècle, Alexandre Bruel, suivi par Léopold Delisle, s'est contenté de les présenter sommairement[8]. Or nous vivons encore

4. M.-C. Garand, *Copistes de Cluny au temps de saint Maieul (948-994)*, dans *Bibliothèque de l'Ecole des Chartes*, t. 136, 1978, p. 5-36 ; M. Hillebrandt, *Albertus Teutonicus copiste de chartes et de livres à Cluny*, dans *Etudes d'Histoire du Droit médiéval en souvenir de Josette Metman, Mémoires de la Société pour l'Histoire du Droit et des Institutions des anciens pays bourguignons, comtois et romands*, t. 45, 1988, p. 215-232 ; l'importance du rôle de l'*armarius* est révélée par les coutumes clunisiennes, à commencer par le *Liber tramitis aeui Odilonis*, éd. P. Dinter, Siegburg, 1980 *(Corpus Consuetudinum Monasticarum*, X), en particulier p. 14, note relative à la ligne 18.

5. Pour les sceaux, cf. CLU 3561 (v. 1080 ; IV, p. 689-696, ici p. 695), ainsi que les statuts d'Hugues V (des années 1200 et 1205-1206) dans *Statuts, chapitres généraux et visites de l'ordre de Cluny*, publiés par Dom G. Charvin, t. I, Paris, 1965, n° 53, p. 49, n° 13, p. 57 et n° 16, p. 58 et l'étude de G. Melville, *Verwendung, Schutz und Missbrau des Siegels bei den Cluniazensern im 13. und beginnenden 14. Jahrhundert*, dans *Fälschungen im Mittelalter. Internationaler Kongress der Monumenta Germaniae Historica*, München, 16.-19. September 1986, Teil IV. (2) *Diplomatische Fälschungen*, Hannover, 1988 *(Monumenta Germaniae Historica Schriften*, fasc. 33, IV), p. 673-702.

6. M.-C. Garand, *Copistes...* (note 4), a pris pour base de son étude les actes originaux du Xe siècle qui ont été rédigés à Cluny, écartant les pièces reçues d'autres chancelleries, en particulier les diplômes royaux. On peut néanmoins se demander si cette distinction n'est pas en partie artificielle. J. Dufour, éditeur des actes du roi Raoul, a en effet montré que les diplômes du souverain concernant Cluny obéissent à des règles (en particulier la titulature de nature impériale qui honore le roi) étrangères à la chancellerie royale et que ces actes ont été confectionnés par le destinataire, c'est-à-dire à Cluny même ; cf. *Recueil des actes de Robert Ier et de Raoul rois de France*, publié par J. Dufour, Paris, 1978 *(Chartes et diplômes relatifs à l'histoire de France publiés par l'Académie des Inscriptions et Belles-Lettres)*, n° 12, p. 50.

7. Un document tardif tiré du cartulaire E révèle que les archives étaient placées dans l'une des deux tours carrées dites *Barabans*, à gauche en entrant dans le grand vestibule de l'église, où elles étaient enfermées dans des armoires ; cf. *Recueil des chartes de l'abbaye de Cluny*, publié A. Bernard et A. Bruel, t. VI, Paris, 1903, p. 947-953. Sur les archives de Cluny, on doit toujours se reporter à l'étude de Lambert de Barive, *Description du grand Trésor des chartes de l'abbaye de Cluny*, dans *Bulletin de la Société de l'Histoire de France*, t. 1, 1834, p. 222-237.

8. A. Bruel, *Ibid.*, t. I, Paris, 1876, p. XIV-XXXIX. Encore plus sommairement, L. Delisle, *Inventaire des manuscrits de la Bibliothèque Nationale. Fonds de Cluny*, Paris, 1884, nn. 134-141, p. 229-236.

sur cette approche sommaire. Ces cartulaires n'ont jamais été analysés sur le plan formel (paléographique et codicologique). On ne sait donc pas quelle valeur exacte accorder aux volumes dans leur état actuel, problème particulièrement épineux pour les trois premiers cartulaires. Comment dater les volumes ? Suivant quel plan sont-ils organisés ? Au sein de chacun de ces cartulaires existe-t-il une logique dans le choix et la répartition des pièces ? Telles sont les principales questions auxquelles les historiens semblent, en général, peu sensibles, mais qui conditionnent en fait toute approche un tant soit peu fine et fiable de ces cartulaires, devenus, au fil des études d'histoire sociale, depuis la fin du XIXᵉ siècle, un véritable monument de référence.

Devant ce casse-tête et dans l'attente de l'étude de fond annoncée par Hartmut Atsma et Jean Vezin dans le cadre de l'édition diplomatique des chartes de Cluny pour les *Monumenta Medii Aevi,* et à la suite de la mise au point de Maria Hillebrandt, j'entends ici me limiter à la question de la fonction historiographique des premiers cartulaires clunisiens (**A + B** et **C**)[9].

Qui s'attaque à l'étude des cartulaires de Cluny ne tarde pas à constater qu'à la notion moderne de «cartulaire» répond un vocabulaire fort labile, entre autres *gesta, liber de cartis,* voire *polipticon* [10]. La bibliothèque de Cluny nous est connue par un catalogue composé au cours du XIIᵉ siècle, sous l'abbatiat d'un abbé «Hugues», Hugues III (1158-1161) comme le pensait Léopold Delisle, ou bien Hugues I de Semur (1049-1109) suivant l'hypothèse avancée par Veronica von Büren[11]. La notice n° 237 de ce catalogue convient, au moins partiellement, au contenu d'un cartulaire-chronique :

Volumen in quo continetur qui fuerit hujus loci fundator, quive abbas primus extitit ; et qui post eum, quandiu vixerit, et carte earum rerum que singularum temporibus eidem loco date sunt, et hymnarius cum canticis et psalterio. quedam consuetudines et quedam orationes martyrologii· [12].

La première partie de cet article correspond assez bien au début du cartulaire **A** [13] qui s'ouvre sur une chronologie abbatiale, une préface aux actes de

9. L'étude qui suit est en bonne partie reprise de D. Iogna-Prat, *La geste des origines dans l'historiographie clunisienne des XIᵉ-XIIᵉ siècles,* dans *Revue Bénédictine,* t. 102, 1992, p. 133-191, ici p. 153 s.

10. *Gesta* et *libro de cartis* désignent par exemple le cartulaire de Bernon dans la préface à ce cartulaire (le second terme, en titre), cf. cartulaire A, ms Paris, B.N., n.a.l. 1497, fol. 7 ; le terme *polipticon* désigne le cartulaire de Pons de Melgueil dans le cartulaire B, ms Paris, B.N., n.a.l. 1498, fol. 276v. Je dois cette dernière notation à M. Hillebrandt.

11. L. Delisle, *Inventaire...* (note 8), p. 337, n. 1. V. von Büren, *Le grand catalogue de la bibliothèque de Cluny,* dans *Le Gouvernement d'Hugues de Semur à Cluny. Actes du colloque scientifique international* (Cluny, septembre 1988), Cluny, 1990, p. 245-263, spécialement p. 259-260.

12. Ed. L. Delisle, *Inventaire...* (note 8), p. 350-351.

13. Le rapprochement a déjà été proposé par E.M. Wischermann, *Grundlagen einer cluniacensischen Bibliotheksgeschichte,* München, 1988 (*Münstersche Mittelalter-Schriften,* fasc. 62), p. 47-48 et 106.

l'abbatiat de Bernon suivie des testaments de Guillaume et de Bernon : autant de pièces consacrant la mémoire du «fondateur du lieu» et de son premier abbé. Dans son état primitif, le cartulaire se prolongeait peut-être d'un recueil liturgique comportant un hymnaire, un psautier, des coutumes et un extrait de martyrologe. Seule la première partie du volume (fol. 1-12), à fort contenu historiographique, nous intéresse ici. Décrivons-la rapidement dans son état actuel.

Le manuscrit Paris B.N. n.a.l. 1497 s'ouvre sur une table de papier du XVIIIᵉ siècle, notée de I à L, contenant un relevé des chartes par abbatiat de Bernon à Maieul. Lui fait suite, sur parchemin, une table relative aux chartes de l'abbatiat de Bernon et contemporaine du reste du recueil (seconde moitié du XIᵉ / première moitié du XIIᵉ siècle), notée de B à E. Le binion sur lequel est copiée cette table conserve un folio (F) laissé en blanc. La numérotation (moderne), en chiffres arabes, commence au cahier suivant qui est un quaternion (fol. 1-6 et 11-12) auquel on a rapporté un binion (fol. 7-10).

Ces remarques codicologiques sont nécessaires si l'on veut cerner au mieux la logique qui a présidé à l'organisation du début du cartulaire. Celui-ci s'ouvre (fol. 1-4) sur des notices historiques, du type annales, que n'annonce aucun titre, mais que Marrier et Duchesne, premiers et seuls éditeurs de ces notices dans la *Bibliotheca Cluniacensis,* ont intitulé *Venerabilium abbatum cluniacensium Chronologia* [14]. Les années sont notées jusqu'en 1215 par une première main qui rédige également les notices jusqu'en 1088 [15]. Cet ensemble de départ semble indiquer que la *Chronologia* a été entreprise sous l'abbatiat d'Hugues de Semur (1049-1109). L'hypothèse est confirmée par le fait qu'Hugues est le seul abbé de la série dont on signale la naissance (1024) et, surtout, par les termes rapportant son élection (1049) :

«... L'année suivante, pendant le temps du Carême, le père Hugues fut élu [...] et fut ordonné abbé ; maintenant *(nunc in praesenti),* il remplit son ministère comme il convient» [16].

---

14. *Bibliotheca Cluniacensis,* publiée par Marrier-Duchesne, Lutetiae Parisiorum, 1614 (Bruxelles-Paris, 1915²), col. 1617-1628. Cette *Chronologia* n'est connue que par deux témoins manuscrits : le cartulaire A qui nous occupe et le ms Paris, B.N. latin 17716 (fol. 95-100v), recueil clunisien mi-liturgique mi-historiographique composé à l'extrême fin du XIIᵉ siècle. Le texte de la *Chronologia* ne présente pas de variante notable par rapport à celui copié dans le cartulaire A.

15. Une seconde main copie les notices suivantes, depuis la mort d'Hugues de Semur (1109) jusqu'en 1119. La notice de 1122, abdication puis mort de Pons de Melgueil et avènement de Pierre le Vénérable, a été rédigée par deux autres mains -la seconde, qui se retrouve dans la plus grande partie des notices relatives à l'abbatiat de Pierre le Vénérable, intervenant pour consigner l'élection de ce dernier.

16. ... *Subsequente uero ipso eodemque anno, quadragesimali tempore, pater Hugo electus [...] abbas ordinatus, nunc in praesenti ut decet sui ministerium adimplet.*

Cette notation interne est confirmée par un élément formel ; comme l'a montré Meyer Shapiro [17], la décoration de l'initiale **A** (= *Anno,* fol. 1) est caractéristique de l'abbatiat d'Hugues de Semur.

Sans doute avait-on prévu, dès le départ, un prolongement de la *Chronologia* au-delà de 1215 puisque plusieurs folios (4v-6v) ont été laissés en blanc. Ce n'est qu'après coup que l'on a songé à employer une partie de l'espace vacant (fol. 4v-5) en copiant la *Dispositio rei familiaris cluniacensi facta a domno Petro abbate.* Par une curieuse ironie de l'histoire, mais peut-être pas tout à fait par hasard, cette «Mise en ordre» de Pierre le Vénérable, qui cherche à dresser un état des ressources de Cluny à une époque de crise économique, se trouve ainsi placée dans le voisinage des textes fondateurs de l'histoire et du patrimoine du monastère [18]. A propos de cette insertion tardive, il n'est pas sans intérêt de remarquer que la fin du cartulaire **B** est constituée de pièces précisément copiées sous les abbatiats de Pons de Melgueil et de Pierre le Vénérable, c'est-à-dire contemporaines de la *Dispositio.*

Les folios restants du quaternion de départ (fol. 11 et 12) contiennent des actes passés sous l'abbatiat de Bernon. Le binion rapporté à l'actuel folio 11 (fol. 7-10) contient une préface au cartulaire de Bernon (fol. 7), le testament de Guillaume le Pieux (fol. 7v), le testament de Bernon (fol. 9) et, d'une autre main, deux pièces du cartulaire de Bernon, la première relative à la cession de la *villa* de Cluny par Ava à son frère, Guillaume [19]. A la suite de Meyer Schapiro, Jean Vezin date la première main du premier tiers du XIᵉ siècle et la seconde, des années 1050-1100. Aussi l'organisation un peu bizarre du premier cahier correspond-elle, peut-être, à l'insertion d'un fragment de premier cartulaire, datant de l'abbatiat d'Odilon, dans un second, composé à la demande d'Hugues de Semur [20].

Signalons, pour en finir avec cette description, que le cartulaire d'Odon (fol. 34-75) est précédé d'une table (fol. 34-36) et d'une préface (fol. 37). En revanche, les cartulaires d'Aymard (fol. 76-143) et de Maieul (fol. 144-306) comportent une table mais pas de préface.

---

17. M. Shapiro, *The Parma-Ildefonsus, a romanesque manuscript from Cluny and related works,* College Art Association of America, 1964, p. 29, 60 et pl. 66. Critique formelle et critique interne permettent ainsi à M. Shapiro de dater la *Chronologia* (qu'il dénomme «Annales») des années 1088-1095. On peut également se reporter aux planches (1-4) publiées en annexe de l'article de N. Stratford, *The Documentary Evidence for Cluny,* dans *Le Gouvernement...* (note 11), p. 283-315 (ici p. 302-303).

18. La *Dispositio* est de 1148. Edition sur la base du cartulaire **A** dans CLU 4132 (V, p. 475-482). On trouvera une rapide présentation du texte, replacé dans le cadre de la politique réformatrice de Pierre le Vénérable, dans J.-P. Torrell et D. Bouthillier, *Pierre le Vénérable abbé de Cluny, le courage et la mesure,* Chambray, 1988, p. 37-64.

19. CLU 53 (I, p. 61-63).

20. M. Shapiro, *The Parma-Ildefonsus...* (note 17), p. 59 et n. 261 ; Jean Vezin, communication orale.

Cet ensemble de textes atteste l'effort d'organisation de la mémoire clunisienne qui a présidé à la rédaction du cartulaire **A**, premier document de gestion du monastère qui mêle diplomatique et historiographie pour constituer une manière de geste des origines du monastère. Prenons maintenant le temps de détailler cette entreprise historiographique qui apparente le cartulaire **A** à un cartulaire-chronique.

I. La *Venerabilium abbatum cluniacensium Chronologia*

Le cartulaire **A** s'ouvre sur une Chronologie abbatiale. La première notice rapporte qu'en 910 Guillaume, duc d'Aquitaine, a construit Cluny en l'honneur de Pierre et de Paul et qu'il a installé Bernon comme abbé ; Guillaume, duc fondateur, repose désormais auprès du martyr Julien, l'année de son décès étant rappelée un peu plus bas, en 918.

La notice de 926 est consacrée au testament de Bernon, passé en présence de «toute sa congrégation». Cluny, Massay et Déols reviennent à Odon ; les autres monastères, à un autre frère, appelé Guy. Bernon exprime le souhait que les frères restent unis et, qu'en cas de «déviation», les chefs désignés *(priores)* corrigent les fautifs ; c'est ainsi que sera assuré le maintien de l'ordre originel *(prisca conuersatio)*, avec l'aide de tous les princes. Bernon meurt cette même année.

La notice de 944 (et non pas 942) est relative à la mort d'Odon à Saint-Julien de Tours, monastère qu'il a construit. Les frères sont convoqués pour connaître les dispositions d'Odon à propos de «tous ses monastères». Mais, est-il dit, l'abbé «garda le silence à propos de Cluny», prétextant que «pareille matière n'avait pas été soumise à son mandat» [21]. Odon meurt à l'octave de la Saint Martin. L'humble Aymard est élu pour lui succéder.

On se contentera ici de ces premières notices. Notons néanmoins que, par la suite, le mode de succession abbatiale est toujours soigneusement indiqué : désignation par le prédécesseur pour Maieul (appelé à assister Aymard devenu aveugle) et Odilon ; élection pour Hugues de Semur, Pons de Melgueil et Pierre le Vénérable.

II. Preface aux «*Gesta*» de Bernon

Après la Chronologie abbatiale, vient une préface aux actes de Bernon, le père fondateur de Cluny. Cette préface peu connue -qui se trouve également,

---

21. *Venerabilium abbatum cluniacensium Chronologia*, éd. cit. (note 14), col. 1618 : *... sed fratribus super hac re eum percontantibus respondit : «Cluniacum suae dispositioni reservavit Deus, nec nostrae ordinationi hac in re subditur ille locus. Capella solummodo mea retenta ad missae celebrationem causa animae mee simpliciter queque necessaria sunt illuc mittantur».*

mais sans titre et lacunaire en milieu de texte, dans le cartulaire **C** (p. 1)-comporte trois parties assez nettement distinctes [22]. Tout d'abord, un long préambule fustige, sur un ton d'apocalypse *(Cum intonante tuba apostolici culminis...)*, l'invasion de la malignité. En cet âge du monde *(in ultima tempora)*, la justice est flétrie. Dans ce contexte, les écrits, comme l'atteste la Vie de saint Grégoire le Grand, donnent une force infrangible aux aumônes qui constituent «la parure extérieure de la sainte Eglise» et permettent le «rassemblement des fidèles» [23].

La seconde partie de la préface est consacrée aux raisons et aux critères suivant lesquels le cartulaire a été élaboré. Ainsi explique-t-on que les pièces léguées par les anciens abbés *(priores)* ont été rassemblées en un volume *(in uno uolumine)* divisé en livrets *(in proprio libello)* par abbatiat. L'initiative en revient à Odilon dont on n'évoque pas ici la mémoire. Cela signifie-t-il que cette préface a été rédigée du vivant de l'abbé (dans ce cas à l'extrême fin de son abbatiat ?). La constitution du volume doit, à l'avenir, éviter la perte des pièces, comme cela s'est déjà produit, lors de voyages, par négligence ou du fait de la vétusté du support.

La dernière partie de la préface concerne le début de la «narration» *(narratio)*, c'est-à-dire l'époque et les «gestes» *(gesta)* de Bernon. Il est question du don par l'abbé de la *villa* de La Frette *(Alafracta)* qui est venu réhausser *(nobilitauit)* Cluny. On annonce ensuite en termes plus généraux la série de pièces contenues dans le premier livre *(series primi libri)* qui atteste *(approbauit)* l'approbation des rois et des pontifes à la constitution du temporel de Cluny - annonce qui est, en fait, plus à sa place dans le cartulaire **C** que dans le cartulaire **A**.

Une clause finale encourage la croissance des dons et maudit ceux qui voudraient s'attaquer aux biens du monastère.

---

22. CLU 4137 (V, p. 843-847). Je remercie P. Geary de m'avoir signalé cette édition.

23. *Praefacio in libro de cartis in tempore domni Bernonis abbatis*, ms Paris, B.N. n.a.l. 1497 fol. 7 (= éd. [cit. note 22], p. 843) : *Unde in tantum nonnullorum excreuit uesania ut exteriorem sancte ecclesie ornatum helemosinas scilicet iustorum quibus ad tempus aliter congregatio fidelium. cum per se non possunt foedissima societate. et nequissimo ingenio euertere contendunt. Quas proinde cultores imperitarum uoluptatum licet diuina praesule potencia funditur extirpase nequeant. circumsubstancias tamen quibus subsistere uidentur. conscripciones uidelicet per quas nobis cerciores redduntur aut ipsi male tractando perditum irisinunt. aut coequalibus suis male sano intellectu uenundatre praesumunt ; qua de re beati Gregorii uita astipulante quendam presbiterum suo praeposito persuassisse cognoscimus. quatinus distractis sanctarum donationum cartulis ipsi ditiores fierent non parui quantitate facinoris ; Sed deus ultor malorum qui nullum peccatum dimittit multum praesumpcioni iniquae extimplo finem imposuit pro meritum.* Ce passage se réfère à un épisode de la *Vita sancti Gregorii* de Jean Diacre *(B.H.L.* 3641), IV,16, *Acta Sanctorum, Martii* II (3ᵉ ed.), p. 204.

III. TESTAMENT DE GUILLAUME LE PIEUX

La troisième pièce de ce début de cartulaire A est le testament de Guillaume le Pieux. Il n'est pas question d'analyser ici ce document bien connu. Contentons-nous d'une remarque : cette copie ne contient qu'une variante significative relative à la fondation de Cluny comme «maison de prière» et «perpétuel refuge pour les pauvres» - variante fort proche des termes employés par Jean XIX dans son privilège d'exemption de 1024 définissant Cluny comme «asile de piété» [24].

IV. TESTAMENT DE BERNON

A la suite du testament de Guillaume le Pieux, on a logiquement placé le testament de Bernon dans une volonté de réunir les deux figures fondatrices [25]. La première trace de ce document capital pour l'histoire clunisienne se trouve dans le cartulaire A (et, sensiblement à la même date, sans variante notable, dans le cartulaire C, p. 3-4).

En préambule, Bernon, auteur et premier signataire de l'acte (avec Guy, son successeur à Gigny, Odon de Cluny, mais aussi Geoffroy et *Wandanbertus* qui ne sont pas autrement connus), rappelle que, suivant le plan divin fixé depuis le déluge, des hommes commandent à d'autres hommes - les premiers soutenant les derniers. C'est ce qui explique que Benoît et d'autres «précepteurs» de l'ordre bénédictin aient choisi leur successeur de leur vivant. Bernon procède donc à son tour, sous forme de «décret», à sa succession notifiée au roi *(potestas),* au clergé *(auctoritas),* aux princes *(sublimitas)* et aux autres fidèles *(uniuersitas).*

La succession de Bernon, soumise à l'approbation des frères, est divisée en deux blocs : à Guy, parent de Bernon, revient la direction de Gigny, Baume, Mouthier, Saint-Lothain avec tout ce qui appartient à ces établissements

---

24. Les copies des cartulaires A et C (ainsi que les deux autres copies connues : Paris, B.N. latin 17716, fol. 85-87 et Collection de Bourgogne, tome 76, n° 6) ajoutent le passage suivant juste après que Guillaume ait qualifié sa fondation de «maison de prière» : *Praecipimus siquidem ut maxime illis sit nostra donatio ad perpetuum refugium qui pauperes de seculo egressi nichil secum preter bonam uoluntatem attulerint, ut nostrum supplementum fiat habundantia illorum.* Passage que l'on rapprochera du privilège de Jean XIX : *Obtineat in eo locum iustus, nec repellatur poenitere volens iniquus. Prebeatur innocentibus caritas mutue fraternitatis nec negetur offensis spes salutis et indulgentia pietatis. Et si aliquis cuiuscunque obligatus anathemate eundem locum expetierit sive pro corporis sepultura seu alterius sue utilitatis et salutis pro gratia, minime a venia et oblata misericordia excludatur, sed oleo medicamenti salutaris fovendus benigniter colligatur. Quia et iustum sic est, ut in domo pietatis et iusto prebeatur dilectio santae fraternitatis et ad veniam confugienti peccatori non negetur medicamentum indulgentie et salutis,* H. Zimmermann, *Papsturkunden 896-1046,* t. II, Wien, 1985, n° 558, p. 1053-1054.

25. Edition dans la *Bibliotheca Cluniacensis* (note 14), col. 10-11 (= *Pat. lat.* 133, col. 853-858).

sauf la *villa* de la Frette *(Alafracta)* cédée à Cluny. Odon reçoit, lui, la direction de Cluny, Massay et Déols.

Bernon fait ensuite appel au soutien des grands *(principes et seniores)*, «juges des affaires terrestres» *(terrenarum rerum iudices)* auxquels il est demandé de veiller au maintien des biens légués, possessions qui ont été «confirmées par des préceptes royaux et des privilèges apostoliques». En cas de conflit (dans la succession), leur intervention est sollicitée.

Le passage suivant développe les dispositions énoncées plus haut. Les biens soustraits à Guy et à Gigny reviennent à Cluny pour quelques années. Mais Cluny doit verser douze deniers à Gigny comme marque d'entrée en possession *(pro vestitura)*. Bernon justifie cette clause par le choix qu'il a fait de Cluny comme lieu de sépulture, ainsi que l'état du monastère, «pauvre et encore inachevé».

Après un court passage relatif à l'avenir immédiat (l'augmention possible de son héritage d'ici sa mort), Bernon appelle, pour finir, les frères à respecter son oeuvre *(nostra institutio)* par une application attentive de la coutume *(mos conuersationis)*.

V. Preface au cartulaire d'Odon

On terminera cet inventaire des pièces de nature historiographique du cartulaire **A** par la préface au cartulaire d'Odon (fol. 37). Cette préface est composée de trois blocs [26]. Le préambule rappelle la nécessité de l'écrit qui permet de lutter contre la calomnie des gens pervers s'exerçant contre les justes aumônes faites à la Mère Eglise. Après les «gestes brillants» de Bernon, le moment est venu de parler d'Odon. Sous son abbatiat, les donations se sont poursuivies ; les dons de Dieu *(charismata)* attribués au monastère sont ainsi proclamés par l'intermédiaire des hommes fidèles.

Suit une notice bibliographique d'Odon. L'initiative est à ce point singulière qu'on prend la peine de justifier cette longue digression : «Mais il ne nous paraît pas déplacé de dévier de notre propos pour faire savoir qui fut cet homme à ceux qui ignorent sa vie». La notice traite d'abord des origines nobles d'Odon, né dans la région du Mans et élève de la basilique du «divin Martin de Tours». Méprisant le monde, Odon gagne Cluny dont la haute réputation est parvenue jusqu'à lui. Il entre au monastère et en devient abbé malgré lui. Son travail au service des vertus contre les vices est justement célèbre en Italie, Bourgogne et Gaule. On passe ensuite brusquement à l'heure

---

26. Edition par E. Sackur, *Die Cluniacenser und ihrer kirchlichen und allgemeingeschichtlichen Wirksamkeit bis zur Mitte des elften Jahrhunderts*, I, Halle, 1892, p. 377-378. On se reportera également à l'étude du *cursus* menée dans ce même volume par Mmes P. Bourgain et M.-Cl. Hubert.

de sa mort. Les frères demandent au saint qui va le remplacer. Sous l'action du souffle divin *(alto flamine afflatus)*, Odon répond de façon bien vague que «la grande sagesse du Christ y pourvoiera» [27]. La notation a sans doute semblé importante puisqu'un lecteur anonyme a pris soin de signaler les paroles prêtées à Odon au moyen d'un colophon placé dans la marge [28].

Un dernier passage ménage une transition permettant de revenir au sujet (le cartulaire). On y souligne l'importance de l'action temporelle d'Odon qui, ce faisant, a sans aucun doute su gagner l'«assemblée des anges».

VI. LE CARTULAIRE A ET L'APOLOGETIQUE CLUNISIENNE

L'étude des premières pièces du cartulaire A nous contraint à dépasser nos cadres habituels de classification documentaire. Le cartulaire A relève à la fois de la diplomatique, de l'hagiographie et de l'historiographie. Il débute par une chronologie abbatiale. Les actes de l'abbatiat de Bernon sont qualifiés de *gesta*. La préface du cartulaire d'Odon comporte une notice biographique qui représente une manière de louange spirituelle du saint introduisant au récit de ses actions temporelles.

a. Disposer d'une mémoire abbatiale

L'entreprise de copie et de classement des actes dans le cartulaire est ainsi clairement présentée comme un résumé de l'histoire primitive du monastère. Un des intérêts de l'entreprise (et non des moindres) est de combler quelques trous de mémoire, en rappelant, par exemple, le souvenir de Bernon et d'Aymard qui ne sont pas honorés comme saints à Cluny et ne disposent donc pas de légende [29].

C'est surtout le sort réservé à Odon qui est le plus frappant. Il s'agit d'une figure d'un très grand relief mais qui connaît, à Cluny, un long purgatoire, sans doute parce qu'il est allé mourir à Saint-Julien de Tours. A Cluny, on fête bien sûr la Saint Odon, mentionnée dans le *Liber tramitis aeui Odilonis*, coutumes rédigées dans les années 1030-1040. Mais il ne s'agit pas d'une des solennités majeures du monastère. Odon est simplement présenté comme

---

27. *Ibid.*, p. 378 : «*Nostra in hoc, filii, vacillante censura, Christi domini larga non deerit prudentia, he et domui sue sanctum providebit pastorem et vobis rogitantibus famulis dignum non denegabit pastorem*».

28. Ms Paris, B.N., n.a.l. 1497, fol. 1rᵇ.

29. Dans les nécrologes clunisiens, on se contente de faire figurer leur nom à la date anniversaire de leur *depositio* (respectivement les 13.1 et 6.10) cf. *Synopse der cluniacensischen Necrologien*, unter Mitwirkung von D. Heim, J. Mehne, F. Neiske, D. Poeck, J. Wollasch, München, 1982 *(Münstersche Mittelalter Schriften*, 39), respectivement p. 26-27 (Bernon) et p. 558-559 (Aymard ; dans sa *Vita sancti Maioli (Bibliotheca Cluniacensis* [cit. note 14] , col. 280-282), Odilon évoque la généalogie abbatiale qui a précédé Maieul, dont Bernon, Odon et Aymard.

«pasteur de ce lieu» [30]. Ce n'est que sous l'abbatiat d'Hugues de Semur qu'Odon devient, à Cluny, une figure de premier plan. En mars 1095, le pape Urbain II étend l'immunité du monastère de Cluny à une chapelle dédiée à Odon [31]. On sait par ailleurs grâce aux coutumes d'Ulrich, rédigées entre 1083 et 1086/1087, que la Saint Odon a gagné en solennité et qu'elle figure parmi les fêtes *in albis* [32]. C'est sans doute dans les mêmes années que l'on emploie, sur la base de l'ancienne *Vita* de Jean de Salerne (un disciple italien du saint), à faire d'Odon le père fondateur de Cluny [33]. La notice biographique insérée dans le cartulaire A, en préface des actes de l'abbatiat d'Odon, doit donc être interprétée comme un premier effort (ou un effort contemporain) pour combler un fâcheux trou de mémoire.

b. Fondements de la légitimité clunisienne

Cette entreprise d'organisation de la mémoire des origines a, par ailleurs, pour effet de fonder rétrospectivement une légitimité, cela à usage interne et externe.

Les pièces examinées sont, pour partie, à seule destination clunisienne. Il s'agit tout d'abord d'un passage du testament de Bernon relatif à la coutume *(mos conuersationis)* instituée par l'abbé. Telle est, en héritage indivis, la première mention, mais en des termes très vagues, des «coutumes» clunisiennes.

En relation avec les «coutumes» clunisiennes, on aura noté l'insistance mise à parler de la succesion abbatiale d'Odon dont il est question à la fois, et dans des termes pratiquement identiques, dans la *Chronologia abbatum* et dans la notice biographique placée dans la préface du cartulaire de l'abbé. Comme on l'a indiqué plus haut, la *Chronologia abbatum* a bien soin de noter les deux modes de succession abbatiale qu'a connus Cluny : désignation (Odon par Bernon ; Maieul par Aymard ; Odilon par Maieul) ou élection (Hugues de Semur ; Pons de Melgueil ; Pierre le Vénérable). Si l'on en croit les deux documents étudiés ici, Odon aurait laissé au couvent la liberté du choix de son successeur. Cette disposition est-elle authentique ? Pour trancher, nous ne disposons d'aucune autre source que ces textes. Autant dire que la question reste ouverte. Il convient néanmoins de noter que le problème de l'élection abbatiale ne devient d'actualité qu'à la mort d'Odilon qui laisse la liberté de choix aux frères [34]. Or la mémoire d'Odon, jusque-

---

30. *Liber Tramitis...* (note 4), n° 132, p. 193 (Saint Odon) et n° 137, p. 198 (solennités majeures, dont la Saint Maieul).

31. *Pat. lat.* 151, col. 410 C.

32. *Pat. lat.* 149, col. 654-655.

33. C'est le travail d'un moine anonyme *(Bibliotheca Hagiographica Latina* 6298) se qualifiant d'*Humillimus* ; cf. M.L. Fini, *L'editio minor della «Vita» di Oddone di Cluny e gli apporti dell'Humillimus. Testo critico e nuovi orientamenti,* dans *L'Archiginnasio,* t. 63-65, 1968-1970, p. 132-259.

34. Comme l'attestent les coutumes d'Ulrich III, 1 *(De electione abbatis), Pat. lat.* 139, col.

là délaissée, est précisément revivifiée par ce nouvel (premier ?) élu : Hugues de Semur.

Au-delà du strict horizon du convent, il s'agit de défendre la place de Cluny au sein de la «famille» des héritiers de Bernon. Pour ce faire, les Clunisiens font valoir, à l'encontre des autres filles de Bernon -Gigny et Baume-, un argument de poids : le choix, par l'abbé, de Cluny comme lieu de sépulture. Mais aucun document (et surtout aucune attestation archéologique) ne prouve que Bernon a fait réellement ce choix et que les Clunisiens ne se sont pas livrés après coup à un accaparement abusif de sa mémoire [35].

Par ailleurs, les Clunisiens défendent la possession de La Frette, bien de l'héritage de Bernon contesté par Gigny. Si le testament de l'abbé est bien authentique (ce qui reste à prouver), il faut reconnaître que Bernon ne manquait pas d'esprit de prophétie, à moins, comme semble le suggérer la *Vita sancti Odonis* de Jean de Salerne, que les dissensions entre Guy et Odon aient éclaté du vivant même de Bernon [36]. Celui-ci semble, en effet, anticiper une dispute entre ses héritiers. Aussi se sent-il obligé de justifier la soustraction des biens de la part de Guy en faveur d'Odon, en particulier la *villa* de La Frette -clause sur laquelle s'était déjà étendue la préface au cartulaire de Bernon. Pareille insistance se comprend quand on sait que cette soustraction fut effectivement contestée et que le pape Jean XI dut intervenir pour confirmer la cession temporaire de ces biens à Cluny [37].

A usage externe, maintenant, les pièces examinées ont pour fonction d'asseoir la légitimité clunisienne. En préambule du cartulaire A, première élaboration de la mémoire patrimoniale, le testament de Bernon et la préface au cartulaire de cet abbé insistent sur les confirmations par les autorités publique et ecclésiastique des premiers biens concédés au monastère du vivant du père fondateur. Le problème est que nous sommes contraints de croire les Clunisiens sur parole. Avant la fin des années 920, soit les débuts de l'abbatiat d'Odon, aucune de ces prétendues confirmations ne nous est connue [38].

---

732 A : *Beatus autem Pater Odilo rogatus in extremis suis, quid de successore videretur, non acquievit ad hoc quemquam nominare. Tantum cum aliquot personarum majorum et probabiliorum, excepto priore, meminisset, probavit ut, quisquis per illas eligeretur, caeteri omnes consentirent.* Attestation qui concorde avec le récit de la mort d'Odilon par son premier hagiographe, Jotsald, I, 15, *Pat. lat.* 142, col. 911 C : *Consultus de successore : Hoc, inquit, in Dei dispositione et electione fratrum committo.*

35. Rien n'assure que le sarcophage mérovingien retrouvé sur le site de Cluny I était destiné à la dépouille de Bernon ; cf. K.J. Conant, *Cluny. Les églises et la maison du chef d'ordre*, Mâcon, 1968, p. 51-52 et pl. 218 et 220, qui fait remarquer que la sépulture a tout aussi bien pu être préparée pour Odon, Maieul et Odilon, morts loin du monastère.

36. Jean de Salerne, *Vita sancti Odonis*, I, 34, *Pat. lat.* 133, col. 58 A-B.

37. Cf. H. Zimmermann, *Papsturkunden...* (note 24), n° 58, p. 97 (dont la première trace, en copie, se trouve dans le cartulaire C de Cluny, ms Paris, B.N., n.a.l. 2262, p. 28-29).

38. Le diplôme du roi Raoul (927) et la bulle de Jean XI (931) sont les premiers documents

Le testament de Guillaume le Pieux rappelle, lui, les termes fondant la totale liberté du monastère à l'égard des puissances temporelle et spirituelle. Il insiste sur la force de l'attachement à Rome, garante de cette liberté, les termes qualifiant la puissance de Rome et spécialement de Pierre, «administrateur de toute la monarchie des églises» *(archiclavus totius monarchiae ecclesiarum)*, étant particulièrement bien adaptés à la réalité politico-religieuse contemporaine de la rédaction du cartulaire (le milieu du XIe siècle).

VII. Le contexte de la composition du cartulaire A

Il est, en effet, impossible de comprendre la logique présidant à l'insertion des pièces historiographiques du cartulaire A sans se référer au contexte clunisien des années 1030-1080.

Au tournant de l'an Mil, les Clunisiens prennent totalement leur destin en main. Leur monastère devient une seigneurie indépendante, avec cour de justice, dès les années 980 [39]. Odilon obtient deux privilèges d'exemption en 998 de la part de Grégoire V [40], puis de Jean XIX qui, en 1024, étend le champ d'application de l'exemption «à tous les Clunisiens où qu'ils soient» (à Cluny ou ailleurs) et fonde du même coup l'*Ecclesia cluniacensis* en tant que corps ecclésiastique autonome [41].

A l'atelier d'écriture (à la fois *scriptorium* et «chancellerie»), on s'emploie à fixer par écrit les termes et les présupposés de cette indépendance. On constitue d'utiles dossiers au service de la liberté monastique ancrée dans les privilèges pontificaux. Ainsi copie-t-on les Décrétales du Pseudo-Isidore [42] ou le registre des lettres de Grégoire le Grand [43]. Plusieurs *Vitae sancti Maioli,* dont celle d'Odilon, brossent une figure emblématique de l'abbé, désormais chef d'ordre [44]. Cette première élaboration de l'hagiographie abbatiale

---

publics qui confirment, mais pour partie seulement, les termes du testament de Guillaume ; cf. *Recueil des actes de Robert Ier et de Raoul* (éd. cit. note. 6), n° 12, p. 47-52 et H. Zimmermann, *Papsturkunden...* (note 24), t. I, n° 64, p. 107-108.

39. Sur l'accession à l'indépendance de cette église immuniste, voir G. Duby, *La Société aux XIe et XIIe siècles dans la région mâconnaise,* Paris, 1971², p. 45 s. ; sur la cour de justice de l'abbaye, voir G. Duby, *Recherches sur l'évolution des institutions judiciaires pendant le Xe et le XIe siècle dans le Sud de la Bourgogne,* dans *Hommes et structures du Moyen Age. Recueil d'articles,* Paris, 1973, p. 7-60, ici p. 20 s.

40. Cf. H. Zimmermann, *Papsturkunden...* (note 24), t. II, n° 351, p. 682-686.

41. *Ibid.,* n° 558, p. 1052-1054. Sur la constitution progressive de l'*Ecclesia cluniacensis,* véritablement constituée dans la seconde partie de l'abbatiat d'Hugues de Semur, on se reportera à D. Poeck, *Cluniacensis Ecclesia.* Habilitationsschrift, Münster-in-W., 1986, Teil I : Untersuchungen.

42. Cf. H. Fuhrmann, *Einfluss und Verbreitung der pseudoisidorischen Fälschungen,* t. III, Stuttgart, 1974 *(Schriften der Monumenta Germaniae Historica,* fasc. 24), p. 758-768.

43. Ms Paris, B.N. n.a.l. 1452 (des années 950-960) ; cf. M.-C. Garand, *Copistes...* (note 4), p. 15.

44. Sur ce véritable démarrage de l'hagiographie abbatiale clunisienne, je me permets de renvoyer

est complétée, sous l'abbatiat d'Hugues de Semur, par le véritable lancement du culte d'Odon dans lequel on voit désormais le père fondateur du monastère [45]. Enfin, les coutumes -le *Liber tramitis aeui Odilonis,* puis, sous l'abbatiat d'Hugues de Semur, les coutumes de Bernard (des années 1060) et celles d'Ulrich (1083-1086/87)- règlent la vie interne du convent et ses rapports avec le monde [46]. Ajoutons à cela la possible rédaction du catalogue de la bibliothèque sous l'abbatiat d'Hugues de Semur [47].

Resituée dans cet impressionnant arsenal, la composition du cartulaire **A** (on pourrait en dire de même du cartulaire **C**) apparaît comme une entreprise parmi d'autres pour asseoir la légitimité clunisienne au cours de la montée en puissance du monastère. C'est le lieu d'efficaces connexions documentaires, où les moines recensent leurs biens pour mieux les défendre, rappellent leurs privilèges (fonction qui revient plus, à proprement parler, au cartulaire **C**) et retouchent, pour mieux coller à l'actualité, l'histoire de leurs origines. C'est du moins ce que laisse entrevoir le cartulaire **A**, dont on commence seulement à percevoir l'infinie richesse.

à D. Iogna-Prat, *Panorama de l'hagiographie abbatiale clunisienne (ca. 940 - ca. 1140),* dans *Manuscrits hagiographiques et travail des hagiographes,* éd. M. Heinzelmann, Sigmaringen, 1992, *(Beihefte der Francia,* fasc. 24), p. 77-118.

45. Voir ci-dessus note 32.

46. Sur le *Liber Tramitis,* voir ci-dessus édition citée n. 4. Sur les coutumes de Bernard et d'Ulrich, voir Dom K. Hallinger, *Klunys Bräuche zur Zeit Hugos des Grossen (1049-1109). Prolegomena zur Neuherausgabe des Bernhard und Udalrich von Kluny,* dans *Zeitschrift der Savigny-Stiftung für Rechtsgeschichte. Kanonistische Abteilung,* t. 45, 1959, p. 99-140. La tradition manuscrite des coutumes d'Ulrich a été récemment étudiée par M.-C. Garand, *Les plus anciens témoins conservés des consuetudines cluniacenses d'Ulrich de Ratisbonne,* dans *Scire litteras. Forschungen zum mittelalterlichen Geistesleben,* éd. S. Krämer et M. Bernhard, München, 1988 *(Bayerische Akademie der Wissenschaften. Philosophisch-historische Klasse. Abhandlungen, Neue Folge,* fasc. 99), p. 171-182.

47. Voir ci-dessus note 11.

ANNEXE I

LES PREMIERS CARTULAIRES CLUNISIENS
DANS LE CADRE DE LA PRODUCTION ECRITE DU MONASTERE

Coutumes et statuts	Textes liturgiques	Textes hagiographiques	Textes dipomatiques	Autres	Abbatiats
			Testament de Guillaume le Pieux		Bernon (910-927)
			Testam. de Bernon		Odon (927-942)
		(Vita s. Odonis de J. de Salerne, ca 950) (Vita minor s. Odonis I)			Aymard (942-954)
					Maieul (954-994)
Consuetudines antiquiores (B B¹) ca 990		Vitae sancti Maioli 994-1033	Privilège de Grégoire V 998		Odilon (994-1049)
	Lectionnaire de l'office I				
Liber Tramitis ca 1027-1045	Lectionnaire de l'office II		Privilège de Jean XIX 1024		
		Vitae s. Odilonis 1050-1065			
Bernard I <1060-1075>		Vitae minor s. Odonis II <1049-1109>	Cartulaires A+B, C <ca 1050-1100>	Catalogue de la bibliothèque (?)	Hugues I (1049-1109)
Ulrich <1083-1086/7>					
Bernard II <1084/6>					
(Statuts d'Hugues I 1090-1100/08)					
		Vitae s. Hugonis ca 1120 Vita minor s. Odonis III ca 1120/30			Pons de Melgueil (1109-1122)
Statuts de Pierre le Vénérable 1146/7			Dispositio rei familiaris...		P. le Vénérable (1122-1156)
			Constiutio expensae Cluniaci...	Lettres de P. le Vénérable	
Statuts d'Hugues V 1. 1200 2. 1205/6					Hugues V (1199-1207)

Les références des sources et des éditions figurent à la page suivante.

REFERENCES DE L'ANNEXE I

Consuetudines antiquiores et Liber tramitis aeui Odilonis : Corpus Consuetudinum Monasticarum VII-2 et X

Coutumes de Bernard : éd. M. Hergott, *Vetus disciplina monastica*, Paris, 1726

Coutumes d'Ulrich : *P.L.* 149, col. 635-778

Statuts d'Hugues I : éd. H.E.J. Cowdrey, *Studi Gregoriani* 11 (1978), pp. 159-160

Statuts de Pierre le Vénérable : éd. G. Constable, *Corpus Consuetudinum Monasticarum* VI, pp. 39-106

Statuts d'Hugues V : éd. Dom G. Charvin, *Statuts, chapitres généraux et visites de l'ordre de Cluny* I, Paris, 1965

Lectionnaire de l'office I : ms Paris, B.N., lat. 13371

Lectionnaire de l'office II : ms Paris, B.N., n.a.l. 2390

Vitae minores s. Odonis : *B.H.L.* 6297-6299 (les parenthèses signalent une *Vita* dont l'influence est demeurée indirecte ou tardive à Cluny)

Vitae s. Maioli : *B.H.L.* 5177-5187

Vitae s. Odilonis : *B.H.L.* 6280-6283

Vitae s. Hugonis : *B.H.L.* 4007-4015

Cartulaire A : ms Paris, B.N., n.a.l. 1497

Cartulaire B : ms Paris, B.N., n.a.l. 1498

Cartulaire C : ms Paris, B.N., n.a.l. 2262

Dispositio rei familiaris... : *CLU*, V, n° 4132, p. 475-482

Constitutio expensae Cluniaci... : *ibid.*, p. 490-505

Catalogue de la bibliothèque : cf. L. Delisle, *Inventaire des manuscrits de la Bibliothèque Nationale. Fonds de Cluni*, Paris, 1884, p. 337-373.

Lettres de Pierre le Vénérable : éd. G. Constable, 2 vol., Cambridge (Mass.), 1967.

ANNEXE II
CONNOTATIONS IDEOLOGIQUES DES COPIES DES CARTULAIRES ?

Dans sa *Note sur la transcription des actes privés dans les cartulaires antérieurement au XIIe siècle,* publiée juste un an avant la parution du tome I du *Recueil des chartes de Cluny,* Alexandre Bruel faisait, à juste titre, remarquer le «fait, peut-être unique pour une époque aussi reculée, de la coexistence [à Cluny] de cartulaires et d'originaux en grand nombre» [1]. Il s'agit d'originaux encore conservés, mais aussi des copies d'originaux faites par Lambert de Barive, pour la Commission Moreau, à la fin du XVIIIⁱᵉ siècle. Cette bonne fortune documentaire permet, entre autres, de percer le mystère de la genèse d'un cartulaire ; cela d'un double point de vue : la confrontation originaux/copies laisse à la fois entrevoir quelques critères de sélection des pièces lors de la confection d'un cartulaire et la part de retouche s'opérant au moment de la copie. On reviendra ici brièvement sur ce second point dans la mesure où les copies insérées dans les cartulaires pourraient offrir des traces de manipulation

---

1. *Bibliothèque de l'Ecole des chartes,* t. 36, 1875, p. 445-456, à la p. 446.

idéologique si sensible, comme on l'a vu plus haut, dans les pièces historiographiques. Le travail a été mené sur la base des conclusions d'Alexandre Bruel et d'une confrontation, à nouveaux frais, d'une partie des originaux encore conservés et des copies des cartulaires [2].

La collation des originaux et des copies révèle une variation somme toute limitée des textes - à commencer par la pièce la plus importante de l'histoire de Cluny, l'acte de fondation du monastère, dont les copies ne contiennent qu'un ajout notable [3]. De façon générale, les copistes des cartulaires sont peu intervenus pour retoucher l'original. Il peut s'agir de rectifications grammaticales ou lexicales dans le sens d'une plus grande correction, ou bien de modifications de phrases avec passage du style direct au style indirect (et inversement). Plus importantes sont les variations d'amplitude des pièces, dans des cas qui restent quantitativement limités. La copie du cartulaire peut abréger l'original [4] ; mais ce sont plutôt les cas d'addition à l'original qui représentent la règle [5].

Les amplifications de textes des originaux aux copies concernent pour l'essentiel les préambules et les clauses finales, en particulier les clauses comminatoires et leurs invocations des rigueurs de la justice spirituelle. Il est vrai que préambules et clauses comminatoires offraient un espace tout indiqué pour laisser fleurir une topique spécifiquement clunisienne. Cette topique concerne d'abord l'auto-représentation du monastère et l'apparition dans les copies de qualificatifs laudateurs pour Cluny [6]. Toujours en préambule d'acte, il s'agit aussi de noter la valeur de l'écrit en matière de transaction (valeur attestée par une longue tradition ecclésiastique) [7], de rappeler la fragilité de la condition humaine [8] et de célébrer les «bienheureuses négociations» [9] consistant à échanger des biens matériels contre une portion d'immortalité. Enfin, en vue d'éventuels conflits, les Clunisiens, qui sont de redoutables

---

2. L'examen a été mené systématiquement sur les pièces publiées dans le tome I du *Recueil de Bernard et Bruel* ; des sondages pour les pièces publiées dans les autres tomes ont donné des résultats identiques.

3. CLU 112 (I, p. 124-128) ; les copies se trouvent dans le cartulaire A (fol. 7v), le cartulaire C (pp. 1-3), dans le recueil liturgico-historique de la fin du XIIᵉ siècle contenu dans le ms Paris, B.N., latin 17716 (fol. 85-87) et au tome 86 de la Collection de Bourgogne (n° 6, du XIVᵉ siècle). Sur la variante cf. ci-dessus note 24.

4. En dehors des exemples publiés par A. Bruel, on peut citer le cas de CLU 446 (I, 434-436 = cart. A Odon n° 3, clause finale abrégée) et de CLU 693 (I, p. 647-648 = cart. A Maieul n° 467, considérations préliminaires abrégées).

5. On n'ajoutera ici que quelques témoins supplémentaires : CLU 115 (I, p. 130 = cart. A Bernon n° 153, amplification des clauses finales), CLU 291 (I, pp. 291-292 = cart. A Bernon n° 133, ajout d'un préambule et mention du fait que la donation est faite *pro remedio animae*), CLU 292 (I, p. 292-293, reprise complète de l'acte dans le sens d'une plus grande solennité), CLU 826 (I, p. 782 = cart. A Odon n° 152, ajout d'une formule introductive).

6. Cf. A. Bruel, *Notes...* (note 1), n° V, p. 452 ne fournit qu'un exemple à dire vrai ténu : *Domino sacrata Dei ecclesia* (or.) / *Sacrosanctae Cluniensi aecclesiae* (copie).

7. *Ibid.*, n° VII, p. 453 et n° X, p. 455-456.

8. *Ibid.*, n° II, p. 450 et n° III, p. 451.

9. CLU 3381 (IV, p. 477).

comptables de l'au-delà capables d'ouvrir ou de fermer le Livre de Vie, n'hésitent pas à fourbir leurs propres armes spirituelles en amplifiant les clauses comminatoires propres à déchaîner les feux de la justice céleste [10].

On peut se demander quelle a pu être la portée exacte de ces adaptations. Systématiques, elles signifieraient que les copies des cartulaires ont été retouchées pour se conformer à un modèle plus riche que les originaux en notations spirituelles ; mais ce n'est pas le cas. D'ailleurs, ces adaptations ne font que suivre et reprendre des notations déjà présentes dans certains originaux. On concluera donc à une relative fidélité des copies aux originaux. Si on intègre des pièces de type historiographique dans les cartulaires pour faire de ceux-ci des «monuments» du passé clunisien, les actes sont, eux, recopiés sans manipulation notable.

10. Voir, entre autres exemples, les pièces citées par A. Bruel, *Notes...* (note 1), n° V, p. 452 et n° VI, p. 453.

LES TEXTES NON DIPLOMATIQUES
DANS LES CARTULAIRES
DE LA PROVINCE DE REIMS

par

BENOÎT-MICHEL TOCK

Les cartulaires sont des documents diplomatiques par excellence. Pourtant, dans certains d'entre eux figurent des textes étrangers à la diplomatique : des textes historiques ou hagiographiques, des catalogues de bibliothèques, et surtout des prologues parfois surprenants. Ces textes n'ont guère retenu, en tant que tels, l'attention des historiens [1]. Mais leur étude permettra peut-être de mieux connaître les cartulaires qui les ont transmis.

Pour trouver ces textes, le dépouillement devait être vaste, sous peine de ne pas avoir de vue assez générale du problème. On a choisi de traiter la province ecclésiastique de Reims dans ses limites médiévales. Quelque 230 cartulaires ont été repris. On est loin encore du total des cartulaires de la province, mais on dispose ainsi d'une base de travail raisonnable. On a dépouillé des cartulaires manuscrits, mais aussi des éditions et analyses de cartulaires. Les riches ressources de la section de diplomatique de l'Institut de Recherche et d'Histoire des Textes, à Orléans, ont été mises à contribution.

Seuls les noyaux primitifs des cartulaires ont été repris. L'étude des ajouts postérieurs est intéressante, mais différente. On a aussi refusé de prendre en compte des textes écrits par la même main que le cartulaire, mais sur des cahiers différents et sans qu'on sache quand l'ensemble a été relié. C'est

---

1. Arthur Giry, *Manuel de diplomatique*, Paris, 1894, p. 29-30, parle cependant des liens entre chroniques et cartulaires dans les plus anciens exemplaires. Ce sont les mêmes liens qui retiennent l'attention de Jean-Philippe Genet, *Cartulaires, registres et histoire : l'exemple anglais*, dans Bernard Guenée (dir.), *Le métier d'historien au moyen âge. Etudes sur l'historiographie médiévale*, Paris, 1977 (*Publications de la Sorbonne, série Etudes*, 13), p. 95-138, dont l'étude montre la richesse, en cette matière, des cartulaires anglais jusqu'aux derniers siècles du moyen âge. Le domaine germanique a été étudié par Jörg Kastner, *Historiae fundationum monasteriorum. Frühformen monastischer Institutionsgeschichtsschreibung im Mittelalter*, Munich, 1974 (*Münchener Beiträge zur Mediävistik und Renaissance-Forschung*, 18). Voir aussi dernièrement Dominique Iogna-Prat, *La geste des origines dans l'historiographie clunisienne des XIᵉ-XIIᵉ siècle*, dans *Revue Bénédictine*, t. 102, 1992, p. 135-191.

le cas par exemple d'une chronique qui figure dans un cartulaire du chapitre cathédral de Cambrai (Bibl. nat., lat. 10968). Enfin, la notion de textes diplomatiques a été comprise dans un sens large : la diplomatique s'intéressant à «l'ensemble et des actes et des papiers administratifs», son objet étant les «documents d'archives»[2], les comptes, listes de censitaires ou de terres et autres documents de ce genre ont donc été exclus de l'enquête, ainsi que les statuts de chapitres.

On dressera d'abord une liste des textes non-diplomatiques relevés, avant de tenter une analyse.

*
* *

I. Liste des textes non diplomatiques
figurant dans les cartulaires analyses

1) Cartulaires-chroniques.

1.1. Cartulaire de l'abbaye de Saint-Bertin, dit de Folquin.

L'original, datant de 962, est perdu. On en a conservé trois copies : une du XIIe siècle (Bibl. mun. Boulogne-sur-Mer, ms 146), une du XVIIe siècle (Bibl. nat., n.a.l. 275 ; copie partielle) et une du XVIIIe siècle (Bibl. mun. Saint-Omer, ms 815). Le ms de Boulogne a été édité par Benjamin Guérard, *Le cartulaire de l'abbaye de Saint-Bertin*, Paris, 1841.

On pourrait croire que Folquin a écrit des *gesta abbatum*, au récit truffé de copies de chartes, considérées comme des pièces justificatives. Sa préface montre cependant qu'il a eu conscience d'effectuer deux travaux distincts réunis en un seul volume, de sorte que l'on peut à bon droit appeler son oeuvre un cartulaire-chronique[3].

1.2. Cartulaire de l'abbaye de Saint-Vaast d'Arras, dit de Guiman.

L'original de ce cartulaire, qui fut commencé en 1170, a également disparu. Il nous en reste une copie du XVIe siècle (Arch. dép. Pas-de-Calais, 1 H 1) et une autre du XVIIe (même dépôt, 9 J AA, appelée «Guiman de l'évêché», parce que longtemps conservée à l'évêché), elle-même copiée au XIXe (même dépôt, 1 H 2). L'ensemble a été édité par Eugène Van Drival, *Cartulaire*

---

2. Robert-Henri Bautier, *Leçon d'ouverture du cours de diplomatique à l'Ecole des chartes (20 octobre 1961)*, dans *Bibliothèque de l'Ecole des chartes*, t. 119, 1961, p. 194-225, aux p. 208-209 (réimpr. dans Id., *Chartes, sceaux et chancelleries. Etudes de diplomatique et de sigillographie médiévales*, t. I, Paris, 1990 [*Mémoires et documents de l'Ecole des chartes*, 34], p. 3-33).

3. *In hoc codice gesta abbatum Sithiensis cenobii depromere cupientes, vel possessionum traditiones quae a fidelibus sub unius cujusque illorum tempore sacro huic loco cum cartarum inscriptione sunt concessae describere volentes..* (*Le cartulaire...*, p. 15).

de l'abbaye de Saint-Vaast d'Arras rédigé au XIIe siècle par Guiman, Arras, 1875, essentiellement d'après le ms du XVIe siècle.

Là où Folquin travaillait en suivant l'ordre chronologique, Guiman travaille par dossiers. Chaque dossier est composé de documents (chartes et/ou listes de censitaires, tarif de tonlieu...). Un bon exemple est fourni par le dossier de la relique du chef de saint Jacques : c'est un récit de la controverse qui opposa l'abbaye au chapitre Saint-Pierre d'Aire à propos de cette relique, avec insertion de lettres, de *miracula*, etc.[4]

2) Prologues et préfaces [5].

2.1. Cartulaire de l'abbaye de Saint-Amand, dit de Gautier.

De ce cartulaire aujourd'hui perdu il ne reste plus que des copies éparses dans la collection Moreau (Bibl. nat.). La préface de Gautier a été imprimée au XVIIe siècle dans un recueil polémique sans titre ni date, et rééditée par Henri Platelle, *Le premier cartulaire de l'abbaye de Saint-Amand*, dans *Le Moyen Age*, t. 62, 1956, p. 301-329, aux p. 318-319.

Le prologue de Gautier insiste sur l'ancienneté de l'abbaye de Saint-Amand, sur la richesse prestigieuse de ses archives et sur le rôle de saint Amand dans le développement du monastère.

2.2. Cartulaire du prieuré de Saint-Laurent-au-Bois.

Hugues de Fouilloy, auteur de plusieurs ouvrages spirituels et prieur de Saint-Laurent de 1153 à 1173 (sur ce personnage, voir la notice de Charles Dereine dans le *Dictionnaire d'histoire et de géographie ecclésiastiques*, t. 17, col. 1271-1278), rédigea vers 1172 le cartulaire de son prieuré. Ce cartulaire aujourd'hui perdu nous est connu par une copie effectuée entre 1200 et 1206 (Amiens, Bibl. de la Société des Antiquaires de Picardie, ms 62 ; reproduction photographique aux Arch. dép. Somme, 9 H 538).

Le prologue d'Hugues retrace l'histoire du prieuré et défend les droits de Saint-Laurent sur le prieuré de Regny. Il est édité par Walter Simons, *Deux témoins du mouvement canonial au XIIe siècle : les prieurés de Saint-Laurent-au-Bois et Saint-Nicolas de Regny et leurs démêlés avec l'abbaye de Corbie*, dans *Sacris Erudiri*, t. 24, 1980, p. 203-244, aux p. 243-244.

2.3. Cartulaire A de l'abbaye d'Arrouaise.

L'abbé d'Arrouaise Gautier, décidé à remettre de l'ordre dans une gestion plutôt malheureuse, dressa entre 1180 et 1184 un cartulaire (aujourd'hui Bibl. mun. Amiens, ms 1077). Sur ce personnage, voir Ludo Milis, *L'ordre des chanoines réguliers d'Arrouaise. Son histoire et son organisation de la fondation de l'abbaye-mère (vers 1090) à la fin des chapitres annuels (1471)*, 2 vol.,

---

4. Ed. E. Van Drival, p. 112-140.

5. Il faut tenir compte aussi des prologues qui figurent dans les différentes parties des cartulaires de Folquin à Saint-Bertin et de Guiman à Saint-Vaast.

Bruges, 1969, et la notice du même dans le *Dictionnaire d'histoire et de géographie ecclésiastiques*, t. 20, col. 76-77.

Un long prologue (fol. 2-6v et 9) explique la nécessité de se doter d'un cartulaire et, par là, de s'intéresser aux choses temporelles, relate l'histoire de l'abbaye, et particulièrement ses premiers moments, dans ce qui contitue une véritable *Fundatio,* et enfin explique l'ordre adopté. Sauf la dernière partie, le prologue de Gautier est édité dans les *M.G.H. SS,* t. XXV, p. 1118-1123, d'après dom Gosse, *Histoire de l'abbaye et de l'ancienne congrégation des chanoines réguliers d'Arrouaise,* Lille, 1786, p. 533-549.

2.4. Cartulaire du chapitre cathédral N.-D. de Laon.

Achevé vers 1238-1239, le cartulaire rédigé par le chanoine Jacques de Troyes, qui devait devenir pape sous le nom d'Urbain IV, était le premier du chapitre de Laon (aujourd'hui Arch. dép. Aisne, G 1850). Le prologue a été édité par Auguste Bouxin, *Un cartulaire du chapitre de la cathédrale de Laon (XIIIe siècle),* dans *Revue des bibliothèques,* 1901, p. 1-12, aux p. 3-5.

Jacques de Troyes fait débuter le cartulaire par un prologue, dont il indique lui-même le rôle : *prologum istum premito* (sic) *ut et defectus propter quos hoc opus fieri mandavistis, et profectus qui ex eo poterunt provenire in ipso prologo posteris transmitantur* (sic). Il précise aussi l'ordre qu'il a adopté.

2.5. Cartulaire de l'abbaye de Valloires.

Ecrit entre 1259 et 1268, le cartulaire de Valloires (Arch. dép. Somme, 30 H 2), dont l'auteur est inconnu, raconte le bannissement des hommes hors du paradis terrestre et explique la nécessité de se doter de droits et de mettre ces droits par écrit (p. 5-6).

2.6. Cartulaire noir de l'abbaye de Corbie.

Jean de Candas, moine et prévôt de l'abbaye de Corbie, auteur en 1295 d'un cartulaire qui reçut, dans la série des cartulaires de l'abbaye, le nom de cartulaire noir, plaça au début de ce cartulaire (Bibl. nat., lat. 17758) un bref prologue qui explique la nécessité d'un cartulaire dans des archives par trop dispersées (actuellement au fol. 13).

2.7. Cartulaire de l'hôpital de Saint-Jean-en-l'Estrée d'Arras.

C'est en 1393 que l'hôpital Saint-Jean d'Arras se dota d'un cartulaire dont un prologue présente brièvement le contenu (Bibl. mun. Arras, Arch. hosp. I A 3, fol. 1 ; éd. Jules-Marie Richard, *Cartulaire et comptes de l'hôpital-Saint-Jean-en-l'Estrée d'Arras, XIIe-XIVe siècles,* dans *Mémoires de l'Académie des Sciences, Lettres et Arts d'Arras,* 2e sér., t. 16, 1885, p. 321-425 ; prologue aux p. 325-326).

2.8. Cartulaire de la collégiale de Creil.

Connu par une copie du XVIIIe siècle (Chantilly, Musée Condé, Arch.

119 D 114), le cartulaire rédigé en 1487 sous la direction de Noël le Bel, «grenetier du grenier à sel établi de par le roy notre sire en ladite ville de Creil et tabellion royal en la chastellenie dudit Creil» s'ouvre par un prologue qui dit et la nécessité du cartulaire, et la méthode suivie pour le dresser (fol. 1-v).

2.9. Cartulaire de l'abbaye Saint-Martin de Laon.

Ce volumineux cartulaire en trois volumes (Arch. dép. Aisne, H 871-873) a été établi en 1733 par un certain François Desmaretz, *probum laicum de Signiacensi abbatia in hoc genere bene meritum*. Il s'ouvre par un prologue plus ou moins en forme de charte, dont les auteurs sont les chanoines de Saint-Martin. Le prologue explique la raison d'être du cartulaire.

2.10. Cartulaire de l'abbaye de Longpont.

Rédigé en 1735 par un auteur anonyme d'après le classement des chartes établi par un certain Desmarest, ce cartulaire présente un prologue extrêmement curieux (Arch. dép. Aisne, H 692, fol. 1-4v). L'auteur insiste d'abord sur la fidélité due aux fondateurs de l'abbaye, qui oblige à conserver soigneusement les possessions monastiques. Il loue ensuite fortement le prieur d'avoir fait établir le cartulaire et d'avoir tant travaillé au bien de l'abbaye. Puis, il se lance dans une introduction à la diplomatique, traitant «des chartres et des cartulaires en général», «du sceau, du contre-scel et de la cire qu'on y emploie», des «notaires et des tesmoins», et termine par un peu d'histoire du droit, parlant «des amortissemens et des indemnités» et «de la haute, de la moyenne et de la basse justice».

3) Textes historiographiques [6].

3.1. Cartulaire de l'abbaye Saint-Nicolas-des-Prés de Tournai.

Le cartulaire du XIIIᵉ siècle (Tournai, Arch. du chapitre cathédral, Section XVII, A, Fonds Saint-Médard, 12) contient un récit de la fondation de l'abbaye en 1125, récit étendu jusqu'à l'époque de l'auteur (vers 1165). Cette *fundatio* se situe aux fol. 146-149, c'est-à-dire qu'elle occupe le dernier cahier du cartulaire primitif, dont elle a la même écriture. La *fundatio* est éditée dans les *M.G.H. SS*, t. XV, p. 1112-1117 et par J. Vos, *L'abbaye de Saint-Médard ou de Saint-Nicolas-des-Prés près Tournai*, t. I, Tournai, 1879 (= *Mémoires de la Société historique et littéraire de Tournai*, t. 11), p. 279-303.

3.2. Cartulaire du chapitre cathédral Notre-Dame de Noyon.

Le très gros cartulaire du chapitre de Noyon (Arch. dép. Oise, G 1984) a été écrit par différents scribes dont les mains s'entrecroisent. Le début du cartulaire est assez désordonné, mais on y trouve, par des mains qu'on retrouve plus loin dans le manuscrit, une liste des archevêques de Reims

---

6. N'oublions pas que le prologue du cartulaire d'Arrouaise (ci-dessus, notice 2.3), contient aussi un récit de *fundatio*.

(fol. 11) et une liste des évêques de Noyon (fol. 14-v ; sur ce cartulaire, voir G. Desjardins et A. Rendu, *Inventaire sommaire des achives départementales antérieures à 1790. Oise. Archives ecclésiastiques, série G*, t. 1, Beauvais, 1878)[7].

3.3. Cartulaire de l'abbaye de Maroeuil.

Le cartulaire de Maroeuil date du XVe siècle (Arch. dép. Pas-de-Calais, H Maroeuil, non coté). Il débute (fol. 1v-3) par une *fundatio*, intitulée *Quomodo dominus Alvisus episcopus Atrebatensis restauravit hanc ecclesiam*, prolongée par une brève chronique de l'abbaye jusqu'au milieu du XIIIe siècle. La copie est du reste interrompue au milieu d'un phrase, laissant en blanc quelques pages. L'ensemble est édité par Paul Bertin, *La chronique et les chartes de l'abbaye de Maroeuil*, Lille, 1959 (*Publications du Centre régional d'études historiques*, n° 3), p. 58-62.

3.4. Cartulaire de l'archevêché de Reims.

Le cartulaire du XVIe siècle de l'archevêché de Reims (Arch. dép. Marne, Dépôt annexe de Reims, 2 G 290), contient une liste des archevêques de Reims.

3.5. Cartulaire du prieuré de la Joye Sainte-Claire.

Ecrit entre 1726 et 1738, le cartulaire du prieuré de la Joye (Bibl. nat., lat. 9172) possède deux textes historiographiques : tout d'abord, aux fol. 12 et 13, un «Mémoire instructif et historique sur le prieuré de la Joye», ensuite, aux fol. 111-112 et 115, un *Catalogus priorum B. Mariae de Gaudio*.

4) Listes de biens meubles.

4.1. Cartulaire du chapitre cathédral de Noyon.

Ce cartulaire, déjà évoqué (ci-dessus, notice 3.2), possède aussi une liste des manuscrits cédés au chapitre de Noyon par l'évêque Renaud et la mention de la possession de quelques calices (fol. 12v-13).

4.2. Cartulaire du chapitre collégial Saint-Barthélemy de Béthune.

Une liste des manuscrits de Saint-Barthélemy, datée d'août 1279, se trouve au début du cartulaire du chapitre. Elle est de la même main que le cartulaire (Arch. dép. Pas-de-Calais, 6 G 3, fol. 2v). Sur le cartulaire, on verra Auguste de Loisne, *Le cartulaire de Saint-Barthélemy de Béthune*, Saint-Omer, 1895. Le catalogue des manuscrits est édité par Henri Loriquet, *La bibliothèque de la collégiale de Saint-Barthélemi de Béthune à la fin du*

---

7. Ce cartulaire contient aussi un texte, appelé «déclaration du trésorier Guy», que l'on n'a pas retenu, malgré son aspect narratif, parce qu'il a pour but de relever les donations dont a bénéficié le chapitre noyonnais. Sa présence dans un cartulaire ne saurait donc étonner. Sur la déclaration et sur les premiers cahiers du cartulaire, voir Olivier Guyotjeannin, *Noyonnais et Vermandois aux Xe et XIe siècles : la déclaration du trésorier Guy et les premières confirmations royales et pontificales des biens du chapitre cathédral de Noyon*, dans *Bibliothèque de l'Ecole des chartes*, t. 139, 1981, p. 143-189.

XIIIe siècle, dans *Mémoires de Commission départementale des Monuments historiques du Pas-de-Calais*, t. 1, fasc. 2, 1892, p. 219-230.

5) Texte hagiographique.

5.1. Cartulaire de l'abbaye de Château-Dieu.

Manuscrit du XVIe siècle (Arch. dép. Nord, 58 H 118), le cartulaire de Château-Dieu (ou Château-l'Abbaye) contient aux fol. 127v-134 un petit de recueil de *Miracula*, écrit en 1273 par Jean de Rotselaer, chanoine de l'abbaye Saint-Michel d'Anvers, et révisé en octobre 1546 par Louis de Molin, prieur de Château-Dieu. Les miracles sont relatifs à la chapelle Notre-Dame de Malaise.

6) Récit de visite pontificale.

6.1. Cartulaire du prieuré de Choisy.

Au fol. 56-v du cartulaire de Choisy (XVe siècle, Arch. nat., LL 1023), c'est-à-dire au début du cartulaire proprement dit, se trouve un récit anonyme de la visite du pape Innocent II à Choisy au début juin 1131 (éd. Dietrich Lohrmann, *Papsturkunden in Frankreich. Neue Folge, 7 : Nördliche Ile-de-France und Vermandois*, Göttingen, 1976 [*Abhandlungen der Akademie der Wissenschaften in Göttingen, philologisch-historische Klasse*, 3. Folge, t. 95], n° 38, p. 280-281).

Ce n'est pas le seul récit de ce type que nous connaissons. Mais les autres se présentent sous une forme nettement diplomatique. C'est le cas du récit de la visite d'Eugène III à Châlons-sur-Marne le 26 octobre 1147, copié dans le cartulaire de l'évêché (copie d'après ce cartulaire, Bibl. nat., coll. Moreau, t. 63, fol. 53-54), qui commence en mêlant plusieurs parties d'une charte, préambule et corroboration (*Ne oblivionis obscuritate per desuetudinem sermonis mentibus ingeratur, quo auctore ecclesia nostra consecrata fuerit, scripturarum annotationibus commitimur quatenus secutura posteritas habeat quod et futuris temporibus evidenter agnoscat. Cujus rei gratia...*) et se termine par une longue liste de témoins. On ne s'étonnera pas d'apprendre qu'il en existe un original jadis scellé (Arch. dép Marne, 1 G 404/2). Il en va du reste de même à Saint-Germain-des-Prés de Paris, dont le cartulaire du XIIIe siècle contient au fol. 45-v un texte semblable (Arch. nat., LL 1025). A dire vrai, il commence davantage comme une chronique : *Anno ab incarnatione M°C°LX°III°...*, mais on trouve rapidement une suscription (*ego Hugo tercius Dei gratia abbas Sancti Germani Parisiensis*), ainsi qu'une liste des témoins, en fait la liste des cardinaux présents ; il comporte aussi une souscription et une annonce de sceau (*Ego Hugo abbas Sancti Germani de Pratis tercius, testificor hanc consecrationem meo instinctu sic peractam fuisse et ideo ad certitudinem presentium et futurorum eandem scripto commendavi et sigillo meo corroboravi*) ; une main du XVIIIe siècle a du reste noté en marge : *originale habetur theca 2*, renvoyant ainsi à un acte.

Au contraire de ces deux textes, celui de Choisy a été écrit dans un style purement narratif. Le début le montre bien : *Extat quidem locus Compendio regali ville contiguus, Causiacus nomine, ab Ludovico, Karoli Magni filio, pietatis eximie, huic quondam donatus ecclesie Beati Medardi. Qui locus, tunc abbatia, nunc prioratus, tanta adhuc dotis pollet munificentia...* Pas de mention de sceau, pas de trace d'original. J'ai donc pensé pouvoir retenir ce texte comme narratif.

*
*   *

II. POURQUOI CES TEXTES ONT-ILS ETE REPRIS DANS DES CARTULAIRES ?

Ces textes, étant d'essence non diplomatique, n'ont normalement aucune raison de figurer dans des cartulaires. Seuls les prologues sont intimement liés aux cartulaires, mais leur petit nombre (une dizaine sur 230 manuscrits) montre à suffisance que leur nécessité ne s'imposait nullement. Dès lors, il convient de s'interroger qur les raisons qui ont poussé une vingtaine de rédacteurs de cartulaires à s'éloigner, l'espace de quelques lignes ou quelques pages, de la diplomatique. Et d'abord de voir s'il y a des constantes chronologiques :

Siècle [8]	X	XI	XII	XIII	XIV	XV	XVI	XVII	XVIII	Total
Total cartulaires	1	1	25	75	36	29	27	15	22	231
Avec textes non dipl.	1	0	5	5	1	3	2	0	3	20
%	100	0	20	6,6	2,7	10,3	7,4	0	13,6	8,6

La présence de textes non diplomatiques paraît être importante surtout dans les premiers temps du cartulaire (X^e-XIIe siècle). On verra plus loin pourquoi. Ce qui est plus difficile à expliquer, c'est le creux du XVIIe siècle, et les deux remontées aux XVe et XVIe et au XVIIIe siècles. Il est vrai que pour certains de ces cartulaires, l'on peut se demander s'il n'existait pas un cartulaire antérieur aujourd'hui perdu (Choisy, par exemple). Au XVIIIe siècle en tout cas, l'intérêt pour l'histoire est manifeste (ainsi à La Joye et Longpont), ce qui permet au cartulaire de terminer sa carrière en revenant à son point de départ : la perspective historiographique.

En fait, c'est surtout l'analyse thématique qui sera parlante. Dans ce cadre,

---

8. On indique le siècle au cours duquel on peut placer l'élaboration du cartulaire. Si le cartulaire conservé est une copie d'un cartulaire perdu, c'est la date de ce dernier qui est indiquée (p. ex., pour le cartulaire de Folquin de Saint-Bertin, le Xe siècle).

trois préoccupations apparaissent essentielles : l'insistance sur le prestige et l'ancienneté de l'établissement, l'attention à une facilité pratique, la réflexion sur le cartulaire.

La défense des possessions et privilèges d'un monastère ne passe pas seulement par une saine gestion des archives, elle requiert aussi le développement d'une propagande affirmant le prestige de l'institution. Le prologue insiste parfois sur cet aspect. Mais c'est surtout le récit des origines, la *fundatio*, qui joue dans ce cadre un rôle éminent. Même confiné dans le cartulaire, un tel récit franchit sans doute aisément les portes du monastère. Car, placé le plus souvent en tête du cartulaire, c'est-à-dire à un endroit éminemment visible d'un manuscrit qui devait rester d'un abord facile, il était sans doute connu de beaucoup de religieux, et répercuté par eux hors de la clôture. C'est aussi sur le prestige de l'institution que joue le récit de la visite du pape Innocent II au prieuré de Choisy.

Il faut du reste bien voir que ces textes ne se contentent pas de l'évocation vague d'un prestige nébuleux. Souvent continués jusqu'à l'époque de leur auteur, ils relèvent les donations reçues, les privilèges obtenus au cours du temps, et permettent donc une meilleure connaissance du patrimoine de l'abbaye. Ils servent ainsi de passerelle entre les textes diplomatiques et la tradition historiographique du monastère [9]. Serait-il trop osé d'avancer qu'ils permettent au lecteur d'apprendre les différentes étapes de l'accroissement du temporel de l'abbaye par une lecture plus agréable que celle d'un cartulaire ?

Une explication purement pratique peut sans doute être invoquée dans le cas du catalogue de la bibliothèque de Saint-Barthélémy de Béthune. On ne connaît dans notre échantillon qu'un cas de catalogue de bibliothèque, mais le fait n'est pas unique [10]. Et à vrai dire, l'idée n'était pas absurde. Car un catalogue de manuscrits se conserve soit sous forme de feuille volante, mais alors il se perd aisément, soit à l'intérieur d'un *codex*, mais les *codices* s'empruntent, se lisent, s'égarent. Le cartulaire, lui, ne se prête pas et est l'un des manuscrits les plus indispensables du monastère. Pourquoi alors ne trouve-t-on pas plus souvent de catalogues de manuscrits dans des cartulaires ? Sans doute parce que les manuscrits et les archives n'étaient pas toujours conservés au même endroit, ni par la même personne.

Le cas des listes épiscopales et abbatiales est plus difficile à trancher. Elles ont sans doute un lien avec la volonté d'insistance sur le passé et donc le prestige de l'institution, voire, surtout aux Temps modernes, avec une simple curiosité historique. Mais lorsqu'on voit que les chanoines de Noyon ont dressé en tête de leur cartulaire une liste des archevêques de

9. Cf. les développements de J. Kastner, *Historiae fundationum monasteriorum*, p. 83-94.

10. Albert Derolez, *Les catalogues de bibliothèques*, Turnhout, 1979 (*Typologie des sources du moyen âge occidental*, fasc. 31), p. 53, voit du reste dans le cartulaire l'un des supports qui s'offraient au bibliothécaire médiéval pour conserver son catalogue de manuscrits.

Reims, et qu'ils ont tenu cette liste à jour pendant des siècles, on ne peut s'empêcher de se demander s'il n'y a pas là volonté de pouvoir situer un acte dans une lignée de prélats.

Enfin, il y a la réflexion sur le cartulaire en tant que tel. Elle est le fait essentiellement des prologues, dont on compte une dizaine de cas dans notre échantillon. Le plus souvent, le prologue dit ce qu'est un cartulaire et quelle est son utilité. Car, en règle générale, les cartulaires qui contiennent un prologue sont les premiers de leurs institutions. Il en va ainsi à Saint-Amand, Saint-Laurent-au-Bois, Arrouaise, Laon, Valloires et Saint-Jean d'Arras. A Corbie, le cartulaire de Jean de Candas n'était pas le premier, mais il était «considéré dans l'abbaye comme le cartulaire officiel»[11]. A Creil, «la plupart des livres, terriers, cartulaires, tiltres, lettres, papiers et autres enseignemens des droits et appartenances» avaient été «robez, pillez, perdus».

Situé dans le premier cartulaire de l'institution, le prologue répond donc à la nécessité d'expliquer le rôle de ce type de travail. Guiman va même jusqu'à prévoir explicitement les critiques qu'on lui adressera : *Porro si, ut dictum est, quispiam opus istud vel novitatis vel incertitudinis arguerit, fidenter respondeo, quod scripsi scripsi*[12]. On ne s'étonnera donc guère de constater que les prologues se trouvent surtout dans les cartulaires les plus anciens : un du Xe siècle, 5 du XIIe et 3 du XIIIe. Au XIIe, peut-être encore au XIIIe siècle, tout le monde ne sait pas forcément ce qu'est un cartulaire. Surtout, des esprits étroits peuvent n'être pas convaincus de l'utilité de ces volumes. Par la suite, le cartulaire devient indispensable, et on ne trouve plus qu'un prologue au XIVe, un au XVe, aucun aux XVIe-XVIIe, mais deux au XVIIIe siècle.

Au travers de tout cela, le rôle du cartulaire apparaît assez clairement. Il s'agit de rendre la consultation des archives facile, rapide et non destructrice. C'est ce qu'exprime très bien Jacques de Troyes, s'adressant à ses collègues chanoines : *Unde cum a vobis aliquid ab aliquo petebatur, vel aliquam vobis injuriam aliquis inferebat de quibus sola exhibitione privilegii vel alterius instrumenti quod super hoc habebatis, si esset qui recoleret de eodem, possetis absque more dispendio penitus expediri, contingebat interdum quod vos obliti mirandi remedii superius memorati simul et defensionum vestrarum quas ignorantes super hiis habebatis, vel succumbebatis omnino vel rem emptam iterum emebatis vel alias componebatis, jus vestrum et vexationem non sine prejudicio redimentes. Si vero aliquis alicujus instrumenti aliquando memor esset, antequam illud posset in vestris armariolis inveniri, tot et tanta revolvere oportebat quod revolvendo nonnulla sigilla et bulle*

---

11. Léon Levillain, *Examen critique des chartes mérovingiennes et carolingiennes de l'abbaye de Corbie*, Paris, 1902 (*Mémoires et documents publiés par la Société de l'Ecole des chartes*, 5), p. 22.

12. E. Van Drival, *Cartulaire de l'abbaye de Saint-Vaast d'Arras...* (ci-dessus, notice 1.2), p. 6.

etiam apostolice aliquando ledebantur, et in fine querentes querendi tedio fatigati nonnumquam inveniendi solatio frustrabantur [13]. Gautier d'Arrouaise est aussi clair : *Sed quia tam conferentium quam confirmantium tot sunt privilegia quot elemosine, non ab re visum est quibusdam ecclesiarum prelatis in unum corpus cuncta redigere, ne, dum feruntur, exploduntur, leguntur, instrumenta vel sigilla rumpantur...* [14]. Mais il faut noter que jamais l'on n'envisage d'utilisation directe du cartulaire en justice.

Le contenu des prologues varie aussi en fonction de la chronologie, et nous montre trois types de cartularistes. Passons sur les cartularistes «techniciens», qui apparaissent au XIIIe siècle, et dont les prologues ne parlent que de diplomatique : utilité du cartulaire vue uniquement sous l'angle pratique de la consultation et de la conservation, ordre suivi pour son élaboration. Ils montrent l'importance qu'a prise la diplomatique, et son indépendance : quand on écrit un cartulaire, on n'écrit rien d'autre (Notre-Dame de Laon [15], Corbie, Saint-Jean-en-l'Estré d'Arras, Creil, Saint-Martin de Laon et Longpont).

Les deux autres types de cartularistes dépassent ce stade, et nous révèlent deux types de religieux. Parmi les premiers recueils, plusieurs sont encore proches de la conception historiographique du cartulaire, et se plaisent à rappeler l'ancienneté du monastère, le prestige de son fondateur, la générosité de ses bienfaiteurs. Le cartulaire de Saint-Amand est très significatif à cet égard, qui commence par ces mots : *Quantae dignitatis, quantae nobilitatis iste locus, ubi sanctus vere Amandus corpore quiescit, antiquitus fuerit ; quanta reverentia, quanta liberalitate reges et principes illum excoluerint ac de suis rebus ditaverint et amplificaverint, inter caetera maxime testantur monumenta cartarum et privilegiorum...* [16]. On peut ajouter à cette catégorie les prologues de Saint-Bertin.

Les autres prologues du XIIe siècle, ceux de Saint-Laurent-au-Bois et d'Arrouaise, ainsi que celui de Valloires (XIIIe siècle), écrits par des communautés jeunes, essayent surtout de voir pourquoi des hommes qui se sont voués à Dieu doivent s'occuper des choses matérielles, des *temporalia*. A cause de la dureté des temps, constate Hugues de Fouilloy : *Quod quondam gratis dabatur nunc emitur, et quod tunc servabatur in pace, vix modo possidetur absque lite* [17]. Le cartulariste de Valloires remonte à la Création pour expliquer la nécessité de son travail. Mais c'est surtout l'abbé d'Arrouaise Gautier, astreint il est vrai à une charge très lourde à cause de la situation financière lamentable de son abbaye, qui déplore l'écart entre sa vocation spirituelle et ses occupations : *Hujus igitur rationis intuitu, religiosi et Deo*

---

13. A. Bouxin, *Un cartulaire...* (ci-dessus, notice 2.4), p. 4.
14. *M.G.H. SS*, t. XV, p. 1118.
15. Avec cependant une réflexion sur l'invention de l'écriture.
16. H. Platelle, *Le premier cartulaire...* (ci-dessus, notice 2.1), p. 318.
17. W. Simons, *Deux témoins du mouvement canonial...* (ci-dessus, notice 2.2), p. 243.

dediti viri, qui mundum et ea que in mundo sunt pro Christi nomine reliquentes et quicquid possederunt commune facientes, crucifixum Dominum, crucem suam post ipsum bajulando, sequuntur, temporalia cuncta non in affectu, sed in usu necessitatis habentes, ea que ad suas suorumque necessitates sufficere possint admittere solent. Et ne a contemplatione arce et optima parte Marie nec puncto temporis disturbentur, Marthe sollicitudinem quibusdam de suis delegare student... sed... a mundi filiis in possessione dumtaxat temporalium que de mundo habent et mundi sunt, persecutionem continuam patiuntur [18].

Autre type de religieux, autre type de spiritualité : des hommes qui se sont engagés dans des institutions pas très riches [19], et surtout dans des institutions dynamiques, engagées dans le mouvement de renouveau de l'église, et sensibles à l'attrait de la *vita apostolica* [20]. Le cartulaire est pour eux une vraie corvée.

*
* *

A travers plusieurs siècles, nombreux furent ceux qui durent dresser des cartulaires. Ils l'ont fait dans des perspectives différentes, avec des soucis différents. Même si cela n'a guère influencé leur travail [21], il importe de le savoir.

REMARQUES ET DISCUSSION

Bernard DELMAIRE : *Pour ce qui est des miracles de Notre-Dame de Malaisse insérés dans le cartulaire de Château-L'Abbaye au milieu du XVIe s., il faut noter que ce cartulaire a été compilé au milieu du XVIe s. sur l'ordre de l'abbé par un chanoine de la maison : ce dernier a repris tous les actes anciens et y a intégré !e recueil de miracles compilés en 1273 par Jean de Rotselaar, chanoine de Michel d'Anvers, mais cette fois en écriture humanistique (très rare dans les cartulaires) : le pèlerinage de Notre-Dame de Malaisse (près de Valenciennes,*

18. *M.G.H. SS*, t. XV, p. 1118.
19. Hugues de Fouilloy insiste sur ce point : *Cum igitur juvenis essem, ecclesie Beati Laurentii per conversionem me contuli, et non nisi septem fratres, quatuor videlicet canonicos et tres conversos, commorantes ibi inveni. Quindecim anni jam transierant ex quo convenerant, et adhuc quod labori unius carruce posset sufficere non habebant. Qui igitur pauper esse volui, cum pauperibus ibi habitare pauper decrevi* : éd. W. Simons, *Deux témoins du mouvement canonial* (ci-dessus, notice 2.2), p. 243.
20. Les trois couvents concernés sont tous des institutions récente s : l'abbaye d'Arrouaise (chanoines réguliers, fondée vers 1090), le prieuré de Saint-Laurent (chanoines réguliers, fondé vers 1110) et l'abbaye de Valloires (cisterciens, fondée en 1138).
21. Le cartulaire de Gautier d'Arrouaise, par exemple, est un excellent cartulaire.

datant du XIIIᵉ s., était une source de revenus (aumônes) non négligeable, et cela explique peut-être en partie la transcription au cartulaire ; de plus l'initiateur du pèlerinage était un abbé (démissionnaire et devenu ermite) de l'abbaye à qui la Vierge serait apparue dans sa retraite, ce qui était un titre de gloire pour une abbaye assez modeste, de fondation assez tardive pour des Prémontrés. A noter qu'une chapelle existe encore à cet endroit (à Bruille-Saint-Amand) et qu'on a encore les livrets de pèlerinage de la première moitié du XXᵉ s. Il faut noter aussi qu'il y a des récits de miracles dans le cartulaire de Guiman d'Arras vers 1170.

Dietrich LOHRMANN : *Le pape Innocent II a rendu visite vers 1130 au prieuré de Choisy-le-Bac : le discours du pape inséré au cartulaire du XVᵉ s. étend l'exemption de l'abbaye-mère (Saint-Médard de Soissons) au prieuré. Ce discours est donc considéré comme un titre important du prieuré, ce qui justifiait son insertion.*

Joseph AVRIL : *Les statuts de réforme des établissements religieux, en particulier des chapitres séculiers, figurent dans les cartulaires, surtout à partir de 1180. Sont-ce des documents diplomatiques ? Il ne semble pas à mon avis que, à partir de cette date, on doive les considérer comme tels. On note quelques exemples avec les chapitres des cathédrales de Cambrai, Noyon et surtout Liège (Saint-Lambert).*

Henri PLATELLE : *A propos d'une remarque de M. Tock concernant l'hostilité qu'on rencontre parfois dans des milieux monastiques à l'égard du souci des archives, on peut se souvenir de la pensée de saint Ignace d'Antioche, véritable sortie anti-archivistique : «Mes archives à moi, c'est le Christ ; mes inviolables archives, c'est sa croix, sa mort et sa Résurrection et la foi dont il est l'auteur. Voilà d'où j'attends, avec l'aide de vos prières, toute ma justification» (Epître aux Philadelphiens, Lettres d'Ignace d'Antioche, Sources chrétiennes n° 10, 1969, p. 128). Voir mon article «Les archives ecclésiastiques d'après la leçon inaugurale du prof. C. Dekker», Mélanges de science religieuse, t. 43, 1986, p. 21-31.*

Ludwig FALKENSTEIN : *Le texte des* consuetudines *avec les capitulations du chapitre métropolitain Notre-Dame de Reims (Varin,* Archives administratives, *t. I, p.223-229, n° XXXVII) a été introduit au XIIIᵉ siècle dans un cartulaire, le cartulaire F du chapitre (Paris, Bibl. nat., nouv. acq. lat. 939, fol. 66v+-67v+, Stein 3168). Au XIIe siècle au contraire, le même texte est inséré en addition dans le «liber passionarius» du chapitre (Reims, Bibl. mun. ms 1403, fol. 51-52v), placé cette fois parmi des lettres pontificales d'Urbain II et d'Alexandre III qui témoignent des prérogatives du chapitre.*

Dans le deuxième exemple que vous avez donné comme texte d'une visite pontificale, il s'agit d'un texte rédigé à l'occasion de la consécration solennelle de l'autel majeur de la cathédrale Saint-Etienne de Châlons-sur-Marne par le pape Eugène III le 26 octobre 1147 pendant une éclipse solaire totale (von Oppolzer, Canon der Finsternisse, *p. 224-225 ; Van den Bergh,* Periodicity, *p. 199) et publié en partie pour la première fois en 1660 par Pierre François Chiflet. Le texte énumère les cardinaux accompagnant le pape, et fait mention du sermon prononcé par le pape aux fidèles au Jard de l'évêque à la fin de la cérémonie. Il précise que l'évêque Barthélemy a payé toutes les dépenses de la visite pontificale. L'«original» ou un des «originaux» a été probablement scellé (Arch. dép. Marne, 1 G 404 n° 2). Vous le considérez donc comme un texte non diplomatique ? Il s'agit d'une* notitia. *Une copie du même texte a été faite au XVIIIe siècle, d'après l'«Ordinaire de l'église» (Châlons, Bibl. mun. ms 128, p. 477-480).*

LES ACTES TRANSCRITS
DANS LES LIVRES LITURGIQUES

par

Jean-Loup LEMAÎTRE

Cette communication aurait pu trouver sa place dans le récent volume publié sous la direction de Henri-Jean Martin et de Jean Vezin, *Mise en page et mise en texte du livre manuscrit* [1], car c'est essentiellement une question de mise en page qui a entraîné l'addition d'actes diplomatiques dans les livres liturgiques, question de mise en page certes, mais aussi de lieu de conservation et d'utilisation des livres, ces deux paramètres se croisant dans la plupart des cas.

On pense immédiatement à la Bible, et c'est d'ailleurs elle qui, en matière de livres liturgiques, occupe l'essentiel du volume précité [2], mais seule la mise en page du texte sacré a occupé les différents auteurs. Il est vrai que la Bible ne voisine pratiquement jamais à l'intérieur d'un *codex* avec d'autres textes. Pourtant, la mise en page exceptionnelle de certaines grandes bibles à suscité des tentations. On n'enchaîne pas brutalement un nouveau livre à la suite du précédent, lorsque celui-ci se termine au milieu d'une colonne. On peut disposer de la place laissée libre pour copier tout au long un *explicit* et un *incipit*, par exemple dans le *Codex Amiatinus* [3], mais aussi, on peut tout simplement laisser en blanc la fin de la colonne. C'est alors que la tentation peut être grande par la suite d'utiliser ces espaces pour transcrire des actes. C'est ce qui s'est fait par exemple sur la première Bible de Saint-

---

1. *Mise en page et mise en texte du livre manuscrit*, sous la dir. de Henri-Jean Martin et Jean Vezin, préface de Jacques Monfrin, Paris, 1990.

2. Ch. II, *La Bible*, p. 57-104 ; ch. III, *Bible et liturgie*, p. 105-120, avec les études de Jean Vezin, *Les livres des Évangiles* et de Pierre-Marie Gy, *La mise en page du canon de la messe*, et *La mise en page du bréviaire*.

3. *Ibid.*, p. 76, fig. 35, Florence, Bibl. Medicea Laurenziana, cod. Amiatino 1, fin de la table et début du Premier livre de Samuel.

Martial de Limoges [4], mais il s'agit là de transcriptions occasionnelles, et d'actes dénués de tout rapport entre eux, ajoutés sur des espaces blancs par des scribes peu scrupuleux et peu respectueux du travail de leurs prédécesseurs.

La fin d'un texte aussi long que celui de la Bible ne coïncidait pas nécessairement avec la fin du dernier cahier du volume. C'est le cas de la première Bible de Saint-Martial, c'est aussi celui d'un tome d'une Bible de la Grande-Chartreuse, aujourd'hui ms 3/18 de la Bibliothèque municipale de Grenoble. Il s'agit d'un volume de grande taille, 547 mm de haut sur 360 de large, comptant 234 feuillets, copié au XIIᵉ siècle dans le *scriptorium* de la Chartreuse, le texte étant sur deux colonnes [5]. Les derniers feuillets (fol. 231v-234), restés initialement blancs, ont été utilisés peu après, - avant 1132 selon Bernard Bligny -, par un scribe différent de celui qui copia la Bible, pour transcrire dix-sept actes, s'échelonnant entre 1086 et 1129, copie faite avec un soin extrême comme le montre la comparaison avec les quatre originaux conservés [6]. On a là une véritable ébauche de cartulaire, qu'Henri Stein toutefois n'a pas retenue [7], mais peut-être n'en a-t-il pas eu connaissance, n'ayant sans doute pas jugé utile de jeter un coup d'oeil aux livres liturgiques. Ajoutons que ces actes n'ont pas été copiés là par hasard, mais peut-être pour leur donner une certaine sacralité, car ce sont tous ceux qui fondent le désert de Chartreuse [8].

Il y a en effet une mauvaise habitude propre aux historiens français, qui est de négliger les livres liturgiques - affaire de clercs - et d'écrire l'histoire d'une abbaye ou d'un chapitre sans regarder les missels, les bréviaires qu'il a produits ou utilisés, ni même, ce qui est encore plus grave, son coutumier

4. Paris, Bibl. nat., lat. 5, t. 2 (vol. de 222 feuillets), fol. 130, 130v, 219, 220v, 221v. Cf. Danielle Gaborit-Chopin, *La décoration des manuscrits à Saint-Martial de Limoges et en Limousin du IXᵉ au XIIᵉ siècle*, Paris-Genève, 1969 *(Mémoires et documents publiés par la Société de l'École des chartes*, 18), p. 176-177.

5. Grenoble, Bibl. mun. 18. Cf. *Catal. gén. des manuscrits des bibliothèques publiques*, t. VII, Paris, 1889, p. 11-12.

6. Bernard Bligny, *Recueil des plus anciens actes de la Grande-Chartreuse (1086-1196)*, Grenoble, 1958, p. X-XI ; actes n° I (1086), II (1090), IV (1090), VI (1100), VII (1099-1103), VIII (1099-1103), IX (1103), X (1107-1109), XI (1107-1109), XII (1112), XIII (1112), XIV (1112), XV (1112), XV (1129), XVI (1129), XVII (1129), XVIII (av. 1133), XIX (av. 1133).

7. Henri Stein, *Bibliographie générale des cartulaires français ou relatifs à l'histoire de France*, Paris, 1907. La Grande-Chartreuse occupe les numéros 1817-1819, le n° 1817 correspondant au cartulaire du XIVᵉ siècle, considéré comme perdu alors qu'il est toujours conservé aux archives de l'abbaye. Stein ignore également l'existence du grand cartulaire en trois volumes composé en 1507, également conservé aux archives de l'abbaye (A VI 512) ; cf. B. Bligny, *op. cit.*, p. XI-XII.

8. Dom Jacques Dubois, *Les limites des chartreuses*, dans *Bulletin de la Société nationale des Antiquaires de France*, 1965, p. 186-197 (réimpr. dans *Histoire monastique en France au XIIᵉ siècle*, Londres, 1982, n° IX).

ou son ordinaire, voire son obituaire. Et pourtant, l'accès à ces livres est, chez nous du moins, relativement facile, grâce aux travaux du chanoine Victor Leroquais [9]. Hélas, tout n'est pas encore répertorié : les livres d'Heures des bibliothèques de province, mais il y a pour notre propos peu à glaner, car les additions qui ont pu y être portées s'apparentent en général aux notes domestiques, en faisant parfois de véritables livres de raison ; - les rituels, pour lesquels on attend le répertoire promis depuis longtemps déjà par le Père Pierre-Marie Gy ; - et surtout les coutumiers et les ordinaires [10], qu'ils soient monastiques ou canoniaux, pour s'en tenir aux livres qui peuvent être les plus utiles à l'historien. On ne trouve pratiquement pas d'additions «historiques» dans les livres de chant.

Si l'on feuillette les répertoires de Leroquais, en s'attachant aux livres de la messe et de l'office, force est de constater que les additions d'actes diplomatiques sont peu nombreuses. On rencontre plutôt des listes épiscopales ou des listes de défunts (c'est le cas des sacramentaires par exemple) [11]. C'est surtout en fin de volume, s'il reste des feuillets blancs, que l'on va pouvoir trouver des additions de textes diplomatiques. Citons seulement ici le sacramentaire de Besançon (Bibl. nat., lat. 10500), manuscrit du milieu du XIe siècle, sacramentaire d'Hugues de Salins, étudié par le Père Bernard de Vregille [12], et dont les derniers feuillets (203-207) ont été remplis par plusieurs scribes : (fol. 203) *Nomina ecclesiarum que debent censum ecclesie Sancti Johannis Evangeliste* ; - (fol. 203v) Accord conclu entre les chanoines de Saint-Jean et le seigneur d'Étrabonne ; - (fol. 204) Donation faite à la cathédrale Saint-Jean par Girard d'Étrabonne ; - le fol. 205-v est occupé par des additions liturgiques (bénédictions épiscopales, cérémonial de la réception d'un chanoine régulier). Pour rester en Franche-Comté, citons encore le sacramentaire d'Autun (Bibl. mun. Autun, 11), du XIe siècle, dont le dernier feuillet porte, à la suite des oraisons du dimanche après l'Ascension, la copie d'une lettre d'Innocent II à l'archevêque de Besançon Anséric (1130-1134),

9. Victor Leroquais, *Les livres d'heures manuscrits de la Bibliothèque nationale*, Paris, 1927 ; *Supplément aux livres d'Heures de la Bibliothèque nationale*, Paris, 1943 ; *Les bréviaires manuscrits des bibliothèques publiques de France*, Paris, 1934 ; *Les pontificaux manuscrits des bibliothèques publiques de France*, Paris 1937 ; *Les psautiers manuscrits des bibliothèques publiques de France*, Mâcon, 1940-1941 ; *Les sacramentaires et les missels manuscrits des bibliothèques publiques de France*, Paris, 1924.

10. Le récent fascicule de Mgr Aimé-Georges Martimort, *Les «Ordines», les ordinaires et les cérémoniaux*, Turnhout, 1991 (*Typologie des sources du Moyen Age occidental*, 56), renferme aux p. 53-61 une bibliographie des principaux ordinaires publiés ; il reste encore de nombreux manuscrits inédits.

11. Cf. sur ce point Jean-Loup Lemaître, *Mourir à Saint-Martial : la commémoration des morts et les obituaires à Saint-Martial de Limoges, du IXe au XIIIe siècle*, Paris, 1989, p. 25-60.

12. V. Leroquais, *Les sacramentaires...*, t. I, p. 138-141, n° 59 ; Bernard de Vregille, *Hugues de Salins, archevêque de Besançon, 1031-1066*, Besançon, 1981, p. 325-327.

Balmensem abbatem, touchant l'église et les terres de Poligny [13]. Si les textes ajoutés en fin de volume concernent en général l'église où celui-ci est en usage, il peut y avoir malgré tout des exceptions et l'on citera l'exemple d'un missel en usage dans une collégiale ou une abbaye de chanoines réguliers de Troyes (Bibl. nat., lat. 818) dont les deux derniers feuillets (fol. 255-256) sont occupés par les fragments d'un compte de recettes et dépenses du comte Thibaud de Champagne pour les années 1258-1259·

De tous les livres en usage dans la liturgie latine, il en est un particulièrement qui a été prédisposé à recevoir des additions en tous genres : le livre du chapitre. Il n'y a pas lieu de s'étendre sur ce livre désormais bien connu [14]. Rappelons seulement les éléments fondamentaux qui le composent : la règle (saint Benoît ou saint Augustin) ; - le lectionnaire (capitules de Prime) ; - le martyrologe (Adon, Usuard le plus souvent) ; - le nécrologe ou l'obituaire (qui peut être inscrit en marge du martyrologe ou former corps avec lui). C'est le livre-type servant à la commémoration liturgique des défunts dans le cadre de la vie commune, livre conservé dans la salle capitulaire et confié aux soins du chantre ou de l'*armarius*. Nous en avons dénombré près de 250 pour la France (dans ses frontières modernes) [15], mais leur nombre était bien plus considérable. On trouve de semblables livres dans tous les pays de la Chrétienté occidentale, et leur relevé reste à faire.

La composition même de ces livres et leur mise en page (nous renvoyons aux schémas publiés dans *Memoria*, p. 644-646) les prédisposent à recevoir des additions. Nous sommes en effet en présence de livres composés de textes multiples, à la mise en page différente : texte continu pour la règle ; suite de courts paragraphes pour les capitules de prime ; texte divisé en *laterculi* quotidiens pour le martyrologe et le nécrologe, qui peuvent être en colonnes verticales ou horizontales.

13. V. Leroquais, *Les sacramentaires...*, t. I, p. 247-248, n° 114 ; Ph. Jaffé, *Regesta pontificum Romanorum... ad annum MCXCVIII*, 2ᵉ éd., Leipzig, 1885-1888 [désormais J.L.], n° 7640 ; S. Loewenfeld, *Epistolae pontificum Romanorum ineditae*, Leipzig, 1885, p. 89. V. Leroquais voit dans le destinataire de la lettre l'évêque Amédée de Dramelay (1194-1220).

14. J.-L. Lemaître, *Liber capituli : le Livre du chapitre, des origines au XVIᵉ siècle, l'exemple français*, dans *Memoria : der geschichtliche Zeugniswert des liturgischen Gedenkens im Mittelalter*, hg. von Karl Schmid und Joachim Wollasch, München, 1984 (*Münstersche Mittelalter-Schriften*, 48), p. 625-648, pl. XIV-XXII ; voir aussi J. Vezin, *Problèmes de datation et de localisation des livres de l'office de prime*, ibid., p. 613-624.

15. J.-L. Lemaître, *Répertoire des documents nécrologiques français*, publ. sous la dir. de Pierre Marot, Paris, 1980 [désormais cité : *Répertoire*] ; *Supplément*, Paris, 1987 (*Recueil des historiens de la France* publié par l'Académie des inscriptions et belles-lettres, *Obituaires*, série in-4°, vol. VII).

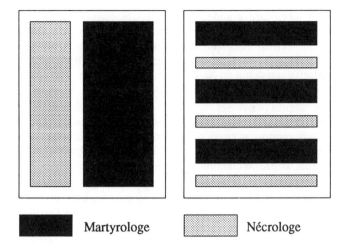

Martyrologe   Nécrologe

Règle et capitule sont des textes autonomes, qui commencent presque toujours au début d'une page, sauf dans le cas (fort rare) de nouvelle rédaction du livre du chapitre (cas des deuxième et troisième livres de Saint-Martial de Limoges) [16]. Le martyrologe, qu'il s'agisse de celui d'Adon, d'Usuard, ou d'un texte composite, a toujours une longueur fixe, même s'il a subi quelques enrichissements par rapport à son archétype. L'addition d'un saint nouveau peut toujours se faire en marge ou en interligne. Mais ces textes (éléments fixes : règle, martyrologe) ont souvent été copiés indépendamment l'un de l'autre, puis réunis pour former un livre du chapitre avec le nécrologe. La fin de chaque texte ne coïncide pratiquement jamais avec celle d'un cahier. Ces livres échappent totalement au système de la *pecia*.

Il n'en va pas de même du nécrologe, texte vivant s'il en est, pour lequel il faut prévoir une place suffisante pour l'inscription de nouveaux noms [17]. Selon la disposition adoptée, cette place peut être plus ou moins vaste, surtout si les textes sont en colonnes verticales. Si les deux *laterculi* sont superposés, le *laterculus* réservé à l'inscription des obits peut en effet offrir une place importante, allant de quelques lignes aux deux tiers ou aux trois quarts de la page, comme pour l'obituaire du chapitre collégial de Saint-Quentin-en-Vermandois [18]. La tentation d'utiliser à d'autres fins la page plus ou moins

16. Bibl. nat., lat. 5257, 5243 et 5245 [= *Répertoire*, 2764, 2766, 2768].

17. Cf. J.-L. Lemaître, *Un livre vivant, l'obituaire*, dans *Le livre au Moyen Age*, publ. sous la dir. de Jean Glénisson, Paris, 1988, p. 92-94.

18. Saint-Quentin, Trésor de l'église, non coté [= *Répertoire*, n° 1787] ; fac-sim. dans J.-L. Lemaître, *Liber capituli...* (note 14), pl. XXII.

blanche peut alors être grande... et moines et chanoines ne s'en sont pas privés. Il s'en sont privés d'autant moins que le livre du chapitre est un livre liturgique certes, mais qui n'est pas figé, qui s'enrichit, sinon de jour en jour, du moins de manière constante. Il est entre les mains du chantre, et à Saint-Martial, au début du XIIIe siècle, les charges de chantre et d'*armarius* étaient confondues, et confiées à Bernard Itier.

Les actes copiés dans les *laterculi* sont essentiellement des actes de confraternité, des fondations d'anniversaires ou de messes. On rencontre parfois des actes sans rapport avec la commémoration des défunts, des donations par exemple, comme dans le martyrologe-obituaire de Wissembourg (Wolfenbüttel, Herzog-August Bibl., Weißenburg 45)[19].

Une autre configuration de mise en page offre une semblable tentation : lorsque le texte du nécrologe s'étend sur deux pages en vis-à-vis, en page paire les membres de la communauté, en page impaire les familiers, système générateur d'espaces vides, et abandonné pratiquement dès la fin du XIIe siècle. C'est le cas du premier nécrologe de Saint-Martial de Limoges (Bibl. nat., lat. 5257), les rédactions suivantes répartissant le texte en deux colonnes d'importance inégale sur une même page (Bibl. nat., lat. 5243 et 5245) ; citons encore ceux de Saint-Aubin et de Saint-Serge d'Angers (Bibl. mun. Angers, 831 et 837)[20], celui de Saint-Remi de Reims, (Bibl. mun. Reims, 346), le nécrologe commençant au fol. 138v et s'achevant au fol. 186[21]. De ce fait, le texte du nécrologe commence en page paire. A Saint-Martial, où le nécrologe constitue le deuxième élément textuel, le premier étant le martyrologe dit de Saint-Quentin ou du Pseudo-Florus, le recto du fol. 44 est occupé par des additions d'actes de confraternité. A Saint-Aubin d'Angers, où le nécrologe est le premier élément textuel, le recto du fol. 1 a reçu la copie d'une promesse faite par l'abbé de Saint-Aubin, Jacquelin (1190), de ne pas aliéner les obédiences de l'abbaye et trois actes de confraternité. A Saint-Serge, où le manuscrit est incomplet du commencement et s'ouvre sur le dernier chapitre (LXXIII) de la règle de saint Benoît, le nécrologe ne commence qu'au fol. 4v, les fol. 1v-4 étant occupés par des additions d'actes de confraternité, ainsi que les fol. 64v-65, à la suite immédiate du nécrologe, et 65v.

On doit tenir à jour le nécrologe (tenue qui ne se faisait pas toujours au fil des fondations, tant s'en faut, mais plus souvent par paquets de noms) ; on a sous la main un livre qui offre beaucoup, sinon de pages, du moins d'espaces blancs. Alors, on les utilise pour inscrire d'autres choses, d'abord

---

19. *Répertoire*, n° 2186. La photocopie des actes copiés dans les *laterculi* du martyrologe, fol. 18 et 62, nous a été communiquée par Michel Parisse.

20. *Répertoire*, n° 674 (Saint-Aubin) et n° 679 (Saint-Serge).

21. *Répertoire*, n° 1699. La règle de saint Benoît occupe les fol. 102 à 136, les fol. 136v-138 renfermant des copies d'actes de confraternité, qui se poursuivent fol. 186v-199.

des actes de fondation d'anniversaire, des confraternités, qui sont en rapport direct il est vrai avec la commémoration des défunts, mais aussi d'autres textes, des actes passés en faveur de l'abbaye, des bulles souvent.

Prenons le second livre du chapitre de Saint-Martial de Limoges (Bibl. nat., lat. 5243), tout à fait représentatif du genre :

I. (fol. 1-41) : **Martyrologe d'Usuard.**

fol. 41v-45 : Actes de confraternité (additions).

II. (fol. 45-73 v) : **Règle de saint Benoît**, s'ouvrant sur une peinture (le Christ en majesté, fol. 45).

III. (fol. 73v-88) : **Capitules de Prime.**

fol. 88v-92 v : Actes de confraternité (additions), *avec aux fol. 88v-90 le catalogue des livres de la bibliothèque.*

IV.   (fol. 93-136) : **Nécrologe.**

fol. 136v-142 : Actes de confraternité (additions).

Le second livre du chapitre renferme ainsi, en addition, le plus important recueil d'actes de confraternité conservé pour le France, au nombre de 271 [22]. Les actes de confraternité - de simples notices en général, sans protocole ni eschatocole - constituent une catégorie particulière d'actes, dont la présence dans les *laterculi* d'un obituaire ne doit pas surprendre. On peut avoir directement copié l'acte au jour où la confraternité a été accordée, mais aussi les avoir inscrits en bloc après coup. Le relevé sommaire de ces actes se trouve dans notre répertoire, mais il faut rappeler que des actes de confraternité ont également été copiés dans certains cartulaires.

Ce qui est plus intéressant pour nous est la copie d'autres documents, comme les bulles. Prenons le cas du très beau *Liber capituli* du chapitre cathédral de Béziers, constitué entre 1231 et 1234 (Arch. dép. de l'Hérault, G 59), appellé *Tonsura antiquior* [23]. On trouve en tête et en fin de volume la copie de six bulles, données en faveur de l'église de Béziers, mêlées à des délibérations capitulaires :

fol. 7v-8 : Deux bulles de Nicolas IV, *Licet is de*, Orvieto, 13 février et 15 mai 1291 ;

22. Cf. J.-L. Lemaître, *Mourir à Saint-Martial...* (note 10), p. 521-646.

23. *Répertoire*, n° 3054. L'obituaire a été récemment publié par Henri Barthès, *Les documents nécrologiques du diocèse de Béziers : nécrologes et obituaires du XIe au XVIIe siècle*, Saint-Geniès-de-Fontédit, 1988. Ce ms a été fort mal signalé dans le *Répertoire numérique des Archives départementales antérieures à 1790. Hérault. Archives ecclésiastiques. Série G. Clergé séculier*, rédigé par Marcel Gouron, Montpellier, 1970, p. 3 : «Livre intitulé *Tonsura antiquior.* 1248. Ms parch. 180 fol., 26,5x16 cm. Statuts et privilèges, calendrier avec obits. Additions postérieures». Il renferme des délibérations capitulaires (fol. 6-34v), un obituaire construit sur un martyrologe abrégé (fol. 35-82), le concile d'Aix-la-Chapelle de 816, <constitutions pour les chanoines réguliers> (fol. 83-189), la suite des délibérations capitulaires (fol. 190-199v).

fol. 27v : Bulle d'Innocent IV, *Sic te nobis,* Lyon, 28 février 1246 ;

fol. 34 : Bulle d'Innocent IV, *Licet is te,* Assise, 7 juin 1254 ;

fol. 34v : Bulle de Clément IV, *Vite perennis gloria,* Viterbe, 20 septembre 1266 ;

fol. 199v : Bulle de Clément IV, *Pure devotionis vestre,* Pérouse, 19 mai 1265.

Ces six bulles sont inédites, inconnues de Potthast, et seule l'avant dernière, la bulle de Clément IV du 20 septembre 1265, concession d'indulgence de cent jours pour ceux qui se rendraient dévotement dans l'église de Saint-Nazaire de Béziers le jour de la fête du saint patron et pendant l'octave, est conservée (en copie du XVIIᵉ siècle) dans le fonds du chapitre [24].

Les actes ajoutés dans les livres liturgiques, obituaires et autres, ont trait avant tout à l'histoire ecclésiastique. Mais comment pourrait-il en être autrement, et le compte de Thibaud de Champagne évoqué précédemment fait un peu figure d'happax. Le relevé des textes ajoutés sur les feuillets blancs des livres du chapitre et des obituaires semble un inventaire à la Prévert. On trouve un peu de tout, selon l'humeur du moment. Si l'on prend, par exemple, l'obituaire du chapitre cathédral de Dol, manuscrit du XIVᵉ siècle appelé «le livre rouge» [25], on trouve : un calendrier (fol. 2-4), l'obituaire (fol. 5-57v), puis toute une ribambelle de textes ajoutés au XVᵉ siècle : (fol. 58) une fondation d'obit de 1430 ; (fol. 59-60, et 83-84v) un pouillé dressé à la fin du XIVᵉ siècle [26] ; (fol. 61v) la formule du serment prêté par les évêques avant leur entrée dans l'église de Dol ; (fol. 62-63) une bulle de Boniface VIII, *Quotiens a nobis petitur* ; (fol. 63v) l'état des fêtes à la charge du trésorier ; (fol. 64-80) des actes et délibérations capitulaires ; (fol. 85) une bulle de Jean XXII, *Suscepti regiminis nos,* Avignon, 18 décembre 1318 ; (fol. 85v) une bulle de Benoît XII, *[H]as electionis Paulus,* du 18 décembre 1336 ; (fol. 87v) la liste de ceux qui doivent payer les chapes ; (fol. 88-89v) des statuts capitulaires ; (fol. 90-93) une série d'inventaires dressés en 1440-1441, reliques, livres, chapes et mobilier des chapelles. Le volume se poursuit (fol. 97-132) avec les procès-verbaux de réception d'évêques et de chanoines pour les années 1433-1533. Il s'agit certes là d'un cas-limite, puisque l'obituaire proprement dit n'occupe même pas la moitié du volume.

Il n'y a pas lieu de retenir tous ces textes, puisque seuls nous occupent ici les actes diplomatiques qui peuvent se rencontrer d'aventure dans ces livres, et non l'ensemble des additions faites au hasard des pages blanches.

---

24. Arch. dép. de l'Hérault, G 260. Nous remercions Madame Martine Sainte-Marie, conservateur aux Archives de l'Hérault, qui a bien voulu nous en adresser la photocopie.

25. Arch. dép. d'Ille-et-Vilaine, G 281 [= *Répertoire,* n° 765].

26. Cf. Auguste Longnon, *Pouillés de la province de Tours,* Paris, 1903, p. LXXXVI-LXXXVII, 379-384.

Les livres du chapitre, la catégorie la plus fournie en matière de livres liturgiques, nous permettent d'esquisser un bilan de ce que l'on peut trouver. Il n'est pas tenu compte, pour ce bilan sommaire, des livres ou parties de livres qui ont pu être ajoutées à un obituaire ou un livre du chapitre et rassemblés sous une même reliure (éléments codicologique différent du *Liber capituli* ou de l'obituaire).

Soixante-douze manuscrits, provenant de soixante-cinq maisons, renferment des actes, pour la plupart ajoutés au texte initial [27]. Parmi ces maisons, on compte onze chapitres cathédraux (Aix-en-Provence, Besançon, Béziers, Clermont, Dol, Langres, Le Mans, Reims, Rouen, Sens et Verdun). Les actes ainsi ajoutés dans les livres du chapitre concernent la vie des maisons dont ils proviennent, ce qui est tout-à-fait compréhensible, et touchent souvent des affaires mineures : donations, dont certaines comportent des clauses d'anniversaires, et pourraient être rapprochés des actes de fondation d'anniversaire (que nous n'avons pas retenus), achats ou ventes de rentes. Les actes de portée générale sont très rares. On relève, à Corbie, une sentence d'interdit jetée sur le royaume par le légat Pierre de Capoue en 1198 [28] ; à Sixt, une ordonnance de l'archevêque de Vienne sur le baptême des juifs [29]. Il en va de même des actes royaux : on ne trouve guère qu'un acte de Philippe III pour Sainte-Colombe de Sens (qui voisine avec un arrêt du Parlement de 1279) [30] ; un acte de Philippe Ier pour Saint-Jean-des-Vignes de Soissons [31]. Ce sont incontestablement les bulles, déjà évoquées à travers l'exemple du *Tonsura antiquior* du chapitre cathédral de Béziers, qui dominent et où l'on peut trouver les textes les plus importants, et souvent inédits : vingt-cinq manuscrits en renferment, dont bon nombre d'inédites, absentes des répertoires de Jaffé et de Potthast ou même des *Papsturkunden in Frankreich...*

Un seul exemple suffira, en guise de conclusion, à montrer que les livres liturgiques peuvent être de quelque utilité aux diplomatistes.

Le livre du chapitre Saint-Jean de Montierneuf, à Poitiers (Arch. dép. de la Vienne, H reg. 205), renferme, au fol. 83v, en addition du XVe siècle, la bulle de Calixte II *Nobilis memorie Herveus Fortis* donnée à Autun un 29 décembre, par laquelle le pape prescrit à l'évêque de Poitiers de veiller à l'exécution du don d'un moulin situé sous l'étang de Montierneuf, fait par Hervé Fort. Cette bulle manque dans les *Regesta Pontificum Romanorum* de Jaffé, qui nous permettent de la dater de 1119, car ce même jour le

---

27. Cf. ci-dessous, annexe ; quatre manuscrits pour le chapitre cathédral de Langres, trois pour Corbie, deux pour Saint-Paul de Lyon, deux pour le chapitre cathédral de Rouen

28. *Répertoire*, n° 2008 ; Bibl. nat., lat. 17767, fol. 1.

29. *Répertoire*, n° 2385 ; Genève, Bibl. publique et universitaire, 157, fol. 98v.

30. *Répertoire*, n° 854 ; Sens, Bibl. mun., 44, p. 171.

31. *Répertoire*, n° 1744 ; Bibl. nat., nouv. acq. lat. 713, p. Z (éd. Prou, *Recueil des actes de Philippe Ier*, Paris, 1908, p. 211, n° LXXXII).

pape approuve à Autun un accord passé entre les chanoines de Beaune et les moines de Saint-Étienne de Dijon (J.L. 6796) [32]. Ulysse Robert, dans sa reconstitution du bullaire de Calixte II, parue en 1891, n'en fait pas davantage état [33]. Il faut attendre Wilhelm Wiederhold, en 1911, pour voir éditer cette bulle [34], le grand érudit allemand ne s'attachant pas seulement dans sa recherche des sources aux recueils diplomatiques *stricto sensu* (bullaires ou cartulaires). Le texte en est repris bien sûr par François Villard dans son *Recueil des documents relatifs à l'histoire de Montierneuf de Poitiers*, publié en 1973 [35]. Seule cette modeste copie ajoutée au XVe siècle dans le livre du chapitre de l'abbaye a conservé la trace d'un acte qui ne révolutionne certes pas notre connaissance du pontificat de Calixte II, mais qui livre une pièce supplémentaire à la connaissance du patrimoine de l'abbaye de Montierneuf.

L'apport des livres liturgique à la quête des actes diplomatiques reste donc modeste, mais on ne peut totalement le passer sous silence.

ANNEXE

LIVRES DU CHAPITRE OU OBITUAIRES FRANÇAIS
RENFERMANT DES DOCUMENTS DIPLOMATIQUES

Relevé sommaire fait à partir des notices du *Répertoire des documents nécrologiques français* (note 15), auxquelles nous renvoyons pour plus de détails sur la composition du manuscrit et la place des additions dans celui-ci. Le n° entre parenthèse est celui du *Répertoire*, la date qui suit, celle de composition du volume. Les bulles postérieures à 1304 n'ont pas été identifiées.

Aix-en-Provence, chapitre cathédral.

(3151) Aix, Bibl. mun, Rés. 37.- XIVe siècle.

fol. 163-168 : bulle de Grégoire XI confirmant les statuts du chapitre, 1368 (1re main).

32. Les *Regesta* permettent de suivre le voyage en France de Calixte II, élu à Cluny le 2 février 1119, et qui ne regagna l'Italie qu'à la mi-mars 1120, pour atteindre Rome le 3 juin (J.L. 6682-6834).
33. Ulysse Robert, *Bullaire du pape Calixte II, 1119-1124. Essai de restitution*, Paris, 1891.
34. Wilhelm Wiederhold, *Papsturkunden in Frankreich*, t. VI, *Auvergne, Poitou, Périgord, Angoumois, Saintonge, Marche und Limousin*, Göttingen, 1911 (*Nachrichten der K. Gesellschaft der Wissenschaften zu Göttingen, philologisch-historische Klasse*), p. 26-27, n° 4 ; réimpr. L. Duval-Arnould, *Papsturkunden in Frankreich. Reiseberichte zur Gallia Pontificia*, t. II, *1911-1913*, Città del Vaticano, 1985 (*Acta Romanorum Pontificum*, 8), p. 624-625 [VI, 4].
35. François Villard, *Recueil des documents relatifs à l'abbaye de Montierneuf de Poitiers (1076-1319)*, Poitiers, 1973 (*Archives historiques du Poitou*, 59), p. 98-99, n° 63.

Amiens, chapitre cathédral.

(1988) Arch. dép. Somme, 4 G 2975.- XIVᵉ siècle.

fol. 148 : acte de l'évêque d'Amiens Robert du Fouilloy, 1318.

Angers, abbaye Saint-Aubin.

(676) Angers, Bibl. mun. 288 (279).- XIIᵉ-XIVᵉ siècle.

fol. 181-183 : lettres de Barthélemy de Vendôme, archevêque de Tours, 1180 (éd. Broussillon) ; fol. 183 : Acte de Juhel de Mathefelon, 1241.

Beaune, collégiale Notre-Dame.

(181) Beaune, Bibl. mun. 16.- XIIIᵉ siècle.

fol. 1 : copie de chartes, 1248, 1263, s.d. ; fol. 2v : acte, 1258.

Besançon, chapitre cathédral.

(2189) Besançon, Bibl. mun., 711.- XIIIᵉ-XIVᵉ siècles.

fol. 227v : acte d'Adeline, abbesse de Baume et d'Huric, abbé de Lure, promettant obéissance à l'église de Besançon, s.d.

Béziers, chapitre cathédral.

(3054) Arch. dép. Hérault, G 59.- milieu XIIIᵉ siècle.

fol. 7v-8 : bulle de Nicolas IV, *Licet is de*, 13 février et 15 mai 1291 ; acte de vente, 1249 ; dons au chapitre, 1243, 1266 ; bulle d'Innocent IV, *Sic te nobis*, 1246 ; Id., 1254 ; bulle de Clément IV, *Vite perennis gloria*, 1266 ; Id., *Pure devotionis vestre*, 1265.

Châlons-sur-Marne, abbaye de Saint-Pierre-aux-Monts.

(1760) Châlons-sur-Marne, Bibl. mun. 74 (82).- XIIᵉ-XIIIᵉ siècles.

fol. 133 : bulle d'Alexandre III 1171/72 (J.L. 812096) ; fol. 274, acte de l'abbé Nicolas, 1274 ; fol. 276, acte de Jean de Trie, 1367.

Château-Chalon, abbaye.

(2241) Dôle, Bibl. mun., 309.- 1416.

[fol. 9-10v] : bulle *Excellentissimus corpus et sanguinis* d'Eugène IV, 1433, 26 mai.

Cîteaux, abbaye.

(287) Dijon, Bibl. mun. 633 (378).- XIIIᵉ siècle.

fol. 155v-156v : acte de Jean de Cirey, 1501.

Clairvaux, abbaye.

(218) Troyes, Bibl. mun. 1093.- XIIᵉ-XIIIᵉ siècles.

fol. 90-92 : charte de Guillaume, abbé de Clairvaux, 1239 ; fol. 137-139v : Bulle d'Alexandre III *Sacrosancta Romana ecclesia* (J.L. 11226) ; fol. 143-165 : Bulle *Fulgens sicut stella*, 10 juin 1336 ; fol. 165-168 : Bulle *Pastor diligens*, s.d. ; fol. 168 : bulle *Regularem vitam.* ;- fol 173-180v : actes concernant Clairvaux.

Clermont[-Ferrand], chapitre cathédral.

(2508) Arch. dép. Puy-de-Dôme, 3 G supl. 15. XIIIᵉ siècle.

fol. 21-22v : transaction entre le chapitre et les Frères mineurs de Clermont, 1296, avec confirmation, 1314-1328.

Corbeil, paroisse Saint-Nicolas.

(1392) Bibl. nat., lat. 5185 EE.- XVIᵉ siècle.

fol. 65v-66v : bulle de Martin V, 26 mai 1423.

Corbie, abbaye.

(2008) Bibl. nat., lat. 17767.- XIIᵉ siècle.

fol. 1 : sentence d'interdit jetée sur le royaume par le légat Pierre de Capoue, 1198. Bulles d'Alexandre III, *Relatum est nobis*, 1172 (J.L. 12108), *Quam amabilis Deo*, 1163 (J.L. 10872), *Ex insinuatione bone* 1178-1180 (J.L. 13588). 2 actes de Jean, abbé de Corbie, 15 avril et 11 mai 1172 ; fol. 184, bulle d'Alexandre III, *Cum velitis utilitati*, 1176-1179 (J.L. 13239) ; fol. 197v : bulle d'Alexandre III, *Ex transmissa narratione*, 1164-1165 (J.L. 11132).

(2009) Bibl. nat., lat. 17768.- XIIᵉ siècle.

fol. 104-106 : copie des bulles d'Alexandre III, *Cum velitis utilitati* (J.L., 13239), *Relatum est nobis* (J.L. 12108), *Quotiens a nobis patitur*, Tusculum II non. dec. (J.L.-), *Cum monasterium vestrum*, Vérone, X kal. jul. (J.L.-). Actes de Jean, abbé de Corbie, 1172. ; fol. 122v : bulle d'Alexandre III, *Ex transmissa narratione*, 1164/65, (J.L., 11132). ; fol. 155v-158v : bulle d'Innocent III, *Ad nostram noveritis*, Latran, XIII kal. jun 1204 (Potthast-). Acte d'Hugues, comte de Saint-Paul, 1201.- Arbitrage de Philippe II, incomplet de la fin (la date manque)

(2010) Bibl. nat., lat. 17770.- XIVᵉ siècle.

fol. 192-196 : copie des actes des mss précédents.

Cysoing, abbaye.

(1887) Lille, Bibl. mun., 561 (7).- XIIIᵉ siècle.

fol. 46v-47 : acte de Renaud, archevêque de Reims, 1128.

Deuil, prieuré.

(1223) Saumur, Bibl. mun., 15.- XIVᵉ siècle.

fol. 56 : acte du prieur Hugues (éd. Paul Marchegay, *Chartes de Saint-Florent de Saumur*, p. 141-142).

Dijon, abbaye Saint-Bénigne.

(237) Troyes, Bibl. mun., 210.- XIVᵉ siècle.

fol. 72v, à la suite de la traduction de la règle de saint Benoît : charte de Pierre, abbé de Saint-Bénigne, 1262.

Dol, chapitre cathédral.

(765) Arch. dép. Ille-et-Vilaine, G 281.- XIVᵉ siècle. («livre rouge»).

fol. 62-63 : bulle de Boniface VIII. ; fol. 85 : bulle de Jean XXII. ; fol. 85v : bulle de Benoît XII.

Faremoutiers, abbaye.

(1472) Arch. dép. Seine-et-Marne, 331 H 5.- XIIIᵉ siècle.

fol. 2 : acte de l'abbesse Sybille, 1260. Donation de Jean dit Jouvenel, s.d. ; fol. 124 : 3 donations, 1192, s.d.

Fesmy, abbaye.

(1861) Cambrai, Bibl. mun., 825 (730).- XIIe siècle.

fol. 95 : bulle de Pascal II, *Religionis desideriis dignum*, 20 mai 1107 (J.L.-). ; fol. 95v : donation d'églises par Eudes, évêque de Cambrai, 1109.

Jard (Le), abbaye.

(827) Melun, Bibl. mun., 59.- XIIIe siècle.

fol. 85v-85 *bis* : acte de Philippe de Marigny, archevêque de Sens, 1310 ; acte de Barthélemy, prieur du Jard, 1271 ; fol. 105 : acte de 1233 ; acte de Gilbert, abbé de Notre-Dame de Jully (inachevé).

Jumièges, abbaye.

(365) Rouen, Bibl. mun., U 50 (1226).- XIVe-XVe siècles.

fol. 234 : acte de Jacques d'Amboise, abbé de Jumièges, 1481 ; formulaire de lettres de Jean V de La Cauchie, abbé de Jumièges, 1435.

Langres, chapitre cathédral Saint-Mammès.

(205) Chaumont, Bibl. mun., 38 (127).- XIIIe siècle.

fol. 191v : acte de Renaud Forez, archevêque de Lyon, 1219, add.

(207) Arch. dép. Haute-Marne, 2 G 112.- XVe siècle.

fol. 3 : actes des abbés de Molesme et de Beaulieu (concernant la célébration d'offices des morts, XVe siècle).

(208) Langres, Bibl. mun., 52-53.- XVe siècle.

fol. 1v-3 : actes divers, 1278-1645 ;- lettres des abbés de Molesme et Beaulieu, conventions passés pour la fondation d'anniversaires.

(209) Bibl. nat., lat. 5191.- XVIe siècle (avant 1517).

fol. 258-280v : actes concernant le chapitre de Langres

Limoges, abbaye Saint-Martial.

(2768) Bibl. nat., lat. 5245.- XIIe-XIIIe siècles.

fol. 164v : accord entre les habitants du Château et l'abbaye au sujet de la fortification du Château, 1212.

Longueville, prieuré.

(369) Bibl. nat., lat 5198. XIVe siècle.

fol. 60-62 : achat de rentes, 1385-86 ; acte de Guillaume Rambaud, prieur, 1459 ; rentes achetées par Hélie Jacob, ancien prieur, 1375-93.

Lyon, collégiale Saint-Paul.

(122) Lyon, Bibl. mun., Coste 341.- XIIIe siècle.

fol. 52v: acte de 1207. Ventes au chapitre.

(123) Arch. dép. Rhône, 13 G 99.- XIVe siècle.

fol. 6 : acte de Guillaume, archevêque de Lyon, 1326, et acte de 1293 au v.

Mâcon, prieuré Saint- Pierre.

(302) Bibl. nat., lat. 5254.- XIIe siècle.

fol. 94 : lettre de l'archevêque de Besançon (éd. Guigue, *Necrologium*, n° XXIV) : fol. 95 : acte d'Étienne, chanoine de Saint-Pierre, c. 1140 (éd. *ibid.*, n° XXV).

Mans (Le), chapitre cathédral.

(604) Le Mans, Bibl. mun., 244.- XIIIe siècle.

fol. 216-217 : actes de 1376 et 1370. ; fol. 282 : note sur l'aliénation de l'or du frontal de la châsse de saint Julien, pour les pauvres, XIIIe siècle. ; fol. 282v : actes de Maurice, évêque du Mans, 1225, 1228.

Mans (Le), abbaye Saint-Pierre de la Couture.

(622) Le Mans, Bibl. mun., 238.- XVIe siècle.

fol. 123- v : accord entre la Couture et le prieuré de Saint-Victor au Mans.

Mont-Saint-Michel (Le), abbaye.

(459) Avranches, Bibl. mun. 214.- XIIIe siècle.

p. 335-368 : analyses ou copies d'actes passés en faveur de l'abbaye.

Montebourg, abbaye.

(555) Bibl. nat., lat. 12885.- 1448.

fol. 2 : textes sur l'Angleterre. ; fol. 8 : acte de Gui de Montmorel, abbé de Montebourg, 1504.

Narbonne, collégiale Saint-Étienne.

(3049) Bibl. nat., lat. 5255.- XIVe siècle.

fol. 2 : testament de Guillaume, *monetarius* de Narbonne, 20 mars 1210.

Nice, cathédrale Notre-Dame (chapelle Saint-Barthélemy).

(3287). Dépôt actuel inconnu (Missel adapté à l'usage de Nice, renfermant un livre des sépultures des chapelains de la chapelle Saint-Barthélemy).- XVe siècle.

fol. 7v-11 : bulle d'Innocent VIII, 12 juin 1489 (fondation de la chapelle).

Paris, abbaye Sainte-Geneviève.

(1285) Paris, Bibl. Sainte-Geneviève, 1293.- XIVe-XVIe siècle.

fol. 202 : bulle *Laudabilis religio que* d'Alexandre IV, 27 mars 1257 (copie XVe siècle).

Paris, abbaye Saint-Germain-des-Prés.

(1293) Bibl. nat., lat. 13882.- XIIe siècle.

fol. 90v (fin du nécrologe)-100 : add. diverses, dont fol. 91, acte d'Hugues abbé de Saint-Germain ; bulle d'Alexandre III Pervenit *ad audientiam*, 1163 (J.L. 10981).

Paris, prieuré Saint-Martin-des-Champs.

(1310) Bibl. nat. lat. 17742.- XIVe siècle.

fol. 328v : acte du sous-prieur Jean, 1347 ; du prieur, 1349 ; fol. 332v-333 : donation par Hugo Warnerii ; fol. 333-334 : actes de donations.

Paris, abbaye Saint-Victor.

(1316) Bibl. nat., lat. 14763.- XVe siècle.

fol. 53, bulle de Grégoire IX, *Quia nimis abusivum*, 1231 (Potthast 8700). ; fol. 57, lettre de Jean de Poitiers, à Pierre chanoine de Saint-Martin de Troyes.

Poitiers, abbaye Saint-Jean de Montierneuf.

(2922) Arch. dép. Vienne, H reg. 209.- XVe siècle.

fol. 3-17 : copie XVe siècle. de 3 actes, 1274-1234 et de 10 bulles, 1096-XVe siècle ; fol. 83v : bulle *Nobilis memorie Herveus Fortis* de Calixte II, 29 décembre 1119 (J.L.- ; U. Robert- ; éd. Wiederhold VI, p. 26, n° IV [éd. L. Duval-Arnould, p. 26] et F. Villard, *Recueil de documents...*, 63).

Pontlevoy, abbaye.

(969) Blois, Bibl. mun., 44.- XIIe siècle.

fol. 147-151, add. (XIIIe-XVe siècle) d'actes numérotés 2 *bis*-32 : ventes (1190), assignation de biens (XIIIe siècle), dons à l'abbaye.

Provins, abbaye Saint-Jacques.

(840) Provins, Bibl. mun., 237.- XVe siècle.

fol. 119-152 : bulle *Ad decorem ecclesie* de Benoit XII pour les chanoines réguliers, 11 mai 1339 < copie de première main >.

Reims, chapitre cathédral.

(1678) Arch. dép. Marne, dépôt annexe de Reims, G 661 (1).- XIIIe siècle.

fol. 134-149 : addition d'actes et de bulles. Cf *Inv. somm.*, II, 2 p. 48-51.

Reims, Saint-Remi.

(1699) Reims, Bibl. mun., 346.- XIIe siècle.

fol. 5 : règlement des engagements souscrits par l'abbaye avec l'abbé de Mont-Saint-Jean, 1328 ; fol. 99v-100 : accord sur le moulin de Courtisols entre l'abbé Odon (1118-1151) et Mathilde, soeur de Jean de Châlons.

Rouen, chapitre cathédral.

(320) Arch. dép. Seine-Maritime, G 2094.- XIIIe siècle.

p. 3 : acte de Guillaume, év. de Séez, 1297. ; p. 13-26 : 28 actes de donation au chapitre, 1199-1226. ; p. 213 : acte du doyen du chapitre, 1271.

Rouen, chapitre cathédral.

(321) Rouen, Bibl. mun., Y 82 (1194).- XIVe siècle.

fol. 119-120 : acte de l'évêque d'Évreux, 1376/83.

Saint-Claude, abbaye.

(68) Besançon, Bibl. mun., 767.- XIVe siècle.

fol.117-118 : bulle d'Innocent IV, adressée à l'abbé de la Chaise-Dieu, *Ex parte dilecti fili*, 21 novembre 1253 (Potthast-).

Saint-Amand, abbaye.

(1894) Tournai, Bibl. mun., 25 (détruit).- XVIe siècle.

fol. 225-227 : privilège de Martin Ier.

Saint-Émilion, abbaye.

(2873) Arch. dép. Gironde, G 902.- XIIe siècle.

fol. 83v : bulle de Léon IX, *Relatum est auribus*, 20 avril 1052 (J.L. 4269) ; fol. 163v : 3 donations à Saint-Émilion, XIIe-XIIIe siècles.

Saint-Gilles-du-Gard, abbaye.

(3071) Londres, British Library, Add. 16979.- XIIe siècle.

fol. 63 : bulle de Lucius III, *In corrigendis que*, 1183 (J.L. 14829).

Saint-Guilhem-du-Désert, abbaye.

(3077) Montpellier, Bibl. mun., 13.- XIIIe siècle.

fol. 83v : lettre de l'abbé de Saint-Guilhem à Raymond de Mostuejols, 1238 (éd. *Gall. christ.* VI, 596 et Baluze, *Vitae*, éd. G. Mollat, t. III, p. 450-451).

Saint-Thierry, abbaye.

(1705) Reims, Bibl. mun., 349.- XIVe siècle.

fol. 79 : accord entre Raoul, abbé de Saint-Thierry et l'abbé de Sainte-Colombe de Sens pour l'entretien d'un écolier, 1338.

Senlis, collégiale Saint-Rieule.

(1914) Provins, Bibl. mun., 42 (12).- XIVe siècle.

fol. 211 : accord entre le chapitre et le curé de Sainte-Geneviève de Senlis, 1400.

Sens, chapitre cathédral.

(806) Sens, Bibl. mun., 45.- XIIIe siècle.

p. 283-288 : lettres d'Eudes, évêque de Tusculum, légat, proscrivant la fête des fous, 1245 ; p. 286-288 : actes réglant les différends entre l'archevêque et le chapitre, 1253, 1271, 1280, 1284.

Sens, Célestins.

(849) Londres, British Library, Add. 17942.- XVe siècle.

fol. 117v-119 : acte de l'abbé de Sulmona (Italie), 1417. ; Bulle de Célestin V pour Sulmona, 27 novembre 1294 (Potthast-).

Sens, abbaye Sainte-Colombe.

(854) Sens, Bibl. mun., 44.- XIIIe siècle.

p. 135 : donation par Pierre de Saint-Clément, 1241 ; p. 171 : copie d'un arrêt du Parlement, 1279 ; copie d'un acte de Philippe III pour Sainte-Colombe, 1281 ; p. 360-378 (après l'obituaire) : inventaire du trésor, distributions, acte de Philippe, abbé de Sainte-Colombe, 1356, (p. 374, récit de miracle), acte de 1290 en faveur de Sainte Colombe.

Sixt, abbaye.

(2385) Genève, Bibl. publ. et univ., lat. 157.- XIIIe siècle.

fol. 98v : ordonnance de l'archevêque de Vienne sur le baptême des juifs, c. 1060.

Soissons, abbaye Saint-Jean des-Vignes.

(1744) Bibl. nat., nouv. acq. lat. 713.- XVIe siècle < copie >.

p. X-Y : charte de Thibaud, évêque de Soissons, 1072-1080 ; p. Z, acte de Philippe Ier (éd. Prou, p. 211, n° LXXXII) ; confirmation des constitutions de Saint-Jean-des-Vignes par Urbain II, 1091 *Justis votis assensum* (J.L. 5391).

Solignac, abbaye.

(2797) Bibl. nat., nouv. acq. lat. 214.- XIIe-XIIIe siècles.

fol. 107 : donation d'un cens par Aimeric Gautier, 1157 ; fol. 169v-170 : donation de Boson d'Eschizadour, 1151 (éd. L. Delisle dans *Bibliothèque de l'Ecole des chartes*, 1877, 217-218).

Val-des-Choux (Le), Grand prieuré.

(268) Arch. dép. Allier, H 202.- XIIIe siècle.

fol. 75 : Bulle d'Innocent III, 1205 (Potthast 2410).

Vendôme, abbaye de la Trinité.

(977) Vendôme, Bibl. mun., 161.- XIIe-XIIIe siècles.

fol. 87 : acte de l'abbé Luc, 1199 (éd. Métais, *Cartulaire*, II, p. 494-495) ; fol. 130 : acte de l'abbé Robert, 1157 (éd. *Ibid.* II, 339-401).

Verdun, chapitre cathédral.

(1646) Verdun, Bibl. mun., 6.- XIIIe siècle.

fol. 105 : acte du doyen et du chapitre, 1372 ; fol. 312 : testament d'Adam, aumônier et chapelain, XIIIe siècle.

Verdun, abbaye Saint-Airy.

(1656) Verdun, Bibl. mun., 10.- XIe-XIIe siècle.

fol. 156v : lettre de l'abbé de Saint-Urbain (Chalon) à l'abbé de Saint-Airy, 1360.

Verdun, abbaye Saint-Nicolas des Prés.

(1660) Verdun, Bibl. mun., 21.- XIIIe siècle.

p. 431-432 : bulle de Boniface VIII, *Clericis laicos infestos*, 1296 (Potthast 24291).

Verdun, abbaye Saint-Paul.

(1662) Verdun, Bibl. mun. 12.- XIe-XIIe siècles.

fol. 50 < inséré, XIIIe siècle > supplique de A., évêque de Verdun, à Innocent II pour la réforme de Saint-Paul (1132-1138).

Vienne, abbaye Saint-Pierre.

(2369) Coll. part.- XIIe siècle.

fol. 16 : donation par Hismido, 1161 ; 5 notices de donation, 4 s.d., 1 de 1135.

Wissembourg, abbaye.

(2186) Wolfenbüttel, Herzog. Aug. Bibl., Weißenburg 45.- XIIe siècle.

fol. 18, 62 : actes ajoutés dans le nécrologe ; fol. 190, acte de l'abbé Samuel, 1072 (éd. Mooyer, p. 48-49).

Yerres, abbaye.

(1360) Bibl. nat., lat. 5258.- XIIIe siècle.

fol. 79v : Confirmation d'une donation faite par Maurice de Sully (1162-1196).

REMARQUES ET DISCUSSION

Pierre GASNAULT : *Aux exemples d'actes insérés dans des livres liturgiques, j'ajouterais, en me fondant sur un missel de l'abbaye de Saint-Martin de Tours, les formules de serment des dignitaires de l'Eglise, des actes de confraternité avec d'autres églises et même dans ce même missel un censier.*

Jean-Loup LEMAÎTRE : *On trouve en effet un peu de tout dans les livres liturgiques. Je me suis toutefois limité ici aux actes «diplomatiques» stricto sensu, ne prenant d'ailleurs pas même en compte les actes de confraternité dans le cas des Livres du chapitre, puisque l'on peut dire qu'ils en sont une des composantes, au même titre que les obits et anniversaires. Il faut aussi bien considérer la composition du manuscrit, s'en tenir aux éléments codicologiques homogènes, et éliminer systématiquement les textes qui ont pu être reliés après coup, sans que l'on puisse déceler a priori un lien entre chaque partie. On voit mal en effet quelle peut être l'utilité d'un censier pour la célébration de la messe. Par contre, la présence de serments de dignitaires est en effet fréquente, montrant que le livre en question sert lors leur réception. Le livre du chapitre des Célestins de Marcoussis, du XVᵉ siècle (München, Bayerische Staatsbibl., Clm 10171) renferme aux fol. 49-55 v le cérémonial de la profession ainsi que les serments prêtés par les nouveaux frères ou les oblats. Le ms G 47 des Archives dép. de l'Aveyron, vers 1330, est constitué principalement d'un calendrier liturgique du chapitre cathédral de Rodez, suivi d'un* Ordo *processionnel, qui se termine avec le serment prêté au chapitre par le nouvel évêque, mais aussi avec les serments des chanoines, des hebdomadiers, des vicaires et des choriers, au moment de leur réception. On rejoint là un type particulier de livre, le livre juratoire, également en usage dans les consulats.*

Hubert GUILLOTEL : *L'absence de cartulaire aurait-elle pu expliquer l'utilisation des nécrologes pour transcrire des actes ?*

Jean-Loup LEMAÎTRE : *En aucun cas. On ne peut rien tirer en la matière des arguments* a silentio, *car l'absence actuelle d'un cartulaire ne signifie pas qu'il n'y en a pas eu. Prenez l'exemple de Saint-Martial de Limoges, les trois livres du chapitre renferment quantité d'actes. Il n'y a pas de cartulaire conservé, sauf pour l'aumônerie, mais nous savons par les inventaires anciens qu'il y avait au XIIIᵉ siècle un* Cartularium vetus *et un* Cartularium novum *(cf. H. Duplès-Agier, Chroniques de Saint-Martial de Limoges, Paris, 1874, p. 317). De toute manière, les actes copiés dans les livres liturgiques sont en général peu nombreux, sans continuité entre eux dans la plupart des cas (sauf copie groupée, comme les actes de la Bible de la Grande Chartreuse), et attestent vraiment d'une pratique occasionnelle, liée comme j'ai essayé de le montrer, à l'attrait exercé sur quelques scribes par les pages blanches qu'ils renferment assez souvent.*

Michel PARISSE : *Aux exemples que vous avez donnés concernant les livres liturgiques,*

*je voudrais en ajouter deux : dans un manuscrit de Saint-Vanne de Verdun figurent
les trois plus anciens actes de caractère féodal de Lorraine. Dans une bible de
Metz (ms 2) se trouve une liste des prébendes des chanoines de la cathédrale.
Une liste de même type figure dans le cartulaire du chapitre de Verdun.*

Jean-Loup LEMAÎTRE : *Je n'ai donné volontairement ici qu'un choix restreint
d'exemples... On trouvera en appendice à ma communication le relevé sommaire
des actes figurant dans les livres du chapitre français (d'après le* Répertoire des
documents nécrologiques français, *Paris, 1984-1987). Je rappelle que même la
France, pourtant bien pourvue grâce aux travaux du chanoine Leroquais, est loin
de disposer du relevé complet de ses manuscrits liturgiques, et surtout d'un relevé
précis, car les notices du* Catalogue général des manuscrits des bibliothèques publiques
de France, *qu'il s'agisse de la série in-4° ou de la série in-8°, sont souvent très
mauvaises et très incomplètes en la matière. Je vous renvoie là-dessus à la leçon
inaugurale du chanoine Leroquais à la V° Section de l'Ecole Pratique des Hautes
Etudes, le 13 novembre 1931 (*Les manuscrits liturgiques latins du haut Moyen
Age à la Renaissance, *Paris, 1931). Cela dit pour attirer l'attention des rédacteurs
de catalogues sur l'intérêt qu'il y a à ne pas négliger les «pièces annexes», mais
aussi pour rappeler l'ampleur du travail restant à faire en matière de catalogues
de livres liturgiques. Il faudrait méditer l'exemple de la Suisse et de l'*Iter Helveticum
dirigé par Pascal Ladner.

Illo HUMPHREY : *Y a-t-il des notations musicales dans des cartulaires consultés ?
Avez-vous rencontré, dans les cartulaires que vous avez étudiés, des gloses
accompagnées de signes de renvoi ?*

Jean-Loup LEMAÎTRE : *Sur le premier point, la réponse est* a priori *non, mais
je n'ai pas vu, tant s'en faut, les quelques 4500 cartulaires répertoriés par Stein,
et l'on sait combien son répertoire est incomplet. Il n'y a aucune raison de trouver
des notations musicales dans un cartulaire en tant que tel. Mais, si l'on considère
la chose en prenant l'inverse de mon propos -y a-t-il des textes liturgiques dans
les cartulaires- je répondrai oui, comme il y a des textes diplomatiques dans les
livres liturgiques. Et je peux au moins vous en citer un exemple, celui du cartulaire
de chapitre collégial Saint-Avit d'Orléans (Bibl. nat., ms lat. 12886 = Stein 2809,)
qui s'ouvre avec un calendrier-obituaire, fol. 1-23 (Lemaître 1184), et se poursuit
avec un censier, fol. 24-27. Le cartulaire commence au fol. 28 et s'achève au
fol. 117, en laissant de nombreux feuillets blancs qui ont été utilisés après coup
pour copier des listes de revenus, des formules de serment, etc. et au fol. 45-
46 la fondation d'un* Mandatum, *cérémonie du lavement des pieds le Jeudi Saint
par le chanoine Bauclat, avec la copie de l'office, et sa musique notée. On a
également recopié à la fin du volume le répons* Sanctus miro quem, *tiré de l'office
de saint Aignan, avec sa musique en notes carrées sur portées de 4 lignes (cf.
fac-sim. dans G. Vignat,* Cartulaire du chapitre de Saint-Avit d'Orléans, *Orléans,
1886, pl. face p. 174).*

Quant à la seconde question, la réponse est également non, du moins si l'on entend par «gloses» des commentaires ou des interprétations du texte. On trouve bien sûr des annotations marginales, tardives, et souvent dénuées d'intérêt, comme des rappels de noms de personne ou de lieu, ou des commentaires qui prêtent parfois à sourire, comme cette «glose» du cartulaire de la chartreuse de Bonnefoy (Arch. dép. de l'Ardèche, 4 H 11), au fol. 34, accompagnant un acte en langue d'Oc : «Nota. Cet acte est en patois gaulois...».

ÉVOLUTION ET ORGANISATION INTERNE DES CARTULAIRES RHÉNANS DU MOYEN ÂGE

par

Dietrich LOHRMANN

La copie organisée de documents d'archives dans les livres appelés cartulaires commence tôt sur les bords du Rhin. Elle apparaît dès l'époque carolingienne et se maintient, comme partout ailleurs, jusqu'à l'époque moderne. Pendant ce temps long, les régions rhénanes ont subi de profondes transformations politiques et administratives dont il serait tentant de chercher le reflet dans la structure de ces volumes.

Une telle étude demanderait de longs travaux préparatoires dans les archives. Pour ma part, j'ai dû me limiter à quelques sondages dans les archives de Cologne et de Düsseldorf, utilisant par ailleurs une série d'études, souvent anciennes, de cartulaires monastiques plus ou moins célèbres. La variété qui se manifeste dans ces recueils est remarquable. Comme établissements-auteurs, les monastères viennent d'abord largement en tête, suivis par les chapitres et les évêchés à partir du XIIe siècle, rejoints enfin, sur la fin du XIIIe et le début du XIVe siècle, par les villes et les principautés territoriales.

Sur le plan pratique, l'Allemagne attend toujours un répertoire spécialisé, comparable à ceux qui existent pour la France, l'Angleterre et la Belgique [1]. Dans le domaine des publications imprimées, à l'exception notoire de la Bavière, l'Allemagne est en effet un pays à *Urkundenbücher*, un pays à recueils d'actes imprimés, dont il existe une masse considérable [2], mais non à cartulaires

---

1. Henri Stein, *Bibliographie générale des cartulaires français*, Paris, 1907. G.R.C. Davis, *Medieval cartularies of Great Britain*, Londres, 1958. *Inventaire des cartulaires conservés dans les archives de l'Etat en Belgique*, Bruxelles, 1895 ; *Inventaire des cartulaires conservés en Belgique ailleurs que dans les dépôts des archives de l'Etat*, Bruxelles, 1899 ; *Inventaire des cartulaires belges conservés à l'étranger*, Bruxelles 1899.

2. Pour la période 1970-1989, Rudolf Schieffer, *Neuere regionale Urkundenbücher und Regestenwerke*, dans *Blätter für deutsche Landesgeschichte*, t. 127, 1991, p. 1-18, n'énumère pas moins de 74 publications nouvelles.

édités. Cette lacune a été signalée dès 1907 par Henri Stein, qui a relevé à juste titre que les objectifs d'un tel instrument de recherche n'étaient en rien remplis par le premier volume du «Guide à travers la littérature des recueils d'actes», publié en 1885 par Hermann Oesterley [3]. Ce répertoire, déjà plus que centenaire, enregistre bien de nombreuses publications de documents, mais les éditions de cartulaires proprement dits qu'il signale sont extrêmement rares. Il n'y a pas là que défaut de recensement, il y a surtout tradition de travail : de nos jours encore, on recule devant l'édition de cartulaires. Dans la vaste zone qui s'étend de la région du Rhin moyen (Spire, Worms, Mayence) jusqu'à l'embouchure du Vieux-Rhin au-delà d'Utrecht, je n'en connais, sans chercher plus en détail, que trois ou quatre, à savoir les deux éditions des *Traditiones* de Wissembourg (IXe siècle) par Zeuß et par Doll [4], celle du célèbre *Lorscher Codex/Codex Laureshamensis* (fin XIIe siècle) par Glöckner [5], et enfin la belle publication récente d'un cartulaire-censier, l'*Oculus memoriae*, établi vers 1211 par les Cisterciens d'Eberbach, près de Mayence [6].

Faut-il conclure de cette rareté des éditions que ce type de cartulaires est plutôt rare, pas très riche ou peu intéressant? Une telle conclusion fausserait bien au contraire les proportions réelles, elle nous priverait d'une perspective essentielle. La recherche allemande du XIXe siècle a tout simplement préféré les classements chronologiques, et essayé très tôt de mettre à la disposition des historiens des recueils qui dépassent le cadre des institutions isolées. Elle a voulu servir des provinces entières, en s'appuyant sur les grands dépôts d'archives nouvellement créés par l'administration prussienne, soit à Coblence, soit à Düsseldorf ou ailleurs. A Düsseldorf, Theodor Lacomblet sort dès 1840 le premier volume de son monumental *Urkundenbuch für die Geschichte des Niederrheins*. A Coblence, Heinrich Beyer fait de même, dès 1860, pour le premier des trois volumes de l'*Urkundenbuch zur Geschichte der Mittelrheinischen Territorien* [7]. Depuis lors, la recherche rhénane a toujours

3. Herrmann Oesterley, *Wegweiser durch die Litteratur der Urkunden-Sammlungen*, 2 vol., Berlin, 1886.

4. *Traditiones possessionesque Wizenburgenses*, éd. C. Zeuss, Spire, 1842 ; *Traditiones Wizenburgenses. Die Urkunden des Klosters Weissenburg, 661-864*, éd. Karl Glöckner et Anton Doll, Darmstadt, 1979 [= Stein 4149].

5. *Codex Laureshamensis*, éd. K. Glöckner, 3 vol., Darmstadt, 1929 (réimpr. 1975). Une première publication, également en trois volumes, avait été donnée dès 1768-1770, par Andreas Lamey, à la demande de l'Académie palatine de Mannheim.

6. Heinrich Meyer zu Ermgassen, *Der Oculus Memorie. Ein Güterverzeichnis von 1211 aus Kloster Eberbach im Rheingau*, 3 vol., Wiesbaden, 1981-1987 (t. I, *Einführung und quellenkritische Untersuchungen* ; t. II, *Edition* ; t. III, *Index zur Edition*).

7. Il va sans dire que ces grands recueils, toujours indispensables, ne donnent que les textes considérés à l'époque comme les plus importants ; ils privilégient donc l'histoire dynastique, institutionnelle ou territoriale, au détriment de l'économie et des faits sociaux. De nombreuses éditions ont paru par la suite dans les revues régionales, dont je ne mentionne ici que les plus

privilégié les recueils ou régestes chronologiques, et ce n'est que récemment que semble se manifester une orientation vers les témoins matériels de l'administration médiévale : on le voit avec l'édition de l'*Oculus memorie*, déjà mentionnée, comme avec l'analyse des cartulaires de l'électeur de Trèves, Baudouin de Luxembourg (1307-1354), par Johannes Mötsch, archiviste à Coblence [8].

Après un survol de la production de cartulaires dans la zone rhénane, je m'attacherai à deux aspects : les motifs de la compilation de certains d'entre eux ; l'organisation interne de ces volumes.

I. L'EVOLUTION DU GENRE DU IXe AU XIVe SIECLE

Quant à l'âge des principaux cartulaires rhénans, ma présentation sera très rapide. Pour le IXe siècle, il faut rappeler tout de suite l'unique volume conservé parmi les huit écrits à Fulda, à l'initiative de l'abbé Raban Maur (822-842), car c'est bien un cartulaire rhénan : il contient les titres des biens de Fulda dans la région de Worms, du Rheingau et du Nahegau [9]. Raban

connues et les plus utilisées : *Annalen des Historischen Vereins für den Niederrhein* (192 fasc. à partir de 1848), *Westdeutsche Zeitschrift für Geschichte und Kunst*, publiée par Karl Lamprecht, entre 1882 et 1913 (cf. ci-dessous, note 29), *Rheinische Vierteljahrsblätter* (53 vol. depuis 1931), *Jahrbuch für westdeutsche Landesgeschichte* (16 vol. depuis 1975). Les très riches registres, «Kopialbücher» et cartulaires de la ville de Cologne ont été analysés (ou publiés in extenso) à partir de 1882 dans les importantes *Mitteilungen aus dem Stadtarchiv von Köln* (index des fasc. 1-60 publié par Wilhelm Lensing, Cologne, 1970). Plusieurs communautés monastiques comme les Cisterciens de Heisterbach ou d'Altenberg, les Prémontrés de Steinfeld et les églises d'Aix-la-Chapelle, ont reçu un recueil d'actes parmi les *Publikationen der Gesellschaft für rheinische Geschichtskunde* ; voir en particulier Erich Wisplinghoff, *Rheinisches Urkundenbuch. Ältere Urkunden bis 1000*, t. I, Aix-la-Chapelle-Deutz-Bonn, 1972. - Pour les quatre volumes de l'*Urkundenbuch für die Geschichte des Niederrheins*, de Theodor Josef Lacomblet (Düsseldorf, 1840-1858, réimpr. Aalen, 1966), il existe un supplément donnant les cotes actuelles des documents (*Nachweis der Überlieferung*), publié par les soins de Wolf-Rüdiger Schleidgen, Siegburg, 1981 ; une partie des cartulaires mis à contribution par les grands recueils régionaux de sources sur le «Niederrhein» et le «Mittelrhein» a été signalée par Th. Lacomblet, *op. cit.*, t. I, p. X-XI et t. II, p. VII-VIII, et par Heinrich Beyer, t. I, p. III-VII.

8. J. Mötsch, *Die Balduineen. Aufbau, Entstehung und Inhalt der Urkundensammlung des Erzbischofs Balduin von Trier*, Coblence, 1980 (cf. compte-rendu par Michel Parisse dans *Bibliothèque de l'Ecole des chartes*, t. 140, 1982, p. 254-255).

9. *Urkundenbuch des Klosters Fulda*, t. I, *Die Zeit der Äbte Sturmi und Baugulf*, éd. Edmund E. Stengel, Marbourg, 1958, p. XIX, où l'éditeur donne un tableau de l'ensemble des huit volumes du temps de Raban Maur, avec référence aux analyses du XIIe siècle, publiées par Ernst F.J. Dronke, *Traditiones et antiquitates Fuldenses*, Fulda, 1844 (réimpr. Osnabrück, 1966). L'original du premier volume du cartulaire de Raban Maur est conservé au Staatsarchiv Marburg, Abt. Hss., K 424. D'autres fragments sont signalés par E. Stengel, *op. cit.*, p. XIX-XXI, et Walter Heinemeyer, *Ein Fragment der verschollenen karolingischen Cartulare der Abtei Fulda*, dans *Archiv für Diplomatik*, t. 17, 1971, p. 126-135.

Maur était lui-même fils d'un personnage de la région de Mayence. Il semble aussi qu'un inventaire spécial pour cette région aurait précédé les véritables cartulaires [10]. Vers 855, l'abbaye de Wissembourg prend la suite avec le cartulaire déjà mentionné, qui concerne ses biens situés en Alsace, sur la Sarre et dans le *pagus* de la Seille, en Lorraine. Le troisième recueil de ce siècle, un *liber cartarum* de l'abbaye de Werden, près de Essen sur la Ruhr, semble contemporain de la *Vita* du fondateur, Liudger, rédigé à l'initiative du quatrième abbé, Altfrid, mort en 849 ; le manuscrit de Leyde est attribué par d'autres au Xe siècle [11].

La célèbre fondation carolingienne de Prüm, dans l'Eifel, a conservé une partie du cartulaire composé au début du Xe siècle, peu de temps après la tourmente des incursions normandes. Une seconde partie, constituée essentiellement de diplômes royaux, est ajoutée à la fin du XIe ou au début du XIIe siècle ; l'ensemble est alors réuni sous une reliure richement décorée de plaques en cuivre rouge, qui donnèrent au volume son nom de *Liber aureus Prumensis* [12].

Rares sont les recueils qui comblent le vide considérable qui se creuse pendant tout le reste des Xe et XIe siècles. Ce vide ne fait que renforcer l'impression d'un recul général de l'acte écrit dans ces régions vers la même époque, diplômes royaux à part. Il faut aller chercher assez loin dans les régions limitrophes de la Rhénanie, à Corvey sur la Weser [13], à Stavelot en Ardenne [14], pour trouver des cartulaires de l'époque ottonienne.

La reprise notée au XIIe siècle n'en apparaît que plus forte : ainsi en Allemagne du Sud, avec les *Notitiae* de St. Georgen en Forêt Noire (1090-1125), la Chronique de Zwiefalten (1135-1140), le *Codex Hirsaugiensis* (vers 1180) [15]. Plus au nord, Fulda voit naître à la même époque les deux volumes du

10. E. E. Stengel, *Über die karolingischen Cartulare des Klosters Fulda*, dans *Archiv für Urkundenforschung*, t. 7, 1921, p. 28-30 (réimpr. dans Id., *Abhandlungen und Untersuchungen zur Hessischen Geschichte*, Marburg, 1960, p. 178-180). Cf. en dernier lieu Ulrich Weidinger, *Untersuchungen zur Wirtschaftsstruktur des Klosters Fulda in der Karolingerzeit*, Stuttgart, 1991.

11. Leyde Bibl. Univ., ms Vossianus lat. 4° n° 55 ; cf. Th. Lacomblet, *Urkundenbuch...* (note 7), t. I, p. XI (cartulaire composé à la demande d'Altfrid, rubriques du Xe-XIe siècle). Rudolf Kötzschke, *Die Urbare der Abtei Werden a.d. Ruhr*, A, *Die Urbare vom 9.-13. Jahrhundert* (*Publikationen Ges. für rhein. Geschichtskunde*, XX, 2), Bonn, 1906, qui donne l'analyse du volume, p. CVI-CIX, préfère le dater du début du Xe siècle.

12. Matthias Willwersch, *Die Grundherrschaft des Klosters Prüm*, Berlin, 1912, p. 1-3 (nouvelle édition par Ingo Schwab et Reiner Nolden, Trèves, 1989, avec reproduction de la plaque de cuivre supérieure) ; cf. Karl Lamprecht, *Deutsches Wirtschaftsleben*, Leipzig, 1886, t. II, p. 737, n. 2.

13. Münster Staatsarchiv, ms VII, 5201 p. 271-324 (24 actes des années 823 à 946) ; cf. Hans Heinrich Kaminsky, *Studien zur Reichsabtei Corvey in der Salierzeit*, Cologne-Graz, 1972, p. 174.

14. Bamberg Bibl. univ., ms E III,1 [= Stein 3748].

15. K. Glöckner, *Codex Laureshamensis...* (note 5), t. I, p. 18.

célèbre *Codex Eberhardi* [16], et Werden un *Liber privilegiorum major* [17]. Le XIIe siècle est clos par un couple qui puise aussi loin dans le passé des archives monastiques que l'avaient déjà fait le *Codex Eberhardi* et les cartulaires de Raban Maur à Fulda : l'énorme *Codex Laureshamensis*, déjà mentionné, donne à lui seul presque 3600 actes, dont 2680 pour la seconde moitié du VIIIe siècle [18] ; le *Liber aureus* de l'abbaye d'Echternach renferme un matériau moins riche, mais plus ancien encore : 7 actes de la fin du VIIe siècle, 113 du VIIIe, 236 au total [19]. Sans ce grand quartetto formé par les cartulaires de Fulda, Lorsch, Echternach et Werden, la Rhénanie carolingienne - on l'a souvent relevé - resterait presque une tache blanche. L'histoire des Pays-Bas et de la Frise de cette époque repose dans une large mesure sur les données fournies par ces volumes [20].

Abandonnons cependant ces recueils monastiques justement célèbres pour regarder ce qui nous reste dans le domaine beaucoup moins exploré des cartulaires établis à l'initiative des archevêchés, des évêchés, des chapitres cathédraux, des collégiales et même des villes. Cette enquête est encore très incomplète, elle est loin d'être satisfaisante, mais l'on ne peut en faire l'économie. Sauf l'exception de Worms (mi-XIIe siècle) [21], les cartulaires de ces institutions ne débutent qu'au XIIIe siècle. On peut signaler un beau recueil pour Mayence à Würzburg [22], un fragment pour Trèves à Paris [23], des recueils pour les évêchés ou chapitres cathédraux de Spire, Utrecht, Liège [24], plusieurs cartulaires de collégiales de Mayence (Saint-Pierre, Notre-Dame *ad gradus*) [25], de Cologne (avec un très beau volume pour Saint-Séverin) [26],

16. E. E. Stengel, *Urkundenbuch Fulda...* (note 9), t. I, p. XXVIII-XXXV.

17. Düsseldorf Hauptstaatsarchiv, Werdn, Repertorien und Handschriften 9, fol. 1-40 ; cf. R. Kötzschke, *Urbare Werden...* (note 11), p. CXXXIII-CXXXV.

18. Ci-dessus note 5.

19. Camillus Wampach, *Geschichte der Grundherrschaft Echternach im Frühmittelalter*, t. I-2, *Quellenband*, Luxembourg, 1930 [= Stein 1240].

20. *Oorkondenboek van Holland en Zeeland tot 1299*, éd. A.C.F. Koch, t. I, 's-Gravenhage, 1970, p. 1-40.

21. Hannover Landesbibliothek, ms XVIII, 1020.

22. Würzburg Staatsarchiv, *Primus liber registri litterarum ecclesiae Maguntinae* (Mainzer Bücher verschiedenen Inhalts, n° 17).

23. Paris, Bibl. nat., nouv. acq. lat. 885 (2 feuillets contenant des fragments de bulles pontificales du XIIe siècle) [= Stein 3948].

24. Conservés aux Archives d'Etat des villes indiquées ; cf. S. Muller, *Het oudste cartularium van het Sticht Utrecht*, Utrecht, 1892.

25. Signalés dans le *Mainzer Urkundenbuch*, t. I, éd. Manfred Stimming, t. II, éd. Peter Acht, Darmstadt, 1968-1971.

26. Köln Historisches Archiv, St. Severin, Repert. u. Hss. 1 ; cf. Wilhelm Schmidt-Bleibtreu, *Das Stift St. Severin in Köln*, Siegburg, 1982, p. 35, n. 28 (sans analyse). Avant la fin du XIVe siècle, je peux signaler encore un rouleau de 1300 pour Notre-Dame au Capitole (St. Maria im Kapitol), un cartulaire de Saint-Cunibert (53 actes jusqu'en 1307) et un volume pour l'église des Apôtres (St. Aposteln), tous conservés à l'Historisches Archiv de la ville de Cologne.

d'Aix-la-Chapelle (Notre-Dame et Saint-Adalbert) [27] et enfin, tout à la fin du siècle, un recueil de l'archevêque Siegfried de Cologne (1275-97), qui ne compte que 31 feuillets et qui présente néanmoins un intérêt capital pour quiconque voudrait s'initier à l'audacieuse politique de prépondérance menée au XIIIe siècle, dans tout le nord-ouest de l'Empire, par les archevêques de Cologne [28].

Finissons par le XIVe siècle, où se voit l'aboutissement de cette évolution. S'y profile d'abord le chapitre de la cathédrale de Cologne avec un recueil achevé avant 1307 [29]. Suivent plusieurs collégiales dont Saint-Cunibert vers la même période [30]. La ville de Cologne conserve un cartulaire de 1326, la ville d'Aix-la-Chapelle a perdu le sien, daté d'environ 1322 [31].

Aucun de ces manuscrits ne saurait rivaliser avec les recueils rédigés à l'initiative de l'électeur de Trèves, Baudouin de Luxembourg. Ce grand prince ecclésiastique nous a laissé une première collection, appelée *Balduineum Kesselstadt* du nom du comte Kesselstadt, propriétaire du volume au XIXe siècle. Mais une bonne partie de cette masse était constituée de *temporalia*, pièces d'intérêt temporaire, dépourvues d'importance pour les droits durables de l'Électeur et de son État territorial en formation [32]. Cette partie-là, Baudouin l'a éliminé dans la rédaction définitive du recueil, où ne restent plus qu'environ 1300 actes retranscrits, selon un classement extrêmement soigné et logique, dans un nouveau recueil, établi en trois exemplaires. La préface précise leur destination : un exemplaire était destiné aux archives du chapitre, le second au trésor du palais archiepiscopal ; le troisième, plus petit et moins décoré, devait accompagner l'archevêque dans ses déplacements. Pour tous les trois, on nota : *exactissime sunt correcti*. L'archevêque électeur de Cologne, à ce qu'il paraît, ne fit qu'imiter ce modèle vers 1372-75 [33].

27. Erich Meuthen, *Aachener Urkunden 1101-1250*, Bonn, 1972 (*Publikationen der Gesellschaft für rhein. Geschichtskunde*), p. 58-60, 69.
28. Düsseldorf Hauptstaatsarchiv, Depot Stadt Köln, Akten 31 ; cf. l'analyse donnée plus loin.
29. Leonard Korth, *Liber privilegiorum majoris ecclesiae Coloniensis : das älteste Kartular des Kölner Domstiftes*, dans *Westdeutsche Zeitschrift für Geschichte und Kunst*, Ergänzungsheft 3, Trèves, 1887, p. 101-290 (qui donne cependant une analyse chronologique de plusieurs manuscrits).
30. Cf. note 26.
31. Köln, Historisches Archiv, *Liber magnus privilegiorum civitatis Coloniensis* (préface de 1326, nombreuses additions jusqu'à la fin du XVe siècle) : cf. Th. Lacomblet, *Urkundenbuch...* (note 7), t. II, p. VIII. - Pour Aix-la-Chapelle, cf. Erich Meuthen, *Aachener Urkunden...* (note 27), p. 56.
32. J. Mötsch, *Die Balduineen...* (note 8), p. 27-41.
33. Düsseldorf Hauptstaatsarchiv, Kurköln I, Kartulare 1 ; cf. L. Korth, *Liber privilegiorum* (note 29), p. 110-111, et Friedrich Wilhelm Oediger, *Das Hauptstaatsarchiv Düsseldorf und seine Bestände*, t. II, *Kurköln*, Siegburg, 1970, p. 35, qui signale un volume semblable à Münster et la série des autres *libri privilegiorum et jurium* à partir du XVe siècle. L'archevêque Wigbold (1297-1304) a laissé une série de sept rouleaux authentifiés par un notaire (cf. *Mitteilungen aus dem Kölner Stadtarchiv*, t. 4, 1883, p. 1).

II. Motifs de la compilation

Avant d'étudier le plan de certains ce ces recueils, examinons brièvement quelques-uns des motifs qui ont pu présider à leur compilation. Plusieurs motivations ont été déjà évoquées par Patrick Geary [34]. L'initiative qui mène à la compilation de la plupart des cartulaires naît très souvent dans un contexte de réforme administrative. Voici les motifs invoqués : il faut surmonter une crise de subsistance de la communauté monastique, il faut prévenir des pertes, récupérer des biens aliénés ; il faut parfois aussi rétablir l'ordre des archives, retrouver des titres en cours de procès ou, carrément, reconstituer des documents lorsqu'un pillage, un fait de guerre, un incendie, a provoqué leur destruction. De tout cela, il serait facile de multiplier les exemples.

D'autres activités vont souvent de pair avec l'établissement d'un cartulaire. A Fulda, on rédige dans le même contexte du IXᵉ siècle les grandes *Annales necrologici* où apparaissent des milliers de moines ou de donateurs [35]. On rédige à la même époque la vie du premier abbé (*Vita Sturmi* à Fulda) ou celle du fondateur (*Vita Liudulfi* à Werden). Le cartulaire peut aussi servir à compléter une Chronique où ont été auparavant intégrés les actes royaux et pontificaux ; on ajoute alors à ces derniers des notices abrégées de donations privées (Lorsch). A Werden et ailleurs, dès les Xᵉ-XIᵉ siècles, on intercale aussi des censiers ou des énumérations de fiefs plus ou moins développés. C'est dans les grands recueils des archevêques de Trèves et de Cologne que ce dernier genre de répertoires administratifs se combine de plus en plus volontiers avec les simples recueils d'actes diplomatiques.

Les motifs les plus puissants sont exposés par le compilateur du *Liber aureus* d'Echternach, le moine Thierry : selon sa propre expression, il se fraie une sente au travers d'une *densissimam silvam testamentorum* [36] ; mais ce qui lui importe surtout, c'est la longue série des diplômes royaux et impériaux. En 1190, l'abbaye luxembourgeoise est menacée de perdre son statut d'abbaye impériale, car en échange d'Echternach l'archevêque de Trèves offre à l'empereur Henri VI l'important château de Nassau. Face au danger, une activité fébrile s'empare des moines. Vaillant défenseur de l'autonomie de son monastère, Thierry ne se contente pas de rédiger une longue lettre de protestation adressée au souverain, mobilisant à la fois l'avoué, le comte de Luxembourg, l'archevêque de Mayence et quelques proches de l'empereur ; il déroule en même temps le tableau entier des donations princières et royales

---

34. Voir sa contribution dans le présent volume.

35. *M.G.H. SS*, t. XIII, p. 161-218. Cf. le grand ouvrage consacré à la documentation complète par Karl Schmid et collaborateurs et l'analyse éclairante qu'en a donnée M. Parisse, *La communauté monastique de Fulda*, dans *Francia*, t. 7, 1979, p. 551-565.

36. C. Wampach, *Geschichte der Grundherrschaft...* (note 19), p. 11. Les spécialistes du droit canon se rappelleront qu'à la même époque Étienne de Tournai parlait d'une *densissima silva decretalium*.

qui se sont succédées depuis les temps d'Irmine, fille du roi Dagobert, de Pépin, Charles Martel et de leurs successeurs. De longues préfaces ouvrent chacun des deux livres du cartulaire pour en informer le lecteur [37].

III. Plan et organisation interne des recueils

L'ordre le plus répandu à partir des XIIe-XIIIe siècles fait figurer en tête les privilèges pontificaux. Suivent les actes des rois ou empereurs ; après, c'est le plus souvent un classement régional ou local. A l'intérieur de ces chapitres, on applique volontiers un classement chronologique, sans être trop strict dans le détail. Il suffit de grouper les titres dans chaque unité géographique ou thématique selon les abbés ou les évêques qui ont obtenu ces titres ou les ont fait rédiger [38].

Quant à la première place accordée aux privilèges pontificaux, il faut noter que les grandes abbayes carolingiennes comme Prüm, Lorsch, Echternach, Saint-Maximin ne s'y sont point conformées [39]. D'une part, le nombre de leurs diplômes royaux est supérieur à celui de leurs bulles ; d'autre part, comme on vient de le voir dans le cas d'Echternach, ces diplômes sont plus importants pour la défense de leurs droits et de leur statut.

Aux XIIIe-XIVe siècles, les rédacteurs des cartulaires des archevêques de Cologne et de Trèves procèdent d'une autre manière. C'est ainsi que le recueil de Siegfried de Cologne, écrit vers 1295, accorde bien la priorité à quelques documents pontificaux ; la préface tente de tracer un plan, elle place les privilèges des papes en tête, mais, en fait, le compilateur ne respecte guère ces catégories. Dès son quatrième document, ne trouvant plus d'autres actes pontificaux, il entame déjà la seconde partie, celle des donations ou acquisitions,

37. C. Wampach, *Geschichte der Grundherrschaft* ...(note 19), p. 3-11 et p. 360-382. Le dénouement de l'affaire est rapporté dans un diplôme de l'empereur Henri VI du 24 août 1192 (*ibid.*, p. 382, n° 216).

38. Plan du cartulaire rhénan de Fulda dans E. E. Stengel, *Über die karlingischen Cartulare...* (note 10) p. 180-183. Les livres III à VIII du *Liber privilegiorum major* de l'archevêque de Cologne (1372-1375, ci-dessus note 33) suivent le même principe et un ordre analogue des archives (p. 129 : *Illarum litterarum originalia sunt in scriniis sive archivis capituli Coloniensis reposita et ibidem requirenda*). L'ordre des cartulaires carolingiens de Werden et Wissembourg, à l'intérieur des grandes sections géographiques, est moins net ; il s'y profile des groupes d'actes selon la famille des donateurs.

39. Analyse du *Liber aureus* de Saint-Maximin de Trèves (vers 1214-1231, orig. perdu) et d'un exemplaire contemporain, moins prestigieux (Koblenz Landeshauptarchiv 211/2111), dans Harry Bresslau, *Über die älteren Königs- und Papsturkunden für das Kloster St. Maximin bei Trier*, dans *Westdeutsche Zeitschrift für Geschichte und Kultur*, t. 5, 1886, p. 22-65. L'étude de Hans Wolfgang Kuhn, *Das politische Programm des Liber aureus von St. Maximin (Trier)*, dans *Jahrbuch für westdeutsche Landesgeschichte*, t. 4, 1978, p. 81-128, traite surtout de la reliure dont un dessin venait d'être retrouvé. Voir aussi Thomas Gießmann, *Besitzungen der Abtei St. Maximin vor Trier im Mittelalter*, Trèves, 1990, p. 26 et suiv.

sans marquer la transition [40]. Plus loin, on rencontre bien une série assez remarquable de pactes conclus par l'archevêque avec ses confrères de Mayence et de Trèves, des confédérations avec d'autres évêques, avec des abbayes, des ducs, comtes, seigneurs, et avec toute une série de villes. Mais ceci n'entraîne guère un effort de classement qui irait au-delà d'une copie des pièces telles qu'elles se présentaient dans les dossiers de Siegfried. De toute évidence, l'habilité politique, administrative et archivistique de cet archevêque n'a pas été à la hauteur de ses ambitions. Siegfried de Westerbourg, on le sait, a perdu en 1288 la bataille décisive qui l'opposa au duc de Brabant et à la ville de Cologne. A voir l'ordre plutôt lâche de son cartulaire, on ne s'étonne pas trop de ce que ses troupes aient, elles aussi, vite perdu leur ordonnance [41].

Trèves à l'époque de l'archevêque Baudouin de Luxembourg, c'est-à-dire pendant toute la première moitié du XIVe siècle (1307-1354), offre une image totalement différente. Comme son neveu, l'empereur Henri VII, mort très tôt en Italie, Baudouin a passé sa jeunesse en France. A l'âge de 22 ans, il est élu à Trèves. La préface commune des trois exemplaires de son cartulaire, le célèbre *Balduineum*, exalte les réalisations de son oeuvre administrative et politique. Les traces d'une extension de l'administration écrite sont perceptibles dès le début de son gouvernement [42]. Mais le premier grand recueil, le *Balduineum Kesselstadt*, ne réussit point encore à respecter un ordre préétabli. C'est un livre de la pratique. Les listes de châteaux et de fiefs viennent en tête. Sont enregistrés ensuite des titres du chapitre cathédral de Trèves et d'autres de l'église de Mayence que Baudouin a eu à administrer pendant un certain temps (1328-1337) [43]. En maints endroits, on reconnaît bien les catégories qui formeront plus tard les trois exemplaires du recueil définitif, mais le désordre devient considérable du fait des très nombreuses additions. En marge du texte, on trouve des notes personnelles de la main de l'archevêque, des notes très brèves : *habeo, reddidi, redemi*, etc. Cet énorme recueil a donc servi immédiatement le commanditaire et son action

40. Cf. ci dessous note 29 et le texte cité dans l'annexe ci-dessous.

41. Sur cette bataille, voir les nombreuses contributions du 700e anniversaire dans les *Blätter für deutsche Landesgeschichte*, t. 88, 1988, et Franz Reiner Erkens, *Siegfried von Westerburg (1274-1297). Die Reichs- und Territorialpolitik eines Kölner Erzbischofs im ausgehenden 13. Jahrhundert*, Bonn, 1982, qui n'analyse cependant pas le cartulaire. A signaler, fol. 21, les emprunts contractés par l'archevêque lors de sa consécration par le pape Grégoire X à Lyon, en 1275 (éd. Leonard Ennen, *Quellen zur Geschichte der Stadt Köln*, t. III, Cologne, 1867 [réimpr. Aalen, 1970], p. 319-322, n° 359-361).

42. J. Mötsch, *Das älteste Kopiar des Erzbischofs Balduin von Trier*, dans *Archiv für Diplomatik*, t. 26, 1980, p. 312-351 ; Id., *Schriftgutverwaltung*, dans Franz-Josef Heyen (dir.), *Balduin von Luxemburg, 1285-1354. Festschrift aus Anlass des 700. Geburtsjahres*, Mayence, 1985, p. 251-262, en part. p. 255.

43. *Privilegia generalia principum quorum originalia sunt apud ecclesiam Moguntinam* : cf. J. Mötsch, *Die Balduineen...* (note 8), p. 36 et *Schriftgutverwaltung...* (note 42) p. 256.

politique. Pendant ses déplacements presque constants, c'était un moyen d'avoir sous la main les textes de ses archives sans exposer les titres aux dangers des voyages. Mais pour voir apparaître un recueil propre, logique, tout à fait apte à servir longtemps les successeurs de Baudouin sur le siège de Trèves, il faut attendre la fin de son épiscopat.

On lira les détails du plan des trois exemplaires définitifs du recueil dans l'étude de Johannes Mötsch ou dans le bref extrait que j'ai tiré de la préface [44]. On y reconnaîtra aussitôt deux grandes sections chronologiques : la première embrasse tout ce qui concerne les archives d'avant Baudouin [45] ; la seconde, le livre II, donne les titres obtenus sous sa propre administration (*per ipsum de novo procurate*). Chaque livre reçoit de nombreuses sous-sections. Le livre II du *Balduineum* I (fol. 67-420), est nettement plus développé que le premier (fol. 2-62). Ces recueils du XIVᵉ siècle annoncent ainsi une époque nouvelle dans l'administration des territoires rhénans [46].

Une section classée à part suffira à faire sentir la différence fondamentale qui distingue les grands cartulaires des princes territoriaux de leurs prédécesseurs monastiques établis, au XIIᵉ siècle, à Lorsch, Fulda ou Echternach. C'est le cinquième groupe du premier livre, à savoir les *littere... cartarum putrefactarum*! Ce groupe de trente documents, mis dans une position marginale, a de quoi nous étonner, car il regroupe les diplômes royaux ou impériaux que les abbayes traitaient auparavant comme leurs titres les plus vénérables. Les diplômes s'alignent du roi Dagobert (633, pour l'évêque Modoard) et de Pépin III (760, pour l'évêque Wiomad), jusqu'à Frédéric Iᵉʳ (1158, confirmant des mines d'argent à Olsheim). Cette partie des archives anciennes de l'église de Trèves a dû souffrir de l'humidité. L'écriture, elle aussi, a posé des problèmes. La préface le souligne : *propter extraneam et ignotam scripturam earum fuerunt cum difficultate nimia exemplate*. Cependant, une fois qu'on les avait déchiffrés et qu'on les avait transcrits au *Balduineum Kesselstadt*, il eût été possible de les joindre au deuxième chapitre, qui comporte les diplômes plus récents. Si on ne l'a pas fait, c'est parce que, apparemment, ces diplômes ne servaient plus. Le contraste avec les cartulaires monastiques antérieurs est saisissant.

Une dernière remarque concerne l'époque où apparaissent ces grands cartulaires de princes territoriaux : c'est aussi le moment où nous voyons émerger les premiers registres de leurs chancelleries. Pour se limiter à une brève énumération, on peut commencer encore par un cahier de Baudouin

---

44. Voir l'annexe ci-dessous.

45. *Liber I : Littere ad cameram domni archiepiscopi Treverensis pertinentes, invente, adunate et registrate tempore domni Baldewini* : J. Mötsch, *Die Balduineen...* (note 8), p. 6.

46. Cf. en général Hans Patze, *Neue Typen des Geschäftsschriftgutes*, dans Id. (dir.), *Der deutsche Territorialstaat im 14. Jahrhundert*, t. I, Sigmaringen, 1970, p. 9-64 (*Vorträge und Forschungen*, 13).

de Trèves conservé pour les années 1311-1313. Suivent les registres épistolaires des comtes de Hainaut et de Hollande, ceux des archevêques de Mayence à partir de 1347, ceux de l'électeur palatin à partir de 1353, ceux des comtes de Clèves et de la Marck à partir de 1356, et enfin les registres de l'archevêque-électeur de Cologne, Frédéric de Saarwerden, en 1370. C'est ce dernier, nous l'avons vu, qui commande en ce même moment la confection d'un cartulaire en neuf livres, inspiré apparemment par l'initiative de l'archevêque Baudouin de Luxembourg à Trèves [47].

L'évolution séculaire est achevée à cette époque : le vieux cartulaire médiéval laisse de plus en plus la place au recueil administratif moderne, ou ne sert plus qu'à enregistrer des documents anciens.

ANNEXE

PLAN ANNONCE DANS CERTAINS CARTULAIRES RHÉNANS

Fulda, IXe siècle : *Codex Eberhardi*, I, fol. 161 ; éd. E.F.J. Dronke, *Traditiones...* (note 9), p. 144.

Preterea de singulis terrarum provinciis seu regionibus singuli fideles offerebant Deo et sancto Bonifacio predia seu mancipia. Que omnia descripta sunt in octo codicellis et reposita in librario sancte Fuldensis ecclesie.

Fulda, vers 1160 : *Codex Eberhardi*, I, fol. 136 ; éd. E.F.J. Dronke, *Traditiones...* (note 9), p. 4.

Collectis et conscriptis privilegiis apostolicorum et preceptis imperatorum a tempore beati Bonifatii et ejus contemporanei Zacharie pape, regnante Pippino, usque ad regnum Friderici imperatoris placuit hic subnectere traditiones fidelium, qui de diversis regionibus Fuldensi monasterio sua predia contulerunt.

Lorsch, 1183-1195 : *Codex Laureshamensis* ; éd. K. Glöckner (note 5), t. II, cap. 167.

Hactenus donationes imperatorum, principum ac spectabilium personarum, privilegia quoque Laurishamensis ecclesie tam apostolica quam imperialia, suo digessimus ordine : nunc ad diversas Christi fidelium traditiones, per diversos pagos et provincias, in diversis locis ac terminis transscribendas accingamur.

Echternach, 1190-1230 : *Liber aureus Epternacensis* ; éd. M.G.H. SS, t. XIII, p. 47 et suiv.

---

47. Les détails sont présentés par Harry Bresslau, *Handbuch der Urkundenlehre*, t. I, 2e éd., Berlin, 1912, p. 142. Pour les cartulaires de Frédéric de Saarwerden, archevêque de Cologne, ci-dessus note 33.

Usque ad Childebertum regem et Irminam filiam magni Dagoberti (...) et usque ad Pippinos et Karolos nostros in superiori libello (...) decerptum de diversis floribus texere sertum procuravimus (...). In hoc secundo libello ab Irmina et Pippino, immo ab ipso sancto Willibrordo incipientes, densissimam silvam testamentorum de bonis usque ad canonicorum inductionem per annos C et VIIII collatis scribendo, Deo donante, transcurramus ac primo vitam beate Irmine cartis ejus in ordine preponamus.

Siegfried, archevêque de Cologne, vers 1295 : éd. L. Korth, *Liber privilegiorum...* (note 29), p. 42.

In prima enim parte, cujuscumque forme existant, litere apostolice continentur. In secunda parte de donacionibus, concessionibus, feudis et bonis immobilibus acquisitis et acquirendis ecclesie Coloniensi, in tercia et ultima parte de composicionibus amicabilibus, pactis, refutacionibus, confederacionibus et hiis similibus littere continentur.

Baudouin de Luxembourg, archevêque de Trèves, vers 1350 : J. Mötsch, *Die Balduineen...* (note 8), p. 80.

Distinctus est autem liber iste presens in duas partes sive libros. Quorum primus continet litteras ante tempus predicti Baldewini archiepiscopi confectas ; secundus vero liber habet litteras per eundem Baldewinum archiepiscopum et suo tempore procuratas. Sed primus liber (...) est divisus in litteras primo paparum, secundo imperatorum et regum, tercio bonorum et possessionum ecclesie Treverensis, quarto feudorum ejusdem, quinto cartarum putrefactarum et sigillis carentium a papis, imperatoribus et regibus concessarum. Liber vero secundus (...) continet litteras primo imperatorum et regum Romanorum, secundo confirmationum principum electorum imperii Romani, tertio illustrissimi principis domini Johannis Boemie regis (...), quarto bonorum per ipsum Baldewinum archiepiscopum acquisitorum, quinto feudorum multiplicium, scilicet comitum, castrorum et turrium, castrensium et simplicium (...). Utilitatem vero presentis operis, que se in promptu exhibet (...), successores ipsius domini Baldewini archiepiscopi pro tempore existentes ac ipsa ecclesia Trevirensis (...) perspicere poterunt manifeste.

Archevêque de Cologne, vers 1370 : *Liber privilegiorum major ecclesie Coloniensis* (Düsseldorf Hauptstaatsarchiv, Kurköln I, Kartulare 1).

I. Privilegia paparum.- II. Privilegia imperatorum.- III. Compositiones, uniones, ligae.- IV. Allodia et jurisdictiones.- V. Castra.- VI. Feoda castrensia.- VII. Feoda simplicia.- VIII. Renuntiationes.

DE L'ORIGINAL A LA COPIE : REMARQUES SUR L'ÉVALUATION DES TRANSCRIPTIONS DANS LES CARTULAIRES MÉDIÉVAUX

par

Laurent MORELLE

Ce qui fonde la notion de cartulaire, quels que soient les limites et métissages du genre, c'est l'idée de transcription. L'exactitude des copies vis-à-vis de leurs sources est donc un paramètre essentiel de la valeur du recueil. Je ne décernerai ici pourtant ni étoiles ni toques aux cartulaires d'une région donnée, à raison de la confiance qu'ils inspirent. Je ne m'essaierai pas davantage à une histoire de la fiabilité cartulariste[1] : une telle synthèse semble prématurée. Je voudrais simplement aborder le problème de la «qualité» des transcriptions sous un angle de méthode, en élargissant délibérément la notion au-delà de l'exactitude textuelle. Ma question sera: **quelles informations sont transférées de la source à la cible, de l'original à la copie**[2] **?** Ce faisant, c'est plutôt au cartulariste qu'au cartulaire que je m'attacherai, au travail du scribe plus qu'à l'objet en résultant : en somme, il s'agit de cerner quel regard le cartulariste porte sur son modèle.

Je suivrai donc sans bruit le cartulariste dans son activité de «médiateur», en observant les traces qu'il laisse de sa perception du document, les indices qu'il nous délivre à cette occasion sur son projet, sa démarche, sa personnalité, ses compétences, sans oublier ses sources bien sûr[3] ; çà et là, je formulerai quelques suggestions à l'adresse du chercheur et j'illustrerai le tout de

1. Pascale Bourgain et Marie-Clotilde Hubert ont montré ici-même qu'exactitude et fidélité n'ont pas été de tout temps le souci majeur affiché par les cartularistes.

2. Je parle ici d'original pour me placer dans le cas de figure le plus commun, mais je n'oublie pas que les cartulaires sont aussi élaborés à partir de copies isolées ou déjà agencées en recueil. La démarche du scribe est alors un peu plus simple, mais au départ, le questionnement de l'historien n'est pas sensiblement différent.

3. L'analyse du «transfert du message» n'est bien entendu qu'un aspect de l'enquête. L'analyse du contenu du cartulaire, l'examen codicologique, la détermination des circonstances et modalités de sa confection sont naturellement essentielles.

quelques exemples, puisés dans des chartriers qui me sont familiers ou dans des cartulaires ecclésiastiques français récemment édités ou analysés [4]. Rien de systématique donc, dans mon enquête, mais un défrichement.

*

* *

Dans notre problématique du transfert d'informations, l'on peut distinguer, je crois, quatre manières de considérer l'original :

1) - comme **pièce d'archives** ;

2) - comme **document de nature diplomatique** ;

3) - comme **texte** ;

4) - comme **assemblage de signes graphiques**.

Je passerai successivement en revue ces quatre «niveaux».

1) En tant que **pièce d'archives**, l'original est observé à son niveau «zéro». Le document a un recto et un verso ; il comporte souvent des mentions dorsales, analyses, cotes, dont le cartulariste va prendre connaissance, pour les recopier ou s'en inspirer quand il rédige la rubrique surmontant sa transcription. A Saint-Pierre de Corbie, un cartulariste de la fin du XVe s., transcrivant trois actes royaux antérieurs à l'an mil, n'a pas négligé de donner à la suite les notices, étonnamment longues, qu'un de ses prédécesseurs du XIIIe siècle avait inscrites au dos de ces pièces vénérables, dont une subsiste encore aujourd'hui [5]. En méconnaissant la façon de travailler du cartulariste, on ignorerait le véritable statut de ces textes, qu'on prendrait pour des actes autonomes, et l'on passerait à côté d'informations intéressantes sur l'usage des archives [6]. Dans le même cartulaire et son frère jumeau

4. J'ai regardé essentiellement les textes en latin. La question du transfert des textes en langue vernaculaire soulève des problèmes assez différents, à traiter spécifiquement.

5. Cartulaire *Esdras*, Bibl. nat., lat. 17760, fol. 1v (diplôme de Clotaire III) ; fol. 3v (diplôme de Louis le Pieux et Lothaire) ; fol. 8 (Hugues Capet, version A). Cf. L. Morelle, *Le diplôme original de Louis le Pieux et Lothaire (825) pour l'abbaye de Corbie. A propos d'un document récemment mis en vente*, dans *Bibliothèque de l'Ecole des chartes*, t. 149, 1991, p. 405-420, aux p. 414-415 et 418.

6. Ce même cartulaire (fol. 67v) nous livre, juste après le diplôme royal de 1016 par lequel Robert le Pieux limite les prétentions de l'avoué d'Encre à l'encontre de l'abbaye de Corbie (Newman, n°45), une notice relatant l'intervention du roi Philippe Auguste en faveur de l'abbaye de Corbie contre les avoués Enguerran de Boves et Hugues Candavaine d'Encre. Editée de façon autonome par Félix Senn (*L'institution des avoueries ecclésiastiques en France*, Paris, 1903, p. 241), puis dans le *Recueil des actes de Philippe Auguste* (t. II, n° 592, p. 142-143) ; il est hautement probable pourtant que cette rédaction est une notice dorsale du diplôme, contemporaine de celles signalées n. précédente. Le rapprochement est doublement instructif : a) il nous introduit au coeur même du travail d'un archiviste ; b) il nous renseigne sur l'usage concret des archives puisqu'on peut penser que le diplôme de 1016 a servi à appuyer la plainte des moines devant Philippe Auguste.

Nehemias[7], chaque acte copié est surmonté de sa cote et d'une analyse sommaire, qu'on retrouve plus ou moins à l'identique au dos de l'original : le cartulariste n'examine pas seulement un document mais un titre archivistique.

Plus généralement, les similitudes rencontrées entre analyses dorsales et rubriques suscitent interrogation : la rubrique dérive-t-elle de la mention dorsale (ou inversement) ? les deux textes sont-ils contemporains ?, etc.[8]. On touche là aux rapports entre classement du chartrier et confection du cartulaire, opérations qu'on suppose généralement associées. L'éditeur du cartulaire de l'abbaye Saint-Nicaise de Reims, complilé en 1254/1255, a reconnu la main du cartulariste sur presque tous les originaux jusqu'à cette date (mais pas après !), y compris sur des parchemins non transcrits : il y aurait donc eu classement du chartrier par l'auteur du recueil, avant sélection et transcription des pièces[9]. L'articulation des opérations est parfois clairement exprimée, le cartulaire étant alors conçu comme instrument d'accès au chartrier[10]. Muet sur son élaboration, le petit cartulaire de Cercamp[11], des années 1285, est en fait un cartulaire-inventaire d'archives ; l'auteur, visiblement pressé, signale les documents dans l'ordre des cotes d'archives qu'il indique en marge[12]; il transcrit certains actes, analyse simplement les autres, précise éventuellement une particularité diplomatique[13]. Pour lui semble-t-il, le document ne prend vraiment son sens qu'au sein d'un dossier exprimant l'état et la genèse d'une affaire, d'une situation locale.

On peut aborder ici, à propos de la médiation archivistique opérée par le cartulariste, la question des doubles transcriptions d'actes. Fréquemment constatées[14], elles sont diversement interprétées : on invoque l'inadvertance

7. Bibl. nat., lat. 17761.

8. A cet égard, il y aurait sans doute à tirer profit d'études sur les différences de formulation et de teneur dans les rubriques d'un cartulaire,.

9. Jeannine Cossé-Durlin, *Cartulaire de Saint-Nicaise de Reims (XIIIᵉ siècle)*, Paris, 1991 (*Documents, études et répertoires publiés par l'Institut de recherche et d'histoire des textes*), p. 22.

10. Jean de Candas, prévôt des moines de l'abbaye de Corbie et auteur en 1295 de son *Cartulaire noir* (Bibl. nat., lat. 17758), évoque son travail de classement du chartrier dans sa préface ; le cartulaire est classé selon les divisions du chartrier, la table des matières analyse les chartes copiées et celles qui ne le sont pas.

11. Abbaye cistercienne (Pas-de-Calais, dioc. d'Amiens) ; cartulaire : Arch. dép. Pas-de-Calais, H [non coté].

12. Mais je n'ai pas l'impression qu'on retrouve sa main sur les originaux.

13. Voir ci-après, n. 17.

14. Quelques exemples. A Molesme, Jacques Laurent (*Cartulaires de Molesme, ancien diocèse de Langres...*, t. I : Introduction, Paris, 1907, p. 21) relève 13 doubles parmi les 285 pièces formant le premier cartulaire (vers 1142). A Pontigny, Martine Garrigues (*Le premier cartulaire de l'abbaye cistercienne de Pontigny (XIIᵉ-XIIIᵉ siècle)*, Paris, 1981 [*Coll. de Documents inédits sur l'histoire de France. Section d'histoire médiévale et de philologie*, 14], p.42) a relevé 15 doubles parmi

du scribe [15] ou, au contraire, son souhait de donner, au sein de deux sections d'un cartulaire méthodiquement classé, un texte intéressant l'une et l'autre [16]. Mais la raison peut être tout bonnement que le chartrier renferme deux exemplaires de l'acte, éventuellement les deux parties d'un chirographe [17]. Toujours est-il que pour mieux comprendre la présence des doublons dans le recueil, il conviendrait souvent de faire une collation très fine des textes (jusqu'au rendu des abréviations), d'examiner l'éloignement des copies dans le recueil, la nature diplomatique des actes en cause, la répétition du fait dans deux cartulaires successifs, etc. Assurément, en amont de la transcription, le cartulariste nous abandonne déjà toute une pléiade de données susceptibles de préciser notre connaissance des documents copiés, comme celle du projet et de son agent.

2) L'acte qui se présente au cartulariste est ordinairement un **document diplomatique**, à ce titre moulé dans un cadre formel. C'est à ce niveau que commencent les «remaniements» que tout éditeur se plaît, à bon droit, à dénoncer. Tête et queue des documents, on le sait, sont des victimes toutes

410 actes (mais les chiffres donnés p. 42 et 43 sont à revoir). A Langres, Hubert Flammarion (*Une équipe de scribes au travail au XIII*ᵉ *siècle : Le grand cartulaire du chapitre cathédral de Langres*, dans *Archiv für Diplomatik*, t. 28, 1982, p. 271-305, à la p. 274) compte 17 doubles parmi 352 actes (mais la couche primitive du recueil, achevée en 1232, comporte 295 actes et l'on ne sait quelle proportion de doubles la touche). A Saint-Nicaise de Reims, J. Cossé-Durlin (*op. cit.*, p. 17) relève 8 doubles sur 354 actes numérotés (références partiellement erronées).

15. J. Laurent, *op. cit.*, p. 21, rapproche «l'inadvertance du scribe» et le désordre du cartulaire. L'inadvertance est plus difficile à plaider devant des cartulaires bien ordonnés.

16. M. Garrigues, *op. cit.*, p. 42.

17. Les exemples abondent étrangement dans le chartrier de Cercamp, et le cartulariste a même indiqué (cartulaire, p. 42), après copie d'un acte épiscopal de 1150 (p. 41) : *Item alia pars chirographi ejusdem de eodem.* - Autre bel exemple, à Corbie : un acte de l'évêque d'Arras Godescalc de 1154 pour Corbie, établi sous forme de chirographe (partie gauche conservée en original, Arch. dép. Nord, B 1531) a été copié deux fois dans le *Cartulaire noir* de 1295 (Bibl. nat., lat. 17758, fol. 191v) et deux fois dans le cartulaire *Nehemias* de la fin du XVᵉ s. (fol. 42 et fol. 43). Les copistes n'ont pas commis deux fois la même erreur, ni celui du XVᵉ s. transcrit l'oeuvre de son prédécesseur : en fait, le chartrier de Corbie conservait deux parchemins distincts, munis de cotes différentes données par *Nehemias*. Assurément donc, les moines de Corbie avaient récupéré la partie manquante du chirographe ; comme l'acte de l'évêque, portant concession d'un autel aux moines de Corbie, prévoyait qu'un clerc de Corbie tiendrait cet autel viagèrement, il y a tout lieu de penser que le second exemplaire lui était destiné et qu'à sa mort, il vint rejoindre celui des moines. Cette particularité de la tradition, qu'on peut saisir grâce à la méticulosité des cartularistes, a échappé à Benoît-Michel Tock dans son édition (*Les chartes des évêques [1093-1203]*, Paris, 1991 [*Coll. de Documents inédits sur l'histoire de France. Section d'histoire médiévale et de philologie*, 20], n° 109, p. 125), mais vient confirmer la justesse de son propos sur l'usage des chartes-parties à la chancellerie épiscopale d'Arras : cette forme d'expédition est parfois utilisée quand il y a deux impétrants, mais aucun exemplaire n'est destiné aux archives épiscopales (cf. *Une chancellerie épiscopale au XIIᵉ siècle : Le cas d'Arras*, Louvain-La-Neuve, 1991, p. 96-98). On ne voit pas du reste comment les moines auraient recouvré un exemplaire épiscopal.

désignées de ces altérations bien connues [18], d'ordinaire des abrègements. Dans le protocole initial, l'invocation, verbale ou monogrammatique, disparaît des copies, parfois dès le XIIe siècle [19], plus souvent peut-être à partir du XIIIe [20] ; l'*intitulatio* peut être simplifiée. L'eschatocole est aussi malmené : les souscriptions sont abrégées, seuls échappent au couperet du calame les titulaires d'office ; les corroborations s'évanouissent ; les dates, qui résistent mieux, sont simplifiées ; les souscriptions de chancellerie sont délaissées [21]. Quand ces altérations choisies prennent une allure systématique, il y a lieu d'y voir une intention du cartulariste, laquelle devient manifeste quand il introduit certaines formules (comme par exemple les mots *et alii* ou *multorum aliorum*, etc. concluant une liste écourtée de témoins ou souscripteurs [22]) qui sont de véritables avertissements au lecteur. Tout cela, à nouveau, nous éclaire sur la personnalité et les motivations du cartulariste, et l'on n'oubliera pas que le cartulariste, fils de son temps, peut aussi succomber à l'ambiance diplomatique qui l'entoure, en imprégnant ses copies des usages de son époque [23]. En tout état de cause, on ne peut assimiler de telles pratiques à des négligences qui disqualifieraient du même coup le travail de transcription proprement dit : elles ne présument pas d'un comportement frivole du scribe à l'égard de sa source [24]. C'est pourquoi l'éditeur désireux d'évaluer la fidélité d'un cartulaire distinguera soigneusement ces altérations des erreurs, oublis et variantes entachant le texte transmis [25].

Certains éléments figurés de la «charte» originale passent parfois dans la copie du cartulaire, tels les croix, invocations symboliques, monogrammes et autres signes de validation (ruches, *rota, Bene valete, comma,* etc.), sans oublier les sceaux [26]. Certains cartulaires manifestent d'un bout à l'autre du

18. Voir par exemple le bon développement de J. Laurent (*op. cit.*, p. 31-32) à propos du second cartulaire de Molesme (avant 1250).

19. *Liber testamentorum* (1129) de Saint-Martin des Champs (Bibl. nat., lat. 10977).

20. *Cartulaire blanc* de Corbie (vers 1229), Bibl. nat., lat. 17759 ; second cartulaire de Molesme (avant 1250), éd. J. Laurent, *op. cit.* ; les exemples pourraient être multipliés.

21. Les altérations volontaires du texte (au sens diplomatique) semblent moins communes ou sporadiques.

22. Voir les deux cartulaires cités n. 20. Mais de telles mentions sont fréquentes aussi sur les originaux ; une bonne connaissance des habitudes du cartulariste peut aider à «disculper» celui-ci.

23. On peut ainsi mettre en rapport les abrègements ou suppressions d'invocations dans les copies de cartulaires avec l'effacement tendanciel des invocations sur les originaux à partir de la fin du XIIe s. (cf. par exemple l'approche statistique donnée par B.-M. Tock, *Une chancellerie épiscopale...* [note 17], p. 105-107).

24. Ce qu'avait bien vu J. Laurent au début du siècle (*op. cit.*, p. 32) : constatant à Molesme la régularité des formules d'avertissement au lecteur dans les listes de témoins, il considérait qu'en l'absence d'une telle formule, on se trouvait devant une liste complète.

25. Cette distinction est nécessaire pour une approche statistique sensée de la qualité des transcriptions ; cf. plus bas.

26. Voir ici-même la communication de Jean-Luc Chassel.

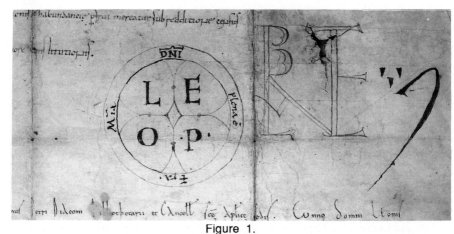

Figure 1.
Privilège de Léon IX pour l'abbaye d'Ambronay, JL 4215, 30 avril 1050.

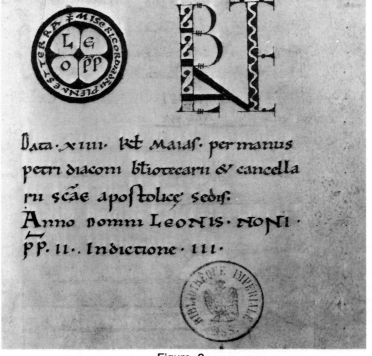

Figure 2.
Cartulaire *Mercator* de l'abbaye de Corbie (XIe s.).
Privilège de Léon IX, JL 4212, 18 avril 1050.

recueil une engouement presque maniaque envers ces éléments [27] ; d'autres concentrent spécialement leur intérêt sur un type d'acte [28] ou bien encore, c'est un «monument» spectaculaire dans le corpus transcrit qui a accroché l'oeil du copiste. A Corbie, un cartulaire du XIᵉ siècle reproduit la *rota* et le *Bene valete* monogrammatique d'un privilège de Léon IX (Jaffé 4212, 18 avril 1050) [29], sans doute parce qu'il s'agissait d'innovations diplomatiques : or le copiste a introduit dans son dessin, notamment dans celui de la *rota,* des détails curieux, qu'on retrouve sur un seul original de Léon IX, de date très proche : ce qui fonde à penser que le mêmenotaire est intervenu sur les deux originaux [30]. Comme on le voit, une transcription de cartulaire, même sans prétention de copie figurée, peut enrichir notre connaissance des caractères externes d'un original disparu.

3) Abstraction faite de sa nature spécifique, la source diplomatique qui s'offre au cartulariste suscite des problèmes de transcription communs à tout **texte**. Lors du déchiffrement et de la lecture des mots, du transfert du message sur le nouveau support, le cartulariste commet des erreurs ponctuelles et des bourdons légers, saute des passages entiers (cas des «sauts du même au même»), introduit des variantes, remplace systématiquement telle lettre par telle autre [31].

La fidélité d'un cartulaire fait ordinairement l'objet, de la part des éditeurs ou analystes, de considérations qualitatives, indispensables naturellement mais faiblement opératoires quand on veut confronter des recueils. L'évaluation statistique des «écarts à la source» est encore peu répandue, même quand

27. A Gorze, le cartulariste (fin XIIᵉ s.) a reproduit bon nombre de ruches, signes de validation, souscriptions spectaculaires (*Cartulaire de l'abbaye de Gorze, ms. 826 de la Bibliothèque de Metz*, publié par A. D'Herbomez, Paris, 1898 [*Mettensia*, II]) ; le cartulaire de Bonnefoy (1229/ 1231) en Vivarais, récemment retrouvé et édité (*Cartulaire de la Chartreuse de Bonnefoy*, édité par Jean-Loup Lemaître, Paris, 1990 [*Documents, études et répertoires...*]), symbolise par des cercles simplement munis d'une indication de possesseur, 45 sceaux qui se trouvaient appendus aux pièces. Il n'est pas rare de trouver, sporadiquement reproduits dans de nombreux cartulaires, *rotae* de privilèges pontificaux, monogrammes royaux ou croix de souscriptions.

28. Cf. le *Cartulaire noir de Corbie* (1295, Bibl. nat., lat. 17758), qui reproduit presque en fac-similé l'eschatocole (souscriptions, *rota, Bene valete,* date) des grands privilèges pontificaux, regroupés dans un dernier livre.

29. Cartulaire *Mercator*, Bibl. nat., lat. 17764, fol. 17; voir pl.ci-contre.

30. Outre l'allure générale des traits, il s'agit de détails concernant essentiellement la croix cantonnant le cercle de la *rota* : l'intersection des bras est un losange très marqué et leurs extrémités sont fortement pattées. On retrouve ces particularités sur l'original (Jaffé 4215) donné en faveur de l'abbaye d'Ambronay (Ain) le 30 avril 1050, soit moins de quinze jours après l'acte pour Corbie (voir pl. ci-contre ; la coïncidence des dates et la parenté graphique donnent à croire que le même scribe a oeuvré sur l'un et l'autre parchemins ; cf. l'étude magnifique de Joachim Dahlhaus, *Aufkommen und Bedeutung der Rota in den Urkunden des Papstes Leo IX*, dans *Archivum historiae pontificiae*, t. 27, 1989, p. 7-84, aux p. 72-73 (tableau sur les originaux et leurs copistes), p. 66 (notice sur Jaffé 4215) et pl. n° 7.

31. Le *Cartulaire noir* de Corbie rend par *y* le *i* intervocalique.

elle est rendue praticable par l'existence d'originaux abondants [32] ; on citera l'expérience d'H. Flammarion, comptant le nombre d'«écarts», quels qu'ils soient, pour 1000 lignes [33], et celle de Martin Schoebel qui relève les lignes touchées par ces «écarts» et fait un pourcentage [34]. On souhaiterait une doctrine plus ferme en la matière : s'il est nécessaire de produire des chiffres globaux, il l'est tout autant de distinguer «discordances graphiques» et «fautes d'inattention et oublis» [35], comme de traiter à part les coupures opérées dans le discours diplomatique (niveau 2), *a fortiori* les altérations volontaires moins innocentes telles l'omission de clauses gênantes, l'ajout d'un mot ou son remplacement par un autre. Le «sérieux» du cartulariste se révèle encore par sa capacité d'auto-contrôle et d'auto-correction : M. Schoebel a mentionné, à propos du cartulaire de Saint-Victor de Paris, l'abondance des corrections faites sur l'instant ; et le choix du procédé, exponctuation (rapide) et non grattage (plus lent), n'est peut-être pas indifférent à la «pression» exercée par le commanditaire sur le copiste [36]. Toute autre forme d'*emendatio* du texte copié, par une tierce personne contemporaine du copiste notamment, doit être relevée [37].

Tout cela permettrait peut-être de vérifier si les cartularistes ont vraiment tenu la promesse de fidélité qu'ils affichent, plus souvent après le milieu du XIIe siècle, dans leurs préfaces [38]. Notons sur ce chapitre que des éditeurs ont souligné récemment la bonne qualité des cartulaires du XIIIe siècle qu'ils publiaient [39] ; certains intervenants à notre rencontre ont conclu pareillement

32. Elle manque pour Pontigny et Saint-Nicaise de Reims, en dépit de la proportion d'originaux préservés, respectivement 162 sur ca. 410 actes et 55 sur ca. 350 (réf. n. 14).

33. *Une équipe de scribe...* (n. 14), p. 282 : «... le sérieux du scribe devait pouvoir être chiffré. Aussi, après avoir compté les variantes, omissions et erreurs, sans distinction, ai-je obtenu un taux de fiabilité pour 1000 lignes proportionnel au nombre d'erreurs : [Scribe] A : 121,7 - B : 61,2...». L'auteur souligne à juste titre que les chiffres varient du simple au triple selon les cinq collaborateurs du cartulaire considéré. - A Langres, H. Flammarion disposait de 145 originaux pour 352 actes transcrits.

34. *Archiv und Besitz der Abtei St. Viktor in Paris*, Bonn, 1991 (*Pariser historische Studien*, 31), p. 65 (à propos du grand cartulaire de 1240) : «Die Anzahl der Textabweichungen vom Original ist in der gesamten Handschrift hoch. In ca. 35 % aller Zeilen sind Varianten nachzuweisen.»

35. Ce sont les termes de M. Garrigues, *Le premier cartulaire...* (note 14), p. 54. - Par «discordances graphiques», on entendra les «tics» orthographiques des copistes, les restitutions et interprétations personnelles des noms propres ou des chiffres, etc..

36. Schoebel, *op. cit.*, p. 65.

37. D'autres indices de l'attention variable des scribes, plus ténus mais significatifs, peuvent être décelés à l'occasion d'un examen des formes graphiques (niveau 4, voir ci-après) : la reproduction plus fidèle qu'à l'accoutumée, à certains endroits délicats du texte, des formes abrégées du modèle ou, dans les dates, des manières d'exprimer les chiffres peut trahir une attention accrue du copiste.

38. Voir ici-même les remarques de P. Bourgain et M.-C. Hubert sur les préfaces de cartulaires.

39. Pour Saint-Nicaise, J. Cossé-Durlin, *Cartulaire de Saint-Nicaise...* (note 9), déclare (p. 22) «fautes d'orthographe et quelques fautes d'inattention... mises à part, la copie du XIIIe est dans l'ensemble fidèle, on note même une attention particulière lorsqu'il s'agit de textes longs et

pour des recueils fort divers [40].

L'historien ne serait-il pas parfois trop enclin à imputer au cartulariste des anomalies - ou du moins des leçons réputées telles - que le scribe n'a fait que reprendre à son modèle ? Les conjectures sur les erreurs de copiste doivent être regardées avec une prudence de félin et il conviendrait, là où c'est possible, d'assortir l'hypothèse d'observations sur la propension du cartulariste à de telles erreurs : je ne nie pas qu'il y ait d'exécrables copistes, je souhaite qu'un faisceau d'indices variés soutienne l'accusation [41]. Dans cet ordre d'idées, une étude sur les erreurs computiques dans les cartulaires serait bienvenue, qui s'attacherait d'abord à réunir les exemples montrant, originaux et cartulaires médiévaux en mains, la nature et la fréquence des erreurs de transcription. Les erreurs ne seraient-elles pas plus souvent qu'on ne le dit sur les originaux ?

Les noms propres, singulièrement les toponymes, sont connus pour attirer les variantes [42]. Le problème qui se pose au cartulariste est d'abord de paléographie pure. Pour peu que la source soit un acte du haut Moyen Age, que le nom ait changé ou que la localité soit ignorée du copiste, le risque est élevé de voir surgir une cacographie. Mais même en situation plus favorable, ces mots sont vulnérables à la fantaisie du scribe. L'apparition d'un nom propre, spécialement d'un toponyme, semble libérer le scribe de son mimétisme et il n'est pas exclu que le processus soit favorisé tant par la fréquence d'occurrences en langue vernaculaire, ou vaguement latinisées, que par la présence de formes abrégées [43]. Toujours est-il que les réactions sont parfois inattendues : l'*aggiornamento* constaté d'ordinaire, ou présumé, coexiste éventuellement avec des manifestations de purisme philologique [44] ; et l'accès d'inventivité s'exerce de préférence envers des noms connus de l'auteur [45].

4) Le document-source est enfin un **assemblage de signes graphiques.**

---

complexes» ; pour la chartreuse de Bonnefoy, J.-L. Lemaitre, *Cartulaire de la chartreuse... (note 27)*, p. XXVI, conclut de la confrontation originaux/copies : «La comparaison du texte de ces cinq originaux conservés et du texte transmis par le cartulaire fait ressortir la qualité de celui-ci, et justifie la confiance que les historiens peuvent lui accorder».

40. Voir les communications de Monique Zerner et d'Alain Venturini-Daniel Le Blevec.

41. Pour un bel exemple de leçons considérées naguère comme des erreurs de transcription commises par un cartulariste, alors qu'elles existent bel et bien sur l'original : L. Morelle, *Le diplôme original... (note 5)*, p. 408-409 ; dans la clause donnant la liberté d'élection aux moines de Corbie, Clovis Brunel proposait triomphalement mais erronément de corriger en *regularis consuetudo* les derniers mots de la formule de réserve *quamdiu viguerit regalis celsitudo*.

42. Sur cette question, voir la communication de Monique Bourin.

43. Sur la réaction du copiste vis-à-vis des abréviations, voir ci-après.

44. Un exemple du cartulaire de Cercamp (p. 41, acte de l'évêque d'Amiens Thierry, 1150) : la forme *Circampo* de l'original est rectifiée en *Caricampo*, mais *Durlens* (Doullens) est rendu par l'abréviation *Doull*.

45. Sur ces points, voir aussi plus bas.

L'original comporte des abréviations, des signes diacritiques, des caractères spéciaux, des majuscules ; l'oeil du lecteur rencontre des fioritures, constate des ruptures de lignes, des blancs, des agencements de colonnes, etc. Si l'on veut examiner convenablement le processus du transfert d'information de l'original vers la copie, on doit garder à l'esprit que c'est un texte mis en forme, et surtout **abrégé, non pas restitué**, qui est à la base du travail du cartulariste. En négligeant ce fait, les éditeurs de cartulaires se privent d'éléments d'appréciation [46]. Comment réagit le copiste devant ces éléments graphiques ? Respecte-t-il les abréviations de l'original, l'alternance majuscules/minuscules, la ponctuation, etc. ?

Je me cantonnerai ici à quelques observations nées de collations minutieuses opérées çà et là dans des cartulaires des XIIᵉ et XIIIᵉ siècles. De façon générale, mais l'impression mérite confirmation, le cartulariste semble être porté à maintenir l'occurrence en l'état, ou à la condenser davantage ; devant un mot abrégé, il incline à respecter l'abréviation, à la redoubler, ou encore à la modifier ; cette attitude, qui n'a rien de mécanique bien sûr, peut être contrariée lorsque le mot est en situation particulière sur le support, par exemple si le mot vient en début ou en fin de ligne, et singulièrement s'il est coupé, sur la page-source ou sur la page-cible [47]. Surtout, la présence de noms propres peut sérieusement infléchir le comportement du copiste. En fonction de leur compétence onomastique notamment, les scribes oscillent entre l'interprétation (avec pour corollaire le développement des abréviations, surtout par suspension) et le respect scrupuleux du document-source: l'un, parce qu'il connaît bien les lieux et les familles dont il est question, abandonne sa tendance à «surabréger» et fait preuve d'une attitude «interprétative» quand il en vient aux souscriptions [48] ; l'autre au contraire, peu familier d'une onomastique à lui «étrangère», reproduit fidèlement les signes de l'original [49].

46. Les éditeurs de cartulaires ne descendent pas au-dessous des variantes textuelles dans leur approche de la «valeur des transcriptions». Quelques sondages, avec une collation de tous les mots abrégés, apporteraient pourtant des indications précieuses sur les habitudes du cartulariste.

47. En cas de conformité «textuelle» d'une copie envers deux sources potentielles, de telles coïncidences «infra-textuelles» peuvent aider à identifier le modèle copié.

48. Dans le cartulaire fragmentaire de la léproserie du Val de Buigny (XIIIᵉ s., Bibl. nat., Picardie 238), voir par ex. la charte de l'évêque d'Amiens Thierry de 1155 (copie, fol. 71 ; original, Arch. hospit. Abbeville, A 40) : *Galt. Colet.* (A)/*Galter9 Cholete* (cartul.) ; *Galt. de Main.*/*Galt.9 de Mainieres* ; *de Tab.*/*de Tabarie*, etc. Les mots sont comme développés et identifiés mentalement puis retranscrits suivant cette lecture, au besoin, si cela ne nuit pas à l'interprétation,... avec une abréviation : *Chocherel* (A)/ *Q'q.rel.* (cartul.).

49. Même en l'absence d'original, cette dernière attitude peut être subodorée : voir par ex. cet acte «normand» (1155) pour l'abbaye de Corbie, dont les noms de témoins et les termes institutionnels spécifiques à la Normandie (*justiciarius*) sont sévèrement et identiquement «abrégés» dans deux cartulaires indépendants (*Cartulaire noir*, lat. 17758, fol 99v ; *Cartulaire blanc*, lat. 17759, fol. 78).

La sensibilité de nombreux cartularistes aux abréviations de la source transcrite signifie donc que la transcription se fait *de visu*, sans intermédiaire. On peut alors se demander si, inversement, l'indifférence presque systématique au système abréviatif de l'original, parfois constatée, ne trahirait pas une transcription opérée «à l'ouïe», par dictée [50]. En l'hypothèse, le cartulariste remâche-t-il intérieurement les mots qu'il va inscrire ? Ou lui dicte-t-on à haute voix les textes ? La question mériterait d'être approfondie.

Confronté aux abréviations d'une source plus ou moins ancienne, le cartulariste se trouve éventuellement contrarié dans sa technique graphique personnelle. Ce qui explique parfois certaines curiosités. Quand on arrive à connaître les usages d'un scribe, l'irruption brusque d'un «style» abréviatif insolite, étranger à sa panoplie, peut être imputée à l'original. Ce qu'on lit sur le parchemin est comme la résultante d'une tension entre la viscosité du modèle et l'habitus du scribe. Un même cartulariste va écrire la conjonction *et* en toutes lettres, puis la rendre par la ligature &, ou encore par le 7 tironien, et cela en partie selon sa «résistance» à l'original. La comparaison du modèle et de la copie est alors pleine d'enseignement. Dans la mesure où la source propose des solutions toutes faites au cartulariste, tout «refus» de ce dernier à les adopter prend de la valeur et contribue à éclairer la «personnalité graphique» du cartulariste. Plus généralement, ces confrontations aident à illustrer et jalonner des évolutions paléographiques, surtout quand on a la chance de saisir l'approche d'une même source par deux regards éloignés de plusieurs générations ou siècles [51].

Quant à la ponctuation et aux majuscules, j'ai constaté une grande fidélité des copies de cartulaires à l'égard des originaux. Le copiste tient compte des signes diacritiques de la source, et les respecte, sinon dans leur forme, du moins dans leur valeur. Il en va de même des majuscules de l'original, dont le dessin est parfois imité, au risque de trancher par leur style avec la décoration propre au manuscrit [52]. Enfin, certains traits décoratifs d'originaux (traitement en treillis des ligatures, etc.) peuvent être transposés sur la copie du cartulaire, mais pas forcément à leur place, compte tenu des contraintes imposées par l'espace interlinéaire relativement faible des manuscrits [53].

---

50. Les cartulaires *Esdras* et *Nehemias* de Corbie (réf. n. 5 et 7), tardifs puisque du XVe siècle, présentent cette «indifférence». D'autres indices (mauvaises restitutions de chiffres: cf. *Nehemias*, lat. 17761, fol. 13 et 237v) conforteraient l'hypothèse d'une élaboration auditive.

51. Telle graphie d'une original corbéien de 1126, reprise telle quelle ou à peine altérée en 1230 (*Cartulaire blanc*), s'avère insupportable au cartulariste de 1295 (*Cartulaire noir*) qui modifie l'abréviation et trahit de la sorte l'irrépressible invasion des abréviations par contraction.

52. Une belle lettrine *A* du mot *actum*, dans une charte corbéienne de 1136 (Arch. dép. Somme, 9 H 415/40) se trouve discrètement imitée par le cartulariste de 1295 (*Cartulaire noir*, lat. 17758, fol. 89v)

53. Dans le *Cartulaire noir* de Corbie (1295), la première ligne de la page est ainsi le lieu d'un certain «défoulement» décoratif, où l'on peut repérer l'influence des originaux transcrits.

*
* *

En guise de conclusion, j'insisterai sur trois points.

1°. Tout d'abord, la «qualité» d'une transcription de cartulaire ne doit pas s'évaluer globalement, de façon floue : il faut distinguer les niveaux d'approche du document, différencier les types d'«écarts à la source». Un cartulariste dégraissant, odieusement, mais sciemment, l'acte de sa gangue diplomatique peut livrer un texte de bonne tenue. Inversement, le respect scrupuleux de l'intégrité de l'acte diplomatique peut s'accompagner de bévues monumentales. Le classement des copies selon le «degré de confiance qu'on est en droit de leur accorder» peut donc s'avérer délicat, quand un original perdu est connu par deux cartulaires représentatifs de ces types [54].

2°. Assurément, l'analyse diffractée du processus de transcription n'apprend pas seulement au médiéviste à mieux placer sa confiance. Elle l'aide aussi à mieux déceler une diversité de projets et de compétences. La passivité relative d'un copiste à l'égard des abréviations du modèle, associée à d'autres caractères (souci de mise en page, etc.) peut dénoter une compétence essentiellement graphique, quand bien même paléographique (transcrire des préceptes mérovingiens ou des premiers carolingiens, ou l'écriture curiale de la chancellerie romaine n'est pas aisée) ; une approche plus active décelée aux niveaux 1 et 2 de l'enquête, un moindre respect de la «lettre», allant jusqu'à gauchir modérément les sources, peuvent révéler l'implication du copiste dans l'élaboration du projet, ou au moins attester un intérêt plus vif porté au contenu informatif et à l'efficience juridique des pièces qu'à leur aspect monumental. Assurément, des cartularistes sont «antiquaires» dans l'âme, d'autres sont d'abord des «gestionnaires».

3°. Enfin, et je terminerai sur ce point, c'est une micro-analyse des transcriptions qui précise tous ces traits. Il faut cesser de regarder le niveau des variantes textuelles comme le seuil en-deçà duquel il n'y a plus d'investigation à mener, plus rien à attendre du document. Les signes graphiques tracés sur le cartulaire méritent toute l'attention du chercheur : ils nous renseignent sur l'original comme sur la genèse de sa transcription, concourent à saisir la personnalité du cartulariste, sa compétence et sa démarche ; enfin, ils livrent des informations non négligeables pour l'histoire de la paléographie.

54. «Dans le système français, les copies (B, C, D...) sont classées d'après le degré de confiance qu'on est en droit de leur accorder et par conséquent, d'après leur conformité vraisemblable avec l'original... Dans un système suivi par divers éditeurs allemands, l'ensemble des copies est classé dans un ordre strictement chronologique» (*Diplomatica et sigillographica : travaux préliminaires de la Commission internationale de Diplomatique et de la Commission internationale de Sigillographie pour une normalisation internationale des éditions de documents et un vocabulaire international de la diplomatique et de la sigillographie*, Saragosse, 1984 [*Folia Caesaraugustana*, 1], n° 32, p. 32). Pour obvier à toute difficulté de classement, on aurait peut-être intérêt à répartir (selon le système français) les copies en utiles/inutiles, puis à opter (selon le système allemand) pour l'ordre chronologique des copies utiles.

REMARQUES ET DISCUSSION

Robert-Henri BAUTIER : *Je tiens à souligner, à propos de la fiabilité des copies -dans des cartulaires ou ailleurs- qu'il convient toujours de manifester à son égard un esprit critique. Il y a des coupures et des additions (liste de* villae, *mention de juridiction, marché, moulin...) ; la comparaison avec un acte antérieur, une confirmation postérieure, etc. est toujours indispensable. L'esprit critique doit toujours être en éveil quand on utilise une copie.*

Laurent MORELLE : *Mon propos aurait été mal compris si l'on y voyait un appel à l'engourdissement du jugement critique. Je partage sans réserve la méfiance prônée par Monsieur Bautier. Précisément, j'ai voulu montrer dans mon exposé que l'esprit critique doit aller jusqu'à suivre les comportements graphiques du cartulariste pour mieux cerner sa méthode de travail et évaluer son "produit". Peut-être alors y verrons-nous un peu plus clair dans ses intentions réelles. J'ajoute qu'en faisant part de la relative confiance qu'inspiraient les cartulaires de gestion du XIIIe siècle, je n'ai pas voulu nier l'existence bien connue de cartulaires qui sont en vérité des armes de combat davantage que des outils de gestion.*

Robert FOSSIER : *Comment travaillait le copiste ? D'où venait le choix des coupures qu'il effectuait (témoins, clauses, etc.) alors que cela doit altérer la validité de l'acte ?*

Laurent MORELLE : *Sur le travail du cartulariste, on ne peut exclure qu'en certains cas, le copiste transcrivait ce qu'un autre lui dictait ; ce pourrait être le cas du cartulaire Nehemias de Corbie (fin XVe siècle, Bibl. nat., lat. 17761) où une leçon curieuse «Vx», à lire probablement quindecimam (XV), se comprend si le copiste transcrit à l'ouïe, beaucoup moins s'il regarde le texte. Mais l'on peut aussi imaginer que le copiste disait pour et en lui-même le texte qu'il lisait et copiait en fait ce qu'il entendait intérieurement.*

Quant aux coupures, on peut remarquer que les noms de témoins supprimés sont souvent remplacés par une mention du type et alii multi, *ce qui indique un souci d'alerter le lecteur sur l'état réel du document et donc d'inviter à s'y référer si besoin est. Les coupures effectuées nous renseignent peut-être sur le rôle essentiel joué par ces cartulaires ; celui de «mémoriaux» à usage interne, parfois personnel, qui évitent à l'administrateur de recourir souvent aux originaux du chartrier. Mais je serais d'avis de penser qu'il y a souvent plusieurs mobiles étroitement liés à un projet cartulariste, et que c'est la tension entre ces motifs qui introduit des anomalies, des changements de comportements, etc.*

Michel PARISSE : *Dans le cartulaire de Gorze, généralement bon sauf pour les dates, figure un acte qui comprend une liste de témoins alors que l'original n'en comporte pas. Ce cas est-il fréquent ?*

Laurent MORELLE : *Il existe en effet dans les cartulaires des copies d'actes aux listes de témoins plus allongées que sur les originaux. Il peut s'agir d'entreprises visant à donner plus de lustre à l'acte ou à combler ce qui apparaît comme une lacune (on emprunte à un second document contemporain la liste de souscripteurs) ; mais certains cas sont plus énigmatiques, tel celui du privilège d'Alexandre II pour Saint-Denis du 6 mai 1065 (JL 4565). Les copies du cartulaire-dossier (Bibl. nat., nouv. acq. lat. 326, vers 1065) et du livre des privilèges (Arch. nat., LL 1156, XIIIe siècle) donnent une impressionnante liste de souscripteurs, qui a tout l'air de correspondre aux prélats effectivement présents à Rome lors du concile pascal de 1065 où fut émise la bulle, mais l'original de cette dernière (Arch. nat., L 222 n° 1) est dépourvu de ces noms. Les copies des cartulaires, ou du moins les souscriptions, dérivent donc d'un autre document, une notice de jugement, pensait Levillain (cf. L. Levillain, Etudes sur l'abbaye de Saint-Denis..., BEC, 1926, p. 253-254), peut-être aussi un second exemplaire de la bulle. Il faut attendre sur ce point les résultats de l'enquête menée par Rolf Grosse pour le volume sandionysien de la Gallia Pontificia.*

Mathieu ARNOUX : *A propos des listes de témoins, je connais le cas d'un acte transcrit dans un cartulaire de Lyre, dont subsiste l'original, et qui comporte quatre témoins de moins que la copie. Ne s'agit-il pas d'un interversion de chartes fort semblables ? Les témoins mentionnés apparaissent dans de nombreuses chartes du même donateur (Cart. de la collection Lenoir n° 11, original Arch. dép. Eure H 473).*

Par ailleurs, je connais une transcription avec commentaires diplomatiques dans le cartulaire de Saint-Martin de Troarn, dont les premières pages renferment d'abondantes additions. Au terme d'une trentaine de folios, les annotations disparaissent : y a-t-il épuisement du copiste ou moindre intérêt des actes ?

Hubert GUILLOTEL : *Dans un acte du cartulaire de Redon, son copiste éprouve le besoin de préciser qu'il était présent à l'action plus tard relatée et il ne serait donc pas impossible qu'un copiste fasse confiance à sa mémoire pour compléter la liste des témoins restée relativement limitée au moment de l'instrumentation de l'original.*

Jean-Marie MARTIN : *Je voudrais verser au dossier des modes de transcription des actes dans les cartulaires l'exemple du cartulaire de Sainte-Sofia de Bénévent, complété au début du XIIe siècle. Le cartulariste avait à copier de nombreux actes des VIIIe-IXe siècles, écrits dans un latin différent de celui de son époque. Il a transcrit paléographiquement, avec soin, les actes, puis, à l'encre rouge, a effectué au-dessus les corrections grammaticales qui lui semblaient s'imposer. J'ignore s'il existe d'autres exemples d'une telle attitude paléographique et philologique à cette époque.*

INTÉRÊT ET FAIBLESSE DES CARTULAIRES POUR L'ÉTUDE DE L'ANTHROPONYMIE MÉDIÉVALE

par

Monique BOURIN [1]

C'est par le hasard de deux cartulaires que la transformation de l'anthroponymie médiévale d'un système à nom unique à une double désignation m'est apparue comme une question [2]. Il se trouve que les deux cartulaires, qui constituaient une part importante de la documentation que j'étudiais pour la période antérieure au XIIIe siècle, présentaient la même anomalie : une lacune totale de documents entre 1025 et 1070. Cette lacune caricaturait la transformation du mode de désignation des individus : avant, ils portaient des noms variés et aux consonances «barbares» ; après, ils s'appelaient presque tous Pierre, Raimond ou Guillaume. Cet effet de miroir grossissant que présentent certains cartulaires dont la répartition chronologique des chartes est «trouée», a été constatée ailleurs, pour d'autres régions, en Normandie ou en Gascogne. Cette lacune n'est pas, en règle générale, un phénomène aléatoire, mais lié à des phases de crise.

Le cartulaire a en revanche un effet inverse, négatif, souvent souligné par les historiens : le retard à prendre en compte certaines nouveautés, notamment dans le vocabulaire. Ce caractère conservateur n'est d'ailleurs pas spécifique du cartulaire, mais, d'une manière plus générale, des actes de la pratique, quand ils sont mis par écrit par les clercs, notamment au XIe siècle [3].

---

1. Les quelques remarques qui suivent sont le résultat de l'expérience collective de l'enquête menée sur les transformations de l'anthroponymie en Europe par le GDR 955 du CNRS, avec l'aide de collègues allemands, espagnols et italiens.

2. Le problème de la modification du stock des noms avait été signalé depuis longtemps, par exemple par Georges Duby, *Lignage, noblesse et chevalerie dans la région mâconnaise. Une révision*, dans *Hommes et structures du Moyen Age*, Paris-La Haye, 1973, p. 395-422, aux p. 398-399 ; celui de l'apparition du surnom et du patronyme a été traité par Pierre Toubert, dans *Les structures du Latium médiéval*, Rome, 1973 (*Bibliothèque des Ecoles françaises d'Athènes et de Rome*, 221), p. 694-703.

3. «On ne doit jamais oublier le retard, parfois très large, qu'il [le vocabulaire des chartes] met ordinairement à refléter ce qui modifie dans le concret la condition des personnes», G. Duby, *Les origines de la chevalerie*, dans *Hommes et structures...* (note 2), p. 325-341 (ici p. 326).

Puisque des cartulaires était venue la question, il paraissait tout naturel de les prendre comme base d'étude. D'ailleurs, bien des régions n'offraient pas d'autres ressources suffisamment abondantes pour permettre une étude qui se voulait quantitative. Il semblait aussi qu'une enquête reposant exclusivement sur des cartulaires fournirait une source homogène, sur laquelle appuyer une grille commune d'investigation. En fait, il s'est révélé depuis lors que les caractères distinctifs des diverses chancelleries, monastiques ou autres, ne sont pas si fortes en matière d'anthroponymie qu'il faille limiter strictement le corpus aux cartulaires [4] ; les recueils factices conviennent également [5]. Il faut dans tous les cas prendre en compte soigneusement le nom des scribes et en faire un des premiers critères d'étude, en souhaitant pouvoir l'éliminer, s'il apparaît que ce ne sont pas les habitudes de chaque scribe qui sont les facteurs déterminants des formes anthroponymiques [6].

*

* *

Tous les cartulaires ne conviennent pas à une telle étude. Quelques critères sont apparus comme essentiels.

Il faut d'abord un cartulaire aux actes bien datés : on tolèrera au mieux une incertitude de l'ordre de la génération. C'est une condition remplie par la plupart des cartulaires : à défaut de date précise, la chronologie des abbés ou des évêques permet d'asseoir le découpage chronologique indispensable. Il faut seulement ne pas prendre en compte les chartes de date trop incertaine.

Il faut un cartulaire de large champ chronologique, du moins pour aborder la connaissance d'une région. Pour l'étude des noms de laïcs de sexe masculin, l'enquête doit commencer au Xe siècle ; pour les désignations de clercs, il faut impérativement la poursuivre jusque dans le XIIIe siècle avancé.

Il faut enfin que les chartes soient bien réparties dans le temps, afin que des phénomènes statistiques ne viennent pas parasiter ceux qui constituent l'objet de l'étude. Des données trop maigres pour certaines époques perturbent les observations d'ensemble.

Et il faut évidemment que le cartulaire comprenne suffisamment de chartes pour permettre cette étude quantitative. A défaut, on peut étudier plusieurs

4. Rien ne remplacerait en revanche une autre analyse, qui pourrait être conduite à partir des chartes originales et de l'étude précise de la disposition des *signa*.

5. Un recueil de chartes, baptisé parfois cartulaire, constitué à partir de chartes originales à une époque où les méthodes d'édition des chartes sont bien établies est un document beaucoup plus fiable, mais moins «vivant», à certains égards moins instructif sur le fonctionnement de l'anthroponymie médiévale puisque, on le verra plus loin, les modifications apportées par le cartulariste sont, si on les aperçoit, d'un apport très riche pour la compréhension du système de désignation des individus à l'époque de la rédaction du cartulaire.

6. Ainsi les actes des évêques de Toul, tels qu'ils nous ont été communiqués (sur disquette, facilitant beaucoup le traitement informatique) par l'ARTEM, se sont révélés aussi sûrs pour une étude anthroponymique et parfois mieux datés que le cartulaire de Saint-Mihiel étudié en parallèle.

cartulaires voisins ensemble, après avoir vérifié la compatibilité des données.

Il n'y a pas, de notre point de vue, de cartulaire idéal. Du moins, ne l'avons-nous pas encore rencontré. Celui de Saint-Etienne de Limoges, étudié par Bernadette Barrière, est régulièrement réparti, mais ne dépasse pas 1130 et ne compte que 122 notices. Celui de la Trinité de Vendôme, analysé par Dominique Barthélemy, concentre le tiers de ses chartes sur la seule période 1050-1100. Pour Benoît Cursente, celui de Sainte-Marie d'Auch souffrait d'une infirmité entre 1000 et 1050 et s'enflait démesurément entre 1250 et 1280.

Plus importante encore que la répartition chronologique des chartes, la répartition géographique. L'évolution de l'anthroponymie obéit à des règles générales, mais elle suit des modes régionales. Et plus l'enquête a avancé, plus la forme de désignation des individus est apparue comme révélatrice d'aires culturelles qu'il fallait cerner avec précision. Il faut donc comme matériau de cette enquête des cartulaires de portée régionale. Ceux qui entassent les privilèges royaux, les bulles pontificales et même les chartes de l'évêque local sont d'un faible secours. D'une manière générale, les établissements religieux de forte implantation locale, ceux des chapitres canoniaux par exemple, sont parmi les plus utiles pour ce type d'enquête.

En outre, ceux-là seulement permettent une étude prosopographique sans laquelle on devrait se limiter à des aperçus très globaux.

Souvent ces cartulaires d'envergure locale sont aussi ceux qui permettent d'apercevoir les tranches modestes de la population : les terres cédées sont connues par leurs confronts qui ne sont pas tous de grands aristocrates. Et soucieux des affaires locales, ces cartulaires ont, me semble-t-il, plus que d'autres, inclus des censiers, qu'il faut étudier spécifiquement, mais qui sont de la plus grande utilité pour comprendre le fonctionnement anthroponymique et l'usage que l'autorité seigneuriale en fait.

Il va de soi aussi qu'il faudrait disposer du cartulaire original. Les noms souffrent toujours des transcriptions et les copies tardives, voire certaines éditions, sont parfois fautives sans que la rectification en soit aisée.

*
* *

Je n'insisterai pas sur l'impression très vite acquise que les chartes, qu'elles fussent rassemblées dans le cartulaire ou égaillées, n'étaient pas toutes de la même humeur : sans même invoquer l'exemple des régions et des établissements monastiques où furent rédigés des cartulaires-chroniques, les notices complaisamment bavardes de Touraine ou du Vendômois ne ressemblent pas aux chartes, rédigées dans un latin sec, de la France méridionale.

Je n'évoquerai pas les difficultés propres au travail historique: ni celle de l'analyse du rang social des individus cités dans les cartulaires afin de différencier les modes de désignation des divers milieux ; ni bien sûr le travail de base qui consiste à vérifier si d'une charte à l'autre, telle désignation identique recouvre un seul ou deux individus différents.

Je ne poserai pas non plus ici les problèmes d'interprétation qui viennent de ce que la documentation est écrite. On ne peut y appréhender qu'un système partiellement différent des manières quotidiennes et orales de désigner. Tous les efforts doivent être faits, par diverses méthodes, pour essayer de prendre la mesure de la formalisation spécifique qu'apporte l'acte écrit, voire le carcan du formulaire diplomatique, dans les textes lombards par exemple. Ces méthodes ne sont pas au coeur du sujet de ce colloque : le cartulariste travaille à partir d'un matériau écrit pour constituer un ouvrage écrit, il n'est pas le responsable du passage d'une pratique orale et quotidienne à un système écrit.

Mais les études de prosopographie montrent à quel point il importe de resituer chaque désignation dans l'ensemble des désignations d'une même charte et chaque charte dans l'histoire d'une famille.

*

* *

Il paraît plus au centre de la réflexion de ce colloque de se demander si l'oeuvre du cartulariste, les choix qu'il opère, les modifications qu'il peut apporter à l'acte original, altèrent gravement les résultats de l'étude de l'anthroponymie.

Les études prosopographiques conduites à partir de divers actes d'un cartulaire et des originaux montrent que les dénominations d'une même personne sont loin d'être identiques. Si le tri qu'opère le cartulariste est, en ce qui concerne les noms, aléatoire, il suffira de considérer le cartulaire comme un sondage dans la documentation originale. En revanche, s'il s'avérait que le cartulariste trie en fonction de critères qui incluent la qualité de l'anthroponymie des donateurs ou vendeurs, le cartulariste conduirait à déformer notre vision. On peut craindre, par exemple, que s'il constitue le cartulaire comme recueil de preuves de propriété, le cartulariste n'accorde moins d'attention aux chartes où le donateur figurerait sous un nom unique, qu'il jugerait a posteriori imprécis ou dont il n'identifierait pas le porteur.

Ne soyons pas trop pessimistes. la Catalogne a permis à Lluis To Figueras une étude comparative, encore inédite : les données anthroponymiques des chartes originales n'y sont pas sensiblement différentes de celles des cartulaires ; et elles donnent des résultats, au point de pourcentage près, analogues à ceux des cartulaires du Languedoc biterrois.

D'ailleurs, me semble-t-il, les résultats d'ensemble sont, dans les diverses régions, trop cohérents pour qu'ils soient dus aux seules manières de faire des cartularistes. Si l'influence de la date de composition du cartulaire était majeure et si le cartulariste avait systématiquement remodelé au goût du jour le nom des protagonistes des chartes, nous ne verrions pas apparaître des situations si contrastées suivant les époques.

Il reste que lorsque la comparaison est possible, l'étude anthroponymique incite à la prudence et éclaire sur les objectifs des cartularistes. Des exemples suggestifs ont été donnés à partir des documents clunisiens. Entre la charte originale et la notice abrégée qui figure dans le cartulaire, les divergences sont considérables. Le scribe interprète les désignations : *Humbertus de Coloniaco, dominus*, devient dans le cartulaire *Umbertus miles de Coloniaco* ; *Fulmarus de Castellania Oultoldenchus* devient *Vulmarus miles Theutonicus*. Ces divergences sont d'un intérêt fondamental, dès lors qu'elles sont repérées[7]. Mais il faut aussi en prendre la mesure : ces variations sont-elles la norme ou l'exception ?

A défaut de la comparaison avec les chartes originales, l'observation du manuscrit original du cartulaire, lorsqu'il est conservé, est plein d'enseignement. Les ajouts au cartulaire de Saint-Mont, un petit établissement clunisien au bord de l'Adour, ont inspiré à Benoît Cursente des remarques essentielles sur la formalisation progressive de l'anthroponymie et ses méthodes, puisque le cartulaire en rouleau a constitué comme un brouillon du cartulaire en registre. Ajout du titre *comes* au *nomen*, ajout du surnom *Tumpalerius* à *Bernardus Comes*, ajout de *filius Ane* au nom de *Sanz Aner*, ajout de *Helias* après le nom de *Bernardus*, ajout de *Aiz de Guiete* à *Willelmus monachus* et, majoritaire, ajout d'un nom de lieu. Je me contenterai ici de ces quelques exemples et en renvoyant aux conclusions de Benoît Cursente, qui seront publiées dans un très proche avenir[8]. Je reprendrai seulement le terme dont il use pour montrer comment le fonctionnement anthroponymique est dominé et utilisé par les moines de Saint-Mont pour mieux connaître et mieux dominer leurs censitaires : celui de «normalisation».

L'étude critique de l'anthroponymie d'un cartulaire fait donc partie, croisée avec sa date de composition et avec bien d'autres indices, des chemins qui permettent de comprendre la méthode de travail du cartulariste et la politique qui l'a inspiré, lui et peut-être ceux qui lui ont commandé le travail : entre la fidélité au document copié, notamment pour la qualité de la preuve, et la recherche de clarification et d'identification des personnes citées, qui peut conduire à transformer sensiblement les désignations originales.

Surtout à l'époque où le mode de désignation des individus présente encore beaucoup de fluidité, au moment où le système prend forme, les choix pour désigner les personnes sont multiples. Pourtant, dès ce moment, et plus facilement encore par la suite, l'anthroponymie devrait pouvoir faire partie

7. Maria Hillebrandt, *Albertus Teutonicus, copiste de chartes et de livres à Cluny*, dans *Mémoires de la société pour l'histoire du droit et des institutions des anciens pays bourguignons, comtois et romans*, t. 45, 1988 (= *Etudes d'histoire du droit médiéval en souvenir de Josette Metman*), p. 215-232 (ici p. 222 n. 2).
8. A paraître dans les Mélanges en l'honneur de G. Duby, sous la direction de G. Lobrichon.

de la critique des chartes : il y a des désignations qui sonnent faux, trop moderne pour la date imputée à l'acte. Elles peuvent attirer le doute au même titre que les détails diplomatiques anachroniques et inciter à réexaminer la charte ou le récit. Ainsi, en règle générale, un donateur dont l'identité figure sous la forme d'un nom suivi d'un surnom de lieu dans un acte antérieur aux premières années du XIᵉ siècle doit éveiller un très vif soupçon.

ANNEXE

Dans le cadre de cette étude et en se limitant à l'espace français actuel, ont fait l'objet d'une étude d'anthroponymie, les cartulaires suivants :

- en Aquitaine :

Cartulaires de l'église métropolitaine de Sainte-Marie d'Auch, éd. C. Lacave, Laplagne, Barris, vol. 3 et 4, Paris-Auch, 1899.

Cartulaire de Berdoues, éd. J.J. Cazauran, La Haye, 1905.

Cartulaire du prieuré de Saint-Mont, éd. J. de Jaurgain et J. Maumus, Paris-Auch, 1904 (cartulaire en registre).

Le plus ancien cartulaire de Saint-Mont, éd. Ch. Samaran, dans *Bibliothèque de l'Ecole des chartes*, t. 110, 1952, p. 5-56.

- en Limousin :

Cartulaire du chapitre de Saint-Etienne de Limoges, éd. J. de Fontreaux, Limoges, 1922.

- pays ligériens et Berry :

Cartulaire de l'abbaye cardinale de la Trinité de Vendôme, éd. Ch. Métais, t. I et II, Paris, 1893-1894.

Cartulaire de l'abbaye de Noyers, éd. C. Chevalier *(Mémoires de la société archéologique de Touraine*, XXII), Tours, 1872.

Cartulaire de Sainte-Croix d'Orléans, éd. M. Thillier, E. Jarry *(Mémoires de la société archéologique et historique de l'Orléanais*, XXX), Orléans, 1905.

Cartulaire de Vierzon, éd. G. Devailly, Paris, 1963.

Cartulaire de Saint-Cyr de Nevers, éd. R. de Lespinasse, Nevers, 1916.

Cartulaire de la Chapelaude (fragments), éd. M. Chazaud, Moulins, 1860 (-1984).

- en Bretagne :

Cartulaire de l'abbaye de Sainte-Croix de Quimperlé, éd. L. Maître et P. de Berthou, Paris, 1903.

Cartulaire de l'Eglise de Quimper, éd. abbé Peyron, Quimper, 1909.

- en Normandie :

Antiquus cartularius Ecclesiae Baiocensis, ed. V. Bourienne, 1902-903, 2 vol.

- en Picardie :

Cartulaire-chronique de Saint-Georges d'Hesdin, éd. R. Fossier, Paris, 1988.

- en Lorraine :

Chronique et chartes de l'abbaye de Saint-Mihiel, éd. A. Lesort *(Mettensia)*, Paris, 1909-1912.

- en Bourgogne :

Cartulaire de l'abbaye de Savigny, éd. A. Bernard, Paris, 1853, 2 vol.

Cartulaire du prieuré de Saint-Marcel de Chalon, éd. P. Canat de Chizy, Chalon-sur-Saône, 1894.

Cartulaire de l'Eglise d'Autun, éd. A. de Charmasse, Autun-Paris, 1865-1900, 2 vol.

Cartulaire de l'abbaye de Molesmes, ancien diocèse de Langres (916-1250), éd. J. Laurent, Paris, 1907, vol. 2.

- en Dauphiné :

Cartulaires de l'Eglise cathédrale de Grenoble, éd. J. Marion, Paris, 1869.

- en Languedoc :

Cartulaire de l'Eglise de Maguelonne, ed. J. Rouquette et A. Villemagne, Montpellier, 1913.

Cartulaire du chapitre cathédral d'Agde, éd. O. Terrin, Nîmes, 1969.

Cartulaire de Lézat, éd. A.-M. Magnou et P. Ourliac, Paris, 1984-1987, 2 vol.

Cartulaire de l'abbaye de Conques, éd. G. Deesjardins, Paris, 1879.

Ne figurent pas ici les recueils de chartes et cartulaires reconstitués, ni au XVIIIe siècle, ni plus récemment, comme celui du Ronceray d'Angers, qui ont aussi servi de matériau à cette enquête. Ni, bien entendu, les autres sources, telles que livres de miracles et autres enquêtes.

REMARQUES ET DISCUSSION

Marcel BAUDOT : *L'apport des cartulaires aux études anthroponymiques en raison de l'abondance des noms fournis est considérable, mais Mme Bourin nous montre que cette richesse appelle bien des réserves.*

Il existe cependant des cartulaires qui échappent à ces réserves et c'est sur l'un d'entre eux que j'appelle l'attention d'autant plus qu'il est demeuré jusqu'ici totalement ignoré des historiens.

C'est au lendemain de la reconquête de la Normandie très perturbée par la guerre de Cent Ans et du rétablissement de la vie monastique que le prieur d'un petit prieuré de l'abbaye bénédictine du Bec-Hellouin, et situé en Lieuvin, celui de

Saint-Lambert de Malassis, entreprend la récupération des droits, privilèges et revenus de son prieuré ; effectuant les recherches dans le chartrier de l'abbaye-mère, il analyse, transcrit et commente les titres justificatifs de ces droits tombés en désuétude du fait de la guerre ; les actes transcrits s'échelonnent de 1126 à 1461 ; ils ne concernent qu'un territoire très restreint, celui d'une paroisse d'à peine mille hectares et de son voisinage immédiat. Il s'agit d'une petite paroisse rurale qui ne comportera, dans le dénombrement de 1720, que 88 feux. Or, des 202 noms cités dans les 43 actes transcrits in extenso, la majorité concerne les procédures menées par le prieur de 1398 à 1461, inclues dans 36 actes transcrits in extenso. Ces noms de personne comprennent les contractants, les tabellions, les gardes du scel, les arbitres, les détenteurs de procuration, les tenanciers des confronts, les témoins : suit une centaine de familles résidant dans un territoire de très faible superficie.

Ajoutons que les formes revêtues par ces anthroponymes sont très sûres, s'agissant de familles très connues d'un prieur qui a vécu une trentaine d'années auprès d'elles, la graphie est aussi de très bonne qualité.

Ce cartulaire-memorandum, d'une gestion revendicatrice en vue de la récupération de droits et revenus tombés en désuétude, constitue une source précieuse pour l'histoire de la transformation de l'économie agraire au XVe siècle avec la généralisation des baux à rente se substituant à l'exploitation directe des terres et à l'usage des droits coutumiers ; c'est aussi un témoignage suggestif pour l'étude de la jurisprudence pratiquée en moyenne Normandie au milieu du XVe siècle et également pour la connaissance des particularités dialectales de cette région proche de la limite de la ligne Jores.

Robert FOSSIER : *A quel moment peut-on placer le passage, chez les humbles, du toponyme adjoint au prénom, au* cognomen + *prénom ? Quand alors les «nobles» abandonnent-ils le* cognomen *pour le toponyme ? Comment peut-on être sûr que* monoculus *traduit bien «le borgne» ?*

Monique BOURIN : *On ne peut jamais être sûr, évidemment, de l'interprétation à donner à un nom, même en utilisant les dictionnaires mis à notre disposition par les linguistes. Les nombreux «Clerici» des cartulaires languedociens ne sont pas les descendants de quelque prêtre concubinaire. Quant au Guillaume Bibensaquam du cartulaire du chapitre d'Agde, est-il un ivrogne invétéré ou un vrai buveur d'eau, etc. ?*

La question que vous posez concernant cette relative inversion des choix entre les surnoms des roturiers et des nobles est tout à fait centrale. Le nom de seigneurie ou de fief ne devient que peu à peu le mode quasi-unique de désignation des nobles ; en revanche, le cognomen, *longtemps minoritaire comme mode de désignation des roturiers (surtout, semble-t-il, dans la France moyenne et septentrionale) ne supplante que peu à peu le système de désignation primitif : nom suivi d'un toponyme, en général lieu de résidence. Cette évolution semble postérieure au terme chronologique actuel de note enquête, c'est-à-dire les environs de 1250. Elle renvoie* *d'une part à une enquête sur la noblesse au XIIIe siècle : à quelle exigence sociale nouvelle se rapporte la constitution d'une anthroponymie noble spécifique, où la distinction d'avec les roturiers est immédiatement perçue. Votre question suggère aussi de prolonger notre enquête par une étude de la fluidité relative des patronymes depuis le milieu du XIIIe siècle jusqu'au début du XVIe et même plus tard ; cette analyse renverrait à une autre situation politique et mentale, postérieure à la période d'encellulement.*

Robert-Henri BAUTIER : *J'attire l'attention sur le fait que les cartulaires ont tendance à abréger : les noms G. au lieu de Guill., Ger(ardus)..., Rx pour Raimondus, Robertus, et inversement, à développer les abréviations des originaux selon la fréquence du nom au temps du cartulaire.*

Attention pour les statistiques. Je souligne par ailleurs que les censiers contiennent souvent plus de noms -pour une date donnée- que les cartulaires.

Monique BOURIN : *Les abréviations des noms, pratiquées par les cartularistes, sont en effet très gênantes si elles ne sont pas univoques, pour une étude de la répartition de ces noms. Si l'état de la documentation le permet, il faut donc naturellement procéder aux vérifications fondamentales. Mais l'étude des noms n'est qu'une partie de cette enquête sur l'anthroponymie, l'apparition des surnoms étant l'essentiel de notre étude.*

La pratique même de l'abréviation des noms par le cartulariste est en elle-même intéressante. Elle révèle la conscience qu'il a d'un phénomène crucial dans l'évolution anthroponymique : la concentration des choix sur un petit nombre de noms. Nous n'avons pas procédé à l'étude systématique des abréviations, mais c'est un oubli qu'il faudrait réparer : les noms abrégés sont-ils les plus fréquents, toutes périodes confondues ? Ou à la période où le cartulariste constitue le cartulaire ? Applique-t-il ces abréviations à des périodes anciennes, très antérieures à la concentration des choix ? Cette analyse contribuerait certainement à nous renseigner sur la perception du système de désignation par ses contemporains.

En effet, les censiers, et d'une manière générale les listes de noms, apportent à l'étude de l'anthroponymie un matériau qui a le considérable avantage de son homogénéité et de son abondance. Toutefois, c'est aussi un matériau un peu sec, qu'il faut compléter par d'autres documents, plus riches de détails individuels. D'autre part, si ces listes se prêtent bien à l'étude globale de l'anthroponymie, telle que nous l'avons pratiquée dans la première phase de l'enquête, elles sont moins adaptées à un autre type de problématique, celle qui s'intéresse au rythme et aux processus par lesquels le surnom est devenu héréditaire ou aux problèmes de dévolution des noms dans les familles. Là, le cartulaire, malgré ses difficultés, est un document plus riche.

Joseph MORSEL : *Les études de prénoms menées sur la base de l'exploitation de cartulaires, qui ont l'avantage de fournir un grand nombre de données, ont souligné les problèmes qui peuvent apparaître du fait de la récurrence de mêmes personnes, ou inversement de cas d'homonymie, d'autant plus nombreux d'ailleurs que le prénom et le surnom sont plus communs. Mais comme, d'un point de vue statistique, cela affecte donc surtout les données les plus fréquentes, celles-ci ne sont donc que faiblement modifiées quantitativement ; l'utilisation du cartulaire se justifie donc tout à fait pour l'étude statistique des prénoms.*

Monique BOURIN : *Les cas d'homomynies sont probablement assez rares dans les cartulaires. Il faut attendre que le choix des prénoms se soit considérablement concentré sur un petit nombre d'entre eux et que les surnoms soient devenus plus ou moins héréditaires pour que l'on commence à trouver un nombre significatif d'homonymes. Ainsi, en Bas-Languedoc, c'est seulement à la fin du XIIIe siècle et surtout vers 1330-1340 que l'on rencontre dans les bourgades deux ou trois paires d'honomymes, que l'on distingue entre eux par l'ajout de «major diebus» et «minor diebus». Sans doute cette situation se rencontre-t-elle plus précocément dans les villes, contribuant à expliquer le fonctionnement spécifique de l'anthroponymie urbaine.*

Dans une enquête quantitative, telle que nous l'avons menée, la récurrence d'une même personne dans la source, le cartulaire notamment, est évidemment à prendre en compte. Pour ce faire, nous avons procédé à une critique prosopographique partielle de nos cartulaires. Partielle parce que se limitant, pour cette première partie de l'enquête, à comptabiliser les diverses formes anthroponymiques. Il fallait vérifier que les mentions de la même forme correspondaient à une seule et même personne. En revanche, si cette même personne apparaissait sous deux désignations différentes, elle était prise en compte deux fois. De ce point de vue, toute la liste de noms, issue de censiers par exemple, convient tout aussi bien qu'un cartulaire à cette partie de l'enquête.

LATIN ET RHÉTORIQUE
DANS LES PRÉFACES DE CARTULAIRE

par

Pascale BOURGAIN et Marie-Clotilde HUBERT

Le sujet revient à se demander ce qui dans un cartulaire, recueil d'actes, relève de l'attention à la qualité littéraire. Cela peut être un nettoyage linguistique, opéré sur les actes eux-mêmes. De ceci l'on ne peut se rendre compte qu'en comparant les actes originaux subsistants et leur copie dans le cartulaire, ce qui dépasse de loin le cadre de notre enquête ; ou bien si l'auteur-compilateur du cartulaire l'indique lui-même, comme un élément valorisant de son travail.

I. Définition du sujet et problèmes techniques

En dehors des actes eux-mêmes [1], l'effort littéraire se porte essentiellement sur la préface et le cadre dans lequel viennent se placer les documents. Comme il est naturel, plus ce cadre est réfléchi et construit, plus l'auteur prend conscience de son action sur son oeuvre et plus son effort littéraire est intense : l'auteur se distingue du simple compilateur. C'est donc l'étude des préfaces, dans leur rapport au type de cartulaire réalisé, qui permet d'entrevoir le degré d'ambition littéraire du réalisateur.

Les conditions de transmission et d'édition des cartulaires rendent cette recherche délicate : on peut, en effet, avoir affaire à des recueils artificiels, éditions factices de cartulaires reconstitués d'après des épaves ou des sources diverses, dans l'ordre chronologique, où la lettre-préface, lorsqu'elle est conservée, n'a pas de place logique. Certains éditeurs appellent prologue ce qui est en fait un texte antérieur réutilisé en tête du cartulaire, par exemple la vie du saint fondateur à Aniane et Vabres [2]. D'autre part rien n'est plus

---

1. Sur le latin des actes, voir Jacques Monfrin, *Le latin médiéval et la langue des chartes*, dans *Vivarium*, t. 8, 1970, p. 81-98.

2. *Cartulaires des abbayes d'Aniane et de Gellone, publiés d'après les manuscrits originaux*, t. II, *Cartulaire d'Aniane*, par l'abbé Léon Cassan et Edmond Meynial, Montpellier, 1900 [= Stein 154], p. 1-35 : *Vita sancti Benedicti Anianensis, auctore Adone ejus discipulo*.- Etienne

difficile à dater qu'une préface éditée d'après une copie moderne, ou de la fin du Moyen Age, d'un cartulaire antérieur, où des actes postérieurs à la première compilation ont pu être adjoints. Les problèmes critiques posés en ce cas, ou un réel manque d'intérêt chez des éditeurs qui voulaient surtout reconstituer l'histoire de l'établissement, font que dans certaines éditions la date de composition, ou celle des éléments mineurs que sont préface et prologue, est à peine envisagée. D'où des datations incertaines, la langue et le style étant parfois incompatibles avec les dates données par l'édition : c'est le cas de Saint-Vincent du Mans [3], dont le manuscrit est du XIIIe siècle, mais où la préface, par le style, pourrait être antérieure.

D'où également l'impossibilité de dresser un pourcentage de la proportion de cartulaires pour lesquels aucune préface n'est parvenue : ce cas de figure peut provenir d'accidents matériels mais aussi de l'ambiguïté de la définition du cartulaire.

Les textes pris en compte ici, une bonne quarantaine après de vastes dépouillements, sont surtout des cartulaires français, par commodité, avec quelques sondages à l'étranger, à titre de comparaison. Pour n'être pas exhaustifs, ces dépouillements permettent néanmoins une typologie, au moins pour la France.

La carte des cartulaires munis de préface les montre regroupés dans des régions à forte densité d'établissements ecclésiastiques : Flandre, vallées de la Loire et du Rhône, Bourgogne. Rien en Haute-Normandie, rien en Bretagne sauf dans le sud (Quimper et Quimperlé). Les cartulaires à préface du Sud-Ouest sont de nature un peu différente : cartulaires laïcs ou tardifs, ils correspondent à une période de notariat actif. Mais, vu les réserves énoncées plus haut, les vides de la carte ne peuvent être interprétés sans prudence.

L'effort de conservation et la continuité sont plus prévisibles pour les institutions stables, ce qui explique la prépondérance absolue des personnes morales par rapport aux personnes physiques [4]. Parmi les établissements

Fournial, *Cartulaire de l'abbaye de Vabres au diocèse de Rodez, essai de reconstitution...*, Rodez, 1989 (*Archives historiques du Rouergue*, 21) et id., *La chronique d'Agio ou le prologue du cartulaire de l'abbaye de Vabres*, dans *Revue du Rouergue*, t. 39, 1985, p. 5-14.

3. *Cartulaire de l'abbaye de Saint-Vincent du Mans*, éd. Robert Charles et Samuel Menjot d'Elbenne, *Premier cartulaire, 572-1188*, Le Mans, 1886-1916 [= Stein 1982] : ce serait le second cartulaire de Saint-Vincent, établissement doté d'un grand nombre de cartulaires, dont les originaux sont tous perdus.

4. Sur le corpus considéré : dix-huit établissements bénédictins ; deux clunisiens ; un établissement de cisterciennes, et encore tardivement (Flines, 1540) ; cinq d'Augustins ou assimilés (Saint-Laurent d'Ailly, Arrouaise) ; un de Templiers, un de Chartreux, un d'hôpital, un de béguinage ; trois ou quatre chapitres (les deux cartulaires successifs du Mans, Laon et Quimper, et peut-être l'archevêché de Tours, dont la préface est sujette à caution) ; et sept cartulaires laïques, parfois en français à partir du XIIIe siècle, trois de particuliers ou seigneurs (les seigneurs de Montpellier, Enguerran de Marigny et les Croixmare) et quatre communaux ou consulaires (Agenais, commune de Millau, consuls de Lyon et ville de Blois).

réguliers, figurent une majorité de monastères bénédictins car ce sont les plus anciens, donc ceux qui ont le plus besoin de remettre en ordre leurs archives. Les établissements séculiers sont étonnamment peu représentés, ainsi que les cisterciens. Les cartulaires laïcs ne sont pas représentés avant la fin du XIIIe siècle, sauf celui des seigneurs de Montpellier, du début du siècle, mais ceci tient à la forte implantation notariale dans la région et auprès de ces seigneurs. Ils deviennent fréquents au XIVe siècle.

Les circonstances historiques qui ont présidé à la rédaction sont rarement tout crûment exposées dans les préfaces : elles y sont remplacées par des considérations plus générales, ou anodines, ou rhétoriques, que nous envisagerons en leur place en tant que motivations avouées. La confection d'un cartulaire répond souvent à un temps fort de la vie de l'établissement ou de l'institution, à une situation historique tendue, auquel cas cette tension apparaît parfois : après un incendie, à Chartres en 1078 [5] ; allusion à la mauvaise gestion de l'abbé Bovon Ier, 1077-1085, à Saint-Amand en 1117, sous l'abbatiat de Bovon II, grand administrateur qui restaure la situation [6] ; ou à une période de réforme, de remise en ordre, et elle répond alors aux motivations qui ont aussi suscité des *Gesta* d'abbés ou d'évêques, comme l'a montré Michel Sot ; ou à une période de forte activité culturelle, marquée par une activité historiographique ou bibliothéconomique, comme à Saint-Vaast, dans la deuxième moitié du XIIe siècle [7]. Ainsi la rédaction d'un cartulaire, comme l'a dit Michel Parisse, coïncide souvent avec une bulle de confirmation du pape, qui amène à rechercher et réordonner les documents à fournir aux services pontificaux. La rédaction du cartulaire est alors soit contemporaine de la bulle (Savigny-en-Lyonnais, Saint-Bertin [8]), soit un peu plus tardive. C'est le cas à Saint-Loup de Troyes, mais le motif mis en avant est simplement l'*humana curiositas* qui a poussé l'abbé Guitier à mettre le nez dans le chartrier [9].

5. ... *privilegia quae ab incendio nostrae aecclesiae nostrorum edium non sine periculo sunt liberata* : Cartulaire de l'abbaye de Saint-Père de Chartres, publié par Benjamin Guérard, t. I, Paris, 1840 (*Collection de documents inédits sur l'histoire de France*) [= Stein 877-880], p. 5.

6. Henri Platelle, *Le premier cartulaire de l'abbaye de Saint-Amand*, dans Le Moyen Age, t. 62, 1956, p. 301-329, à la p. 319.

7. Cette activité correspond aussi à une période de tension : l'abbé Martin (1159-1185), auquel le cartulaire est dédicacé, a dû se défendre contre de nombreuses contestations et empiètements. Il s'est opposé avec succès au comte de Flandre Philippe d'Alsace et a obtenu d'Alexandre III l'immunité pour son monastère. *Cartulaire de l'abbaye de Saint-Vaast d'Arras, rédigé au XIIe siècle par Guiman*, éd. chanoine Eugène Van Drival, Arras, 1875 [= Stein 208].

8. *Cartulaire de l'abbaye de Savigny...* publié par Auguste Bernard, 1re partie, Paris, 1853 (*Collection de documents inédits sur l'histoire de France*) [= Stein 3633].- *Cartulaire de l'abbaye de Saint-Bertin*, publié par Benjamin Guérard, Paris, 1840 (*Collection de documents inédits sur l'histoire de France*) [= Stein 3328-3332]. Le cartulaire de Simon comporte comme document le plus récent une bulle de Calixte II confirmant les privilèges de l'abbaye, à la demande de l'abbé Lambert (JL 7032 : éd. dans le cartulaire, n° XLIX, p. 262).

L'état du chartrier avant la confection du cartulaire est l'objet de descriptions plus ou moins orientées. Vieillesse des documents, qui en deviennent parfois illisibles [10], mangés par les vers, incomplets par négligence, perte, destruction, ou incendie ; lacunes, multiplicité des documents, l'impression qu'on nous donne le plus souvent est celle de la confusion [11]. Les rédacteurs ont donc, avant tout, mis de l'ordre [12], empêché des pertes futures ; beaucoup nous signalent qu'ils ont aussi, ce faisant, amélioré les documents traités : ils ont supprimé le superflu, ils ont aussi amélioré la langue.

On rencontre des jugements dépréciatifs sur la langue des documents triés et compilés par l'auteur du cartulaire, qui bien évidemment s'estime plus lettré que les rédacteurs des chartes. Il arrive que l'auteur du cartulaire, conscient

9. Guitier, abbé de 1153 à 1194, obtient d'Adrien IV en 1155 une bulle qui confirme les possessions du monastère, une confirmation des immunités par le comte de Champagne en 1161 et en 1164 un autre privilège d'Alexandre III. La rédaction du cartulaire est antérieure à 1181. Guitier est un personnage important, que le pape nomme juge délégué en 1188. *Cartulaire de l'abbaye de Saint-Loup de Troyes*, éd. Charles Lalore, Paris, 1875 (*Collection des principaux cartulaires du diocèse de Troyes*, t. I) [= Stein 3962], p. 1.- De la même façon, le procès-verbal de collation des chartes à Ainay en 1286 (*Grand cartulaire de l'abbaye d'Ainay, suivi d'un autre cartulaire rédigé en 1286... publié par le comte de Charpin-Feugerolles et Marie-Claude Guigue, t. II, Lyon, 1885 [= Stein 36], p. 1) ne mentionne aucun motif à l'opération, mais la date correspond à l'abbatiat de Josseran de Lavieu (1274-1299), qui se montre un abbé actif, surtout à l'époque du concile de Lyon. Il est l'un des exécuteurs testamentaires de la comtesse de Savoie Sibille en 1294.

10. *Multa ab antecessoribus nostris neglecta sunt, partim librorum incensione, partim demolita vetustate* : préface de Folquin pour Saint-Bertin, milieu Xe siècle (éd. citée ci-dessus note 8, p.17) ; *propter confusionem et vetustatem ipsarum chartarum quae vix discerni potuerunt*, Le Monastier Saint-Chaffre, vers 1087 (*Cartulaire de l'abbaye de Saint-Chaffre en Monastier, ordre de saint Benoît*, publié par le chanoine Ulysse Chevalier, Paris, 1884 [= Stein 3340], p. 1-2) ; *quarundam ipsarum cartularum perdicio, que nostrorum tempore venerat ; nam plurime earum varia per loca deportate, aut portitorum neglegentia deperisse, aut vetustate sui et diminutione dinoscuntur esse consumpte* : Cluny, cartulaire de l'abbé Bernon (*Recueil des chartes de l'abbaye de Cluny*, éd. Auguste Bernard et Alexandre Bruel, t. V, Paris 1894, p. 844) ; *quaedam enim vetustate perierunt* : Saint-Amand, 1117 (éd. citée ci-dessus note 6, p. 319) ; *quae vero antiquissima vetustate consumpta et a vermibus... corrosa* : Farfa, 1125 (Ignazio Giorgi et Ugo Balzani, *Il regesto di Farfa di Gregorio di Catino*, vol. II, Roma, 1879, p. 7) ; *carte innumerabiles et confuse, divise per diversas membranas* : Chamalières, vers 1162 (*Cartulaire de l'abbaye de Chamalières-sur-Loire en Velay*, éd. Augustin Chassaing, avec introduction et tables par Antoine Jacotin, Paris, 1895 [= Stein 848], p. 84) ; *veteres chartas... et quia jam poene disrupta erat et pre vetustate vix legi poterat* : Saint-Loup de Troyes, avant 1181 (éd. citée ci-dessus note 9, p. 1 et 2).

11. *... confusionem talem* : Chamalières, vers 1162 ; *de confusionis sue multiplicitate* : Montpellier, vers 1201 (*Liber instrumentorum memorialium. Cartulaire des Guillelms de Montpellier*, éd. Alexandre Germain et Camille Chabaneau, Montpellier, 1884-1886 [= Stein 2574], p. 2).

12. *... inordinate scriptus fuit totus liber... amovebunt confusionem* : Saint-Jean-en-Vallée de Chartres, remise à jour du *Liber pilosus* antérieur (*Cartulaire de Saint-Jean-en-Vallée de Chartres*, formé et annoté par René Merlet, Chartres, 1906 [*Archives d'Eure-et-Loir, Collection de cartulaires chartrains*, I = Stein 3453], p. XXXI-XXXII, n. 2).

de sa supériorité intellectuelle, consigne ses observations sur la langue des documents qu'il compulse. A Marmoutier, vers 1050 (?), lors d'une contestation, les opposants à Marmoutier produisent une très ancienne petite charte, *cartulam pervetustam* ; elle se trouve tout à l'avantage des moines, «bien qu'elle ait été composée selon une rédaction bien déficiente quant à la correction de la langue latine» [13]. De même à Saint-Chaffre, peu après 1087 : les chartes sont maladroitement rédigées, trop verbeuses [14]. Ces allusions à la qualité de la langue disparaissent après 1150, en même temps que les tentatives d'amélioration. A la charnière on rencontre, vers le milieu du XIIe siècle, la volonté affirmée de ne pas faire oeuvre littéraire, à Saint-Laon de Thouars. Il se trouve que l'auteur, Goslin, qui en 1141 date sa préface, de type lettre ouverte à la postérité, par le nombre d'années de sa vie en religion, transcrit dans le cartulaire une charte qui le concerne personnellement, celle qui raconte les circonstances de son entrée en religion vers 1110 [15] ; or c'est la seule charte très littéraire du recueil, qui brode sur le thème de la fragilité des choses humaines avec beaucoup de complaisance et d'art. Goslin l'a très probablement rédigée ou remaniée. Il est d'autant plus remarquable de le voir, pour le cartulaire, renoncer à la rhétorique et à «la façon d'écrire des écoles» [16] pour ne s'attacher qu'à l'utilité.

Les auteurs ont, dans la première période, jusqu'en 1150 environ, une certaine personnalité littéraire. Ils sont parfois connus pour avoir rédigé d'autres oeuvres que le cartulaire.

Le plus ancien rédacteur à nous connu, Folquin, a même une notoriété

---

13. *licet esset, quantum ad latinae elocutionis rectitudinem spectat, vitiosa nimis editione conscripta* (Arthur Bertrand de Broussillon, *La maison de Laval, 1020-1605 : étude historique accompagnée du cartulaire de Laval et de Vitré*, t. I, Paris, 1895, n° 16, p. 27). Ceci n'est pas une préface, mais montre bien qu'au XIe siècle on n'était pas indifférent à la qualité de la langue.

14. ... *nam ipsae chartulae, per imperitiam notariorum verbosa rusticitate compositae, prolixius quam oportuerat extendebantur* (éd. citée ci-dessus note 10, p. 2). En 1125, Grégoire, à Farfa, dénonce les défaillances stylistiques des documents qu'il transcrit, tout en s'interdisant de les corriger : ... *non quod eim sufficiens in emendandis partibus corruptis rethorice* (édition citée ci-dessus note 10, p. 6).- Les auteurs de notre corpus, essentiellement français, n'ont pas de préoccupation de traduction, contrairement à ce qui se passe en Angleterre : vers 1170, le compilateur du cartulaire de Ramsey déclare avoir traduit en latin les documents anglais antérieurs à la conquête (cité par M.T. Clanchy, *From memory to written record, England, 1066-1307*, London, 1979, p. 79).

15. *Cartulaire de l'abbaye de Saint-Laon de Thouars*, publié par Hugues Imbert, Niort, 1876 [= Stein 3820], n° XVII, p. 18-20 : *Et quoniam rerum omnium figura momentaneorum veluti umbra atque stupe favilla cicius ad occasum labitur, quisque mortalium sepissime novissima sua memorare deberet, cum nichil sit eternum sub sole* [cf. Eccl. 1-10], *unde supradictus Goslenus canonicus et sacerdos suspectam ante oculos suos mortem previdens ecclesie Sancti Launi... terram suam... dedit.*

16. ... *nos non pompis verborum delectantes, nec coloratis rhetoricorum sermonibus placere, scolasticorum more, cupientes, utilitati dumtaxat presentium futurorumve insistimus*, *ibid.*, p. 2.

certaine [17]. Son successeur à Saint-Bertin, Simon, a écrit en vers héroïques une vie du saint patron. Gurheden à Quimperlé insère dans le cartulaire un recueil de pièces composées par lui sur les différends entre Quimperlé et Redon au sujet de Belle-Ile [18]. Nous savons que l'auteur du *Vetus Agano* à Chartres est le moine Paul, que le rédacteur du cartulaire de Saint-Amand en 1117 est le moine Gautier. Hugues de Fouilloy, chez les ermites augustins de Saint-Laurent d'Ailly, est connu pour une oeuvre abondante et variée [19]. Nous savons que c'est le prieur Pierre de Beaumont qui rédigea en 1162 le premier cartulaire de Chamalières, d'après le cartulaire récent [20]. La carrière ecclésiastique de Guiman à Saint-Vaast, vers 1175, est connue de 1161 à sa mort en 1192, et c'est son frère Lambert qui achève le cartulaire [21]. C'est le futur pape Urbain IV (1261-1265) qui, alors qu'il n'est encore que le chanoine Jacques Pantaléon (Jacques de Troyes), compile en 1238-1239 le cartulaire du chapitre de Laon [22]. Plus tard, ils semblent plus falots ; en 1336 à Lyon, nous avons mention d'un notable lyonnais, Etienne de Villeneuve, qui mit un an et demi à compiler le cartulaire de la ville [23]. Mais on a plus fréquemment la mention du donneur d'ordre, de celui dont la volonté suscite le cartulaire et lui donne autorité : Pierre de Castell à Vaour en 1202, l'évêque Alain à Quimper [24].

II. Une première période : préfaces a caractère littéraire (jusqu'au milieu du XIIe siècle)

La première période, jusqu'au XIIIe siècle, se divise elle-même en deux parties, avant et après le milieu du XIIe siècle.

Avant, c'est l'époque des cartulaires historiques ou cartulaires-chroniques.

---

17. *Repertorium fontium*, IV, 1976, p. 480. Il écrit sur l'ordre de l'abbé Adalolphe, élu en avril 961 et démissionnaire en 962. Sa souscription (*Folquinus levita et monachus suscripsit*) figure au bas d'une charte dont il donne le sommaire (éd. citée ci-dessus note 8, p. 154) : il fut donc employé à la rédaction des actes de l'abbaye.

18. *Cartulaire de l'abbaye de Sainte-Croix de Quimperlé*, publié par Léon Maître et Paul de Berthou, Paris, 1896 (*Bibliothèque bretonne armoricaine*, fasc. 4) [= Stein 3125], p. 79 n.

19. Ed. Walter Simons, *Le mouvement canonial au XIIe siècle*, dans *Sacris erudiri*, t. 24, 1980, p. 243-244. Sur Hugues, voir la notice de Charles Dereine dans *Dictionnaire d'histoire et de géographie ecclésiastique*, t. 17, Paris, 1971, col. 1271-1278.

20. Cartulaire de Chamalières (ci-dessus note 10), p. 83.

21. Cartulaire de Saint-Vaast (ci-dessus note 7), p. 403-404.

22. Auguste Bouxin, *Un cartulaire du chapitre de la cathédrale de Laon (XIIIe siècle)*, dans *Revue des bibliothèques*, t. 11, 1901, p. 1-12 [= Stein 1874].

23. *Cartulaire municipal de la ville de Lyon... recueil formé au XIVe siècle par Etienne de Villeneuve*, publié par M.-C. Guigue, Lyon, 1876 [= Stein 2279], p. 1.

24. *Cartulaire des Templiers de Vaour (Tarn)*, publié par Charles Portal et Edmond Cabié, Albi, 1894 (*Archives historiques de l'Albigeois*) [= Stein 4032], n° CXV, p. 103-104.- *Cartulaire de l'église de Quimper*, éd. abbé Peyron, Quimper, 1909 [= Stein 3121-3123], p. 2-3.

Ils sont composés souvent à des moments d'activité historiographique intense à l'intérieur de l'établissement, et représentent fréquemment une étape dans l'élaboration d'une chronique d'abbaye : le cartulaire n'est pas isolé, on l'a déjà vu dans plusieurs contributions au présent colloque.

Voués à la commémoration, ils sont indéniablement considérés comme des oeuvres littéraires, donc dotés d'une préface qui fait appel aux topoi courants dans les préfaces d'ouvrages historiques ou hagiographiques. Ce peut aussi être au XIIᵉ siècle une lettre-dédicace, à l'abbé généralement (Simon à Saint-Bertin [25]), et alors les caractères littéraires sont ceux des lettres. Des préfaces un peu longues et éloquentes peuvent prendre le ton du sermon et interpeller directement les «frères» de l'auteur [26].

La préface précède généralement la partie proprement historique de l'oeuvre, celle qui raconte les origines (à Saint-Bertin, dans le *Vetus Agano*, à Marcigny, avec la généalogie du fondateur, à Paray-le-Monial) [27], et qui peut être soit compilée d'une oeuvre historique antérieure, soit originale. Parfois il n'y a pas d'autre préface qu'un texte de ce type : la vie du saint fondateur à Aniane, avant la table [28], et à Vabres.

1) Thèmes généraux.

Un thème qui est presque de rigueur en historiographie est celui de la mémoire. Le temps s'enfuit et amène l'oubli, ce qui justifie le recours à l'écriture, remède à l'oubli [29]. Une formulation exemplaire de ce thème figure chez Hugues de Fouilloy, vers 1153 : «A la façon d'une eau qui court tout passe, et comme une brise passagère les faits des mortels trop souvent s'évanouissent hors de la mémoire. C'est pourquoi il pourra ne pas être inutile d'écrire ce qui s'est passé» [30].

25. Cartulaire de Saint-Bertin (ci-dessus note 8), p. 169-170.

26. Grégoire à Farfa (*nos autem, fratres, omnimodis caveamus...*) : cartulaire de Farfa (ci-dessus note 10), p. 3 ; et, plus tard, Guimann à Arras.

27. Cartulaire de Saint-Bertin (ci-dessus note 8), p. 17 et suiv. ; *Vetus Agano*, cartulaire de Saint-Père de Chartres (ci-dessus note 5), p. 4-18 ; Marcigny : Jean Richard, *Le cartulaire de Marcigny-sur-Loire (1045-1144), essai de reconstitution d'un manuscrit disparu*, Dijon, 1957 (*Analecta Burgundica*) [= Stein 2332], p. V et VIII-IX ; Paray-le-Monial : *Cartulaire du prieuré de Paray-le-Monial, ordre de Saint-Benoît*, publié par U. Chevalier, Paris, 1890 [= Stein 2866], p. 2-11.

28. Ci-dessus note 2.

29. Ceci est très net dans ce qui sert de préface au cartulaire d'Aniane, soit la préface à la vie de saint Benoît d'Aniane par Ardo : *quoniam mens diversis partibus partita oblivione cecatur, divinitus credimus esse consultum ut que oblivio prolixa procurrente tempore poterat aboleri, litteris mandarentur servanda* (éd. citée ci-dessus note 2, p. 3), mais dans l'optique originelle de ce passage il s'agit de lectures édifiantes.

30. *More enim fluentis aque cuncta transeunt et velud aura pertransiens facta mortalium a memoria mentis sepius evanescunt. Et ideo forsitan non erit inutile res gestas scripto nuntiare* (éd. citée ci-dessus note 19, p. 243, l. 3-6).

Dans un registre plus personnel, il peut s'agir d'éviter l'oisiveté. Ce peut n'être qu'une notation brève, un reproche éventuel adressé à ceux qui n'auraient pas fait leur devoir par incurie, *socordia* (Cluny [31]). Mais cela peut aussi, dans une préface très égocentrique comme celle de Grégoire de Farfa (auteur d'un prologue et d'une préface [32]), se montrer le moteur essentiel ou du moins premier.

Le motif de l'humilité apparaît essentiellement en milieu monastique, avec ses composantes : insuffisance de l'auteur, rusticité de son style. Comme cela se vérifie presque toujours, les déclarations d'insuffisance stylistique les plus appuyées introduisent les préfaces les plus recherchées stylistiquement [33].

Lié au précédent, pour justifier la composition, le motif de la demande formulée par un supérieur ou par une communauté entraîne celui de l'obéissance. Parfois, la mention de l'ordre de l'abbé ne se rattache pas à l'humilité, mais à sa sage administration (Savigny-en-Lyonnais : on connaît le nom de l'abbé, Ponce, mais non celui de l'exécutant [34]).

Sont aussi évoquées l'extrême difficulté de l'entreprise, et l'érudition (de type littéraire) nécessaire pour y réussir (Grégoire de Farfa [35]), ou encore la malveillance des envieux envers l'oeuvre (*Vetus Agano* [36]).

2) Thèmes plus spécifiquement liés à la confection d'un cartulaire.

Le motif de l'utilité met en jeu des motivations précises : faire preuve, mieux gérer, pouvoir s'y retrouver, prévenir les contestations éventuelles.

De même, la justification de la vie monastique dans l'économie du salut permet de concevoir en quoi le cartulaire historique, qui commence avec le fondateur, a sa place dans l'histoire universelle. Ainsi à Saint-Chaffre (fin du XIᵉ siècle) le cartulaire commence par une histoire du salut : création, chute, incarnation ; le choix et le soutien de la vie religieuse, selon le modèle

---

31. Cluny : éd. citée ci-dessus note 10, p. 844.
32. Ed. citée ci-dessus note 10, t. I, p. 5-6 et 109-118. Voir Pierre Toubert, *Les structures du Latium médiéval*, Rome, 1973 (*Bibliothèque des Ecoles françaises de Rome et d'Athènes*, 221), t. I, p. 78 et Herbert Zielinski, *Studien zu der spoletanische «Privaturkunden» des 8. Jahrhunderts und ihrer Überlieferung im Regestum Farfense*, Tübingen, 1972 (*Bibliothek des Deutschen historischen Instituts im Rom*, 39), p. 23-112.
33. Ainsi celle du moine Paul à Chartres (*Vetus Agano*) : éd. citée ci-dessus note 5, p. 3. Les métaphores enchaînées et la préciosité du vocabulaire démentent l'humilité des déclarations.
34. Cartulaire de Savigny : éd. citée ci-dessus note 8, p. 1.
35. Ed. citée ci-dessus note 10, p. 6 : *neque enim ad hoc idoneum satis fore perspicio, quia non in scholis eruditus poetarum, neque profunditate doctus sum grammaticorum.*
36. Ed. citée ci-dessus note 5, p. 3 : *tum propter invidentium virosa verborum jacula, qui, solito more, laude digna bonorum facta virorum semper conrodendo vituperant, idque boni quod in sua conscientia non agnoscunt, in aliis dum viderint, serpentini sermonis fuco obumbrare festinant, ut rectorum innocentia laudibus minime extollatur debitis...) ignorantie stimulis atque caninis subsannantium postpositis latratibus ...*

de Marie pour les moines, de Marthe pour ceux qui les soutiennent, sont présentés comme une conséquence directe de cette aventure où s'insère la vie de Camille, le fondateur laïc [37].

La louange du fondateur qui fait l'honneur de l'établissement est liée au caractère commémoratif du cartulaire, à Saint-Amand, en 1117 [38]. La vie du fondateur fait partie du prologue à Farfa ; la vie d'Odon est l'essentiel de la préface à son cartulaire, à Cluny ; la liste des premiers abbés fait partie du prologue, avant le mode d'emploi, à Savigny-en-Lyonnais. D'autre part la vie du fondateur, placée en tête à Aniane, à Vabres, est peut-être perçue comme une préface.

Une justification idéologique de l'attachement aux biens matériels que suppose un cartulaire se trouve alléguée dans le *Vetus Agano* de Chartres [39].

La défense des intérêts du saint patron est invoquée : c'est la Vierge à Farfa. Il ne faut pas être négligent à augmenter les biens divins : «Et nous, mes frères, efforçons-nous de ne pas être trouvés, à notre époque, négligents à augmenter les biens qui appartiennent à Dieu. Efforçons-nous plutôt en tout, en augmentant les lieux des saints, de soutenir leur patrimoine et d'être englobés dans leurs mérites, eux qui ont cherché à tout faire en vue du bien, et sont toujours restés dans la foi» [40]. A noter l'obstination à lier, dans la même phrase de préférence, l'antiquité de l'établissement et les mérites de ses fondateurs, et les donations subséquentes : sensible, mais peu adroit chez Folquin, beaucoup plus réfléchi à Cluny et à Saint-Amand [41].

Elle se transforme parfois, sous la pression des circonstances, en allusions polémiques et prises de position agressives, au XIIᵉ siècle surtout, mais déjà dans le cartulaire de l'abbé Bernon à Cluny. Le cartulaire est alors une arme

---

37. *Cartulaire de l'abbaye de Saint-Chaffre de Monastier, o. s. B.*, suivi de la chronique de *Saint-Pierre du Puy*, éd. U. Chevalier, Paris, 1884 [= Stein 3340], p. 2-3.

38. Ed. citée ci-dessus note 8, p. 318-319.

39. ... *ut hi qui intra paradisiacas sanctissimi ovilis mandras spontaneo voto sunt inclusi, mundo quidem mortui, Deo autem viventes, carnis desideria jugiter mortificant, bonis moribus animas suas adornant, habeant videlicet præ manibus noticiam suarum rerum ad instar illorum qui providen eas. Oportet enim omnes scire res quibus victus et vestitus eis administratur, ut sacrilegorum ambitio, quæ litibus et minis semper simplices viros, ut ab eis aliquid extorqueat, exterret, possint repellere* (éd. citée ci-dessus note 5, p. 4).

40. *Quotiens enim sanctorum loca divinis in cultibus augentur, totiens eorum qui aedificarunt merces et corona in patriae caelestis regionibus accrescunt. Vae quoque illis per omnia erit, quorum industria divini defectio loci, vel occasio fuerit desolationis. Nos autem, fratres, omnimodis caveamus ne nostris temporibus negligentes in divinis augmentandis rebus inveniamur, magis vero per omnia satagamus ut, sanctorum augmentantes loca, illorum patrociniis adjuvemur eorumque meritis coaequemur, qui omnia in bonum operare studuerunt, et in vera fide jugiter permanserunt* (prologue, p. 3-4).

41. Folquin : éd. citée ci-dessus note 8, p. 15 ; Cluny : éd. citée ci-dessus note 10, p. 844 ; Saint-Amand : éd. citée ci-dessus note 8, p. 319.

de combat. Celui de Marcigny vers 1095 commence par les mots *Calomniatorum frontem*, ce qui donne le ton ; celui de Sainte-Croix de Quimperlé est effectivement confectionné en période de crise [42] ; celui de Saint-Laurent d'Ailly également. Même en situation moins tendue, il peut être fait allusion à la méchanceté générale (à Savigny, avant 1140, et peut-être Paray-le-Monial, mais la préface est trop lacunaire pour en juger à coup sûr [43]).

L'auteur indique des réticences à l'égard de l'opération : Grégoire de Farfa signale la méfiance de certains *simplices* envers ce type d'entreprises, parce que cela retire de l'authenticité aux documents par rapport à leur «édition» originale [44] ; à Paray-le-Monial est affirmé, contre les calomniateurs, que rien n'a été trafiqué (ni ajouté ni retranché) [45].

Les préfaces contiennent enfin des renseignements, bien connus des historiens des cartulaires, sur la façon de procéder : suppression de l'inutile [46], des mentions de témoins anciennes, des formules d'anathèmes, etc. Grégoire de Farfa insiste de plus sur le travail critique d'historien qu'il a dû faire [47]. Tout ceci peut se terminer par la mention explicite du titre et de la table, comme à Farfa. Certains auteurs précisent le plan de leur compilation : présentation des documents dans l'ordre chronologique (à Saint-Amand ou Savigny par exemple) ou selon les ensembles territoriaux concernés (par exemple, Le Monastier).

---

42. Ses possessions de Belle-Ile étaient contestées à l'abbaye Sainte-Croix à la fois par le duc de Bretagne et par l'abbaye de Redon, ce qui nécessita l'intervention pontificale : Pascal II, le 30 nov. 1117, dut menacer d'interdit le comte Conan (JL 6565). Calixte II intervint en 1119 au sujet de la *pecunia* de Belle Ile que l'abbé de Redon a arrachée à Quimperlé (JL 6726, 3 août 1119 ; JL 6781, 9 novembre 1119). Ces bulles se trouvent dans le cartulaire (environ 1130) et les actes relatifs à l'affaire de Belle-Ile constituent un dossier complet.

43. Cartulaire de Savigny, éd. citée ci-dessus note 8, p. 1-2 : *praesertim cum his diebus pronus sit mundus et hi qui in eo sunt ad malum omni tempore* ; Cartulaire de Paray-le-Monial, éd. citée ci-dessus note 27, p. 1.

44. Ed. citée ci-dessus note 10, p. 6 : *studui corrigere, non tamen plenius, ne forte videretur simplicibus quod chartarum confunderetur primae, quo aeditae sunt, editionis respectus.*

45. Ed. citée, p. 2 : *non [...] nos aliqua dempsisse vel augmentasse.*

46. Le Monastier Saint-Chaffre, vers 1087 : *quarum plures in hoc libro brevi sunt insertae relatu, nomina tantum eorum qui dederunt et res et loca et tempora designantes ; illas vero detestationes et maledictiones quae violatoribus et invasoribus in ipsis chartulis imprecantur ponere devitavi* (éd. citée ci-dessus note 37, p. 2) ; Farfa, 1125 : *praeter verborum prolixas inutilesque reciprocationes et transactas quorundam obligationes, videlicet ne plurimis partium corruptionibus diu fatigatus, et in scribendo longius immoratus, volumen efficerem tardius, et fastidiosum, ineptum ad perscrutandum, et immensum* (éd. citée, p. 6). Grégoire insiste sur son exactitude et la vérité de son ouvrage : *nichil minui nichilque in rerum translatione adauxi... veracissimum absque aliqua fraude* : pour lui l'exactitude est dans les faits, *res*, pas dans les mots : *Veritate ergo rerum causarumque utilium solummodo contentus*, et contrairement à d'autres il conserve le nom des témoins des actes (*ibid.*, p. 7).

47. *... necnon et cartularum subscriptarum indictiones, enucleatius et perspicacius colligentes* (éd. citée, p. 5).

3) Caractères littéraires.

Parmi les procédés littéraires s'impose au premier abord l'emploi de la prose rimée, du Xe siècle jusqu'à Hugues de Fouilloy. Elle est très nette chez Folquin au Xe siècle, et à Cluny, avec déjà des exemples de rimes croisées dans la préface du cartulaire d'Odon, de la seconde moitié du XIe siècle ; elle est sporadique dans le *Vetus Agano* rédigé par le moine Paul à Chartres, au XIe siècle, et chez Simon à Saint-Bertin, avant 1123. Elle apparaît également à Saint-Amand, en 1117, et à Bèze. Lancinante chez Grégoire de Farfa, 1125, elle semble par contre absente des préfaces de type défensif, Marcigny, Sainte-Croix de Quimperlé, et à Savigny (l'apparition de finales semblables, par identité de désinence, dans des segments de phrase parallèles peut être considérée comme non évitée, mais non recherchée, donc sans valeur).

Le cartulaire de Saint-Bénigne de Dijon, fin XIe siècle, repris presque textuellement au XIIe siècle par celui de Bèze [48], offre un remarquable exemple de prose rimée. Bèze, proche de Dijon, a été un moment avec Saint-Bénigne en relations tendues, mais les choses se sont arrangées au moment où le cartulaire de Bèze calque celui de son voisin.

On peut lire en s'arrêtant sur les rimes : elles ponctuent la phrase et en font une analyse à la fois rythmique et logique. Première phrase : une variation dans la rime et l'accentuation (proparoxyton > paroxyton) marque le glissement de la principale à la consécutive :

> Antiquorum hujus seculi sapient*ium*
> laudabile ac ideo imitandum fuit stud*ium*,
> ut non sol*um* ea que acciderent in diebus eor*um*
> sed etiam fortia prisc*orum* facta hero*um*
> ad memoriam poster*orum*
> traderent monimentis scripturar*um*.

Plus net encore, le changement de rime souligne le découpage de la période, lorsqu'elle est longue, en ses parties constitutives :

- partie ascendante de la pré-principale, regroupant participiales et circonstancielles en apposition au sujet :

> Talia consideran*tes*
> nos Besuen*ses*
> sacri monasterii a parvulo habitatores et amat*ores*,
> ne forte nobis succenseant nostri success*ores*,
> sicut nos de incuria merito culpamus nostros antecess*ores*,

- puis partie centrale, étale, avec verbe principal, complétives et leurs annexes :

---

48. *Chronique de l'abbaye de Saint-Bénigne de Dijon, suivie de la chronique de Saint-Pierre de Bèze,* publiées par l'abbé E. Bougaud et Joseph Garnier, Dijon, 1875 (*Analecta Divionensia*) : texte de la préface de Saint-Bénigne à la p. 1-2, et de celle de Bèze à la p. 231.

aggrediemur cum adjutorio Dei describer*e*,
licet rusticana et minime polita narra*tione*,
que de prefati loci antiquitat*e*
seu devotorum Deo fidelium eidem donata sunt largi*tione*
videlicet regum, pontificum, ducum, comitum ac illustrium virorum
potuimus addicer*e*
vera rela*tione*.

La rime riche -*tione* divise en trois cette séquence, de façon d'ailleurs plus satisfaisante pour le souffle que pour la grammaire, en alternant avec l'assonance en -*e* qui la relance. Ici la phrase était moins parfaite dans la chronique de Saint-Bénigne (*ut potuimus addiscere veraci relationi*) : le rédacteur de Bèze la remodèle pour une plus parfaite symétrie de la rime, aux dépens de la construction grammaticale.

- Puis la partie descendante : la proposition finale qui marque le point d'arrivée de l'entreprise et de la phrase :

quatinus et honori sit cenobio nostr*o*
possessionum ipsi collatarum et memorandarum rerum in eodem gestarum descrip*tio* -
et cum divine laudis debi*to*
exoptanda benefactoribus ejus celestis glorie remunera*tio*.

Comme dans les séquences précédentes, noter l'alternance de rimes sur la même assonance mais légèrement différentes : la rime en -*o* est une pause plus faible, qui pose la fin d'un groupe grammatical relié par la syntaxe à ce qui suit, tandis que la rime en -*tio* marque le parallélisme des deux sujets, donc la construction majeure de la proposition. Là encore la rime était masquée par un mot supplémentaire dans la préface de Saint-Bénigne : *cedat* après *descriptio*.

Lorsqu'il y a prose rimée dans la préface, on retrouve ensuite une tendance à la prose d'art dans les parties chronique, mais très vite contrariée par l'aspect technique des renseignements à intégrer : titres des souverains, dates, etc. Cette tendance n'apparaît donc que dans les parties soignées, conclusions, pauses de réflexion, et jamais de façon aussi systématique que dans la préface. Pour reprendre l'exemple utilisé plus haut, la période très soignée est immédiatement suivie de l'annonce de la chronique, *primo igitur prosequenda nobis est eorum chronica*, où la rime n'apparaît qu'épisodiquement, et jamais avec les raffinements qu'elle atteint dans la préface.

Le *cursus* apparaît dans la préface de la vie de saint Benoît d'Aniane par Ardo, au IXe siècle, avec les formes très variées qui sont celles de l'époque (mais ce n'est pas une vraie préface de cartulaire). Il n'est pas très net chez Folquin, à moins que Folquin n'ait privilégié, à côté des formes alors prédominantes en France, planus et spondaïque, les adoniques rythmiques en finale ('--'-). Simon, avant 1123, toujours à Saint-Bertin, l'utilise un peu de la même façon, avec un peu plus de *cursus velox*. De même à Saint-

Amand, et à Farfa, mais avec beaucoup de variantes dans les coupes de mot, à la façon italienne. Des *velox,* des spondaïques, mais beaucoup moins de *tardus* chez Hugues de Fouilloy, mi-XIIe siècle. Rien de concluant n'apparaît à Chartres. Il semble que la prose rimée ne favorise pas un emploi régulier du *cursus* : ce sont deux styles un peu différents et le style français du XIIe siècle est attentif au rythme tout au long de la phrase et pas seulement en finale.

Parmi les citations, les références bibliques prédominent : elles se retrouvent partout. Les connotations patristiques sont moins fréquentes [49].

On rencontre quelques allusions mythologiques, ainsi chez Folquin à Saint-Bertin, en 961 : saint Bertin est comparé au soleil, qu'il appelle Titan [50].

Le vocabulaire recherché est la caractéristique la plus nette du style du moine Paul à Chartres (*Vetus Agano*). L'utilisation de glossaires issus de la très riche bibliothèque de Chartres est évidente [51]. Folquin à Saint-Bertin a aussi recours à l'étymologie [52].

Les métaphores sont fréquentes chez Folquin [53], et dans le *Vetus Agano* [54] ; mais les plus recherchées se trouvent sous la plume de Simon à Saint-Bertin : «sous les ailes de cette poule évangélique» (= éduqué par l'abbé Héribert) ; «charité de tourterelle» ; «que le lecteur, après d'abondantes mais douteuses délices, ne trouve pas ennuyeux de recueillir même des miettes de pain de son» [55], etc.

49. *utpote qui necdum cordis palatum habueram* : Saint-Bertin, Simon, 1095-1123 (éd. citée, p. 169). L'expression *palatum cordis* se retrouve chez saint Grégoire, saint Augustin et Jean de Fécamp.

50. *gloriosus apparet veluti aureus Tytan, cum , novo mane, crocea relinquens cubilia septemplicia, præclari luminis, per totum proclivi sæculi rotatilem orbem, figatis tenebris, sua emittit spicula* (éd. citée, p. 16). Folquin en tire d'ailleurs une typologie : saint Bertin apparaît glorieux comme le soleil levant parce que par lui les cœurs des élus sont enflammés de l'amour de Dieu. Ailleurs (p. 8) les flammes de l'Etna servent à évoquer le sort des damnés, morts dans une bataille injuste.

51. Sur quelques pages, relevons : *blaterando, subsannantium, cibuto, arcifiniis, mandras, strophos, clerinomiæ, sagire, bithalapso, uranicæ, perediæ, bibesiæ, oblucuvians, aurasiæ, ryrophagos, offudis, rolli, periphrastes, alucinator, archiscriniorum,* etc.

52. *quapropter in primis latinus sermo aethimologiam sui nominis licere sibi depromere diligenter petit... B enim prima ipsius vocabuli ponitur littera, eo quod ab ipsa semper bonus exiterat infantia. ER similiter sillaba sequitur, quæ datur intelligi hereditarii significatio tota ; mutataque ti in na, sillaba adhuc una, ab eo quod natus, ut ita conglomerati subinferatur ipse bonus heres nobis natus* (éd. citée, p. 16).

53. *sancta paginula, sapienter anserini vomeris cultro sulcata* (p. 15).

54. *serpentini sermonis fuco obumbrare* (p. 3). Les ennemis tombent comme les feuilles en hiver quand souffle le vent du nord (p. 6 : il ne s'agit plus de la préface mais de la partie historique).

55. *quasi sub alis illius galline ewangelice educatus* (Simon, p. 211) ; *Hos igitur... quem turturea caritate unice amplector, quippe quem lacte vestre dulcedinis, utpote qui necdum cordis palatum habueram, cibis solidioribus licet invitum insuescis* (p. 169) ; *ne lectori sit tediosum, post dubias deliciarum copias, eciam furfurei panis attingere micas* (p. 170) ; *Deo super vitulum novellum cornua producente et ungulas* (p. 307).

On trouve même chez Hugues de Fouilloi un bel exemple d'*annominatio* doublé d'un chiasme : *crevit turba, et cum turba crevit turbacio.*

III. LA TRANSITION : MI-XIIᵉ - DEBUT XIᵉ SIECLE

A partir de la fin du XIIᵉ et jusqu'au cours du XIIIᵉ siècle, une nouvelle période s'ouvre. Les préfaces se font de plus en plus techniques. Les auteurs ne sont plus guère des auteurs connus par ailleurs, sauf à la cathédrale de Laon Jacques de Troyes, futur pape Urbain IV [56]. La préface devient souvent lettre, dédicace, ou postface ; les renseignements qu'elle véhicule constituent parfois un article du cartulaire. Les cartulaires de type historique se raréfient, ce qui correspond à la multiplication des ordres nouveaux, dont les cartulaires répondent à d'autres critères.

Guiman à Saint-Vaast, vers 1175, est à mettre à part. Il compose une sorte de cartulaire historique (c'est effectivement une abbaye ancienne). La préface-dédicace, très longue, à l'abbé qui a donné l'ordre de ce travail, montre une forte empreinte biblique ; par exemple l'ordre qui lui est donné par l'abbé est exprimé en termes identiques à l'ordre de recensement donné par Auguste avant la naissance du Christ : *Exiit edictum a domno abbate ut describatur* [57]. La préface se termine en prière à Dieu. Les thèmes sont traditionnels : l'utilité, la répugnance à écrire. La cohérence de l'oeuvre est preuve de sa vérité, le but du cartulaire est précisément défini. Une autre préface à la seconde partie, très emphatique, se présente sous forme de lettre aux autres moines, sur les mêmes thèmes : utilité, ordre donné, incapacité de l'auteur, difficultés, avec un mode d'emploi très précis. Une justification idéologique des redevances versées au monastère figure à la fin du livre sur les biens meubles et immeubles [58] et son frère Lambert, qui continue le cartulaire, partage avec lui un intérêt non pas honteux mais conquérant pour la puissance matérielle du monastère [59]. Guiman semble hériter d'une conception littéraire assez archaïque (aspect très historique, genre cartulaire-chronique, style biblique et métaphorique, mais avec un phrasé plus long, moins de parallélismes qu'à la période précédente) qu'il combine avec la

56. Cf. ci-dessus note 22.

57. *Cartulaire de l'abbaye de Saint-Vaast d'Arras, rédigé au XIIᵉ siècle par Guimann* et publié... par le chanoine Van Drival, Arras, 1875, p. 101.

58. *His qui evangelium annunciavit ordinavit Dominus de evangelio vivere ; et apostolus licet non sit usus hac potestate, ne quemque gravaret, nos tamen uti necesse est qui, cum evangelicam doctrinam atque institutionem non tam sermonum jactantia quam virtutum exhibitione annunciare debeamus, longe tamen ab apostolica perfectione distamus. Universa igitur que ecclesiis vel offeruntur vel oblata sunt, de evangelii mercede scilicet fidelium caritate sunt, et cum nos eorum carnalia metimus, eis, ut decens et debitum est, nostra spiritualia in eleemosiniis, orationibus atque jejuniis et omnium beneficiorum participatione impartiri debemus* (ibid., p. 191). Ce que Guiman recense, ce sont les possessions du saint, *quicquid sanctus ... habere dinoscitur* (p. 102) : c'est la même conception que Grégoire à Farfa.

technicité de son époque (dans le classement et l'utilisation). Il faut compter sans doute, pour expliquer ce phénomène, avec la tradition culturelle et historiographique très vigoureuse des abbayes du nord de la France, et notamment les liens avec Saint-Bertin dont le cartulaire est un peu plus ancien et la tradition historiographique nourrie, au contraire de Saint-Vaast. Les deux abbayes sont d'ailleurs au même moment en pleine activité de remise en ordre de leur bagage intellectuel, avec la confection de catalogues de la bibliothèque, où le renouvellement des méthodes est également sensible, comme est en train de le montrer Donatella Nebbiai.

Les thèmes évoluent également. Le thème de la mémoire (Montpellier) [60], du temps qui passe, se resserre et débouche très vite (sauf à la cathédrale du Mans où un long détour est fait par le recours des anciens, *antiqui* [61], à l'écrit comme miroir du présent et exemple pour l'avenir, au chapitre de Laon où Jacques de Troyes insiste sur le don de Dieu qu'est l'écriture, et à Arrouaise) sur des considérations sur l'état des documents de l'établissement (Chamalières, Laon où apparemment il était presque impossible de retrouver les documents originaux dont on avait besoin).

Alors que le thème de l'utilité persiste (Thouars, Saint-Vaast), la préface contient des indications de plus en plus fréquentes sur la façon dont le cartulaire a été exécuté : la suppression du périmé (Chamalières) ; ou bien la préface se termine par un mode d'emploi pour l'utilisateur (Saint-Vaast, Le Mans [62]).

---

59. La postface-dédicace de Lambert est intéressante en ce qu'elle rejette sans ambages les activités de Marie pour celles de Marthe, en égratignant au passage le dépouillement des biens de ce monde promu par la réforme grégorienne (*O qui fastidis moralia gregoriana* : éd. citée, p. 403). Ailleurs, à Arrouaise (*Fundatio monasterii Arroaciensi, auctore Galtero abbate*, éd. O. Holder-Egger, *M.G.H. SS*, t. XV-2, p. 1117-1123), prendre le rôle de Marthe en rédigeant un cartulaire est conçu comme du dévouement, une tâche à laquelle on est délégué par ordre. Du reste, comme à la période précédente, une nuance agressive, sous forme défensive, transparaît dans une allusion aux persécutions des séculiers ; ceux qui sont du monde sont toujours hostiles aux serviteurs de Dieu : *a mundi filiis in possessione dumtaxat temporalium, que de mundo habent et mundi sunt, persecutionem perpetuam patiuntur* (*ibid.*, p. 1118).

60. *Quod utique cognicionis genus non habet homo presumencius, quam si ea quorum recoli mavult ac reminisci desiderat, stilo commendaverit, ne labefactante memoria, quod facile adinvenit facilius evanescat, et ab ipsius collabatur memoria* (éd. citée ci-dessus note 11, p. 1).

61. *Quoniam labilis hominum memoria tot cogitacionum procellis, ut arundo ventis agitata, tantisve sollicitudinum curis turbata turbinibus, quod singula queque ad memoriam nequeat revocare, antiqui omnia statuerunt in scriptis redigere, ut ipsis esse in speculum, ac posteris relinqueretur in exemplum ... Idcirco moderni, antiquorum patrum zelatores, que necessaria vel utilia prospiciunt, ne in oblivionem veniant in scriptis redigunt et commendant* (éd. Léopold Delisle, *Notice sur le Livre blanc de l'église du Mans*, dans *Bibliothèque de l'Ecole des chartes*, t. 31, 1870, p. 194-210 [= Stein 1987], à la p. 199). Recours au prestige des anciens analogue dans la première phrase de la chronique de Saint-Bénigne, reprise par le cartulaire de Bèze : c'est un thème ancien qui donne un caractère traditionnel à cette préface.

62. Ed. citée, p. 199-200.

Au XIIIᵉ siècle l'exécutant s'efface au profit de celui qui donne l'ordre de faire (Templiers de Vaour, en postface : l'ordre de rédiger est le dernier acte du cartulaire). Mais tous deux sont nommés en 1213 à Chamalières.

Les caractères littéraires sont plutôt ceux de préambules d'actes que de préfaces de type littéraire.

On rencontre l'emploi du *cursus* dans les préfaces les plus soignées (Guiman, Le Mans), mais sans que la prépondérance du *velox* soit jamais aussi évidente que dans les bulles, sauf à Laon ; on ne trouve plus de rime sinon chez les seigneurs laïcs de Montpellier, 1202, et elle est plus «lâche» qu'aux XIᵉ-XIIᵉ siècles. Chez Jacques de Troyes, elle n'est sensible que dans les premières phrases, puis se réduit à favoriser les parallélismes de construction aboutissant à une homophonie.

Les citations sont surtout bibliques (à Chamalières, au Mans, première moitié du XIIIᵉ siècle) et plus rarement patristiques [63] ; les allusions classiques disparaissent [64]. La préface de Guiman à Saint-Vaast, 1170, est un véritable centon biblique. Son frère Lambert se singularise en écrivant sa préface en hexamètres.

Parmi les métaphores, la plus intéressante se trouve à Chamalières, où la composition du cartulaire est comparée à la construction raisonnée d'une maison par un architecte [65] . D'autres au Mans : la mémoire est un roseau agité par le vent. Les allusions mythologiques sont assez denses au Mans, en relation avec le thème de la mémoire et du temps [66].

A Laon Jacques de Troyes, qui a sûrement fait de bonnes études universitaires [67] et a un esprit remarquablement organisé, adapte à la présentation de son ouvrage la méthode des *accessus ad auctores* : comme Conrad de Hirsau au XIIᵉ siècle, il détaille la matière, l'intention, l'utilité, la place dans le schéma des sciences et la structure de son ouvrage, ce qui lui permet d'annoncer son plan de classement [68].

---

63. Guiman à Arras s'inspire de saint Jérôme, et la notice de 1213 du cartulaire de Chamalières de la *Regula pastoralis* de saint Grégoire, I, cap. IV.

64. Sauf une allusion possible à Juvénal chez Guiman à Arras, *digito ori superposito tacere*, qui peut rappeler *digito compesce labellas*, mais la réminiscence est aussi biblique, et à Arrouaise un renvoi à Virgile.

65. ... *more sapientis artificis in edificio domus sue, fundamento jactato, ponens parietes et texturam* (éd. citée ci-dessus note 10, p. 85).

66. *Quis vero posset virtutes Hercules, tropheos Alexandri bellaque Punica ac Trojanum exitium ⁻ecitare, nisi a posteris nobis relicta fuissent in scripturis ?* (éd. citée ci-dessus note 3, p. 6).

67. J.M.D. Kelly, *The Oxford dictionary of popes*, Oxford, 1988, p. 194-196, avec bibliographie.

68. *Et si forte in hoc libro illa quinque requirenda ab aliquibus videantur que in libris aliis requiruntur, videlicet que sit materia hujus libri, que intentio, que utilitas, cui parti philosophie supponitur et quis modus etiam sit agendi, dico quod se ipsam hujus libri materia manifestat, que est carte et privilegia ecclesie Laudunensis. Intentio est ut per instrumenta que in presenti volumine continentur, mentes canonicorum Laudunensium super juribus et possessionibus L. ecclesie*

Au total, les textes qui présentent des analogies nombreuses avec ceux de la période précédente, donc un certain archaïsme, sont toujours les mêmes : Guiman et son frère à Saint-Vaast, la cathédrale du Mans, et Arrouaise, communauté de chanoines réguliers. Il est assez remarquable que les deux préfaces de chapitres cathédraux envisagés, Le Mans et Laon, deux villes qui ont une tradition scolaire, sont les plus littéraires de cette tranche chronologique. Mais celle du futur pape assume pleinement les transformations de la technique archivistique et intellectuelle de son époque. Il enchaîne remarquablement les différents thèmes (l'oubli, providentiellement corrigé par l'écriture, qui permet d'éviter différends et passe-droits par la confection de documents ; les difficultés de classement et de conservation, qui rendent inefficientes les archives de Laon, et la décision du chapitre de remédier à cette situation en lui confiant la réorganisation des archives et la compilation du cartulaire) et l'exposé de sa méthode et de son plan de classement.

En dehors de ces quelques exceptions, d'un niveau supérieur aux autres, les réalisations sont au total beaucoup plus ternes qu'à la période précédente. Lorsque la préface, ou postface, est un acte, elle ne présente aucune différence stylistique avec les autres documents contenus dans le cartulaire, sauf d'être parfois en latin alors que les autres actes sont surtout en français (Vaour) ; ce qui annonce la période postérieure.

En somme le caractère littéraire de l'entreprise disparaît au fur et à mesure que les cartulaires deviennent de «vrais» cartulaires.

IV. Le temps de l'efficacité

A partir du XIIIᵉ siècle prédomine l'efficacité technique. Sobres et efficaces, les préfaces se réduisent de plus en plus au mode d'emploi. Plusieurs cartulaires sont des remises à jour de cartulaires plus anciens (archevêché de Tours [69] ; Chamalières, où la description des conditions de réalisation perd

---

instruantur. Utilitas est ipsorum instrumentorum notitia et cautior eorum custodia, necnon et facilior inventio singulorum cum fuerint requisita. Et quia servare jura et libertates ecclesie prout unusquisque juravit, ad bonos mores pertinet et virtutes, ideo liber iste, sicut et alii libri morales, merito potest illi parti philosophie subponi que ethica appellatur. Modus agendi talis est : dividitur enim opus istud in quinque libros (éd. citée ci-dessus note 22, p. 4-5). Dans les accessus ad auctores, l'éthique voit effectivement confluer la plupart des textes, pourvu qu'on puisse leur trouver le moindre intérêt pour les bonnes mœurs : voir Alastair J. Minnis, Medieval theory of authorship : scholastic literary attitudes in the later middle ages, London, 1984, p. 25. Jacques de Troyes utilise une version simplifiée «de type B» tel qu'il est défini par Richard W. Hunt (The introductions to the Artes in the twelfth century, dans Studia medievalia in honorem R. M. Martin, Bruges, 1948, p. 85-112), mais n'a pas été apparemment touché par l'apparition du prologue de type aristotélicien à la Faculté des Arts au moment où il y fait ses études, au début du XIIIᵉ siècle.

69. Cartulaire de l'archevêché de Tours (Liber bonarum gentium), publié par Louis de Grandmaison, t. I, Tours, 1892 [= Stein 3929], p. 1 : iste liber Bonarum Gentium vel bonorum

le statut de préface dans une refonte du cartulaire et devient un article comme un autre, vers 1213, à propos du cartulaire de 1162).

Parfois on rencontre uniquement un incipit, donnant éventuellement les conditions de rédaction, et le plan : chartreuse de Bonnefoy, 1229 [70] ; Saint-Jean-en-Vallée de Chartres, 1260, qui est la remise en ordre d'un cartulaire antérieur.

Analogue, ou plutôt préface à la table, donnant les motivations d'exécution : Enguerran de Marigny, en français, 1313 (à la première personne mais l'auteur ne se nomme pas). La facilité d'avoir toujours avec soi ses documents sous un format portable, sans craindre de les abîmer, de les perdre ou d'endommager les sceaux, est repris textuellement par le rédacteur du cartulaire de Croixmare en 1389 [71].

Ce qui sert de préface peut encore prendre la forme d'un procès-verbal par une autorité compétente de collation sur originaux (Ainay) ; ou de procès-verbal d'ouverture d'un coffre, pour la ville de Blois, fin XVe siècle (en français) [72]. Lorsque le nom du compilateur apparaît, un notaire par exemple, c'est pour qu'il donne force probante à la copie [73]. La lettre d'ordre de rédiger par l'évêque Alain sert de préface à Quimper vers 1351.

Ce qu'on trouve dans les cartulaires en français, c'est souvent un titre seul, ou développé en sommaire, pour la ville de Lyon, en 1336 ; à Vignory, en 1380 [74].

Le schéma le plus efficace est celui qui comprend le titre, l'appartenance de l'institution, le contenu, et le mode d'emploi, comme à Saint-Jean-en-l'Estrée d'Arras en 1393 [75]. Le tout est parfois précédé par une invocation

---

actuum nuncupatus fuit, quasi pro majori parte a quodam rotulo antiquo, vocato «Bone gentes», et aliis scripturis antiquis translatus.

70. Cartulaire de la chartreuse de Bonnefoy, éd. par Jean-Loup Lemaître, Paris, 1990 (Documents, études et répertoires publiés par l'Institut de recherche et d'histoire des textes), p. 1.

71. Cartulaire et actes d'Enguerran de Marigny, publié par Jean Favier, Paris, 1965 (Documents inédits in-8°, 2) [= Stein 2338], p. 15 ; Léopold Delisle, Le cartulaire de Guillaume de Croixmare, dans Bulletin de la Société de l'histoire de Normandie, t. 7, 1893-95, p. 122-151 [= Stein 1106], aux p. 123-124.

72. Cartulaire de la ville de Blois (1196-1493), recueil manuscrit du XVe siècle conservé à la Bibliothèque nationale, publié par Jacques Soyer et Guy Trouilhard, s. l., 1907 [= Stein 509], p. 1.

73. Ainsi Durant Laurentii, notaire, à la tête de toute une équipe de notaires, pour le cartulaire de la ville de Millau mi-XIVe siècle, Le livre de l'Epervier, cartulaire de la commune de Milhau (Aveyron), éd. Léopold Constans, Montpellier, 1882 [Stein 2454], p. 23 ; Marien de Rosprendem, notaire juré de l'évêque Alain de Quimper, vers 1351.

74. Cartulaire du prieuré de Saint-Etienne de Vignory, éd. Jacques d'Arbaumont, Langres, 1882 [= Stein 4099].

75. Cartulaire de l'hôpital Saint-Jean-en-l'Estrée d'Arras, publié par Jules-Marie Richard, Paris, 1888 [= Stein 222], p. 1-2.

initiale (Le Livre d'Agenais [76], avec invocation, *In nomine Dei, amen.* 1279). On peut en rapprocher le début de l'évangile de saint Jean qui, avec quelques prières, ouvre le cartulaire de la ville de Millau.

Dans tous ces cas le caractère littéraire de l'introduction du cartulaire est nul. On retrouve à l'état de squelette le thème de l'utilité et celui de la mémoire [77]. L'efficacité maximale est que le cartulaire sorte d'un acte en tout similaire à ceux qu'il recense. Le rédacteur s'efface devant son rôle, et l'autorité de ceux pour qui il travaille.

Correspondant au renouveau du préambule dans les chartes, on rencontre le retour à une forme plus recherchée : au béguinage de Léau, en 1450, est retrouvée la rhétorique de la mémoire et de l'écriture, et la vérité est même liée à l'usage de l'écrit [78]. Ceci dans le style propre à l'époque : la phrase du XVe siècle est longue, complexe, multipliant les rejets et les noeuds qui lui permettent de repartir. La préface est entièrement dominée par la volonté du visiteur du béguinage, dont on parle à la troisième personne mais qui semble bien être l'auteur, au moins par impulsion et direction de l'entreprise.

*

* *

Ces évolutions sont corroborées par le vocabulaire utilisé pour caractériser la rédaction du cartulaire : il reflète les évolutions chronologiques dégagées, comme on peut le voir dans l'annexe ci-jointe. Le cartulaire est présenté comme une édition jusqu'au XIIe siècle, comme une concentration en un seul volume jusqu'au XIVe siècle, comme une copie, à partir du XIIe siècle. Ce qui correspond à l'évolution générale : on passe très nettement d'une conception active et interventionniste au respect de ce qui fait l'authenticité du document original.

76. *Le Livre d'Agenais*, publié d'après le ms Bodley 917 par Georges P. Cuttino, Toulouse, 1956 (*Cahiers de l'Association Marc Bloch de Toulouse, Documents d'histoire méridionale*, n° 1), p. 1.

77. Archevêché de Tours, après 1484 : *Ad honorem Dei..., necnon decus et utilitatem ecclesie Turonensis et memoriam futurorum.*

78. *Quia eciam scripturarum usus de antiquis rebus et gestis incorrupte representat veritatem, que si absque beneficio scripture habetur perire dinoscitur* : Anne Libois, *Doctrine et pratique archivistiques au Moyen Age : le cartulaire du béguinage de Léau*, dans *Mélanges Charles Braibant*, Bruxelles, 1959, p. 229-236, à la p. 235.

ANNEXE

VOCABULAIRE UTILISE DANS LES PREFACES DE CARTULAIRE

(Les occurrences sont présentées dans l'ordre chronologique)

1) Le vocabulaire de la compilation.

Significativement, le mot *compilator* est nettement péjoratif sous la plume de Guiman à Arras en 1170 : les malveillants le considéreront comme un compilateur de nouveautés, *me novitatum compilatorem causabuntur* ; le mot n'est positif qu'au XIVᵉ siècle [79].

Le travail du rédacteur est conçu :

- comme une édition (au sens où un auteur édite son ouvrage) : *edere*, Paul à Chartres, début XIIᵉ siècle ;

- comme une mise en ordre : Saint-Chaffre, vers 1087 (*hec omnia disposita sunt*) ; Savigny, 1121-1135 (*ordinate disposuimus*) ;

- comme une transposition : *transducere*, Farfa (*verissimam rerum fidelemque translationem*) ;

- comme une restauration : *renovare scripta*, Savigny, 1121-1135 ;

- comme une concentration, une mise en un seul volume : Folquin, fin Xᵉ siècle (*hunc tantummodo codicem e membranulis in unum cumulavimus corpus*) ; Chartres, avant 1087 (*per ordinem colligendo*) ; Thouars, 1141 (*in unum corpus redigentes*) ; Arrouaise, 1180-84 (*in uno corpore colligere, redigere*) ; Montpellier, 1201 (*in unum choartaremus volumen*) ; Paray-le-Monial, XIIᵉ siècle (*in unius codicelli tenorem [...] studiose colligere*) ;

- un enregistrement même : Millau, XIVᵉ siècle (*in presenti libro registravimus instrumenta*) ; le sens est probablement «enregistrer» plus que «copier dans un registre», car plusieurs notaires sont présents ;

- comme une copie : Marcigny, 1096 (*exarare*) ; Gautier à Saint-Amand (*ipsas namque cartas sive privilegia transcribere curavimus*) ; Saint-Loup de Troyes, avant 1181 (*transcribi fecimus*) ; Vaour, 1202 (*hoc scriptum et hunc translatum scripsit Guirbertus*) ; Ainay, 1286 (*videri fecimus, inspici et perlegi de verbo ad verbum omnia instrumenta et litteras que in quatuor quinternis presentibus annotentur*) ; parfois très lié au concept précédent : Simon, Saint-Bertin (*in uno volumine describi*

---

79. *Et fut la peine du compiler tant longue* : ville de Lyon, 1336 (éd. citée ci-dessus note 23, p. 1).
80. Ainay, 1286 ; Enguerran de Marigny, 1313 ; Quimper, vers 1351 ; Saint-Jean de l'Estrée d'Arras, 1393 ; Léau, vers 1450 : *de verbo ad verbum totaliter inscripta* ; Flines, vers 1540 (*Cartulaire de l'abbaye de Flines,* publié par l'abbé E. Hautcoeur, t. I, Lille [= Stein 1359], 1873, p. XI).

voluistis) ; Enguerran de Marigny, 1313-1314 (en français) ; Arras, 1393 (*registrata sunt et transcripta*) : on insiste sur le mot à mot à partir de la fin du XIIIe siècle [80], ce qui correspond peut-être au développement d'un véritable notariat, tandis qu'auparavant cela aurait semblé la marque d'une fâcheuse paresse.

2) Le rédacteur.

Le rédacteur ne se désigne généralement pas lui-même. L'expression *cartarum collector* dans le titre du premier livre du cartulaire de Marcigny, conservé dans un manuscrit du XVIIIe siècle, n'est sans doute pas d'origine. Le compilateur du *Liber bonarum gentium* de Tours, après 1480, est désigné comme *actor vel scriptor*, donc auteur et copiste à la fois.

3) Le cartulaire.

- *codex* : Folquin, Saint-Bertin, milieu Xe siècle ;
- *libellus, opusculum* : Saint-Père de Chartres (*Vetus Agano*), vers 1088 ;
- *liber divisus in quatuor libellis* : Saint-Chaffre ;
- *volumen* : Simon à Saint-Bertin, 1095-1123 ; Savigny, 1121-1135 ;
- *volumen, opusculum* : Farfa, 1125 ;
- *libellus, opusculum* : Quimperlé, vers 1130 ;
- *liber* : Guiman à Saint-Vaast, 1170-75 ;
- *corpus* : Gautier à Arrouaise, 1180-1184 ;
- *rotulum et translatum* (il s'agit d'un rouleau de 5,8 m de long), *opus instrumentorum memoriale* : Vaour, 1202 ;
- *codicellus* : Paray-le Monial ;
- *volumen* : Saint-Jean-en-Vallée de Chartres, 1260 ;
- *liber seu registrum acaptamentorum debitorum* : Agenais, après 1283 ;
- *quatuor quinterna* : Ainay, 1286 ;
- *liber* : Livre de l'épervier de Millau, XIVe siècle ;
- registre : Enguerrand de Marigny, 1313 ; Croixmare, 1389 ;
- livre : ville de Lyon 1336 ; Vignory, 1380 ;
- *volumen* : cathédrale de Quimper, vers 1351 ;
- *liber qui nuncupatur registrum seu cartularius* : Hôpital Saint-Jean-de-l'Estrée, 1393 ;
- *liber* : Léau 1450 ; archeveché de Tours, après 1484 ;
- *papier des registres des privileges* : ville de Blois, fin XVe siècle.

4) Les chartes transcrites.

- *carta* seul : Saint-Bertin (Folquin, milieu Xe siècle ; et Simon, 1095-1123) ; Marcigny, avant 1096 ; Savigny, 1121-1135 ; Troyes, vers 1181 ; Saint-Vincent du Mans, XIIIe siècle ;

- *chartula* : Thouars, 1141 ;

- *privilegium* : Chartres (*Vetus Agano*), vers 1088 ; s'opposant à *carta* : Saint-Chaffre, après 1087 ; Farfa, 1125 ; Arras, Guimann, 1175 ; Bonnefoy, 1229 ; s'opposant à *instrumentum* : Montpellier, 1201 ; il y a distinction très nette, dans la plupart des préfaces, entre *carta* et *privilegium* et ces deux catégories sont souvent classées séparément, lorsque la préface annonce un plan ;

- *instrumentum* : Arrouaise, 1180-84 ; Montpellier, 1201 ; Vaour, 1202 ; chapitre de Laon, 1238-1239 ; Agenais, après 1283 ; Ainay, 1286 ; Le Mans, XIIIᵉ siècle ; Millau, XIVᵉ siècle ; Quimper, vers 1351 ;

- *littera* : Chartres, Saint-Jean-en-Vallée, 1260 ; Agenais, après 1283 ; Ainay, 1286 ; Quimper, vers 1351 ; en français *(lettres),* Enguerran de Marigny, 1313-1314, etc.;

- *pittacium* : Paray-le-Monial ;
- *membrana* : Paray-le-Monial ;
- *documentum* : Millau, XIVᵉ siècle ;
- *scriptum* : Agenais, après 1283 ; en français *(escriptures),* E. de Marigny ;
- *scriptura authentica seu privata* : Léau, vers 1450.

REMARQUES ET DISCUSSION

Robert FAVREAU : *Vous avez souligné l'importance de la prose rimée du Xᵉ à la fin du XIIᵉ siècle et sa disparition au XIIIᵉ. Dans les inscriptions françaises on trouve l'apparition de la rime avec le Xᵉ siècle (rarement) et la rime règne en maître aux XIᵉ et XIIᵉ siècles pour disparaître progressivement au XIIIᵉ.*

Pascale BOURGAIN : *Je remercie Monsieur Favreau de son intervention ; il y a effectivement parallélisme entre ce qu'il constate dans les inscriptions et ce qui apparaît dans les préfaces.*

Bernard DELMAIRE : *Vous avez expliqué en partie l'abandon du beau style dans les cartulaires du XIIIᵉ siècle par le passage à des cartulaires davantage tournés vers les besoins pratiques : ne pensez-vous pas que c'est aussi parce qu'après 1200 peu de monde est capable d'écrire en beau latin comme au XIIᵉ siècle ?*

Pascale BOURGAIN : *Bien que l'entraînement ne soit plus le même et que cela se sente dans l'évolution du style, le nombre de gens capables d'écrire un latin correct, ou même d'une autre élégance, n'a certainement pas diminué, on est en fait plus exigeant (voir le livre d'Alexander Murray,* Reason and society in the Middle Ages, *Oxford, 1978, qui montre que dans une société plus marquée par l'écrit les manquements à la norme lettrée sont soulignés plus énergiquement que dans une société plus «orale»), mais c'est une période où sont composées bon nombre de poésies, généralement religieuses ou morales ou d'actualité, dont l'histoire littéraire s'occupe peu parce que l'originalité n'en est pas toujours grande : le XIIIᵉ siècle est une période de crise de l'inspiration plus que de la correction.*

LES LANGUES VULGAIRES
DANS LES CARTULAIRES FRANÇAIS DU MOYEN ÂGE

par

Françoise VIELLIARD

J'aurais souhaité présenter un état statistique, chronologique et géographique, de l'apparition des langues d'oc et d'oïl dans les cartulaires français ; j'aurais pu alors confronter ce qui transparaît de l'emploi des langues vulgaires dans les cartulaires avec ce qu'on sait de l'apparition et de la répartition de ces langues d'après les documents originaux. J'ai dû renoncer à ce projet ambitieux parce que j'ai rencontré dès le départ deux obstacles.

D'abord, l'absence presque complète d'indication de la langue des actes dans la bibliographie des cartulaires d'Henri Stein [1]. Celui-ci n'indique généralement pas la langue des actes, ou l'indique mal : pour le cartulaire de Manosque [2], qui contient à côté de la transcription des actes en latin, la traduction en langue d'oc de ces mêmes actes faite en 1293 par Audebert Gauzis, notaire de Manosque, Stein indique simplement la présence de quelques actes en langue d'oc ; pour le cartulaire de Renier Acorre [3], dont la très grande majorité des actes sont en français, Stein n'indique rien [4]. Aujourd'hui encore, la description d'un cartulaire, aussi minutieuse et précise soit-elle sur le plan codicologique, ne précise pas toujours la langue des actes transcrits : pour prendre un exemple récent, Hubert Flammarion a donné une description

---

1. Henri Stein, *Bibliographie générale des cartulaires français ou relatifs à l'Histoire de France*, Paris, 1907 (*Manuels de bibliographie historique*, 4).

2. *Livre des privilèges de Manosque, cartulaire municipal latin-provençal (1169-1315)*, publié par M. E. Isnard suivi de remarques philologiques sur le texte provençal par Camille Chabaneau, Digne, Paris, 1894 [= Stein 2321].

3. Pascale Verdier, *Edition du cartulaire de Renier Acorre (1257-1289)*, thèse d'Ecole nationale des chartes, 1992 (résumé dans *Ecole nationale des chartes. Positions 1992*, p. 227-231) [= Stein 9].

4. L'entreprise du *Répertoire des cartulaires français* mis en chantier par l'Institut de Recherche et d'Histoire des Textes fera place dans les notices descriptives des cartulaires à l'indication de la langue des actes, en précisant pour chaque cartulaire le nombre des actes en langue vulgaire antérieurs à 1300 et la date du plus ancien.

exemplaire du Livre blanc de Langres [5] : il a été rédigé durant l'hiver 1231-1232 par une équipe de cinq scribes, puis complété au cours des XIIIe et XIVe siècles par une trentaine d'autres scribes au fur et à mesure des besoins ; la date de la majorité des 352 actes transcrits se situe entre 1180 et 1232. La localisation et la fourchette de datation du cartulaire sont parfaitement établies, mais à aucun moment il n'est précisé que le cartulaire ne contient aucun acte en langue d'oïl, ce qui serait possible, étant donné la région et la date des actes transcrits.

D'autre part, les romanistes et les linguistes se sont jusqu'à présent montrés réservés sur l'utilisation des cartulaires comme témoins de l'histoire de la langue. Cette méfiance a d'ailleurs une histoire : si Victor Hugo, qui fit partie du Comité historique à ses débuts, intervint plusieurs fois pour signaler l'intérêt lexicographique des documents d'archives de toute nature, les instructions rédigées par Victor Le Clerc en 1852, en insistant sur l'utilité pour l'histoire de la langue des documents originaux, orientèrent dès l'origine les travaux des philologues vers les chartes. Plus près de nous les prises de position très tranchées de Louis Carolus-Barré [6], invitant les philologues à ne retenir que les chartes originales, au sens technique que les diplomatistes donnent à ce mot, ont sans doute contribué à figer un peu les positions. Jacques Monfrin a pourtant, il y a vingt ans, attiré l'attention sur l'intérêt des cartulaires pour l'étude de la langue [7].

Sur le plan de la localisation, ce qui importe au linguiste c'est moins de savoir où l'acte a été passé, que de connaître le personnage qui a tenu la plume, afin de rattacher à chaque région ou à chaque localité les variations graphiques, grammaticales ou lexicales. Le compilateur d'un cartulaire peut introduire des actes faux, remanier des phrases soit dans l'intérêt de l'institution pour laquelle il travaille, soit parce qu'il comprend mal ce qu'il a sous les yeux, ou qu'il souhaite rajeunir un mot tombé en désuétude ; peu importe au linguiste, au contraire : l'analyse des réactions d'un compilateur de cartulaire devant les actes de coloration dialectale qu'il avait à transcrire peut être intéressante. Mais surtout, compilé dans l'établissement bénéficiaire des actes, un cartulaire a été en principe copié par un homme de la région ; ce personnage est d'ailleurs quelquefois identifié ; il est donc du point de vue de la géographie linguistique un bon témoin.

Du point de vue chronologique, une forme ne peut être datée que dans

---

5. Hubert Flammarion, *Une équipe de scribes au travail au XIIIe siècle : Le grand cartulaire du chapitre cathédral de Langres*, dans *Archiv für Diplomatik*, t. 28, 1982, p. 271-305 [= Stein 1855].

6. Louis Carolus-Barré, *Les plus anciennes chartes en langue française*, t. I, *Problèmes généraux et recueil de pièces originales conservées aux Archives de l'Oise (1241-1286)*, Paris, 1964.

7. Jacques Monfrin, *Le mode de tradition des actes écrits et les études de dialectologie*, dans *Revue de linguistique romane*, t. 32, 1968, p. 38-39 et dans *Les dialectes en France au moyen âge et aujourd'hui*, Paris, 1972, p. 25-58 (*Actes et Colloques*, 9).

la fourchette définie par la date de l'original et celle de la copie. Pour peu que subsistent, à côté du cartulaire, quelques originaux, on peut se faire une idée assez précise de la qualité des transcriptions et présumer ainsi de la valeur de l'ensemble. L'étude de la langue d'un cartulaire bien daté et relativement proche dans le temps des originaux donnera des résultats sur la langue de la région considérée aussi sûrs, sinon plus, que l'examen de quelques pièces originales [8].

Les linguistes ont néanmoins peu utilisé les cartulaires. Les études, plutôt orientées ces dernières années vers la phonétique et la graphématique [9], ont eu du reste tout naturellement tendance à privilégier le document original.

I. ETUDES DE CAS

Un état des cartulaires contenant même partiellement des actes en langue vulgaire s'avérant impossible, il m'a donc paru intéressant de faire des sondages dans les cartulaires publiés récemment et offrant ainsi toutes les garanties d'édition, de datation et de localisation, en privilégiant ceux qui, a priori, ne contiennent pas ou peu d'actes en français ou en occitan. En traquant la langue vulgaire jusque dans le latin qui l'enclot, j'ai voulu montrer la richesse et la solidité du témoignage que les cartulaires, considérés pour eux-mêmes et non pas comme succédanés de documents originaux, peuvent fournir à l'histoire de la langue.

Il est évident que des cartulaires contenant uniquement des actes en langue vulgaire et compilés à une date voisine de celle des actes juridiques dont ils conservent le souvenir sont des documents linguistiques de valeur incontestable à exploiter comme tels : ainsi le cartulaire de Renier Acorre, compilé à la fin du XIIIe siècle, dont tous les actes se situent entre 1257 et 1289, qui est limité géographiquement autour de Provins ; ou bien, dans le domaine d'oc, le cartulaire de La Selve [10] dont la très grande majorité des actes sont en occitan.

1) Le cartulaire de Pontigny.

Un cartulaire peut aussi compléter la documentation linguistique existante pour une région et une époque données, cette documentation ayant été établie

8. J. Monfrin, *Le latin médiéval et la langue des chartes*, dans *Vivarium*, t. 7, 1969, p. 81-98, à la p. 88, donnait comme exemple le cartulaire de l'abbaye Sainte-Foy de Conques [= Stein 1043] et les recueils où les Templiers des diverses commanderies du Midi de la France ont conservé les titres de leurs possessions.

9. En témoigne par exemple le dépouillement de 3300 chartes françaises mené par Anthonij Dees, *Atlas des formes et des constructions des chartes françaises du XIIIe siècle*, Tübingen, 1980.

10. *Le cartulaire de La Selve. La terre, les hommes et le pouvoir en Rouergue au XIIe siècle*, par Paul Ourliac et Anne-Marie Magnou, Paris, 1985 [= Stein 1919] ; voir en particulier le très riche glossaire et le chapitre II intitulé *Propriété et féodalité : Le vocabulaire et les idées juridiques*.

en premier lieu sur la base d'originaux en langue vulgaire. Le cartulaire de Pontigny [11] fournit un bon exemple de ce type de témoignage. Ce cartulaire, dont les actes s'échelonnent entre 1118 et 1294, mais qui ne contient, sur 410 pièces, que deux actes postérieurs à 1274, a été formé, mis à part quelques rares additions de la fin du XIIIe ou du début du XIVe siècle, de deux parties : l'une rédigée à la fin XIIe siècle et l'autre vers 1270. Toutes les pièces sont en latin sauf trois chartes : la plus ancienne date de janvier 1260 et émane d'Eudes, fils du duc de Bourgogne, et de sa femme Mahaut [12]. Or, on dispose pour la région de l'édition récente des plus anciennes chartes en langue française [13], parmi lesquelles figurent un certain nombre de chartes originales du fonds de l'abbaye de Pontigny qui n'avaient pas fait l'objet de transcription dans le cartulaire. Inversement les originaux des chartes en français conservées par le cartulaire ont disparu. Un certain nombre de formes vulgaires employées dans l'acte en français transcrit dans le cartulaire, et rigoureusement datables entre 1260 (date de l'acte) et 1270 (date de compilation du cartulaire), pourraient rejoindre les formes relevées par Dominique Coq dans le stock des formes régionales médiévales antérieures à 1271 :

- **outraions** : *Coq* enregistre *outroions* ;

- nostres **seaus** : *Coq* enregistre *seaul* ; le *Französisches Etymologisches Wörterbuch* [14], sous SIGILLUM, ne donne que la forme *seal* (Neuchâtel [Suisse] 1259, Mézières 1289) ;

- **sealees** : *Coq* enregistre *seeler, saaler*, subj. 3 *seaut* ; *FEW*, sous SIGILLUM, *sealer* (Trésor des chartes du comté de Rethel, 1316) [15].

- mois de **januir** : il conviendrait de lire *janvir* ; s'agit-il d'un hapax ou d'une forme particulière à la région? *Coq* n'enregistre que *janvier, jenvier, genvier* ; *FEW* n'enregistre pas cette forme, ni *TL* [16], ni *GDF* [17].

11. *Le premier cartulaire de l'abbaye cistercienne de Pontigny (XIIe-XIIIe siécles)*, publié par Martine Garrigues, Paris, 1981 (*Documents inédits in-8°*, 14) [= Stein 3061 ; désormais : *Pontigny*].

12. *Pontigny*, n° 237 (original perdu), p. 270.

13. *Documents linguistiques de la France, série française, publiés par Jacques Monfrin avec le concours de Lucie Fossier*, t. III, *Chartes en langue française antérieures à 1271 conservées dans les départements de l'Aube, de la Seine-et-Marne, et de l'Yonne*, par Dominique Coq, Paris, 1988 (*Documents, Etudes et répertoires*) [désormais : *Coq*].

14. Walther von Wartburg, *Französisches Etymologisches Wörterbuch. Eine Darstellung des galloromanischen Sprachschatzes*, Tübingen, à partir de 1948 [désormais : *FEW*].

15. Werner Runkewitz, *Der Wortschatz der Grafschaft Rethel in Beziehung zur modernen Mundart nach dem Trésor des Chartes du Comté de Rethel*, Leipzig, 1937.

16. A. Tobler-E. Lommatzsch, *Altfranzösisches Wörterbuch. Adolf Toblers nachgelassene Materialen*, bearbeitet und herausgegeben von Erhard Lommatzsch, Wiesbaden, à partir de 1915 [désormais : *TL*].

17. Fréderic Godefroy, *Dictionnaire de l'ancienne langue française et de tous ses dialectes du IXe au XVe siècle*, Paris, 1881-1902, 10 vol. [désormais : *GDF*].

2) Le cartulaire de Lézat.

Dans le cas d'un cartulaire contenant à la fois des actes en langue vulgaire et des actes en latin, les mots de langue vulgaire inclus dans les actes latins peuvent confirmer le caractère dialectal de la langue établi à partir des actes rédigés entièrement en langue vulgaire. Le cartulaire de l'abbaye de Lézat [18] en fournit un exemple dans le domaine gascon : il concerne les possessions de l'abbaye dans le Comminges, entre Garonne et Ariège. Il comprend 1744 actes, presque tous latins et s'échelonnant entre le milieu du XIe et le milieu du XIIIe siècle. Sa rédaction est liée à l'abbatiat de Pierre de Dalbs qui entreprit à partir de 1241 une remise en ordre du temporel, en visitant les possessions de l'abbaye en même temps qu'il effectuait le récolement des titres. Quatre notaires reçurent mission d'établir les copies qui ont été éxécutées en plusieurs campagnes entre juillet 1244 et septembre 1249 : l'un d'eux procédait à la copie en indiquant le mois où celle-ci était prise et l'authentifiait par un seing manuel. Deux autres notaires intervenaient ensuite en second comme témoins et procédaient à la collation de l'acte ; ils y apposaient leur seing manuel et leur souscription. Ces quatre notaires sont connus et il s'agit d'hommes de la région : Pierre de Carrrière, notaire public à Lézat, Arnaud Raimond, notaire public à Bérat, Raimond Jourdain, notaire à Lézat, et Raimond de Montaut, notaire à Sauveterre de Saint-Ybars, tous identifiés par leur seing manuel et reconnaissables à leur écriture. Le travail de copie est parfaitement accompli ; les quelques corrections qui ont été apportées par les notaires en second garantissent l'exactitude des collations.

Xavier Ravier [19] a signalé, car la description du cartulaire qui précède l'édition ne mentionne pas leur existence, et étudié cinq actes en occitan transcrits dans le cartulaire : ils forment trois groupes : n° 1722 (daté d'août 1189 et du pont de Saint-Béat) ; n° 314, 315 et 316 (datés de 1212 et mettant en cause un certain Bernard du Pin) ; n° 1510 (novembre 1242). Tous comportent des traits gascons que Xavier Ravier analyse et commente, en soulignant que l'acte n° 1722 est postérieur de dix années à peine à la charte de la commanderie du temple de Montsaunés, généralement considérée comme le premier acte original daté en gascon [20] ; il fait d'autre part remarquer que les traits qu'il a relevés dans les actes gascons du cartulaire de Lézat se retrouvent pour la plupart dans la charte de Montsaunés.

Un autre acte, que Xavier Ravier n'a pas analysé, est lui aussi rédigé en

18. *Cartulaire de l'abbaye de Lézat*, publié par Paul Ourliac et Anne-Marie Magnou, Paris, 1984, 2 vol. (*Documents inédits in-8°*, 17 et 18) [= Stein 2096].

19. Xavier Ravier, *Les actes en occitan du Cartulaire de l'abbaye de Lézat*, dans *Mélanges de langue et de littérature occitanes en hommage à Pierre Bec*, Poitiers, 1991, p. 465-473.

20. *Les plus anciennes chartes en langue provençale, recueil de pièces originales antérieures au XIIIe siècle*, publiées avec une étude morphologique par Clovis Brunel, Paris, 1926 [désormais : *Brunel*], n° 96, p. 93-94 (vers 1160).

gascon. Il s'agit du n° 445 [début du XIII° siècle], reproduit sous les n°
454 [B], 1688 [C], 1704 [D] [21] : c'est un mémoire d'acquisitions et de dépenses
faites par l'église de Saint-Béat dont seule la première phrase est rédigée
en latin. On y relève des forme gascones caractéristiques : **bina** (variantes
BCD : binha) pour vigne et un mot qui est relevé, sans glose, dans l'index
des matières qui accompagne l'édition, «el **magadge** d'Argut de Porcet»
(variante B : maggage) : d'après le contexte il semble s'agir d'un terrain.
FEW, sous la racine *MATTA «buisson», enregistre le mot béarnais matade
«buisson» et, sous MATAXA «écheveau», signale à Arrens (Hautes-Pyrénées,
arr. Bagnères de Bigorre, cant. Aucun) madacha «grand écheveau» et d'après
le dictionnaire de Palay [22] madache, matache, magache : «écheveau, poignée
de choses longues, comme l'herbe».

Des sondages faits à partir de l'index des matières confirment l'enracinement
linguistique nettement gascon du cartulaire : dans des actes rédigés en latin,
on peut exhumer des mots gascons qui ne figurent pas dans les actes rédigés
dans cette langue. En voici deux exemples pour lesquels le cartulaire de
Lézat fournit, même si l'on prend en compte uniquement sa date de rédaction
(entre 1244 et1249), les attestations les plus anciennes :

- Acte n° 154 (1187, 3, 10, 17, 24, ou 31 mars) [23] : «qui dixerunt se
esse procuratores et defensores nomine de **spondairatge** predicti Guillelmi
de Montelz». FEW enregistre sous SPONDERE une forme de l'ancien gascon
espondier (vers 1330) : «administrateur d'un établissement charitable» mais
ignore spondairatge. Le dictionnaire de Levy [24] relève esponderayge : «es
costuma que.ls testimonis de degun esponder en fach de son espondérayge
de causa que se garda a son profech no val» d'après les Coutumes d'Auvillar
(près de Moissac) rédigées en 1265 en gascon par Pierre de Cabiran, notaire
à Lectoure, mais conservées dans un manuscrit daté de 1517 ; le sens donné
par Levy est «tutelle» ou «administration». Enfin le dictionnaire de Du Cange [25]
enregistre le mot latinisé d'après les coutumes de Toulouse : «Spondarius
creditur cum proprio juramento de administratione sponderagii» avec la glose
suivante : «tutela testamentis seu ipsa tutelae administratio».

- Acte n° 1117 (1246, 8 juin.-Lézat) [26] : «villam ac villare de Moressaco
cum suo districtu et suis **padoenhs** ; prout ipsi districtus et **padoenhs** adjacentias

---

21. Cartulaire de l'abbaye de Lézat, t. I, p. 340.
22. Simin Palay, Dictionnaire du béarnais et du gascon modernes (Bassin aquitain), Paris,
1932, 2ᵉ éd. 1962. Ce dictionnaire enregistre également de nombreux mots tombés en désuétude.
23. Cartulaire de l'abbaye de Lézat, t. I, p. 118-120.
24. Emil Levy, Provenzalisches Supplement-Wörterbuch Berichtigungen und ergänzungen zu
Raynouards Lexique roman, Leipzig, 1894-1924, 8 vol. [désormais : Levy].
25. Du Cange (Charles Du Fresne, sieur), Glossarium mediæ et infimæ latinitatis, Paris, 1678
et rééd. [désormais : DC].
26. Cartulaire de l'abbaye de Lézat, t. II, p. 88-89.

habent». *FEW* enregistre le mot sous la racine gauloise *PATU- en précisant qu'il est attesté uniquement en Gascogne et donne une forme ancienne *padoenc* «lieu de pâture» d'après le recueil de chartes de Clovis Brunel [27] ; le dictionnaire béarnais de Vastin Lespy [28] enregistre le mot avec le sens de «pacage» ; Palay donne une définition précise du *padoen* : «patis, terre vacante généralement communale, pacage ; le *padoen* est presque toujours situé dans l'agglomération et aux abords immédiats du village ; il sert même parfois de place publique ; par extension coins, dépendances».

3) Le cartulaire de Saint-Georges de Hesdin.

Un cartulaire, même un cartulaire ne contenant en principe que des actes en latin, peut donc fournir les premières attestations de mots en langue vulgaire, avec les garanties de localisation qui sont les siennes, quand sa date de rédaction, indépendamment de la date des actes qu'il contient, le place parmi les documents linguistiques les plus anciens de la région considérée. Un exemple tout à fait significatif est fourni par le cartulaire de Hesdin [29]. Le prieuré bénédictin de Saint-Georges près d'Hesdin a en effet conservé un cartulaire qui couvre le premier siècle de son histoire, de 1090 à 1180 ; on peut dater sa rédaction de la fin du XIIe siècle : quatre mains ont travaillé au registre initial et plus d'une douzaine au registre principal. «Certains actes se présentent comme des traditions purement orales avec gestes symboliques et témoins pris sur place ; dans une proportion des deux tiers l'absence d'invocation, de préambule, de clauses juridiques permet de songer à des gestes et à des paroles et non à la copie d'un document que le scribe aurait eu sous les yeux : c'est là l'une des originalités principales du cartulaire» [30].

Le plus ancien acte original en français de la région aujourd'hui conservé est une charte de l'échevinage de Douai datée de 1204. Le cartulaire de Hesdin ne contient bien sûr pas d'acte en langue d'oïl, mais des noms propres [31] ainsi que quelques mots désignant des droits ou la nature des terres. J'ai relevé au fil de la lecture quelques mots pour lesquels le cartulaire de Hesdin, même si l'on ne prend en compte que la date de sa rédaction (fin du XIIe siècle), fournit des dates antérieures à celles des dictionnaires et confirme l'enracinement du mot dans le Nord du domaine d'oïl :

27. *Brunel* n°172 (1179, 16 sept.), charte de la commanderie de Montsaunès. *Padoent* figure au glossaire «pacage».
28. Vastin Lespy et Paul Raymond, *Dictionnaire béarnais ancien et moderne*, Montpellier, 1887.
29. *Cartulaire-chronique du prieuré Saint-Georges d'Hesdin*, édité par Robert Fossier, Paris, 1988 (*Documents, études et répertoires*) [= Stein 1695 ; désormais : *Hesdin*]. Voir la description du manuscrit, p. 35-37.
30. *Hesdin*, p. 36.
31. Voir Robert Fossier, *Données anthroponymiques dans le cartulaire de Hesdin*, dans *Genèse médiévale de l'anthroponymie moderne. Etudes d'anthroponymie médiévale (Ie et IIe rencontres, Azay-le-Ferron, 1986 et 1987)*, Tours, 1987, p. 15-19.

- Acte n° 71 (s.d.) [32] : «**travers** vel theloneum apud Belram tribuat» ; acte n° 89 (s.d.) [33] : «ubi servientes comitis solent accipere censum scilicet **travers** (...) reddere debent ministris comitis **travers** quantum debent». Le mot n'est pas attesté dans *FEW* avec son sens juridique ; *GDF* l'enregistre avec le sens de droit de transit au péage d'après un règlement du péage de Bapaume daté de 1202 ; *TL* l'enregistre, avec le sens de droit de passage, d'après les coutumes de Beauvaisis de Philippe de Beaumanoir (deuxième moitié du XIIIᵉ siècle) ; *DC* donne la forme latinisée d'après une charte du comte de Soissons datée de 1186 : «exactione traversi», et fournit une forme française datée de 1358 : «frans et quittes au travers de l'Ile Adam».

- Acte n° 160 (1172) [34] : «unum **boistel** annone» ; acte n° 372 (s.d.) [35] : «II **bustellos** frumenti ; I **boistel** frumenti». *FEW* sous la racine gauloise *BOSTIA n'enregistre que la forme *boiss(i)el*. *TL* sous *boissel* indique la forme *boistel* d'après le glossaire lillois du XVᵉ siècle [36] ; *GDF* n'enregistre pas cette forme ; *DC* enregistre *bustellus* d'après une charte du comte de Clermont datée de 1162 : «ex meo proprio quotidie dabo vanum, bustellum» et précise que dans certaines provinces on dit *boisteau* pour *boisseau*.

- Acte n° 409 (s.d.) [37] : «dedit nobis in elemosinam VI mensuras terre ad virgam in **ploeice** juxta aliam terram nostram». *FEW* sous PLICARE indique le mot *ploie* : «haie formée de branches entrelacées» (XIIIᵉ siècle) et le mot d'ancien picard *plouich* : «clôture en branches entrelacées», vivant du XIIIᵉ au XVᵉ siècle et maintenu dans la toponymie picarde. *GDF* enregistre *ploich*, *plouich*, *plouch* avec le sens de «plessis, clôture de branches entrelacées» et la référence la plus ancienne : «seans au plouich d'Auvilers» (1293, cartulaire de Cauchy). *TL* enregistre le mot en renvoyant à *FEW* et à *GDF*. *DC* n'enregistre pas ce mot, même sous une forme latinisée.

4) Le cartulaire de Bonnefoy.

La valeur du cartulaire comme document original, avec ses qualités intrinsèques en matière de localisation, est d'autant plus appréciable que les documents originaux en langue vulgaire sont rares dans une région donnée. Le nord du Massif Central est dans cette situation : or deux cartulaires de cette région ont fait l'objet d'éditions récentes.

Le cartulaire de la chartreuse de Bonnefoy [38] a probablement été écrit à Bonnefoy par un seul scribe, après mai 1229 et avant août 1231 et

32. *Hesdin*, p. 71.
33. *Hesdin*, p. 76-77.
34. *Hesdin*, p. 110.
35. *Hesdin*, p. 202.
36. *Glossaire roman-latin du XVᵉ siècle (manuscrit de la Bibliothèque de Lille)*, annoté par Auguste Scheler (= *Annales de l'Académie archéologique de Belgique*, t. 21, 1865).
37. *Hesdin*, p. 218.
38. *Cartulaire de la chartreuse de Bonnefoy*, édité par Jean-Loup Lemaître, Paris, 1990 (*Documents,*

vraisemblablement entre mai et août 1229. La valeur de la transcription du cartulaire est attestée par la confrontation avec les originaux de cinq actes reproduits dans le cartulaire. Le cartulaire ne contient que deux chartes en langue d'oc, non datées, mais de nombreuses formes dialectales, voire des membres de phrases apparaissent au fil des actes, en particulier pour l'énoncé des noms de lieux, parfois de personnes. Là encore, les formes attestées par le cartulaire précisent les datations et les localisations fournies par les dictionnaires :

- Acte n° 20 (1216, 5 juillet) [39] : «tendit usque ad **blacham** de Gruier». Le mot n'est pas imprimé en italique dans le texte, eu égard à la marque d'accusatif latin dont il est affecté, mais, avec le sens de «taillis de chênes», figure en italique dans le glossaire, comme un mot de langue vulgaire, ce qui me semble un principe excellent. *FEW* sous la racine gothique *BLAKK enregistre le mot d'ancien occitan *blac* : «taillis de chênes» et signale une forme *blacha aus Livron* (Drôme, 1318). *DC* relève *blacha* attesté dans le Valentinois et le Dauphinois au XIVᵉ siècle.

- Acte n° 124 [1183-1215] [40] : «in **chabannaria** quam habebant al Pradal». Jean-Loup Lemaître a suivi le même principe que pour *blacha* et enregistre le mot dans son glossaire avec le sens de «fermette». Dans *DC*, *chabanaria* est donné comme dauphinois avec la date de 1094. *FEW*, sous CAPANNA, enregistre l'ancien occitan *cabanaria* «bien rural» (1150, Avignon), *chabanneria* (1160, Valence, *Brunel* n° 98).

- Acte n° 41 (1224 [n.st.], janvier) : «census vel usus, feuda, alodia vel **bailletjatge**». Le mot est imprimé en italique dans le texte et figure dans le glossaire avec le sens de *bajulatio* «droit de baillie». *FEW* sous BAJULUS n'enregistre que *bail(i)atge* (apr.) et *bayliadge* (abearn.). La suffixation -etjatge semble ici originale.

5) Le cartulaire d'Obazine.

Aucun acte original concernant l'abbaye bénédictine d'Obazine n'est conservé pour le XIIᵉ siècle et en particulier aucune charte susceptible d'avoir été enregistrée dans son cartulaire [41]. Ce cartulaire a connu deux périodes de rédaction : il est en effet formé, mis à part 18 notices ajoutées vers le milieu du XIIIᵉ siècle, de deux recueils qui diffèrent aussi bien par leur date que par leur conception. Le cartulaire *A* compilé vers 1170-1180 fait un relevé

Etudes et Répertoires) [désormais : *Bonnefoy*]. Voir la description du manuscrit, p. XVIII-XXVI. Découvert en 1986, ce cartulaire ne figure pas dans le répertoire de Stein.

39. *Bonnefoy*, p. 30.
40. *Bonnefoy*, p. 51.
41. *Le cartulaire de l'abbaye cistercienne d'Obazine (XIIᵉ-XIIIᵉ siècle)*, publié par Bernadette Barrière, Clermont-Ferrand, 1989 (*Publications de l'Institut d'études du Massif Central*, 33) [= Stein 2788 ; désormais : *Obazine*]. Voir la description du manuscrit, p. 27-51.

approximativement chronologique des acquisitions faites par le monastère depuis ses origines ; le cartulaire *B*, plus tardif (vers 1200), est destiné à fournir un relevé des acquisitions du monastère par lieux et reprend, en les regroupant par granges, une grande majorité des notices du cartulaire *A*. Celles des notices du cartulaire *B* qui répètent les notices du cartulaire *A* sont généralement la réplique exacte de celles-ci à quelques variantes graphiques près. L'ensemble du cartulaire est rédigé dans une langue dont le vocabulaire est latin mais dont les tournures suivent celles de la langue parlée ; de plus, les noms de lieux et les noms patronymiques sont souvent donnés sous leur forme vulgaire, ainsi que certains mots désignant des droits ou des redevances. L'édition est accompagnée d'un index rerum thématique indiquant les formes vulgaires en italique et en donnant leur équivalent en latin quand il est attesté ailleurs mais ne les traduisant pas ; j'y ai relevé ces quelques exemples :

- Acte n° 30 [vers 1140] [42] : «et II solidos d'**achaptamen**» (3 occurrences ; dans l'acte doublet *achapte*) ; à rapprocher du n° 664 [vers 1164-1174] [43] : «II solidis d'*achapte*». Le mot *achaptamen* est enregistré avec *achapt*, sans glose, parmi les droits, redevances et usages dans l'index rerum. La forme *achapte* figure dans le recueil de Clovis Brunel, en particulier et à plusieurs reprises dans la charte n° 225 [vers 1185, Périgord] [44] ; *FEW* sous ACCAPTARE ne relève pour l'ancien occitan que la forme *acapte* : «emphythéose, redevance payée pour un bail à emphythéose» (XIIIe-XVe siècle). *DC* enregistre la forme *acaptamentum* dans une charte de Saint-Martial de Limoges du XIe siècle : «et non retinuerunt acaptamentum nec filii sui aut filiæ», avec la glose «jus præcipium ad rem quamquam». Il semble que la suffixation -*men*, -*mentum* en latin, soit régionale.

- Acte n° 138 [1159-1160] [45] : «Bernardus Radulfi dedit Obazinensi monasterio omne quod sui juris fuerat in manso de Ganfon, lu **bracatge** et quicquid servienti pertinet». Le mot *bracatge* est enregistré, sans glose, dans l'index rerum parmi les droits, redevances et usages [46] ; il ne figure pas dans *Brunel*, ni dans *GDF*, ni dans *Levy*. *DC* a relevé *bracatge* dans le cartulaire de Pébrac [47] : «Bernardus de Chanac quando factus est canonicus

42. *Obazine*, p. 78-80.
43. *Obazine*, p. 405-406.
44. *Brunel*, p. 215 : «e deven en omenatge et XII d. d'achapte e de servisi».
45. *Obazine*, p. 139.
46. Voir aussi B. Barrière, *L'abbaye cistercienne d'Obazine en bas-Limousin. Les origines. Le patrimoine*, Tulle, 1977, p. 143, note 74 : «parmi les droits cédés, on relève également le chapfoire, le bracatge et les junchadas, dont la signification exacte reste à préciser».
47. Pébrac, cant. de Langeac, arr. de Brive, Corrèze [= Stein 3000]. Le cartulaire a été édité après le dépouillement qu'en a fait Du Cange : *Cartularium sive terrarium Piperacensis monasterii ordinis canonicorum Sancti Augustini ex manuscripto et originali codice transcriptum*, cura D. Joannis-Baptistæ Payrard, Le Puy, 1875 (p. 36 pour le passage ici cité, complété par rapport à la citation de *DC*). Mais il y a dans le cartulaire une seconde occurrence de *bracatge*, dans

cum consilio fratris sui dedit duas vineas ad Chanac : unam operantur fratres et alia dat tertium sextarium et unum de bracatge et minam civade et unum prandium» et rapproche le mot de la racine gauloise BRACE «épeautre» mais *FEW* n'indique aucun descendant de cette racine dans les pays de langue d'oc.

- Acte n° 210 (1165-1166) : «dederunt Obazinensi monasterio las **junchadas** quas habebant in mansis quos tenent Obazinenses fratres» (l'acte doublet n° 963 ne signale pas de variantes) [48]. Le mot est enregistré, sans glose, dans l'index rerum parmi les droits, redevances et usages. Le mot ne figure pas dans *Brunel*. *Levy* relève *juntada* dans les archives de Narbonne (S 5b 232) : «de totas legums e de grana de cerbe tres juntadas» avec le sens de mesure correspondant aux deux mains jointes. *DC* enregistre *junchada* «mensura frumentaria quantum junctis manibus continetur» avec la citation suivante : «Robertus Rahoux debet tertiam partem duarum junchadarum frumenti pro quodam campo». *GDF* relève les formes françaises *jonchie, jonchée* mais n'enregistre pas le sens technique de mesure.

- Acte n° 681 (1188, 25 février) [49] : «quicquid requirere poterant in Monte Rotundo, scilicet el **chapfoire**» ; acte n° 742 (1184-1185) [50] : «dedit quicquid sui juris fuerat vel requirere poterat in grangiam de Munredon, scilicet el **chapfoire**». Le mot est enregistré, sans glose, dans l'index rerum parmi les droits redevances et usages ; il ne figure dans aucun dictionnaire, ni dans *Brunel*. Mais *DC* enregistre une forme *forschapche* d'après un document extrait des archives de l'Hôtel-Dieu de Montmorillon : «dederunt et solverunt et emancipaverunt in perpetuum omnes homines forschapche de quaque terra venerint stare in terram eleemosynariæ et pauperum supradictorum. Ego Bernardus vicecomes Brociæ et uxor mea Pastorella donamus et concedimus Deo et pauperibus Domus Dei de Monmorillo tot los forchapches totius terræ et dominationis Mogniaci». Ce mot a fait autrefois l'objet d'une note d'Antoine Thomas : FORISCAPIUM : «limousin *forschapche*, capitation. Raynouard ne donne que *forcap*, *forcapi*, formes non populaires ; il y a deux exemples de *forschapche, forchapche* dans Du Cange, sous FORISCAPIUM. J'en connais un autre dans le cartulaire de Bénévent : Rogerius de Laront dedit omnes forchapches» [51]. Si *chapfoire* ne représente pas ici un toponyme, dont l'interprétation poserait d'ailleurs le même problème, ne pourrait-on pas voir dans *chapfoire* une forme inversée issue elle aussi de *foriscapium*?

---

un contexte plus large et plus précis, p. 35 : «Et allodium dedit Aldigerius de Tautlaq et debet ipsa vinea tertium sextarium et decimam et I sextarium de bracatge et iminam de civade et duo prandia, unum cum carne et alium cum formatico».
48. *Obazine*, p. 174-175.
49. *Obazine*, p. 413.
50. *Obazine*, p. 436-437.
51. Antoine Thomas, *Essais de philologie française*, Paris, 1897, p. 87.

- Acte n° 1088 (1215-1216) : «B. La Plantada habebat in dicto manso de La Marchauze **oegasatge** quod dedit Deo et domui Obezine». J'avoue n'avoir pour ce mot aucune piste supplémentaire à proposer.

II. Les cartulaires et la langue

Ces quelques exemples prouvent la nécessité de recenser de façon systématique les cartulaires compilés avant la fin du XIIIe siècle et contenant des actes en langue vulgaire ou des mots en langue vulgaire dans des actes latins, aussi bien dans le domaine d'oïl que dans le domaine d'oc. Il sera sans doute plus facile de commencer par le domaine d'oc parce que l'apparition de la langue vulgaire y est plus précoce qu'au Nord, parce qu'aussi on dispose de points de départ constitués d'une part par l'inventaire sommaire de Clovis Brunel[52] et de l'autre par le relevé des cartulaires utilisés par les lexicographes[53]. Sans doute sera-t-on dès le départ amené à répartir les cartulaires selon des critères linguistiques (les cartulaires gascons, provençaux, limousins).

Ensuite seulement, on pourra apporter des éléments de réponse aux questions qui intéressent autant les romanistes que les diplomatistes :

- Est-ce que la répartition de la langue vulgaire et du latin dans les cartulaires confirme ce qu'on sait de cette répartition dans les documents originaux? Pour la langue d'oïl ceux-ci sont nombreux au Nord et à l'Est, rares au Centre, mais le petit nombre des pièces françaises conservées est un aspect particulier de la pauvreté générale des archives anciennes, rares en Anjou et en Normandie où, au contraire, les séries médiévales sont riches mais où le latin semble avoir joui d'une grande faveur.

- Quels sont les mots, ou les types de mots, qui dans les actes latins sont maintenus en langue vulgaire? Jacques Monfrin[54] avait distingué domaine d'oc et domaine d'oïl : «Dans le domaine d'oc, il apparaît nettement que les rédacteurs devant la difficulté d'exprimer en latin tout ce qui sortait des formules traditionnelles recouraient à leur langue maternelle : dans la seconde moitié du XIe siècle, on rencontre en assez grand nombre des actes en "latin farci" ; vers 1150 la situation change : le texte est d'un bout à l'autre, soit en latin, soit en langue d'oc. Il s'agit d'un fait propre à l'Europe méridionale : le processus se retrouve avec des décalages chronologiques dans la péninsule

52. Cl. Brunel, *Les premiers exemples de l'emploi du provençal dans les chartes*, dans *Romania*, t. 48, 1922, p. 335-364 : signale seize cartulaires contenant des actes ou des mots occitans.
53. Emil Levy et Kurt Baldinger en particulier : voir K. Baldinger, *Dictionnaire onomasiologique de l'ancien occitan*, fasc. 1, Tubingen, 1975. On arrive à un total d'une vingtaine de cartulaires, mais les deux listes se recoupent partiellement ; d'autre part figurent parmi ces cartulaires des recueils d'actes.
54. J. Monfrin, *L'emploi de la langue vulgaire dans les actes diplomatiques du temps de Philippe Auguste*, dans *La France de Philippe Auguste, le temps des mutations, Paris, 1980*, Paris, 1982 (*Colloques internationaux du C.N.R.S.*, 602), p. 785-792.

ibérique et, moins clairement observable, en Italie. En France et dans l'Empire, la phase de transition, si tant est qu'elle ait existé, n'a pratiquement laissé aucune trace. Les actes latins se maintiennent à un niveau d'aisance et de correction variable mais qui ne trahit en aucun cas un désarroi dans l'expression. Les premiers actes en langue vulgaire, de leur côté, attestent une maîtrise de la langue qui nous surprend.» Je me demande s'il ne faudrait pas nuancer : les cartulaires conservant des actes en latin farcis de langue d'oc montrent que les mots occitans ne sont pas toujours des mots difficiles à traduire ou n'ayant pas de correspondant latin : dans le cartulaire de Douzens [55], par exemple, *alberg* alterne avec *hospitium*, *caval* avec *caballum*, *ribbages* avec *riparia* ou *ripaticum*, *capedac* avec *caputaquis* pour désigner les prises d'eau. D'autre part l'exemple du cartulaire de Hesdin tendrait à prouver que la langue d'oïl transparaît dans les actes en latin avant l'apparition des premières chartes entièrement rédigées en langue vulgaire.

- Quelles sont les raisons qui pousse tel personnage à passer des actes en langue vulgaire et des actes en latin dans la même période, et dans le même registre juridique? Jacques Monfrin [56] a déjà remarqué que, dans les dossiers très abondants des archives de la Haute-Marne, des actes tout-à-fait analogues émanés des mêmes seigneurs sont tantôt en français, tantôt en latin et que dans bien des cas le même scribe a dressé des actes dans les deux langues. La confrontation cartulaire-actes originaux peut grossir le dossier des actes d'un personnage laïc comme le montre, pour Eudes de Bourgogne, l'exemple du cartulaire de Pontigny et des originaux en français publiés par Dominique Coq :

. *Coq*, acte n° 26 (1259, mai), en français : accord entre Eudes de Bourgogne et sa femme Mahaut, comtesse de Nevers et dame de Bourbon, et le couvent de Régny au sujet de la justice de Vermenton.

. *Pontigny*, acte n° 239 (1259, août), en latin : le fils du duc de Bourgogne, Eudes, et sa femme Mahaut, comtesse de Nevers et dame de Bourbon, s'engagent à asseoir une rente de cinquante livres tournois.

. *Pontigny*, acte n° 237 (1260 [n.st.], janvier), en français : le fils du duc de Bourgogne, Eudes, et sa femme Mahaut, comtesse de Nevers et dame de Bourbon, donnent à l'abbaye de Pontigny une rente de cent muids de vin pur.

. *Coq*, acte n° 37 (1261 [n.st.], juin.-Coulanges-sur-Yonne), en français : reconnaissance par le fils du duc de Bourgogne, Eudes, et sa femme Mahaut, comtesse de Nevers et dame de Bourbon, en faveur de l'abbé et du couvent de Régny du droit de basse justice sur la terre de Vermenton.

---

55. *Cartulaires des templiers de Douzens*, publiés par Pierre Gérard et Elisabeth Magnou, Paris, 1965, (*Documents inédits in-8°*, 3).

56. J. Monfrin, *Le mode de tradition...* (note 7), p. 36.

. *Coq*, acte n° 55 (1265, juin ou juillet), en français : approbation par Eudes de Bourgogne du choix fait par les parties en litige au sujet de la délimitation et du bornage des finages de Sennevoy.

Si, à partir du même matériau, on compare les actes passés par un personnage moins important, la fracture latin-français apparaît plus nettement chronologique :

. *Pontigny,* acte n° 226 (1261 [n.st.], janvier), en latin : Guy Ragot, sire de Champlost, ratifie la donation que fit jadis Jean d'Evry à l'abbaye de Pontigny.

. *Coq*, acte n° 67 (1267, juin ou juillet), en français : vente par Gui Ragot, chevalier, sire de Champlost, de 300 arpents de bois à Pontigny.

. *Coq*, acte n° 77 (1270 [n.st.], mars), en français : vente par Gui Ragot, chevalier, sire de Champlost, de 410 arpents de bois à Pontigny.

- Enfin, y a-t-il une valeur juridique attachée à l'emploi d'une langue? Cette question est évidemment liée au problème de la traduction. A-t-on traduit des actes pour les insérer dans un cartulaire et si oui, pourquoi traduit-on? Je n'ai pour l'instant que des éléments de réponse tout à fait éparpillés ; en reprenant deux des exemples que j'évoquais en commençant, le cartulaire de Manosque [57] contient des actes en latin et leur traduction faite en 1293 par Audebert Gauzis, notaire de Manosque. Celui-ci expose dans un prologue les raisons supposées de sa traduction : «Et en aquest vulgal o ay transportat segon que jassia en latin, a la instancia et a la requisition de R. de la Font, sendengue de las dichas universitatz, ad aquels d'aquellas universitatz que non sabon legir latin, al miells et al plus plan qu'ieu ay pogut» [fol. 151]. A propos du cartulaire de Renier Acorre, Pascale Verdier n'a trouvé qu'un seul original des chartes réunies pour Renier Acorre et cet original est en latin [58]. Elle a bien montré, en confrontant l'acte original latin, l'acte français du cartulaire et le texte latin ordonné selon l'ordre qui transparaît dans l'acte français, que l'official de Sens avait vraisemblablement rédigé deux actes, l'un pour l'Hôtel-Dieu qui l'a conservé tel quel et l'autre pour Renier Acorre qui l'a fait traduire, alors qu'il se trouvait en sa possession, pour en conserver la teneur dans son cartulaire [59].

---

57. *Livre des privilèges de Manosque* (note 2).

58. *Edition du cartulaire de Renier Acorre...* (note 8), n° 74 (1267, 23 juin), échange entre Renier Acorre et la Maison-Dieu de Provins.

59. On trouvera un exemple d'analyse rapide de la langue vulgaire dans un cartulaire, plus attentive aux problèmes de phonétique que de lexicographie dans Brigitte Horiot, *La langue vulgaire dans le cartulaire de l'abbaye de Saint-Amand de Boixe (Charente)*, dans *Miscellanea di studi romanzi offerta a Giuliano Gasca Queirazza*, t. I, Alessandria, 1988, p. 473-488 et 5 pl.

REMARQUES ET DISCUSSION

Jean-Loup LEMAÎTRE : *Que faire des mots «travestis» ? Françoise Vielliard a évoqué le mot* blacha. *Dans le texte en question (n° 20) il est décliné :* blacham. *Est-il latin ou en langue d'oc ? Je l'ai laissé en romain dans le texte mais mis en italique dans l'index, le cas-sujet n'étant pas ambigu.*

Robert-Henri BAUTIER : *Je rappelle les normes d'édition publiées par le Comité des travaux historiques : les mots en langue vulgaire (ou les formes vulgaires des toponymes) doivent être imprimés en* italique *et, si possible, figurer dans un index particulier.*

Dominique BARTHÉLEMY : *Dans les actes ligériens de la première moitié du XIIIᵉ siècle, il apparaît en français, au milieu d'actes en latin, le nom des cas de haute justice (meurtre, rapt, encis). C'est très probablement lié à la genèse des coutumiers en langue vulgaire. Encis est d'ailleurs une ré-interprétation d'incendium. Le problème de l'interférence entre les coutumiers d'une part, les actes et cartulaires d'autre part, me semble très important et très passionnant. Cela a-t-il été étudié, ici ou en d'autres régions, dans votre perspective ?*

Georges PON : *Est-il si facile de repérer les mots de la langue vulgaire dans un acte en latin ? L'auteur de la transcription d'un acte dans un cartulaire distinguait-il nettement les niveaux de langue qu'il utilisait ?*

Marianne MULON : *La multiplication des surnoms, souvent intraduisibles en latin, a contribué de façon notable à l'introduction d'éléments en langue vulgaire dans les cartulaires.*

Joseph MORSEL : *En Allemagne du Sud au haut Moyen Age, la présence, dans les textes latins de la remarque «qui* vulgariter dicitur» *suivie du mot en allemand montre que la différence entre langue latine et langue vulgaire était bien perçue et que les scribes ne «farcissaient» pas par hasard des textes latins de mots en langue vulgaire qui seraient venus par hasard sous leur plume. Plus que d'un hasard, il faudrait savoir si ce n'est pas en conséquence de nécessités juridiques ou judiciaires (nécessité de dire ou de prononcer certains mots, venus de la coutume, à certains moments), ce qui semblerait confirmer, dans des serments féodaux (par exemple en Catalogne) le balancement entre langue latine et langue vulgaire selon la personne en question.*

Hélène DÉBAX : *Je voudrais signaler un cas tout à fait particulier de rapport entre latin et langue vulgaire : celui des serments de fidélité méridionaux. La langue vulgaire est employée pour retranscrire les formules effectivement prononcées par le vassal, en particulier pour les verbes (conjugés à la première personne surtout). Une étude très précise a été faite à ce sujet sur les serments catalans par Michel Zimmermann.*

Françoise VIELLIARD : *Ces différentes interventions n'appellent pas de réponse particulère de ma part : M. Bautier a répondu à M. Lemaître, Mme Mulon en partie à la question soulevée par M. Pon ; les trois autres interventions apportent d'heureux compléments d'information.*

DESSINS ET MENTIONS DE SCEAUX
DANS LES CARTULAIRES MÉDIÉVAUX

par

Jean-Luc CHASSEL

Dans son champ d'étude, la sigillographie dispose de centaines de milliers d'empreintes conservées et partiellement inventoriées ; mais elle doit également recourir à des témoignages très variés, comme les traces laissées sur les actes originaux par les empreintes disparues, les annonces de scellage dans l'eschatocole de ces actes, les dessins de sceaux et mentions de toutes natures.

Les dessins des érudits des XVIIe et XVIIIe siècles - ceux réalisés pour Gaignières, par exemple - sont régulièrement mis à profit : très nombreux et de qualité inégale, ils demandent quelque distance critique et, même si l'urgence plaide plutôt en faveur des empreintes originales menacées à plus ou moins longue échéance de dégradation ou de disparition, leur inventaire serait souhaitable [1]. Quant aux mentions de sceaux - qu'elles proviennent, elles aussi, des collections d'érudits ou des vidimus dressés, depuis l'époque médiévale, par les autorités judiciaires, les notaires, tabellions et garde-scel -, leur utilité n'est plus à démontrer [2], mais leur extrême abondance et leur éparpillement défient toute possibilité d'exploitation systématique.

Beaucoup moins connus et moins nombreux sont en revanche les dessins et mentions de sceaux des cartulaires médiévaux. A l'occasion de cette table ronde, nous nous sommes efforcé, en nous limitant à la France, d'en présenter quelques exemples rassemblés au hasard de nos dépouillements et grâce aux obligeantes indications de nos collègues [3]. Très dispersés dans le temps comme

---

1. Seuls les dessins de la collection de Gaignières, au cabinet des Manuscrits de la Bibliothèque nationale, ont été recensés par Jules Roman, *Les dessins de sceaux de la collection Gaignières à la Bibliothèque nationale*, dans *Mémoires de la Société nationale des Antiquaires de France*, t. 59, 1909, p. 42-158. Mais, comme nous l'a confirmé Michel Popoff, cette recension comporte certaines erreurs et d'inexplicables omissions.

2. Voir le remarquable exemple présenté tout récemment par Noël Coulet, *«Designatio sigilli» : le sceau de majesté de Louis II d'Anjou décrit par les archivaires de la chambre des comptes de Provence*, dans *Bibliothèque de l'Ecole des chartes*, t. 150, 1992, 109-114.

3. Nous exprimons nos remerciements à Olivier Guyotjeannin, Marie-Clotilde Hubert, Laurent

dans l'espace, ils ne peuvent faire l'objet d'une véritable typologie, mais ils appellent diverses réflexions, tant sur la fonction que leurs auteurs leur ont assignée dans la réalisation des cartulaires que sur la valeur que peuvent leur accorder aujourd'hui le sigillographe et le diplomatiste.

*

*   *

I. ESSAI DE TYPOLOGIE

Seul un tout petit groupe de cartulaires a été orné de véritables dessins, reproduisant à la fois l'iconographie et la légende des sceaux (voir ci-dessous l'annexe A). Trois nous sont parvenus sous leur forme originale : le cartulaire de l'abbaye de Saint-Maur-sur-Loire, en Anjou, et deux appartenant à celle de Corbie (le fragment annexé au «Cartulaire noir» et le «Cartulaire Mercator»). Deux autres ont disparu mais sont connus par des copies : ceux des abbayes d'Homblières, en Vermandois, et de Saint-André-le-Bas de Vienne, en Dauphiné.

Sans aller jusqu'au dessin, les cartularistes ont parfois adopté une manière plus simple pour signaler la présence des sceaux : ils se sont contentés de tracer, au bas de leurs copies d'actes, des doubles cercles concentriques, éventuellement des doubles «navettes», pour employer la terminologie actuelle désignant les sceaux qu'on disait jadis «ogivaux» ou, au Moyen Age, «biscornus». Ces traits ne sont accompagnés d'aucune iconographie et, parfois, la légende des sceaux n'est même pas reportée (ci-dessous annexe B). L'exemple le plus remarquable en est offert par le cartulaire de la chartreuse de Bonnefoy, en Vivarais, récemment édité par Jean-Loup Lemaître, où l'on trouve plus d'une centaine de ces cercles et navettes concentriques. Mais le cas se rencontrait antérieurement à Saint-Aubin d'Angers ainsi qu'à Saint-André-le-Bas de Vienne, déjà cité.

Arrêtons-nous un instant sur la chronologie de ces témoignages. Le plus ancien est antérieur à 1100 (Saint-Aubin d'Angers). Trois appartiennent au XIIe siècle (Saint-Maur-sur-Loire, Saint-André-le-Bas de Vienne et Homblières). Nous trouvons, bien plus tard, le cartulaire de Bonnefoy, vers 1230. Et c'est sans doute vers 1230, également, qu'ont été réalisés les dessins des deux cartulaires de Corbie : ces dessins n'entraient pas dans le projet initial des deux cartularistes des XIe et XIIe siècles et la place n'en avait pas été prévue ; aussi les dessinateurs ont-ils utilisé les marges inférieures ou latérales des manuscrits et, parfois, ils ont dû empiéter sur le texte dont ils ont alors réécrit les fragments occultés dans les interlignes. Nous n'avons plus trouvé,

Morelle, Joseph Morsel et Patricia Stirnemann qui nous ont donné de précieuses indications dans nos recherches.

en France, de dessins ou de cercles postérieurs et les exemples cités se rapportent donc à une phase relativement ancienne dans l'histoire des cartulaires.

Enfin, nous devons remarquer que chacun de ces cartulaires ne comprend qu'un petit nombre de dessins ou de doubles cercles, à l'exception de celui de Bonnefoy qui - nous l'avons vu - en comporte plus d'une centaine. Mais comme son auteur ne reprend ni l'iconographie ni la légende, et se contente d'inscrire sur chaque cercle le nom du titulaire du sceau, ce spécimen fait la transition avec l'autre espèce que nous avons voulu signaler : les cartulaires comportant des mentions plus ou moins systématiques des sceaux.

Ces derniers sont sans doute un peu moins rares (ci-dessous annexe C). Ils nous placent, quoi qu'il en soit, dans une deuxième époque. Si nous mettons à part le cartulaire de Bonnefoy, vers 1230, qui constitue une espèce hybride, cette époque semble commencer à la fin du XIII° siècle avec le cartulaire de Fontmorigny en Berry, dont l'auteur a régulièrement signalé de combien de sceaux étaient pourvus les actes qu'ils transcrivait. Ce même scribe, rubriquant ces actes, les a d'ailleurs nommés *sigilla* : il applique ainsi un procédé toujours en vigueur puisque nous avons conservé l'habitude de nommer bulles une certaine catégorie d'actes pontificaux. Dans les cartulaires, les premières traces de ce procédé semblent remonter au XII° siècle, à Gorze ou à Montiérender [4], semble-t-il, mais sans régularité ; au tout début du XIII° siècle, le cartulaire de Saint-Laud d'Angers en fait un plus large usage [5] ; d'autres exemples pourraient certainement s'y ajouter, que nous n'avons pas cherché à collecter car, bien que le sceau soit explicitement visé, ce type de mention renvoie finalement, par métonymie, à l'ensemble de la charte [6].

Le degré de précision des mentions est variable : parfois, seule la présence des sceaux et leur nombre sont indiqués et le cartulariste peut alors en désigner les titulaires. Il peut y ajouter des précisions d'ordre diplomatique (couleur de la cire, mode d'apposition), voire nous offrir une description succincte de l'iconographie et une transcription de la légende.

Le style des mentions évoque ainsi, de manière directe, les copies des notaires ou des autorités judiciaires. Il est vrai que certains de ces cartulaires

---

4. *Cartulaire de l'abbaye de Gorze*, publié par Armand d'Herbomez, Paris 1898 (*Mettensia*, II, *Mémoires et documents publiés par la Société nationale des Antiquaires de France*). Premier cartulaire de Montierender, Arch. dép. Haute-Marne, 7 H 1.

5. *Cartulaire du chapitre de Saint-Laud d'Angers*, publié par Adrien Planchenault, Angers, 1903 : à partir du fol. 92, la mention *inde sigillum* (ou *sigillum et cyrographum*) *habet ecclesia* termine régulièrement la copie des actes.

6. L'usage est également attesté dès le XII° siècle dans les notes dorsales des actes originaux et n'a pas forcément un caractère métonymique (voir Françoise Gasparri, *Le scribe «G», archiviste et bibliothécaire de Saint-Victor de Paris au XII° siècle*, dans Scriptorium, t. 37, 1983, p. 92-98).

sont effectivement notariés, comme celui de la ville de Blois (à la fin du XVᵉ) ou de l'abbaye de Cysoing (au XVIᵉ siècle).

En définitive, dessins, cercles et même mentions simples restent un phénomène marginal dans la grande masse des cartulaires, dont les auteurs se contentent le plus souvent de transcrire les actes sans prêter attention à ce qui, pourtant, était devenu peu à peu leur signe de validation le plus général.

II. La fonction du dessin de sceau dans le cartulaire

Il serait assez simple de soutenir que le peu de place que les cartularistes ont faite aux sceaux répond justement à l'extrême banalité de ce mode de validation dès la fin du XIIᵉ siècle. Mais, par ailleurs, les auteurs des cartulaires étaient d'autant moins poussés à reproduire ou à mentionner les sceaux de leur chartes que la peine prise pour cela n'ajoutait rien à la valeur de leur travail sur le plan juridique. En effet, le régime de la preuve littérale, dont on connaît les progrès aux XIIᵉ et XIIIᵉ siècles, avec le développement du sceau, du notariat et de la juridiction gracieuse [7], exigeait normalement la production d'un original, muni de ses signes de validation. Le cartulaire restait donc, en principe, un recueil de copies dépourvu de valeur probatoire [8] et le dessin des sceaux, leur signalement par des cercles ou des mentions ne pouvait pallier ce défaut.

Cette considération ne s'applique pas, il est vrai, aux cartulaires notariés, revêtus d'une valeur authentique, et nous avons vu que certains d'entre eux, conformément à la pratique du vidimus, comportent la mention plus ou moins détaillée des sceaux apposés aux actes originaux. Mais cette pratique est rien moins que régulière et les exemples ne manquent pas de cartulaires

---

7. Voir, en dernier lieu, Robert-Henri Bautier, *L'authentification des actes privés dans la France médiévale. Notariat public et juridiction gracieuse*, dans *Notariado público y documento privado : de los orígenes al siglo XIV (Actas del VII Congreso internacional de diplomática, Valencia, 1986)*, Valencia, 1989 (*Papers i documents*, 7), p. 701-772 (repr. dans *Chartes, sceaux et chancelleries : études de diplomatique et de sigillographie médiévales*, Paris, 1990 [*Mémoires et documents de l'Ecole des chartes*, 34], t. I, p. 269-340).

8. Nous nous bornons ici à énoncer la situation qui nous paraît la plus générale, bien que la valeur probatoire des cartulaires n'ait pas fait l'objet, au cours de cette table ronde, de discussion circonstanciée. La question reste pendante, notamment, à l'endroit de ces «cartulaires-dossiers» composés au soutien d'une cause en cour de Rome : sur l'existence de ce type de documents à Saint-Denis et à Corbie, Laurent Morelle attire de nouveau l'attention dans un article sous presse, que nous le remercions de nous avoir communiqué (*Moines de Corbie sous influence sandionysienne? Les préparatifs corbéiens du synode romain de 1065, L'Eglise de France et la papauté [Xᵉ-XIIIᵉ siècle]*, publiés par Rolf Grosse, Bonn, 1993, p. 197-218). Encore faudrait-il savoir sous quel sceau, sous quels témoignages ces dossiers pouvaient être admis à faire foi.

notariés totalement dépourvus de ce type de mentions [9]. La fonction des dessins, cercles et mentions doit donc être cherchée ailleurs que dans le souci de la preuve judiciaire.

Le signalement des sceaux peut être parfois tenu pour une volonté de précision archivistique : le cas du cartulaire de Bonnefoy est éloquent, à cet égard, par la patience avec laquelle son auteur a signalé chaque empreinte, sa forme parfois (en optant soit pour le cercle, soit pour la navette), en figurant enfin sa place respective au bas de l'acte. Eloquent aussi, le cas du cartulaire de Fontmorigny, mentionnant avec régularité le nombre de sceaux de chaque pièce, précisant l'existence éventuelle de vidimus, eux-mêmes scellés et de quel sceau. En même temps qu'un cartulaire, c'est un état du chartier qui se trouve ainsi dressé, facilitant le travail des archivistes et l'identification des actes. La précision croissante des mentions, à la fin du Moyen Age, dans les cartulaires du chapitre d'Evreux ou de la ville de Blois, par exemple, rend bien compte de ce besoin.

Nettement distincte d'un souci d'archiviste, en revanche, nous apparaît cette tendance au mimétisme que manifestent bon nombre de cartulaires et qui consiste pour les scribes à reproduire plus ou moins fidèlement les caractères externes des chartes qu'ils transcrivent. Le phénomène est bien connu : il peut concerner les particularités d'écriture, les souscriptions ou les signes de validation (lignes en lettres allongées, ruches, *signa crucis* autographes ou non, monogrammes, *rotae* des privilèges pontificaux etc.). Le goût du mimétisme semble s'estomper après le XIIIe siècle et ses plus beaux exemples sont incontestablement du XIIe siècle, comme le cartulaire de Gorze [10], qui ressemble à une collection d'actes figurés. Cette tendance doit être volontiers qualifiée d'archaïque : elle se rapporte à des temps qui ne sont pas encore marqués par la grande inflation diplomatique du «second» Moyen Age ; d'une certaine manière, elle reflète cette conception ancienne de la charte comme un objet rituel dont la transmission solennelle assure la conclusion de l'acte juridique [11].

---

9. Voir entre autres exemples : *Grand cartulaire de l'abbaye d'Ainay*, publié par le Comte de Charpin-Feugerolles et Marie-Claude Guigue, Lyon, 1885, 2 vol. *Cartulaire du chapitre de la cathédrale d'Amiens*, publié par Jacques Roux, Amiens, 1905-1912, 2 vol. (*Mémoires de la Société des Antiquaires de Picardie, Documents inédits concernant la province*, 14 et 18). *Cartulaire de l'abbaye de Lézat*, publié par Paul Ourliac et Anne-Marie Magnou, Paris, 1984-1987, 2 vol. (*Documents inédits in-8°*, 17-18). *Cartulaire de l'église de Quimper*, publié par le Chanoine Peyron, Quimper, 1909.

10. *Cartulaire de l'abbaye de Gorze...* (note 4).

11. On sait combien cette conception est antérieure à la diffusion du sceau et il serait absurde d'imaginer qu'elle disparaît avec l'intensification du recours à l'écriture dans les derniers siècles du Moyen Age. L'iconographie médiévale en fournit de nombreuses expressions (traditions de chartes scellées, par exemple) qui mériteraient une étude spéciale et dont O. Guyotjeannin et P. Stirnemann nous ont signalé de beaux exemples.

Certains de nos dessins de sceaux ou de nos cercles peuvent répondre à cette tendance : à Saint-Aubin d'Angers, le cartulariste a signalé non seulement la présence des sceaux par des doubles cercles, mais aussi celle d'une quantité de monogrammes ou de signes de croix dont il a cherché à imiter le tracé. A Saint-Maur-sur-Loire, le scribe reproduit volontiers des monogrammes et des particularités graphiques de ses chartes. A l'époque de ces deux cartulaires, les sceaux étaient suffisamment peu nombreux dans les archives de ces abbayes pour que leur présence fût jugée remarquable par des scribes aussi soucieux de la forme des actes. On peut même tenir pour probable que, parmi les actes retenus dans la première étape de rédaction du cartulaire de Saint-Aubin, avant la fin du XIe siècle, seuls étaient scellés les diplômes carolingiens que le scribe a précisément ornés de doubles cercles légendés. De même, à Saint-Maur, les cinq sceaux dessinés dans le cartulaire (un roi, deux évêques et deux comtes) pouvaient bien être les seuls, vers 1130, à figurer dans les archives du monastère.

Il y avait cependant un sérieux obstacle à ce que ce mimétisme s'exerçât plus souvent au profit des sceaux : cet obstacle tient tout simplement à la difficulté technique du dessin. Si l'auteur du cartulaire de Saint-Maur-sur-Loire manifeste assez d'aisance dans les grandes figures équestres qu'il exécute d'après les sceaux des comtes d'Anjou, à Corbie, en revanche, l'un des auteurs des dessins a préféré travailler sur un parchemin à part, comme pour limiter les risques d'échec, puis il a collé ses dessins de bustes de rois au bas des actes correspondants, écrivant enfin la légende autour de ce collage. Cette méthode, dont le professionnel peut sourire, plus d'un écolier se souvient de l'avoir faite sienne.

Les cartularistes sont des scribes et non des dessinateurs. Autant les signes de croix et les monogrammes, par exemple, leur paraissaient faciles à reproduire, autant on mesure leur hésitation, voire leur découragement devant les sceaux, objets en trois dimensions, remarquables avant tout par leur iconographie : les cercles tracés à la place des sceaux expriment d'ailleurs clairement cet aveu d'impuissance dans l'art du dessin. On notera à ce propos que les cartulaires reproduisant des *rotae* pontificales, normalement accompagnées du *benevalete* monogrammatique, sont beaucoup plus nombreux que ceux comportant des dessins de sceaux et que leur chronologie est plus étendue (ci-dessous annexe D). La *rota* des actes pontificaux, en effet, n'est guère qu'un double cercle accompagné d'une inscription ; elle ne comporte pas d'iconographie et sa reproduction est donc facile.

Pour que le scribe surmonte occasionnellement sa maladresse dans le dessin, ou même se donne la peine de prendre le compas et de tracer des cercles, il lui fallait sans doute une raison éminente. Il faut interpréter cet effort comme une volonté de mettre en valeur des actes particulièrement importants pour l'établissement bénéficiaire. C'est ce que nous pourrions appeler la fonction commémorative de ces dessins ou de ces cercles.

Si l'on met à part le cas de Bonnefoy - dont la logique, nous l'avons vu, est de signaler la totalité des empreintes -, le décompte des sceaux ayant fait l'objet d'un dessin ou d'un cercle montre la nette prépondérance des rois et empereurs (un Mérovingien, onze Carolingiens, trois Rodolfiens de Bourgogne) : à l'évidence, les scribes ont distingué par là les actes les plus prestigieux et cette démarche explique aussi le nombre encore plus élevé des *rotae* pontificales dans nos sources. La présence de ces actes pontificaux, impériaux ou royaux dans les archives du bénéficiaire était un honneur et une protection dont nos cartularistes ont cherché à célébrer l'importance par un signe particulier, tiré de l'acte lui-même.

Sur ce point, un rapprochement s'impose avec le problème plus général de l'illustration des cartulaires, fréquemment en rapport avec le désir d'exalter la mémoire des fondateurs et des bienfaiteurs de l'établissement [12]. Au milieu du XIIe siècle, par exemple, les miniatures du cartulaire de Vierzon - qui comporte en outre des *rotae* pontificales - ou bien les initiales ornées de celui de Marchiennes [13], avec leurs portraits de papes, d'évêques, de rois ou de comtes, remplissent luxueusement une fonction comparable à celle des modestes dessins de sceaux ou de certains doubles cercles que nous avons étudiés.

III. LA VALEUR DES DESSINS

Quelle que soit la fonction originelle des dessins, cercles ou mentions de sceaux, la valeur que l'on doit leur reconnaître aujourd'hui est considérable. Mais chacun des cartulaires cités demanderait une monographie spéciale que nous ne pouvons lui consacrer dans les limites de cette contribution. Nous nous bornerons donc à illustrer par quelques remarques les différents genres d'apports de cette catégorie de documents et les discussions que celle-ci peut susciter.

Pas plus que le cartulaire de Bonnefoy, vers 1230, celui de Fontmorigny, à la fin du XIIIe siècle, ne comporte d'indication sur l'iconographie ou la légende des sceaux. L'un comme l'autre, toutefois, signalent la totalité des empreintes du chartrier de leur abbaye à l'époque de leur confection, celles présentes sur les actes qu'ils copient, tout au moins. En cela, leur intérêt est remarquable puisqu'ils nous font connaître de nombreux sceaux disparus depuis. Ainsi René Gandilhon a-t-il pu recourir aux mentions du cartulaire de Fontmorigny dans l'appareil critique de son *Inventaire des sceaux du*

12. Voir P. Stirnemann, *Cartulaires illustrés*, dans *Enciclopedia dell'arte medievale*, Rome, sous presse.

13. *Cartulaire de Vierzon...* (ci-dessous, annexe D/13). Auguste de Loisne, *Les miniatures du cartulaire de Marchiennes*, dans *Bulletin archéologique du Comité des travaux historiques et scientifiques*, 1903, p. 476-489 et pl. XXXXVIII-XLII *in fine*.

Berry [14] et préciser la chronologie de l'apparition des premières empreintes seigneuriales ou monastiques dans cette région au XIIᵉ siècle.

De même, d'après la liste dressée par Jean-Loup Lemaître [15], 20 seulement des 45 sigillants signalés par le cartulaire de Bonnefoy, en Vivarais, sont recensés dans les différentes collections ou études sigillographiques. Parmi les sceaux inconnus dont l'existence est attestée de la sorte, on compte ceux d'un évêque de Viviers, de son chapitre cathédral à partir de 1179, de l'abbé d'Aiguebelle à la même date, de quelques autres maisons religieuses peu après, d'un comte de Melgueil en 1187 et de plusieurs seigneurs locaux du dernier quart du XIIᵉ siècle. Ce cartulaire offre jusqu'à 1230 une bonne image de la diffusion du sceau dans une région fort peu connue des spécialistes.

Les mentions de certains cartulaires sont plus précises et comportent, on le sait, des éléments de description des empreintes. Elles pourraient être utilisées d'une manière plus systématique que celles, extrêmement nombreuses et dispersées, tirées des vidimus auxquels leur style s'apparente. Comme ces derniers, elles fournissent de nombreux enseignements pour une archéologie du vocabulaire de la diplomatique ; d'autre part, des études statistiques seraient sans doute envisageables pour préciser l'emploi des différents modes d'apposition ou des couleurs de cire.

Dans deux cartulaires du chapitre cathédral d'Evreux au XVᵉ siècle, par exemple, les scribes se bornent ordinairement, dans la recension des empreintes, à noter la nature des attaches et la couleur de la cire. Parfois, cependant, ils abandonnent leur laconisme et indiquent : «seelé d'un seel en double queue et cire vert, ouquel est figuré un aigle vollant, le tout sain et entier» (acte de Jean de La Force en 1289) ; «seellé en double queue et cire blanche, d'un seel ou est figuré un escu barré, et en icelle barre, trois torteaux, et le tout sain et entier» (acte de Guillebert de Jumelles en 1216) ; ou encore : «seellé en las de fil ouvré a l'eschiquier et cire blanche, d'un grant seel ou est figuré un homme d'armes a cheval, l'espee au poing, l'escu a trois chevrons pendu a son col, le tout sain et entier en seel et en escripture» (acte de Robert d'Ivry en 1232) [16]. Concernant des empreintes jamais répertoriées, comme c'est le cas ici, ces descriptions constituent une source importante pour la sigillographie médiévale. On notera également l'utilité qu'elles présentent pour l'héraldique et la diffusion de son langage dans un milieu extérieur à celui des auteurs d'armoriaux.

Joints à des copies d'actes de haute origine, les dessins de sceaux et les doubles cercles légendés posent parfois à la critique diplomatique plus de

---

14. R. Gandilhon, *Inventaire des sceaux du Berry...* (ci-dessous, annexe C/5).
15. *Cartulaire de la chartreuse de Bonnefoy...* (ci-dessous, annexe B/2), p. XXXVII-XLI.
16. Cartulaires de Notre-Dame d'Evreux (cf. annexe C/3-4), G 124, fol. 167-v ; G 125, fol. 287v, 287v-288 ; l'acte de Robert d'Ivry a déjà été signalé par Chassant et Delbarre, *Dictionnaire...* (ci-dessous annexe C/3-4).

problèmes qu'ils ne contribuent à en résoudre : si les plus fantaisistes n'indiquent pas de manière absolue la fausseté des actes qu'ils accompagnent, même les plus fiables ne peuvent être accueillis sans quelques réserves.

Les dessins des sceaux de Foulque le Réchin (1090) et de Foulque le Jeune (1124) figurant dans le cartulaire de Saint-Maur-sur-Loire, offrent un précieux témoignage pour la sigillographie des comtes d'Anjou à une époque où les empreintes originales ne sont pas légion. Ils ne semblent pas trop éloignés de leur modèle [17], bien que le détail des grandes figures équestres comporte quelques enjolivements ou quelques interprétations. La légende du premier de ces dessins montre clairement la liberté prise par l'auteur. D'après un moulage réalisé au XIXe siècle, cette légende assonancée se lisait probablement : ANDEGA(v)E[NSIUM:] SIGILLVM:CO[MITIS:FVLCO]NIS, tandis que, dans le dessin, les mots, leur ordre et l'orientation de la gravure sont modifiés : SIGILLVM COMITIS / FVLCONIS ANDEGAVORVM. Sur les deux sceaux des évêques de Poitiers Pierre II (1105) et Guillaume-Gilbert (1121), le dessin confond visiblement la représentation de saint Pierre, patron de la cathédrale, attestée par une empreinte des alentours de 1100 [18], avec celle des prélats dont la tête se trouve ainsi anormalement nimbée. Quant au diplôme de Charles le Chauve en 850, il est orné d'un dessin relevant de la pure imagination : au lieu du buste lauré, accompagné de la légende KAROLVS GRATIA D(e)I REX, que nous connaissons en original [19], l'auteur a doté la tête du roi d'une longue barbe et d'une haute couronne et a repris en exergue le *signum* royal (*Signum Karoli gloriosissimi regis*), se contentant de remplacer le premier mot par SIGILLVM. On ne peut exclure que ces incorrections de la représentation aient été favorisées par le mauvais état de l'empreinte que l'auteur pouvait avoir sous les yeux. Néanmoins, elles peuvent alimenter quelque suspicion sur la sincérité du diplôme que Georges Tessier n'a pas mise en doute [20].

Dans le cartulaire de Saint-André-le-Bas de Vienne, le sceau figurant le roi Conrad trônant en majesté, tenant l'épée et le sceptre, totalement anachronique,

---

17. Cf. pl. 1, p. 162. Le sceau de Foulque IV le Réchin est connu par une empreinte originale très détériorée, entre 1083 et 1093 : Arch. dép. Loir-et-Cher, 17 H 1, n° 5 : voir Olivier Guillot, *Le comte d'Anjou ...* (ci-dessous annexe A/4), qui en donne le cliché, pl. XX *in fine*. Heureusement, cette empreinte a été moulée au siècle dernier dans un bien meilleur état : Arch. nat., collection de sceaux, Depaulis, n° 1781. La matrice du sceau de Foulque V le Jeune est conservée à Rome, au Palazzo di Venezia (collection Corvisieri), et a été publiée par Georges de Manteyer dans *Mémoires de la Société des Antiquaires de France*, 6e série, t. 10, 1899, p. 305-338.

18. François Eygun, *Sigillographie du Poitou...* (ci-dessous annexe A/4), n° 1206.

19. *Corpus des sceaux du Moyen Age*, t. II, *Les sceaux des rois et de régence*, publié par Martine Dalas, Paris, 1991, n° 25 (empreintes attestées de 843 à 872).

20. *Recueil des actes de Charles le Chauve*, publié par Arthur Giry, Maurice Prou, Ferdinand Lot et Georges Tessier, Paris, t. I, 1943 (*Chartes et diplômes*), n° 134 : la copie du cartulaire est légèrement interpolée par rapport à l'original conservé mais privé de sceau.

Pl. 1.- Le sceau de Foulque IV le Réchin
a) dessiné dans le cartulaire de Saint-Maur-sur-Loire (Arch. dép. Maine-et-Loire, H 1773, fol. 8v), au bas d'un acte de 1090 (ci-dessous, annexe A/4 ; cliché Arch. dép.) ; b) en moulage (Arch. nat., Service des sceaux, Depaulis 1781) d'après une empreinte de [1083-1093] (cliché Arch. nat.)

ne plaide pas en faveur d'un acte dont les formules de datation sont, par ailleurs, incohérentes [21]. Quant aux préceptes de Charlemagne pour Saint-Aubin d'Angers en 769 et 808, une grave anomalie dans la légende des doubles cercles qui les accompagnent contribue à les disqualifier [22].

Mais le cas le plus singulier s'observe dans les cartulaires de Corbie. Les deux dessinateurs occasionnels qui ont ajouté à des actes royaux ou impériaux des VIIᵉ-IXᵉ siècle des dessins de sceaux stéréotypés ont pris pour modèle des empreintes de Charlemagne ou de Louis le Pieux et n'ont pas hésité à les appliquer à des actes de Charles le Chauve, de Pépin le Bref ou, même, du mérovingien Clotaire III. Comme l'indique Laurent Morelle, qui a étudié ces cartulaires, le procédé relève de la plus pure fantaisie et aucune conclusion ne peut en être tirée au regard des diplômes concernés [23]. Les auteurs de ces naïfs dessins ne se sont pas soucié de faire preuve de précision archéologique et leur désinvolture s'explique sans doute par les considérations que nous avons développé plus haut : désireux, avant tout, de mettre en valeur l'importance de ces diplômes, ils se sont inspirés des deux plus beaux sceaux carolingiens de leur chartrier. La légende de ces empreintes (CHRISTE PROTEGE KAROLVM REGEM ou CHRISTE PROTEGE LVDOVICVM IMPERATO-REM), en forme d'invocation, sonnait un peu comme une prière pour la mémoire des bienfaiteurs royaux d'une époque où Corbie avait connu sa plus grande gloire et que, vers 1230, on considérait peut-être avec nostalgie...

*

*   *

Une des difficultés rencontrées dans la recherche des dessins, des cercles ou des mentions de sceaux résulte de la négligence de certains éditeurs de cartulaires dans le passé : tel confond des reproductions de *rotae* avec des dessins de sceaux, tel se contente de signaler la présence de mentions de sceaux sans jamais en publier la teneur, tel enfin ne se donne pas même la peine d'en noter l'existence. Rapportés à l'ensemble des cartulaires médiévaux, les exemples que nous avons présentés illustrent un phénomène peu connu et, certes, minoritaire mais nous espérons que cette rapide étude aura contribué à en montrer le prix.

---

21. Voir l'annexe A/5. Acte édité dans *Die Urkunden der burgundischen Rudolfinger*, publié par Theodor Schieffer (*M.G.H., Regum Burgundiae e stirpe Rudolfina diplomata et acta*), Munich, 1977, n° 53, p. 184-186. Voir la critique de cette représentation par M. Dalas dans *Corpus...* (ci-dessus note 18), n° 57-58.

22. *Die Urkunden Pippins, Karlmanns und Karls des Grossen*, publié par E. Mühlbacher, Hanovre, 1906 (*M.G.H., Diplomata Karolinorum*, 1), n° 58.

23. L. Morelle, *Le diplôme original de Louis le Pieux et de Lothaire...* (ci-dessous, annexe A/1), p. 407, n. 9.

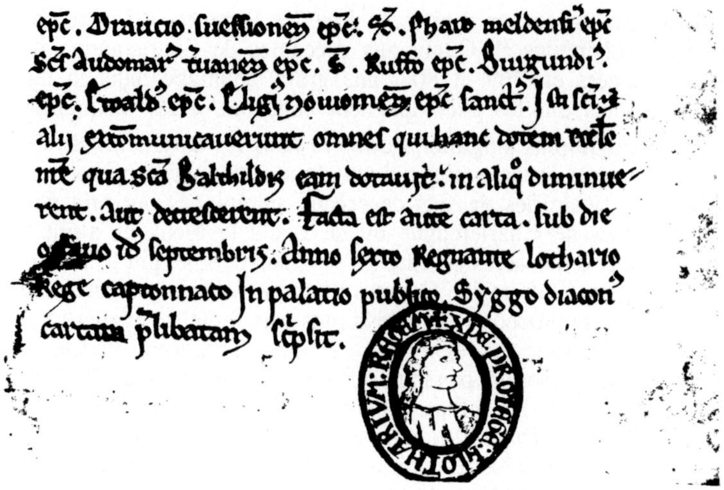

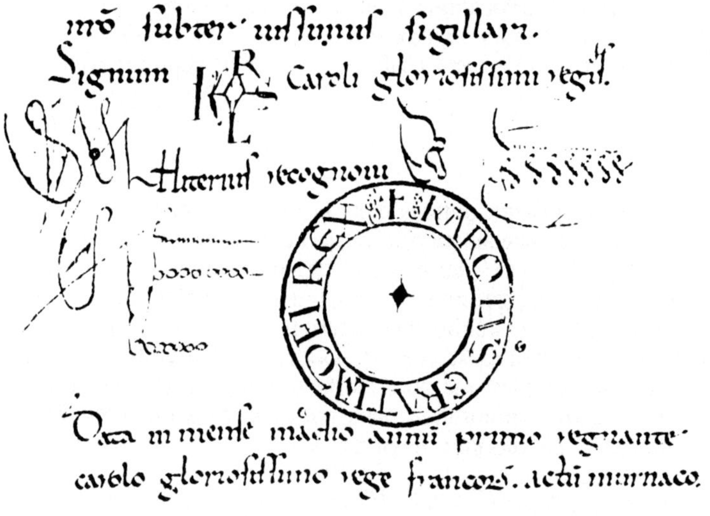

Pl. 2. - *Dessins de sceaux dans les cartulaires*
a) sceau attribué à Clotaire III, au bas d'un acte de [657-661], cartulaire
"Mercator" de Corbie (Bibl. nat., lat. 17764, fol. 19 : ci-dessous, annexe
A/1 ; cliché Bibl. nat.) ; b) double cercle signalant le sceau de Charlemagne,
au bas d'un acte de 769, cartulaire de Saint-Aubin d'Angers (Bibl. mun.
Angers, ms 829, fol. 4v : annexe B/1 ; cliché Arch. dép.).

ANNEXE

Dans chaque catégorie, les cartulaires sont classés par ordre alphabétique de lieu.

A. Exemples de cartulaires comportant des dessins de sceaux

A/1. Abbaye Saint-Pierre de Corbie (dioc. Amiens), cartulaire «Mercator».
Original : Bibl. nat., lat. 17764 [= Stein 1050].
Date : dessins ajoutés vers 1230 à un cartulaire plus ancien (vers 1060 et début du XIIe siècle).
Indiqué : Laurent Morelle, *Le diplôme original de Louis le Pieux et Lothaire (825) pour l'abbaye de Corbie*, dans *Bibliothèque de l'Ecole des chartes*, t. 149, 1991, p. 405-420, spécialement p. 407, n. 9.
Quatre dessins : sceaux de Clotaire III, roi des Francs (acte de [657-661], fol. 19) ; Louis le Pieux, empereur (acte de 825, fol. 21) ; Louis le Pieux (acte de 815, fol. 46v) ; Charles le Chauve, empereur (acte de 877, fol. 50). Ces dessins sont dus, semble-t-il, à deux mains différentes : l'une (*a*) travaille directement sur le manuscrit avec une encre qui a bruni (fol. 19) ; l'autre (*b*), avec une encre plus noire, réalise le dessin sur une vignette rehaussée d'un lavis bleuâtre, collée ensuite sur le manuscrit et complétée enfin par la légende (fol. 21, 46v et 50).

A/2. Abbaye Saint-Pierre de Corbie, fragment de cartulaire relié avec le «Cartulaire noir».
Original : Bibl. nat., lat. 17758 [=Stein 1053].
Date : dessins ajoutés vers 1230 à un cartulaire plus ancien (fin du XIIe siècle), dont seul un fragment a subsisté, relié en tête du «Cartulaire noir» de 1295.
Indiqué : L. Morelle, *loc. cit.*
Quatre dessins : sceaux de Charles le Chauve, roi des Francs (acte de 842, fol. Bv) ; Pépin le Bref, roi des Francs (acte de [752-768], fol. Hv) ; Charlemagne, roi des Francs (acte de 769, fol. I) ; Louis le Pieux, empereur (acte de 825, fol. Iv). On retrouve, dans ce manuscrit, les deux mêmes mains que dans le cartulaire précédent : main *a* (fol. Hv et I); main *b* (fol. Bv et Iv).

A/3. Abbaye Notre-Dame d'Homblières (dioc. Noyon).
Original perdu.
Date : vers 1170.
Copie du XVIIe siècle, reproduisant grossièrement les dessins, d'après l'original : Bibl. nat., lat. 13911. Une autre copie du XVIIe siècle ne comporte pas ces dessins : Arch. dép. Aisne, H 558 [= Stein 1699].
Edition : *The cartulary and charters of Notre Dame of Homblières*, publié par Theodore Evergates, Giles Constable et William M. Newman, Cambridge (Mass.), 1990 (*The Medieval Academy of America*).
Deux dessins : bulle du pape Jean XII (acte de 956, fol. 8v) ; sceau de Girard, sire de Ham (acte de 1145 ; transcription de la légende au fol. 43 et dessin d'un type équestre au fol. 43v). Compte tenu de l'imprécision des copies sous la forme desquelles ce cartulaire nous est parvenu, il est impossible de savoir si d'autres sceaux (comme celui de l'abbaye d'Arrouaise en 1153, fol. 44v)

étaient dessinés. Ce cartulaire comportait également des *rotae* (voir ci-dessous, D/5).

A/4. Abbaye de Saint-Maur-sur-Loire (jadis Glanfeuil, aujourd'hui Le Thoureil, dioc. Angers).
Original : Arch. dép. Maine-et-Loire, H 1773 [= Stein 3491].
Date : vers 1130 et vers 1147.
Edition : *Archives d'Anjou. Recueil de documents et mémoires inédits sur cette province*, publié par Paul Marchegay, Angers, t. I, 1843, p. 293 et suivantes, avec fac-similés des dessins, p. 323 et 366.
Indiqué : François Eygun, *Sigillographie du Poitou*, Poitiers 1938, n° 1207 et 1208 (nommé par erreur cartulaire de Marmoutiers). Olivier Guillot, *Le comte d'Anjou et son entourage au XI° siècle*, Paris, 1972, t. II, p. 226-227, n° C 363, et pl. XXI, *in fine*.
Cinq dessins, tous de la première phase du cartulaire (vers 1130) : sceaux de Foulque IV le Jeune, comte d'Anjou (acte de 1124, fol. 7v) ; Foulque IV le Réchin, comte d'Anjou (acte de 1090, fol. 8v) ; Guillaume, évêque de Poitiers (acte de 1121, fol. 9) ; Pierre II, évêque de Poitiers (acte de 1105, fol. 10) ; Charles le Chauve, roi des Francs (acte de 850, fol. 21).

A/5. Abbaye Saint-André-le-Bas de Vienne (dioc. Vienne).
Original détruit en 1854.
Date : vers 1135.
Copie du XIX° siècle, par E. Jannin, décrivant le dessin, d'après l'original : non localisée, mais utilisée par Ulysse Chevalier. Autre copie du XIX° siècle, sans signalement du dessin : Bibl. mun. Vienne, 41 (ancien 123) [= Stein 4086].
Edition : *Cartulaire de l'abbaye de Saint-André-le-Bas de Vienne*, publié par Ulysse Chevalier, Vienne-Lyon, 1869 (*Collection de cartulaires dauphinois*, 1).
Un dessin : sceau de Conrad le Pacifique, roi de Bourgogne (datation incohérente, voir Chevalier, *op. cit.*, n° 236, p. 177-179). Ce cartulaire comportait également des doubles cercles et des *rotae* (voir ci-dessous, D/12).

Note : Louis Douët d'Arcq, dans sa *Collection de sceaux* [des Archives nationales], Paris, t. I, 1863, p. XXXII, fait état de dessins de sceaux des grands officiers, le chambrier, le bouteiller et le connétable au bas d'un acte de Philippe V, transcrit dans un registre de la chancellerie (Arch. nat., JJ 56, années 1317-1318, fol. 33v) : il ne peut s'agir de sceaux mais de *signa* ornés de motifs héraldiques, dans un acte particulièrement solennel et de forme archaïque au profit du monastère de Saint-Louis de Poissy (janvier 1318). Nous remercions M. Dalas d'avoir attiré notre attention sur ce document.

B. Exemples de cartulaires comportant des doubles cercles

B/1. Abbaye Saint-Aubin d'Angers (dioc. Angers).
Original : Bibl. mun. Angers, 829 (ancien 745) [= Stein 121].
Date : entre 1087 et 1095 et début du XII° siècle. Voir sur ce point O. Guillot, *Le comte d'Anjou,...* (ci-dessus, A/4) t. I, appendice I, *Les parties les plus anciennes du cartulaire de Saint-Aubin*, p. 435-455.
Edition : *Cartulaire de l'abbaye Saint-Aubin d'Angers*, publié par Bertrand de Broussillon et Eugène Lelong, Angers, 3 vol., 1903 (*Documents historiques sur*

l'Anjou publiés par la Société d'agriculture, sciences et arts d'Angers).

Cinq doubles cercles ornés en leur centre d'un petit losange et reproduisant la légende des sceaux. Quatre d'entre eux remontent à la première époque (fin du XIe siècle) : sceaux de Charlemagne, roi des Francs (acte de 769, fol. 4v) ; Charlemagne, empereur (acte de 808, fol. 4v) ; Charles le Chauve, roi des Francs (acte de 849, fol. 5) ; Charles le Chauve, roi des Francs (acte de 851, fol. 5). Le dernier cercle appartient à la deuxième époque (début du XIIe siècle) : Charlemagne, roi des Francs (acte de 769, fol. 32).

B/2. Chartreuse de Bonnefoy   (dioc. Viviers).

Original : Arch. dép. Ardèche, 4 H 11.

Date : vers 1230.

Edition : *Cartulaire de la chartreuse de Bonnefoy*, publié par Jean-Loup Lemaître, Paris, 1990 (*Documents, études et répertoires publiés par l'Institut de recherche et d'histoire des textes*).

107 doubles cercles rubriqués (ou doubles navettes) sans légende, accompagnés de mentions, correspondant à 45 sigillants différents, plus quelques uns sans mention, sur des actes des XIIe et XIIIe siècle. Voir la liste dressée par J.-L. Lemaître, *op. cit.*, p. XXXVII-XLI.

B/3. Abbaye Saint-André-le-Bas de Vienne.

Voir ci-dessus, A/5.

Deux doubles cercles sans légende : sceau de Rodolfe, roi de Bourgogne (actes de 994 et de 1015, U. Chevalier, *op. cit.*, n° 237, p. 179-181, et n° 238, p. 182)..

Note : Différentes copies de diplômes de Charles le Chauve au profit de l'église cathédrale d'Angers, faites au XVIIIe siècle, prétenduement d'après les originaux mais, en réalité, toutes établies à partir d'un «registre coté AB des privilèges» de cette église, reproduisent les doubles cercles légendés qui, sur leur modèle, signalaient le sceau du roi : voir *Recueil des actes de Charles le Chauve...* (note 20), n° 110, 139, 362. Ce registre ne paraît pas pouvoir s'identifier avec le «Cartulaire noir» de Saint-Maurice mais est peut-être ce tome premier d'un «Recueil des privilèges», détruit en 1793, que signale le chanoine Urseau (*Cartulaire noir de la cathédrale d'Angers*, Paris et Angers, 1908, Introduction, p. VI). Si nous avions l'assurance que ce registre était de facture médiévale, il y aurait lieu de l'ajouter à notre liste.

C. Exemples de cartulaires comportant des mentions de sceaux

Plus encore que les précédentes, cette liste n'est qu'indicative et ne donne que quelques exemples d'un phénomène dont on trouvera d'autres témoignages.

C/1. Ville de Blois.

Original : Bibl. nat., Clairambault 968 [= Stein 509].

Date : 1494 ou 1495.

Edition : *Cartulaire de la ville de Blois,* publié par Jacques Soyer, Guy Trouillard et Joseph de Croÿ, s. l., 1907 (extrait des *Mémoires de la Société des sciences et lettres du Loir-et-Cher*, t. 17, 1903-1907).

Cartulaire notarié mentionnant systématiquement les sceaux, leur mode d'apposition, la couleur de la cire et, parfois, quelques éléments de l'iconographie.

C/2. Abbaye de Cysoing (dioc. Cambrai).
Original : Archives de l'Etat à Mons [= Stein 1114].
Date : début du XVIe siècle.
Edition : *Cartulaire de l'abbaye de Cysoing*, publié par Ignace De Coussemaker, Lille, [1886].
Cartulaire notarié comportant la mention systématique des sceaux (voir I. De Coussemaker, *op. cit.*, p. VIII).

C/3-4. Chapitre cathédral Notre-Dame d'Evreux, troisième et quatrième cartulaires.
Originaux : Arch. dép. Eure, G 124 et 125 [= Stein 1291 et 1292].
Date : Deuxième moitié du XVe siècle.
Indiqué : Alphonse Chassant et P.-J. Delbarre, *Dictionnaire de sigillographie pratique*, Paris, 1860, article *Cartulaire*, p. 29-32.
Mention régulière des sceaux, de leur mode d'apposition, de la couleur de la cire, parfois accompagnée d'une description succinte de l'iconographie.

C/5. Abbaye Notre-Dame de Fontmorigny (dioc. Bourges).
Original : Bibl. mun. Bourges, 218 [= Stein 1394].
Date : vers 1290.
Indiqué : Albert Huchet, *Le chartrier ancien de Fontmorigny, abbaye de l'ordre de Cîteaux. Etude générale et catalogue des actes antérieurs au XIVe siècle (1135-1300)*, Bourges, 1936. René Gandilhon, *Inventaire des sceaux du Berry antérieurs à 1515, précédé d'une étude de sigillographie et de diplomatique*, Bourges, 1933, p. LIII-LIV.
Mention systématique des sceaux. Actes qualifiés de *sigilla* dans les rubriques.

C/6. Abbaye de Beaulieu du Mans (dioc. Le Mans).
Original : Bibl. mun. du Mans, 276 A.
Date : 1413-1425.
Indiqué : L. Froger, *Inventaire des titres de l'abbaye de Beaulieu du Mans (1124-1413)*, dans *Archives historiques du Maine*, t. 8, 1907.
Mention régulière des sceaux dans la rubrique des actes.

D. Exemples de cartulaires comportant des reproductions de *rotae* pontificales

Les *rotae* échappant au thème de cette étude, la liste suivante n'est donnée qu'à titre comparatif.

D/1. Chartreuse de Bonnefoy
Voir ci-dessus, B/2.
Quatre *rotae* d'Alexandre III, Lucius III et Innocent III.

D/2. Abbaye Saint-Pierre de Cluny (dioc. Mâcon), cartulaire «A».
Original : Bibl. nat., nouv. acq. lat. 2262 [= Stein 987].
Date : fin du XIe siècle.
Diverses *rotae* de la deuxième moitié du XIe siècle (ce cartulaire nous a été aimablement signalé au cours de la discussion par Dominique Iognat-Prat).

D/3. Abbaye Saint-Pierre de Corbie, cartulaire «Mercator».
Voir ci-dessus, A/1.
Deux *rotae* de Léon IX (voir la communication de L. Morelle dans le présent

recueil). Contrairement aux dessins de sceaux, les reproductions de *rotae* sont contemporaines du cartulaire (vers 1060 et début du XIIe siècle).

D/4. Abbaye Saint-Pierre de Corbie, «Cartulaire noir».
Voir ci-dessus, A/2.
Neuf *rotae* d'Adrien IV, Innocent II, Eugène III, Alexandre III, Célestin III, Grégoire IX. La reproduction des *rotae* est contemporaine du cartulaire lui-même (1295).

D/5. Abbaye Notre-Dame d'Homblières.
Voir ci-dessus, A/3.
Quatre *rotae* de Calixte II, Eugène III (le copiste du XVIIe siècle s'est borné à mentionner, d'une manière d'ailleurs impropre : *sigillum Eugenii*, mais la reproduction figurait sans doute dans le manuscrit original), Alexandre III.

D/6. Abbaye Saint-Cyprien de Poitiers (dioc. Poitiers).
Original : Bibl. nat., lat. 10122 [= Stein, n° 3036].
Date : fin du XIe siècle.
Edition : *Cartulaire de l'abbaye de Saint-Cyprien de Poitiers*, publié par Louis Rédet, Poitiers, 1874 (*Archives historiques du Poitou*, 3).
Deux *rotae* de Grégoire VII et Calixte II.

D/7. Abbaye Saint-Nicolas-des-Prés de Ribemont (dioc. Laon).
Original : Arch. nat., LL 1015 [= Stein 3200].
Date : vers 1250.
Edition : *Cartulaire de l'ancienne abbaye de Saint-Nicolas-des-Prés sous Ribemont*, publié par Henri Stein, Saint-Quentin, 1884.
Six *rotae* d'Innocent III, Adrien IV, Urbain III et Célestin III.

D/8. Abbaye de Saint-Sulpice-en-Bugey (dioc. Belley).
Original : Arch. dép. Côte-d'Or, cartul. 17/9 (ancien B 11653) [= Stein 3573].
Date : XIIIe siècle.
Edition : *Petit cartulaire de Saint-Sulpice en Bugey, suivi de documents inédits pour servir à l'histoire du dioc.èse de Belley*, publié par Marie-Claude Guigue, Lyon, 1884.
Une *rota* d'Innocent II.

D/9. Abbaye Notre-Dame de Saintes (dioc. Saintes).
Original perdu [=Stein 3390].
Date : XIIe siècle.
Edition : *Cartulaires inédits de la Saintonge*, publié par Th. Grasilier, t. II, Niort, 1871.
Dessins de *rotae* signalés dans l'édition, p. XXVIII.

D/10. Abbaye de Vabres (dioc. Rodez).
Original perdu.
Copie XVIIe siècle : Bibl. nat., Doat 148 [= Stein 3999].
Date : début du XIIe siècle.
Edition : *Cartulaire de l'abbaye de Vabres*, publié par Etienne Fournial, Rodez-Saint-Etienne, 1989 (*Archives historiques du Rouergue*).
Deux *rotae* de Pascal II.

D/11. Abbaye Sainte-Madeleine de Vézelay (dioc. Auxerre), bullaire.
Original : Bibl. mun. Auxerre, 227, fol. 22-63 [= Stein, n° 4075].
Date: XIIe siècle.
Diverses *rotae* des XIe et XIIe siècles (ce cartulaire nous a été aimablement signalé au cours de la discussion par R.-H. Bautier).

D/12. Abbaye Saint-André-le-Bas de Vienne.
Voir ci-dessus, A/5
Deux *rotae* de Calixte II et Pascal II

D/13. Abbaye de Vierzon (dioc. Bourges).
Original : Bibl. nat., lat. 9865 [= Stein 4090].
Date : milieu du XIIe siècle.
Edition : *Le cartulaire de Vierzon*, publié par Guy Devailly, Paris, 1963 (*Publication de la Faculté des lettres et sciences humaines de Rennes*).
Deux *rotae* (et non sceaux) de Calixte II et Adrien IV.

REMARQUES ET DISCUSSIONS

Jean-Loup LEMAÎTRE : *Un aspect des figurations de sceaux n'apparaît pas dans l'édition imprimée du cartulaire de Bonnefoy. Le cartulariste a en effet figuré un certain nombre de sceaux dépourvus de la mention S(igillum) N.., sceaux dont l'empreinte était en mauvais état, illisible pour le cartulariste.*

Robert FOSSIER : *Comment se fait-il qu'on ait préféré reproduire les sceaux ou* rotae *des rois et papes dont nul ne contestait la validité, plutôt que de petites gens ?*

Jean-Luc CHASSEL : *Parce qu'il ne s'agit pas de renforcer la valeur de l'acte, mais de le décorer.*

L'ILLUSTRATION DU CARTULAIRE
DE SAINT-MARTIN-DU-CANIGOU

par

Patricia STIRNEMANN

Le cartulaire enluminé est toujours exceptionnel, en raison aussi bien de sa rareté que de ses qualités artistiques [1]. Ce phénomène hors du commun a une double explication. D'une part, le cartulaire enluminé est un document juridique et administratif à fonction «consultative», qui n'est pas censé être recopié en ce qui concerne son décor. Il en résulte que ses images ne s'insèrent pas dans une tradition iconographique, et que les thèmes et les mises en page choisis varient beaucoup selon le type du cartulaire et son origine. D'autre part, le propre du cartulaire enluminé (et d'autres sources diplomatiques et historiques analogues) est la spécificité documentaire qui met en valeur toute une gamme d'actions cérémonielles et de *realia* dans un système d'expression visuelle déjà hautement hiérarchisé. Ainsi, observation empirique et portée symbolique s'imbriquent dans l'image, l'investissent parfois d'une signification qui dépasse les informations écrites dans le texte.

Un bel exemple de ce genre de témoignage visuel, datable des alentours de 1200, est conservé dans le cartulaire fragmentaire (dont seul le premier acte nous est parvenu), en forme de rouleau, d'une confrérie pieuse fondée en l'honneur de saint Martin, au Canigou, le jour de Pâques 1195 [2]. La confrérie, composée de religieux et de laïcs, avait pour charges l'entretien d'une lampe

---

1. Pour un survol sur le cartulaire enluminé, voir l'article *Cartolario* qui paraîtra dans l'*Enciclopedia dell'Arte medievale*. Nous remercions Jean-Pierre Aniel, Eric Palazzo et Claudia Rabel qui ont apporté plusieurs réflexions à notre étude.

2. Ecole des Beaux-Arts, Collection Jean Masson, feuille 38, 490 x 201 mm. Louis Blancard, *Rôle de la Confrérie de Saint-Martin de Canigou*, dans *Bibliothèque de l'Ecole des chartes*, t. 42, 1881, p. 5-7 ; Victor Leroquais, *La donation Jean Masson à l'Ecole nationale des Beaux-Arts*, dans *Les trésors des bibliothèques de France*, t. II, Paris, 1929, p. 93 et pl. couleur ; Michel Delcor, *Quelques grandes étapes de l'histoire de Saint-Martin-du-Canigou aux XIᵉ et XIIᵉ siècles (Documents et monuments)*, dans *Les cahiers de Saint-Michel de Cuxa*, t. 12, 1981, p. 49-77, aux p. 63-64. Le texte de la charte a été publié par L. Blancard (voir ci-dessous n. 3, reprise partielle de cette édition) ; l'image a été commentée par V. Leroquais. M. Delcor, dans son analyse,

à huile qui devait brûler nuit et jour devant l'autel commun, l'illumination de toute l'église le jour de la fête de saint Martin, la célébration d'une messe hebdomadaire pour le salut des âmes des confrères défunts et vivants, la célébration d'un trentain de messes après la mort de chaque confrère, l'enterrement des confrères dans le cimetière du monastère. Si la somme de deniers versés pour la lampe par les confrères était suffisamment élevée, l'excédent devait être dépensé selon le conseil du prêtre et des frères à une fin utile pour l'église (*ipsius ecclesie utiliter in bono expendatur*) [3].

L'image en tête du document (planche ci-contre) est divisée en deux registres. Dans la partie supérieure, sur un fond bleu et étoilé, trône le Christ en majesté - le créateur de l'univers, rédempteur miséricordieux salué longuement dans l'invocation - bénissant de la main droite et tenant la main gauche appuyée sur un livre. Il est entouré du tétramorphe qui se détache sur un fond rouge ou brun selon le compartiment. La liaison entre cette scène monumentale, centrée sur la théophanie, et l'action qui se déroule au-dessous est assurée par la Vierge et saint Martin qui tendent une main vers le Christ et, de l'autre, désignent du doigt la messe des fidèles.

note que plusieurs noms, dont celui de l'abbé du Canigou Pierre d'Ortaffa, mort en 1212 ou 1218, sont biffés et propose que la transcription est donc postérieure à la mort de Pierre. Cette hypothèse nous semble erronée pour deux raisons. D'une part, l'encre des surcharges est plus foncée que celle de la transcription ; les noms des confrères décédés ont été sans doute rayés dans un deuxième temps. D'autre part, dans la souscription, Pierre est qualifié par des mots ajoutés en marge comme l'abbé *Sancti Martini et postea Coxiani*. Pierre fut chargé de l'administration du monastère de Saint-Michel de Cuxa à la fin de sa vie (cf. L. Blancard, p. 6-7).

3. Nous reproduisons le texte d'après l'édition de L. Blancard : *Creator universorum Dominus ac pius redemtor humani generis, de sua largus benivolencia, inter cetera pecatorum remedia, que nobis misericorditer contulit, hunc eciam portum salutis ad quem in necessitatibus tenderemus ostendit, videlicet ut quod per nosmedipsos, obsistentibus pecatis nostris, apud eum obtinere non possumus, saltim meritis intercessione sanctorum assequi valeamus. Quapropter ego Petrus, Dei gracia Canigone abbas, et omnis conventus ipsius loci, confisi de misericordia Dei ac patrocinio beatissimi confessoris Christi Martini, et ut isdem pius confessor indulgenciam pecatorum nostrorum obtineat, hanc comunitatis confratriam in capella nostri monasterii que sita est in honore prenominati presulis Martini instituimus, ut, de comuni oblacione nostrorum sive illorum laicorum qui in hac societate pro remedio animarum suarum se sociari decreverint, una semper olei lampas in diebus ac noctibus ante sanctum altare ipsius eclesie ardeat, ad quam illuminandam in die sollemnitatis beati Martini duos denarios unusquisque offerat. Sacerdos vero qui hanc tenuerit ecclesiam, uno die in omni ebdomada, pro defuntis fratribus istius confratrie et pro salute vivorum missam in eodem altare celebret et, quando cumque ex fratribus aliquis obierit, unusquisque ceterorum fratrum infra XXX[m] dies mis am pro eo decantari faciat. Qui autem ex fratribus ad suum obitum illuc se perduci et sepeliri mandaverint, ceteri omnes, ad ejus exequias convenientes, prout potuerint cum omni honorificencia in cimiterio monasterii sepeliant. Quiquid vero de jam dicta comunitate denariorum, illuminata, ut dictum est, lampada, superfuerit, ad arbitrium sacerdotis et fratrum ipsius ecclesie utiliter in bono expendatur. Facta est hec confratria die Sancti Pasche, anno Dominice incarnacionis M˙C˙XC˙V˙. Ad quam co[n]servandam ego jam dictus abbas [Sancti Martini et postea Coxiani] me ipsum conscribo :...* (suit alors la liste de membres).

Cartulaire de Saint-Martin-du-Canigou, vers 1200.
(Paris, Ecole des Beaux-Arts, Collection Jean Masson, fol. 38)

La spécificité de la scène inférieure contraste avec la thématique universelle d'en haut. On se situe au moment précis de l'encensement de l'offrande et, comme Victor Leroquais l'a remarqué, «cette seconde composition présente un réel intérêt en raison des nombreux détails qu'elle contient». Je reprends en partie son analyse : «La scène se passe dans une église, peut-être dans la chapelle de Saint-Martin-du-Canigou ; nous y assistons à la célébration de la messe. Un prêtre encense (de la main gauche) un autel adossé au mur et surmonté d'un ciborium. Sur l'autel, on aperçoit une croix fichée ; entre la croix et le célébrant, l'hostie et le calice. On remarquera la forme de cet encensoir à chaînettes avec sa large poignée ; on remarquera également la forme du calice (lèvre supérieure garnie d'un bourrelet, coupe profonde, pied conique). En avant du ciborium, pend une double lampe retenue par trois chaînes et pourvue d'un godet pour empêcher l'huile de se répandre. Dans la nef, au premier rang, une femme se tient (ou tout au moins est censée se tenir) à genoux ; ses mains sont couvertes d'un voile, comme si elle venait de remettre son offrande. Une assistance peu nombreuse, composée d'hommes et de femmes, occupe la nef. Au bas de celle-ci, on aperçoit deux cloches munies de cordes». Ajoutons à cette description les voiles suspendus au-dessus du ciborium et le long de la nef, ainsi que la tour à gauche flanquant le mur extérieur du choeur.

Plusieurs détails de l'image sont en relation directe avec le texte de la charte de fondation, d'autres suscitent notre curiosité. Les fidèles dans la nef sont sûrement les membres de la confrérie dont la charte précise les obligations illustrées par la double lampe suspendue devant l'autel, et les privilèges. La double cloche à droite rappellerait, par le son du glas, les messes qu'on dira après la mort d'un confrère [4]. Alors que leur présence est tout à fait justifiée, les trois femmes dans l'assemblée ont une importance physique et hiérarchique inhabituelle, bien qu'aucune femme ne soit mentionnée parmi les témoins de l'acte. C'est aux femmes, bien sûr, que revenait la charge de fabriquer les pains eucharistiques qu'on vient de remettre, et jusqu'à la fin du XIIe siècle celles-ci ont également reçu l'eucharistie avec leurs mains voilées [5]. Il est moins évident, pourtant, que les femmes et les hommes forment des couples laïcs : l'habillement des femmes rappelle celui de la Vierge : une longue tunique qui s'arrête aux pieds, un manteau ample qui

---

4. La plus ancienne mention de la bénédiction des cloches en Occident se trouve dans le *Liber ordinum* wisigothique et mozarabe. On annonçait par le son des cloches la mort d'un évêque. Il en est aussi question pour la sépulture ordinaire des fidèles: voir Marius Férotin, *Le Liber ordinum en usage dans l'Eglise wisigothique et mozarabe d'Espagne*, Paris, 1904 (*Monumenta Ecclesiae liturgica*, V), p. 159, n. 1.

5. F. Cabrol et Henri Leclercq, *Dictionnaire d'archéologie chrétienne et de liturgie*, Paris, 1907-1953, t. XII-2, c. 1953-1954 ; t. X, c. 1209-1212. J. A. Jungmann, *Das Offertorium*, dans *Missarum solemnia. Eine genetische Erklärung der römischen Messe*, t. II, partie 4, chap. I, Vienne, 1949, p. 1 et suiv.

voile la tête, le corps et les mains [6]. Il pourrait s'agir de femmes consacrées, ces *Deo devotae* qui s'intègrent de plus en plus dans la vie monastique des communautés d'hommes dès le début du XIIe siècle dans le Midi[7]. Au demeurant, rappelons que la charte stipule que la confrérie se compose aussi bien de religieux que de laïcs (*de communi oblatione nostrorum sive illorum laicorum*).

L'abbé Leroquais a suggéré que la chapelle est une représentation de l'église de Saint-Martin-du-Canigou. La tour orientale dans l'image conforte cette hypothèse. Mise à part la toiture conique, la tour, telle qu'elle est dessinée, rappelle la configuration de celle du Canigou, qui a la particularité au niveau du sol d'être entièrement percée par un passage voûté menant de l'ouest à l'est [8]. Dans l'image, les bandes de couleur qui traversent le fond de la scène sont prolongées dans l'arc du rez-de-chaussée de la tour afin d'exprimer cette ouverture. Si la présence de saint Martin rappelle le vocable du monastère, et celle de la Vierge la chapelle dans la crypte dédiée à son nom, la tour semble prendre une signification identique, faisant référence à la chapelle haute de la tour orientale, dédiée à l'archange saint Michel [9].

Par sa technique [10], son style et certains détails d'iconographie et de composition, l'image se rattache à l'art de l'Espagne septentrionale et du Roussillon. La place des symboles de saint Matthieu et saint Jean, inversée par rapport à la convention, est, par exemple, un trait rencontré assez fréquemment dans ces régions [11].

6. Pour le vêtement des religieuses, voir Michel Parisse, *Les nonnes au moyen âge*, Le Puy, 1983, p. 154-158. Yvonne Labande-Mailfert a proposé de voir dans la scène d'offertoire l'*ordo conjugatorum* (*L'iconographie des laïcs dans la société religieuse aux XIe et XIIe siècles*, dans Y. Labande-Mailfert, *Etudes d'iconographie romane et d'histoire de l'art*, Poitiers, 1982, p. 95, fig. 5).

7. Elisabeth Magnou-Nortier, *Formes féminines de vie consacrée dans les pays du Midi jusqu'au début du XIIe siècle*, dans *La femme dans la vie religieuse du Languedoc, XIIIe-XIVe siècle*, Toulouse, 1988 (*Cahiers de Fanjeaux*, 23), p. 193-216, aux p. 209-211.

8. Robert Lasteyrie, *Architecture religieuse en France à l'époque romane*, 2e éd., Paris, 1929, fig. 324. Kenneth John Conant, *Carolingian and Romanesque Architecture 800 to 1200*, 2e éd., Baltimore, 1966 (*The Pelican History of Art*), p. 61-63, fig. 16, pl. 29-30. Marcel Durliat, *L'art roman*, Paris, 1982, p. 539-540.

9. M. Durliat, *op. cit.*, p. 539-540.

10. La technique de figures dessinées et rehaussées de lavis, se détachant sur fond coloré, n'est pas spécifique à l'Espagne, mais vers 1200 elle est caractéristique de cette région ainsi que de l'Allemagne. Citons quelques oeuvres contemporaine : une bible languedocienne (Londres, Brit. Libr., Harley 4772-4773, initiale de la Genèse), la Bible de Burgos (Burgos, Bibl. Provincial, ms. 846), les Beatus de Lorvao (Lisbonne, Arquivo da Torre do Tombo) et de Madrid (Madrid, Museo Arqueologico Nacional, ms 2 + Paris, Coll. part. + Madrid, Bibl. Heredia Spinola + Gérone, Museo Diocesano). Le dessin hardi des animaux, les têtes carrées, les drapés amples et parfois maladroits sont issus d'un vocabulaire ibérique.

11. Walter Cook et José Gudiol Ricart, *Pictura e imagineria romanicas*, Madrid, 1950 (*Ars Hispaniae*, 6) : Sagan (fig. 183), Oreilla (fig. 191), Llanas (fig. 205), Planès (fig. 312), San Isidoro de Léon (fig. 125).

L'assouplissement du dessin témoigne toutefois de l'influence du style italo-byzantin qui balaie l'Europe occidentale à la fin du XIIᵉ. Cet acquiescement au modèle byzantin est surtout frappant dans le personnage du Christ. Sa coiffure, construite comme un assemblage d'écheveaux, est analogue à celle des grands Pantocrator romans. L'autre poncif oriental concerne son manteau et la position de sa main sur le livre. Le manteau prend naissance comme une large ceinture à la taille, puis disparaît derrière le dos pour réapparaître à l'épaule gauche d'où il tombe tout le long du bras : ensuite, il contourne la main posée sur le livre, longe le genou et termine sa chute libre entre les jambes. Cette belle formule, déjà en germe à l'époque carolingienne, et qui renaît périodiquement à travers toute l'Europe à la crête des vagues byzantinisantes, n'apparaît en Catalogne qu'à la fin du XIIᵉ siècle [12].

La configuration de l'image du Christ en majesté semble au premier abord des plus conventionnelles. Mais le réseau d'encadrement qui forme la mandorle et qui se prolonge vers le cadre extérieur selon les axes perpendiculaires pour écarteler le plan n'est pas une formule qui relève de l'enluminure. Il s'inspire de l'art monumental, et plus précisément des retables, des frontaux et des baldaquins peints et sculptés en bois, stuc, ou pierre conservés en très grand nombre en Catalogne et en Roussillon. Nous avons facilement trouvé une vingtaine d'exemples analogues [13].

Marcel Durliat a déjà démontré le rapport entre le Christ du cartulaire et les Pantocrator qui dominent un groupe de huit panneaux et retables roussillonnais datant aux alentours de 1200 et peints dans le style byzantinisant [14]. L'un d'entre eux, conservé aujourd'hui dans la petite église d'Oreilla, prieuré dépendant de Saint-Martin-du-Canigou et situé dans le même arrondissement (Prades), est peut-être identifiable avec un retable apporté du Canigou avec d'autres ornements de l'église en 1784 [15]. On y retrouve les symboles de

---

12. W. Cook et J. Gudiol Ricart, *op. cit.*, p. 215 et suiv.

13. W. Cook et J. Gudiol Ricart, *op. cit.*, p. 187-245. On retrouve le schéma dans certains manuscrits, par ex. le *Sacramentarium Gerundense* (Paris, Bibl. nat., lat. 1102), fol. 29v, et le Sacramentaire de Moussoulans (Séminaire de Carcassonne, non coté). Un autre motif ibérique, fréquent aussi bien sur les peintures murales des absides que sur les peintures sur bois, est le fond étoilé à l'intérieur de la mandorle. Notre artiste produit son éclat lumineux sans dessiner le contour de chaque étoile, mais en la laissant en réserve, accentuant le noyau par une tache de peinture rouge. Pour quelques exemples, voir W. Cook et J. Gudiol Ricart, *op. cit.* : Santa Maria de Mur (fig. 27), Santa Maria de Tarrasa (fig. 64), San Isidoro de Léon (fig. 125).

14. Marcel Durliat, *L'atelier de maître Alexandre*, dans *Etudes roussillonnaises*, t. 1, 1951, p. 103-119. ; Idem, *Deux nouveaux devants d'autels du groupe de maître Alexandre*, ibid. p. 385-394 ; Idem, *Arts anciens du Roussillon*, Perpignan, 1954, p. 29-31 ; Idem, *La peinture romane en Roussillon et en Cerdagne*, dans *Cahiers de civilisation médiévale*, t. 4, 1961, p. 1-14. Voir aussi Y. Carbonnell-Lamothe, *Les devants d'autels peints de Catalogne : bilan et problèmes*, dans *Les cahiers de Saint-Michel de Cuxa*, t. 5, 1975, p. 71-86.

15. M. Durliat, *L'atelier...* (note 14), p. 114, 116.

saint Jean et saint Matthieu inversés [16]. Mais des rapports stylistiques sont encore plus proches avec un autre membre du groupe, le retable de Valltarga, surtout en ce qui concerne les drapés du Christ (simple encolure, retombée du tissu derrière la main bénissant, montée en diagonal de la ceinture sur la poitrine, plis sur le genou gauche ramassés vers le livre), le coussin réticulé et le symbole de saint Matthieu aux mains drapées sortant derrière la mandorle [17]. Le fait que notre artiste copie une véritable image pour son Pantocrator est souligné par son adhérence au réseau organique de plis : arrondis sur le ventre, sur les bras et sur les genoux ; ramassés aux bords ; tirés vers les profondeurs, imitant un effet d'ombre. Les drapés de tous les autres personnages sont plus chaotiques, relâchés, s'appuyant sur des formules banales de lignes parallèles et «Vs» emboîtés. Ces derniers appartiennent à un mode d'observation et de réalisation distinct de celui qu'on a appliqué au Pantocrator pour lequel un modèle bien formulé, mais étranger aux connaissances et habitudes de l'artiste, pré-existait en peinture couvrante.

Un dernier détail nous retient : le placement au premier plan de la Vierge et de saint Martin, qui par leurs corps et leurs mains étendues passent devant l'axe horizontal du cadre interne et la mandorle, comme s'ils appartenaient à notre espace, ou alors en tant que figures en relief, appliquées à la surface d'un antependium. L'effet est accentué par l'angle de leurs regards qui se dirigent l'un vers l'autre dans un entretien muet et solennel. Regardons de nouveau leurs gestes. D'une main ils présentent le «retable», de l'autre saint Martin indique les membres de la confrérie, tandis que l'index de la Vierge, légèrement incurvé, est dirigé vers le mur oriental de la chapelle. Dans la chapelle elle-même, on est porté vers ce mur par le regard et le doigt du prêtre, par les yeux des confrères et par la main du premier homme. Sont-ils en train de témoigner de la présence d'un retable ou d'un baldaquin récemment acquis pour l'autel commun de la chapelle, objet représenté «en vrai» dans le registre supérieur ? Marcel Durliat a fait mention d'un couronnement d'autel provenant du Canigou et peint dans le style byzantinisant, sans le reproduire [18]. S'agit-il peut-être d'une offrande de la confrérie, payée avec un excédent initial de la des contributions, comme le stipule la charte ? Afin d'entourer cette hypothèse, rappelons qu'à travers l'Europe, et surtout dans le sud-ouest, à partir de 1100, les mentions se multiplient des confréries pieuses ainsi que des individus qui ont fait des dons et des legs *ad opera*

16. M. Durliat, *L'atelier...* (note 14), pl. 1, p. 105 : le panneau de Saint-Genis-des-Fontaines (aujourd'hui détruit) présentait aussi les symboles inversés.

17. Nous considérons comme plus éloignées les comparaisons citées par M. Durliat concernant le panneau de Saint-Genis-des-Fontaines, détruit au XIXᵉ siècle mais connu d'après un dessin de Bonnefoy, et un panneau de la Collection Suntag à Barcelone (*L'atelier...* [note 14], p. 103-108).

18. M. Durliat, *Deux nouveaux devants d'autels...* (note 14), p. 393.

pour l'approvisionnement et l'entretien des églises[19]. Ce n'est donc pas notre cartulaire qui est exceptionnel, mais son enluminure. Fonder une confrérie pour l'entretien d'une lampe et pour assurer les enterrements vaut sans doute un cartulaire ; offrir un retable ou baldaquin, en revanche, vaut certainement une image. Travaillant avec l'oeil d'un huissier, le coeur d'un fidèle et la logique du pinceau, il nous semble que notre artiste transmet une réalité supplémentaire à laquelle le cartulaire trop fragmentaire ne fait qu'allusion et qui serait autrement inconnue.

19. Monique Gramain, *Les institutions charitables dans les villages du Biterrois aux XIIe et XIIIe siècles*, dans *Assistance et charité*, Toulouse, 1978 (*Cahiers de Fanjeaux, 13*), p. 111-130, aux p. 114-115. L'association d'un don avec une scène d'offertoire est connu ailleurs dans l'iconographie romane. Dans une peinture murale dans l'église inférieure de Saint-Clément à Rome, Beno et sa femme, donateurs de la fresque, viennent en tête d'une procession des offrandes, leurs mains voilées, portant des anneaux de cire (voir Hélène Toubert, *Un art dirigé. Réforme grégorienne et iconographie*, Paris, 1990, p. 205-206 et fig. 62).

LES ENTREPRISES FRANÇAISES DE RECENSEMENT
DES CARTULAIRES (XVIIIe-XXe siècles) *

L'annonce de l'organisation, par l'École des chartes et le G.D.R. 121, d'une Table ronde consacrée aux cartulaires a coïncidé dans le temps avec la réinscription au programme des travaux de la section des sources documentaires de l'Institut de recherche et d'histoire des textes d'un répertoire des cartulaires français. Cette annonce, puis la tenue de la Table ronde [1], confirmaient, si besoin en était, la nécessité d'établir ce nouvel instrument de travail qui, partant de la *Bibliographie générale des cartulaires français* d'Henri Stein, soit non seulement la mise à jour de celle-ci, mais puisse aussi répondre plus efficacement aux attentes et besoins nouveaux des chercheurs.

La section des sources documentaires de l'Institut de recherche et d'histoire des textes, encore appelée «section de diplomatique» et dénommée lors de sa création en 1942 «section des cartulaires», a donc entrepris l'élaboration d'un *Répertoire des cartulaires français* destiné à se substituer à l'ouvrage d'Henri Stein paru en 1907. Dès son origine, la section avait d'ailleurs eu pour but, à long terme, de réaliser la refonte de cet ouvrage.

Le projet, laissé de côté ces dernières années mais relancé depuis 1990, nous a obligées à mener une étude approfondie du Stein, nous plaçant alternativement du côté de l'utilisateur et du côté du concepteur de l'ouvrage. Puis à engager une recherche sur les entreprises de recensement de cartulaires qui ont précédé et suivi celle d'Henri Stein. Notre objectif est en effet double :

* Cette communication, présentée par la section des sources documentaires de l'I.R.H.T., a été préparée par Caroline Bourlet, Annie Dufour, Elisabeth Lalou, Anne-Marie Legras et Isabelle Vérité, qui en a assuré la rédaction.
1. Citons, parmi d'autres, la communication de Bernard Delmaire dans le présent volume. Son étude, géographiquement consacrée aux départements du Nord et du Pas-de-Calais, s'appuie sur un corpus de cartulaires très renouvelé, en même temps que notablement enrichi, par rapport à celui qu'on aurait dégagé à la lecture de la *Bibliographie générale des cartulaires français* d'Henri Stein.

alimenter notre documentation sur chaque cartulaire et placer notre entreprise dans une histoire, celle des recensements de cartulaires.

Cette histoire pourrait s'écrire rapidement si on s'en tenait à une simple énumération des travaux concernant les cartulaires français ; car, comme on le constatera plus loin, ces recensements, qu'ils aient été imprimés ou soient restés manuscrits, sont finalement peu nombreux. Mais, si l'on veut bien s'interroger sur le contexte de chacune de ces entreprises, si on cherche à les mettre en relation les unes avec les autres, si, surtout, on s'interroge sur les motivations qui les guidaient (pourquoi décider d'établir un tel type d'instrument de travail ?), sur la conception interne de chacune et sur la définition du cartulaire qu'elle véhicule, le sujet prend alors une autre épaisseur. Ici, nous nous permettrons de détourner les mots des organisateurs de la Table ronde (lettre du 19 juin 1991), pour définir notre problématique, comme un complément logique à leur questionnement sur l'élaboration des cartulaires eux-mêmes : notre intention est de comprendre pourquoi on décide, un jour, de faire un recensement de cartulaires, et quelles méthodes, intellectuelles, archivistiques, pratiques on emploie alors.

L'histoire des recensements de cartulaires en France s'écrit parallèlement à celle des archives (création des dépôts, classement des fonds, rédaction des inventaires) donc à celle de l'archivistique, et encore à l'histoire des éditions de documents historiques. Elle s'articule autour d'une date-pivot, qui paraît parfois une date-butoir, celle de la parution de l'ouvrage d'Henri Stein : 1907. De même qu'Henri Stein est redevable du travail de ses prédécesseurs, aucun répertoire de cartulaires ne peut, depuis lui, être envisagé sans référence à sa *Bibliographie générale des cartulaires français*. Nous distinguerons donc trois périodes : la protohistoire (le XVIIIᵉ siècle et la Révolution) ; le XIXᵉ siècle jusqu'à la parution de l'ouvrage d'Henri Stein en 1907 ; le XXᵉ siècle (ou comment penser un répertoire des cartulaires français aujourd'hui).

Dans la première phase, les cartulaires ne sont pas appréhendés comme une source documentaire spécifique : beaucoup de fonds d'archives sont encore «vivants», il n'est donc pas nécessaire de leur réserver un répertoire particulier. La Révolution apporte un changement radical puisque les archives des établissements religieux, et donc les cartulaires, deviennent des «monuments historiques» et que, en application d'une démarche idéologique, une volonté commande : les regrouper à Paris. Cette démarche rejoint une idée déjà bien ancrée avant la Révolution : Paris est le lieu obligé de la recherche. Le XIXᵉ siècle voit apparaître les premiers recensements et débouche sur l'édition du Stein. Si l'idée de départ est toujours la même que celle apparue sous la Révolution - «les cartulaires sont un tout» -, une démarche scientifique remplace une démarche idéologique : les cartulaires ne seront pas regroupés matériellement dans un lieu unique, mais dans un répertoire. La parution de l'ouvrage d'Henri Stein, «oeuvre colossale» selon le mot de Jean Béreux [2], marque le terme de cette période. Mais la nécessité de substituer à la *Bibliographie générale des cartulaires* un nouvel instrument de travail, qui réponde aux questionnements actuels portés par les historiens sur les cartulaires, n'en est pas moins affirmée aujourd'hui. De là, l'intérêt pour nous de cette Table ronde.

*

* *

I. LA PROTOHISTOIRE DES ENTREPRISES DE RECENSEMENT DE CARTULAIRES

1) Les précurseurs du XVIIIe siècle.

Nul besoin de rappeler ici l'intérêt porté aux cartulaires eux-mêmes dès le XVIIe siècle. Sa nature, sa diversité et son ampleur ont déjà été mis en évidence ailleurs. Les Mauristes, et dom Mabillon le premier d'entre eux, ont signalé la valeur de ces manuscrits et leur utilité, à côté d'autres types de sources comme les chartes et les nécrologes, pour la rédaction des histoires de monastères ou provinciales qu'ils projetaient. Moreau, à la fin du XVIIIe siècle, place, lui aussi, les cartulaires parmi les documents qu'il convient de consulter et d'exploiter pour constituer son Cabinet des chartes [3]. Cependant, ni les bénédictins de Saint-Maur ni Moreau n'envisagent la nécessité de dresser un catalogue des cartulaires. A cela, deux raisons simples. La première est que les uns et les autres sont préoccupés de réunir des copies de «titres». Ils ne considèrent pas le cartulaire comme une oeuvre originale mais comme un manuscrit dans lequel on trouvera la copie d'un acte dont l'original a disparu [4]. Le cartulaire n'est donc qu'un des types de sources consultables dans les archives d'un établissement ecclésiastique. La seconde raison découle de la méthode de travail mise au point par les Mauristes et dont s'inspirera

2. Jean Béreux, *Cartulaires du département de l'Oise. Bibliographie analytique*, dans *Bulletin philologique et historique (jusqu'en 1715), année 1957*, 1958, p. 243-273, à la p. 245.

3. L'entreprise du Cabinet des chartes fut lancée en 1762 par le publiciste Jacob-Nicolas Moreau (1717-1804), avec la protection du contrôleur général et ministre d'État Bertin. Il s'agissait d'une part de créer un dépôt qui réunirait, sous forme de copies, tous les «monuments» relatifs à l'histoire de France et au droit public, et d'autre part de générer, autour de ce dépôt, une activité de recherche. Un «Comité des chartes» fut mis en place, sorte de bureau qui contrôlait, orientait et coordonnait l'activité des copistes recrutés par Moreau (dont des membres de la Congrégation de Saint-Maur et de la Congrégation de Saint-Vanne) et qui surveillait les publications lancées ou reprises par le Cabinet des chartes (*Recueil des ordonnances des rois de France*, *Recueil des historiens des Gaules et de la France*, *L'Art de vérifier les dates*, etc.). En 1782, siégeaient dans ce Comité composé de treize membres, sept bénédictins de Saint-Maur : dom Clément, dom Labbat, dom Merle, dom Turpin, dom Grenier, dom Poirier, dom Lieble.

4. Dans son «Instruction sur les recherches des chartes manuscrites» du 14 mai 1764, Moreau écrit : «on rencontrera souvent des copies de titres et de cartulaires. Lorsque ces copies auront quelque authenticité, on en prendra le tittre, ainsi que celui des pièces renfermées dans les anciens cartulaires, afin qu'on puisse y avoir recours lorsqu'on désespérera de trouver les originaux». Instruction éditée par Xavier Charmes, *Le comité des travaux historiques et scientifiques (histoire et documents)*, t. I, Paris, 1886, p. 63-67, à la p. 66.

Moreau pour la constitution du Cabinet des chartes. Chaque savant est responsable du dépouillement de fonds d'archives situés dans une zone géographique déterminée. Il doit, avant d'entreprendre ses dépouillements et d'effectuer les copies des pièces à retenir, acquérir une connaissance exacte de tous les dépôts composant sa zone d'étude (dans l'entreprise du Cabinet des chartes, on parle de «district») puis, dépôt par dépôt, copier les pièces. C'est ainsi que dom Fonteneau, bénédictin de Saint-Maur chargé au XVIIIe siècle d'écrire l'histoire du Poitou, a laissé, au moment où il abandonna sa tâche [5], un état des fonds d'archives de cette région qui n'est qu'une liste alphabétique des dépôts qu'il a fini de dépouiller ou qu'il n'a pu voir et que son successeur devra visiter [6]. En aucun cas, dom Fonteneau ne précise la composition, la richesse de chaque dépôt et ne signale, en conséquence, les cartulaires. De la même façon, dans son «instruction pour les Bénédictins et autres savans chargés de la collection des anciennes chartes», Moreau demande que quiconque est chargé des recherches connaisse «le nombre et la qualité des dépôts répandus dans l'étendue du district confié à ses recherches... Il doit autant que faire se pourra, se procurer une nomenclature exacte de tous les Chartriers qui y sont compris. Cette nomenclature, dont il enverra un double au Ministre, renfermera simplement le nom et l'indication de chaque Dépôt» [7].

Ce qui prévaut dans l'esprit des Mauristes, comme dans celui de Moreau, est la notion de chartriers ou dépôts d'archives envisagés comme autant de fonds d'archives dans lesquels il leur importe d'accéder afin d'y trouver les documents utiles aux histoires qu'ils conçoivent. Leur méthode de travail (ambulatoire, de dépôt d'archives en dépôt d'archives, mais à l'intérieur d'une zone bien délimitée) n'exige ni qu'un dénombrement des cartulaires soit établi ni qu'une liste en soit dressée.

Il n'est alors qu'un dépôt où sont conservés des cartulaires de provenances diverses et en assez grand nombre pour que leur recensement s'avère utile : la Bibliothèque du roi. On estime généralement qu'il s'y trouve, à la veille de la Révolution, environ 200 cartulaires et copies de cartulaires [8].

---

5. Dom Léonard Fonteneau (1705-1780) fut chargé par la Congrégation de Saint-Maur, vers 1740, de réaliser l'histoire du Poitou. Il fut démis de cette tâche, pour des raisons finalement peu claires, mais dans des conditions douloureuses pour lui, en 1767. La collection des papiers de dom Fonteneau est conservée à la Bibliothèque municipale de Poitiers (88 volumes) et une copie des 23 premiers volumes se trouve à la Bibliothèque nationale (Paris, Bibl. nat., lat. 18376 à 18404). Sur dom Fonteneau, voir Edmond-René Labande, *Fonteneau*, dans *Dictionnaire d'histoire et de géographie ecclésiastiques*, t. XVII, Paris, 1971, col. 908-911 (bibliographie).

6. «Nomenclature des dépôts dépouillés de 1742 à 1772», Bibl. mun. Poitiers, coll. Fonteneau, vol. 58, fol. 537-540v.

7. Jacob-Nicolas Moreau, *Plan des travaux littéraires ordonnés par sa Majesté pour la recherche, la collection et l'emploi des Monumens de l'histoire du Droit public de la Monarchie françoise*, Paris, 1782, p. VII-VIII.

Deux personnes se sont intéressées aux cartulaires que renfermait, à la fin du XVIIIe siècle, cette bibliothèque : Nicolas-Thomas Le Prince et dom Germain Poirier. Chacun à sa manière a produit un travail qui se signale comme les prémices d'un recensement de cartulaires.

En 1782, l'année même où Moreau fait paraître son premier opuscule sur le Cabinet des chartes, Nicolas-Thomas Le Prince publie son *Essai historique sur la Bibliothèque du Roi* qu'il définit, dans son avertissement, comme un véritable guide du lecteur, «un simple guide que l'on prend en entrant dans la Bibliothèque du Roi» [9]. Quand il en vient à décrire la collection Gaignières, Le Prince, constatant qu'un grand nombre de cartulaires y figurent mais que de tels manuscrits se trouvent également dans les autres fonds, décide de dresser une liste des cartulaires de la bibliothèque. Il l'intitule «Notices des chartes, cartulaires, etc. des églises de France et autres, tirées des différens fonds qui composent le dépôt des manuscrits» [10] et l'édite à la suite immédiate de la description qu'il donne de la collection Gaignières. Le but de Le Prince est de permettre de «trouver sur le champ ces différents recueils» [11].

La réalisation n'est cependant pas à la hauteur de cette intention, si clairement exprimée. D'une part, le classement adopté par Le Prince est un classement par collections et, dans chaque collection, par ordre de cote ; les cartulaires n'y sont pas décrits, mais seulement cités (avec, parfois, l'indication de leur date de rédaction). D'autre part, sont intégrés dans cette liste des manuscrits qui ne sont pas des cartulaires ni même des recueils de chartes ou de titres. On y trouve des pouillés, des chroniques, etc. Dans le fonds latin, par exemple, sur 162 manuscrits recensés par Le Prince, 83 seulement sont des cartulaires ou copies de cartulaires.

Le Prince se fait donc ici recenseur. Mais, peut-être faute d'avoir réfléchi à la définition du cartulaire et d'avoir envisagé l'utilisation historique de ce type de manuscrit, il n'effectue qu'un travail limité, qu'il ne reprendra d'ailleurs pas dans la nouvelle édition de son *Essai historique* qu'il projetait [12].

C'est dans le cadre des travaux du Cabinet des chartes que dom Germain

---

8. Ce nombre est ainsi avancé dans un rapport du 2 vendémiaire an VII - 23 septembre 1798, présenté au ministre de l'Intérieur et relatif au projet de regroupement des cartulaires dans un dépôt central, Arch. nat., F¹⁷ 1205, pièce n° 7.

9. Nicolas-Thomas Le Prince, *Essai historique sur la Bibliothèque du Roi et sur chacun des dépôts qui la composent, avec la Description des Bâtimens et des objets les plus curieux à voir dans ces différens dépôts*, Paris, 1782, p. VI. Le Prince (1750-1818) était alors «inspecteur chargé de veiller au recouvrement des exemplaires dus à la Bibliothèque», N.-T. Le Prince, *op. cit.*, p. XIX.

10. N.-T. Le Prince, *op. cit.*, p. 169-192 et 321-336.

11. N.-T. Le Prince, *op. cit.*, p. 168.

12. Bibl. nat., nouv. acq. franç. 479 et nouv. acq. franç. 500 (ce deuxième manuscrit s'apparente plutôt à une copie de travail tandis que le premier semble prêt pour l'édition). Dans cette nouvelle édition, Le Prince poursuivait l'histoire de la bibliothèque jusqu'en 1817.

Poirier [13] est conduit à examiner les cartulaires que renferme la Bibliothèque du roi. Moreau explique ainsi les raisons de ce travail :

«La multitude des cartulaires que la Bibliothèque du Roi renferme est abordée par des savans qui les consultent en secret et qui, après des recherches immenses, quelquefois faites au hasard, en remportent un petit nombre de pièces. Nous faisons copier dans ces cartulaires toutes celles qui ont quelques rapports à notre histoire et à notre droit public. Elles nous sont indiquées par un savant qui a commencé par en parcourir la suite ; et ces pièces séparées, rangées d'abord dans l'ordre des siècles, et dès aujourd'hui soumises à notre examen, feront un jour partie de ces tables de matières ouvertes à tous les gens de lettres. Dès-à-présent nous pouvons compter cinquante des plus riches cartulaires sur lesquels nous avons fait cette importante opération» [14].

Les notices de cartulaires que dresse dom Poirier se trouvent dans ses papiers, aujourd'hui conservés à la Bibliothèque nationale. Peu nombreuses, elles ne formeraient pas, une fois réunies, un répertoire des cartulaires conservés à la fin du XVIIIe siècle dans la Bibliothèque du roi. Pour autant, leur conception et leur contenu méritent d'être soulignés. Car se trouvent déjà là certains des items que retiendra Henri Stein lorsqu'il concevra sa *Bibliographie générale des cartulaires français*. Voici, par exemple, la notice du cartulaire de l'évêché de Langres [15], lue au «Comité des chartes» le 28 août 1782 :

«N° 5188

Ecriture du XIVe siècle.

Ce cartulaire original a été fait par les soins de Jean de Chalon, évêque de Langres en 1329.

La plus ancienne charte est l'arrêt du roi Louis le Jeune en 1153 en faveur de l'évêque de Bourgogne qui refusait de faire au prélat l'hommage de Châtillon.

Le plus grand nombre des chartes appartient au 13e et au 14e siècle. Il y en a à la fin quelques unes du 15e siècle, en 1487, 88 et 95.

Nota. Sur le 1er feuillet, la liste des Paires et autres seigneurs premiers après les Pairs tirée de l'ordonnance de 1275 sur les finances des nobles fiefs et des acquets et églises» [16].

Sont donc ici mentionnés : la cote du manuscrit, sa date de rédaction, la date et l'analyse de la plus ancienne charte qu'il contient, les siècles les plus représentés, les pièces annexes. Dans d'autres notices, on trouverait

---

13. 1724-1803, bénédictin de Saint-Maur et alors garde des archives de l'abbaye de Saint-Germain-des-Prés.

14. Jacob-Nicolas Moreau, *Progrès des travaux littéraires ordonnés par sa Majesté et relatifs à la législation, à l'histoire et au Droit public de la Monarchie françoise*, Paris, 1787, p. 43-44.

15. Bibl. nat., lat. 5188 [= Stein 1860].

16. Bibl. nat., franç. 20840, fol. 52.

également indiqués le type de classement des actes, le nombre de feuillets et le support.

Le travail réalisé par dom Poirier sur les cartulaires de la Bibliothèque du roi se distingue donc nettement de celui de Le Prince. L'explication s'en trouve sans doute dans le fait que les cartulaires sont étudiés par dom Poirier dans un but historique et dans le contexte d'une entreprise de recherche, le Cabinet des chartes, bien définis.

2) Sous la Révolution : une entreprise idéologique.

Sous la Révolution, les cartulaires ont fait l'objet d'une entreprise qu'on pourrait qualifier d'idéologique. En 1798, il fut en effet décidé de regrouper les cartulaires dans un dépôt central établi à Paris, ce qui nécessitait de les rechercher et donc d'en lancer préalablement un recensement à travers tout le pays.

Un tel projet ne pouvait évidemment naître que dans le contexte précis qu'a créé la Révolution. C'est l'abolition de l'ordre social et politique préexistant et la recherche d'un nouveau système qui ont permis que soit poussée plus avant l'application de la centralisation comme outil de la construction de l'État. Colbert, quel qu'en eût été son désir, n'avait pu réunir dans sa bibliothèque que des cartulaires achetés, donnés ou saisis. La suppression des établissements religieux et l'abolition des privilèges rendent, au contraire, l'État propriétaire d'une masse d'archives et placent les hommes de la Révolution face au problème soudain de l'organisation et de la gestion de dépôts aussi nombreux que dispersés. Les archives deviennent ainsi terrain d'expérimentation et d'application des idées révolutionnaires.

Ce projet n'en est pas moins conçu tardivement : après les «grands brûlements» de titres féodaux, après qu'une réflexion eut été menée sur le sort à réserver à ces archives, après que décrets et lois - dont la loi du 7 messidor an II - 27 juin 1794 qui distingue entre titres inutiles donc à détruire, titres domaniaux ou judiciaires utiles et à déposer dans les archives, et, enfin, titres historiques qui seront conservés dans les bibliothèques - eurent été promulgués. Depuis 1796, année du remplacement de l'Agence temporaire des titres par un Bureau de triage des titres placé sous la responsabilité de l'Archiviste de la République, on est passé de l'ère de la destruction à celle de la conservation [17].

---

17. C'est ce que souligne Michel Duchein et ce qu'admettait implicitement Edgard Boutaric. Michel Duchein, *La Révolution française et les archives : la mémoire et l'oubli dans l'imaginaire républicain*, dans *Liber amicorum. Etudes historiques offertes à Pierre Bougard*, Arras, 1987 (*Mémoires de la Commission départementale d'histoire et d'archéologie du Pas-de-Calais*, 25), p. 261-265, à la p. 264. Edgard Boutaric, *Le vandalisme révolutionnaire. Les archives pendant la Révolution française*, dans *Revue des questions historiques*, t. 12, 1872, p. 325-396, à la p. 357.

Sur ce projet, sa naissance et sa réalisation, la plupart des pièces ont été depuis longtemps éditées [18]. Mais certaines, restées inédites ou peu connues [19], méritent d'être signalées car, sans remettre en question le résumé que donne Léopold Delisle de l'affaire dans Le Cabinet des Manuscrits , elles soulignent mieux encore l'échec de l'entreprise [20].

Les acteurs du projet personnifient les idées qui conduisirent à son élaboration : centralisation, transformation des cartulaires en «monuments historiques» et reconnaissance de la spécificité de ces manuscrits.

L'ancien constituant Lebreton tout d'abord, qui est à l'origine de l'affaire. Dans le rapport qu'il présente le 20 messidor an VII - 8 juillet 1798 [21], il propose de créer un dépôt central des cartulaires à Paris, dépôt qui ne devra se confondre ni avec la Bibliothèque nationale ni avec les Archives centrales. Les motivations de Lebreton étaient d'ordres divers. Outre l'intérêt personnel qu'y trouvait son auteur - il demandait qu'un poste lui fût donné dans le futur dépôt -, la création de ce dépôt devait permettre de transformer à coup sûr et définitivement les cartulaires en «monuments historiques» et d'empêcher par là-même qu'ils ne retrouvent un jour une quelconque valeur juridique. La centralisation à Paris des cartulaires, que Lebreton qualifie de «manuscrits originaux» et «trop long-temps oubliés», et dont il vante la richesse et l'intérêt historique [22], se justifie selon lui, par le fait que dans les départements «il se trouve bien peu d'hommes capables de les apprécier et souvent personne en état de les lire» tandis qu'à Paris ils trouveront un public tout à la fois éclairé et savant [23].

Barbier et Chardon la Rochette, membres du Bureau de triage des titres, personnifient également cette démarche volontariste. Ils sont chargés par le

18. Louis Paris, Les cartulaires, dans Le Cabinet historique, t. 6, 1860, p. 169-174. E. Boutaric, Le vandalisme révolutionnaire... (note 17). Léopold Delisle, Le cabinet des manuscrits de la Bibliothèque impériale, t. II, Paris, 1874, p. 29-33.

19. Par exemple la liasse relative à la réunion à la Bibliothèque nationale des cartulaires des départements, Arch. nat., F17 1205. Ou encore un mémoire de dom Poirier relatif à ce projet, Henri Omont, Rapport de dom Poirier sur la réunion à Paris des cartulaires, dans Revue des bibliothèques, 19e année, 1909, p. 167-170.

20. Lorsqu'il dresse le tableau des cartulaires envoyés par les départements à Paris, Léopold Delisle s'appuie sur le dossier des réponses des départements conservé dans les archives du département des manuscrits de la Bibliothèque nationale (Bibl. nat., archives modernes 494). La liasse F17 1205 des Archives nationales fait état d'un plus grand nombre de réponses des départements, sans que s'en trouve modifié le nombre des cartulaires finalement envoyés à Paris.

21. Arch. nat., F17 1205, pièce n° 4. Rapport édité par E. Boutaric, Le vandalisme révolutionnaire... (note 17), p. 358-360.

22. Tout en soulignant, selon la rhétorique du temps, que ces manuscrits, «vieux témoins des prêtres», sont «les dépositaires de mille anecdotes inconnues, les témoins irrécusables des manoeuvres et des tentatives du Clergé de chaque province» et qu'ils «contiennent beaucoup de faits qui révoltent également la justice et la raison».

23. Lebreton estime que le dépôt «ne devrait s'ouvrir qu'aux apôtres de la Raison».

ministre de l'Intérieur d'examiner le projet de Lebreton. Le rapport qu'ils rédigent [24] est favorable à la création d'un dépôt spécifique pour les cartulaires, mais émet des réserves quant à la publication de ces documents. Contrairement à Lebreton qui proposait que des extraits des cartulaires soient édités dans les journaux, ils estiment qu'il serait préférable de créer une collection nouvelle pour éditer les cartulaires.

Autre protagoniste de l'affaire : Poirier, qui a perdu son titre de «dom» dans la tourmente révolutionnaire. Au sein de la Commission des monuments puis de la Commission temporaire des Arts [25], dont il fut membre, il a - comme il le faisait auprès de Moreau - attiré l'attention sur la valeur historique des cartulaires des établissements ecclésiastiques supprimés [26]. Son «mémoire sur le projet de réunir à Paris dans un seul dépôt les cartulaires des principales églises et abbayes de la république» [27] le montre assez réservé. Il n'est d'abord pas convaincu du bien-fondé de la centralisation des cartulaires, jugeant que les personnes les plus aptes à en comprendre la langue, à identifier noms de personnes et noms de lieux sont les historiens des provinces. Il estime ensuite que, à côté des cartulaires, il conviendrait de réunir dans ce nouveau dépôt tous les documents qui constituent les actuelles séries G et H des Archives départementales : les chartes originales, et encore les actes capitulaires, les nécrologes, etc. Mais surtout, Poirier remet en cause l'utilité immédiate de publier dans des journaux des extraits des cartulaires et souligne la nécessité de dresser «un catalogue méthodique accompagné des dates de chacun» des manuscrits qui entreront dans le nouveau dépôt «et ensuite de donner la notice de chaque cartulaire».

François de Neufchâteau, enfin, ministre de l'Intérieur, qui adresse le 21 frimaire an VII - 11 décembre 1798 aux administrations centrales des départements une circulaire les invitant à envoyer à Paris les cartulaires qu'ils trouveront dans les divers dépôts littéraires [28]. La notion de cartulaire qui apparaît à travers cette circulaire est assez floue. Si le ministre parle d'abord des «cartulaires» qui doivent être réunis à Paris, il use ensuite du terme de «titres» pour finir par demander l'envoi de «tout ce que les dépôts [des] départements possèdent en ce genre».

24. Arch. nat., F¹⁷ 1205, pièce n° 7. Rapport édité par L. Paris, *Les cartulaires...* (note 18), p. 171-174.

25. La Commission des monuments fut créée en 1790 et remplacée, en 1793, par la Commission temporaire des Arts. Cette dernière fut supprimée le 18 décembre 1793.

26. Sa pensée et son action furent alors importantes. C'est en effet lui qui, dans un mémoire du 30 janvier 1792, proposa la distinction entre «titres actifs» et «titres monuments», au premier rang desquels il plaçait les cartulaires. Bibl. nat., franç. 20842, fol. 86-87 et Arch. nat., F¹⁷ 1139. Rapport édité par E. Boutaric, *Le vandalisme révolutionnaire...* (note 17), p. 344-347.

27. Édité par H. Omont, *Rapport de dom Poirier...* (note19).

28. Arch. nat., F¹⁷ 1205, pièce n° 13. Circulaire éditée par L. Delisle, *Le cabinet des manuscrits...* (note 18), p. 29 et dans le *Catalogue général des manuscrits des bibliothèques publiques des départements*, t. II [Troyes], Paris, 1855, p. XXV.

En reprenant la liste des envois on constate :

- que les envois ont été peu nombreux : 104 manuscrits, plus quelques cartons de chartes.

- que tous les manuscrits envoyés ne sont pas des cartulaires, loin s'en faut : ce sont aussi des obituaires, des inventaires, des registres capitulaires, des recueils de titres, etc.

- que tous les départements n'ont pas répondu à la circulaire [29]. Trente-six départements de l'actuel territoire français l'ont fait et seulement onze ont envoyé des documents. Les autres ont accusé bonne réception de la circulaire et annoncé qu'ils allaient engager les recherches (sept réponses), ou bien ont répondu ne rien avoir trouvé qui corresponde à la demande du ministre (quatorze réponses). Certains le déplorent amèrement, comme l'administrateur du département de l'Ardèche qui estime que tous les cartulaires ont été brûlés, en même tant que les titres féodaux [30]. Enfin, quelques administrateurs se sont élevés contre le projet et ont signifié au ministre vouloir conserver les cartulaires dans les dépôts de leurs départements. C'est le cas de celui de la Seine-Inférieure [31].

Le résultat de l'opération est donc un relatif échec. Elle n'a ni donné lieu à un recensement des cartulaires conservés dans les différents dépôts français, ni permis la création d'un dépôt central. Tous les manuscrits envoyés ont été déposés à la Bibliothèque nationale... et s'y trouvent encore. Cependant, les principes qui ont conduit à l'élaboration et au début de réalisation du projet - importance et spécificité des cartulaires comme monuments historiques, et nécessité de les regrouper - ont été assez répandus parmi les responsables des dépôts d'archives et des bibliothèques de l'époque pour influencer le classement des fonds dans la première moitié du XIXe siècle.

---

29. Parmi les départements qui n'ont pas répondu à la circulaire figure la Lozère. La circulaire n'y était cependant pas perdue comme le prouve une lettre du préfet de ce département, adressée en 1801 au ministre de l'Intérieur et réclamant la nomination d'un archiviste. Le préfet y reprend mot à mot les termes de la circulaire de 1798 pour argumenter sa demande. Lettre éditée par Xavier de Laborde, *Les Archives de la France, leurs vicissitudes pendant la Révolution, leur régénération sous l'Empire*, Paris, 1867, p. 339.

30. Il écrit dans sa réponse : « Nous avons lieu de présumer que considérés comme des titres féodaux... ils ont été la proye des flammes, en exécution des lois révolutionnaires... C'est là un sujet de regret éternel pour tous les amis des sciences, de l'histoire et des arts». Arch. nat., F17 1205, pièce n° 19.

31. Arch. nat., F17 1205, pièce n° 72. Son argumentation est bâtie sur la nécessité de conserver dans les bibliothèques centrales des départements les «monuments» qui permettront aux historiens d'écrire l'histoire de leur province. C'est celle qu'avait développée le bibliothécaire de l'école centrale de ce département, à qui l'administration centrale avait demandé de se prononcer sur l'application à donner à la circulaire de Neufchâteau. Voir *Chartes de l'abbaye de Jumièges (v. 825 à 1204) conservées aux Archives de la Seine-Inférieure*, publiées par Jules-Joseph Vernier, t. I *(v. 825 à 1169)*, Rouen-Paris, 1916, p. VIII-XI.

3) Des démarches héritières de la Révolution.

La mise en application de ces principes se trouve en effet à l'origine de l'éphémère fonds des cartulaires de la Bibliothèque nationale, et du regroupement - tout aussi éphémère - des cartulaires ecclésiastiques des Archives nationales dans le titre I de la série L. Si ces deux fonds ont eu une existence limitée dans le temps, ils n'en ont pas moins donné lieu à des recensements des cartulaires conservés dans chacun de ces établissements.

A la Bibliothèque nationale (alors royale), le «fonds des cartulaires» a été officiellement créé vers 1820 par Méon, conservateur à la Bibliothèque royale, et constitué à partir des cartulaires entrés dans la deuxième moitié du XVIIIᵉ siècle et de ceux envoyés par les départements en 1799. Il s'est par la suite accru des cartulaires achetés ou donnés isolément [32]. Supprimé en 1862, en même temps que les fonds des «suppléments latins» et des «suppléments français» et refondu dans les fonds latin et français, il comptait alors plus de 300 manuscrits compris sous 290 numéros.

De ce fonds, un catalogue a été dressé, qui constitue le dernier tome d'une série de quatre-vingt-deux «catalogues des manuscrits de la Bibliothèque royale» [33]. Les manuscrits y sont présentés par ordre de cotes, la notice se limite au titre du manuscrit et à son siècle. Une simple lecture permet de constater que le fonds des cartulaires contenait divers manuscrits d'autre nature : recueils de coutumes, terriers, obituaires, statuts, etc.

Des états dressés par Léopold Delisle complètent ce catalogue. Son *Catalogue et concordance du fonds des cartulaires* [34] n'apporte guère de nouveauté par rapport au catalogue du fonds des cartulaires, qu'il reprend dans une première partie. Mais il donne dans une seconde partie (fol. 13-16v) une table de concordance entre les anciennes cotes de ce fonds et les nouvelles, ce qui permet de placer sa date de réalisation après 1862. La *Table alphabétique des cartulaires, des extraits d'archives, des obituaires, des terriers, des pouillés, etc., etc., etc. conservés à la B.I.* [35] est beaucoup plus novatrice. Commencée après 1852, mais avant 1862, et quelque peu complétée et amendée ensuite [36], elle présente un classement alphabétique par noms de lieux. Cette *Table*, comme son titre l'indique, ne concerne pas les seuls cartulaires et les notices des manuscrits y sont succinctes, se limitant à la cote, au titre du manuscrit et à l'indication de son siècle, parfois même à la seule indication d'une

32. En revanche, quand entrait à la Bibliothèque nationale un cartulaire appartenant à un fonds important, la politique de fonds prévalait et le manuscrit n'intégrait pas celui des cartulaires.

33. Bibl. nat., nouv. acq. franç. 5447 à 5530. Le catalogue des cartulaires est donc coté nouv. acq. franç. 5530.

34. Bibl. nat., nouv. acq. franç. 5685.

35. Bibl. nat., salle de lecture des Manuscrits, bureau n° 63.

36. Il est certain que cette *Table* fut commencée avant 1862 puisqu'on y rencontre des cotes renvoyant au fonds des cartulaires.

cote. Cependant Léopold Delisle y mentionne également des cartulaires conservés dans d'autres dépôts que la Bibliothèque impériale, des extraits de cartulaires se trouvant dans les manuscrits de cette bibliothèque, ou encore la référence d'une édition. En cela - et pour ce qui concerne les seuls cartulaires -, cette *Table*, bien qu'inachevée, peut être considérée comme un des précurseurs de l'ouvrage d'Henri Stein.

Aux Archives nationales, c'est seulement après le démembrement de ce qu'on peut appeler un «fonds des cartulaires» qu'un inventaire fut dressé. La plupart des cartulaires conservés dans ce dépôt y étaient arrivés sous la Révolution, parmi les archives des établissements ecclésiastiques supprimés. Leur classement dans le titre I de la série L avait été ordonné par Daunou, garde général des Archives sous le Ier Empire [37]. En 1850, la suppression de ce fonds fut décidée, et, en 1855, Edgard Boutaric dressa l'inventaire des cartulaires conservés aux Archives de l'Empire «car s'il était indispensable de remettre à leur place les cartulaires, il n'était pas moins utile de pouvoir retrouver promptement ces manuscrits, excellents entre tous, qui offrent sous une forme facile à consulter de précieux renseignements sur la fondation et les premiers développements» d'établissements religieux importants» [38].

Pour réaliser cet inventaire, Boutaric s'est livré à un véritable travail d'investigation, examinant chacun des 4888 registres de la section historique. Ce qui lui permit de constater que, dans le titre I de la série L (L 20 à L 191) composé de 302 manuscrits, se trouvaient 195 registres qui n'étaient pas des cartulaires alors que des cartulaires n'y avaient jamais été intégrés. L'inventaire qu'il a dressé fait ainsi état de 150 cartulaires (dont 107 provenant de l'ancien titre I de la série L) répartis en quatre sections : cartulaires royaux, cartulaires seigneuriaux, cartulaires d'établissements ecclésiastiques séculiers, cartulaires d'établissements ecclésiastiques réguliers. Sauf pour les cartulaires royaux, présentés par ordre chronologique, le classement adopté est alphabétique, par noms de lieux ou de personnes. Quand un même établissement possède plusieurs cartulaires, ceux-ci sont présentés par ordre d'ancienneté. Edgard Boutaric complète cet inventaire par deux listes. La première présente 14 cartulaires de la Bibliothèque impériale et de la Bibliothèque Sainte-Geneviève ayant appartenu aux collections des Archives de l'Empire et la seconde les 195 manuscrits classés à tort dans le fonds des cartulaires [39].

---

37. Un «projet de distribution des divers documents dans les séries K, L et M», datant de 1809, précise, à propos de la constitution de ce titre I de la série L : «retirer les cartulaires de toutes les parties des archives où ils peuvent se trouver, les déposer dans des cartons et les mettre en ordre». Arch. nat., AB XIII 1.

38. Rapport du 13 octobre 1855 qu'Edgard Boutaric avait joint à son inventaire, Arch. nat., AB XIII 1.

39. Ces précisions sont données par Edgard Boutaric dans son rapport (Arch. nat., AB XIII 1). On doit les compléter avec celles figurant dans ses rapports mensuels pour les mois de mai et

L'inventaire de Boutaric succède donc à un reclassement de la série L des Archives de l'Empire. Sa raison d'être est de permettre de retrouver les cartulaires.

II. L'AGE D'OR DES RECENSEMENTS (1847-1907)

Soixante années séparent la parution du *Catalogue général des cartulaires des archives départementales* (1847) de celle de la *Bibliographie générale des cartulaires français* d'Henri Stein (1907). Soixante ans qui laissent voir les orientations de trois générations d'historiens. Hasard ou non, cette période est effectivement marquée par trois publications de recensement des cartulaires, chacune à trente ans d'intervalle : le *Catalogue général des cartulaires* en 1847, l'*Inventaire des cartulaires conservés dans les bibliothèques de Paris et aux Archives nationales* d'Ulysse Robert en 1878, et la *Bibliographie générale des cartulaires* d'Henri Stein en 1907. Les travaux de Léopold Delisle et d'Edgard Boutaric - que nous venons d'exposer car générés par une conception du classement des archives en vigueur au début du XIXe siècle - jouant comme autant de relais entre ces générations.

1) Deux ouvrages complémentaires.

Le *Catalogue général des cartulaires des archives départementales* paru en 1847 [40] participe d'une démarche déjà rencontrée : signaler les cartulaires conservés dans ces dépôts, afin d'en assurer la conservation en même temps que de permettre leur consultation par les «personnes qui s'intéressent à l'histoire nationale». Mais, à la différence de l'inventaire de Boutaric - établi après modification d'un classement aux Archives impériales -, ce catalogue est dressé alors que le classement des archives départementales est en cours. Ses promoteurs le présentent d'ailleurs comme «le commencement d'exécution [du] projet» de classement général et d'inventaire des archives des départements. Dans leur avertissement, ils se réfèrent aussi à la circulaire du 31 mai 1842, par laquelle le ministre de l'Intérieur, Tanneguy Duchatel, invitait les préfets «à faire rechercher les cartulaires conservés dans ces archives et à en faire rédiger des catalogues». Duchatel motivait cette demande en exposant que, le classement des Archives - engagé sur ses instructions - ne devant pas

de juin 1855, où l'on apprend que Boutaric établit d'abord son répertoire sur fiches et qu'il indiquait, pour les cartulaires d'établissements ecclésiastiques, la nature de l'établissement, l'ordre dont il dépendait, le diocèse dont il relevait, enfin les pièces originales copiées dans le cartulaire et conservées aux Archives impériales (Arch. nat., AB IX 2^A). L'inventaire lui-même n'a pas été retrouvé et nous ignorons donc comment les notices avaient été conçues. Cet inventaire était signalé dans l'*Etat des inventaires des Archives nationales au 1er janvier 1914*, Paris, 1914, p. 5, mais avait disparu de l'*Etat des inventaires des Archives nationales, départementales et hospitalières au 1er janvier 1937*, Paris, 1938.

40. Commission des Archives départementales et communales, *Catalogue général des cartulaires des archives départementales*, Paris, 1847.

aboutir avant plusieurs années, «il serait bon de constater, au moins dès à présent, l'existence des documents les plus précieux, afin d'en rendre la conservation plus certaine» [41]. Or, il classait les cartulaires au premier rang de ces documents.

Le classement adopté dans ce catalogue répond donc aux instructions sur le classement des Archives départementales diffusées en 1841 et préfigure ce que seront les *Inventaires sommaires*. C'est un classement par lieux de dépôt et, à l'intérieur de ceux-ci, par type d'archives (civiles, ecclésiastiques), puis par type d'établissements (réguliers, séculiers), enfin par fonds d'établissements.

Il fournit pour chaque manuscrit une description matérielle et une analyse de contenu assez poussées : nom du cartulaire, support, format, nombre de folios, datation, nombre et date des pièces contenues dans le manuscrit, enfin des observations diverses touchant, par exemple, à l'état de conservation du manuscrit ou à la nature des actes copiés. Mais les défauts de ce catalogue apparaissent rapidement : absence de cotes, caractère non exhaustif du recensement en ce qui concerne les cartulaires mais présentation de manuscrits qui ne sont pas des cartulaires [42], manque d'uniformité de l'ensemble [43].

Son objet est donc de signaler les cartulaires afin d'en assurer la conservation. Mais au-delà ? Même s'il convient de s'inscrire en faux par rapport à Alfred Franklin qui classe à tort le *Catalogue général des cartulaires* parmi les publications du Comité des travaux historiques [44], c'est cependant en mettant en parallèle la date de parution de l'ouvrage et l'état d'avancement des publications de cartulaires dans la *Collection des documents inédits relatifs à l'Histoire de France* que se lit la réponse à cette question. Le Comité

41. On trouve, à côté des premières feuilles du futur *Catalogue général des cartulaires*, un exemplaire de cette circulaire dans la liasse Arch. nat., AB XIII 1. Certains dépôts ont répondu à cette circulaire. Il existe ainsi, pour les Archives départementales de la Côte-d'Or, un *Inventaire général des cartulaires*, rédigé par Claude Rossignol (alors directeur des Archives) en 1846 et resté manuscrit. Cet inventaire suit un classement par fonds, dans l'ordre des séries B à H.

42. Cela malgré les termes très clairs de la circulaire du 31 mai 1842, qui contraste avec le flou qui se dégageait de celle envoyée en 1798 par François de Neufchâteau aux départements. Duchatel demande qu'on recherche et qu'on inventorie les «cartulaires et autres manuscrits renfermant des transcriptions de chartes et titres anciens» et précise que «il est bien entendu que ce travail [d'inventaire] n'est pas applicable aux manuscrits qui contiennent non la transcription, mais seulement l'analyse ou la mention sommaire des titres : ce sont là des inventaires qu'il faut se garder de confondre avec les cartulaires». Arch. nat., AB XIII 1.

43. Autant de défauts qui s'expliquent par la date de parution de l'ouvrage - le classement des fonds dans les Archives départementales est alors peu avancé - et par sa conception, une réunion de notices envoyées par les archivistes.

44. Le *Catalogue général des cartulaires* est présenté par celui-ci comme constituant le t. X de la *Collection des documents inédits relatifs à l'histoire de France*. Alfred Franklin, *Les sources de l'histoire de France. Notices bibliographiques et analytiques des inventaires et des recueils de documents relatifs à l'histoire de France*, Paris, 1877, p. IV.

des travaux historiques, créé en 1834 et placé sous la direction du ministère de l'Instruction publique, a en effet oeuvré pour que le classement des Archives, qui dépendent du ministère de l'Intérieur, soit entrepris [45]. Car, sans inventaire, comment connaître l'existence des manuscrits dignes d'être édités ? En 1847 seulement deux cartulaires sont édités dans la collection du C.T.H. [46]. Le *Catalogue général des cartulaires* doit donc être envisagé comme une invite à l'édition de cartulaires.

L'*Inventaire des cartulaires conservés dans les bibliothèques de Paris et aux Archives nationales* d'Ulysse Robert, paru en 1878, et son supplément de 1879 ont été pensés par leur auteur comme le complément, pour les dépôts parisiens, du *Catalogue* de 1847. Ils participent donc de la même ambition : susciter des éditions de cartulaires en signalant, dans un ouvrage commode et peu coûteux - par rapport aux inventaires d'archives et catalogues de bibliothèques - l'existence de ces derniers dans les dépôts parisiens. Son introduction l'indique clairement : «c'est dans le désir d'être utile à ceux qui auraient le dessein d'entrer ou de persévérer dans cette voie [la publication de cartulaires]» [47]. Ulysse Robert suit en cela le chemin ouvert par Léopold Delisle qui, au sein du Comité des travaux historiques, s'est fait le promoteur de ces publications. Dès 1866, Léopold Delisle avait dressé la liste des éditions de cartulaires, toujours dans le but d'inciter à de nouvelles éditions. Cette liste - que reprend et met à jour Ulysse Robert dans son ouvrage - fut publiée dans la *Revue des sociétés savantes* à la suite du rapport sur le concours d'histoire de 1866, qui couronnait justement la publication d'un cartulaire [48].

L'inventaire d'Ulysse Robert présente un classement alphabétique par noms de lieux. La notice de chaque cartulaire y est assez réduite : titre, date, nombre de folios, lieu de conservation et cote. Il n'offre aucune analyse de contenu, il ne retient que les cartulaires et les copies de cartulaires, laissant de côté les fragments ou extraits de cartulaires, comme les recueils de chartes qu'Ulysse Robert avait le projet de présenter dans un autre inventaire.

---

45. Voir la circulaire du 22 novembre 1833, adressée aux préfets par Guizot dans laquelle ce dernier demande expressément et explicitement que soient entrepris l'inventaire et le catalogage des archives départementales et communales. Circulaire éditée par X. Charmes, *Le comité des travaux...* (note 4), t. II, 1886, p. 12-13.

46. *Cartulaire de l'abbaye Saint-Père de Chartres*, publié par Benjamin Guérard, Paris, 1840. *Cartulaire de l'abbaye de Saint-Bertin*, publié par Benjamin Guérard, Paris, 1841.

47. Ulysse Robert, *Inventaire des cartulaires conservés dans les bibliothèques de Paris et aux Archives nationales, suivi d'une bibliographie des cartulaires publiés depuis 1840*, Paris, 1878, p. VI.

48. Léopold Delisle, *Rapport sur le concours d'histoire*, dans *Revue des sociétés savantes*, 4ᵐᵉ série, t. 3, 1866, p. 496-530. La société couronnée fut la Société archéologique d'Eure-et-Loir, pour le *Cartulaire de Notre-Dame de Chartres*, publié par Eugène de Buchère de Lépinois et Lucien Merlet, 3 vol., Chartres, 1862-1865.

2) La «Bibliographie générale des cartulaires français» d'Henri Stein.

Il devait appartenir à Henri Stein [49] de réaliser ce projet - et plus encore - en faisant paraître, trente ans après, sa *Bibliographie générale des cartulaires français ou relatifs à l'histoire de France*.

Dès sa parution, en 1907, l'ouvrage fut salué comme un instrument de travail de première valeur et son succès ne s'est, depuis, pas démenti. Léon Mirot, dans le compte rendu qu'il fait de l'ouvrage en 1910 parle «d'une publication d'importance capitale» [50].

L'ouvrage marque en effet une étape importante dans l'histoire des recensements de cartulaires en France. Une étape et sans doute le terme d'une époque, tant cette publication est redevable des travaux du XIXe siècle : travaux de recensement comme de classement des fonds d'archives, de catalogage et d'édition d'inventaires, travaux d'édition.

Qui feuillette l'ouvrage d'Henri Stein s'étonne généralement de son titre : pourquoi l'avoir appelé *Bibliographie* alors qu'il est manifestement plus un répertoire des cartulaires encore existants, perdus ou détruits [51]? La question a son importance car c'est en cherchant à y répondre que se dessinent clairement la parenté des objectifs d'Henri Stein et de ses devanciers et, en même temps, la singularité du travail de l'auteur.

Comme les auteurs du *Catalogue* de 1847, comme Léopold Delisle et Ulysse Robert, Henri Stein a pensé sa *Bibliographie* comme un instrument de travail devant inciter à l'édition de cartulaires [52]. On sait en effet que l'ouvrage devait constituer le premier volume d'une «Collection des cartulaires»

49. Archiviste-paléographe (promotion de 1885), Henri Stein fit toute sa carrière aux Archives nationales. De l'année de sa retraite, en 1923, jusqu'en 1933, il fut chargé du cours du service des archives à l'École des chartes.

50. Compte rendu par Léon Mirot, dans *Bibliothèque de l'École des chartes*, t. 71, 1910, p. 92.

51. Savoir comment définir l'ouvrage d'Henri Stein est une question que durent affronter les auteurs de compte rendu eux-mêmes. Si Jean Besse, dans la *Revue des questions historiques*, appuie sur son aspect «bibliographie», désignant d'ailleurs le *Catalogue* de 1847 et l'*Inventaire* d'Ulysse Robert de 1878 comme des «essais de bibliographie de cartulaires», d'autres retiennent de préférence le côté «liste de manuscrits», tel l'auteur du compte rendu paru dans l'*English Historical Review* : «It consists primarily of an alphabetical list of chartularies and extracts from chartularies preserved in manuscript, with notes where necessary of their publication in full or in part or by way of calendar». Compte rendu par Jean Besse, dans *Revue des questions historiques*, nouv. série, t. 39, p. 663. Compte rendu signé W., dans *The English Historical Review*, vol. 24, n° 94, 1909, p. 416.

52. Quelques années plus tard, Henri Stein fera paraître un article sur les règles de l'édition des cartulaires. Henri Stein, *Comment doit-on publier un cartulaire*, dans *Revue d'histoire de l'Église de France*, t. 13, 1927, p. 5-15 (repr. dans Victor Carrière, *Introduction aux études d'histoire ecclésiastique locale*, t. II, *L'histoire locale à travers les âges*, Paris, 1934, p. 216-228).

qu'envisageait, au début du XXe siècle, de lancer la Librairie Picard [53]. Faute de souscripteurs, cette collection - dans laquelle devaient être édités des «cartulaires d'un intérêt général conservés dans nos divers dépôts» - ne vit jamais le jour et c'est dans celle des «Manuels de bibliographie historique» de la même Librairie Picard que la *Bibliographie* fut éditée. Elle en constitue le quatrième volume, Henri Stein étant déjà co-auteur (avec Charles-Victor Langlois) du premier, *Les Archives de l'histoire de France*, et auteur du deuxième, *Manuel de bibliographie générale*, parus respectivement en 1891-1892 et en 1897.

Archives et bibliographie : deux maîtres-mots dans l'oeuvre d'Henri Stein qu'il conjugue dans sa *Bibliographie* pour donner un ouvrage novateur. Car la grande différence entre Stein et ses devanciers du XIXe siècle se trouve dans le travail de synthèse et de systématisation qu'il effectue, en regroupant différents types d'informations puisées à de nombreuses sources et en développant la notice de chaque cartulaire [54]. Le souci qui l'anime - le regroupement systématique et la présentation de tout ce qui concerne les cartulaires français [55], tant au niveau des archives que de la bibliographie - le conduit à prendre en compte les cartulaires proprement dits comme les recueils de chartes [56], à travailler sur les cartulaires d'établissements ecclésiastiques comme sur les cartulaires civils, sur les cartulaires du haut Moyen Age comme sur ceux de l'Époque Moderne, à signaler les fragments de cartulaires, à relever les mentions de cartulaires perdus ou détruits, ... Une entreprise d'aide à la recherche et à l'exploitation des documents qu'Henri Stein réalise sans aucun préjugé sur l'utilisation qui pourra être faite des informations qu'il livre, comme veut le souligner Léon Mirot qui, dans la notice nécrologique qu'il consacre à Henri Stein, qualifie les travaux de ce dernier «d'altruistes» [57].

---

53. Voir la présentation de ce projet dans la chronique de la *Bibliothèque de l'École des chartes*, t. 65, 1904, p. 467-468.

54. Henri Stein lui-même dit avoir voulu «faire une oeuvre aussi générale que possible dans le temps et dans l'espace». Henri Stein, *Bibliographie générale des cartulaires français*, Paris, 1907, p. XIII.

55. Ou «relatifs à l'histoire de France», comme le précise le titre de l'ouvrage et ainsi que s'en explique Henri Stein en introduction (p. XIII) qui précise avoir «considéré comme territoire français celui où s'est exercée à un degré quelconque l'influence de la France, soit au point de vue politique, soit au point de vue du langage» ce qui vaut de voir mentionné sous le n° 4394 l'ouvrage d'Henry de Castries, *Les sources inédites de l'histoire du Maroc de 1530 à 1845*, 1re série, Paris, 1905.

56. Henri Stein, appliquant du reste strictement la définition *archivistique* du cartulaire, glisse parfois vers le recueil d'actes administratifs. On en trouvera exemple sous le n° 2335, où sont signalés deux recueils d'édits, ordonnances et arrêts relatifs à la Maréchaussée de France, parus en 1661 et 1697, ou encore sous le n° 4351, un recueil de lois et règlements concernant l'Instruction publique depuis 1598 jusqu'en 1824, publication de 7 volumes parue de 1814 à 1825.

57. Léon Mirot, *Henri Stein*, dans *Bibliothèque de l'École des chartes*, t. 102, 1941, p. 355-363, à la p. 358.

C'est cette synthèse d'informations sur les cartulaires, jusque-là éparses ou inconnues [58], qui fait de l'ouvrage d'Henri Stein une oeuvre novatrice. Mais également la conception et l'organisation de l'ouvrage. Celles-ci, bien connues des utilisateurs de la *Bibliographie*, méritent d'être rappelées.

Comme dans l'*Inventaire* d'Ulysse Robert, le classement adopté est alphabétique, d'abord par noms de lieux et, à l'intérieur de ce premier classement, par noms d'établissements. Quand, pour un même établissement, plusieurs cartulaires sont connus, ceux-ci sont présentés par ordre chronologique. L'attribution d'un numéro à chaque notice de cartulaire est une innovation importante puisqu'elle rend très aisée les références aux cartulaires signalés par la *Bibliographie* en créant un langage commun aux chercheurs.

Le plan-type d'une notice est le suivant :

- nom ou désignation du manuscrit, date, support, format, nombre de folios, nombre et dates extrêmes des actes, lieu de conservation et cote ;

- copies du manuscrit, dates, lieux de conservation et cotes ;

- extraits du manuscrit, dates, lieux de conservation et cotes ;

- publications, analyses.

La notice d'un cartulaire intègre donc des informations qui relèvent de la codicologie comme de la tradition du manuscrit. L'ouvrage offre une richesse de renseignements qui, actuellement, est toujours utile aux chercheurs qui travaillent sur les cartulaires comme aux successeurs d'Henri Stein.

III. CONCEVOIR UN REPERTOIRE DE CARTULAIRES AUJOURD'HUI

1) Le vieillissement de la «Bibliographie générale des cartulaires français».

La *Bibliographie générale des cartulaires français* a évidemment vieilli. L'ouvrage a aujourd'hui plus de 80 ans et il suffit de compulser les exemplaires de la salle des manuscrits de la Bibliothèque nationale, de la Bibliothèque de l'école des chartes et de l'I.R.H.T., tous trois abondamment annotés, pour prendre la mesure des corrections nécessaires. Celles-ci portent d'abord sur la bibliographie, qui mérite d'être mise à jour, mais encore sur le signalement même des manuscrits. Depuis 1907, des cartulaires ont disparu, soit qu'ils

58. Henri Stein le reconnaît lui-même : il est héritier du travail accompli par ses devanciers du XIXe siècle. Effectivement, l'ampleur du travail qu'il réalise n'a été possible que parce que le classement des fonds d'archives est bien avancé, que la collection in-4° des «inventaires sommaires» s'est enrichie et que les éditions de cartulaires se sont multipliées. On notera ainsi la correspondance fréquente qui existe entre l'indication par Henri Stein du nombre d'actes et des dates extrêmes de ceux-ci dans un cartulaire donné et l'édition antérieure de ce cartulaire ou la publication de l'inventaire sommaire du fonds d'archives dans lequel il est conservé. Henri Stein ne s'est donc pas toujours livré à un dépouillement des manuscrits eux-mêmes.

aient été perdus [59] soit qu'ils aient été détruits. D'autres ont reçu une cote ou ont changé de lieu de conservation [60]. D'autres enfin ont été retrouvés ou même découverts, tel, très récemment, le cartulaire de la chartreuse de Bonnefoy [61].

Devons-nous relever qu'à côté de ce vieillissement inéluctable de l'ouvrage, celui-ci présente des imperfections et quelques erreurs ? Les imperfections sont bien connues des utilisateurs du Stein. Certaines ne créent pas de gêne irrémédiable, même si le mâniement de l'ouvrage s'en trouve quelque peu alourdi. Il suffit, par exemple, d'admettre de chercher à la lettre L un établissement dont le nom commence par Le ou La. Ou encore de savoir que le Paris pris en compte par l'auteur est le Paris médiéval : c'est donc à l'entrée «Longchamp» ou bien «Montmartre» qu'on lira la notice du cartulaire de chacun des établissements situés dans les «villages» annexés, sous le Second Empire, à Paris. D'autres sont moins aisément contournables et nécessitent le recours à des instruments de travail complémentaires, tels le nombre insuffisant des tables qui clôturent la *Bibliographie* ou l'absence de la mention de l'ordre dont relèvent les abbayes et prieurés.

Quant aux erreurs et omissions [62], elles étaient inévitables du fait même de l'ampleur de la tâche que s'était fixée Henri Stein, ainsi que s'accordent à le souligner tous les recenseurs de l'ouvrage [63]. L'auteur n'a pas pu consulter

59. Ou bien que leur trace se soit perdue, c'est essentiellement le cas des cartulaires qu'Henri Stein signalait dans des collections privées.

60. Dès 1908, la vente d'une partie de la collection Phillipps obligeait à corriger l'ouvrage. Une trentaine de cartulaires entrèrent, à la suite de cette vente, dans les collections de la Bibliothèque nationale. Voir Henri Omont, *Catalogue des manuscrits latins et français acquis en 1908 pour la Bibliothèque nationale*, Paris, 1909.

61. L'existence de ce cartulaire, découvert lors de travaux dans un presbytère angevin, était ignorée de tous jusqu'en 1986. Voir Jean-Loup Lemaître, *Cartulaire de la chartreuse de Bonnefoy*, Paris, 1990 (*Documents, études et répertoires publiés par l'I.R.H.T.*).

62. A titre d'exemple, nous en signalerons deux, parmi celles que nous avons relevées récemment. Le n° 1955 est consacré au cartulaire de l'abbaye Saint-Sauveur du Bugue (diocèse de Périgueux), manuscrit de 32 feuillets, signalé comme perdu. Il s'agit en fait du manuscrit franç. 11638 de la Bibliothèque nationale, un cartulaire-censier des XIII°-XIV° siècles. Ce manuscrit a appartenu au fonds des cartulaires de la Bibliothèque nationale où il portait le numéro 78. Dans le catalogue de ce fonds, comme dans le catalogue de l'actuel fonds des manuscrits français, il est désigné comme étant un censier. Ce qui explique qu'Henri Stein n'ait pas fait la relation entre ce manuscrit et celui que l'abbé Lespine appelait «cartulaire». Les extraits que ce dernier a faits du manuscrit montrent qu'il s'agit bien d'un même et unique manuscrit. Bibl. nat., coll. Périgord, vol. 33, fol. 268-269v et 278-283. Sous le n° 3042, Henri Stein signale une copie du «Grand-Gauthier», cartulaire-pouillé de l'évêché de Poitiers, copie réalisée au XVIII° siècle et conservée à la bibliothèque de Cheltenham. Cette copie, depuis achetée par la Bibliothèque municipale de Poitiers où elle est conservée sous la cote ms 641, n'est pas une copie du cartulaire de l'évêché de Poitiers mais celle du livre des aveux et dénombrements rendus au comte de Poitiers de 1392 à 1410, manuscrit également connu sous le nom de «Grand-Gauthier».

63. Louis Halphen, dans la *Revue historique*, consacre une page, sur les deux de son compte

et dépouiller seul tous les manuscrits qu'il signale dans sa *Bibliographie*. Il n'a pas pu, non plus, vérifier toutes les informations que lui ont fournies archivistes et bibliothécaires ou qu'il a relevées dans les recensements parus précédemment. Ainsi, on remarque que certaines erreurs figurant dans le *Catalogue* de 1847 se retrouvent dans l'ouvrage d'Henri Stein.

2) Un projet de supplément.

Des erreurs qui avaient pu se glisser dans son travail comme de son vieillissement obligé, Henri Stein avait pleine conscience. De même, il savait ne pas avoir mené à leur terme certaines recherches, en particulier celles relatives aux cartulaires perdus, ce dont il avertissait le lecteur dans l'introduction même de sa *Bibliographie générale des cartulaires français*. C'est pourquoi il envisagea et entreprit très tôt la rédaction d'un supplément [64].

Avec l'aide de plusieurs collaborateurs, dont Ferdinand Lot, la matière d'environ 1200 nouvelles notices fut réunie. A la mort d'Henri Stein, en 1940, ces notes furent reprises et organisées par Louis Carolus-Barré en vue de leur publication. Malheureusement, le contexte de l'époque ne permit pas à ce dernier d'effectuer les vérifications et corrections nécessaires avant l'impression définitive. Aussi, le supplément à la *Bibliographie* n'est-il jamais sorti des presses, sinon à l'état d'épreuves en trois exemplaires [65].

3) Compléter le Stein.

Quant aux articles apportant des compléments ponctuels ou régionaux qu'aurait dû susciter la parution de la *Bibliographie*, ils se révèlent bien peu nombreux. L'explication s'en trouve sans doute dans l'annonce précoce, par Henri Stein lui-même, d'un projet de supplément, et, plus tard, dans celle de la création de la section de diplomatique de l'I.R.H.T. à laquelle on avait fixé comme programme de réaliser la refonte de l'ouvrage.

Le P. de Monsabert fut le premier qui afficha le désir de compléter l'ouvrage en offrant, dès 1911, un article sur les cartulaires d'une région qu'il connaissait bien : le Poitou [66]. Il y signale 14 références de manuscrits ou groupes de manuscrits, mais il s'agit majoritairement des copies d'actes réalisées au XVIIIe

---

rendu, à signaler des erreurs ou omissions. Il n'en conclut pas moins par ces mots : «Dans une oeuvre de ce genre, erreurs et oublis sont inévitables, et l'on aurait mauvaise grâce à les reprocher à l'auteur. Ce qui surprend, au contraire, c'est qu'il ait pu réunir une telle masse de renseignements, et il faut lui être profondément reconnaissant d'avoir mis entre nos mains un pareil instrument de travail». *Revue historique*, t. 95, 1907, p. 156-158.

64. Il signale ce projet dès 1927. H. Stein, *Comment doit-on publier* (note 52), à la p. 5.

65. Un des exemplaires fut longtemps en possession de la Librairie Picard, mais semble aujourd'hui perdu. Les deux autres se trouvent à la section des sources documentaires de l'I.R.H.T., ils portent comme date d'édition l'année 1941.

66. Dom Pierre de Monsabert, *Les cartulaires poitevins. Additions à la «Bibliographie générale des cartulaires français» de M. Henri Stein*, dans *Revue Mabillon*, t. 5, 1909-1910, p. 111-114.

siècle par dom Fonteneau et non de véritables cartulaires qu'aurait omis de signaler Henri Stein.

Dans la même lignée, Paul d'Arbois de Jubainville consacre, en 1925, un article aux cartulaires et inventaires d'archives anciens conservés dans les dépôts messins [67]. Il y dénombre 33 cartulaires, dont 13 ne figuraient pas dans la *Bibliographie*.

L'article de Jean Béreux sur les «Cartulaires du département de l'Oise, bibliographie analytique», paru en 1957 [68], mérite aussi d'être signalé, même s'il ne s'inscrit pas directement dans la poursuite du Stein. En dépit d'une analogie entre les titres de leur ouvrage respectif, l'auteur a adopté une démarche inverse de celle d'Henri Stein, partant des éditions existantes pour ensuite donner une notice des cartulaires et réalise donc une histoire des manuscrits à rebours. Il «offre le produit de recherches très poussées au sujet de recueils presque tous imprimés, mais avec des renseignements tant sur leur composition que sur leurs sources (cartulaires originaux ou rassemblement de textes), éventuellement sur les vicissitudes des manuscrits» [69].

Bref, aujourd'hui, l'ouvrage d'Henri Stein reste une somme que rien n'a remplacée et la seule référence en France [70], en tant que répertoire de cartulaires [71]. Pour autant, une édition refondue de l'ouvrage ou, mieux, la conception et la réalisation d'un nouveau répertoire des cartulaires français s'impose.

4) L'entreprise de l'I.R.H.T.

C'est ce projet que la section des sources documentaires de l'I.R.H.T. a inscrit à son programme scientifique en 1990 et auquel elle se consacre depuis 1991.

Nous n'oserons pas qualifier ce projet de nouveau pour nous. Chacun sait qu'il s'inscrit intimement dans notre histoire. Nous l'avons rappelé à plusieurs reprises, l'ambition de réaliser à terme une telle refonte a été affichée dès 1942 et, en 1965, ce programme, supervisé par une commission

---

67. Paul d'Arbois de Jubainville, *Catalogue des anciens inventaires d'archives et cartulaires conservés dans les dépôts de Metz*, dans *Annuaire de la société d'histoire et d'archéologie de la Lorraine*, t. 34, 1925, p. 115-141.

68. Jean Béreux, *Cartulaires du département de l'Oise* (note 2).

69. J. Béreux, *op. cit.*, p. 243.

70. Dietrich Lohrmann rappelait, lors de la Table ronde, qu'il n'existe pas d'équivalent au «Stein» pour l'Allemagne et mettait ce fait en relation avec les types de documents édités de préférence dans ce pays : non pas des cartulaires, mais des corpus d'actes émanant d'un personne, d'une institution, etc., et réunis en recueils. La Grande-Bretagne dispose, à l'inverse, du magnifique répertoire de G. R. C. Davis, *Medieval cartularies of Great Britain. A short catalogue*, London, 1958.

71. L'ouvrage a été réimprimé en 1967 par la maison Kraus Reprint Limited. Cette réimpression est elle-même épuisée.

que présidait CH.-E. Perrin, fut déjà officiellement inscrit aux travaux de la section avec «le désir et la volonté d'aboutir le plus rapidement possible» [72].

En 1942, il fut décidé d'axer le travail de la section sur le dépouillement et l'étude de cartulaires, et en premier lieu sur ceux d'établissements - ecclésiastiques ou laïques - de la province de Reims. La méthode de travail fut ainsi définie par Louis Carolus-Barré :

«1) photographie du manuscrit sur microfilm,

2) mise sur fiches de tous les actes transcrits dans chaque cartulaire,

3) rédaction d'une notice détaillée, décrivant l'état matériel, le contenu, l'élaboration et l'histoire du manuscrit, avec sa bibliographie,

4) publication de cartulaires inédits choisis parmi les plus importants» [73].

Trois articles, parus au début des années soixante, illustrent le résultat de ce travail, en fournissant les notices de 85 cartulaires d'établissements situés dans les diocèses de Laon, Soissons et Châlons-sur-Marne [74]. Facilement accessibles, puisqu'imprimés, ces articles ne donnent cependant qu'une image très partielle du travail accompli par les collaborateurs de la section - et tout particulièrement par Odile Grandmottet et Lucie Fossier - depuis la création de celle-ci, et de la masse d'informations qu'ils ont su réunir et dont Robert-Henri Bautier soulignait, en 1975, la valeur [75].

A côté de notices descriptives détaillées, ce sont quelque trois cents regestes de cartulaires qui ont été établis. Chaque regeste fournit l'analyse de tous les actes d'un cartulaire, selon l'ordre où ils figurent dans le manuscrit ; il s'accompagne d'une table chronologique des actes et d'une table onomastique. Un fichier onomastique général complète ces regestes.

Le projet de *Répertoire des cartulaires français*, lancé depuis deux ans,

72. Jacqueline Le Braz, *La section de diplomatique de l'Institut des textes et la refonte de la «Bibliographie générale des cartulaires français»*, dans *Bulletin de l'Institut de recherche et d'histoire des textes*, n°15, 1967-1968, p. 267-273, à la p. 269.

73. Louis Carolus-Barré, *Création d'une section diplomatique à l'Institut de recherche et d'histoire des textes*, dans *Bibliothèque de l'École des chartes*, t. 105, 1944, p. 233-234, à la p. 234.

74. Jacqueline Le Braz, *Répertoire des cartulaires de l'ancienne France*, dans *Bulletin de l'Institut de recherche et d'histoire des textes*, n° 12, 1963, p. 113-125 [dioc. Laon] ; n° 13, 1964-1965, p. 101-110 [dioc. Soissons] ; n° 14, 1966, p. 97-107 [dioc. Châlons-sur-Marne]. Sur les 85 notices publiées, 12 concernent des cartulaires que n'avait pas signalés Henri Stein ; toutes ces notices sont très développées par rapport à la *Bibliographie*, indiquant, par exemple, le type de classement des actes ou leur répartition par siècle.

75. Il écrivait alors «qu'il serait impossible à l'heure actuelle de travailler sur la France septentrionale sans recourir en premier lieu à la documentation de l'Institut des textes». Robert-Henri Bautier, *Les sources documentaires de l'histoire de France au Moyen Age. Recherche, publication et exploitation*, dans *Tendances, perspectives et méthodes de l'histoire médiévale. Actes du 100ᵉ Congrès national des sociétés savantes, Paris 1975, philologie et histoire jusqu'en 1610*, t. I, Paris, 1977, p. 215-248, à la p. 220.

s'appuie bien évidement sur cette documentation ainsi que sur les réflexions qui avaient conduit à la programmation, en 1965, d'une édition refondue de l'ouvrage d'Henri Stein. Mais il a été repensé et redéfini en fonction des problématiques actuelles de la recherche et de considérations pratiques.

La publication du *Répertoire* est ainsi prévue sous forme de fascicules régionaux, sur la base des provinces ecclésiastiques de l'ancienne France [76]. Dans un premier temps, le travail portera sur les seuls cartulaires d'établissements ecclésiastiques, au demeurant les plus nombreux. L'étude codicologique et l'analyse du contenu de chaque manuscrit seront notablement enrichies : on donnera des informations sur la reliure et la décoration du recueil ; dans le cas de cartulaires réalisés sur papier, on relèvera les filigranes ; on signalera le nombre d'actes et leur répartition par siècles, les actes en langue vulgaire (avant 1300), les pièces non diplomatiques contenues dans le cartulaire (censier, liste d'évêques, mais aussi poésie, recette, etc.). Autant d'informations que l'on ne pourra recueillir qu'en retournant au manuscrit.

Parallèlement à cette recherche a été repris l'enrichissement de la collection des microfilms de cartulaires. Ce corpus photographique participe à notre mission d'aide à la recherche et à la conservation des documents. Tous les cartulaires dont l'I.R.H.T. possède le microfilm (un peu plus de 1100 actuellement) figurent dans la base de données informatisée *Medium* où ils s'accompagnent d'une notice signalétique. Un répertoire des cartulaires microfilmés par l'I.R.H.T., tiré sur papier, a été extrait de cette base [77].

Dans ce répertoire, le classement est alphabétique par lieux de conservation des manuscrits. Trois listes le complètent, qui doivent être utilisées comme autant d'index et en facilitent l'utilisation : liste des établissements par ordre alphabétique, par diocèses, par ordres religieux ou types d'institutions.

Enfin, notre ambition est de nous engager plus à fond dans la voie ouverte par Henri Stein : celle de la tradition des manuscrits, en particulier des cartulaires perdus. Trouver des cartulaires inconnus, pister des cartulaires perdus, repérer des fragments de cartulaires ou de simples mentions de cartulaires perdus ou détruits : tels sont nos objectifs. Mais encore relever les extraits de cartulaires, et spécialement de ceux qui sont perdus, effectués par les érudits des siècles précédents. Les premières recherches que nous avons réalisées en ce sens - par exemple dans la collection Fonteneau de la Bibliothèque municipale de Poitiers ou dans la collection Périgord de la Bibliothèque nationale - ont

76. Le premier fascicule sera consacré aux cartulaires des établissements du Sud-Est de la France. L'essentiel de la matière en a été réuni, il y a quelques années, par Anne-Marie Legras et Jean-Loup Lemaître. Après mises à jour et uniformisation des notices déjà rédigées, en fonction de la grille de questionnement mise au point pour le *Répertoire des cartulaires français*, ce fascicule devrait sortir dans un délai raisonnable.

77. Ce répertoire est à la disposition de tous les chercheurs (on peut le consulter à l'I.R.H.T. mais aussi à l'Ecole des chartes, où un exemplaire a été déposé). Il fera l'objet d'une mise à jour annuelle, tenant compte de l'enrichissement de la collection.

montré que ce travail de longue haleine dans les dépôts pourra fournir nombre de renseignements inédits. Certes, un répertoire n'est pas le lieu où l'on doit reconstituer chaque cartulaire perdu. C'est cependant ce vers quoi on doit tendre pour établir la notice d'un cartulaire perdu qui soit la plus complète possible.

Enfin, ce ne sera pas la moindre de nos tâches que de déterminer quels manuscrits méritent d'être appelés cartulaires et donc de figurer dans ce répertoire et quels autres devront être rejetés.

*

* *

Fort de ces nouvelles orientations, le projet de l'I.R.H.T. ne se veut ni supplément ni refonte de la *Bibliographie générale des cartulaires français*. Notre but, dont nous espérons qu'il ne sera pas hors de notre portée et qu'il sera bien accueilli, est d'offrir, avec le *Répertoire des cartulaires français*, un nouvel instrument de travail, une nouvelle référence qui prendra place à côté des travaux de nos illustres devanciers.

ANNEXE

LES CARTULAIRES DE L'ABBAYE DE SAINT-CORNEILLE DE COMPIEGNE DANS
LES RECENSEMENTS DE CARTULAIRES FRANÇAIS.

A fin de mieux prendre la mesure des aspects communs aux recensements de cartulaires présentés au cours de notre étude, comme de leurs singularités et particularités, nous avons réuni ici les notices que chacun consacre aux cartulaires de l'abbaye Saint-Corneille de Compiègne.

L'exemple choisi ne l'a pas été au hasard mais nous fut en quelque sorte imposé. Du fait de son actuelle situation géographique (département de l'Oise), du diocèse dont elle relève (Soissons), de la dispersion de ses cartulaires dans divers dépôts (dont des dépôts parisiens), l'abbaye Saint-Corneille de Compiègne est en effet l'établissement qui apparaît dans le plus grand nombre de recensements : depuis le *Catalogue général des cartulaires des archives départementales* de 1847 jusqu'à la base informatisée *Medium*.

Parmi ces recensements, seule la *Table alphabétique des cartulaires...* dressée par Léopold Delisle est restée manuscrite. C'est pourquoi une édition de la notice contenue dans cette *Table* est proposée ici, alors que les notices des autres recensements sont reproduites photographiquement.

Manquent, dans cette sélection, les notices établies en 1855 par Edgard Boutaric pour son inventaire des cartulaires conservés aux Archives nationales, puisque ce dernier est actuellement - mais peut-être provisoirement - égaré. En revanche, on trouvera la notice - consacrée aux archives, et principalement aux cartulaires, de l'abbaye Saint-Corneille - établie par Arthur Giry et publiée dans son ouvrage posthume *Notices bibliographiques sur les archives des églises et des monastères de l'époque carolingienne* (Paris, 1901). Cette notice est en effet un excellent exemple des travaux auxquels Henri Stein a pu avoir recours dans l'élaboration de sa *Bibliographie*, lui-même citant d'ailleurs Arthur Giry comme un de ses devanciers.

1. Catalogue général des cartulaires des Archives départementales, publié par la Commission des Archives départementales et communales, Paris, 1847, p. 112-113.

(112)   (113)

ÉTABLISSEMENT OU FONDS. POU PROTENT CHAQUE MANUSCRIT.	TITRE, NOM OU OBJET DU VOLUME.	FORMAT.	MATIÈRE.	NOMBRE DE FEUILLETS.	ANNÉE ou ÉPOQUE approximative des écritures.	NOMBRE DE PIÈCES transcrites.	DATES DES PIÈCES.	ÉTAT MATÉRIEL; DESCRIPTION; DÉTAILS DIVERS.
Prieuré de Saint-Éloi (Sanctus-Eligius, O. S. B.), dépendant de l'abbaye de Saint-Maur.	Cartulaire.	In-4°.	Parchemin.	83	1391 en majeure partie.	140	De 1114 à 1423.	Ce n'est qu'un censier, dans lequel on trouve pourtant quelques chartes jusqu'à l'an 1423, quoique le corps du manuscrit ait été écrit en 1391.
Abbaye de Longchamp (Longus-Campus), de l'ordre de Sainte-Claire.	Ancien cartulaire.	Petit in-f°.	Papier.	15	XIIIe siècle.	38	De 1336 à 1346.	Ce petit cartulaire, mutilé au milieu, ne contient que quelques chartes et quelques lettres missives des abbesses de Longchamp.
Prieuré de Saint-Martin-des-Champs (Sanctus-Martinus-à-Campis, O. S. B.), près Paris.	Cartulaire B.	In-4°.	Parchemin.	125	XIIIe siècle.	327	De 1097 à 1248.	Ce beau cartulaire est écrit à longues lignes, les titres en vermillon. J'une belle minuscule du XIIIe siècle. Il y a, au commencement, sept feuillets de chartes ajoutées qui sont d'une cursive du XIIIe siècle. On trouve au folio 104 verso et 105 recto une liste des livres que possédait le prieuré à cette époque. Il y a plusieurs copies de ce cartulaire qui sont des XVe et XVIe siècles.
Prieuré du prieur de Gournai.	Cartulaire du prieur de Gournai.	Petit in-4°.	Parchemin.	40	Fin du XIIIe siècle.	70	De 1120 à 1270.	On trouve, sur 1er du premier feuillet, un fragment du liv. III de la Chronique de Jacques de Viry.
Abbaye de Saint-Victor (Sanctus-Victor, O. S. A.), à Paris.	Cartulaire.	Petit in-4°.	Parchemin.	215	XIIIe siècle.	750	De 1113 à 1254.	Ce cartulaire, qui commence avec l'abbaye (1113), est du XIIIe siècle, sauf quelques feuillets d'une écriture beaucoup plus récente, qui se trouvent après quelques titres et à la fin de ce volume. Il y a une table des noms de lieux dépendants de l'abbaye. Elle est du commencement du XIVe siècle.
Abbaye du Val-de-Grâce (Vallis-Gratiae, O. S. B.), réuni au Val-de-Grâce.	Cartulaire de St-Corneille de Compiègne (Sanctus-Cornelius Compendiensis).	In-4°.	Parchemin.	375	XVIIe siècle.	520	De 857 à 1272.	C'est une belle copie collationnée en 1672.
Abbaye de Sorcelaines (Monasterium Celsinarum, O. S. B.).	Cartulaire.	In-f°.	Papier.	589	Copie moderne.	970	.	C'est le cartulaire de cette abbaye depuis le temps de sa fondation. Aucune de ces chartes n'est datée. C'est une copie moderne faite sur l'original.
Ordre de Saint-Lazare (Ordo Sancti-Lazari).	Cartulaire.	In-8°.	Parchemin.	139	XIIIe siècle.	221	De 1145 à 1250.	L'écriture est une belle minuscule du commencement du XIIIe siècle jusqu'au folio 39, puis du milieu du XIIIe siècle jusqu'à la fin.
Les Mathurins.	Cartulaire.	Petit in-4°.	Parchemin.	80	Seconde moitié du XIIIe siècle.	140	De 1197 à 1204.	En bon état.

SEINE - ET - OISE.
(Archives, M. Rétif.)

ARCHIVES ECCLÉSIASTIQUES.

CLERGÉ RÉGULIER.

Abbaye de Saint-Denis (Sanctus-Dionysius-in-Francia, O. S. B.).	Cartulaire, le 2e tome seulement.	In-f°.	Papier.	250	XVIe siècle.	933	De 636 à 1321.	Ce volume n'est qu'une partie d'une série dépareillée. En assez bon état. Relié. Belle écriture.
	Actes de foi et hommage, aveux et dénombrements, rendus à l'abbé, à cause de sa mense abbatiale, en 2 volumes.	In-f°.	Papier.	1er vol. 412 / 2e vol. 377	1694.	327	De 1195 à 1677.	Bon état. Relié. Belle écriture.
Abbaye de Saint-Cyr.	Recueil des titres concernant le spirituel de la maison royale de Saint-Louis, établie à Saint-Cyr.	In-f°.	Papier, tranche dorée.	136	XVIIIe siècle.	96	De 1683 à 1703.	Relié et couvert en mouton doré aux armes de l'abbaye. Belle écriture. Il a été coupé trente-six feuillets. Le volume n'en est pas moins complet : tous les titres y trouvent transcrits.
	Recueil des titres concernant le temporel de la maison royale de Saint-Louis, établie à Saint-Cyr.	In-f°.	Papier, tranche dorée.	295	XVIIIe siècle.	89	De 1680 à 1719.	Comme le précédent. Le premier feuillet et les vingt-deux derniers ont été arrachés.

2. L. Delisle, *Table alphabétique des cartulaires, des extraits d'archives, des obituaires, des terriers, des pouillés, etc., etc. conservés à la B.I.*, Paris, Bibl. nat., Cabinet des manuscrits, bureau 63.

Saint-Corneille de Compiègne	
Extrait du cartulaire blanc	Saint-Germain latin 1065 [1], p. 417
	Cartulaire n.a.l. 2125, f. 62 [2]
Copie du cartulaire rouge	Cartul. 63 [3]
Table dudit cartulaire	Grenier 63 [4], f. 317
Extraits	Saint-Germain latin 1065 [5], f. 409
	Gaignières 180 [6], p. 419

1. Recueil de «Notes et copies d'Anselme Le Michel et d'autres bénédictins sur diverses abbayes». Actuellement Paris, Bibl. nat., lat. 13816.
2. Mention portée par une main postérieure. Le ms Paris, Bibl. nat., nouv. acq. lat. 2125 est un recueil de «Notes et extraits de dom Carpentier pour le supplément au Glossaire de Ducange. T.I».
3. Copie réalisée au XVIIe siècle. Actuellement Paris, Bibl. nat., lat. 9171.
4. Actuellement Paris, Bibl. nat., coll. Picardie, vol. 63.
5. Voir ci-dessus, note 1.
6. «Extraits d'archives et de cartulaires faits par ou pour Gaignières». Actuellement Paris, Bibl. nat., lat. 17048.

3. U. Robert, *Inventaire des cartulaires conservés dans les bibliothèques de Paris et aux Archives nationales, suivi d'une Bibliographie des cartulaires publiés en France depuis 1840*, Paris, 1878, p. 32 (inventaire) et p. 86 (bibliographie).

INVENTAIRE DES CARTULAIRES

32

Sᵗ-Corneille de Compiègne (Abbaye de), diocèse de Soissons.

Cartulaire blanc de l'abbaye Sᵗ-Corneille de Compiègne. xiiᵉ s. 143 fol. (Arch. n., LL. 1622.)

Copie du cartulaire rouge faite en 1672. 375 fol. (Arch. n., LL. 1623-1624.)

Autre copie. xviiᵉ s. 1010 p. (Bibl. n., ms. lat. 9171.)

Table du cartulaire rouge. xviiiᵉ s. (Bibl. n., collect. Grenier, 63, fol. 317.)

Sᵗ-Crespin-en-Chaie (Abbaye de), diocèse de Soissons.

Cartulaire de l'abbaye de Sᵗ-Crespin-en-Chaie. xiiiᵉ s. 108 fol. (Bibl. n., ms. lat. 18872.)

Sᵗ-Cyprien de Poitiers (Abbaye de).

Cartulaire de Sᵗ-Cyprien de Poitiers. xiiᵉ s. 127 fol., plus un feuillet préliminaire. (Bibl. n., ms. lat. 10122.)

Copie de ce cartulaire. xviiᵉ s. 211 fol. (Bibl. n., ms. lat. 12896.) — Publié. Voy. *Bibliogr.* Sᵗ-Cyprien.

Sᵗ-Cyr de Friardel (Prieuré de). — Voy. Friardel.

Sᵗ-Denis (Abbaye de), diocèse de Paris.

Livre des privilèges. Cartulaire du xiiiᵉ s. 108 fol. (Arch. n., LL. 1156.)

Cartulaire blanc en 2 vol. xiiiᵉ s. 864 fol. (Arch. n., LL. 1157 et 1158.)

Table de ce cartulaire. xviiᵉ s. 92 fol. (Bibl. n., ms. lat. 17112.)

Copie d'un cartulaire de Sᵗ-Denis. xviiᵉ s. 251 fol. (Bibl. n., ms. lat. 17110.)

Cartulaire de l'office des charités, ou troisième volume du cartulaire blanc. xiiiᵉ s. 23 fol. (Arch. n., LL. 1159.)

BIBLIOGRAPHIE

86

...mera le t. VIII de la Collection des cartulaires dauphinois.

Sᵗ-Christophe en Halatte (Prieuré de), diocèse de Beauvais.

Les chartes de cette maison, dépendance du prieuré de la Charité-sur-Loire, dont plusieurs remontent au xiᵉ et au xiiᵉ siècle, et dont beaucoup appartiennent au xiiiᵉ, ont été recueillies dans les papiers du chanoine Afforty, à la bibliothèque de Senlis, et imprimées sous ce titre : *Cartulaire du prieuré de Saint-Christophe en Halatte*, publié sous les auspices du Comité archéologique de Senlis, par M. l'abbé A. Vattier. Senlis, Payen, 1876, in-4ᵉ de xc et 75 pages. Il y a 67 chartes dans ce recueil.

Sᵗ-Corneille de Compiègne (Abbaye de), diocèse de Soissons.

M. A. de Marsy a publié dans la *Revue des Sociétés savantes*, 6ᵉ série, t. IV, p. 458-479, la table détaillée d'environ 137 chartes copiées au xiiiᵉ siècle sur 63 feuillets de parchemin que feu M. Romain-Leroy a légués à la bibliothèque de Compiègne, et qui sont les débris d'un important cartulaire de l'abbaye de Sᵗ-Corneille de Compiègne. Ces chartes appartenaient aux séries que le rédacteur du cartulaire avait consacrées aux lettres des papes et aux chartes des rois. — Voy. *Inventaire*, Sᵗ-Corneille.

Sᵗ-Cyprien de Poitiers (Abbaye de).

Le *Cartulaire de l'abbaye de Sᵗ-Cyprien de Poitiers* a été publié par M. Redet dans le t. III des *Archives historiques du Poitou*, en un volume de xxxii et 448 pages. Il comprend 598 pièces, dont la plus ancienne remonte à l'an 888, et la plus récente est d'environ l'an 1155.

4. H. Stein, *Bibliographie générale des cartulaires français ou relatifs à l'histoire de France*, Paris, 1907, p. 142.

Compiègne. — Abbaye de Saint-Corneille (dioc. de Soissons).

1022. — Cartulaire blanc de St-Corneille de Compiègne [incomplet] ; ms. du XIIIe siècle, contenant 520 documents du Xe siècle à 1272, sur parchemin, in-4° de 143 ff. (*Archives nationales*, LL 1622).

ANAL. : H. Cocheris, *Notices et extraits des documents manuscrits relatifs à l'histoire de la Picardie*, I, n° 319.

1023. — Cartulaire rouge de St-Corneille de Compiègne ; ms. de la fin du XIIIe siècle, sur parchemin, in-4° de 75 ff. (*Bibliot. de M. Pouillet*, à Clermont).

A été utilisé par Dom Grenier.
M. Pouillet est récemment décédé, le registre est conservé par ses héritiers.

1024. — Fragment d'un cartulaire rouge ; ms. de la fin du XIIIe siècle, sur parchemin, in-folio de 63 f. (*Bibliot. de la ville de Compiègne*, ms. 6).

La table de ce dernier recueil a été donnée par A. de Marsy (*Revue des Société savantes*, 6e série, IV, 1876, p. 458-479).

Copie moderne du précédent (*Bibliot. nationale*, ms. nouv. acq. latines 2197).

Cf. *Bibliot. nationale*, coll. Dom Grenier, vol. LXIII, ff. 317-320.

Copie du précédent, exécutée au XVIIe siècle, alors que l'original était complet (*Bibliot. nationale*, ms. latin 9171) ; — autre datée de 1672, in-4° de 750 p. et tables (*Archives nationales*, LL 1623), analysé par H. Cocheris, n° 320 ; — extraits divers (*Bibliot. nationale*, ms. latin 13816, ff. 413-424 [d'après les cartulaires rouge petit et blanc (1)], par Dom Le Michel ; — coll. Duchesne, vol. LXVI, ff. 28-39 ; — ms. latin 13891 ff. 42-43 ; — ms. français 16188, ff. 149-173 ; — ms. français 7048, ff. 419-429 ; — ms. français 18762-18764, 19841-19842 et 24062-24067, passim ; — nouv. acq. françaises 7433, ff. 198-199 ; — *Archives nationales*, LL 1623-1624 et S 4565).

1025. — PUBL. : Cartulaire de l'abbaye Saint-Corneille de Compiègne, par l'abbé E. Morel. Tome I. Compiègne, Lefebvre, 1894-1904 ; in-4° de XII-488 p. [Société historique de Compiègne.]

Comprend les années 877 à 1216.

Compiègne. — Couvent des Visitandines.

1026. — Cartulaire des Visitandines de Compiègne ; ms. des XVIIe-XVIIIe siècles, sur papier, contenant des titres de 1648 à 1768, in-folio de 138 ff. (*Archives dép. de l'Oise*, H non coté).

(1) « Le plus ancien des deux qui restent. »

Compiègne. — Hôtel-Dieu.

1027. — Fragment d'un cartulaire de l'Hôtel-Dieu de Compiègne ; ms. du XVe siècle, sur parchemin, in-8° de 19 ff. (*Archives hospitalières de Compiègne*).

Contient quelques pièces du XIIIe siècle.
Cf. *Mémoires de la Société de l'histoire de Paris*, XXV, 1898, p. 185 note.

Compiègne. — Ville.

1028. — Cartulaire de la ville de Compiègne ; orig. perdu.
Copie partielle par Dom Grenier au XVIIIe siècle (*Bibliot. nationale*, coll. Moreau, vol. CXX, ff. 22-23).

1029. — Autre cartulaire en papier ; orig. perdu.
On en trouve mention au XVIIIe siècle (*Bibliot. nationale*, coll. Moreau, vol. CCVI, f. 129).

Conches. — Abbaye de Saint-Pierre (dioc. d'Évreux).

1030. — Cartulaire de l'abbaye de Conches ; ms. [ayant plus de 260 ff.] perdu.
Fragment d'une copie exécutée au XVIIe siècle mais endommagée par l'humidité, sur papier, in-4° de 185 ff. (*Archives dép. de l'Eure*, H 262).

1031. — Autre cartulaire ou « livre blanc » ; orig. [140 paginarum] perdu.
Extraits du précédent, faits au XVIIe siècle (*Bibliot. nationale*, ms. latin 13816, ff. 458-461).

1032. — Recueil de pièces relatives à l'abbaye de Conches, envoyées à D. Luc d'Achery par Dom Pl. Simonnet, prieur, en 1648, sur papier, in-folio (*Bibliot. nationale*, ms. latin 12777, pp. 715-737).

Condé-en-Barrois. — Seigneurie.

1033. — Cartulaire de la terre de Condé-en-Barrois ; ms. du XIVe siècle, par D. Claude de Custine, in-4° de 122 ff. (*Catalogue de la collection Marchand*, n° 3).

On ignore ce qu'est devenu ce manuscrit.
Cf. *Archives dép. de Meurthe-et-Moselle*, B 359 ; et ci-dessous, n° SURV-MIONEL.

Condé-sur-Escaut. — Église Notre-Dame (dioc. de Cambrai).

1034. — Cartulaire-censier de l'église Notre-Dame de Condé ; ms. des XIIIe-XIVe siècles, sur parchemin, de plusieurs mains, in-folio de 112 ff. (*Bibliot. nationale*, ms. latin 9917).

En réalité ce volume est formé de deux fragments, l'un d'eux occupant les ff. 94-101 et étant d'un format plus petit. — Les dates extrêmes des documents transcrits sont 1103-1338. En tête un compte de 1504 relatif à la construction du clocher.

5. A. Giry, *Notices bibliographiques sur les archives des églises et des monastères de l'époque carolingienne*, Paris, 1901, p. 52-54.

52   NOTES BIBLIOGRAPHIQUES

le Chauve, se retrouvent dans la collection Tarbé actuellement à la bibliothèque de Reims. Dom Estiennot (Recueil, t. XVII. Bibl. de l'Arsenal, ms. 1009) a emprunté plusieurs diplômes à un fragment de cartulaire de cette abbaye (*ex fragmento cartularii hujus coenobii*). Ce cartulaire semble perdu et c'est la seule mention que j'en connaisse. Dom Victor Cottron, bénédictin de Saint-Maur († 1679) a écrit au XVIIe siècle[1] une histoire de l'abbaye, *Chronicon S. Columbae Senonensis*, dont le ms. est conservé à la bibliothèque d'Auxerre (ms. 148). Il y a inséré de nombreux documents.

54. Saint-Corneille de Compiègne (Abbaye de), diocèse de Soissons.

Le fonds de Saint-Corneille de Compiègne aux Archives départementales de l'Oise ne contient que quelques copies de documents antérieurs au XIIIe siècle. Par suite de sa réunion à l'abbaye du Val-de-Grace, en 1656, une partie des archives de Saint-Corneille et notamment quelques cartulaires ont passé aux Archives nationales (séries L, S et H), mais un grand nombre de documents ont été détruits ou dispersés.

Cartulaire blanc. Arch. nat. LL 1622. Ms. de format pet. in-4 parch., 143 feuillets d'une grosse écriture du commencement du XIIIe siècle, contenant 520 documents du Xe siècle à 1272. Il manque un certain nombre de cahiers, d'autres ont été intervertis par le relieur; certains feuillets paraissent provenir d'un autre recueil. — Cf. Cocheris, *Notices*, n° 319.

Cartulaire rouge. Bibl. de Compiègne, ms. n° 6. Fragment de 63 feuillets provenant de la bibl. du président Poulletier et donné à la ville de Compiègne par feu Romain-Leroy, conseiller à la cour d'Amiens, ms. pet. in-fol. parch. à deux col., écriture de la fin du XIIIe siècle, comprenant dans son état actuel deux séries de documents: 1° fol. 1 à 19, 102 bulles pontificales de 1119 à 1256; 2° fol. 40 à 63 sous la rubrique *Carte regum*, 43 documents de 875 à 1208. M. A. de Marsy l'a décrit et a dressé la table dans un mémoire intitulé *Fragments d'un cartulaire de Saint-Corneille de Compiègne* (Rev. des Soc. savantes, 6e série, t. IV, 1876, pp. 458-479).

1. L'épître placée en tête de l'ouvrage porte la date de 1648.

SAINTE-CORNEILLE DE COMPIÈGNE   53

Il en a exécuté pour la bibl. nat. une copie qui forme le n° 2197 du fonds latin des nouvelles acquisitions. Il existe de ce cartulaire plusieurs copies anciennes exécutées lorsqu'il était encore complet: Bibl. nat., ms. lat. 9171 (anc. cartul. 63). copie du XVIIe siècle. — Arch. nat. LL 1623, « *Cartulaire de l'abaie royale et impériale de Saint-Corneille de Compiègne unie à l'abaie roial du Val-de-Grâce à Paris* », 1 vol. in-4 de 750 pp. sans les tables. Copie très soignée exécutée en 1672 (cf. Cocheris, *Notices*, n° 320). — Sous la cote LL 1624, on conserve la 2e partie de la traduction de ce cartulaire. Une table se trouve à la Bibl. nat., t. LXIII, fol. 317 de la coll. de Picardie. Il y en a des extraits dans les mss. suivants de la Bibl. nat.: fr. 16188, fol. 149-173 (recueil d'Aug. Galland); lat. 17048 (anc. Gaignières 180), fol. 419-429, d'après le précédent; lat. 13816 (anc. S. Germ. lat. 1065), fol. 407-436. cop. de D. Anselme Le Michel; lat. 13891 (anc. S. Germ. fr. 1809), recueil sur l'histoire de Compiègne, XVIIe siècle.

[Un autre cartulaire de la fin du XIIIe siècle, apparenté au cartulaire rouge, et qui a fait partie de la bibliothèque de J.-L. Marie de Crouy, de Compiègne, est aujourd'hui conservé dans la bibliothèque de M. Pouillet à Clermont (Oise). Ce cartulaire est un vol. de 76 feuillets de parchemin, haut de 35 centimètres sur une largeur de 23 centimètres, écrit sur deux colonnes, incomplet du commencement. Le premier document, intégralement reproduit, est une bulle d'un pape Innocent « Datum Romae anno nono ». Le dernier document est une charte de J., abbé de Saint-Corneille, de 1256.]

Voici enfin l'indication de quelques autres recueils ou collections contenant des copies de documents de Saint-Corneille:
— Arch. nat., LL 1619-1621, *Histoire de l'union de l'abaie de S. Corneil de Compiègne à l'abaie du Val-de-Grace* par Mr Jean Broutel, chanoine de Verdun, ms. in-fol. en 3 vol. de la fin du XVIIe siècle. — Arch. nat. S 4565, copies de plusieurs diplômes carolingiens. — Bibl. nat. lat. 12666 (anc. résidu S. Germ. 1011), fol. 12-67. (*Monast. Bened.*), Bibl. nat., lat. 12777 *Miscellanea monastica*), XVIIe siècle. Il y a en outre des copies des chartes de Saint-Corneille dans les compilations de Fr.-Bonaventure Gillesson, bénédictin de Saint-Corneille au milieu du XVIIe siècle, qui se trouvent à la Bibl. nat.: mss. fr. 18762-18764 (anc. S. Germ. fr. 904), *Mémoires sur Compiègne*, fr.

19841-19842, 2 vol. pet. in-4; fr. 24063-24067, *Antiquités de Compiègne*, 5 vol. pet. in-fol.

M. l'abbé Morel prépare pour la *Société archéologique de Compiègne* la publication des chartes de Saint-Corneille; je dois à mon confrère M. A. de Marsy d'avoir eu communication des premières feuilles[1].

55. Saint-Crépin-le-Grand (Abbaye de), diocèse de Soissons.

Les archives anciennes de l'abbaye de Saint-Crépin-le-Grand ont été dispersées le fonds de Saint-Crépin aux Archives du département de l'Aisne ne comprend pas de documents antérieurs au XVIe siècle. Un historien de l'abbaye s'excusait de ne rien dire de bien assuré sur les premiers temps de l'abbaye parce que le monastère, « ayant été brûlé par les « Normands en 950 et autres fois, tous les papiers le furent aussi » (*Hist. de Saint-Crépin-le-Grand*, XVIIe siècle, Bibl. nat., ms. lat. 12777, p. 864). Cependant une cinquantaine de documents originaux dont le plus ancien est de 855 ont été recueillis par le département des manuscrits de la Bibl. et placés à la suite des papiers de Dom Grenier dans la coll. de Picardie, vol. CCLXXXXIV. De plus, les archives de l'Aisne possèdent un *Cartulaire* (H 455) formant un vol. in-fol. de 371 feuillets pap. exécuté en 1750 d'après les originaux et comprenant 235 documents compris entre 855 et 1710. On trouve en outre des copies dans les manuscrits suivants de la Bibl. nat.: lat. 17189 (anc. Blancs Manteaux 84 A). 8 chartes royales comprises entre 855 et 1152 qui paraissent copiées au XVIIe siècle sur le cartulaire de 1750. — Coll. Clairembault, t. DLXI, p. 373 et suiv., copies faites au XVIIe siècle par le p. Machaut Jésuite. — Lat. 13817 (anc. Saint-Germ. lat. 1066), fol. 18 à 37. Copies exécutées au XVIIe siècle.

56. Saint-Denis (Abbaye de), diocèse de Paris.

Le sort des archives de l'abbaye de Saint-Denis a été celui de tous les établissements ecclésiastiques du département de

[Deux fascicules ont paru: *Cartulaire de l'abbaye de Saint-Corneille de Compiègne*, publié par M. l'abbé E. Morel. Compiègne, 1894 et 1896, in-4.]

la Seine. Conservées aujourd'hui aux Archives nationales, elles y sont malheureusement réparties en plusieurs séries. Les documents les plus anciens et les plus importants et notamment les diplômes carolingiens originaux se trouvent dans la série K (*Monuments historiques*). Ceux de ces documents qui sont antérieurs à l'an 1000 portent au dos une brève analyse d'une écriture allongée qui semble accuser les dernières années du Xe ou le commencement du XIe siècle. Ces cotes datent probablement de l'abbatiat de Vivien (1008-1049) qui, après la longue décadence subie par l'abbaye sous les derniers Carolingiens, s'appliqua le premier à mettre ordre à ses affaires et à reconstituer son patrimoine[1]. D'autres documents et notamment les cartulaires font partie de la série L (*Monuments ecclésiastiques*), enfin les titres domaniaux, parmi lesquels on rencontre des copies de diplômes carolingiens, se trouvent dans la série S.

Un religieux de l'abbaye, Dom François Thomas (mort le 11 novembre 1608) avait employé les dernières années de sa vie à dresser un vaste *Inventaire des chartes de l'abbaye de Saint-Denis en France selon l'ordre des dattes d'icelles commencé en l'année* 1688. Ce précieux inventaire est aujourd'hui conservé aux Archives nationales. Le 1er vol. (LL 1189) est un énorme in-fol. de 915 pages comprenant l'analyse de 1181 documents de 620 à 1224. D. Thomas y a compris non seulement les pièces conservées en originaux ou en copie, mais celles aussi qui étaient transcrites dans les cartulaires. Ses analyses sont très détaillées et chacune d'elles est suivie de l'indication des textes qu'il a connus. Les documents analysés, ceux du moins du haut moyen âge, existent encore à bien peu d'exceptions près et l'on peut constater ainsi que les archives anciennes de l'abbaye n'ont pour ainsi dire pas subi de pertes depuis le XVIIe siècle. Au contraire il existe dans les cartons des Archives nationales un certain nombre de pièces qui ne figurent pas dans l'inventaire de D. Thomas, probablement parce qu'elles étaient conservées de son temps ailleurs que

1. Voy. un diplôme du roi Robert, promulgué à Chelles, le 17 mai 1008, dans une assemblée solennelle pour concéder à Saint-Denis des droits et des privilèges où l'abbé Vivien est appelé: « vir magnae prudentiae et industriae atque sedulus investigator bonorum loci sibi « commissi intus ac foris. » (J. Tardif, *Monum. hist.*, n° 250; Pfister, *Études sur le règne de Robert le Pieux*, catal. n° 37.)

6. J. Béreux, *Cartulaires du département de l'Oise. Bibliographie analytique,* dans *Bulletin philologique et historique (jusqu'en 1715),* année 1957, 1958, p. 258-259.

Commelles : commune d'Orry-la-Ville.

Compiègne.

SAINT-CORNEILLE : collégiale (vers 875-1150) puis abbaye de bénédictins.

Cartulaire de l'abbaye de Saint-Corneille de Compiègne, publié par le chanoine [Émile] *Morel.* Montdidier et Paris, 1904-1909, 2 volumes in-4°, 3ᵉ volume inachevé (*Société historique de Compiègne*). Stein, n° 1025.

Grand cartulaire factice concernant en réalité toute l'histoire de Compiègne dans les limites chronologiques de l'ouvrage : I, 324 numéros, 877-1216; II, 351 numéros, 1218-1266; III, 1261-1369 et, en épreuves, jusqu'à 1375. L'exemplaire de tome III appartenant à la Bibliothèque municipale de Compiègne est unique, depuis que l'ensemble du stock a péri à Montdidier, chez l'imprimeur, en 1918; mais un microfilm en est conservé à l'Institut de recherche et d'histoire des textes. Un premier tirage, imprimé à Compiègne de 1894 à 1899, avait été abandonné après le 3ᵉ fascicule. Les textes sont précédés d'analyses très importantes. L'auteur a recueilli, parmi les sources les plus variées, tous les textes des cartulaires qui suivent et qu'il a étudiés (p. VIII-XI de son introduction).

COCHERIS, *Notices et extraits...* N° 319 (I, p. 506-518). « Cartulaire blanc de St-Corneille de Compiègne. Ms. in-4° de 143 folios, parchemin, écriture des XIIᵉ et XIIIᵉ siècles. Arch. imp.... L 175 », actuellement LL 1622. Stein, n° 1022. Le chanoine Morel le désigne par les initiales CB. — N° 320 (p. 518-539) « Cartulaire de l'Abbaie roiale et impériale de Saint-Corneille-de-Compiègne, unie à l'Abbaie roiale du Val-de-Grâce de Paris. Ms. in-f°... parch. de 750, plus 8 feuillets non chiffrés au commencement et 56 pages à la fin, écriture du XVIᵉ (sic) siècle. Arch. imp. ... L 174 », actuellement LL 1623. Stein, n° 1024. Morel CRv. — N° 321 (p. 539-540) « Traduction d'un cartulaire latin de Saint-Corneil, 2ᵉ partie. Ms. in-4° de 1186 pages, papier, XVIIᵉ siècle. Arch. imp.... L 176 », actuellement LL 1624. Stein, n° 1024. — N° 322 (p. 540) « Chartularium Sancti Corneilii Compendiensis. Ms. in-f° de 1036 pages, papier, écriture du XVIIᵉ s. Bibl. imp. n° 26 [lire 63]. Cart. », actuellement lat. 9171. Stein, n° 1024. Morel CRp.

MASSY (Arthur de). *Fragments d'un cartulaire de l'abbaye de Saint-Corneille de Compiègne...* (dans *Revue des sociétés savantes,* 6ᵉ série, IV, année 1876, p. 458-479). Bibliothèque municipale de Compiègne, ms. 41 et non 6 comme l'indique Stein, n° 1024. Morel CRo.

Ce manuscrit, deuxième moitié du XIVᵉ siècle, dit le cartulaire rouge, appartint au président Poulletier, puis au conseiller Romain Leroy qui l'a donné à la bibliothèque. In-folio, 63 feuillets, 98 bulles ou autres actes ecclésiastiques et une quarantaine de *carte regum.* A. de Marry publie une sorte de table du manuscrit : rubriques avec les dates en latin et quelques annotations.

Le cartulaire blanc, mutilé (143 folios au lieu de 184) contient 520 pièces de 907 à 1272. Trois autres, dont le cartulaire rouge, furent composés au XIIIᵉ siècle. Le lat. 9171 (XVIIᵉ siècle, jusque p. 973, XVIIIᵉ siècle p. 974-1006) et celui de 1672 exécuté pour les dames du Val-de-Grâce, la même abbatiale de Saint-Corneille ayant été réunie à leur monastère, LL 1623, sont des copies d'après le cartulaire rouge, alors complet. La traduction XVIIIᵉ siècle d'une partie du cartulaire, n° 321 de Cocheris, LL 1624, n'a pas été utile au chanoine Morel, qui ne lui a pas attribué de sigle.

ROYALLIEU : prieuré de l'ordre du Val des Écoliers (1308- vers 1625), puis chanoines réguliers qui, en 1634, permutèrent avec l'abbaye de bénédictines de Saint-Jean-aux-Bois.

Cartulaire de Royallieu [publié] *par Paul Guynemer...* Compiègne, 1911, in-4° (*Société historique de Compiègne*).

C'est surtout la publication mot à mot (sauf corrections d'office, sans note, des fautes de copiste) du recueil que le prieur Simon de Senlis fit composer en 1358 : Bibliothèque nationale, lat. 5434; Stein, n° 3270. 173 textes de 1173 à 1357 et, en appendice, 12 pièces absentes du cartulaire : 11 textes de 1308 à 1444 et mention de 1 vidimus de 1470. Dans l'introduction de 36 pages : (p. I-IV) « le manuscrit »; (p. XXIV) « avertissement » sur sa publication. Tables, dont (p. 1-15) celle qui se trouve en tête du manuscrit.

Courteuil. — Clunisiens. — *Cartulaire du prieuré de Saint-Nicolas-d'Acy,* publié par l'abbé Amédée Vattier (dans *Comité archéologique de Senlis... Mémoires,* 3ᵉ série, I, année 1886, p. 50-80) à la suite de *Notes historiques sur le prieuré;* table alphabétique et analytique de tout l'ouvrage (*Ibidem,* II, année 1887, p. 159-169). Stein, n° 11.

Factice, chronologique : 44 pièces de 1106 à 1244 non numérotées, textes ou mentions, d'après la collection Afforty.

Creil. — BOISSIER (Docteur Auguste), *Histoire de la ville et châtellenie de Creil...* Paris et Creil, 1881, in-8° (p. 497-544) : *Cartulaire de Saint-Évremond de Creil.* Stein, n° 1099.

MACON (Gustave), *Chantilly, les archives...,* II, p. 219-220 : C, registre 65 (119 D 14). Cartulaire de l'église collégiale de Saint-Évremond-de-Creil. Copie du XVIIᵉ siècle. In-folio de 68 feuillets ».

7. J. Le Braz, *Répertoire des cartulaires de l'ancienne France (suite). Diocèse de Soissons,* dans *Bulletin de l'Institut de recherche et d'histoire des Textes,* n° 13, 1964-1965, p. 102-103.

102

JACQUELINE LE BRAZ

pages 60-61 (manquent les actes XXII-XXIV), 206-207 et 212-215. Titres-analyses rubriqués ; lettrines ornées alternativement bleues et rouges. Reliure du xix° s. en maroquin rouge. Écriture posée du premier quart du xiii° s. Pleine page.

— 180 actes de 1135 à 1502 : 100 du xii° s., 76 du xiii°, 2 du xiv°, 2 du xvi°. Ordre hiérarchique : p. 117-217.

Choisy-au-Bac[1] (Saint-Étienne)

Abbaye devenue prieuré bénédictin de Saint-Médard de Soissons.
Paris, Arch. nat., LL 1023 (Stein, n° 946).

— Parchemin. 294 × 185 mm. 86 feuillets. Initiales ornées, titres rubriqués. Reliure du xv° s. : ais de bois recouverts de peau. Écriture posée du début du xv° s. (1403). Quelques additions fin xv° s. Pleine page.

— 60 actes de 593 à 1462 : 4 privilèges pontificaux et royaux antérieurs à l'an 1000, 1 acte de l'évêque de Beauvais du 12 novembre 1097, 4 actes du xii° s., 11 du xiv°, 20 du xv° et 8 actes non datés (aveux de fief, droits de justice, revenus et charges du prieuré ; 2 actes en langue vulgaire (1261, mai, abbé de Saint-Médard de Soissons).

Contient en outre, fol. 19-22 : *Abbreviatio cronice primeve etatis ab origine mundi. Adam cum esset centum triginta annorum* (Ed. Migne, Patr. lat. XCIV, col. 1173-1176) ; fol. 22 v°-26 v° : *Incipit de ortu necnon de obitu antiquorum patrum. Adam pater generis humani* ; fol. 56-56 v° : *Estat quidem locus Compendio regali ville contiguus* : récit de la visite du pape Innocent II.

Le cartulaire fut transcrit sur l'ordre du prieur de Choisy, Robert de Morcourt, par Colin François et achevé le 24 mars 1403 (fol. 12 v°). Fol. 10 : *Qui hunc librum scribi fecil, in societate omnium sanctorum ecclesie beati Medardi Suessionensis requiesciencuun sit. Amen. Alleluia.*

Compiègne[2] (Saint-Corneille)

Abbaye de Bénédictins.
Clermont, Coll. particulière de M. Boulet (Stein, n° 1023).

— Parchemin. 360 × 230 mm. 75 feuillets ; lacunes, antérieures à la foliotation du xv° s. en chiffres arabes placés dans la marge inférieure. Initiales non dessinées ; quelques titres-analyses rubriqués. Reliure moderne : carton recouvert de parchemin. Écriture posée du xiii° s., 2 colonnes.

— 204 actes de 877 à 1256, dont 1 du ix° s., 7 du x°, 8 du xi°, 51 du xii°, 127 du xiii° (tous édités par le chanoine E. Morel) ; quelques actes incomplets par suite des lacunes, quelques actes en double. Ordre hiérarchique. 1 acte en langue vulgaire (février 1248, Robert, sire de Bazoches). Morel (chanoine E.). *Cartulaire de l'abbaye Saint-Corneille de Com-*

1. Oise, arr. et cant. Compiègne. Aujourd'hui dans le diocèse de Beauvais.
2. Aujourd'hui dans le diocèse de Beauvais.

103

CARTULAIRES DU DIOCÈSE DE SOISSONS

piègne. T. I (877-1216), Montdidier, 1904 ; t. II (1218-1260), Paris, 1909, in-4° (*Société historique de Compiègne*). Il existe du tome III de cette publication un exemplaire unique[1] à la Bibliothèque municipale de Compiègne (contenant les chartes de 1261 à 1375, in-4°, 482 p.), l'édition entière ayant été détruite à peine achevée et avant d'être livrée au public, au cours de la guerre 1914-1918.

Compiègne

Hôtel-Dieu Saint-Nicolas-au-Pont.
Compiègne, Archives de l'hospice civil (Stein, n° 1027).

— Papier. 285/300 × 205/220 mm. 67 feuillets (provenant de trois compilations différentes, ce qui explique les répétitions). Reliure du xix° s. : carton recouvert de parchemin. Écriture du xv° s. Pleine page.

— 88 actes (certains transcrits 2 fois, d'autres incomplets), dont 1 acte du xii° s., 25 du xiii°, 13 du xiv° et 15 du xv° (quelques actes sont édités dans l'ouvrage du chanoine E. Morel). 5 actes en langue vulgaire (août 1258, Amis de Rameru, bourgeois de Compiègne).

Joie (La)[2]

Abbaye Notre-Dame (1240), devenue prieuré Sainte-Claire (1451) ; ordre de Cîteaux.
Paris, Bibl. nat., lat. 9172 (Stein, n° 1834).

— Papier. 380 × 250 mm. 124 feuillets. Demi-reliure parchemin naturel. Composé entre 1726 et 1738. Quelques additions fin xviii° et xix° s.

— 146 pièces (dont plusieurs mémoires historiques, inventaires de titres, arpentages avec plans, catalogue de prieurs, extraits d'actes du chapitre général de Cîteaux) de 1240 à 1726 : 46 du xiii° s., 19 du xiv°, 16 du xv°, 16 du xvii°, 33 du xviii° et 11 du xviii°. Ordre topographique : fol. 15-82 ; ordre méthodique : fol. 83-107 v°. 10 actes en langue vulgaire (avril 1255, Jean de Neale, comte de Soissons).

Lieu-Restauré[3] (Notre-Dame)

Abbaye de Prémontrés.
Arch. dép. Oise, II 6733 (Stein, n° 2150).

— Papier. 305 × 210 mm. 67 feuillets. Reliure parchemin souple. Composé aux xvii° s. d'après les originaux. Pleine page.

— 86 actes de 1145 à 1536 : 12 du xii° s., 54 du xiii°, 5 du xiv°, 9 du xv°, 6 du xvi°. 3 actes en langue vulgaire (décembre 1260, Pierre de Piaseleu, chevalier).

1. Reproduit en xérographie à l'I. R. H. T.
2. Oise, arr. Compiègne, cant. Attichy, comm. Berneuil-sur-Aisne.
3. Oise, arr. Senlis, cant. Crépy-en-Valois, comm. Bonneuil-en-Valois. Aujourd'hui dans le diocèse de Beauvais.

MORE

```
                         -----)      1 ° manuscrit (Isn       6490 )

PAYS:                    F
LIEU DE CONSERVATION:    COMPIEGNE
BIBLIOTHEQUE:            Bibliothèque municipale
COTE:                    041
DATE DU MANUSCRIT:       13e s.
SECTION:                 DIPL.
NOTICE-MANUSCRIT:        notice
NUMERO DE POCHETTE:      12604
FOLIOS-MICROFILMES:      revers plat sup., garde avec note, f. I/A/Av, 1-39v, f
                         . X-Xv, 40-63v/A (fin)
QUANTITE-PHOTOGRAPHIEE   ph. intégr.
TYPE-PHOTO:              nég. 2p.
DATE DE LA PHOTO:        1968
ARCHIVAGE:               arch. (nég.)

                            ---) 1 ° texte (n° 006490001 )
TITRE:                   Cartulaire de l'abbaye S.Corneille de Compiègne, Cartu
                         laire rouge
FRAGMENT:                fragm.
NOMENCLATURE GENERIQUE:  Diplomatiques (documents), recueil d'actes
NOMENCLATURE SPECIFIQUE: Cartulaire ecclésiastique
ORDRE:                   OSB
LIEU:                    Compiègne 60159
INSTITUTION              Abbaye S.Corneille
DIOCESE:                 Soissons
REF. BIBLIOGRAPHIQUE:    Stein 1024
```

MORE

```
                         -----)      1 ° manuscrit (Isn       6491 )

PAYS:                    F
LIEU DE CONSERVATION:    COMPIEGNE
BIBLIOTHEQUE:            Bibliothèque municipale
COTE:                    281
DATE DU MANUSCRIT:       13e s.
SECTION:                 DIPL.
NOTICE-MANUSCRIT:        catal.
NUMERO DE POCHETTE:      20668
FOLIOS-MICROFILMES:      f. 1-75
QUANTITE-PHOTOGRAPHIEE   ph. intégr.
TYPE-PHOTO:              nég. 2p.
DATE DE LA PHOTO:        1941/1957
ARCHIVAGE:               arch. (nég.)
OLIM:                    olim : bob. CART. 47-49
NOMBRE DE VUES:          75 cl.
AGRANDISSEMENT:          agr. intégr.

                            ---) 1 ° texte (n° 006491001 )
TITRE:                   Cartulaire de l'abbaye S.Corneille de Compiègne, Cartu
                         laire rouge
NOMENCLATURE GENERIQUE:  Diplomatiques (documents), recueil d'actes
NOMENCLATURE SPECIFIQUE: Cartulaire ecclésiastique
ORDRE:                   OSB
LIEU:                    Compiègne 60159
INSTITUTION              Abbaye S.Corneille
DIOCESE:                 Soissons
REF. BIBLIOGRAPHIQUE:    Stein 1023
```

8. *Medium,* base de données sur le manuscrit médiéval de l'I.R.H.T., 1992.

MORE

-----)   1 * manuscrit (Isn   19182)

PAYS: F
LIEU DE CONSERVATION: PARIS
BIBLIOTHEQUE: Archives nationales
COTE: LL 1622
DATE DU MANUSCRIT: 13e s.
SECTION: DIPL.
NOTICE-MANUSCRIT: -
NUMERO DE POCHETTE: 01081
FOLIOS-MICROFILMES: f. 1-143v (fin)
QUANTITE-PHOTOGRAPHIEE   ph. intégr.
TYPE-PHOTO: nég. 2p.
DATE DE LA PHOTO: 1953
ARCHIVAGE: arch. (nég.)

---) 1 * texte (n° 019182001)

TITRE: Cartulaire de l'abbaye S.Corneille de Compiègne
NOMENCLATURE GENERIQUE: Diplomatiques (documents), recueil d'actes
NOMENCLATURE SPECIFIQUE: Cartulaire ecclésiastique
ORDRE: OSB
LIEU: Compiègne 60159
INSTITUTION   Abbaye S.Corneille
DIOCESE: Soissons
REF. BIBLIOGRAPHIQUE: Stein 1022

MORE

-----)   1 * manuscrit (Isn   19183)

PAYS: F
LIEU DE CONSERVATION: PARIS
BIBLIOTHEQUE: Archives nationales
COTE: LL 1623-1624
DATE DU MANUSCRIT: 17e s.
SECTION: DIPL.
NUMERO DE POCHETTE: 06923-06927
FOLIOS-MICROFILMES: 4 vues, 5 vues, 2 vues, p. 1-750, table, p. 1-55, 1825
                             , 2211, 2 vues (fin)
QUANTITE-PHOTOGRAPHIEE   ph. intégr.
TYPE-PHOTO: nég. 2p.
DATE DE LA PHOTO: 1960
ARCHIVAGE: arch. (nég.)

===) I * texte (n° 019183001)

TITRE: Cartulaire de l'abbaye S.Corneille de Compiègne (copie
)
NOMENCLATURE GENERIQUE: Diplomatiques (documents), recueil d'actes
NOMENCLATURE SPECIFIQUE: Cartulaire ecclésiastique
ORDRE: OSB
LIEU: Compiègne 60159
INSTITUTION   Abbaye S.Corneille
DIOCESE: Soissons
REF. BIBLIOGRAPHIQUE: Stein 1024

TYPOLOGIES

L'ÉLABORATION DU GRAND CARTULAIRE DE SAINT-VICTOR DE MARSEILLE

par

Monique ZERNER

L'abbaye de Saint-Victor de Marseille possède deux cartulaires médiévaux, le grand cartulaire du XIe-XIIe siècle et le petit cartulaire du XIIIe siècle [1]. Le premier est particulièrement précieux pour les historiens de la Provence à cause de sa richesse et parce qu'il couvre tout l'espace provençal. Leur édition fut entreprise par Benjamin Guérard et achevée par Delisle et Marion, et parut en 1857 en deux tomes dans la fameuse collection des cartulaires de France [2]. Guérard avait distingué huit cent dix-sept chartes dans le grand cartulaire - le nombre peut paraître modeste mais plusieurs s'apparentent à des pancartes - et deux cent dix-neuf dans le petit cartulaire, numérotées à la suite (n° 818 à 1036). Une partie des chartes du fonds de Saint-Victor ne se trouvait pas dans les cartulaires et Delisle et Marion en publièrent un certain nombre en appendice, quatre-vingt-dix-sept (n° 1037 à 1134), et ajoutèrent le polyptyque de Vuadaldo de 813-814 qu'on venait de découvrir. Les chartes encore inédites ont été publiées en 1967 par Paul Amargier [3].

Les historiens de la Provence disposent donc apparemment d'un excellent instrument de travail avec l'édition de Benjamin Guérard, complétée par les travaux de Paul Amargier. Ajoutons que presque cent cinquante originaux du XIe siècle copiés dans le cartulaire se trouvent encore dans le fonds de Saint-Victor et qu'une comparaison entre l'original et la copie est assez souvent possible [4].

---

1. Arch. dép. Bouches-du-Rhône, H 629 et H 630.
2. Benjamin Guérard, *Cartulaire de l'abbaye de Saint-Victor de Marseille*, Paris, 2 vol., 1857 [*Documents inédits in-4°* ; désormais : CSV].
3. Paul Amargier, *Chartes inédites du fonds de Saint-Victor de Marseille*, Aix, 1967, dactylographié.
4. La comparaison entre les originaux et les copies du cartulaire est facilitée par l'inventaire analytique du chartrier et l'inventaire sommaire des registres et liasses de la sous-série 1 H des Arch. dép. Bouches-du-Rhône, rédigés par le chanoine Joseph Hyacinthe Albanès et qui indiquent les correspondances. D'après un sondage rapide, il ressort que les chartes ont été assez fidèlement

En fait, l'édition souffre de quelques défauts fort gênants. La comparaison avec le manuscrit du grand cartulaire montre que Guérard a très souvent écourté les préambules et plus encore les formules comminatoires - reconnaissons qu'il a le mérite de le signaler par un *etc.* en italique. Pire, il s'est contenté de résumer certaines chartes, au nombre de trente-deux, en n'éditant que la date et les souscriptions, et ceci sans signaler que c'était de son fait [5]. Enfin, il a donné des titres typographiquement semblables alors que ceux-ci sont de nature variée et que certains proviennent en fait du petit cartulaire où quelques chartes furent recopiées une deuxième fois sous une autre présentation. Passons en effet à l'édition du petit cartulaire : non seulement Guérard n'a pas édité les dix chartes qui se trouvaient déjà dans le grand cartulaire, mais il n'a même pas signalé qu'il les avait omises alors que quatre au moins tiennent une place significative dans le manuscrit, puisque ce sont les chartes figurant en tête du nouveau cartulaire - notons que le scribe du XIIIᵉ siècle copia en premier la plus ancienne charte du grand cartulaire, la fameuse charte d'Adaltrude de 780 [6].

recopiées, mis à part le fait que le copiste ne donne généralement pas le nom du scribe de l'original. Je donne ici deux exemples, un cas où la copie du cartulaire est la plus incomplète, et un cas où elle est excellente. La charte CSV n° 245, à la fin du fol. 61v et au début du fol. 62 du manuscrit, se trouve dans le chartrier sous la cote 1 H 16/69 des Arch. dép. Bouches-du-Rhône et je relève trois différences: le *patri meo* de l'original a été transformé sur le cartulaire en *de patrimo* avec un tilde sur le *o*, et Guérard a restitué *de patrimonio*, le S barré de la souscription est transcrit *ego*, enfin n'ont pas été transcrites sur le cartulaire les deux dernières lignes de l'original, soit, en lettres espacées, *Raidaldus Rocitus scripsit*, et, d'une autre écriture, *facta donatio hec anno incarnationis 1037, regnante Cono imperatore* - Guérard a donné comme date *circa 1050*. Notons que le même scribe du cartulaire n'a pas copié la formule du préambule d'une charte précédente (CSV n° 243, Arch. dép. Bouches-du-Rhône, 1 H 16/68), qu'il fait commencer à *ego Raiabertus* ..., ce faisant il est plus expéditif que la majorité des scribes du cartulaire où les formules des préambules sont généralement présentes. Second exemple, où l'acte conservé est peut-être déjà une copie : un parchemin (Arch. dép. Bouches-du-Rhône 1 H16/66), où sont notées à la suite et de la même écriture trois chartes, très fidèlement recopiées à la fin du fol. 127 et au début du fol. 128 (CSV n° 564, 565 et 566), en allant à la ligne entre chaque charte et en calligraphiant la première lettre de chacune comme sur l'original : seule différence, le *Wido* de l'original devient *Guido* dans le cartulaire.

5. CSV n° 13, 60, 63, 66, 74, 111, 126, 128, 129, 132, 206, 210, 216, 229, 263, 310, 320, 336, 361, 448, 459, 489, 494, 496, 538, 545, 561, 568, 597, 647, 648, 651.

6. CSV n° 31. Les chartes du petit cartulaire que B. Guérard n'a pas rééditées correspondent dans le grand cartulaire aux n° 31 (charte d'Adaltrude), n° 32 (charte de Saint-Pierre du Paradis), n° 483 (charte de Saint-Savin en Bigorre), n° 484 (charte de Saint-Sever) - qui sont les quatre premières chartes du manuscrit -, au n° 150 (charte de La Romieu, sixième charte du manuscrit, entre les n° 818 et 819 du petit cartulaire tel qu'il est édité par B. Guérard), n° 5 et 6 (bulles de Jean XVIII sur lesquelles à l'origine s'ouvrait le grand cartulaire comme on le verra plus loin, entre les n° 838 et 839 de l'édition), n° 809 (bulle de Calixte II, entre les n° 864 et 865 de l'édition), n° 785 (charte de Vabres, entre les n° 889 et 890 de l'édition), n° 221 (confirmations de l'archevêque d'Aix de 1082, dernière charte recopiée dans le petit cartulaire). B. Guérard signale l'existence de ces copies dans le petit cartulaire seulement en note à l'édition de la charte dans le grand cartulaire, sans donner de référence.

Mais la consultation du manuscrit lui-même n'a pas seulement l'intérêt de restituer avec plus d'exactitude le texte du cartulaire. C'est le seul moyen de retrouver à quel moment le cartulaire fut élaboré, et par conséquent de restituer le sens, la portée de cette sorte d'événement historiographique que constitue la rédaction du premier et seul grand cartulaire provençal. On se repose encore aujourd'hui sur l'approche très floue qu'en ont donnée les éditeurs du XIXe siècle, un cartulaire de la fin du XIe et du début du XIIe siècle. Nous verrons comment il faut distinguer le cartulaire entrepris dans les années 1080 et achevé à la fin des années 1090 - un cartulaire où se trouvent un peu plus de 90% des chartes. Il y a plus : ce faisant, on est amené à nuancer l'interprétation de la documentation victorine. On ne traitera pas de la même manière des informations répétées à satiété à longueur de chartes copiées très systématiquement, et des informations tirées de chartes du XIIe siècle copiées dans de tout autres conditions. Bref, l'enjeu historique me paraît suffisamment important pour justifier l'analyse minutieuse que je propose ci-dessous, sans laquelle la composition de ce document très complexe qu'est le grand cartulaire de Saint-Victor de Marseille reste incompréhensible [7].

I. LA COMPOSITION DU MANUSCRIT : ANALYSE DES CAHIERS

Le manuscrit compte 187 folios et se compose de vingt-quatre cahiers [8]. Chacun porte son numéro d'ordre dans le manuscrit, inscrit au bas du verso du dernier folio [9]. La plupart sont des quaternions, quatre feuilles pliées qui font huit folios et seize pages. Toutefois, dans un cahier se trouve un folio de plus, qui est pris dans la couture, où la copie d'une charte se prolonge [10] ; de même, dans un autre, est glissé un folio plus petit [11] ; et dans un troisième on a glissé dans la couture un petit parchemin avec une charte d'un côté et une autre au dos [12]. Inversement, dans certains cahiers, un folio a été découpé, reste le bout pris dans la couture, et tout prouve qu'il s'agissait d'une feuille restée blanche : deux quaternions n'ont plus que sept folios [13],

---

7. L'analyse a été grandement facilitée par le report de certaines caractéristiques de chaque charte sur micro-ordinateur à partir du logiciel Excel, report effectué par Jacques Chiffoleau et moi-même, selon des critères définis ensemble en fonction de nos différents objectifs.

8. Voir la description des cahiers ci-dessus en annexe.

9. A part le premier et le dernier, deux cahiers ne portent pas ce numéro, certainement parce que le dernier folio, resté blanc, fut découpé après la composition du manuscrit : cahiers 13 et 22, voir ci-dessous le problème des pages découpées.

10. Cahier n° 10 : la feuille fait partie du cahier d'origine, elle se trouve au milieu des pages consacrées aux charte de Tourves, le scribe y copia la fin de la très longue charte n° 325 et la charte n° 326.

11. Cahier n° 11 : entre les fol. 81 et 82, fin du n° 368, n° 369-371, soit les dernières chartes de Brignoles.

12. Cahier n° 18 : n° 618 (une donation à Moustiers, on est dans les pages de Moustiers) et 619 (une donation à Tavernes, non loin de Moustiers).

13. Cahier 20 : le bout du folio coupé se trouve entre deux pages blanches (fol. 156v et 157). Cahier 24 : le dernier folio est coupé.

et un ternion - le seul du manuscrit - n'en a plus que cinq [14]. Enfin, un cahier est fictif, au sens où il se compose de deux folios simples cousus ensemble (sur lesquels sont copiées les dernières chartes du diocèse d'Aix) réunis à trois autres folios simples cousus avec un folio double, en fait un quaternion dont ne subsistent que cinq folios, les trois derniers ayant été coupés [15]. Du point de vue de sa composition en cahiers, le manuscrit n'est pas hétérogène, il n'est pas mutilé contrairement aux apparences.

Les mains sont nombreuses mais en général il n'y a pas vraiment de rupture de style, seulement des nuances - tel écrit plus serré, tel autre orne la première lettre, un autre utilise du rouge, un autre prolonge les hastes et les hampes aux premières et aux dernières lignes de la page, etc. Les copistes travaillèrent les uns à la suite des autres, le même copiste passant parfois d'un cahier au suivant. Toutefois, certains cahiers commencent avec une écriture nouvelle. Surtout, la fin de certains cahiers comporte des blancs et connaît de véritables ruptures de style, là se trouvent des chartes ajoutées par la suite, plus tardives ou d'un contenu très différent. Nous nous trouvons donc devant un manuscrit qui est le résultat du travail de plusieurs équipes, complété ça et là plus tard. On le savait et la chose est banale. Encore faut-il distinguer avec rigueur le cartulaire d'origine des additions, pour retrouver le plan, la logique et même la date de l'entreprise initiale, et saisir l'évolution ultérieure. Pour cela, une analyse du cartulaire cahier par cahier est nécessaire ; j'en résume ci-dessous les principaux résultats [16].

1) Le début du cartulaire.

La première page du premier cahier fut d'abord laissée en blanc, Guérard l'avait noté. Probablement existait-il un projet, peut-être voulait-on l'illustrer. Plus tard, à des moments différents, on y copia trois textes, une charte du fameux évêque d'Arles Manasses (donation de 923 à l'évêque de Marseille), le bref en cinq lignes de la donation sous condition de terres relevant du seigneur de Montpellier et une courte charte où le comte de Melgueil confirme la tutelle de Saint-Victor sur le monastère de Psalmodi (entre 1080 et 1090) ; en haut du verso, on ajouta encore une courte charte.

Le cartulaire d'origine commence donc au verso du premier folio. Le premier texte est un privilège du pape Jean XVIII, dit *capitula prima* en lettres ornées de rouge, retranscrit sans doute à l'identique, de même que les bulles qui

---

14. Cahier 22 : le dernier folio est coupé, l'avant-dernier n'est pas rempli jusqu'au bout.

15. Cahier 13 : première couture au début du cahier, qui prend les deux bouts des deux premiers folios (reste d'un binion), deuxième couture avant le dernier folio, qui prend les bouts coupés des trois folios suivants (reste d'un quaternion). Le numéro du cahier a disparu, il devait se trouver au bas du dernier folio avant que celui-ci ne soit coupé. De même il n'y a plus le numéro du ternion auquel manque le dernier folio (cahier 22).

16. Voir la description des cahiers en annexe, à laquelle je renvoie ici une fois pour toutes.

suivent, de Benoît IX et Léon IX, où la première ligne est écrite en lettres allongées ornées de rouge, la *rota* et le *benevalete* soigneusement reproduits [17]. Les onze premiers textes sont des bulles, des diplômes impériaux et pour finir la fameuse *carta liberalis* de 1005, en quelque sorte la charte refondatrice du monastère. Pas de préface donc, mais comme un dossier d'introduction [18].

2) Le dossier marseillais : les cinq premiers cahiers.

La douzième charte (n°16 de l'édition) inaugure une nouvelle manière, elle porte un titre, *dos sancti Petri hujus cenobii*, la première lettre est plus grosse et ornée de rouge, la première ligne est écrite avec des lettres plus espacées. En fait, c'est ici que commencent les chartes de Marseille et son diocèse, qui occupent les cinq premiers cahiers du cartulaire. On compte à peu près cent-trente chartes, groupées par *villa*, celles de Marseille même, Aubagne, Auriol, Campagne, La Cadière, etc. A chaque *villa* correspond une sorte de dossier où les chartes ne sont pas du tout classées par ordre chronologique mais plutôt par ordre d'importance. Mais rien dans la typographie ne distingue le passage d'un dossier à l'autre. Les chartes ne sont plus numérotées dès le début du deuxième cahier. Les titres passent dans la marge et ont probablement été ajoutés au XIIᵉ siècle [19]. Les mains changent assez souvent ; au quatrième cahier, à partir du troisième folio, la première lettre est soigneusement ornée. Les premier, deuxième, troisième, quatrième et cinquième cahiers prennent la suite les uns des autres : la dernière charte du premier cahier est terminée de la même main sur le cahier suivant, de même les dernières chartes des cahiers suivants.

Mais comment se termine ce qu'on pourrait appeler le dossier marseillais? Jusqu'au milieu du cinquième cahier, pas une seule charte n'est postérieure à 1079 et, d'ailleurs, les chartes postérieures à 1065 sont peu nombreuses. De la fin du quatrième au sixième folio furent copiées sans changement d'écriture onze chartes, toutes des années 1080/1090, puis d'une main très différente une courte charte relatant l'achat d'une acapte à Olliès dans le diocèse d'Aix, datée du temps de l'abbé Bernard (1064-1079). La fin du folio resta blanc. Sur le folio suivant fut copiée une charte d'un tout autre genre, d'une écriture encore très différente, la donation de La Romieu (Gers) qui venait d'être fondée par un pélerin germanique et comprenait déjà cent

17. Notons que B. Guérard a cru bon de distinguer deux privilèges de Jean XVIII, là où les copistes n'en virent qu'un.
18. Je prépare un court article sur ce dossier.
19. En effet une donation à Saint-Savournin par un certain Aldierus datée de 1036 (CSV n° 130) voit son titre encadré dans la marge avec un renvoi à une donation du dernier cahier (*carta sancti Saturnini, requere in ultimum quaternionem*), qui s'y trouve en effet : il s'agit d'un quasi-homonyme, un certain Adalgerius, qui fait une donation à Saint-Savournin en 1138 (CSV n° 803).

manses [20], datée de 1052 sans doute par suite d'une faute de copie, en fait de 1082 (date donnée dans la deuxième copie du petit cartulaire au XIIIe siècle), terminée en haut du verso ; la fin du folio resta blanc. Le huitième et dernier folio est blanc au recto et porte au verso, d'une autre écriture encore, une donation à Arles de Raimbaud de Reillanne, l'archevêque d'Arles, datée de 1031, juste avant le cahier suivant qui concerne la région d'Arles.

Les cinq premiers cahiers sont l'oeuvre d'une équipe de moines, sans doute la première à se mettre au travail, qui fut chargée de copier les bulles, les diplômes et les chartes concernant la communauté des moines et composant le début du cartulaire, et de transcrire les chartes marseillaises. Ils copièrent en dernier des chartes plus récentes concernant principalement Riboux. La fin du dernier cahier, resté blanc, fut utilisée plus tard, et, en ce qui concerne la dernière page, sans doute en fonction du cahier cousu à la suite.

3) Le dossier arlésien : deux cahiers.

Les deux cahiers suivants (sixième et septième cahiers) forment ce que j'appellerais le dossier arlésien - quoiqu'ils comprennent, outre le diocèse d'Arles, quelques chartes sur Avignon et deux donations situées dans le val *Melcianensis* au comté d'Uzès (probablement Meynes près du Rhône). Les deux cahiers se suivent, pas une charte n'est postérieure à 1070, l'ensemble est homogène sauf au tout début et à la fin :

- Un passage, deux chartes semble-t-il, fut gratté dans la partie supérieure du recto du premier folio (premier cahier du dossier) pour écrire par dessus un accord entre les abbés de Saint-Victor et Saint-Gilles au sujet de maisons à Saint-Gilles, daté de 1097.

- A partir du milieu de l'avant-dernier folio (second cahier), trois mains successives ont copié des chartes plus tardives et seule la première des quatre concerne le diocèse d'Arles : une charte concernant Tarascon par dessus un texte gratté, daté de 1095 ; à la suite deux chartes de confirmations épiscopales provenant de l'archevêque d'Aix et concernant les églises de son diocèse, l'une datée de 1082, la seconde de 1093, de la même main. Il faut déjà savoir que le dossier qui commence au cahier suivant est justement celui d'Aix. Enfin, au verso du dernier folio, la charte la plus tardive du cartulaire, mis à part une charte aberrante du XIVe siècle, la charte de coutume de Saint-Martin de Brômes, datée de 1182.

Comme le dossier de Marseille, ces deux cahiers sont l'oeuvre d'une équipe, qui a sans doute travaillé en parallèle. Après 1095, peut-être peu après, ils sont l'objet d'un remaniement, des chartes sont grattées pour être remplacées par deux chartes concernant Saint-Gilles et Tarascon. Un peu plus tard encore,

---

20. Voir Paul Amargier, *Un âge d'or du monachisme, Saint-Victor de Marseille (990-1090)*, Marseille, 1990, p. 117.

en tout cas alors que les cahiers étaient déjà réunis ou en train de l'être puisqu'on connaissait leur ordre, on ajouta deux confirmations épiscopales qui concernaient le dossier suivant. Le verso du dernier folio restait blanc. Un siècle après, on y copia la charte de Saint-Martin de Brômes, qui n'avait rien à voir ni avec le dossier d'Arles, ni avec celui d'Aix. Saint-Martin de Brômes se trouve dans le diocèse de Riez.

4) Le dossier aixois : six cahiers et un morceau de cahier.

Les cinq cahiers suivants et le début du sixième (cahiers huit à treize) forment ce que j'appelerais le dossier aixois. Folios et cahiers se suivent sans discontinuité, de nombreuses mains se succèdent, la première est assez différente des mains précédentes - l'écriture est plus petite, les premières lettres sont plus travaillées -, les cahiers huit, neuf, dix et onze se terminent au milieu d'une charte qui est continuée sur le cahier suivant. Sur deux cent un actes, pas un n'est postérieur à 1079, sauf deux chartes non datées se référant à l'abbatiat de Richard (1079-1106), une charte de Tourves au milieu des chartes concernant cette région (cahier 10), une charte de Garéoult au milieu des chartes de Garéoult (cahier 12).

Le dossier aixois est plus épais encore que le dossier marseillais ; il ne comporte pas de page blanche sauf la tout dernière, d'ailleurs gâchée par un gros trou ; pressé par le manque de place sans doute, on ajouta un folio simple au dixième cahier, un petit folio au onzième. Peut-être avait-il été prévu que tout le dossier aixois tiendrait sur les cinq cahiers, mais il fallut encore un folio et demi pour finir Reillanne [21]. Bref, on n'est pas surpris de ne trouver que deux additions dans ce très gros dossier, encore sont-elles en rapport avec le diocèse d'Aix : une charte de 1092 ajoutée sur la fin du petit folio glissé dans le cahier 11 ; et surtout, au recto du premier folio du premier cahier du dossier, qui avait été laissé apparemment d'abord en blanc, une charte de confirmation provenant du prévôt des chanoines d'Aix, Foulque, datée de 1098, d'une écriture qui contraste avec celle des chartes qui l'encadrent, peut-être écrite sur le manuscrit par le prévôt lui-même si l'on en juge par la façon très inhabituelle dont est écrit *Fulcho scripsit*, sous le texte.

5) Le dossier du Venaissin : un cahier tronqué.

Le cahier tronqué auquel sont réunis les derniers folios aixois commence par un titre qui occupe la première ligne, *de obedientiis sancti Victori in episcopatu Caballensis*, première occurrence d'un titre de ce genre. Dessous sont copiées neuf chartes de Goult, Murs, Saignon, Vaucluse, datant d'avant 1070, qui remplissent les deux premiers folios. Le recto du troisième est

---

21. Il s'agit des deux folios réunis au quaternion réduit à cinq folios qui forment ensemble le cahier 13 : voir ci-dessus mes remarques sur ce cahier ainsi que la note 15.

blanc, au verso se trouvent quatre chartes qui concernent le diocèse d'Apt (à côté de celui de Cavaillon) : de mains, dont il est difficile de dire si elles sont les mêmes, une charte du XIe siècle, une charte du début XIIe siècle, une constitution de pension pour le prieur de Saint-Symphorien d'Apt non datée, enfin une notice-testament datée de 1089 qui ne concerne pas le diocèse d'Apt. Au folio suivant, de la première main, huit chartes d'Apt et de la plaine du Comtat, toutes antérieures à 1070 ; la copie se termine en haut du recto du dernier folio ; le reste est blanc. Le verso fut rempli plus tard, avec une charte de 1101 dans laquelle Pierre Sanche roi d'Aragon donnait toutes les églises du *castrum* d'Albalat, souscription du roi en lettres arabes, encadrée de deux croix pattées [22]. A la suite, une autre main copia une courte donation à l'occasion d'un départ à Jérusalem à Six-Fours dans le diocèse de Toulon, datée de 1110. Or, le cahier suivant concerne le diocèse de Toulon.

Ce qui complique le dossier est la confusion des petits diocèses du Venaissin, où, au demeurant, Saint-Victor est peu implanté ; pourtant, la page blanche entre les chartes de Cavaillon (au milieu desquelles se trouve une charte d'Apt) et celles d'Apt (avec lesquelles se trouve une charte de l'évêché de Carpentras/Vénasque) semble séparer les deux diocèses. Notons cependant que la structure de ce morceau de cahier, qui forme essentiellement le dossier du Venaissin dans sa partie du Bas-Comtat (nous verrons que le diocèse de Vaison est à part), obéit à la même logique que les dossiers précédents, dans la mesure où viennent à la suite du cartulaire d'origine quelques chartes plus récentes, la dernière en rapport avec le cahier suivant.

6) Les chartes des diocèses de Toulon (un cahier) et Fréjus (trois cahiers).

Le quatorzième cahier est consacré au diocèse de Toulon et il porte aussi un titre, d'ailleurs à peine mis en valeur : *de episcopatu tolonense*, écrit à la fin de la première ligne en lettres plus espacées. Le dossier se termine en haut du dernier folio au recto. A la suite, d'une encre beaucoup plus noire, une autre main copia deux chartes de 1080 et 1087, où Centulle, vicomte de Béarn, et sa femme Béatrice, comtesse de Bigorre, donnèrent d'abord le monastère de Saint-Savin en Bigorre, puis celui de Saint Sever aussi en Bigorre. Au verso, d'une troisième main, fut copiée une convention entre l'évêque de Toulon et celui de Fréjus, datée de 1119. Le dossier suivant est justement celui du diocèse de Fréjus.

Les chartes du diocèse de Fréjus occupent les trois cahiers suivants. C'est le dernier gros dossier du cartulaire. Il se présente comme les précédents. La fin de la première ligne au recto du premier folio du premier cahier

---

: 22. Voir la donation du monastère de Saint-Servan de Tolède à Saint-Victor par Alphonse VI, à la suite de la prise de Tolède en 1085, abandonné par les victorins en 1110 (P. Amargier, *Un âge d'or du monachisme...* [note 20], p. 130-131).

laisse place au titre, *de episcopatu forojuliense*, les cahiers se font suite sans changement de main, mais il y a plusieurs mains qui se succèdent, aucune charte n'est postérieure à 1075 sauf au dernier folio, à une exception près sur les cent treize chartes du dossier, une vente au Muy, datée de 1085, au milieu des chartes du Muy.

Le dernier cahier est rempli jusqu'à la fin. Cependant, au dernier folio, on peut se demander si ce sont des mains postérieures qui ont copié les quatre dernières chartes, successivement une charte de 1030, une confirmation d'églises du diocèse par Bertrand, évêque de Fréjus en 1085, une autre confirmation par son successeur en 1099 et, pour finir, une charte de 1021 intitulée *carta de Barjols*, donation à Barjols sis au «comté de Fréjus» (pourtant dans le diocèse de Riez) - il faut savoir que les deux confirmations épiscopales commencent par l'église de Barjols. Il est possible que les cahiers de Fréjus soient complètement et jusqu'au bout d'origine.

7) Les autres diocèses : les sept derniers cahiers.

Les sept derniers cahiers du manuscrit sont consacrés chacun à un ou des diocèses différents - successivement, Riez, Sisteron, Vaison et Embrun, Gap, Digne, Senez et Glandèves, enfin Vence, Nice et Antibes, le dernier cahier.

Tous ces cahiers/dossiers répondent à la logique que j'ai fait ressortir précédemment. Au début du cahier, les chartes se suivent avec quelques changements de main, aucune n'est postérieure à 1070-1080, à de rares exceptions près - dans le cahier de Riez la troisième charte (environ 1090), dans le cahier de Gap une charte de Dromon au milieu de la douzaine de chartes de ce lieu (1080). En fin de cahier apparaissent des changements avec des chartes ne concernant pas le diocèse, souvent plus récentes, copiées de mains très différentes. Dans le cahier de Senez et Glandèves (cahier 23), ces changements se produisent aussi en milieu de cahier, sur les pages blanches laissées à la fin des chartes de Senez[23]. Dans le cahier de Vaison et Embrun (cahier 20), après le premier folio occupé par les chartes de Vaison, se trouvait un folio blanc au verso duquel on copia à un autre moment une charte isolée de la région d'Aix ; les autres changements de main se trouvent en fin de cahier.

En fait, le cahier de Vaison se divise en trois parties, Malaucène et environs au premier folio (diocèse de Vaison), une page blanche, Gigors ensuite (diocèse d'Embrun), une demie page et une page blanches, puis Chorges (aussi dans le diocèse d'Embrun)[24]. Le cahier de Sisteron se divise nettement en deux

---

23. A l'origine la partie consacrée au diocèse de Senez se terminait par trois pages blanches, la dernière charte a été grattée pour faire place à une charte du roi d'Aragon (cf. la charte copiée à la fin du cahier de Cavaillon et Apt, dont B. Guérard n'a pas signalée cette autre copie), deux chartes du XIIe siècle ont été écrites à la suite. De même à la fin de la partie consacrée au diocèse de Glandèves se trouvaient trois pages blanches, qui furent remplies par la suite.

24. Le cahier 20 est d'une grande complexité, j'y reviendrai plus loin.

parties séparées par une page blanche, Manosque jusqu'au troisième folio, Forcalquier à partir du verso du quatrième. Le nom du diocèse ne figure pas en tête des cahiers, à la différence de ceux de Toulon, Fréjus et Cavaillon [25]. En revanche, on voit apparaître des titres courants se rapportant à des lieux, *carte de Manoasca* au début du cahier de Riez, *cartas de Malaucena* au début du cahier de Vaison, *cartas de Volona* au début du cahier de Gap, *cartas de Caldol* au début du cahier de Digne... En Haute-Provence, la distinction des diocèses semble ne pas suffire ou ne pas bien convenir aux moines de Saint-Victor.

Les derniers cahiers du manuscrit sont moins homogènes, les dossiers primitifs moins épais, les folios coupés plus fréquents [26]. Les chartes écrites postérieurement occupent plus de place, apparaissent des chartes du courant XIIe siècle, sept bulles d'Anastase IV (1154) et deux bulles d'Adrien IV (1155) à la fin du cahier 18 (Riez), une bulle d'Alexandre III (1159) à la fin du cahier 21 (Gap), une bulle de Gélase II (1118) et trois bulles de Calixte II (1120) dans la deuxième moitié du dernier cahier. La moitié de l'avant-dernier cahier (Senez et Glandèves) et plus de la moitié du dernier cahier furent remplis seulement au XIIe siècle.

L'analyse de la composition du manuscrit donne donc trois résultats importants. Il apparaît premièrement qu'on décida d'ordonner la transcription des chartes par diocèse avec beaucoup plus de rigueur qu'on ne pouvait le croire d'après l'édition de Guérard - qui a malencontreusement donné trop d'importance calligraphique aux trois noms de diocèse qui font un titre discret dans le manuscrit. Deuxièmement, il semble qu'on renonça à mener complètement à bien le projet initial, et qu'on se mit à concevoir différemment l'utilisation du manuscrit - la première page du manuscrit laissée en blanc, bien sûr exprès, fut remplie plus tard et à différents moments sans souci calligraphique, quelques chartes furent grattées et remplacées par d'autres, puis on utilisa les pages restées blanches. Enfin, il apparaît que la décision de faire un cartulaire fut prise au début des années 1080 et que l'exécution dura une bonne quinzaine d'années. Au-delà de 1097, toutes les chartes sont des ajouts, certaines chartes des années 1080-1097 le sont aussi, et même quelques chartes plus anciennes.

II. LE CONTEXTE : LE TOURNANT DE 1080

Toutes les chartes du manuscrit d'origine, copiées d'un même jet, sont antérieures à l'année 1080, à très peu d'exceptions près. Or, c'est précisément dans les derniers mois de l'année 1079 que fut élu à la tête de l'abbaye Richard, un grégorien affirmé, déjà cardinal et légat du pape. Richard succédait

25. Toutefois, on note qu'au début du cahier de Riez la fin de la première ligne est blanche, laissant donc la place à un titre qui ne fut jamais écrit.

26. Voir les notes 13 et 14, les cahiers 20 (Vaison et Embrun), 22 (Digne) et 24 (Vence, Nice-Cimiez et Antibes).

à son frère Bernard, abbé depuis 1065. Ils faisaient partie des nombreux fils du vicomte de Millau, héritier du Rouergue, époux de la fille du vicomte de Narbonne. Bernard avait pris l'habit monastique en 1060 et Richard peu après - peut-être sous l'influence de leur mère, liée au milieu catalan où rayonnaient les victorins. Bernard avait été élu avec le soutien de l'archevêque d'Arles Raimbaud de Reillanne. A la fin des années 1070, quand les légats intransigeants de Grégoire VII arrivèrent de ce côté des Alpes et commencèrent à appliquer la réforme dans toute sa rigueur, ils trouvèrent leur plus fidèle appui à Saint-Victor [27]. Bernard fut prié par le pape d'accompagner son légat en Germanie après Canossa et ne revint qu'au printemps 1079 après avoir été captif de l'empereur ; il mourut dans l'été ou l'automne. Quand survint l'élection de son frère Richard, celui-ci se trouvait sur le chemin de l'Espagne, envoyé comme légat auprès du roi Alphonse VI. Dès 1079, Saint-Victor fut récompensé de sa fidélité. Grégoire VII adressa le 4 juillet à Bernard, qui était encore en vie, une longue bulle où il confirma les possessions de Saint-Victor. En 1081, il adressa deux autres bulles à Richard : dans l'une il rattachait Saint-Victor directement au Saint-Siège en lui donnant le privilège de l'exemption, dans l'autre il lui confiait le soin de restaurer la discipline dans les abbayes de Montmajour, Psalmodi et Lagrasse. Les trois bulles ne furent pas copiées dans le grand cartulaire mais dans le petit cartulaire, au XIIIe siècle. Rappelons la fragilité de la papauté réformée en 1080, quand le schisme commence, les difficultés au lendemain de la mort de Grégoire VII en 1085. Ceci explique sans doute que les moines n'éprouvèrent pas le besoin de copier ces bulles dans le cartulaire.

La bulle de 1079 me paraît avoir été le coup d'envoi du cartulaire. Les possessions de Saint-Victor y sont énumérées avec précision. L'énumération est du type mixte, caractéristique entre autres de la période grégorienne, selon la classification de Dietrich Lohrmann, où les possessions sont classées par type et par diocèse, avec toutefois quelque hésitation dans notre cas [28]. On énumère successivement les monastères, *monasteria* (une liste nominative où sont inclus les monastères d'Espagne et de Septimanie), puis les salines de Marseille, ensuite les églises desservies par les moines ou *celle*, nommées une par une et groupées par diocèse [29], mais on termine avec les *castella que subscripta sunt et ville cum ecclesiis et pertinentiis suis* énumérés dans

---

27. La réforme est introduite précocement en Provence dans les années 1056-1066, avec l'appui de l'abbé Hugues de Cluny, et c'est dans ce contexte que Bernard est élu abbé à Saint-Victor. Mais ce premier élan est très vite brisé : Jean-Pierre Poly, *La Provence et la société féodale, 878-1166*, Paris 1976.

28. Dietrich Lohrmann, *Formen der* Enumeratio bonorum *in Bischofs-, Papst- und Herrscherurkunden (9.-12. Jahrhundert)*, dans *Archiv für Diplomatik*, t. 26, 1980, p. 281-311.

29. On compte cent neuf *celle* en Provence, énumérées dans l'ordre suivant : diocèse de Marseille (huit), Arles (six), Aix (vingt-six), Fréjus (dix), Toulon (sept), Fréjus - répété une seconde fois - (trois autres), Riez (dix), Digne (quatre), Gap (sept), Sisteron (trois), Apt (trois), Cavaillon (trois), Carpentras (une), Embrun (trois), Senez (trois), Glandèves (six), Vence (quatre), et Antibes (deux).

un désordre relatif, sans référence au diocèse et tous situés en Provence (quarante et un noms de lieux). Ceci est significatif de la difficulté à classer les propriétés de Saint-Victor, provenant de donations qui oscillent entre deux références, l'église et la *villa*.

La liste des *celle* a été étudiée par Edouard Baratier [30] : «beaucoup d'églises, écrivait-il, omises dans la bulle de Grégoire VII, figurent pourtant dans des donations antérieures. Cette confirmation de biens de 1079 énumère seulement les prieurés habités et desservis par des moines victorins et non toutes les églises qui en dépendent». Les deux listes presque semblables de la bulle de confirmation de Pascal II en 1113 et d'Innocent II en 1135 sont en revanche beaucoup plus complètes. Edouard Baratier a considéré qu'il était impossible d'étudier les augmentations du temporel à partir d'une comparaison entre la bulle de Grégoire VII et celles du XIIᵉ siècle, la première étant par trop incomplète.

Dans les années qui suivirent l'émission de la bulle de Grégoire VII, où seules les *celle* étaient classées par diocèse, les moines de Saint-Victor réussirent donc à englober l'ensemble de leurs possessions provençales dans ce cadre. Ils le firent discrètement, il est vrai, sans nommer les cahiers, sauf à trois reprises. Ils suivirent un ordre proche de celui de la bulle mais pas exactement le même. Comme la bulle, le cartulaire commence par le diocèse de Marseille, suivi de celui d'Arles et Aix, et finit par Vence et Antibes. Mais entre le début et la fin, les différences sont notables. La première différence apparaît après la partie consacrée au diocèse d'Aix, suivie dans le cartulaire par les chartes des diocèses de Cavaillon, Apt et Carpentras, quatrième et cinquième dans l'ordre du cartulaire, mais respectivement en douzième et onzième position dans la bulle. En fait, cette différence peut très bien s'expliquer par le problème matériel de la confection du cartulaire et de la reliure des cahiers : les scribes, malgré leurs efforts, n'avaient pas réussi à faire tenir l'épais dossier aixois dans cinq cahiers, les dernières chartes de Reillanne furent copiées sur deux demi-feuilles cousues ensemble qu'on ajouta au cahier consacré à ces diocèses du Comtat où Saint-Victor possédait peu de biens, auquel on enleva les folios restés blancs, lequel bien entendu on plaça à la suite des autres cahiers aixois - sur le manuscrit, la séparation est bien visible. Le fait que les diocèses de Toulon et Fréjus soient dans un ordre inversé, que les diocèses de Digne, Sisteron, Gap, Senez, Glandèves ne se suivent pas exactement dans le même ordre ne me paraît pas très significatif. Je crois qu'il ne faut pas s'attacher aux différences entre la bulle et le cartulaire du point de vue de l'ordre des diocèses. Ce qui compte, c'est le fait que les cahiers aient été répartis par diocèse.

---

30. Edouard Baratier, *La fondation et l'étendue du temporel de l'abbaye de Saint-Victor*, dans *Recueil des actes du Congrès sur l'histoire de l'abbaye Saint-Victor de Marseille (29-30 janvier 1966)*, *Provence historique*, t. 16, 1966, fasc. 65, p. 395-441.

III. QUELLE LOGIQUE?

Le cartulaire fut donc conçu à la suite de la bulle de Grégoire VII pour réunir l'ensemble des principaux titres de possession de l'abbaye à l'avènement de l'abbé Richard, ceci dans le cadre des diocèses. L'analyse des cahiers permet de distinguer le cartulaire d'origine et les ajouts, malgré la difficulté que représente le grand nombre de mains qui ont travaillé au cartulaire. C'est ainsi qu'il est possible de préciser selon quels critères fut conçu le cartulaire, et comment on procéda quand on voulut ajouter de nouveaux textes. Le tournant pris par Saint-Victor sous l'abbatiat de Richard se dessine un peu mieux [31].

1) Le cartulaire d'origine.

Constatons d'abord que le cartulaire d'origine ne comptait pas une seule charte non-provençale. Or le monastère en possédait. Les liens avec le pourtour côtier et particulièrement avec la Catalogne dataient de l'abbatiat d'Isarn (1020-1047), ils s'étendirent vers Saint-Gilles, les Cévennes et le Tarn dans les années 1060. On connaît l'existence de presqu'une quarantaine de chartes antérieures à l'abbatiat de Richard qui touchent aux possessions non-provençales de Saint-Victor de Marseille, dix-sept copiées dans le petit cartulaire au XIIIe siècle, cinq autres publiées par les éditeurs dans l'appendice, seize autres retrouvées et éditées par Paul Amargier. Ainsi la conception du cartulaire paraît-elle étroitement liée aux problèmes de gestion posés par les possessions provençales, et probablement par l'encadrement religieux directement aux mains des moines, qui en découlait.

Mais les moines laissèrent aussi de côté des chartes provençales, au moins celles qui se trouvent encore dans le fonds de Saint-Victor, trente-sept publiées dans l'appendice et cinquante-quatre publiées par Paul Amargier, et ne furent pas copiées, on peut se demander pourquoi. Certaines étaient peut-être déjà devenues caduques, ainsi deux donations qui furent copiées dans le cartulaire de Lérins à la fin du XIIe siècle : la donation de l'église Saint-Pierre de Salernes à Notre-Dame de Barjols (prieuré de Saint-Victor) et à l'évêque de Fréjus, publiée par Paul Amargier [32], une autre donation éditée dans l'appendice de Guérard [33]. D'autres parurent peut-être inutiles, tel ce serment de fidélité en langue vulgaire prêté à Pierre abbé de Saint-Victor de 1047 à 1060 par un homme d'Auriol et publié par Paul Amargier : les termes sont très exactement les mêmes que ceux du serment prêté à Durand (abbé de 1060 à 1064), par un autre homme d'Auriol, copié dans le cartulaire bien

---

31. De ce point de vue, P. Amargier s'est surtout intéressé à la nouvelle phase de l'expansion victorine ; voir les pages essentielles sur ce sujet de son dernier livre, *Un âge d'or du monachisme...* (note 20).

32. P. Amargier, *Chartes inédites...* (note 3), n° 26 ; Henri Moris et Edmond Blanc, *Cartulaire de l'abbaye de Lérins*, Paris, 1883, n° 51.

33. CSV n° 1082 ; H. Moris et E. Blanc, *Cartulaire de Lérins...*, n° 53.

après le cartulaire d'origine, à la fin du cahier de Digne [34]. On peut interpréter ceci comme un signe du faible intérêt des moines pour ce type de document, à cause de la langue peut-être, ou plutôt parce qu'il était peu porteur de sens. Gérard Giordanengo a montré le faible intérêt des Provençaux pour le système féodal en tout cas jusqu'au début du XIIe siècle [35]. Le désintérêt des moines pour ce genre de serment à l'époque de la conception du cartulaire confirme sa thèse, mais invite aussi à la prudence : ces serments furent peut-être beaucoup plus fréquents qu'on ne le soupçonne. Les moines laissèrent sans doute aussi de côté des terres seulement tenues en gage, qui n'étaient que provisoirement entre leurs mains [36].

Venons-en aux chartes du cartulaire d'origine datant de l'abbatiat de Richard et à leur très petit nombre. Leur intérêt est double : elles nous permettent d'approcher au plus près la date à laquelle les moines terminèrent de copier les dossiers composant le cartulaire, et d'entrevoir l'évolution qui était en cours.

Je distinguerai d'abord les onze chartes qui se trouvent à la fin des cahiers marseillais [37]. Cinq sont datées avec précision, la plus ancienne étant de 1087, la plus récente de 1097. Comme elles se trouvent sans exception à la fin du cahier, il faut en conclure que les moines ne terminèrent pas d'écrire avant ces dates, mais que probablement les dossiers de chartes à copier étaient préparés depuis le début des années quatre-vingt. Le contenu même de ces chartes est fort significatif : la première reprend plus ou moins les termes d'une donation vieille de plus de quatre vingts ans, inscrite trois chartes plus haut, mais cette fois les moines ont versé 100 sous melgoriens et donné une mule - on peut se demander si la transcription de la vieille charte n'a pas fourni l'occasion de réaffirmer les droits des moines [38]. Les cinq chartes suivantes sont des donations-ventes à Molne sur le territoire de Riboux, où les moines étaient apparemment en train de créer une nouvelle implantation de façon coûteuse (au total ils payèrent aux donateurs 245 sous melgoriens)

---

34. P. Amargier, *Chartes inédites...* (note 3), n° 47 ; CSV n° 758, sous le titre *haec sunt sacramentis de castris Sancti Victori*. Les serments d'Auriol se trouvent au recto de la dernière feuille du cahier de Digne, d'une autre écriture qu'aux folios précédents, la fin du folio précédent étant d'ailleurs blanc, au verso se trouve une charte de 1177 qui concerne le seigneur d'Auriol - voir en annexe le cahier 22.

35. Gérard Giordanengo, *Le droit féodal dans les pays de droit écrit, l'exemple de la Provence et du Dauphiné, XIIe-début XIVe siècle*, Rome, 1988 (*Bibliothèques des Ecoles françaises d'Athènes et de Rome*, 266).

36. Voir plusieurs reconnaissances de dette gagées sur des terres et conclues avec le prieur de Palayson, analysées par P. Amargier (*Un âge d'or du monachisme...* [note 20], p. 93), mais il faut noter que ces actes ne sont pas datés et pourraient très bien être postérieurs aux années 1080-1085.

37. CSV n° 138-148.

38. Cf charte n° 138 de 1093, dite *carta Pontii Malnerii*, à comparer à la charte n° 135 de 1010, dite *carta Billiellis*.

- serait-ce la dernière? Il faut savoir que les donations pures dominent massivement dans le cartulaire jusqu'en 1080. Les cinq dernières chartes sont des donations de pièces de terre à proximité du monastère même, l'une dans le contexte du départ à la croisade.

D'autres chartes se trouvent au milieu du dossier concerné entre des chartes plus anciennes, j'en ai déjà fait état dans l'analyse des cahiers [39]. Elles sont six, cinq sont seulement datées du temps de l'abbé Richard sans plus, mais l'une - celle qui se trouve au milieu des chartes de Saint-Cassien, sur le territoire du Muy dans le diocèse de Fréjus - est datée de 1085 : le dossier à copier fut donc préparé après cette date. Il faut leur ajouter les deux chartes du parchemin glissé dans la couture du cahier de Riez, à la page de Moustiers, de toute évidence pour ajouter au dossier un acte tout récent qui s'y rapportait, le *sponsalitium* de l'église de Moustiers, daté de 1090 ; au dos du parchemin, d'une écriture très voisine, se trouvait une donation datée de 1097, à Tavernes, dont le dossier se trouve trois folios plus loin dans le même cahier de Riez [40]. Donc, ce n'est pas avant 1097 qu'on ajouta ce parchemin, ce n'est pas avant 1097 qu'on mit la dernière main au cahier de Riez, en ajoutant un acte d'importance au bon endroit. Ces quelques chartes sont en nombre dérisoire. Remarquons toutefois leur parenté avec les chartes de Marseille : à Tourves une donation-vente de 100 sous, à Garéoult une donation de salines contre la moitié des revenus et un cheval, en 1085 à Saint-Cassien une vente de terre, à Aiguines un plaid au sujet d'une donation-vente. Quatre chartes sur les sept touchent à une vente. Quant à l'église paroissiale de Bonnieux donnée par l'évêque d'Apt aux moines, il doit en provenir un cens d'une livre de cire à verser au clergé d'Apt, signe des temps.

Il faut se demander si les dossiers furent considérés comme fermés très tôt, dès le début du projet, ou si, bien plutôt, il n'y avait pas un quasi-arrêt du mouvement des donations, qui s'annoncerait déjà d'ailleurs dans la décennie 1070-1080, coïncidant avec la mise en place de la réforme grégorienne. On pourrait aussi invoquer une nouvelle politique de conservation des archives correspondant à une nouvelle orientation de la politique générale du monastère. Les chartes provençales du temps de l'abbé Richard qui ne se trouvent pas dans le cartulaire et sont conservées par ailleurs ne sont pas nombreuses : deux dans le petit cartulaire (deux donations d'églises paroissiales par l'archevêque d'Aix) [41], quatre publiées par Guérard dans l'appendice [42], cinq en comptant la longue notice de Chorges que Patrick

39. CSV n° 326 (cahier 10, diocèse d'Aix, Tourves), n° 391 (cahier 11, diocèse d'Aix, Garéoult), n° 434 (cahier 13, Bonnieux), n° 573 (cahier 17, diocèse de Fréjus, Le Muy), n° 605 (cahier 18, diocèse de Riez, Aiguines), n° 722 (cahier 21, diocèse de Gap, Dromon).

40. CSV n° 618 et 619.

41. CSV n° 919 (1099), église de Malemort ; n° 929, (1093), églises d'Esparron.

42. CSV n° 1090 (abbatiat de Richard), donation de la moitié du *castrum* de *Baldoinum* ; n° 1091 (1096) plaid à Grimaud ; n° 1092 (1097), donation à Sainte-Croix ; n° 1096 (vers 1096), vente à Roquemartine pour un départ à Jérusalem.

Geary a rendu fameuse par un article récent et qui est absolument la seule
de son genre [43], seize autres dans le fonds de Saint-Victor restées inédites
jusqu'à la publication de Paul Amargier. Toutefois, l'une des pièces publiées
par Paul Amargier est un véritable petit cartulaire de prieuré, en l'occurrence
Saint-Giniez de Marseille, confectionné sans doute en 1097 et contenant plus
d'une cinquantaine de donations-ventes [44]. Les moines finissent alors
d'aménager l'Huveaune avec la construction d'un second moulin. Dans la
région de Marseille, à proximité du monastère, les moines poursuivaient une
politique d'agrandissement du patrimoine en achetant des parcelles ; mais
il n'était guère pensable de continuer à recopier les actes de ces petites mais
nombreuses acquisitions sur le cartulaire lui-même. L'organisation du manuscrit
en séries de cahiers par diocèse en faisait un objet fini.

2) Les confirmation épiscopales font-elle partie du cartulaire d'origine ?

Le cartulaire compte sept chartes où les évêques confirment l'appartenance
à Saint-Victor d'églises de leurs diocèses [45]. Elles ne concernent que quatre
diocèses, Aix, Fréjus, Riez et Embrun. Elles sont regroupées à trois endroits
du cartulaire et sont très ramassées dans le temps : 1082 pour la plus ancienne
(première confirmation de l'archevêque d'Aix), 1099 pour la plus récente
(deuxième confirmation de l'évêque de Fréjus). Elles paraissent encadrer
l'opération-cartulaire. Le problème est qu'elles semblent avoir été écrites
en dernier, dans certains cas ajoutées, dans d'autres écrites à la file. Trois
confirmations concernent le diocèse d'Aix, et font comme une introduction
au dossier aixois : elles se font suite et sont copiées en tête du dossier là
où restait de la place : deux confirmations de l'évêque datant de 1082 et
1093 au dernier folio du deuxième cahier d'Arles, et, une confirmation du
prévôt des chanoines datée de 1098 sur la première page du premier cahier
aixois, à la suite par conséquent. Elles furent ajoutées après l'achèvement
des cahiers, on peut même soutenir après la réunion des cahiers, puisqu'il
fallait bien être assuré que les cahiers aixois prendraient la suite des cahiers
d'Arles pour les copier à cette place. Si l'hypothèse suggérée plus haut que
le prévôt des chanoines écrivit la charte lui-même est juste, cela signifierait
que le manuscrit était achevé, cousu, peu après 1098.

Les deux confirmations presque semblables de deux évêques successifs de
Fréjus, qui datent de 1085 et 1099, furent copiées au contraire à la fin du

---

43. CSV n° 1089 : cf. Patrick J. Geary, *Vivre en conflit dans une France sans État : typologie
des mécanismes des règlement des conflits (1050-1200)*, dans *Annales, Economies, Sociétés,
Civilisations*, septembre-octobre 1986, n° 5, p. 1107-1133.
    44. Voir P. Amargier, *Chartes inédites...* (note 3), n° 100, trente-neuf donations/ventes datées
de 1097 et quatorze autres de 1097 à 1103 ; *Un âge d'or du monachisme...* (note 20), p. 71-
72, l'analyse du «dossier» Saint-Giniez.
    45. CSV n° 221, 222, 224 (archevêque et prévôt d'Aix), n° 600 et 601 (évêque de Fréjus),
n° 697 (évêque de Riez), n° 698 (évêque d'Embrun).

dossier. Elles ne concernent pas toutes les églises du diocèse dépendant de Saint-Victor, mais seulement celles de Barjols et du val de Carcès ; à la suite, tout au bas du folio, on copia d'une main un peu différente la charte de donation fondant sans doute l'implantation victorine à Barjols, datée de 1021 - il n'y a pas de dossier sur Barjols. Il n'y a pas de blanc, les mains ne sont pas identiques mais ressemblent beaucoup à celles des chartes qui précèdent, il est presque certain que les confirmations furent copiées à la file au moment où l'on achevait le cahier, en sorte de conclusion.

La confirmation des églises du diocèse d'Embrun, datée sans autre précision de l'abbatiat de Richard, fut aussi copiée à la fin des chartes d'Embrun, après la charte de Chorges, mais séparée des précédentes chartes de Gigors par deux pages blanches, comme si les scribes avaient voulu laisser la possibilité d'ajouter des chartes au dossier. Mais voilà que le dernier acte avant ces pages blanches est sans rapport avec le dossier de Gigors, que c'est justement la confirmation de l'évêque de Riez, datée de 1098, qui ne se trouve donc pas à la fin du cahier approprié, c'est-à-dire celui de Riez, où restait pourtant de la place. Elle est copiée d'une écriture très semblable à celle du reste du dossier. Il faut dire que le cahier d'Embrun, jumelé avec Vaison, présente des anomalies. Après le premier folio consacré à Vaison (trois chartes seulement, la fin du folio en blanc), un folio blanc (au verso duquel on ajouta à un autre moment une charte isolée de la région d'Aix), commence le diocèse d'Embrun avec les six chartes de Gigors qui occupent un folio et se continuent au recto : c'est là qu'une main, sinon semblable du moins très proche, écrivit la confirmation des églises de Riez. Le verso est blanc, un folio a été coupé, le recto suivant est blanc [46]. C'est là, au verso, qu'une main très proche copia la charte de Chorges, et qu'à la suite une main, qui n'est peut-être pas la même, copia la confirmation des églises du diocèse d'Embrun qui se termine au début du folio suivant, l'avant-dernier. A la suite se trouvent les additions sur lesquelles je reviendrai ci-dessous. Pour des raisons que nous ignorons, les pages prévues pour le diocèse d'Embrun restèrent en partie blanches et c'est là qu'on jugea bon d'inscrire la confirmation de l'évêque de Riez, au moment même où s'achevait le cahier, sans doute.

Copier les chartes de confirmations épiscopales, c'était reconnaître l'importance de l'évêque et du diocèse, cadre de la réforme, devenu le premier critère de classement des archives de l'abbaye. En ce sens, les trois confirmations aixoises parachèvent parfaitement l'oeuvre de classement des moines de Saint-Victor. De même celles qui sont en fin de cahier. Mais la place de la charte de confirmations de l'évêque de Riez dénote plutôt le souci de rapprocher des textes de même nature qu'un intérêt pour la structure diocésaine. Le classement par diocèse n'alla pas sans problème d'ailleurs, ainsi quelques possessions classées dans le diocèse de Marseille se trouveront en définitive dans celui d'Aix et vice versa.

46. Voir la note 13.

Au moment de clore le manuscrit, les moines ajoutèrent donc les chartes de confirmations épiscopales dont ils disposaient, bien qu'elles fussent loin de recouvrir l'ensemble des diocèses où ils avaient des possessions et qu'elles n'eussent pas toutes une grande portée. Elles étaient postérieures à la bulle de Grégoire VII, qu'ils ne se soucièrent pas de copier, je le souligne encore. Les autres chartes du temps de l'abbé Richard sont des additions postérieures.

3) Les chartes ajoutées.

Certaines chartes du temps de l'abbé Richard, et parfois plus anciennes, respectent le classement géographique des cahiers mais ont de toute évidence été ajoutées, vu la main différente et l'endroit où elles ont été écrites (en dernier, à la suite des dossiers, soit avant, soit après un blanc). J'en compte onze. Trois chartes arlésiennes : la charte de Raimbaud l'archevêque d'Arles ajoutée au verso du dernier folio des cahiers marseillais soit juste avant le premier cahier d'Arles ; l'accord avec Saint-Gilles par dessus un texte gratté datant de 1097 au début de ce cahier, qui se rattache très naturellement au dossier arlésien ; la charte de Tarascon de septembre 1095 où l'archevêque, Urbain II et Etiennette fondent une église pour les pélerins pauvres à côté du *castrum*, copiée exactement à la fin du dossier arlésien, également par dessus un texte gratté [47]. Une charte aixoise ajoutée à la fin du folio glissé dans le onzième cahier [48]. Dans le cahier de Cavaillon/Apt, une charte d'Apt établissant la pension d'un prieur à la fin des pages sur Apt et au verso du dernier folio une charte toulonnaise qui précède tout juste le cahier toulonais, la donation d'un homme de Six-Fours partant à Jérusalem [49]. Dans le cahier de Toulon, à la suite des chartes de Pierrefeu, une charte du temps de l'abbatiat de Richard concernant aussi Pierrefeu mais visiblement ajoutée, et au verso du dernier folio une charte de l'évêque de Fréjus datée de 1119 qui met fin à un conflit avec Saint-Victor au sujet des églises de son diocèse, juste avant le premier cahier de Fréjus [50]. A la suite des chartes du diocèse de Gap, deux donations d'églises par les évêques, en 1115 et en 1129 [51]. A la suite des chartes de Castellane dans le diocèse de Senez, une autre charte de Castellane datée de 1122 [52]. Ces dernières chartes prouvent que, dans les années 1120, la logique du cartulaire d'origine n'était pas tout à fait oubliée.

Dans les années 1120, le cartulaire avait pourtant déjà commencé à être dénaturé. Il est vrai que pour pouvoir ajouter des chartes au cahier d'Arles,

---

47. CSV, n° 151, 152, 220, voir l'analyse des cahiers d'Arles ci-dessus et en annexe.

48. CSV n° 372 (charte datée de 1092), voir l'analyse des cahiers aixois ci-dessus et en annexe.

49. CSV n° 435 (non datée, probablement XIIe siècle) ; n° 446 (1110), voir l'analyse du treizième cahier.

50. CSV n° 480 et n° 485, voir l'analyse des cahiers de Toulon et Fréjus ci-dessus et en annexe.

51. CSV n° 734 et 735.

52. CSV n° 777.

il avait fallu gratter des textes et que la majorité des cahiers étaient complètement remplis et ne se prêtaient donc pas à des additions. Ceci pourrait expliquer la place aberrante de certaines additions touchant les diocèses provençaux (vingt-trois chartes) [53]. Mais d'autres addditions rompent en tout état de cause avec la logique du cartulaire d'origine à cause de leur provenance non pas provençale, mais languedocienne, catalane, aragonaise, gasconne, sarde, syrienne même (au total onze chartes) [54], ou pontificale (au total quinze actes) [55].

Il est probable que dès les années 1100-1110, les moines changèrent leur point de vue sur le cartulaire, et d'abord se décidèrent à y copier des chartes importantes, en utilisant la fin du manuscrit dont le dernier cahier était resté plus qu'à moitié blanc. Comment se poursuit, en effet, le vingt-quatrième cahier, après la dernière charte d'Antibes? On commença par copier une charte qui se trouvait déjà dans l'avant-dernier cahier, une importante donation de l'évêque de Senez et sa parenté à Castellane datée de 1043, pour s'interrompre au bout de quelques lignes : il y a bien rupture, et même méconnaissance de l'oeuvre du cartulaire, limitée toutefois peut-être à un scribe ignorant, puisque la copie fut très vite interrompue [56]. A la suite, une autre main copia la donation de Giblet en Syrie par Raymond IV, datée de 1103. A la fin du folio, une tout autre main ajouta une donation de 1138 à Saint-Savournin près de Marseille, probablement beaucoup plus tard. Au folio suivant, début de la deuxième moitié du cahier, on copia la notice d'un jugement concernant une longue affaire à Nans des années 1110, puis d'une autre main une deuxième notice sur la même affaire nouvellement jugée datée de 1116 ; je croirais volontiers que les moines ajoutèrent au cartulaire cette importante affaire presqu'à chaud. A la suite, une nouvelle main copia une charte du comte de Provence-Barcelone au sujet de Tavernes de 1115 environ, une autre copia à la suite un échange concernant encore Nans, des années 1117-1126. A la suite encore, d'une autre main, fut copiée une bulle de

---

53. CSV n° 1, 2 et 4 au début du manuscrit (trois chartes du XIe siècle), n° 149 à la suite des chartes de Marseille (1064-79), n° 223 à la dernière page du cahier 7 (1182), n° 436 dans le cahier de Gap (1089), n° 481 et 482 à la suite des chartes de Toulon (1152 puis 1053), n° 645 à la fin du cahier 18 (1075), n° 686 à la fin du cahier 19 (1095), n° 700 et 702 à la fin du cahier 20 (XIVe siècle et 1156, entre les deux chartes, une charte catalane), n° 758 et 759 à la fin du cahier 22 (1060 et 1177), n° 778 à la fin du cahier 23 (XIIe siècle), n° 803 à 807 (1138, 1110, 1116, 1115, 1117-26) et 812, 813 et 815 (fin XIe et XIIe siècle), deuxième moitié du cahier 24.

54. CSV n° 3 (Psalmodi, 1080-90), n° 150 (Gascogne, 1082), n° 445 (Aragon, 1101), n° 483 et 484 (Bigorre, 1080 et 1087), n° 701 (Catalogne, 1127), n° 784 (Sardaigne, 1119), n° 785 (Nîmois, 1127), n° 802 (Syrie, 1103), n° 816 (Catalogne, 1146), n° 817 (Catalogne, 1070).

55. CSV n° 636-642 (bulles d'Anastase IV), n° 643-644 (bulles d'Adrien IV), n° 736 (bulle d'Alexandre III), n° 808 (bulle de Gélase II), n° 809-811 (bulles de Calixte II), n° 814 (actes du concile de Reims).

56. Fol. 184, à la suite de la charte n° 801 ; cf. fol. 175, CSV n° 768.

Gélase II datée de décembre 1118. Sur le folio suivant, une $n^{ième}$ main copia les trois bulles de Calixte II datées des 17 et 18 février 1120, laissant la fin du recto blanc - on y ajouta plus tard deux chartes non datées mais probablement assez anciennes, dont l'une en provençal, en serrant les lignes de la deuxième charte pour la faire tenir sur la page. La main qui avait copié les bulles de Calixte copia au verso les canons du concile de Reims d'octobre 1119, signe de l'adhésion de Saint-Victor à la cause pontificale. A la suite on ajouta d'une très petite écriture pointue une liste de cens non datée et la fin de la page est restée blanche. Au recto du dernier folio, on copia avec beaucoup de soin, entre autre en reproduisant les entrelacs des *signa*, une charte catalane de 1146, et, d'une toute autre main qui pourrait être gothique, on copia au verso la charte du comte de Barcelone Raymond-Bérenger I, de 1070, où le monastère de Ripoll est donné en tutelle à Saint-Victor, acte fameux entre tous qui marque le déclin du grand monastère catalan - la dernière charte du manuscrit. Ainsi, à partir de 1100 environ, commença-t-on à copier quelques actes importants pour le monastère au fur et à mesure qu'ils se présentaient, jusqu'au temps fort des voyages de Gélase II puis Calixte II. Les moines se décidaient enfin à copier les nouvelles bulles du pape, mais ne songèrent pas à copier celle de Grégoire VII, ni celle de Pascal II, qui ne furent transcrites qu'au XIIIe siècle dans le petit cartulaire. Plus tard, à des moments divers, on rajouta à la fin des folios qui n'étaient pas remplis quelques actes intéressant la gestion des revenus. C'est peut-être en dernier lieu qu'on porta attention aux chartes catalanes. Il n'est pas impossible que l'un des comtes de Provence de la maison de Barcelone fit ajouter la charte de Ripoll [57].

Probablement avant d'avoir fini de remplir ce dernier cahier, on avait déjà commencé à ajouter des chartes à la fin des cahiers où restaient des pages blanches. Et sans hésiter à remonter le manuscrit à reculons : ainsi s'expliquerait-on que les bulles d'Anastase et Adrien, qui datent de 1154 et 1155, se trouvent en avant dans le manuscrit, à la fin du dix-huitième cahier, et que la charte provençale la plus récente, celle de Saint-Martin de Brômes, datée de 1182, se trouve à la fin du septième cahier - remarquons ici que cette charte sur laquelle Edouard Baratier avait attiré l'attention en l'éditant est un acte exceptionnel [58]. La charte de 1101 copiée dans le cahier 23 où Pierre Sanche d'Aragon donne à Saint-Victor le *castrum* d'Albalat est peut-être une copie plus ancienne que celle du cahier 13 ; qu'elle ait été copiée deux fois dénote une certaine inefficacité dans la gestion du cartulaire, parallèle au besoin de prestige. Dans certains cas, les copistes firent pourtant quelques efforts

---

57. CSV n° 802-817.

58. Cf. Edouard Baratier, *Documents d'histoire de la Provence*, Toulouse, 1970 et Monique Zerner, *Sur la croissance agricole en Provence*, dans *La croissance agricole du Haut Moyen Age*, *dixièmes journées internationales d'Histoire du centre culturel de l'abbaye de Flaran, 10-12 septembre 1988*, Auch, 1990, p. 153-167.

de cohérence : c'est un fait que la charte de 1177 réglant une querelle entre un seigneur d'Auriol et Saint-Victor, copiée au dernier folio du cahier de Digne, est précédée au recto par le serment de fidélité des chevaliers d'Auriol (diocèse de Marseille), écrit d'une autre main, daté des environs de 1061 mais forcément copié au XIIᵉ siècle.

On aimerait savoir à quel moment les belles chartes comtales et les belles chartes du Sud-Ouest furent copiées. La charte de 1094 où Raymond IV et la comtesse de Provence exemptent les moines des droits de navigation à Arles, en 1094, fut-elle copiée à la fin du cahier de Sisteron (cahier 19) avant ou après la donation de Raymond IV en Syrie de 1103 copiée au dernier cahier? La charte de peuplement de la Romieu en Gascogne en 1082 copiée avec une date fausse à la fin du cahier de Marseille (cahier 5) et celles du comte Centulle et de la comtesse de Bigorre de 1080 et 1087 copiées à la fin du cahier de Toulon (cahier 14) furent-elles copiées du temps de l'abbé Richard? On pourrait comprendre que lui, qui fut un grand artisan de l'expansion de Saint-Victor, ait voulu faire recopier les chartes qu'il avait obtenues. Pourtant, que ces chartes aient été copiées de son temps est rien moins que sûr. Et s'il en fut ainsi, remarquons que la sélection aura été extrêmement sévère car le petit cartulaire et les chartes inédites de cette période nous en font connaître quarante et une autres.

*

* *

Les moines se mirent à copier leur cartulaire, de leur grosse écriture robuste d'hommes de la terre, sans grand souci d'élégance, bien éloignés des raffinements du *scriptorium* de Ripoll nous dit Paul Amargier, à l'heure du bilan, quand les dossiers avaient, semble-t-il, cessé de se gonfler, cependant que le monastère avait toute la faveur de Grégoire VII. Destiné évidemment à consolider l'emprise du monastère sur ses possessions, le cartulaire était aussi une manière de célébrer sa puissance, dont nous savons, nous, qu'elle était arrivée à son apogée. Ce n'est pas le lieu ici de parler du contenu des dossiers dont était fait le cartulaire. Disons seulement que les donations y font masse, avec une poussée dans les années 1030-1060 et un pic vers 1050 et qu'elles tournent principalement autour de fondations d'églises ou de dotations aux églises existantes. Ceci nous renvoie à une réalité provençale où l'encadrement religieux était encore à cette date largement aux mains des moines. Cette prospérité victorine, fondée sur l'implantation de multiples églises dans les *ville*, déclina peut-être dès l'arrivée des Grégoriens. La réorganisation du peuplement autour du *castrum* qui s'affirma lentement en Provence ne fut pas étrangère à cette évolution, non plus que le renforcement parallèle du réseau des églises paroissiales proprement dit - les Victorins semblent avoir été assez peu portés vers la *cura animarum* : de nombreuses petites églises rurales furent détrônées et les évêques mirent la main sur l'église à l'intérieur du *castrum* [59]. D'ailleurs, en enserrant étroitement leur travail dans le cadre du diocèse, en Grégoriens zélés, les moines ouvraient la porte aux évêques et contribuaient sans le savoir à leur déclin. Dans l'immédiat, la réforme entraînait un nouvel état d'esprit chez les moines qui les poussait à renforcer le caractère définitif des donations, ce pourquoi le cartulaire était un instrument privilégié, mais n'encourageait pas les laïcs à donner. Si le nombre des donations diminue très fortement, ce n'est pas un effet de la documentation, ce n'est pas parce que le cartulaire est entrepris dans les années 1080 et que les actes postérieurs auraient disparu en grande partie faute d'un nouveau cartulaire. C'est que le mouvement de donations s'était énormément ralenti et qu'il n'y avait pas matière à donner une suite à la grande oeuvre.

ANNEXE

DESCRIPTION DES CAHIERS COMPOSANT LE MANUSCRIT
DU GRAND CARTULAIRE

Les numéros des chartes sont ceux de l'édition CSV. On donne en italique le détail des chartes du cartulaire d'origine postérieures à 1079 (précédées de la mention «orig. :») et celui des chartes ajoutées au cartulaire d'origine (précédées de la mention «add. :»).

Cahier 1 (fol. 1 à 8) : bulles et diplômes, début du diocèse de Marseille
quaternion
add. : fol. 1-v (les 5 premières lignes sup. du verso), n° 1 à 4

1. 923, charte de Manassès (26 lignes)
2. XIe siècle, bref de la région de Montpellier (7 lignes), autre main, à la suite
3. 1080-1090, charte de l'abbé de Psalmodi (5 lignes), autre main, à la suite
4. XIe siècle, charte de Collongue (Simiane; diocèse d'Aix) (5 lignes), autre main, fol. 1v sup.

59. Bel exemple de prieuré en perdition à Seillans, dont la trace se trouve non pas dans le grand cartulaire (où deux chartes du XIe siècle concernent Seillans, un bref non daté énumérant les cens dus par vingt-deux manses, et la donation d'un alleu réparti entre la *villa* et le *castellum* sur la *rocca*), mais dans le petit cartulaire : où l'on voit au milieu du XIIe siècle l'évêque de Fréjus reconnaître aux moines l'église Notre-Dame et le cimetière moyennant le versement d'un cens et la garantie qu'elle reste occupée, tandis qu'il se réserve l'église à l'intérieur du *castrum* (CSV n° 996, 1154), et, trois ans plus tard, le comte de Provence obliger le seigneur de Seillans à renoncer aux mauvaises coutumes qu'il infligeait aux hommes des moines (n° 969, 1157).

orig. : du fol. 1v à la fin du cahier, du n° 5 à 25 (début)

    5 à 15 : bulles, diplômes et privilèges
    16 à 25 : diocèse de Marseille (date la plus basse : 1040, n° 16)

N.B. : les chartes s'intitulent *capitula* et sont numérotées de 1 à 21.

Cahier 2 (fol. 9 à 16) : diocèse de Marseille, suite

quaternion

orig. : tout le cahier, n° 25 (fin) à 50 (début), date la plus basse : 1079, n° 38
add. : 0

N.B. : les chartes ne sont plus numérotées.

Cahier 3 (fol. 17 à 24) : diocèse de Marseille, suite

quaternion

orig. : tout le cahier, n° 50 (fin) à 83 (début), date la plus basse : 1071, n° 66
add. : 0.

Cahier 4 (fol. 25 à 32) : diocèse de Marseille, suite

quaternion

orig. : tout le cahier, n° 83 (fin) à 122 (début), date la plus basse : 1077, n° 88.
add. : 0.

Cahier 5 (fol. 33 à 40) : fin du diocèse de Marseille

quaternion

orig. : du début au fol. 38v sup., n° 122 (fin) à 148

    138. 1093, Trets, dioc. de Marseille, fol. 36v inf.
    139. 1087, Riboux, dioc. de Marseille, fol. 37
    140. 1091, Riboux, fol. 37, à la suite
    141. 1090 (circa), Riboux, fol. 37, à la suite
    142. 1090 (circa), Auriol, dioc. de Marseille, fol. 37, à la suite
    143. 1096, Riboux, fol. 37v, à la suite
    144. 1097, Marseille, fol. 37v-38 sup., à la suite
    145. 1090 (circa), Marseille, fol. 38, à la suite
    146. 1090 (circa), Marseille, fol. 38, à la suite
    147. 1090 (circa), Marseille, fol. 38-v, à la suite
    148. 1080 (circa), Marseille, fol. 38v, à la suite

add. : fin du cahier : fol. 38v-40v, n° 149 à 151

    149. 1064-1079, acapte à Ollières (dioc. Aix), autre main, fol. 38v inf., fin du verso blanc
    150. 1052, La Romieu (Gascogne), autre main, fol. 39-v sup., suite du verso blanc
    151. 1031-1044, charte de Raimbaud archevêque d'Arles, autre main, fol. 40v

N.B. : *le recto du fol. 40 est blanc ; la date de la charte 150 est considérée comme fausse (1082 dans la copie du petit cartulaire).*

Cahier 6 (fol. 41 à 48) : début du diocèse d'Arles
quaternion
orig. : du fol. 41 inf. à la fin, n° 153 à 187 (début), date la plus basse : 1069,
n° 160
add. : au début du cahier (fol. 41 sup.), sur un grattage, n° 152

> 152. *1097, accord avec l'abbé de Saint-Gilles, sur un texte gratté, fol. 41*
> *sup.*

N.B. : les 13 dernières lignes du texte gratté sont restées en blanc.

Cahier 7 (fol. 49 à 56) : fin du diocèse d'Arles
quaternion
orig. : du début du cahier au fol. 55 milieu, n° 187 (fin) à 219, date la plus basse :
1070, n° 217-218
add. : du fol. 55 milieu à la fin du cahier, n° 220 à 223

> 220. *1095, Tarascon : archevêque d'Arles, Urbain II et comtesse, fondation*
> *d'une église de pèlerins, fol. 55 inf. à 55v*
> 221. *1082, confirmations de l'archevêque d'Aix, autre main, fol. 55v, à la*
> *suite*
> 222. *1093, confirmations de l'archevêque d'Aix, même main, fol. 56, à la*
> *suite, fin du fol. blanc*
> 223. *1182, charte de Saint-Martin de Brômes, autre main, fol. 56v, fin du*
> *fol. blanc*

N.B. : la fin du fol. 55 a été gratté, pour écrire par dessus la charte n° 220.

Cahier 8 (fol. 57 à 64) : début du diocèse d'Aix
quaternion
orig. : du verso du premier fol. à la fin du cahier, n° 225 à 260 (début), date
la plus basse : 1071, n° 228-257
add. : au recto du premier fol., n° 224

> 224. *1098, confirmations du prévôt du chapitre d'Aix Foulque, fol. 57*

Cahier 9 (fol. 65 à 72) : diocèse d'Aix, suite
quaternion
orig. : tout le cahier, n° 260 (fin) à 296 (début), date la plus basse : 1076,
n° 284
add. : 0.

Cahier 10 (fol. 73 à 81) : diocèse d'Aix, suite
9 folios, 4 folios doubles cousus avec 1 fol. simple de mauvaise qualité (fol. 79)
orig. : tout le cahier, n° 296 (fin) à 334 (début)

> 326. *1079-1103, donation à l'abbé Richard, à Tourves, dans le dossier de*
> *Tourves*

add. : 0.
N.B. : le verso du fol. 79 est blanc (voir sa mauvaise qualité).

Cahier 11 (fol. 82 à 89) : diocèse d'Aix, suite

quaternion, plus un petit folio glissé entre le fol. 82 et le fol. 83

orig. : tout le cahier, n° 334 (fin) à 378 (début), date la plus basse : 1074, n° 341

add. : sur le fin du parchemin glissé après le fol. 82 : n° 372

372. *1092, donation à Ollières, Rousset et Aix, d'une autre main*

N.B. : sur le parchemin ajouté se trouvent les dernières chartes de Brignoles, n° 368 (fin) à 371.

Cahier 12 (fol. 90 à 97) : diocèse d'Aix, suite

quaternion

orig. : tout le cahier, n° 378 (fin) à 415

391. *1079-1103, donation à l'abbé Richard, à Garéoult, dans le dossier de Garéoult*

add. : 0.

Cahier 13 (fol. 98 à 104), fin du diocèse d'Aix, diocèses de Cavaillon et Apt

7 fol. : 2 folios simples cousus (fol. 98 et 99), réunis à 3 folios simples (fol. 100, 101, 102), cousus avec 1 folio double (fol. 103 et 104)

1) fol. 98-99, diocèse d'Aix

orig. : n° 416 à 424, date la plus basse : 1055, n° 416

add. : 0.

2) fol. 100-104, diocèses de Cavaillon et Apt confondus

orig. : fol. 100 à 102v sup. (n° 425 à 433) et fol. 103 à fol. 104v sup. (n° 437 à 444)

434. *1103. donation d'églises par l'évêque d'Apt contre une rente en cire, fol. 102v sup.*

add. : fol. 102v inf. (n° 434 à 436) et fol. 104v inf. (n° 445-446)

435. *XIIe siècle, pension du prieur de Saint-Symphorien (dioc. d'Apt), fol. 102v inf., à la suite*
436. *1089, donation à Brusa (dioc. d'Aix), fol. 102v inf., à la suite*
445. *1101, donation du roi Sanche en Aragon, autre main, fol. 104v, à la suite de 444*
446. *1110, départ à Jérusalem, Six-Fours (dioc. de Toulon), autre main, fol. 104v*

N.B. : fol. 99v et 102 blancs ; fol. 102v, n° 433 (1010-1044, Castillon) à 436 : quatre mains très proches des fol. 101 et 103 ; n° 445 : souscription en lettres arabes du roi, encadrée de deux croix, reproduite avec soin.

Cahier 14 (fol. 105 à 112) : diocèse de Toulon

quaternion

orig. : du début au fol. 111v sup., n° 447 à 479, date la plus basse : 1079, n° 449

add. : fin du cahier : fol. 111v inf. au fol. 112v, du n° 480 au n° 485

480. *1080-1106, Pierrefeu (dioc. Toulon), autre main, fol. 111v inf.*
481. *1155, Almes (dioc. de Marseille), autre main, fol. 111v à 112 ligne 1*
482. *1043, Saint-Symphorien (dioc. d'Apt), même main, fol. 112, à la suite*
483. *1080, Saint-Savin, Bigorre, autre main, fol. 112*
484. *1087, Saint-Sever, Bigorre, même main plus serrée, fol. 112, à la suite*
485. *1119, charte de l'évêque de Fréjus, autre main, fol. 112v*

Cahier 15 (fol. 113 à 120) : début du diocèse de Fréjus
quaternion

orig. : tout le cahier, n° 486 à 532 (début), date la plus basse : 1074, n° 527
add. : 0.

Cahier 16 (fol. 121 à 128) : diocèse de Fréjus, suite
quaternion

orig. : tout le cahier, n° 532 (fin) à 569, date la plus basse : 1075, n° 533
add. : 0.

Cahier 17 (fol. 129 à 136) : fin du diocèse de Fréjus
quaternion

orig. : tout le cahier, n° 570 à 602

573. *1085, Saint-Cassien au Muy, au milieu des chartes de Saint-Cassien, fol. 129v*
600. *1085, confirmations de l'évêque de Fréjus, fin du fol. 136*
601. *1099, idem, fol. 136v, à la suite*
602. *1021, Barjols, fol. 136-v d'une main très proche*

add. : 0.

N.B. : On pourrait aussi supposer que les trois dernières chartes ont été rajoutées.

Cahier 18 (fol. 137 à 144) : diocèse de Riez
quaternion (un petit parchemin est enfilé dans la couture, fol. 140-141, n° 618 d'un côté, 619 de l'autre)

orig. : du début au fol. 143v sup., n° 603 à 635

605. *1090 (circa), Aiguines, au milieu des chartes d'Aiguines, fol. 137v au début du fol. 138*
618. *1090, Moustiers, main proche, fol. 140 (bis) : parchemin glissé dans la couture*
619. *1097, Tavernes, main proche, fol. 140 (bis) : autre côté du parchemin*

add. : fol. 144-v, n° 636 à 645

636. *1154, bulle d'Anastase, autre main, fol. 144 sup.*
637. *1154, bulle d'Anastase, même main, fol. 144*
638. *1154, bulle d'Anastase, même main, fol. 144*
639. *1154, bulle d'Anastase, même main, fol. 144*
640. *1154, bulle d'Anastase, même main, fol. 144-v*
641. *1154, bulle d'Anastase, même main, fol. 144v*
642. *1154, bulle d'Anastase, même main, fol. 144v*
643. *1155, bulle d'Adrien, même main, fol. 144v*

644. 1155, bulle d'Adrien, même main, fol. 144v
645. 1075, Saint-Etienne de Brue (diocèse d'Aix), autre main, fol. 144v

N.B. : le fol. 143v est blanc sauf les premières lignes.

Cahier 19 (fol. 145 à 152) : diocèse de Sistéron

quaternion

orig. : du début au fol. 152, n° 646 à 685, date la plus basse : 1073, n° 679 et 683

add. : fin du cahier : fol. 152v, n° 686

686. 1094, Raymond IV et Douce donnent des droits de navigation à Arles, autre main, fol. 152v

N.B. : fol. 148 blanc ; n° 674 ajouté dans la marge ; n° 686 fini dans la marge, sur 2 doublons en partie grattés (Raimbaud d'Arles, n° 405, 411)

Cahier 20 (fol. 153 à 159) : diocèse de Vaison et Embrun

7 folios (quaternion dont une feuille a été coupée après le fol. 156)

1) fol. 153, diocèse de Vaison

orig. : fol. 153-v sup., n° 687 à 689

add. : fol. 154 v, n° 690

690. 1064, Brue (dioc. d'Aix), autre main

2) à partir du fol. 155, diocèse d'Embrun

orig. : du fol. 155 au fol. 158 sup., n° 691 à 699

697. 1098, confirmations de l'évêque de Riez, main peut-être différente, fol. 156 inf.
699. 1080-1105, confirmation de l'archevêque d'Embrun, même main, fol. 157v inf. à 158 sup.

add. : fin du cahier, fol. 158 inf. à 159v, n° 700 à 702

700. 1318, Raymond d'Agoult, autre main, fol. 158 à la suite de 699, fin de la page blanche
701. 1127, Gérone, autre main, fol. 158v
702. 1156, Marseille, autre main, fol. 159-v, fin de la page blanche

N.B. : 3 pages blanches : fol. 154, fol. 156v, fol. 157 ; le bout du fol. coupé se trouve entre deux pages blanches : fol. 156v et fol. 157.

Cahier 21 (fol. 160 à 167) : diocèse de Gap

quaternion

orig. : du début au fol. 166 sup., n° 703 à 733
722. 1080, Dromon, au milieu des chartes de Dromon, fol. 163v

add. : fin du cahier, fol. 166-167, n° 734 à 736

734. 1115, évêque de Gap, main très différente, fol. 166 inf., à la suite de 733
735. 1129, évêque de Gap, main assez proche, fol. 166 inf., à la suite de 734, fin du fol. blanc
736. 1159, bulle d'Alexandre III, fine écriture très différente, fol. 166v -167 sup.

N.B. : la fin du recto et tout le verso du fol. 167 sont blancs.

Cahier 22 (fol. 168 à 172) : diocèse de Digne

5 folios (ternion dont une feuille a été coupée après le fol. 172)

orig. : du début au fol. 171, n° 737 à 757, date la plus basse : 1070, n° 740 et 753

add. : fin du cahier, fol. 172-v sup., n° 758-759

> *758. 1060 (circa), serments d'Auriol, langue vulgaire, main très différente, fol. 172*
> *759. 1177, Auriol, fondation du castrum de Peypin, autre main, fol. 172-v*

N.B. : fol. 172v inf. blanc.

Cahier 23 (fol. 173 à 180) : diocèses de Sénez et Glandèves

quaternion

1) diocèse de Sénez

orig. : du début au fol. 176v, n° 760 à 776, date la plus basse : 1064, n° 763

add. : du fol. 177 au fol. 178 (doublon du n° 445 et n° 777-778)

> *[sans n°]. 1101, Aragon, doublon du n° 445, fol. 177, non transcrit par Guérard, fin du fol. blanc*
> *777. 1122, Castellane, main assez proche, fol. 177 v, fin du fol. blanc*
> *778. XIIᵉ siècle, liste de cens perçus en Provence présentés en colonne, fol. 178, fin du fol. blanc.*

2) diocèse de Glandèves

orig. : fol. 178v-179v, n° 779 à 783, date la plus basse : 1044, n° 783

add. : fol. 180-v (n° 784 à 786)

> *784. 1119, confirmations d'églises par l'archevêque de Cagliari, fol. 180, fin du fol. blanc*
> *785. 1127, Vabres (diocèse de Nîmes), main très différente, fol. 180v*
> *786. 1152, Marseille, main et encre très différentes, fol. 180v, à la suite*

N.B. : fol. 177, souscription en lettres arabes et croix pattées plus soignées qu'au fol. 104.

Cahier 24 (fol. 181 à 187) : diocèses de Vence, Nice-Cimiez, Antibes

7 folios (quaternion dont la dernière feuille a été coupée)

orig. : du début au fol. 184 sup., n° 787 à 801, date la plus basse : 1057, n° 793

add. : fin du cahier, du fol. 184 inf. à la fin

> *802. 1103, donation de Giblet en Syrie par Raymond IV, autre main, fol. 184 inf.-v sup.*
> *803. 1138, donation à Saint-Savournin (dioc. de Marseille), autre main, fol. 184v inf.*
> *804. 1110 (circa), plaid à Nans (dioc. de Marseille), autre main, fol. 185*
> *805. 1116, plaid à Nans (dioc. de Marseille), autre main, fol. 185*
> *806. 1115 (circa), le comte de Barcelone, Tavernes (dioc. de Riez), autre main, fol. 185v*

807. *1117-1126, échange Solliès (dioc. Toulon), Nans (dioc. Marseille), autre main, fol. 185v*
808. *1118, bulle de Gélase II, autre main, fol. 185, fin du verso*
809. *1120, bulle de Calixte II, autre main, fol. 186 début*
810. *1120, bulle de Calixte II, même main, fol. 186*
811. *1120, bulle de Calixte II, même main, fol. 186*
812. *1080-vers1110, donation à Bras (diocèse d'Aix), autre main, fol. 186*
813. *1060-1108, donation à Mévouillon (diocèse de Gap), autre main, fol. 186*
814. *1119, actes du concile de Reims, même main que n° 809-811, fol. 186v sup*
815. *XIIᵉ siècle, liste de cens, autre main, fol. 186v*
816. *1146, Gérone (Catalogne), main très différente, fol. 187*
817. *1070, Ripoll (Catalogne), main qui pourrait être gothique, fol. 187v*

N.B. : toutes les pages sont remplies.

REMARQUES ET DISCUSSION

Patrick GEARY : *Is it possible to compare the order of properties in the bull of 1079 with the order of the cartulary ?*

Monique ZERNER : *Une comparaison entre l'ordre des possessions énumérées dans le cartulaire et l'ordre d'énumération dans la bulle de 1079 est possible et je la ferai avec plus de précisions dans le texte écrit de ma communication. La bulle énumère seulement les celle, cent neuf sans compter celles qui ne se trouvent pas en Provence, soit beaucoup moins que les églises et autels sur lesquels les moines ont des droits à cette date. L'énumération est faite par diocèse, mais le passage d'un diocèse à l'autre est exceptionnellement noté dans le cartulaire, systématiquement dans la bulle. L'ordre des diocèses n'est pas exactement le même. D'abord Marseille et en dernier Glandèves, Senez, Vence et Antibas dans la bulle comme dans le cartulaire ; mais Gap et Sistéron ne sont pas à la même place, les possessions du diocèse d'Arles sont mélangées avec celles du diocèse d'Aix dans le cartulaire, de même les possessions des diocèses de Cavaillon et d'Apt... Enfin, dans chaque diocèse, l'ordre d'énumération des celle dans le cartulaire n'est jamais exactement le même que dans la bulle, toutefois on peut repérer des groupements qui se répètent.*

Jean-Pierre BRUNTERC'H : *Certains documents très anciens sont transcrits dans le cartulaire de Saint-Victor ; je pense notamment à un jugement des missi dominici Viernarius et Arimodus rendu à Digne. N'y a-t-il pas dans ce cas un souci historicisant, une volonté d'illustrer l'antiquité de Saint-Victor ? Le document, en effet, n'a plus aucune utilité immédiate.*

Monique ZERNER : *Vous voulez parler du jugement rendu par les* missi dominici
Viernarius *et* Arimodus *le 13 février 780, à propos de la* villa Caladius (Chaudol).
*Cette notice se trouve dans le deuxième cahier du manuscrit du Grand Cartulaire
(fol. 11-v, n° 31 dans l'édition de B. Guérard), avec les chartes concernant les
biens de Saint-Victor situés sur le territoire de Marseille, entre la restitution par
l'évêque Pons de la* decimatio *sur divers territoires dont celui de Marseille en
1047 (début du fol. 11, n° 30 dans Guérard), et la donation multiple du vicomte
de Marseille Foulque en 1044, commençant par la donation de Saint-Pierre* in
Paradiso *à la porte du monastère pour y reconstruire l'église (folio 12-v, n° 32
dans Guérard).*

*Probablement la notice a-t-elle été copiée à cette place parce qu'elle met en scène
l'évêque de Marseille comme la charte qui précède (n° 30) : l'évêque Mauronte
était au centre de l'affaire jugée, car il avait détenu les différentes chartes à
lui confiées par Adaltrude avant qu'elles ne soient détruites par le patrice Antener,
et il pouvait en témoigner. Je remarque que la charte qui suit (n° 32) est l'une
des rares à évoquer la fondation du monastère par Jean Cassien et la présence
des corps de nombreux martyrs, de confesseurs et de vierges là où va s'élever
l'église. Bref, le souci historicisant dont vous parlez n'est pas absent dans ce
passage du cartulaire.*

*Ce souci est beaucoup plus évident dans le deuxième cartulaire de Saint-Victor,
le Petit Cartulaire du XIIIᵉ siècle, où cette notice fut recopiée en tête, et après
elle le texte qui lui fait suite dans le Grand Cartulaire, la donation du vicomte.
A la première, le scribe du XIIIᵉ siècle donna la titre de* Carta Adaltrude, *à la
deuxième* Carta Sancti Petri de Paradiso, *titres qui ne se trouvent pas dans le
Grand Cartulaire (contrairement à ce que fait croire Guérard qui leur donne
ce titre dans l'édition du Grand Cartulaire et ne les réédite pas dans le Petit
Cartulaire).*

*Cependant, plutôt qu'un souci historicisant dépourvu d'utilité immédiate, j'y verrais
un souci juridique, une réponse à la nécessité renouvelée d'affirmer les droits
du monastère, en particulier par rapport à ceux de l'évêque. De ce point de vue,
la notice, copie de la charte la plus ancienne de Saint-Victor, avait le double
intérêt de montrer pourquoi il n'y avait pas de diplôme plus ancien, et comment
affaires de Saint-Victor et affaires de l'évêque s'étaient trouvées mêlées.*

Pierre TOUBERT : *A propos de l'absence de bulle de Grégoire VII : y a-t-il dans
le cartulaire de Saint-Victor une bulle d'Urbain II et de Pascal II ? Ce qui prouverait
bien que les années cruciales sont les années 80 du XIᵉ siècle. Après 1084, il
devient inutile d'intégrer une bulle de Grégoire VII.*

Monique ZERNER : *Non, les seules bulles pontificales copiées dans le Grand Cartulaire
datent du XIIᵉ siècle et ont été ajoutées ultérieurement (bulles de Gélase II et
Calixte II, Anastase IV et Adrien IV, Alexandre III). Les bulles-pancartes où sont
énumérées les possessions victorines (Grégoire VII, Pascal II et Innocent II) se
trouvent dans le Petit Cartulaire.*

NOTE SUR LES CARTULAIRES DE MARMOUTIER (TOURAINE) AU XIe SIECLE

par

DOMINIQUE BARTHÉLEMY

P. Francastel a appelé Marmoutier, restauré en 982, le «Cluny de l'Ouest». L'appréciation est en partie justifiée, par l'importance du patrimoine acquis en un siècle [1], par la dimension inter-régionale de cet établissement, enfin par le style de la vie monastique et des relations avec la société environnante, largement déterminé par la prise en charge des morts de la noblesse [2]. Marquons seulement les limites de cette flatteuse comparaison : l'abbaye des portes de Tours ne peut pas prendre autant d'initiatives politiques, car dans sa zone de développement les comtes sont puissants et les rois assez proches ; elle ne fédère pas autour d'elle une véritable congrégation, et ses intérêts s'entrecroisent avec ceux de monastères concurrents (la Trinité de Vendôme, Saint-Florent de Saumur, Saint-Aubin d'Angers, par exemple) ; enfin, elle ne rayonne pas autant dans la chrétienté latine. Il n'y a qu'un seul Cluny et il n'est pas dans l'Ouest! Les abbés Albert (entre 1032 et 1037-1064), Barthélemy (1064-1084) et Bernard (1084-1100) sont, disons, de grands barons du monachisme ; ce ne sont pas des «rois» comme Odilon... Il n'est pas sûr pour autant que le fonds de Marmoutier renferme moins de richesses que celui de Cluny. Comme l'écrit P. Colmant, la série des cartulaires «devait constituer, à l'époque où elle était complète, un monument capital pour l'histoire du XIe siècle» [3]. Il y a là, on effet, des séries de notices particulièrement denses et savoureuses à partir de 1060 : l'intérêt s'accroît au moment même

---

1. Cf. l'impressionnante carte des prieurés au début du XIIIe siècle (dont la plupart reposent sur des acquisitions d'avant 1100), dressée par Odile Gantier, *Recherches sur les possessions et les prieurés de l'abbaye de Marmoutier du Xe au XIIIe siècle*, dans Revue Mabillon, t. 53, 1963, en fin de volume). Elle illustre l'article paru *ibid.*, t. 53, 1963, p. 93-110 et 161-167 ; t. 54, 1964, p. 15-24, 56-67 et 125-135 ; t. 55, 1965, p. 32-44 et 65-79.

2. Ceci est développé, en des pages admirables, par Georges Duby, *Adolescence de la chrétienté occidentale (980-1140)*, Genève, 1967, p. 131-135. On peut dire de la basilique de Marmoutier, consacrée par Urbain II le 10 mars 1096, qu'elle «jaillit d'un sol que fécondait une multitude de tombeaux» (p. 135), comme celle de Cluny.

3. Pierre Colmant, *Étude de diplomatique privée française. Les actes de l'abbaye de Marmoutier*

où il commence à s'étioler dans la lecture du corpus clunisien ; il s'attache
surtout à de beaux récits des débats judiciaires et para-judiciaires, dont ceux
sur le statut servile.

Peut-être la malchance posthume de Marmoutier est-elle de n'avoir pas
eu, au XIXe siècle, ses Bruel et Bernard, ou son Guérard. Certes, la publication
des textes a été entreprise assez tôt par A. Salmon : le «livre des serfs»
est édité dès 1864 [4] et suivi en 1874 du «cartulaire dunois» (E. Mabille [5]),
et en 1893 du «cartulaire vendômois» (A. de Trémault [6]). Ainsi se trouvent
correctement édités les trois cartulaires primitifs conservés, de la période
1060-1120 ; mais les notes demeurent brèves, les datations imprécises, et
la confrontation aux actes originaux, nombreux pour le Dunois, très superficielle.
Un seul grand érudit, attaché à l'édition des chartes de Marmoutier comme
à l'oeuvre de sa vie, relayé sur le tard par un continuateur, aurait pu prendre
une vision plus élevée de l'ensemble, apercevoir les corrélations entre *membra
disjecta*. Il aurait surtout évité les erreurs dans la composition des cartulaires
factices (comme celui du Blésois, dû à Ch. Métais en 1889-1891 [7]) destinés
à remplacer ceux de 1060-1120, perdus à diverses époques [8]. Et il aurait
entrepris en priorité l'édition des actes tourangeaux, les plus anciens et les
plus proches du sanctuaire, dont un certain nombre d'originaux : le paradoxe
veut, en effet, que ce soient ceux-là qui manquent aux chercheurs éloignés
de nos archives.

Regrets superflus, s'il est vrai qu'à présent, même pour Cluny ou Saint-

---

jusque vers le milieu du xII[e] siècle, thèse de l'École des Chartes, manuscrite, p. 43 [résumé dans
Positions des thèses... 1907, p. 1-6. Nous devons à l'amabilité de Mlle Marie-Clotilde Hubert
d'avoir pu consulter tout à loisir le manuscrit de la thèse.]

4. *Le livre des serfs de Marmoutier*, éd. André Salmon, Tours, 1864 (*Publications de la Société
archéologique de Touraine*, 16), d'après Bibl. mun. Tours, ms 1376 [désormais : SM].

5. *Cartulaire de Marmoutier pour le Dunois*, éd. Emile Mabille, Châteaudun, 1874 (*Société
dunoise*), d'après Bibl. nat., lat. 12874 [désormais : MD].

6. *Cartulaire vendômois de Marmoutier*, éd. Auguste de Trémault, Vendôme, 1893, d'après
Bibl. nat., lat. 5442 [désormais : MV].

7. *Marmoutier, cartulaire blésois*, éd. Charles Métais, Blois, 1889-1891. L'appartenance au Blésois
n'est pas toujours évidente : l'éditeur a incorporé des actes de la Gâtine tourangelle, ou du Maine
avec Lavardin ; autre attribution erronée des actes de Lavardin, au Vendômois cette fois, par
A. de Trémault, dans l'appendice du MV. Comme le montrent les mentions dorsales (sigles),
c'est à bon droit qu'ils sont incorporés dans *Cartulaire manceau de Marmoutier*, éd. Ernest Laurain,
2 vol., 1911 et 1940. A rappeler aussi : *Les prieurés de Marmoutier en Anjou*, éd. Paul Marchegay,
dans *Archives d'Anjou*, t. II, Angers, 1854. On observera, enfin, que parfois les cartularistes médiévaux
s'y trompaient eux aussi : trois actes dunois se glissent ainsi dans les ajouts au cartulaire vendômois
(fol. 39v, cf. MV, p. 262).

8. Il a existé des cartulaires : tourangeau (perdu depuis le xVIII[e] siècle), vendômois, dunois
(tous deux conservés), normand, manceau et breton (tous trois perdus depuis le XVIIIe). Pour
la Gâtine tourangelle, le Chartrain, le Blésois et l'Anjou, il faudrait savoir si les cartulaires ont
bien été réalisés, et perdus anciennement. Après le XIe siècle, il a existé des cartulaires de
prieurés (cf. celui de Chemillé en Anjou, XIIIe) et d'offices claustraux.

Germain-des-Prés, tout est à recommencer! Mais ici aussi, une équipe comparable à celle de Münster pourrait se mettre à l'oeuvre - et nous sommes prêt à en être.

La présente contribution n'est dès lors qu'un document de travail, un jalon. Le temps nous a manqué pour éclaicir certains points. Livrons pourtant quelques éléments d'analyse, et une synthèse provisoire.

I. LA CONFECTION DES CARTULAIRES

L'analyse se limite évidemment aux trois cartulaires conservés : le vendômois, le dunois, le «*de servis*».

1) La date des travaux.

Reprenons donc les choses au point où les a laissées P. Colmant, un guide utile mais qu'il faut parfois rectifier. Il note que les trois cartulaires ont, à bien des égards, un aspect et une disposition analogues (même si leur format n'est pas le même). Ils ont, selon lui, une chronologie comparable : «de 1075 à la fin du siècle» pour le premier, «1080 environ à 1116 environ» pour le deuxième ; enfin pour «le livre des serfs : première partie vers 1075, deuxième partie vers 1096, troisième partie avant 1100» [9]. En réalité, à notre sens, la chronologie du *de servis* est surtout comparable à celle du *vindocinense*, et le *dunense* est un peu décalé.

Lors d'une exploitation intensive du cartulaire vendômois, nous avons élaboré un système de datation plus précis des actes de Marmoutier du XIe siècle [10]. Ce système repose, corrélativement, sur une utilisation des témoins-dateurs (une sorte de *Gruppensuche*) et sur l'analyse de certaines formules (les adresses en tête des actes, la manière de motiver les dons et de relater les gestes rituels, l'annonce des témoins). Il nous permet de proposer aussi le resserrement des «fourchettes» de certains actes du *de servis* [11] et du cartulaire

---

9. Dans *Position des thèses...* (note 3), p. 2.

10. On en trouvera le détail, et l'application au cartulaire vendômois de Marmoutier, dans D. Barthélemy, *La société dans le comté de Vendôme, de l'an mil au XIVe siècle*, Paris, 1993, p. 84-90.

11. Voici quelques-unes de nos datations rectifiées ou resserrées [certaines sont déjà indiquées dans D. Barthélemy, *Les auto-déditions en servage à Marmoutier (Touraine) au XIe siècle*, dans *Commerce, finances et société XIe-XVIe*, *Recueil de travaux... offert à... Henri Dubois*, Paris, 1993, p. 397-415]. SM 2 : 1032-vers 1050. SM 3 : 1064-1070. SM 5 : 1066-1071. SM 6 : 1070-1084. SM 9 : 1061-1067. SM 11 : 1066-1071. SM 17 : dans la décennie 1050. SM 18 et 19 : 1032-vers 1050. SM 23 : 1061-1064. SM 25 à 27 : dans la décennie 1050. SM 28 : 1061-1067. SM 30 : 1032-vers 1050. SM 32 à 38 : 1032-vers 1050. SM 39 : dans la décennie 1050. SM 40 : 1032-vers 1050. SM 43 : 1061-1064. SM 48 : 1050-1064. SM 53 : dans la décennie 1060. SM 54 : 1007-1010. SM 55 : vers 1050-1064. SM 57 : dans la décennie 1050. SM 60 et 61 : dans la décennie1060. SM 62 : vers 1050-1064. SM 64 : dans la décennie 1050. SM 65 : troisième quart du XIe. SM 68 et 69 : 1061-1064. SM 70 : 1032-1060. SM 73 : 1050-1060 (Airard est le prévôt de Tours, le comte est Geoffroi II Martel, avec sa femme Adèle). SM 74 : troisième quart du XIe. SM 77 : 1061-1064. SM 79 à 87 : 1032-vers 1050. SM 90 : dans la décennie

dunois [12]. Le principal résultat de cette élaboration est de souligner l'importance de la décennie 1060 : un grand nombre d'actes peuvent être rapportés, soit aux dernières années de l'abbé Albert (1060-1064, quand Foulque était grand prieur), soit au début de l'abbatiat de son successeur, Barthélemy. Comme nous exigeons toujours, à la fois, une preuve par la formule et une preuve par les témoins-dateurs, le risque d'argumentation circulaire, donc de surestimation de la décennie 1060, semble faible.

Ainsi est-il possible de confirmer que le «noyau» du cartulaire vendômois est de très peu antérieur à 1075 (jusqu'au n° 175, fol. 36v) et d'ajouter que de très nombreuses notices ont été rédigées peu de temps avant leur insertion dans ce recueil [13]. De même, aucun acte du cartulaire des serfs n'excède probablement 1075 (avant le n° 112, fol. 39v). Dans l'un et l'autre de ces livres, par conséquent, les ajouts du dernier quart du XIe siècle pèsent assez peu (16 sur 194 au *vindocinense*, 15 sur 127 au *de servis*). Il se trouve qu'au premier, il manque aujourd'hui un cahier, mais cela n'y correspond pas à une interruption entre le «noyau» et les ajouts.

Au contraire, le cartulaire dunois s'étend de manière beaucoup plus régulière - donc aussi, pour les années 1060, moins dense - jusqu'en 1116 [14]. Il s'achève ainsi plus tard que les deux autres (dont aucun n'excède 1100).

D'autre part, les affaires traitées dans le *de servis* sont parfois vendômoises [15], et jamais dunoises, semble-t-il. Or, les affaires de serfs ne sont pas reprises dans le cartulaire vendômois : il a donc bien été élaboré en synchronisation avec le *de servis*, on a choisi de verser les documents à l'un ou à l'autre. En revanche, lors de la confection du cartulaire dunois, on a laissé parmi

1050. SM 93 : dans la décennie 1050. SM 96 : 1061-1067. SM 97 : 1064-1067. SM 98 : vers 1050-1064. SM 99 et 100 : dans la décennie 1050. SM 101 et 102 : 1061-1067. SM 106 : 1064-1067. SM 107 : dans la décennie 1050. SM 108 : 1064-1070. SM 109 : peu après 1064. SM 116 : 1084-1100.

12. MD 5 et MD 9 sont tous deux datés par l'éditeur de 1041-1048. Or ils commencent tous deux par l'adresse caractéristique, *nosse debebitis si qui eritis post nos majoris scilicet huius monasterii habitatores*, dont nous montrons qu'elle n'a été employée qu'entre 1061 et 1067 (sauf des imitations ultérieures : SM 113, MD 42). En MD 5, il faut que Nivelon I de Freteval soit mort (or il est encore vivant en 1050), puisqu'il y a réclamation après coup de son fils Foucher ; quant au vicomte de Blois, Hervé, devenu moine «en 1041 au plus tôt», il l'est encore en 1056-1059 (MV 117) ; la datation 1061-1064 (fin de l'abbé Albert) convient donc mieux que celle de Mabille. Cet éditeur date MD 9 par référence à MD 5 (présence de Foucher, mêmes témoins) : 1061-1064 s'impose donc aussi.

13. Sur ce concept, cf. notre article en préparation, *Qu'est-ce qu'une notice, en pays de Loire au XIe siècle?*, à paraître dans *Bibliothèque de l'École des chartes*.

14. Il ne comporte d'ailleurs que 95 actes, dont 45 seulement peuvent être antérieurs à 1075. Le Dunois est plus éloigné que le Vendômois de Marmoutier ; les intérêts de cette abbaye y sont moindres, ou plus tardifs.

15. SM 13, 31, 43, 50, 52, 55, 59, 70, 101, 102, 106 : personnages de Vendôme et Lavardin (SM 31 pourrait aussi être classé au Maine ; SM 43, en Touraine).

les autres des affaires de servage, et particulièrement la passionnante série sur Ascelin fils Ohelme, un maire de Marmoutier, dans les années 1060 [16]. La conclusion logique serait celle-ci : les auteurs du cartulaire des serfs connaissaient les dossiers vendômois et tourangeaux, mais pas ceux du Dunois.

On a donc entrepris les cartulaires en même temps que le classement des archives, ou du moins, avant de l'avoir terminé.

2) Problèmes de classement.

Au dos des originaux conservés de Marmoutier, se trouvent des sigles : les noms des divers *pagi,* en monogramme (TVRONENSE, CYNOMANNENSE, VINDOCINENSE, DVNENSE). Ils sont accompagnés d'une rubrique, qui se trouve toujours reportée au cartulaire, en tête de l'acte. Par exemple : *notitia de terra Herluini explorantis metam* [17]. Lorsque deux actes ont le même objet, on prend soin de ne pas donner exactement le même titre (en supprimant, par exemple, *notitia* ou le surnom).

Cette référence aux *pagi* est conforme aux normes des anciens formulaires francs, encore appliquées dans les actes des années 1060 : *apud villam Porcheri in Vindocinio* [18], *de villa que dicitur* Ricrox *in pago biturigensi* [19]. Est-ce un traditionnalisme désuet, au temps de la seigneurie châtelaine? Non, car celle-ci ne disloque pas le *pagus* ; en pays de Loire, il demeure souvent de taille moyenne, centré sur un château-ville (Châteaudun, Blois, Vendôme) et les châtellenies nouvelles, exiguës, pas toujours autonomes et jamais indépendantes, ne font que l'écorner. Le Vendômois et le Dunois sont des pays authentiques ; simplement, ce ne sont pas des unités de gestion dans la patrimoine de Marmoutier, même dans la période des premiers cartulaires, pendant laquelle les *obedientie* commencent à peine à prendre forme. Ils ne servent que de référence, dans une compilation d'archive que P. Colmant fait débuter vers 1055 [20], et qui n'est certainement pas sans rapport avec la confection des premiers cartulaires.

On nous objectera que des sigles de *pagi* devaient figurer au verso de certains originaux transcrits au *de servis* : en effet, ils sont parfois reportés à côté de la rubrique, dans la marge [21]. Mais ce cartulaire est particulier :

---

16. MD 14 à 17 (entre 1060 et 1070) ; cf. aussi MD 8, 22, 32, 33, 39, 76 bis : affaires de servage au Dunois.

17. Original : Arch. dép. Loir-et-Cher, 16 H 48 n° 7 ; copie : MV 90.

18. MV 101 (1065) ; cf. aussi la formule *actum in pago vindocinensi* (MV 94, 1071).

19. SM 105 (1062) ; cf. aussi SM 90 (dans la décennie 1050).

20. P. Colmant date ces sigles de 1055 environ : *Étude...* (note 3), p. 12.

21. C'est le cas pour SM 71 (fol. 24 v) : CARN°, et de fait l'acte concerne le Chartrain. Pour SM 74 (CYN pour CYNOMANNENSE, et Montoire est bien au Maine, initialement). Pour SM 106 (fol. 37), avec VINDOC., et cet acte n'est pas au cartulaire vendômois (mais à celui-ci, il est vrai, il manque un cahier). SM 107, TVRON. SM 113 et 114, BLESIS. C'est une incontestable faiblesse de l'édition d'A. Salmon, que de n'avoir pas signalé ces sigles.

nous avons montré ailleurs qu'il recueillait des actes concernant essentiellement les *famuli* serfs, c'est-à-dire des hommes jugés et gérés au siège même
de l'abbaye, par une loi particulière (un privilège) contrastant avec celle
des villains, hommes de «poesté» qui sont dans les *pagi* [22]. Tout se passe
comme si ce cartulaire-ci avait exercé une sorte de droit de préemption sur
les actes concernant des serfs, au moins dans un premier temps : il dépossède
ainsi le cartulaire vendômois de toutes les affaires serviles, mais non pas
le cartulaire dunois, qui est postérieur [23]. S'il est habituel de mettre à part
les affaires de serfs au sein d'un cartulaire donné [24], la confection d'un recueil
spécialisé fait figure d'exception ; mais cela ne tient-il pas seulement à l'ampleur
des affaires et des archives de Marmoutier? Faire un classement par *pagi*
n'est pas plus commun!

Cette parenthèse refermée, il demeure probable que les sigles et rubriques,
au dos des originaux, aient préparé la transcription aux cartulaires. P. Colmant
en a signalé un, où l'on a d'abord écrit TVRONVS puis biffé et corrigé en
BLE., avec l'injonction suivante : *fac eam inter noticias blesenses* [25]. Ne faut-
il pas comprendre : «transcris», plutôt que «classe»?

On n'a pas eu le souci, ou pas le loisir, de composer des cartulaires bien
ordonnés. Aussi bien dans le cartulaire vendômois que dans le cartulaire
dunois, l'ordonnancement est en effet très aléatoire. A l'intérieur du noyau
vendômois comme au long du livre dunois, il n'y a pas de véritable fil
conducteur : ni classement chronologique, ni ordre géographique, ni typologie,
ni par suscripteurs. Simplement, on a l'impression que des dossiers sont égrenés
les uns après les autres, sans ordre interne et non sans des chevauchements
et des retours en arrière, voire des répétitions [26]. Le seul principe d'ordre
est celui qui répartit, dans le méta-cartulaire, les actes entre les *pagi* - à
quelques erreurs près [27].

3) Les mains et les cahiers.

P. Colmant a reconnu, semble-t-il, les onze mains qui avaient transcrit
le cartulaire vendômois. Il arrive parfois que le changement de main se fasse

---

22. Cf. *Les auto-déditions...* (note 11).

23. Il reste également des actes sur le servage, dans les ajouts du cartulaire vendômois :
MV 159, qui commence le sixième cahier. Cela confirmerait un relâchement précoce de la vigilance.

24. Par exemple dans le «Livre noir» de Saint-Florent de Saumur : Bibl. nat., n. a. l. 1930.

25. Arch. dép. Loir-et-Cher, 16 H 88 n° 14 ; signalé par P. Colmant, *Étude...* (note 3),
p. 24.

26. SM 10 et 63 ; MD 32 et 59 ; MV 29 et 34 bis. Dans le cartulaire vendômois, c'est surtout
l'ajout qui reprend des actes du noyau : MV 16 et 179, 84 et 178, 112 et 171, 129 et 175
bis.

27. Actes dunois dans le cartulaire vendômois : MV 41 et, dans le rajout, la fausse manoeuvre
signalée par l'éd. A. de Trémault, p. 262. MV 114 devrait être au Maine, avec le reste des actes
de Lavardin.

à la fin d'un cahier [28]. Pourtant, il y a plus de mains que de cahiers de parchemin ; on ne peut donc pas dire que le chef de service avait attribué à chaque moine un cahier à remplir, comme cela se faisait classiquement aux temps mérovingiens et carolingiens, lorsqu'il fallait transcrire rapidement un manuscrit qu'on n'avait en prêt que pour peu de temps [29].

Au demeurant, les trois premiers cahiers du cartulaire vendômois semblent faits d'une traite [30] ; de même, les quatrième et cinquième (celui-ci s'étant perdu) [31]. Le quatrième commence par la grande *carta* de Geoffroi II, comte d'Anjou, portant restitution de la terre du sud de la Gâtine [32]. Or elle devrait logiquement précéder toutes les notices relatant les débats entre Marmoutier et les vassaux ou arrière-vassaux de ce comte, victimes de cette mesure. Mais ces dernières sont, au contraire, bien avant elle - et quelque peu dispersées.

Le cartulaire des serfs est, lui aussi, l'oeuvre d'un grand nombre de mains [33]. Comme celui du Vendômois, il comporte six cahiers [34] dont, cette fois, aucun n'est perdu. Mais une différence importante se remarque : aucun acte ne chevauche deux de ces cahiers et, même, presque chacun d'entre eux [35] commence par un acte de caractère ancien et souvent solennel (à préambule).

Cette fois-ci, par conséquent, l'éventualité se présente, d'une élaboration de ces cahiers (au moins des cinq premiers) en parallèle. Cependant, le moins que l'on puisse dire est que ces «têtes de cahiers» n'organisent pas vraiment le livre des serfs : les auto-déditions les plus anciennes (1032-1050), par exemple, sont dispersées avant et après le n° 24 [36] ; dès le début, les actes

---

28. *Étude...* (note 3), p. 30-31 : la quatrième main cesse à la fin du deuxième cahier (fol. 16v), mais elle n'a fait que deux folios.

29. Cf. E. Châtelain, *Le "Reginensis 762" de Tite-Live. Note sur la transcription des manuscrits au Xe siècle*, dans *Revue de philologie, de littérature et d'histoire ancienne*, 2e série, t. 14, 1890, p. 79-85 ; et E. K. Rand et G. Howe, *The Vatican Livy and the Script of Tours*, dans *Memoirs of the American Academy in Rome*, vol. I, *School of Classical Studies 1915-1916*, Bergame, 1917, p. 19-57.

30. MV 39, qui est au milieu d'une série sur Le Sentier, est à cheval sur le premier et le deuxième cahier (fol. 8v-9). De même, MV 81 (fol. 16v-17) sur les deuxième et troisième. Les premiers folios des cahiers (et parfois d'autres) portent VIND., en rouge en haut.

31. Le quatrième commence par une *carta*. Mais MV 130, interrompu net par la perte du cinquième cahier, s'étendait manifestement sur son premier folio.

32. MV 115.

33. Sur ce point, nous nous séparons de P. Colmant, qui n'en voit que trois. Il n'en voit qu'une jusqu'au folio 40, c'est-à-dire dans le «noyau» ; en réalité, comme pour le cartulaire vendômois, il y a certainement plusieurs scribes à l'oeuvre.

34. Chaque fois, la marque DE SERVIS figure sur le premier folio.

35. C'est le cas des cinq premiers : SM 1 (fol. 1), SM 24 (fol. 9), SM 50 (fol. 17), SM 72 (fol. 25), SM 95 (fol. 33) ; les ajouts d'après 1075 commencent au fol. 39 et se poursuivent dans le sixième cahier (SM 116 au fol. 41), lequel n'est pas rempli jusqu'au bout et porte toutes les traces d'un travail au coup par coup.

36. Entre le n° 18 et le n° 79!

relativement stéréotypés, datables d'avant 1060, alternent avec les vivants aperçus que fournir la série des notices d'entre 1061 et 1067. L'affranchissement comtal qui commence le troisième cahier (n° 50) devrait, quant à lui, suivre directement les n° 13 et 52. En admettant qu'on ait, en ce cartulaire-ci, commencé plusieurs cahiers à la fois, cela ne permet pas pour autant d'apercevoir un plan plus cohérent que dans les cartulaires de *pagi*. Ici aussi, un relatif désordre, une sorte de fébrilité, ont manifestement dominé.

Dans leur application à reproduire les originaux, les copistes n'étaient pourtant pas toujours inattentifs [37].

4) La conformité aux originaux.

Cette application a été notée par P. Colmant, à juste titre, à propos du cartulaire dunois [38]. Est-elle absente du cartulaire vendômois, où la confrontation à seize originaux est possible [39]?

Bien entendu, on peut rétablir çà et là des membres de phrases omis [40], des noms de témoins oubliés [41] ou écorchés [42]. On doit aussi déplorer que des colonnes de témoins se trouvent transformées en lignes, et qu'ainsi puisse se perdre leur disposition caractéristique [43], mais ce n'est pas le cas général ;

37. Peut-on dire avec Alain de Boüard (*Manuel de diplomatique française et pontificale*, t. II, *L'acte privé*, Paris, 1948, p. 121) que les cartulaires du XIe contribuent à «l'indifférence à l'égard de toute forme de diplomatique», notamment en confondant *carta* et *notitia*? Non, car dans la manière dont les originaux eux-mêmes s'auto-désignent (en protocole initial et final), les deux termes s'équivalent pratiquement. A noter cependant au registre de l'«indifférence» : la rubrique de MV 129 ne signale pas que c'est un chirographe.

38. *Étude...* (note 3), p. 35.

39. MV 16, répété en 179 (Arch. dép. Loir-et-Cher, 16 H 81 n° 38), 34 (*ibid.*, 16 H 49 n° 25), 43 (Arch. dép. Eure-et-Loir, H 2487 n° 2), 47 (*ibid.*, n° 1), 53 (Arch. dép. Loir-et-Cher, 16 H 86 n° 2), 57 (*ibid.*, 16 H 81 n° 11), 62 (*ibid.*, 16 H 80 n° 54), 79 (Arch. dép. Eure-et-Loir, H 2487 n° 4), 87 (Arch. dép. Loir-et-Cher, 16 H 85, n° 2), 90 (*ibid.*, 16 H 84 n° 7), 97 (*ibid.*, n° 6), 105 (*ibid.*, 16 H 84 n° 14), 114 (*ibid.*, 16 H 83 n° 15), 128 (*ibid.*, 16 H 49 n° 36), 129 (*ibid.*, 16 H 83 n° 6) et 167 (*ibid.*, 16 H 48 n° 22). 40. MV 53 (fol. 11v) dans l'acte initial, il manque *huius rei testes* avant la date *actum apud montem aureum* (c'est une coquille de l'original) ; surtout, à la fin du rajout, il manque le montant du cens : *qui sunt II sol.* MV 114 (fol. 24) omet à la fin l'annonce des témoins, *quibus causa videndi vel audiendi convenientiam producti sunt testes infrascripti*, mais les noms manquent dans l'original lui-même. L'édition de Trémault (p. 176) oublie, quant à elle, un membre de phrase : [*et ut*] *hoc si necesse fuerit maneat firmum* [*hoc scriptum...*].

41. MV 87 : à la fin de l'ajout, il manque, après *Hugone Chadeberto*, un *Achardo filio Gualdrici*. MV 90 (p. 144, l. 19, de l'éd. A. de Trémault), après *Gauscelinus de Belvidere*, un *Rambertus Maltalanz* (fol. 18v du cartulaire).

42. MV 87 (fol. 17v) : *Teoderico* au lieu de *Leoderico*.

43. C'est le cas en MV 16 (fol. 3v-4, mais non dans la seconde transcription, MV 179, fol. 37v-38). L'ordre exact est le suivant : *Effridi et Hugolini qui hanc donationem fecerunt. Guarnerii. Almarii. Rainaldi Succelli. Otberti cellarii. Hilduini. Galterii. Girardi.* L'ordre est également perturbé en MV 62 (fol. 13v).

le brouillage est plus fréquent dans l'édition d'A. de Trémault [44], inattentive au cartulaire manuscrit. Et, en ce dernier, il y a trace d'efforts pour reproduire le *signum crucis* [45], et respecter l'alinéa des actes d'avant 1060 [46], entre le texte et le protocole final. La transcription est beaucoup plus satisfaisante que le classement.

Pour certaines notices, au demeurant, la notion d'original pose problème. Les moines, en effet, en dressaient de provisoires, qu'ils pouvaient compléter [47], refondre en faisant, dès lors, deux exemplaires [48]. On n'est donc pas certain de confronter telle transcription à son vrai modèle [49]! Il ne faut, d'autre part, pas imputer certains blancs [50] à la négligence du copiste du cartulaire, à son inaptitude à lire le mot : ils correspondent à des lacunes du modèle lui-même.

Ces principes s'appliquent à la lecture du cartulaire des serfs, dans lequel la confrontation aux originaux n'est guère possible. Il y a un blanc dans le n° 88, et l'éditeur A. Salmon pense que «le copiste du cartulaire a laissé ici une lacune pour les noms des autres fils de Maurice» [51]. En réalité, il ne devait pas les avoir sur l'original. Dans ce livre on s'efforce, même en ne les comprenant pas, de restituer les notes tironiennes [52]. Ailleurs, pour les affranchissements par «croisade» [53], les *signa crucis* sont dûment dessinés, au milieu ou de part et d'autre des noms des témoins [54], comme sur les originaux de ce type d'actes. Les ajouts de mots entre les lignes semblent aussi reproduits du modèle [55]. Ailleurs, enfin, le nom de l'abbé mis en majuscule (BARTHOLOMEI), en signe de révérence extrême, semble également plausible sur l'original [56]. Le cartulaire vendômois n'a pas le même souci : sur ce point, le *de servis* le surclasse.

---

44. MV 87 : l'édition supprime les colonnes reproduites dans le cartulaire (comme elle le fait souvent) et commet une erreur (*Evrardo* pour *Girardo*, p. 138, l. 12).

45. MV 62 (fol. 13v), 118 (fol. 27v), enfin 129 (fol. 32v) et 175 bis (fol. 37).

46. Par exemple, MV 105 (fol. 22).

47. Cf., par exemple, l'énorme blanc dans : Arch. dép. Loir-et-Cher, 16 H 83 n° 5.

48. Cf. le double original, en deux formats différents : Arch. dép. Eure-et-Loir, H 2487 n° 6.

49. N'est-ce pas le cas pour MV 105? L'original supposé porte *invito sponte immisere*, erreur manifeste par rapport à *in vita sua*, qui se trouve au cartulaire (fol. 22).

50. Par exemple, en MV 15, l'absence du nom de trois femmes ; en MV 113, celle du nom des témoins (l'original de MV 114 ne les comporte pas non plus).

51. Note 1, p. 83.

52. SM 1 (fol. 1).

53. Par «croisade», c'est-à-dire par *crucesignatio* : le geste même par lequel on affranchit, c'est de tracer cette croix, à la main, sur la charte placée sur la tête de l'homme.

54. SM 52 (fol. 18), 59 (fol. 20v) et 117 (fol. 41v). La place et la dimension des croix sont parfois mal restituées par l'éditeur.

55. On trouve, en effet, exactement les mêmes dans la double transcription du même acte (SM 10 et 63). Cf. aussi les confrontations vendômoises.

56. SM 110 (au fol. 39). Il est assez courant, sur les originaux, de trouver en majuscules le

Bien présent, le souci de conformité vise-t-il seulement à maintenir la lisibilité des actes ou y a-t-il davantage, l'effort pour faire des transcriptions des doubles (ou de nouveaux doubles) des originaux? A terme, elles pourront devenir des «titres», mais dans un contexte socio-juridique différent de celui du XIe siècle. Mais déjà, dans les années 1060, où l'écrit joue le rôle - nullement négligeable - d'un aide-mémoire, la lisibilité est ce qui importe le plus. La rédaction des notices et leur transcription organisée relèvent donc du même dessein [57].

II. LA VIE DES CARTULAIRES

Précisons donc ce dessein, dans lequel s'insère la confection des cartulaires, et marquons quelques réserves quant à leur usage effectif. Ce sera la «synthèse provisoire» annoncée plus haut.

1) La fièvre des années 1060.

Le grand fait des années 1060 à Marmoutier, c'est la multiplication des notices rédigées pour conserver le souvenir des transactions avec des laïcs. Elles donnent de nombreux détails, particulièrement destinés (comme le porte l'adresse caractéristique de 1061-1067 [58]) à informer les successeurs des moines qui ont négocié les affaires : leur relation avec tel noble, comme avec tel serf, est toujours une séquence complexe, au cours de laquelle le représentant de Marmoutier change plusieurs fois. Il leur semble donc utile, sous peine de perdre les positions acquises ou reprises depuis 982, et particulièrement sous l'abbé Albert, de mettre tout cela par écrit. La même exigence est exprimée à la Trinité de Vendôme. L'essor de ces notices narratives, succédant à des chartes-notices plus conventionnelles est donc intimement lié à la croissance même de l'organisme monastique, et aux difficultés d'un changement d'échelle. Dans les dernières années d'Albert, c'est incontestablement le grand prieur, Foulque ou Foucois, qui veille à tout cela ; on lui doit le lancement de la série NDS, peut-être aussi l'entreprise des cartulaires.

Mais comment démontrer vraiment ce second point? Nos rectifications de dates soulignent le gonflement soudain des archives, l'afflux de ces notices de facture assez homogène, moins soignées dans la forme extérieure mais plus riches en contenu que celles des décennies précédentes. Outre la pratique des «brouillons» et des doubles originaux, dont on a parlé, il faut souligner le souci inédit de compléter, après coup, le récit des affaires. Ces ajouts débutent par des expressions comme *post hec, transacto non multo tempore*, etc., et prennent place au bas des notices initiales : on serre alors les lettres et les

nom du saint (MARTINUS). A signaler aussi, à la fin de SM 95 (au fol. 33), les majuscules de CONSTANTINI LEVITE.

57. Dans le même sens, P. Colmant, *Étude...* (note 3), p. 26.

58. *Nosse debebitis, si qui eritis post nos majoris scilicet huius monasterii habitatores*, abrégé ici : NDS

lignes, on occupe les marges et les rebords de parchemin [59]. Le folio 3 du cartulaire vendômois subit ce genre de traitement, au recto. On y trouve, d'une première main les n° 11 (colonne de gauche) et 12 (bas de cette colonne, majeure partie de la colonne de droite), tout en laissant entre eux l'intervalle pour la rubrique. Cependant, avant que celle-ci ne soit écrite, l'original du n° 12 reçoit un ajout ; une seconde main le transcrit alors, en le casant où elle peut : non seulement dans le bas de la colonne de droite, laissé libre, mais aussi à la place réservée pour la rubrique (colonne de gauche) [60]. Interférence significative entre la vie d'une notice et celle d'un cartulaire, et belle marque de ce qu'il faut bien appeler la fébrilité des années 1060! Les équipes de scribes ne sont peut-être pas les mêmes [61], mais elles sont en liaison constante et travaillent selon les mêmes principes : engranger le maximum, au prix d'un certain bricolage.

2) L'usage ultérieur des cartulaires.

Le manque d'ordre à l'intérieur de ces trois livres, l'absence de table des matières ou d'index conduisent à s'interroger sur l'usage que l'on pensait et pouvait en faire. Pour s'y retrouver, il faut lire toutes les rubriques au fil des pages : consultation fastidieuse. Est-il pourtant exclu que les moines en poste dans les *obedientie* aient compilé, ou fait compiler, le cartulaire du *pagus* concerné par les affaires qu'ils suivaient? Et même que l'on ait refait des doubles de notices, d'après celui-ci? Le *de servis*, on l'a dit, correspond à la «gestion du personnel» de la seigneurie : s'est-on privé d'y puiser l'information sur le servage d'un ministérial arrogant et huppé?

Rien n'éclaire vraiment ces problèmes, et le peu de soin apporté aux rajouts d'après 1075, dans le cartulaire vendômois et dans le *de servis*, ne plaide pas pour une grande efficacité des «noyaux». S'ils avaient fait leurs preuves, laisserait-on ces livres en plan?

L'interruption, vers 1100 ou 1116, pourrait tenir cependant à autre chose : à l'autonomie croissante de certains prieurés, qui n'enverraient plus leurs archives à l'abbaye-mère et constitueraient même, comme plus tard Chemillé en Anjou, leurs propres cartulaires.

Quant au recours aux «livres» des années 1060-1075, est-il encore utile au XIIe siècle? On y lirait la narration de petits conflits qui doivent être bien dépassés, on y chercherait la preuve de possessions attestées d'autre part par l'usage.

---

59. Par exemple : Arch. dép. Loir-et-Cher, 16 H 81 n° 38 (original de MV 16, qui est transcrit plus régulièrement).

60. La rubrique est reportée, colonne de droite, entre la notice initiale et l'ajout! Ailleurs, au contraire (dans les rajouts au cartulaire), une notice sans rapport avec la première passe, faute de rubrique, pour un ajout : MV 177.

61. C'est l'opinion de P. Colmant, *Étude...* (note 3), p. 43 : les cartulaires sont l'oeuvre des moines du *scriptorium*, dirigés par l'*armarius*.

*

*   *

Une utilité pratique très relative, limitée au court et au moyen terme ; pas de fonction liturgique et commémorative discernable. A quoi a donc servi cette monumentale collection de cartulaires? Nous sommes bien contents d'en utiliser, en historiens, les quelques restes intacts. Il n'est pourtant pas interdit de penser qu'à l'instar de certains grands bâtisseurs, le ou les initiateurs de l'entreprise s'en sont exagéré l'intérêt.

A nous de ne pas nous y tromper, de ne pas argumenter circulairement : la confection des premiers cartulaires est une étape importante, mais pas nécessairement le tournant décisif dans l'histoire de Marmoutier, et moins encore dans celle de la société environnante.

REMARQUES ET DISCUSSION

Jean-Pierre BRUNTERC'H : *Les années 1050-1060 correspondent effectivement à Marmoutier à la rédaction de nombreux documents intéressant le patrimoine de l'abbaye : copie de notices, mais aussi rédaction de certains originaux en double exemplaire avec dépôt de l'une des pièces à Marmoutier même et de l'autre pièce dans l'obédience pour l'administration de biens à l'échelon local ; rédaction de pancartes s'il y a un contentieux ou encore lorsqu'il y a acquisition systématique d'une terre, d'une église ou d'un ensemble de droits ; enfin rédaction de cartulaires par pagus (cartulaires vendômois, cartulaire breton, etc.). Au dos des notices originales figurent une brève analyse, mais aussi le nom du pagus où le bien en cause est situé, ainsi qu'une lettre capitale (par exemple F. Blesis). A quoi renvoie cette lettre ? Est-ce une cote d'archive ? Ou faut-il la mettre en relations avec les divers cartulaires régionaux qui sont constitués ?*

Dominique BARTHÉLEMY : *Oui, il y a beaucoup de doubles originaux (cf. la version dactylographiée de ma thèse, p. 225-238). Quant à la question des lettres capitales, le temps m'a manqué pour l'élucider. Ne serait-ce pas l'une des tâches de l'équipe à constituer ?*

M. GUILLOTEL : *L'examen de certains actes de donation en faveur de Marmoutier qui se trouvent démunis des listes de souscripteurs ou de témoins annoncées conduit à penser que leur instrumentation avait été péparée à l'avance par un moine: les noms des soucripteurs et témoins étaient alignés au moment où le donateur investissait solennellement l'abbé ou son représentant. Parfois un désaccord intervenait sur les modalités ou l'ampleur de la concession et l'acte ainsi préparé demeurait à l'état de projet. Plus tard un nouvel instrument pouvait être dressé tenant compte des desiderata du donateur et c'était ce nouveau précepte qui était validé. De semblables situations peuvent être constatées à la fin de l'abbatiat d'Albert, donc peu avant le 20 mai 1064.*

Dominique BARTHÉLEMY : *Le plus étonnant est cette notice conservée aux Archives du Loir-et-Cher (16 H 83 n° 5) dans laquelle, après huit lignes, un blanc est ménagé qui contiendrait une quinzaine (avant les témoins) dans l'attente d'autres développements !*

Pierre GASNAULT : *Je vous indique que les méthodes employées pour la présentation des actes dans les cartulaires de Marmoutier se retrouvaient dans la* Pancarta nigra *de l'abbaye voisine de Saint-Martin de Tours. Ce célèbre cartulaire compilé sans doute au début du XIIe siècle et détruit sous la Révolution n'est plus connu que par des copies du XVIIe siècle et du XVIIIe siècle. Certaines de ces copies témoignent que chaque acte y était précédé d'un titre et d'une cote reproduisant sans doute les mentions portées au dos des originaux et que les invocations symboliques, les monogrammes, les ruches des notaires et les notes tironiennes des souscriptions y étaient soigneusement reproduits.*

Michel PARISSE : *J'ai noté que vous parlez du dépôt d'archives dans les prieurés au cours du XIIe siècle. Sans doute cela prélude-t-il à la rédaction de cartulaires pour les prieurés. Mais dans le cas d'un acte qui concernait la totalité du patrimoine de l'abbaye, le prieuré ne pouvait pas en disposer. En recevait-il une copie ? Pouvez-vous confirmer qu'il y a bien constitution d'un archivage par obédience à ce moment-là ? Qu'est-ce qui pouvait justifier cette «délégation» accordée par l'abbé à une de ses dépendances ?*

Dominique BARTHÉLEMY : *Les archives des prieurés se sont souvent perdues : de ceux du Vendômois, il reste celles de Lancé (liasses aux Archives du Loir-et-Cher, 16 H 80 et 81), qui ne contient que des pièces d'intérêt local. Pour le reste, sur la vie des prieurés, il y a le travail d'Odile Gantier (cité ci-dessus note 1) et, en général, l'oeuvre de Dom Dubois, à laquelle je saisis cette occasion de rendre hommage.*

LE CARTULAIRE-CHRONIQUE
DE SAN CLEMENTE A CASAURIA [1]

par

LAURENT FELLER

Le cartulaire-chronique du monastère abruzzais de San Clemente a Casauria a été composé entre 1170 et 1182 [2]. Il est l'un des derniers grands *chronica* compilés en Italie centrale aux XIe et XIIe siècles et présente une sorte d'achèvement de ce genre historico-littéraire, porté à sa perfection par son auteur, Giovanni di Berardo [3].

Long de 272 feuillets, il est divisé en deux parties. La première (72 feuillets) contient l'ensemble des *munimina* parvenus au monastère (1172 documents). Les documents y sont classés en ordre topographique. Le premier fait qui attire l'attention, et qui requiert explication, est que ce classement, loin de refléter l'organisation territoriale du XIIe siècle s'efforce de coller à celle du IXe siècle qu'il tente de reconstituer. La seconde partie compte 200 feuillets et contient les 970 actes du cartulaire proprement dit [4]. Les chartes y sont

1. Cet article reprend les principales conclusions d'une thèse de troisième cycle soutenue à Paris-I en 1987 : Laurent Feller, *Le cartulaire-chronique de San Clemente a Casauria*, Paris, 1987, thèse dactylographiée, 3 vol.

2. Le document est conservé à Paris, Bibl. nat., lat. 5411. En attendant l'édition critique que Alessandro Pratesi, de l'Université La Sapienza de Rome, est en train d'achever, il convient de se reporter à l'édition de Muratori, qui, bien que très incomplète, est correcte pour les parties qu'elle donne : A. L. Muratori, *Rerum Italicarum Scriptores* (=R.I.S.), II, 2, Milan, 1726, col. 775-1018. Il en existe, d'autre part, un fac-similé aux justificatifs exacts de l'original édité par le «Comitato per il quinto centenario della stampa in Abruzzo» : Giovanni di Berardo, *Instrumentarium seu chartularium monasterii Casauriensis sive de Casa Aurea*. A. Pratesi a, par ailleurs, publié un certain nombre d'études partielles sur le cartulaire de Casauria dont les principaux arguments ont, *bene o male*, inspiré ma démarche.

3. Le dernier de ces documents est le *Chronicon* de S. Bartolomeo di Carpineto, monastère abruzzais proche de Casauria, achevé en 1193. Le manuscrit original manque, et le document n'est connu que par des copies modernes. Voir à ce sujet Luigi Pellegrini, *Abruzzo medioevale*, Altavilla Silentina, 1988. La seule édition disponible est celle de Ferdinando Ughelli, *Italia Sacra*, t. X, Venise, 1722, col. 349-392.

4. Il n'y a rien à ajouter à la description qu'en a faite Cesare Manaresi, *Il «Liber Instrumentorum seu Chronicorum monasterii casauriensi» della Nazionale di Parigi*, dans *Rendiconti*

classées en ordre chronologique. La chronique, quant à elle, est écrite dans les marges et contient cinq livres. Les deux premiers sont consacrés au récit de la fondation (873) et à la description de la région. Ils couvrent les marges des 71 premiers feuillets. L'histoire du monastère ne commence d'être racontée qu'avec le troisième livre, au folio 72, c'est-à-dire au début du cartulaire proprement dit. Souvent, le chroniqueur se contente de donner l'analyse d'un acte qu'il transcrit en regard : la chronique est d'abord la répétition abrégée du cartulaire. Mais l'auteur apporte naturellement aussi des détails, et parle de faits qui ne sauraient en aucune manière avoir trouvé place dans la documentation d'origine archivistique. L'originalité de ce cartulaire-chronique réside dans l'intégration des données archivistiques et narratives, portée à un point de perfection jusque là jamais atteint par les auteurs de *chronica*.

L'élaboration et la réalisation de cet ouvrage sont liées à la pacification relative et temporaire de la partie septentrionale du royaume normand d'Italie sous le règne de Guillaume II, qui est à la fois une période de reconstruction des temporels monastiques, et un temps de normalisation des rapports entre l'Eglise et la monarchie normande. Il n'en demeure pas moins que les grands établissements monastiques durent d'abord prendre acte de leur situation à l'intérieur du royaume, et constater, fût-ce en protestant, la diminution de leur temporel. Eglises locales et monastères sont, vers 1160, désarmés, au sens propre, face aux nouveaux pouvoirs désormais solidement installés. Or, la conquête normande a été l'occasion d'un transfert des propriétés foncières au profit des nouveaux arrivants. Casauria a sans doute été sinon l'un des établissements les plus lésés, du moins l'un de ceux qui pensaient que ses possessions avaient été les plus atteintes par les usurpations de terres et de seigneuries : des quelque 20 *castra* dont la documentation d'archive ou la tradition permettait de revendiquer la propriété, et dont des bulles pontificales avaient confirmé la possession à Casauria, la monarchie normande ne voulut lui en laisser que quatre. La chronique et le cartulaire devaient donc d'abord permettre d'établir des droits, en les fondant sur l'histoire et sur les chartes. L'objectif à atteindre devait être la restitution de tout ce que le monastère avait possédé du temps de Louis II, au moment de sa fondation. On tombe là aussitôt sur une aporie qui va déterminer le travail de l'auteur : pour parvenir à ce résultat, il faudrait abolir une partie des effets de l'incastellamento, et retrouver le paysage des temps carolingiens. Le bouleversement de ces paysages, les remembrements qui ont accompagné ou suivi de près le processus d'incastellamento, ont, en effet, largement été accompagnés d'une redistribution de la propriété foncière. De ce fait, beaucoup des titres de propriété de Casauria sont devenus sans valeur effective au XIIᵉ siècle. Ecrire l'histoire du monastères, ce sera d'abord restituer un sens à une masse archivistique inutilisable.

dell'Istituto lombardo di Scienze e Lettere, classe di Lettere Scienze morale e storiche, t. 80 (3ᵉ série, t. 11), 1947, p. 29-62.

1. *Casauria dans l'histoire*.

Casauria a été fondé sur les rives du Pescara en 873 par l'empereur Louis II. Cette fondation s'insère dans un projet politique et religieux complexe, à l'intérieur duquel Casauria aurait dû remplacer le monastère de Saint-Vincent au Volturne, désormais inaccessible. Les défaites de Louis II face aux Bénéventains ont, en effet, eu pour conséquence la clôture de la frontière méridionale du *Regnum*. Louis II n'a plus, dans les dernières années de son règne, de relais dans les principautés lombardes, et c'est donc à ce nouvel établissement, placé en marge du *Regnum* dans une zone où l'influence lombarde se fait encore sentir, que devrait revenir le rôle stabilisateur qui avait été celui de Saint-Vincent.

Casauria fut doté en partie grâce à des terres confisquées à des aristocrates infidèles, et en partie grâce à des achats effectués par son premier abbé. Les fonds, qui étaient très importants, ne pouvaient guère provenir que de la cassette impériale. Les biens acquis étaient dispersés dans toute l'Italie centrale, ainsi qu'il est normal pour un monastère destiné à devenir une puissance régionale. La disparition de Louis II très peu de temps après la fondation contraignit les gestionnaires, désormais dépourvus d'appui politique et financier, à abandonner toute velléité d'expansion à l'extérieur des Abruzzes. De vastes domaines un temps détenus en Toscane, dans les Marches, et même à Rome, furent presque aussitôt perdus. Le monastère, destiné par son fondateur à influer sur toute une région, fut ainsi condamné dès la fin du IX⁰ siècle à n'avoir un rayon d'action que local. Son poids économique et politique, au bout du compte, ne se fait sentir que dans la micro-région qui l'entourait.

De son origine prestigieuse, cependant, Casauria garda un statut particulier. C'était, en effet, un monastère impérial, et il fut effectivement protégé, au X⁰ siècle, par les Ottoniens. Sous le règne d'Otton I⁰ʳ, Casauria connut un moment de vraie grandeur : ce fut d'ailleurs l'unique moment où l'on vit l'un de ses abbés fréquenter les plaids impériaux, et, s'agrégeant parfois à l'entourage du souverain qu'il suivait dans ses déplacements, se comporter comme un membre de la noblesse d'empire. Cette période brillante dura assez, de 965 à 1000 environ, pour permettre à Casauria de constituer une puissance territoriale notable, mais toujours à l'échelon local, à l'intérieur des deux comtés de Penne et de Chieti. Le monastère se trouva à l'origine d'un mouvement limité et contrôlé d'*incastellamento*, destiné à contrebalancer le pouvoir devenu trop grand des comtes abruzzais de la lignée des Attonides, et à faire pièce aux ambitions d'une aristocratie assoiffée de terres, très agressive à l'égard du monastère [5]. Casauria construisit une seigneurie fondée

5. Heinrich Müller, *Topographische und genealogische Untersuchungen zur Geschichte des Herzogstums Spoleto und des Sabina*, Greifswald, 1931, p. 80-92. L. Feller, *Pouvoir et société dans les Abruzzes autour de l'an mil : aristocratie, «incastellamento», appropriation des justices (960-1035)*, dans *Bullettino dell'Istituto Storico Italiano per il Medio evo e Archivio Muratoriano*, t. 94, 1988, p. 1-72.

partiellement sur la maîtrise d'un réseau de *castra,* d'abord et avant tout pour mettre en défens ses propriétés foncières[6]. L'entité territoriale autonome constituée à la fin du Xᵉ siècle ne pouvait qu'entrer en conflit avec les pouvoirs locaux, quelle que fût leur nature. Ces conflits se résolurent en faveur de l'abbaye tant qu'une autorité centrale, c'est-à-dire, en l'espèce, le duc de Spolète ou l'empereur, fut en mesure d'intervenir dans la région, ce qui ne fut plus le cas à partir de 1030.

Casauria fut, en effet, délaissé par les empereurs du XIᵉ siècle. Plusieurs facteurs contribuèrent alors à l'amoindrissement de son patrimoine. Le premier fut la transformation du pouvoir comtal : les Abruzzes tendirent, dans le second tiers du XIᵉ siècle, à se transformer en une principauté territoriale autonome aux mains de la famille des Attonides. La turbulence de l'aristocratie, prise en tenailles entre les comtes et Casauria, s'accrut, d'autre part, à partir des années 1030-1040. Le rapport des forces demeura à peu près équilibré, à l'intérieur de cette relation triangulaire, jusqu'à l'intervention des Normands, vers 1060. A ce moment, le pouvoir comtal fut balayé, et toute la géographie politique de la région remodelée. A l'intérieur des anciens comtés de Chieti, au sud, et de Penne, au nord, apparurent deux nouvelles entités : les comtés de Manoppello et de Loreto Aprutino. A la fin du XIᵉ siècle, le vieil ordonnancement des comtés carolingiens n'existait plus.

L'évolution de cette géographie administrative fut achevée lorsque, en 1140, toute la partie méridionale du duché de Spolète, c'est-à-dire les cinq anciens comtés carolingiens (*Marsica,* Valva, *Aprutium,* Penne et Chieti) fut arrachée au *Regnum* et annexée au royaume de Roger II. Ce fait majeur rendit la situation de Casauria proprement intenable. Comment, en effet, concilier le statut de monastère impérial avec la nouvelle organisation territoriale et politique de l'Italie méridionale? Comment, d'autre part, s'insérer dans les structures du royaume normand sans entériner l'appauvrissement de l'établissement, qui s'est essentiellement fait, depuis la seconde moitié du XIᵉ siècle, au profit de l'aristocratie normande? L'existence de cette contradiction détermine le sens de l'oeuvre historienne produite alors au monastère sous la direction de l'abbé Leonas.

2. *Le commanditaire : l'abbé Leonas.*

Celui-ci s'est trouvé confronté, dès son élection, en 1154, à une situation particulièrement délicate[7]. Appartenant à une famille de la région lésée par la conquête de 1140, il dut d'abord subir l'hostilité des très puissants comtes de Manoppello, ainsi que celle du roi jusqu'en 1156. L'acceptation par

6. L. Feller, *L'incastellamento inachevé des Abruzzes,* dans *Lo scavo archeologico di Montarrenti e i problemi dell'incastellamento medievale,* Florence, 1989 (*Atti del colloquio internazionale di Siena, Siena, dicembre 1988*), *Archeologia Medievale,* t. 16, 1989, p. 121-136.
7. Errico Cuozzo, *Catalogus Baronum, Commentario,* Rome, 1984 (*F.S.I.,* 101 bis), p. 524.

Guillaume Ier de l'élection et de la consécration de Leonas fut sans doute l'une des mesures particulières qui accompagnèrent la négociation du concordat de Bénévent.

Leonas avait parcouru, jusque dans les années 1150, les étapes d'une carrière classique au XIIe siècle pour les hauts responsables italiens de l'Eglise. Entré jeune à Casauria, sous le long abbatiat d'Oldrius (1127-1152) il acheva sa formation à la curie romaine dans l'entourage des papes Eugène III, Anastase IV et Hadrien IV. Son élection à la tête de Casauria, sur proposition du pontife, fut une péripétie du conflit opposant la papauté à la monarchie normande. Le choix de ce personnage, qui disposait dans les Abruzzes du réseau de sa parenté, signifiait clairement au roi Roger le désir d'Hadrien IV de contrôler de près le monastère et de voir l'ordre revenir dans ses affaires. Cela impliquait que le souverain normand ne récupèrerait pas à son profit le lien particulier unissant Casauria à l'empereur. Il ne serait pas ici son héritier, du moins pas sans l'aval de la papauté. Mais, dans tous les cas de figure, l'attitude des puissances d'établissement devait rendre impossible l'autonomie juridique du monastère, forcément dépendant de l'un ou de l'autre des protagonistes. L'ensemble des oeuvres commanditées par Leonas permit, au moins partiellement, le dépassement de ce réseau de contradictions et l'affirmation, mais pas la reconquête, d'une certaine liberté. De fait, Hadrien IV lui accorda, en 1158, une exemption minimale (liberté d'élection de l'abbé, limitation de l'autorité de l'évêque de Penne) [8]. Mais la position du monastère devait encore être consolidée.

Leonas, en effet, ne se borna pas à tenter de reconstituer le temporel. C'était là, au demeurant, une cause perdue, l'aristocratie normande, ou ralliée aux Normands, n'étant pas disposée à se dessaisir des biens conquis. Dans le contexte de pacification des années 1170, cependant, l'abbé s'efforça de réaffirmer des droits devenus théoriques, mais sur lesquels il ne pouvait y avoir, de son point de vue, de prescription. Ces droits concernaient des terres, certes, mais il y avait aussi des revendications de nature morale à faire valoir, et celles-ci n'étaient pas moins importantes que les autres, dans la mesure où de leur reconnaissance pouvait découler la récupération de ses biens par le monastère. Il fallait d'abord et avant tout restaurer son prestige, le rétablir dans son rang, le reste viendrait ensuite et naturellement, comme par surcroît. Les contestations nées sur les biens-fonds étaient, au fond, moins importantes que les doutes pouvant exister sur les dignités de Casauria [9]. Leonas eut recours, pour proclamer ses droits, à tous les moyens possibles. Le premier fut la restauration et l'embellissement des bâtiments. S'il ne put mener à

---

8. Paul Fridolin Kehr, *Italia pontificia*, vol. IV, Berlin, 1909 (=*I.P.IV*), p. 303, n° 13 ; *Chronicon Casauriense* (= *C.C.*) fol. 253, Muratori, *R.I.S.*, II, 2, col. 898.

9. Le véritable titre du cartulaire de Casauria, celui que son auteur a inscrit sur la première page, en tête d'un long et magnifique prologue est : *Liber instrumentorum de possessionibus, rebus, sive dignitatibus quas Casauriense monasterium habuit, habet, vel habere debet.*

bien la restauration du palais abbatial et, s'il dut se contenter de faire construire une hôtellerie en bois [10], il put, en revanche, achever la reconstruction de l'église, et, surtout, l'édification de son porche. Cette dernière entreprise était de loin la plus importante. Il y fit, en effet, sculpter l'histoire de la fondation du monastère, telle que la tradition et les documents d'archives permettaient de la reconstituer. Cette narration figurée plaçait sur un même pied, dans l'histoire de l'abbaye, l'empereur Louis II et le pape Hadrien II [11], permettant une réconciliation, par la médiation de Casauria représentée au centre de l'oeuvre, des pouvoirs spirituel et temporel, dans une action menée en commun. Le rôle de Casauria à son origine est central dans l'histoire du Sacerdoce et de l'Empire. Leonas entreprit de démontrer, par l'image et par les mots, que son établissement, loin d'être périphérique et secondaire, devait jouer un rôle de premier ordre : il devait être le médiateur entre le pouvoir spirituel et le pouvoir temporel. Il employa à cette démonstration un historien remarquable.

3. L'auteur : Giovanni di Berardo.

L'élément le plus important dans le dispositif de Leonas fut, sans nul doute, le cartulaire-chronique. Sa composition en fut confiée à un moine, *Johannes Berardi* (Giovanni di Berardo), qui avait certainement joué un rôle important dans l'élaboration du programme général de Leonas. Il se fit seconder dans cette tâche par un *magister Rusticus*, chargé du soin de la copie du texte définitif, et peut-être aussi de l'enluminure [12].

La carrière de Giovanni di Berardo est aisée à reconstituer, parce qu'il a glissé dans la chronique quelques notes autobiographiques. On sait qu'il fut oblat, et que c'est sous l'abbatiat d'Oldrius (1127-1152) qu'il est entré au monastère : c'était donc un exact contemporain de l'abbé Leonas. Giovanni di Berardo, cependant, ne s'est éloigné de son monastère que lors de missions ponctuelles, dont l'une, en 1166, est particulièrement importante : il fut alors chargé d'obtenir d'Alexandre III une bulle de confirmation des biens du monastère [13]. L'essentiel de sa vie et de sa carrière, toutefois, se déroulèrent dans le cloître de Casauria.

10. *R.I.S.* II, 2, col. 914.
11. L. Feller, *La fondation de San Clemente a Casauria et sa représentation iconographique*, dans *Mélanges de l'Ecole Française de Rome* (=MEFRM), 94, 1982-2, p. 711-728 ; Gloria Fossi, *L'abbazia di San Clemente a Casauria : il monumento dal IX al XII secolo, Leonate e la decorazione plastica dei portali*, dans *Quaderni dell'Istituto di Archeologia e stroria antica* (Libera Università degli Studi G. D'Annunzio, Chieti), t. 2, 1981, p. 161-185. Pour les aspects proprement stylistiques et architecturaux, voir Emile Bertaux, *L'art dans l'Italie méridionale*, Paris, 1903.
12. *R.I.S.*, II, 2, col. 914 : *Hunc quoque Librum Instrumentorum, seu Chronicorum, quem ego frater Johannes composui et ordinavi, et magister Rusticus manibus scripsit, ipso permittente, imo jubente ac adminiculante, perfecimus.*
13. *I.P.IV*, p. 303, n°14 ; *C.C.*, fol. 258 ; *R.I.S.*, II, 2, col. 902-903.

Son nom est mentionné pour la première fois dans les actes de la pratique en 1158 : il était alors déjà prêtre. De 1158 à 1169, Giovanni di Berardo exerça les fonctions de scribe du monastère. Il rédigea en forme huit des 36 actes de la pratique qui nous sont parvenus, pour cette période, grâce à son cartulaire. Après 1169, il cessa d'exercer cette fonction, mais son nom continua d'apparaître fréquemment dans les listes de témoins des actes. Nous savons qu'il fut prévôt entre 1169 et 1175. Comme tel, il était chargé de la gestion du temporel de l'abbaye. Il fut ensuite sacriste, c'est-à-dire chargé de veiller à l'entretien de l'église abbatiale. Cela signifie, dans ce contexte, qu'il en a dirigé les travaux de restauration. Nous savons que cette campagne est entreprise de façon concomitante à la compilation du cartulaire-chronique.

Homme de confiance de son abbé, gestionnaire du patrimoine, archiviste, technicien de l'écrit, concepteur au moins partiel d'un programme icono-graphique complexe, Giovanni di Berardo est bien le personnage-clef de l'histoire intellectuelle de Casauria. Pour lui, tous ces aspects de son activité sont liés, et la gestion des archives ne se dissocie pas de l'action, c'est-à-dire de la réhabilitation du temporel et de la récupération de son rang par l'abbaye.

Il est, de surcroît, le pur produit d'un petit milieu culturel qui a mûri à Casauria depuis les années 1110. Son oeuvre naît de l'interaction de ce milieu et des exigences de l'abbé Leonas. Depuis la première décennie du XIIe siècle, en effet, le rôle des archivistes et des membres du *scriptorium* s'est accru dans la vie économique puis politique de l'institution. La carence des notaires ruraux, patente dès les années 1090-1100, a contraint les moines à trouver des solutions de substitution et à rédiger eux-mêmes des documents auxquels, jusqu'alors, ils se contentaient de souscrire comme témoins. Par ailleurs, une certaine vie intellectuelle s'est cristallisée autour de personnalités fortes, dont l'oeuvre semble avoir été surtout hagiographique et avoir eu pour but la recomposition de l'histoire de la fondation de Casauria, dont des versions contradictoires circulaient dès la fin du XIIe siècle [14]. Par ailleurs, ces moines travaillèrent à l'exaltation du rôle de saint Clément dans l'histoire de l'abbaye, cela au moment même où la basilique romaine pouvait commencer à leur porter ombrage.

Signe de ce poids pris par le *scriptorium*, en 1127, ce fut l'une de ses figures éminentes, Oldrius, qui fut élu abbé.

La culture de Giovanni di Berardo allait au-delà d'une culture de métier spécialisée. Il avait à sa disposition une bibliothèque qui comportait au moins un *Liber Pontificalis* de l'Eglise romaine, certainement Aimé du Mont-Cassin, sans doute un exemplaire de la chronique de Léon d'Ostie poursuivie par

---

14. Cf. *Chronica Monasterii Casinensis*, éd. Hartmut Hoffmann, *M.G.H.*, *SS*, XXXIV, I, 36, p. 103-104 et *Libellus querelus de miseriis ecclesiae Pinnensis*, éd. A. Hofmeister, *M.G.H.*, *SS*, XXX, 2, Leipzig, 1934, p. 1461-1464.

Pierre Diacre, moins sûrement, et de façon peu explicable, l'*Historia ecclesiastica* de Hugues de Fleury. Ses outils de travail étaient efficients, et établissaient l'existence d'une circulation des ouvrages entre différentes bibliothèques, dont, presqu'à coup sûr, celle du Mont-Cassin, avec lequel devaient exister des échanges [15]. En dehors de ces lectures, qui lui permettaient de bien maîtriser la chronologie, Giovanni di Berardo avait une assez bonne connaissance de la mythologie romaine, et manifestait un goût prononcé pour les étymologies, tout à fait caractéristique des historiens du XIIᵉ siècle [16]. Souvent très érudites, ces étymologies montrent la curiosité d'un esprit désireux de comprendre la nature des choses et la cause des événements. Les noms, pour lui, cachent la réalité profonde des objets qu'ils désignent. La dévoiler, c'est aussi faire oeuvre d'historien.

Son profil d'auteur n'a rien d'exceptionnel. En fait, à des degrés divers, tous les auteurs de *chronica* du XIIᵉ siècle ont été engagés dans l'action, sauf Gregorio di Catino, dont on ne voit pas bien comment son labeur immense aurait pu lui en laisser le loisir. Pour Léon d'Ostie, la compilation de sa chronique, à la demande de l'abbé Didier, semble avoir constitué une propédeutique aux hautes fonctions qu'il exerça par la suite : son travail d'historien fut, d'abord, un travail d'archiviste, et la conception même de sa chronique dispensa le Mont-Cassin d'avoir un cartulaire, parce qu'il y avait inséré, sous forme abrégée, une grande part des documents contenus dans le chartrier. La familiarité de Léon *Marsicanus* avec les actes de la pratique, c'est-à-dire avec les questions économiques concrètes les plus terre-à-terre, dut le préparer, d'une façon ou de l'autre, à être un bon évêque réformateur. Les méthodes de travail de Giovanni du Volturne, placé à la tête d'une équipe, l'ont également préparé à exercer des fonctions de responsabilité [17]. Enfin, la biographie de Pierre Diacre présente d'étonnantes similitudes avec celle de Giovanni di Berardo. Il a fait lui aussi une carrière toute claustrale, dans l'ombre d'un abbé qui a commandité son entreprise, non pas certes de faussaire, mais d'archiviste et d'historien. A ce que l'on comprend, une grande partie de ses fantaisies archivistiques sont liées à la préparation du diplôme dont Pierre Diacre négocia la rédaction avec la chancellerie de Lothaire II en 1137 [18]. Les deux hommes ont, d'autre part, en commun, d'appartenir à des établissements sur le déclin ou menacés, et

---

15. Ces échanges sont anciens et normaux dans la région où le Mont-Cassin possède d'immenses domaines fonciers. Au tournant des XIᵉ et XIIᵉ siècles, l'abbaye campanienne a fourni aux Abruzzes l'essentiel de son personnel ecclésiastique de haut rang, dont un abbé de Casauria. *M.G.H., SS*, XXXIV, p. 392.

16. Bernard Guenée, *Histoire et culture historique dans l'Occident médiéval*, Paris, 1980, p. 184-192.

17. Pierre Toubert, *Les structures du Latium médiéval*, Rome, 1973 (*Bibliothèque des Ecoles françaises d'Athènes et de Rome*, 221), p. 86 n. 3

18. Herbert Bloch, *Montecassino in the Middle Ages*, Rome, 1987. L'auteur y analyse le di-

placés entre des puissances rivales [19] : la concurrence entre l'empereur et le souverain normand, le conflit entre le pape et ce dernier, et, sous-tendant l'ensemble, la volonté pontificale d'achever la réforme de l'Eglise en contrôlant enfin les églises d'Italie méridionale sont autant d'éléments déterminant au moins partiellement la relation entre les moines et leurs archives. Le parti pris par le Mont-Cassin de reconstruire son passé sur la base de falsifications massives s'est révélé parfaitement inefficace. Giovanni di Berardo a, quant à lui, choisi le parti d'une scrupuleuse honnêteté à l'égard de la documentation. Mais, dans les deux cas, le but recherché était au fond le même : écrire une histoire officielle qui permît le resurgissement du passé, l'abolition des conséquences du passage du temps. Ce que les monastères ont eu une fois, ils doivent l'avoir toujours : il y a, dans ces recherches historiques et dans ces oeuvres d'historien, une volonté délibérée de nier l'existence d'une histoire humaine, et de retrouver, par l'écriture, le temps passé.

4. Le matériau archivistique : le sort de la documentation des IXe et Xe siècles.

Toutes les prétentions des chroniqueurs s'appuyent sur une maîtrise parfaite des archives de leur monastère. A Casauria, Giovanni di Berardo apparaît comme l'héritier d'une très longue tradition, dont le commencement est la fondation même du monastère. Le cartulaire-chronique de Casauria, et c'est là une de ses particularités notables, renferme plus d'un demi-millier d'actes du IXe siècle, se rapportant directement ou indirectement à la période de sa fondation et à la constitution de son patrimoine foncier. Le problème le plus délicat à résoudre est celui de la nature des sources de Giovanni di Berardo : que reste-t-il, et sous quelle forme, des plus anciens documents? Le cartulaire se présente, en fait, comme le point d'aboutissement d'une tradition ininterrompue de 873 aux années 1180. Il n'y a pas de rupture brutale dans l'histoire archivistique du monastère, pas de pertes ou de destructions massives, bien que Casauria ait été incendié deux fois au Xe siècle par les Hongrois, et une fois au XIe par les Normands. Giovanni di Berardo déplore, dans son prologue, les pertes documentaires, et affirme que c'est pour éviter leur répétition qu'il se met à l'ouvrage. Il s'agit là d'un *topos*. Giovanni di Berardo a, à sa disposition, l'un des plus riches fonds documentaires anciens qui existe en Italie centrale. Même les archives du

plôme octroyé par Lothaire II en 1137. Son dispositif repose sur les documents présentés par Pierre Diacre à la chancellerie impériale. Bloch le rapproche du cartulaire figuré constitué par les portes de l'abbatiale, élaboré, justement, au moment du travail préparatoire au diplôme, au moment aussi de la compilation par le faussaire de l'unique cartulaire du Mont-Cassin. Erich Caspar, *Petrus Diaconus und die Monte Cassineser Fälschungen. Ein Beitrag zur Geschichte des Italienischen Geistlebens im Mittelalter*, Berlin, 1909.

19. P. Toubert, *Pour une histoire de l'environnement économique et social du Mont-Cassin*, dans *Comptes rendus de l'Académie des Inscriptions et Belles-Lettres*, 1976, p. 689-702.

Mont-Cassin ne sont pas aussi bien fournies en actes de la pratique. Au Mont-Cassin, la destruction de 883 a porté un coup très dur au chartrier dont ne subsistent plus, du temps de Léon d'Ostie, que des fragments épars[20]. Paradoxalement, d'ailleurs, les temps les plus proches de Giovanni di Berardo sont aussi les moins éclairés par les actes de la pratique. Il semble, en réalité, que les techniques de conservation mises au point dès l'origine par les moines aient permis la sauvegarde, sinon de la totalité, du moins de la plus grande partie des archives, qu'il s'agît des *munimina* ou des chartes dans lesquelles l'abbaye était directement acteur. Ces pratiques sont lisibles dans l'organisation même du cartulaire.

Dès le début de l'histoire de leur communauté, en effet, les moines de Casauria se sont préoccupés de sauvegarder leur fonds d'archives, et, surtout, de le maintenir vivant en adoptant une organisation et des principes de classement qui en facilitent la consultation. Ces pratiques concernaient aussi bien les chartes du monastère que les anciens titres parvenus jusqu'à lui. Il est probable que les premiers titres de propriété ont été recopiés dès leur arrivée au monastère, sans qu'il soit possible de dire comment ils étaient alors classés, mais que cela n'ait pas entraîné de désintérêt à l'égard des originaux[21]. Dès le départ, donc, plusieurs séries documentaires ont coexisté. D'une part le chartrier, d'autre part des registres. Il est impossible de dire quelle fin ont connue les originaux du IXᵉ siècle. Leur survie jusqu'au XIIᵉ siècle n'est pas exclue mais semble improbable : il faudrait supposer que les trois destructions de l'histoire de Casauria les auraient épargnés. Ce n'est

---

20. Quoique possédant une très grande dépendance dans les Abruzzes, à San Liberatore alla Maiella, le Mont-Cassin ne dispose pas d'archives du IXᵉ siècle concernant la région. La situation documentaire devait déjà être peu satisfaisante au moment de la fondation de San Clemente, puisqu'alors l'abbé Berthier, qui fut assassiné en 883 lors du raid sarrasin au cours duquel l'abbaye fut détruite, fit dresser un bref pour mémoire particulièrement intéressant pour l'histoire de la topographie de la zone du Chiétin concernée. Cf. *M.G.H., SS*, XXXIV, I, 45, p. 115. Voir E. Carusi, *Il «Memoratorium» dell'abate Bertario sui possessi cassinesi nell'Abruzzo teatino, e uno sconosciuto vescovo di Chieti del 938*, dans *Casinensia*, t. 1, 1929, p. 97-114, et plus récemment, Herbert Bloch, *Montecassino in the Middle Ages*, Rome, 1986, p. 773-776, 913-915. Commentaire de ce document dans L. Pellegrini, *Introduzione. Istituzioni ecclesiastiche e Abruzzo adriatico nel medioevo*, dans *Contributi per una storia dell'Abruzzo adriatico nel medioevo*, éd. Roberto Paccioco et Luigi Pellegrini, Chieti, 1992, p. 11-45.

21. Voir, sur ces délicates questions, les travaux remarquables de clarté de A. Pratesi : *Cronache e documenti*, dans *Fonti medioevali e problematica storiografica , Atti del Congresso Internazionale tenuto in occasione del 90° anniversario della fondazione dell'Istituto storico italiano [1883-1973], (Relazioni)*, I, Rome, 1976, p. 337-350 ; Id., *In margine al lavoro preparatorio per l'edizione del Chronicon Casauriense*, dans *Abruzzo*, t. 15, 1977, p. 95-113 ; Id., *L'antico archivio di S. Clemente a Casauria*, dans *Storiografia e Ricerca (Relazioni e communicazioni del 19° congresso archivistico, L'Aquila, 1978)*, Rome, 1981 (*Fonti e Studi di Storia, legislazione e tecnica degli archivi moderni*), p. 207-220 ; Id., *L'abbazia di Casauria e il suo cartulario*, dans *Bullettino abruzzese di storia patria*, t. 81, 1981, p. 25-45 ; Id., *Ubi corpus beati Clementis papae et martyris requiescit*, dans *Contributi...* (note 20), p. 115-131.

certes pas tout à fait impossible, mais demeure difficile à démontrer et à admettre. Il est en revanche patent que les premiers registres, ceux élaborés dès la fin du IXᵉ siècle et le début du Xᵉ, ont survécu jusqu'au XIIᵉ siècle, et que Giovanni di Berardo a pu les consulter pour compléter une documentation déjà recopiée dans des proto-cartulaires. L'existence de ces documents intermédiaires explique, au demeurant, des altérations parfois assez importantes des actes : un certain nombre de diplômes et de brefs d'investiture sont manifestement des falsifications de la période qui suit immédiatement la fondation de l'abbaye [22]. La survie des originaux des époques postérieures est, quant à elle, certaine.

Aux Xᵉ et XIᵉ siècles, ce système de copie perdura et fut même sophistiqué. Il est possible, en effet, de démontrer que, au moins à partir de 950, les contrats agraires et les donations sont transcrits dans des registres particuliers et distincts, dont la fonction était de rendre la consultation des chartes particulièrement aisée. Les donations et les *livelli* de cette période contenus dans le cartulaire sont, en effet, recopiés sous des formes extrêmement abrégées, et sont, le plus souvent, réduits à leurs dispositifs. Fréquemment, même, l'ensemble des précaires attibuées à la même année est regroupé de façon à former une notice unique : cela permet de connaître le montant des droits d'entrée en tenure perçus, le montant des cens exigibles, et les superficies concédées. Il est forcé que des notices de cette nature soient le produit de la contraction de plusieurs originaux expédiés en double, car il s'agit de contrats véritables, non de tenures coutumières. Par conséquent, les compilateurs de ces outils de travail, plus sensibles à l'efficacité de leur gestion qu'au caractère éventuellement probatoire du document, ont modifié la structure de celui-ci. Il est exclu que Giovanni di Berardo ait lui-même procédé à ces altérations qui ne sont pas systématiques, mais parfaitement aléatoires, un document étant transcrit tantôt intégralement, tantôt sous sa forme abrégée : l'auteur doit donc s'être servi à la fois de ces documents de gestion et des originaux, les deux séries se complétant, et l'hétérogénéité du traitement ne

---

22. Par exemple, *C.C.*, fol. 89-89v, *R.I.S.*, II, 2, col. 806-807 : investiture de tous les biens de Louis II en Italie, manifestement un faux, mais qui ne peut avoir été forgé que par un bon connaisseur de la topographie et du personnel de la fin du IXᵉ siècle ; cf. Jean-Pierre Brunterc'h, *Les circonscriptions du duché de Spolète du VIIIᵉ au XIIᵉ siècle*, dans *Atti del 9ᵉ Congresso internazionale di studi sull'alto medioevo* (Spolète, sept.-oct. 1982), Spolète, 1983, p. 207-230. Ou encore le diplôme du 1ᵉʳ septembre 874, par lequel Louis II aurait donné tous ses biens italiens à Casauria, forgé à partir du texte précédent. *C.C.*, fol. 93v-94v, *R.I.S.*, II, 2, col. 809-811, Johann-Friedrich Böhmer, *Regesta Imperii*, I, 3, n° 1265. Voir à ce propos Herbert Zielinski, *Zu den Gründunskurden Kaiser Ludwigs II. für das Kloster Casauria*, dans *Fälschungen im Mittelalter, Internationaler Kongress der M. G. H., München 16.-19. September 1986*, t. IV, *Diplomatische Fälschungen*, Hannovre, 1988, p. 67-96. Voir également la critique du point de vue de H. Zielinski dans A. Pratesi, *Ubi corpus beati Clementis papae...* (note 21). Une édition des diplômes de Louis II est en cours, que doit prochainement donner Konrad Wanner.

pouvant renvoyer qu'à un état des archives où coexistent, du temps de Giovanni di Berardo, originaux et transcriptions abrégées.

Telles quelles, les archives de Casauria constituent, entre IXe et XIe siècle, un instrument de gestion particulièrement élaboré et efficace. Il cesse d'être opératoire lorsque les usurpations de terres commencent à se produire sur une grande échelle, et lorsque l'incastellamento bouleverse les cadres de référence du paysage agraire.

5. Le classement originel des documents.

L'ordre géographique, conservé dans le cartulaire pour les seuls *munimina*, renvoie aux origines du monastère. Les anciens titres sont, en effet, classés *casalia* par *casalia*, le *casale* étant la réalité topographique significative la plus petite du IXe siècle. Il nous apparaît, d'après la documentation, comme une circonscription aux limites floues, sur laquelle s'éparpillaient quelques exploitations de plus ou moins grosse taille, et où se dispersait le peuplement. Contrairement à ce que l'on observe dans le Latium, le *casale* ne se confond pas avec la *curtis*, que celle-ci soit une exploitation isolée ou le centre d'un domaine de quelque relief [23] : ce n'est pas nécessairement un habitat, même s'il contient des habitats. Il est, par ailleurs, tout à fait exclu d'y voir plus que des unités de peuplement, et, en particulier, d'attribuer une signification fiscale à ces divisions territoriales.

La géographie humaine du IXe siècle n'est pas, d'autre part, une géographie ecclésiastique et ne s'organise pas autour des oratoires ruraux comme elle le fait en Sabine. Le monastère trouve, au moment de sa fondation, une géographie particulière du peuplement et de l'habitat, sur laquelle il n'a pas de prise, et à laquelle il est contraint de s'adapter. Les dossiers répercutent cette réalité. Au lieu d'un classement prévôté par prévôté, ou *cella* par *cella*, comme celui encore en vigueur actuellement au Mont-Cassin, les archivistes adoptent leur organisation au paysage déjà constitué. Cela indique une bien faible emprise sur l'espace, ou la solidité des structures du peuplement au moment de la fondation. Le monastère eut, d'ailleurs, quelques difficultés à s'insérer dans cet espace déjà organisé et dont il ne put modifier la structure. Les constructions de *cellae*, forcément postérieures, n'amenèrent pas à réviser cette organisation. Les biens fonds furent donc toujours situés à l'intérieur des territoires préexistant au monastère.

Or, selon la jolie formule de Chris Wickham, il s'agissait là, pour Giovanni di Berardo, de paysages enfouis [24]. Doublement enfouis, d'ailleurs, du fait de l'incastellamento et du fait de la modification au XIe siècle de l'organisation des archives vivantes. Le paysage a disparu, et les seuls fossiles qu'il ait laissés sont constitués par la partie inactive des archives. C'est, justement,

---

23. P. Toubert, *Les structures...* (note 17), p. 328 et p. 450 et suiv.
24. Chris Wickham, *Paesaggi sepolti : insediamento e incastellamento sull'Amiata, 750-1250*, dans M. Ascheri et W. Kurze, *L'Amiata nel Medioevo*, s.d.n.l., p. 101-137.

ce paysage fossile, lisible au travers des seules archives mortes, ou de leurs restes, que Giovanni di Berardo cherche à atteindre et à reconstituer. Etant le paysage de l'origine, il est, pour lui, le seul légitime. Le classement topographique des actes par *casalia* est évidemment devenu absurde du point de vue de la gestion, au moment où le cartulaire est pensé. Vers 1150, l'unité topographique vivante est constituée par le *castrum* et ses *pertinentia*. Pour ce qui est du propos de l'auteur, en revanche, l'utilisation des cadres de référence abolis par l'incastellamento est du plus haut intérêt, pour ce qu'elle contient d'éloge implicite des temps carolingiens, opposés aux temps présents. Elle permet aussi de nier toute légitimité à une action de remembrement et de regroupement des populations qui n'a profité, si l'on en croit les moines, qu'aux seigneurs laïcs. Giovanni di Berardo ne masque pas sa nostalgie lorsqu'il décrit, dans le prologue, ce qu'il pense avoir été l'habitat du IXe siècle : *quasi sub ficu et vite, vel in propriis prediis erat hominum illius temporis incolatus* [25]. Dans l'idéal, la finalité du cartulaire devrait être de permettre la reconstruction de ce paysage, d'opérer un retour en arrière qui passerait nécessairement par la récupération des terres monastiques, et de réinscrire celles-ci dans un paysage pré-castral. Il y a, de ce point de vue, dans la tentative archéologique de reconstitution de l'espace de Giovanni et de Leonas, une volonté achronique et utopique claire et délibérée.

6. Les conséquences de l'incastellamento : l'oeuvre archivistique et historique de l'abbé Guido.

L'ampleur des modifications survenues, entre les années 970 et 1030, dans l'organisation de l'espace, et leur caractère irréversible, ont été, tout de même, vite perçus par les responsables de l'abbaye. Pour qui entend agir efficacement, les outils élaborés au IXe siècle et utilisés durant tout le Xe siècle ne sont plus efficaces dès les années 1020-1030, c'est-à-dire dès que le réseau des *castra* est devenu suffisamment dense pour rendre obsolète la classification par *casalia* [26]. La restructuration des terroirs et la recomposition foncière obligent archivistes et gestionnaires à modifier fondamentalement leur représentation du paysage, à concevoir et confectionner de nouveaux outils.

Ce changement impliquait à la fois la manipulation physique des archives et la modification de leur classement, mais aussi leur inscription dans le temps. Le patrimoine de l'abbaye est évolutif, et la compréhension des tendances ne peut s'imaginer en l'absence d'une narration historique : il faut désormais une chronique pour comprendre l'histoire du patrimoine. Les informations données pour les années 960-1020 sont, effectivement, d'une telle précision qu'il est nécessaire qu'il ait existé une chronique concernant très précisément

25. *C.C.* fol. 1, *R.I.S,* II, 2, col. 797-798. Voir P. Toubert, *Les structures...* (note 17), p. 86-87.

26. L. Feller, *Casaux et «castra» dans les Abruzzes : San Salvatore a Maiella et San Clemente a Casauria,* dans *MEFRM,* t. 97, 1985, p. 145-182 ; Id., *Pouvoir et société...* (note 5).

ces années. La question du lien entre chronique et documents s'est donc posée de façon très précoce.

Elle fut résolue par un abbé arrivé à Casauria entre 1024 et 1026. Quoique les conditions de son élection ne soient pas bien claires, on sait de façon certaine qu'il s'agissait d'un moine de Farfa. Il n'est pas tout à fait exclu que Conrad II l'ait lui-même nommé.

Ce personnage, parce qu'il venait de Farfa, était particulièrement bien armé pour affronter les problèmes matériels posés au monastère par l'incastellamento. Les principaux troubles provenaient de l'aristocratie laïque qui usurpait les terres monastiques, procédait à leur remembrement, déplaçait les dépendants et accaparait les profits. L'abbaye de Sabine avait connu exactement les mêmes problèmes au début du siècle. La réplique fut alors lancée par l'abbé Hugues qui, avant de tenter quelque action que ce fût, procéda à un état des lieux en composant sa *Destructio monasterii Farfensis*, intégrée telle quelle par Gregorio di Catino dans la chronique du monastère[27]. Il est à peu près sûr que l'abbé Guido commandita une opération de cette nature, de façon à dater les usurpations de terre et à identifier les coupables. Cela supposait une enquête archivistique et un appel à la mémoire des moines, afin de reconstituer les événements survenus durant le dernier demi-siècle. Des notices sur les *castra* de fondation récente furent alors rassemblées. Elles furent recopiées à l'année concernée par Giovanni di Berardo : celui-ci, en effet, n'intègre pas directement dans sa narration des documents bruts, même narratifs. Comme il ne s'agissait pas d'une charte, il n'y avait pas lieu de recopier ces notices en pleine page. Seul le contenu de la narration intéresse ici le chroniqueur, pas sa forme. Giovanni di Berardo agit de même, d'ailleurs, avec tous les textes narratifs dont il dispose : pour qu'ils fassent autorité, il n'est pas nécessaire que leurs auteurs soient connus, puisque, au bout du compte, c'est Giovanni di Berardo lui-même qui les authentifie en composant une histoire officielle. Dans la mesure où ils proviennent du monastère, leur insertion, même partielle, dans la chronique, par un moine du même monastère, leur donne valeur de preuve. La narration a, ici, un statut privilégié, fort différent de celui de celui des documents diplomatiques qu'il faut, eux, reproduire. Elle est, pour les moines, officielle, c'est-à-dire qu'elle dit la vérité et ne peut être que sincère, à défaut d'être authentique, parce que provenant du sein de la communauté.

Par ailleurs, c'est sous l'abbatiat de Guido que fut compilé le premier cartulaire général de l'abbaye. A. Pratesi a démontré ce fait en analysant une glose de Giovanni di Berardo[28]. A la fin du premier livre, qui coïncide

27. Ugo Balzani, *Il Chronicon Farfense di Gregorio di Catino*, dans *Fonti per la Storia d'Italia*, t. 33, 1903, p. 28-58 ; Italo Schuster, *Ugo I di Farfa. Contributo alla storia del ducato romano nel secolo XI*, dans *Bollettino della Regia Deputazione di Storia Patria per l'Umbria*, t. 16, 1910, p. 603-812 ; L. Feller, *Pouvoir et société...* (note 5), p. 11.

avec le début de l'abbatiat de Guido, à l'année 1026, l'auteur écrit, en effet, en pleine page : *Expliciunt prima instrumenta cartarum et privilegiorum que residua sunt, de tenementis, rebus et possessionibus abbatie Sancti Clementis.* Cette notation correspond à une modification dans l'organisation du matériau dont se sert notre auteur. Giovanni di Berardo a, à sa disposition, un premier cartulaire qu'il transcrit. Ce proto-cartulaire, qui couvre la période 873-1026, vient s'ajouter aux registres dans lesquels les actes étaient transcrits depuis l'origine, et aux originaux : la glose signifie simplement que ce premier cartulaire s'achève avec l'année 1026, et qu'il est suivi par un autre cartulaire. Les actes concernant directement le monastère ne pouvaient y être classés que chronologiquement, et non pas topographiquement. La glose de Giovanni di Berardo est un aveu : il n'a pas lui-même modifié l'ordre des documents. Seuls ceux qui ont constaté que le vieux classement ne pouvait avoir d'intérêt qu'historique ont pu opérer cette modification, qui n'a pas touché les *munimina* du IXe siècle, dépourvus de tout intérêt pratique, parce qu'ils ne pouvaient servir à constituer un discours historique appelé à servir de preuve. Si le classement des anciens titres avait alors été altéré, Giovanni di Berardo n'aurait jamais pu tenter de replacer les *pertinentiae* castrales dans l'espace du IXe siècle, celui des *casalia*. Il n'a d'ailleurs pas pu mener à bien cette tentative, trop complexe, et où les chaînons (ou les noms) manquants étaient trop nombreux.

Ce cartulaire, qui ne concernait donc que les chartes dans lesquelles le monastère intervenait directement et suivait l'ordre chronologique, n'était sans doute pas terminé à la mort de Guido. Après 1025, plusieurs faits troublants se produisent autour des documents du tout début du XIe siècle. Jusque là, il n'y a pas lieu de soupçonner la sincérité des transcriptions effectuées. Cependant, des documents concernant la décennie 1000-1010 ont été volontairement déplacés pour jeter des doutes sur l'honnêteté de la gestion d'un abbé, Giselbert, implicitement accusé d'être simoniaque. Par ailleurs, après 1026 apparaissent les premiers faux. Ceux-ci, qui sont assez grossiers, ne peuvent être l'oeuvre que d'une seconde équipe, moins scrupuleuse que la première, et opérant après la mort de Guido, pour glorifier son action. C'est cette équipe, active après 1050, qui aurait aussi interpolé, et en assez mauvais latin, une bulle de Léon IX datant de 1051.

Le dénigrement de l'abbatiat de Giselbert devait servir à valoriser celui d'un abbé dont la sainteté fut très vite proclamée par le monastère. Les manipulations opérées ne visaient qu'à accroître la gloire de Guido, au moment où sa vie était rédigée, sans doute dans les années 1060-1070, c'est-à-dire au moment où commençait une période de grandes difficultés, provoquées par l'attitude de plus en plus hostile de l'aristocratie et aggravées par les agressions normandes. Les falsifications et la rédaction d'une vie de saint, étayée par des documents manipulés, apparaissent ici comme des réactions

28. A. Pratesi, *Cronache e documenti...* (note 21).

de panique face à une situation échappant désormais à tout contrôle de la part de l'abbaye.

Parallèlement, cependant, le vieux système d'enregistrement était maintenu. Les donations, qui ne sont véritablement nombreuses qu'entre 1020 et 1060, subirent le même traitement que les précaires du siècle précédent et furent recopiées une première fois, toujours selon les mêmes principes, et les mêmes techniques d'abréviation, sans préjudice de leur insertion postérieure dans un cartulaire. Ainsi, la compilation du premier cartulaire n'a pas entraîné de modifications profondes dans le traitement de la documentation.

Toutes ces strates documentaires et narratives sont présentes dans le travail de Giovanni di Berardo qui reproduit tout le matériel mis à sa disposition. C'est en confrontant tous ces documents qu'il travaille. Giovanni di Berardo se sert des séries les plus anciennes pour compléter les cartulaires, mais jamais pour les corriger : il lui arriva, en effet, de transcrire des documents dont la critique montre qu'ils étaient altérés, voire gravement interpolés, alors qu'il disposait, dans les archives, de l'original. Il manifeste donc un respect absolu de l'écrit ancien, ne faisant plus, dans ce cas, de différence entre l'original et la copie. Ils ont tous deux la même valeur : ils sont authentiques [29].

7. Les problèmes généraux des chronica et le cartulaire-chronique de Casauria.

Cette exigence d'exhaustivité ne lui est pas propre. Le travail délirant de Gregorio di Catino, qui passa finalement sa vie à recopier les mêmes documents sans trouver de méthode qui les eût rendu facilement exploitables, est là pour l'établir. De même le chronicon de Saint-Vincent-au-Volturne, qui est moins riche, et qui est beaucoup moins élaboré, mais pas moins complexe, s'efforce de tout dire du passé du monastère et de rendre compte, dans son intégralité, de l'histoire de la communauté [30]. Les chroniqueurs du Mont-Cassin, et particulièrement Léon d'Ostie, ont également ce souci, même s'ils font l'économie de la transcription des actes. Il est vrai que, au Mont-Cassin, où la matière historique était infiniment plus riche qu'à Casauria, un cartulaire-chronique eût été singulièrement difficile à compiler et à manier : déjà, à la fin du XIe siècle, les actes de la pratique devaient être trop nombreux pour qu'un homme seul pût envisager de les recopier intégralement et de raconter, en même temps, l'histoire du monastère [31]. Le seul cartulaire du Mont-Cassin est, au bout du compte, celui de Pierre Diacre.

29. A. Pratesi, Cronache e documenti ... (note 21), montre qu'une bulle de Léon IX, dont l'original nous est parvenu, est largement et maladroitement interpolée dans le cartulaire. Bibl. vat., Chigi E VI 182, n°6 ; I.P.IV, p. 301, n° 1.

30. Cf. H. Hoffmann, Das Chronicon Vulturnense und die Chronik von Montecassino, dans Deutsches Archiv, t. 22, 1966, p. 179-196.

31. Cf. H. Hoffmann, Chronik und Urkunde in Montecassino, dans Quellen und Forschungen aus italianischen Archiv und Bibliotheken, t. 51, 1971, p. 93-206.

Pierre Toubert soulignait, dans sa thèse, quelques caractères communs à l'ensemble des chroniqueurs du XIIe siècle [32]. Ce furent, tout d'abord, de véritables historiens, bons paléographes et excellents archivistes. Ils avaient tous en commun une grande sensibilité au paysage et à ses modifications. On peut ajouter que la plupart furent engagés profondément dans les affaires de l'Eglise. Finalement, seuls Gregorio di Catino et peut-être aussi Alexandre de Carpineto sont restés enfermés dans leurs *scriptoria*.

C'est à ce point qu'apparaissent les traits les plus originaux du personnage qu'est Giovanni di Berardo et de son oeuvre. La chronique de Léon d'Ostie est un manifeste de la splendeur et de la réussite d'un établissement en pointe de la réforme ecclésiastique et capable de jouer un rôle politique autonome [33]. Le travail de Pierre Diacre se comprend, à la lumière des buts poursuivis par son prédécesseur, comme une tentative assez désespérée d'inverser le cours de l'histoire et de regagner le terrain perdu depuis la mort de l'abbé Didier. L'oeuvre de Gregorio di Catino, dans sa répétition jusqu'à l'absurde des mêmes éléments sans cesse recopiés de peur qu'ils ne se perdent, a une autre dimension : il s'agit de proclamer l'imprescriptibilité des droits de son monastère. Au rebours, à plus d'un demi-siècle siècle d'intervalle, les *chronica* de San Vincenzo et de San Clemente, se répondent, parce qu'ils sont écrits dans l'urgence afin de répondre à une question inéluctable : quels sont les droits du monastère à l'intérieur de la nouvelle domination normande ?

Si Pierre Diacre pouvait espérer un retournement de situation, parce que l'appui impérial était acquis au Mont-Cassin, en revanche Giovanni du Volturne comme Giovanni di Berardo ne devaient pas se bercer d'illusions. Il leur fallait compter avec la stabilité de la nouvelle organisation politique. Dès lors, le *chronicon* ne pouvait pas être autre chose qu'un monument, ou un mémorial, le témoignage d'une grandeur définitivement passée. De là vient, dans ces deux *chronica*, la survalorisation des temps carolingiens, temps de l'origine pour Casauria, temps de la plus grande splendeur pour San Vincenzo [34].

---

32. P. Toubert, *Les structures...* (note 17), p. 79-88.

33. Sur le Mont-Cassin à la fin du XIe siècle, voir H.E.J. Cowdrey, *The age of abbot Desiderius. Montecassino, the Papacy and the Normans in the Eleventh and Early Twelfth Century*, Oxford, 1983.

34. *Chronicon Vulturnense del monaco Giovanni*, éd. Vincenzo Federici, 3 vol., Rome, 1925-1938. Sur la grandeur effective de San Vincenzo, illustrée par des fouilles spectaculaires, R. Hodges et J. Mittchell, *S. Vincenzo al Volturno. The Archaelogy, art and territory of an early medieval monastery*, B.A.R., International Series, n° 252, 1985. Sur la fortune du souvenir carolingien dans les Abruzzes, voir Jérôme Baschet, *Lieu sacré, lieu d'images. Les fresques de Bominaco (Abruzzes, 1263) : thèmes, parcours, fonctions*, Paris-Rome, 1991, p. 104.

REMARQUES SUR LES CARTULAIRES
DE SAINT-DENIS AUX XIIIᵉ ET XIVᵉ SIECLES *

par

ROLF GROSSE

Bien que Saint-Denis ait, dès le Haut Moyen Age, reçu un grand nombre d'actes, il n'existe de preuve certaine de la transcription systématique de ceux-ci en cartulaires qu'à partir du XIIIᵉ siècle [1]. Seul un «cartulaire-dossier» les avait précédés au XIᵉ siècle, qui contenait presque exclusivement des diplômes royaux et des bulles [2] ; il avait été conçu en vue du synode romain de 1065 au cours duquel fut réglé, par-devant le pape Alexandre II, le conflit entre l'évêque de Paris et l'abbaye à propos de l'exemption [3]. On a joint ultérieurement

---

* L'Institut de recherche et d'histoire des textes (Paris/Orléans), notamment Mme Annie Dufour et Mme Lucie Fossier, a bien voulu mettre à ma disposition plusieurs microfilms et agrandissements ainsi que sa documentation relative aux cartulaires sandionysiens ; M. Laurent Morelle (Paris/ Arras) m'a apporté ses suggestions et conseils. Qu'ils trouvent ici l'expression de ma très vive gratitude. Je remercie également Mlle Véronique Mosbah (Paris) d'avoir corrigé la version française de mon texte.

1. Cf. Henri Stein, *Bibliographie générale des cartulaires français ou relatifs à l'histoire de France*, Paris, 1907 (*Manuels de bibliographie historique*, 4), nᵒˢ 3359 sq., p. 459-460.

2. Bibl. nat., nouv. acq. lat. 326 (Stein, *op. cit.*, nᵉ 3358, p. 459). Cf. sur ce manuscrit notamment Léon Levillain, *Études sur l'abbaye de Saint-Denis à l'époque mérovingienne III : Privilegium et Immunitates ou Saint-Denis dans l'Église et dans l'État*, dans *Bibliothèque de l'École des chartes*, t. 87, 1926, p. 245-346, aux p. 245-299. Voir aussi Pietro Conte, *Regesto delle lettere dei papi del secolo VIII. Saggi*, Milan, 1984 (*Pubblicazioni della Università Cattolica del Sacro Cuore*), p. 151-155, et Laurent Morelle, *Moines de Corbie sous influence sandionysienne ? Les préparatifs corbéiens du synode romain de 1065*, dans *L'Église de France et la papauté (Xᵉ-XIIIᵉ siècle)/ Die französische Kirche und das Papsttum (10.-13. Jahrhundert). Actes du XXVIᵉ colloque historique franco-allemand ...*, publiés par Rolf Große, Bonn, 1993 (*Studien und Dokumente zur Gallia Pontificia/Études et documents pour servir à une Gallia Pontificia*, 1), p. 197-218. - Dans ce contexte, il faut aussi signaler que plusieurs bulles pour Saint-Denis se trouvent transcrites dans un manuscrit de la fin du IXᵉ siècle (Bibl. nat., lat. 2777). Ici, il ne s'agit pas d'un cartulaire au sens propre, mais du recueil de formules de Saint-Denis (*Formulae collectionis sancti Dionysii*, éd. Karl Zeumer, *M.G.H., Formulae Merowingici et Karolini aevi*, Hanovre, 1886, p. 493-511).

3. En ce qui concerne le synode romain de 1065, cf. Charles Joseph Hefele, *Histoire des Conciles. Nouvelle traduction française ...* par H. Leclercq, t. IV-2, Paris, 1911, p. 1252, et Franz-Josef Schmale, *Synoden Papst Alexanders II. (1061-1073). Anzahl, Termine, Entscheidungen*, dans *Annuarium Historiae Conciliorum*, t. 11, 1979, p. 307-338, aux p. 321-322.

ce cartulaire à une nouvelle version de la Collection en 74 titres [4] et il semble que les moines, au XIIe siècle, n'aient eu d'autre possibilité, pour le privilège de croisade d'Eugène III de 1146, que de le recopier dans ce recueil [5].

Comme on l'a déjà dit, il fallut encore attendre jusqu'au XIIIe siècle pour que, dans une action de grande envergure qui s'étendit sur plusieurs décennies, l'on entreprît, à Saint-Denis, de rassembler ces actes. Le nombre de cartulaires qui furent composés au XIIIe et dans la première moitié du XIVe siècle s'élève à quatorze en tout [6] : aujourd'hui, ils sont tous conservés, sans exception, aux Archives nationales et à la Bibliothèque nationale. Il est évident que, dans mon exposé, je ne traiterai pas chacun de ces cartulaires en détail. Cela semble d'autant plus impossible que la recherche, à l'heure actuelle, ne s'est pas encore penchée de manière approfondie sur les cartulaires de Saint-Denis des XIIIe et XIVe siècles [7] ; et ceci, bien que les deux les plus importants, le Livre des privilèges et le Cartulaire blanc, méritent un examen particulier. Je ne peux ni ne veux combler cette lacune dans ma communication. Je montrerai plutôt, d'après trois exemples choisis, le Cartulaire de l'aumônerie, le Livre des privilèges ainsi que le Cartulaire blanc, d'abord l'ordre chronologique des cartulaires qui, jusqu'à maintenant, n'a pas été suffisamment expliqué, et ensuite, je chercherai les motifs qui ont abouti à leur composition.

4. L. Levillain, *op. cit.*, p. 299-324 ; cf. aussi Horst Fuhrmann, *Einfluß und Verbreitung der pseudoisidorischen Fälschungen. Von ihrem Auftauchen bis in die neuere Zeit*, t. II, Stuttgart, 1973 (*Schriften der M.G.H.*, 24), p. 490, note 181 ; *Diuersorum patrum sententie siue Collectio in LXXIV titulos digesta*, ed. Joannes T. Gilchrist, Città del Vaticano, 1973 (*Monumenta Iuris Canonici, Series B : Corpus collectionum*, 1), p. XXVI ; Theo Kölzer, *Mönchtum und Kirchenrecht. Bemerkungen zu monastischen Kanonessammlungen der vorgratianischen Zeit*, dans *Zeitschrift der Savigny-Stiftung für Rechtsgeschichte, Kanonistische Abteilung*, t. 69, 1983, p. 121-142, à la p. 135.

5. *Regesta pontificum Romanorum ab condita ecclesia ad annum post Christum natum MCXCVIII*, edidit Philippus Jaffé. Editionem secundam curaverunt S. Loewenfeld, F. Kaltenbrunner, P. Ewald, t. 2, Leipzig, 1888, n° 8876 ; éd. Rolf Große, *Überlegungen zum Kreuzzugsaufruf Eugens III. von 1145/46. Mit einer Neuedition von JL 8876*, dans *Francia*, t. 18-1, 1991, p. 85-92, aux p. 90-92. L. Levillain, *op. cit.*, p. 245-246, note 2, affirme par erreur qu'il s'agit de la bulle Jaffé-Loewenfeld, *op. cit.*, n° 9247. - Sur l'hypothèse d'un cartulaire du XIIe siècle aujourd'hui perdu, cf. ci-dessous, n. 31.

6. Cf. H. Stein, *Bibliographie...* (note 1), n° 411, p. 58 ; n° 815, p. 112 ; n° 935, p. 131 ; n° 3282, p. 448 ; n°° 3359-3368, p. 459-460 ; n° 3992, p. 544 (les n°° 3365 et 3367 sont deux volumes du Cartulaire de l'aumônerie).

7. A ce sujet, on doit consulter, faute d'étude plus récente : Arthur Giry, *Notices bibliographiques sur les archives des églises et des monastères de l'époque carolingienne*, Paris, 1901, p. 56-58, et Germaine Lebel, *Catalogue des actes de l'abbaye de Saint-Denis relatifs à la Province ecclésiastique de Sens, de 1151 à 1346, précédé d'une introduction sur les sources de l'histoire san-dyonisienne, les privilèges spirituels de l'abbaye et la vie monastique*, Paris, 1935, p. V-X. - Les analyses des cartulaires sandionysiens établies par l'Institut de recherche et d'histoire des textes ne traitent pas du Livre des privilèges (LL 1156) et seulement de quelques parties du Cartulaire blanc (LL 1157-58).

Le Cartulaire blanc qui est de loin le document de Saint-Denis le plus important, fera l'objet d'une analyse plus détaillée et les cartulaires qui en dépendent seront présentés brièvement à la fin.

Il peut paraître surprenant que je commence mon exposé par un manuscrit qui a peu retenu l'attention jusque-là, à savoir LL 1174, nommé, depuis Stein, le Cartulaire de l'aumônerie et daté ordinairement des XIIIe-XIVe siècles[8]. Pourtant, si l'on regarde de plus près le contenu des actes et surtout la phrase d'introduction (fol. 4) : *Incipit liber cartarum conuentus ecclesie Beati Dyonisii*, il devient évident qu'il ne s'agit pas du tout du Cartulaire de l'aumônerie comme voudrait le faire croire le titre de la reliure moderne mais plutôt du Cartulaire du convent[9]. Même s'il contient des documents jusqu'en 1277[10], on peut cependant, selon moi, reconnaître, grâce aux indices paléographiques et aux ornementations qui se trouvent en marge du texte, une partie primitive dont l'origine remonte jusqu'en 1228/30[11]. Les autres éléments furent apparemment ajoutés plus tard et nous pouvons nous permettre d'affirmer que le cartulaire dit de l'aumônerie fut composé vers la fin des années vingt (ou le début des années trente) du XIIIe siècle. Il est ainsi, après le cartulaire du XIe siècle, le plus ancien recueil d'actes de Saint-Denis qui nous soit parvenu. Quelle a bien pu être la motivation des moines pour rassembler, justement vers 1228/30, les actes du convent ? La réponse à cette question semble s'imposer si on jette un regard sur le *Chronicon sancti Dionysii recentius* où il est dit en 1231[12] : *Hoc anno cepit Odo abbas renovare capitium ecclesie Beati Dyonisii Aryopagite in Frantia, et perfecit illud usque ad finem chori* ... Cette année-là commencèrent donc les importants travaux de construction sur l'église abbatiale qui ne furent terminés qu'en 1281 sous l'abbé Matthieu de Vendôme[13]. Sans s'occuper plus avant du problème du financement de la construction, on peut cependant supposer que, compte tenu des dépenses

---

8. H. Stein, *op. cit.*, n° 3366, p. 460. Cf. A. Giry, *op. cit.*, p. 58 ; G. Lebel, *op. cit.*, p. VIII.

9. Je dois ce renseignement à l'analyse du cartulaire établie par l'Institut de recherche et d'histoire des textes.

10. L'acte le plus récent date de novembre 1277 (fol. 24v-25).

11. Cette partie originelle va jusqu'au fol. 20v. L'acte le plus récent qu'elle contient date de mai 1228 (fol. 20-20v). En fait, il n'est pas absolument clair si la charte d'octobre 1230 (fol. 20v) qui suit celui-ci fut ajoutée plus tard : selon les indices paléographiques, elle est de la partie primitive mais il lui manque l'illustration dont les documents précédents sont ornés. C'est pourquoi il faut dater la composition de ce cartulaire vers les années 1228/30.

12. Éd. Élie Berger, *Annales de Saint-Denis généralement connues sous le titre de Chronicon sancti Dionysii ad cyclos paschales*, dans *Bibliothèque de l'École des chartes*, t. 40, 1879, p. 261-295, à la p. 290.

13. Cf. Caroline Astrid Bruzelius, *The 13th-Century Church at St-Denis*, New Haven - Londres, 1985 (*Yale Publications in the History of Art*, t. 33), p. 124-137 ; Jan van der Meulen - Andreas Speer, *Die fränkische Königsabtei Saint-Denis. Ostanlage und Kultgeschichte. Mit Beiträgen von Andrea Firmenich und Rüdiger Hoyer*, Darmstadt, 1988, p. 298-301.

importantes auxquelles l'abbaye devait faire face [14], le convent tenait à rassembler ses propres droits et titres de propriétés.

Alors que ce cartulaire se laisse assez facilement dater, il n'en va pas de même pour un autre manuscrit bien plus important : le Livre des privilèges (LL 1156) [15] ; il compte 171 documents répartis sur 101 folios dont l'écriture a cependant beaucoup souffert de l'humidité. A quelques exceptions près, il s'agit de bulles et diplômes impériaux ou royaux, chaque fois classés plus ou moins par ordre chronologique. En première place se trouve le *Constitutum Constantini* (fol. 1-5) qui était déjà transcrit dans le recueil de formules de Saint-Denis du IXe siècle [16] mais dont il n'existe aucune autre trace à Saint-Denis [17]. Malheureusement quelques folios et surtout la fin de ce cartulaire manquent. Il s'interrompt par un privilège de Grégoire IX de 1234 (fol. 101v) [18]. Le *terminus ante quem* de sa rédaction devrait être 1278, au moment où le Cartulaire blanc, comme je le démontrerai plus tard, fut établi et qu'une grande partie des actes royaux y fut intégrée [19]. Il est étonnant que ce soit au XIIIe siècle seulement qu'on ait éprouvé le besoin, à Saint-Denis, de rassembler les privilèges les plus importants de l'abbaye. Le plus curieux sans doute est la composition du manuscrit qui s'articule, en gros, en quatre parties : il commence (fol. 1-66) par les diplômes impériaux et royaux de Constantin le Grand à Louis VII (1146) [20] ; le testament de Suger de 1137

---

14. Sur ce sujet cf. Michel Félibien, *Histoire de l'abbaye royale de Saint-Denys en France*, Paris, 1706 (réimpr. Paris, 1973), p. 235, qui renvoie à une charte de l'abbé Eudes Clément de 1241 (Arch. nat., LL 1157, n° 140, p. 85-87).

15. H. Stein, *Bibliographie...* (note 1), n° 3359, p. 459. Cf. A. Giry, *Notices...* (note 7), p. 56 ; G. Lebel, *Catalogue...* (note 7), p. V.

16. Bibl. nat., lat. 2777, n° 11, fol. 50-53v.

17. Cf. Horst Fuhrmann (éd.), *Das Constitutum Constantini (Konstantinische Schenkung). Text*, Hanovre, 1968 (*M.G.H., Fontes iuris Germanici antiqui in usum scholarum*, t. 10), p. 20-21. C'est par erreur que Thomas G. Waldman, *Saint-Denis et les premiers Capétiens*, dans *Religion et culture autour de l'an Mil. Royaume capétien et Lotharingie. Actes du colloque «Hugues Capet 987-1987. La France de l'an Mil ...»*, études réunies par Dominique Iogna-Prat et Jean-Charles Picard, Paris, 1990, p. 191-197, à la p. 196, affirme que la donation de Constantin est aussi copiée dans le cartulaire Bibl. nat., nouv. acq. lat. 326.

18. Bernard Barbiche, *Les actes pontificaux originaux des Archives nationales de Paris*, 3 vol., Città del Vaticano, 1975-1982 (*Index actorum Romanorum pontificum ab Innocentio III ad Martinum V electum*, 1-3), t. I, n° 374, p. 146-147.

19. Cf. ci-dessous, n. 35.

20. Achille Luchaire, *Études sur les actes de Louis VII*, Paris, 1885 (*Histoire des institutions monarchiques de la France sous les premiers Capétiens. Mémoires et documents*), n° 167, p. 152-153. - Les deux bulles d'Honorius II et d'Innocent II (Jaffé-Loewenfeld, *Regesta* ... [note 5], n°s 7372 et 7426) ainsi que les actes du cardinal-évêque Matthieu d'Albano et de l'évêque Étienne de Paris de 1129 qui se trouvent dans cette partie à côté des diplômes royaux (fol. 46v-49) furent copiés dans le contexte des documents concernant Argenteuil ; cf. Thomas G. Waldman, *Abbot Suger and the Nuns of Argenteuil*, dans *Traditio*, t. 41, 1985, p. 239-272, aux p. 251-252. De plus y sont transcrits les actes de l'évêque Landri de Paris de 652 (fol. 6v-7v) et du synode de Soissons de 862 (fol. 7v-8v) ; éd. Jules Tardif, *Monuments historiques. Carton des*

(fol. 66-68v) [21] est suivi par les bulles de Zacharie [22] à Eugène III (1148) [23] (fol. 68v-80v), de nouveau classées par ordre chronologique. Ensuite viennent des actes relatifs aux possessions anglaises de l'abbaye [24] suivis de deux diplômes des rois Robert (1003) [25] et Louis VII (1170/71) [26] ainsi que d'un acte privé (1125) [27] (fol. 80v-86v) avant que les privilèges pontificaux ne recommencent avec Alexandre III [28] (fol. 87). Il ne faut pas voir une erreur due à la reliure ultérieure dans le fait que les bulles soient séparées les unes des autres. En effet, l'acte qui introduit le passage des possessions anglaises suit aussitôt après, ainsi que sur la même page l'acte d'Eugène III (fol. 80v). C'est-à-dire que les bulles étaient de toute façon séparées les unes des autres par les actes «anglais». On peut ainsi retenir que chacune des deux premières parties se termine par le dernier acte royal ou papal que Suger ait obtenu pour son abbaye, à savoir le diplôme de Louis VII et la bulle d'Eugène III [29]. C'est seulement dans la dernière partie que sont transcrites les bulles accordées à l'abbaye après sa mort en 1151 [30]. Il est également singulier que son testament vienne après les actes royaux et avant les bulles. Etant donné que les indices paléographiques excluent la datation d'une partie du

rois, Paris, 1866 (Archives de l'Empire, Inventaires et documents), n° 10, p. 8-9, n° 188, p. 122-124.

21. Éd. A. Lecoy de La Marche, Oeuvres complètes de Suger ... publiées pour la Société de l'histoire de France, Paris, 1867, n° VII, p. 333-341.

22. Jaffé-Ewald, Regesta ... (note 5), n° † 2294.

23. Jaffé-Loewenfeld, Regesta ... (note 5), n° 9247. - Dans cette partie sont aussi copiés deux documents de Philippe Ier concernant le procès entre Saint-Denis et l'évêque de Paris (fol. 75-75v) ; éd. Maurice Prou, Recueil des actes de Philippe Ier roi de France (1059-1108), Paris, 1908 (Chartes et diplômes), n° 40, p. 114-117.

24. Ils commencent par le privilège du pape Benoît III (Jaffé-Ewald, Regesta ... [note 5], n° 2666). En ce qui concerne cinq de ces documents, cf. Hartmut Atsma - Jean Vezin, Le dossier suspect des possessions de Saint-Denis en Angleterre revisité (VIIIe-IXe siècles), dans Fälschungen im Mittelalter. Internationaler Kongreß der M.G.H...t. IV, Diplomatische Fälschungen (II), Hanovre, 1988 (Schriften der M.G.H., t. 33,IV), p. 211-236, notamment p. 234 où ils montrent que quatre actes furent copiés d'après un vidimus établi entre 1192 et 1204. Cette date est donc le terminus post quem de la composition de LL 1156.

25. William Mendel Newman, Catalogue des actes de Robert II, roi de France, Paris, 1937, n° 19, p. 21-24.

26. A. Luchaire, Études ... (note 20), n° 590, p. 286.

27. Il s'agit du dénombrement des fiefs tenus par Matthieu le Bel ; indiqué par A. Lecoy de La Marche (éd.), Oeuvres ... (note 21), p. 367, et Otto Cartellieri, Abt Suger von Saint-Denis. 1081-1151, Berlin, 1898 (Historische Studien, t. 11), n° 49, p. 133 (d'après LL 1157, n° 4, p. 240-242).

28. Jaffé-Loewenfeld, Regesta ... (note 5), n° 12920.

29. Voir ci-dessus, notes 20 et 23.

30. La seule exception est constituée par deux actes d'Innocent II (Jaffé-Loewenfeld, Regesta ... [note 5], n° 7426 et 7502), qui se trouvent chacun deux fois dans le cartulaire, à savoir dans la première (n° 7426) et deuxième partie (n° 7502), ainsi que dans la dernière (fol. 49, 78v-79, 95v-96).

manuscrit vers le milieu du XIIe siècle, je me permettrai, avec la prudence qui s'impose, de proposer l'hypothèse suivante : un cartulaire plus ancien aurait pu servir de modèle au Livre des privilèges, cartulaire qui aurait été composé dans les dernières années de Suger ou peu après sa mort [31]. La question de savoir pour quelle raison on l'a recopié au XIIIe siècle et pourquoi on lui a ajouté de nouvelles pièces reste cependant ouverte.

Nous voyons beaucoup plus clair en ce qui concerne le Cartulaire blanc (LL 1157-58) [32], déjà cité au début, qui, en raison de ses nombreuses bulles et diplômes impériaux ou royaux, présente un grand intérêt pour l'histoire non seulement de la France mais aussi de l'Allemagne. Il se compose de deux volumes et rassemble plus de 2000 actes sur environ 1500 pages à deux colonnes. A part quelques suppléments ajoutés ultérieurement, la pièce la plus récente remonte à 1302 [33] et Henri Stein le date de la fin du XIIIe siècle. On peut même déterminer une date exacte quant à la rédaction d'une partie primitive, à savoir l'année 1278. En effet, la preuve nous en est fournie par les 34 pages de l'index [34], car d'un dépouillement de celui-ci, que j'ai effectué, il résulte que l'acte le plus récent indiqué ici date de 1278 [35]. On peut donc supposer que le Cartulaire blanc fut composé environ à cette époque et qu'on lui apporta des suppléments jusqu'en 1302. Les bulles qui furent inscrites seulement plus tard en index d'une autre main [36] comptent, entre autres, parmi ces suppléments. Comme les plus récentes proviennent d'Honorius IV en 1287 [37], elles durent être insérées peu d'années après l'établissement du cartulaire ; on avait apparemment tout d'abord pensé que le Livre des privilèges suffirait.

Ici aussi, comme pour le Cartulaire dit de l'aumônerie, nous pouvons déduire de sa datation les raisons de la rédaction de ce volumineux cartulaire : c'est le temps de l'abbé Matthieu de Vendôme (1258-1286), dont le prédécesseur Henri II Malet avait dû démissioner en 1258 car il avait entraîné l'abbaye dans des difficultés financières et économiques [38]. Comme Suger à son épo-

31. Il est intéressant de remarquer qu'une première version du recueil des lettres de Suger date vraisemblablement elle aussi des dernières années de sa vie ; cf. Hubert Glaser, *Wilhelm von Saint-Denis. Ein Humanist aus der Umgebung des Abtes Suger und die Krise seiner Abtei von 1151 bis 1153*, dans *Historisches Jahrbuch*, t. 85, 1965, p. 257-322, aux p. 266-267.

32. H. Stein, *Bibliographie* ... (note 1), n° 3360, p. 459. Cf. A. Giry, *Notices* ... (note 7), p. 56 ; G. Lebel, *Catalogue* ... (note 7), p. V-VI.

33. LL 1158, n° 46, p. 585-586. L'acte le plus récent recopié ultérieurement date de 1324 : LL 1157, p. 780.

34. LL 1157, p. I-XXXIV. L'index fut confectionné vers le même temps que le cartulaire.

35. LL 1157, n° 89, p. XVI = n° 89, p. 660-661.

36. Les actes pontificaux ne sont pas spécifiés, mais mentionnés d'une façon générale comme *Bullae maiores* et *Bullae minores* (LL 1157, p. XXXIV).

37. LL 1158, n°s 73-74, p. 544 ; B. Barbiche, *Les actes pontificaux* ... (note 18), t. 2, n°s 1793-1794, p. 307-308.

38. Cf. M. Félibien, *Histoire* ... (note 14), p. 242.

que, Matthieu de Vendôme réussit à assainir l'abbaye [39] et Guillaume de Nangis fait son éloge en ces termes : *Abbatiam etiam suam, quam in rebus et facultatibus inopem et quasi consumptam invenit, ... suis temporibus locupletem reddidit, et multum in redditibus augmentavit* [40]. C'est pourquoi j'émettrais la supposition selon laquelle Matthieu, au cours d'une réorganisation économique, voulut avoir une vue d'ensemble sur les revenus, les droits et les possessions de son abbaye, d'autant plus qu'en 1278 on était à la veille de terminer les coûteux travaux de construction à Saint-Denis [41].

Comment le Cartulaire blanc est-il construit ? Les deux volumes sont articulés en 77 chapitres, agencés presque exclusivement d'un point de vue géographique. Toutes les possessions de l'abbaye sont mentionnées en commençant par la ville de Saint-Denis. A cela viennent s'ajouter divers passages sur différents offices claustraux comme *De infirmaria, De cantoria, De thesauraria* ou *De elemosinaria* ; aux actes pontificaux sont réservés deux chapitres intitulés en index *Bullae maiores* et *Bullae minores*, tandis que la plupart des diplômes impériaux ou royaux se trouvent dans la partie *De villa beati Dyonisii et appendiciis.* La structure du cartulaire devait correspondre aux *scrinia* des archives au Moyen Age car l'Inventaire noir de la fin du XIIIᵉ siècle (LL 1184) s'articule de manière presque identique. Le Cartulaire de la pitancerie (LL 1159) [42] que l'on cite aussi comme troisième volume du Cartulaire blanc se limite aux actes du convent, également répertoriés d'un point de vue géographique. Il contient des actes de 1151/69 à 1302 mais la pièce la plus récente d'une partie primitive qui ne compte pas parmi les additions ultérieures date de mars 1279 [43] ; c'est-à-dire que les moines composèrent ce recueil à peu près en même temps que LL 1157 et 1158. Le Cartulaire de la pitancerie remplaça le Cartulaire dit de l'aumônerie dont on a déjà parlé et dont l'acte le plus récent date par conséquent de 1277 [44].

Comme modèle pour le Cartulaire blanc, on utilisa soit des actes originaux soit des copies. MM. Atsma et Vezin ont constaté que certains actes qui concernent les possessions anglaises sont des copies du Livre des privilè-

---

39. M. Félibien, *op. cit.*, p. 253-254 ; cf. aussi Anne Terroine, *Un abbé de Saint-Maur au XIIIᵉ siècle : Pierre de Chevry, 1256-1285*, Paris, 1968, p. 7.

40. Hercule Géraud (éd.), *Chronique latine de Guillaume de Nangis de 1113 à 1300 avec les continuations de cette chronique de 1300 à 1368. Nouvelle édition ... pour la Société de l'histoire de France*, t. I, Paris, 1843, p. 269 (ad a. 1286).

41. Cf. ci-dessus, note 13.

42. H. Stein, *Bibliographie* ... (note 1), nᵒ 3361, p. 459. Cf. A. Giry, *Notices* ... (note 7), p. 56 ; G. Lebel, *Catalogue* ... (note 7), p. VI.

43. Arch. nat., LL 1159, nᵒ 106, p. 59-60 : mars 1279 (nouv. style) ; nᵒ 17, p. 8-9 : 1151-69 ; p. 97-99 : 16 avril 1302 (nouv. style). L'acte de 1302 s'avère être une addition ultérieure du fait que (contrairement aux chartes de la partie primitive) sa première lettre n'est pas enluminée et que l'ornementation et le numéro manquent.

44. Voir ci-dessus, note 10.

ges[45]. On ne peut cependant pas en dire autant des bulles, du moins de celles du XIIe siècle : ce sont les originaux qui semblent avoir servi ici ; l'ordre est totalement différent de celui de LL 1156 ; pour reprendre les termes de l'index, on fait la distinction entre *Bullae minores* et *Bullae maiores* et la version inspire une plus grande confiance. Mais pour résoudre le problème des relations entre les deux cartulaires, il reste encore à dépouiller les actes des temps mérovingien et carolingien.

Le Cartulaire blanc est écrit sous forme de *textualis formata* ; chaque acte est pourvu d'un numéro rouge et bleu et une courte rubrique le précède. Les pages sont enluminées et les titres courants sont respectivement rouges et bleus. M. Guyotjeannin a attiré mon attention sur le fait que le cartulaire rappelle dans une large mesure la bible de Saint Louis [46] fabriquée dans l'atelier dit d'*Aurifaber* qui a fonctionné environ de 1250 jusqu'aux années 1290[47]. Nous savons qu'à Saint-Denis même on faisait des enluminures [48] mais que beaucoup de manuscrits furent aussi confiés à des peintres professionnels à Paris [49] ; il est donc possible que le Cartulaire blanc ait été écrit à Saint-Denis et ensuite confié à un atelier parisien.

La mise par écrit de ce cartulaire coïncide avec une époque où «l'atelier historique» de Saint-Denis déployait une grande activité [50]. Il faut citer ici des oeuvres importantes comme les Grandes Chroniques de France, Primat ou Guillaume de Nangis qui est du reste mentionné comme *custos cartarum*[51].

45. H. Atsma - J. Vezin, *Le dossier suspect* ... (note 24), p. 234 : «Il apparaît nettement que LL 1158, au moins en ce qui concerne le dossier anglais de Saint-Denis, est une simple copie de LL 1156.»

46. Cf. *Mise en page et mise en texte du livre manuscrit*, sous la direction de Henri-Jean Martin et Jean Vezin. Préface de Jacques Monfrin, Paris, 1990, illustration n° 40, p. 84.

47. Robert Branner, *Manuscript Painting in Paris during the Reign of Saint-Louis. A Study of Styles*, Berkeley - Los Angeles - London, 1977 (*California Studies in the History of Art*, t. 18), p. 109, 112 ; cf. aussi Pierre Petitmengin, *La Bible de saint Louis*, dans *Mise en page et mise en texte, op. cit.*, p. 85-89, aux p. 85-86.

48. Robert Barroux, *Recueil historique en français composé, transcrit et enluminé à Saint-Denis, vers 1280*, dans *Mélanges d'histoire du livre et des bibliothèques offerts à M. Frantz Calot*, Paris, 1960 (*Bibliothèque Elzévirienne, nouvelle série : Études et documents*), p. 15-34, à la p. 18.

49. R. Branner, *op. cit.*, p. 9.

50. Cf. Donatella Nebbiai-Dalla Guarda, *La bibliothèque de l'abbaye de Saint-Denis en France du IXe au XVIIIe siècle*, Paris, 1985 (*Documents, études et répertoires, publiés par l'Institut de Recherche et d'Histoire des Textes*), p. 48-49. Pour les oeuvres et auteurs les plus importants de cette époque, voir Gabrielle M. Spiegel, *The Chronicle Tradition of Saint-Denis : A Survey*, Brookline, Mass. - Leyden, 1978 (*Medieval Classics : Texts and Studies*, t. 10), p. 68-108.

51. Il est mentionné comme garde des chartes dans les comptes de la Grande Commanderie de Saint-Denis entre 1285 et 1300, publiés en partie par D. Nebbiai-Dalla Guarda, *op. cit.*, p. 338-346 ; cf. *ibid.*, p. 49. Voir aussi Léopold Delisle, *Mémoire sur les ouvrages de Guillaume de Nangis*, Paris, 1873 (extrait du tome XXVII, 2e partie des *Mémoires de l'Académie des Inscriptions et Belles-Lettres*), p. 3, H.-François Delaborde, *Notes sur Guillaume de Nangis*, dans *Bibliothèque*

Vers la fin du XIIIe siècle, ou au début du XIVe, la bibliothèque de l'abbaye fut l'objet d'un récolement et les manuscrits dotés de cotes et d'*ex-libris*. De nombreux actes de Saint-Denis portent des analyses au verso qui datent de cette époque [52] et l'inventaire le plus ancien, l'Inventaire noir (LL 1184), doit lui aussi avoir été fait vers la fin du XIIIe siècle [53].

Ces constatations ne concernent pas seulement le Cartulaire blanc mais aussi les nombreux extraits qui en furent tirés. J'ai déjà fait observer que LL 1157-58, qui est en quelque sorte le cartulaire principal de Saint-Denis, avait été doté d'additions jusqu'en 1302 [54]. A la même époque, on établit toute une série de cartulaires concernant certaines possessions ou différents offices claustraux. Le plus important d'entre eux est celui que l'on appelle le Cartulaire de Thou conservé à la Bibliothèque nationale (lat. 5415) [55] et dont l'acte le plus récent date de 1288/89 [56]. Son écriture montre, soit dit en passant, une forte ressemblance avec le manuscrit de la Bibliothèque Ste-Geneviève 782, les Grandes Chroniques de France, que Primat avait remis au roi Philippe III [57]. Il rappelle par sa structure le début du premier volume du Cartulaire blanc [58] et contient surtout les possessions de l'abbaye dans les proches environs. Il faut encore nommer cinq cartulaires [59], certainement élaborés pour simplifier la tâche de l'administration, qui concernent les possessions à Rueil (LL 1167), Beaurain (LL 1168), Trappes, Dampierre, Chevreuse (LL 1169), Cergy, Boissy-l'Aillerie, Cormeilles-en-Parisis (LL 1170) ainsi qu'à Ully-Saint-Georges, Moyvillers, Saint-Martin-du-Tertre, Mours, Franconville et Montmorency (LL 1171). Les Cartulaires du grand prieur,

---

de l'*École des chartes*, t. 44, 1883, p. 192-201, aux p. 192-195, et G. M. Spiegel, *op. cit.*, p. 99-100.

52. D. Nebbiai-Dalla Guarda, *op. cit.*, p. 77-78.

53. La bulle la plus récente répertoriée ici (n° LXXVI, p. 516) est du pape Nicolas IV (27 septembre 1291) ; indiquée par B. Barbiche, *Les actes pontificaux* ... (note 18), t. 2, n° 1903, p. 355. Mais pour déterminer la date exacte de sa rédaction, il faut encore dépouiller les autres actes de cet inventaire.

54. Cf. ci-dessus, note 33.

55. H. Stein, *Bibliographie* ... (note 1), n° 3362, p. 459. Cf. A. Giry, *Notices* ... (note 7), p. 56-57 ; G. Lebel, *Catalogue* ... (note 7), p. X.

56. Bibl. nat., lat. 5415, p. 294 : mars 1288 ou 1289 (nouv. style) ; il s'agit d'un diplôme du roi Philippe le Bel concernant Aubervilliers.

57. On peut par exemple comparer Henry Martin, *La miniature française du XIIIe au XVe siècle*, Paris - Bruxelles, 2e éd., 1924, planche n° XI (= Bibl. Sainte-Geneviève, ms 782, fol. 326v) avec Bibl. nat., lat. 5415, p. 135.

58. Il ne s'agit pas d'une simple copie du début du Cartulaire blanc : le chapitre *De villa beati Dyonisii et appendiciis* (p. 1-139) par exemple contient plus de diplômes royaux que le chapitre correspondant en LL 1157 et dans un autre ordre ; les titres-analyses qui précèdent les actes ne sont pas toujours identiques à ceux du Cartulaire blanc.

59. H. Stein, *Bibliographie* ... (note 1), n° 3282, p. 448 ; n° 411, p. 58 ; n° 935, p. 131 ; n° 815, p. 112 ; n° 3992, p. 544. Cf. A. Giry, *Notices* ... (note 7), p. 57-58 ; G. Lebel, *Catalogue* ... (note 7), p. VII-VIII.

de la chambrerie et celui (en deux volumes) de l'aumônerie (LL 1165, 1172, 1175-76) [60] étaient réservés à certains offices claustraux. Il reste à mentionner le Cartulaire de la chantrerie (LL 1163) [61] qui fut établi à peu près en même temps que le Cartulaire blanc mais manifestement indépendamment de celui-ci [62]. Les autres par contre sont - sauf le Cartulaire de Thou - en grande partie des copies de certains chapitres du cartulaire principal et datent de la fin du XIIIe ou de la première moitié du XIVe siècle.

Le Cartulaire blanc fut copié, mais jamais remplacé par un autre recueil d'actes comparable : le volumineux Livre vert (LL 1209-11) indiqué par Stein [63] n'est pas un cartulaire au sens propre du terme mais un dénombrement des biens et revenus composé en 1411. Cela montre que les XIIIe et XIVe siècles prennent une place extraordinaire dans l'histoire des cartulaires sandionysiens.

Faisons un résumé : face au grand nombre d'actes que Saint-Denis a reçu, il est étonnant que ce ne soit que vers 1228/30 qu'un cartulaire apparaisse - si l'on excepte le cartulaire-dossier du XIe siècle. Il ne s'agit pas, comme Stein le supposa, du Cartulaire de l'aumônerie mais d'un recueil des actes du convent. La raison de son établissement semble avoir été le début des travaux de construction sur la basilique commencés en 1231. Ce cartulaire a reçu des additions jusqu'en 1277 avant que le Cartulaire de la pitancerie ne le remplace. Le Livre des privilèges, qui date du XIIIe siècle mais d'avant 1278, est de loin plus important. Il rassemble presque essentiellement des bulles et des diplômes impériaux ou royaux ; sa structure pose la question de savoir si un cartulaire plus ancien, qui aurait pu être établi dans les dernières années de Suger ou peu après sa mort, ne lui aurait pas servi de modèle. Vers 1278 enfin, fut composé le principal cartulaire de Saint-Denis, le Cartulaire blanc en deux volumes, structuré dans son ensemble d'un point de vue surtout géographique. Il faut considérer sa rédaction par rapport aux réformes économiques entreprises par l'abbé Matthieu de Vendôme et par rapport à l'achèvement des travaux sur l'église. Cela coïncide chronologiquement avec un récolement de la bibliothèque et avec un inventaire des archives ainsi qu'avec une énorme activité historiographique à Saint-Denis. Le Cartulaire blanc fut complété jusqu'en 1302 ; à ses côtés apparut une série de cartulaires qui, à deux exceptions près, ne sont en réalité que de simples copies de celui-ci. C'est ainsi que dans un laps de temps d'environ 100 ans, quatorze cartulaires furent composés à Saint-Denis.

60. H. Stein, *op. cit.*, n° 3368, p. 460 ; n° 3364, p. 459 ; n°s 3365 et 3367, p. 459-460. Cf. A. Giry, *op. cit.*, p. 57-58 ; G. Lebel, *op. cit.*, p. VI-IX.
61. H. Stein, *op. cit.*, n° 3363, p. 459. Cf. A. Giry, *op. cit.*, p. 57 ; G. Lebel, *op. cit.*, p. VI.
62. Outre une charte de 1390 (p. 47-48) recopiée plus tard, l'acte le plus récent date de février 1278 (nouv. style ; n° 41, p. 44-45). Le cartulaire est composé dans un ordre différent de celui du Cartulaire blanc.
63. H. Stein, *op. cit.*, n° 3371, p. 460. Cf. A. Giry, *op. cit.*, p. 58 ; G. Lebel, *op. cit.*, p. IX.

REMARQUES ET DISCUSSION

Michel PARISSE : *Il est tout de même étrange que l'abbaye de Saint-Denis n'ait pas fait réaliser de cartulaire plus tôt, surtout si l'on considère le travail qu'a fait sur les archives l'abbé Suger. Il est vrai que vous avez mentionné l'éventualité de la rédaction d'un cartulaire du XII*e* siècle qui serait perdu. Néanmoins, peut-on avancer une explication ? Y a-t-il un retard identique dans les abbayes voisines de Saint-Denis ? Car on peut penser que la pratique pouvait se transmettre d'une maison à l'autre.*

Laurent MORELLE : *La chronologie des cartulaires sandionysiens du XIII*e* siècle n'est guère différente de celle observée à Corbie où l'on confectionne peu après 1229 un premier «cartulaire de gestion», rassemblant privilèges pontificaux et chartes classées géographiquement - c'est le «Cartulaire blanc» (Bibl. nat., lat. 17759) - ; mais celui-ci est remplacé dès 1295 par un nouveau cartulaire, plus sophistiqué (division de la matière en livres et chapitres, sommaire valant inventaire du chartrier, etc.) et considéré dès lors comme le cartulaire «officiel» de l'abbaye : c'est le «Cartulaire noir» (Bibl. nat., lat. 17758). Le «Cartulaire blanc» semble bien être le premier cartulaire du genre.*

A Notre-Dame de Compiègne aussi, le premier cartulaire embrassant le chartrier date de la décennie 1230. La situation archivistique de ces vénérables établissements était peut-être comparable, réclamant des solutions analogues à des moments proches. Peut-être des influences se sont-elles exercées d'une maison à l'autre ?

LE CARTULAIRE DES TRENCAVEL
(Liber instrumentorum vicecomitalium)

par
HÉLÈNE DÉBAX

Aussi étonnant que cela puisse paraître, le cartulaire des Trencavel, vicomtes d'Albi, Carcassonne, Razès, Béziers, Agde et Nîmes, reste une source inexploitée, quasiment vierge de toute recherche. Ce bel ensemble de textes offre pourtant des documents de toute première importance pour l'histoire du Languedoc des XIe et XIIe siècles. Ce destin obscur est la conséquence d'une série de vicissitudes qui l'ont rendu inconsultable jusqu'à ces dernières années.

I. LES TRIBULATIONS D'UN CARTULAIRE

L'histoire commence au début du XIIIe siècle. La famille Trencavel vit alors des heures bien noires : ses domaines sont conquis par Simon de Monfort et le vicomte Raimond Roger meurt en prison à Carcassonne en 1209. Son fils, Trencavel, se réfugie chez son parent, le comte de Foix, avec les archives familiales. En 1247, Saint Louis, conscient de leur intérêt, demande à son sénéchal de Carcassonne de récupérer ces actes, *per que potest haberi notitia et cognitio jurium nostrorum* [1]. L'hypothèse la plus vraisemblable est que ce mandement ne fut jamais mis à exécution [2]. Toujours est-il que c'est à Foix que Doat, au XVIIe, Dom Devic et Dom Vaissète, au XVIIIe siècle, consultèrent le cartulaire. Les bénédictins en publièrent du reste un grand nombre d'actes dans leur collection de «preuves», malheureusement de façon souvent tronquée. Ils l'appellent «cartulaire du château de Foix, caisse 15» [3].

---

1. *Histoire générale de Languedoc* [désormais *H.G.L.*], t. VIII, col. 1223, X.
2. Auguste Molinier dans la préface de la nouvelle édition de l'*H.G.L.* parue en 1875 propose une autre solution (mais ne tranche pas entre les deux hypothèses) : les archives auraient bien été rendues et conservées à Carcassonne, mais elles auraient été récupérées au XVe siècle par le comte de Foix qui contrôla un temps la cité sous Louis XI (*H.G.L.*, t. V, préface, p. VIII).
3. Il faut cependant souligner que les bénédictins n'ont pas repris tous les actes du cartulaire : deux tiers des serments féodaux sont inédits (et beaucoup de ceux qui sont édités le sont de façon tronquée), et 40% environ des actes d'un autre type ne sont pas édités dans *H.G.L.*, sans que l'on voie clairement ce qui a guidé Dom Devic et Dom Vaissète dans leur choix. On trouve

Dans la tourmente révolutionnaire, le volume disparaît à nouveau, échappant ainsi au grand incendie des archives de la grosse tour de Foix en 1803 [4]. On ne retrouve sa trace qu'au milieu du XIXe siècle dans une vente publique, la vente Soulages. Jules Soulages était un avocat toulousain, grand collectionneur, antiquaire et bibliophile. A sa mort, son «musée» fut dispersé aux enchères, à Londres en 1856 et à Toulouse en 1858 [5]. Il avait, on ne sait où, ni comment, acquis notre cartulaire et celui-ci fut acheté le 16 janvier 1858 par la Société archéologique de Montpellier. Celle-ci interdit alors sa consultation, ou y mit de telles conditions que le cartulaire fut soustrait du champ de la recherche historique pendant plus d'un siècle [6].

Dans cette modeste contribution, nous tenterons donc, non de montrer l'intérêt historique de cette source [7], mais d'étudier la composition du recueil, de restituer au cartulaire sa logique et sa cohérence.

II. Description du manuscrit, les actes et leur langue

Le cartulaire se présente sous la forme d'un petit volume assez épais [8], comprenant 258 folios de parchemin, groupés en 33 cahiers [9]. La foliotation, de 1 à 247, est postérieure à la rédaction : elle ignore en effet les onze feuillets entièrement blancs qui sont réservés à divers endroits du cartulaire [10]. Le parchemin est de qualité très diverse, certaines peaux très sombres rendent

aussi dans leur collection des références à d'autres caisses des archives du château de Foix, qui semblent renvoyer à des originaux bien que cela ne soit pas toujours précisé. Voir par exemple les références de l'acte n° 211, fol. 65v, publié dans *H.G.L.*, V, col. 692 : «Château de Foix, caisse 22 et cartulaire caisse 15» ; ou celles de l'acte n° 379, fol .137v, dans *H.G.L.*, V, col. 824 : «Château de Foix, caisse 17».

4. Note additionnelle d'Auguste Molinier, *H.G.L.*, VI, p. 792.

5. Notice sur Jules Soulages par Louis Peyrusse, dans *Les Toulousains dans l'histoire*, sous la direction de Philippe Wolff, Toulouse, 1984, p. 427. Le cartulaire est sans doute la pièce n° 403 de l'inventaire après décès de Jules Soulages : «un manuscrit sur velin, texte latin, in octavo» (Arch. dép. Haute-Garonne, 3 E 29008, Etude Fourtanier). Nous tenons à remercier Clotilde Deflassieux pour ces renseignements sur Jules Soulages.

6. Que M. Romestan, président de la Société archéologique de Montpellier, trouve ici l'expression de notre gratitude pour nous avoir permis de consulter l'original (coté Ms 10). Les archives départementales de l'Hérault en possèdent aujourd'hui une copie en microfilm, et les archives départementales de l'Aude une photographie.

7. Cela sera l'objet d'une thèse de doctorat nouveau régime en cours, sous la direction de M. Pierre Bonnassie.

8. Environ 18 x 26,5 cm.

9. Tous les cahiers se composent de quatre peaux pliées et cousues ensemble, sauf le dernier qui n'en comprend que deux.

10. Autres anomalies à signaler : le quatrième feuillet du onzième cahier a été détaché proprement à la pointe sèche, le talon restant ne permet pas de savoir s'il était rédigé ; le dernier folio du dernier cahier est collé au dos de la couverture.

la lecture difficile à cause de l'encre brune qui a souvent viré à l'or. La reliure de cuir en bon état semble postérieure à la transcription [11].

Chaque acte est précédé d'un titre inscrit à l'encre rouge, qui reprend le plus souvent le toponyme du bien concerné, ou précise la nature du texte. Les initiales sont toutes rehaussées de rouge, mais le début du cartulaire, de facture plus soignée, offre quelques grandes majuscules rouges et vertes ornées d'entrelacs qui s'étirent sur une dizaine de lignes. Le texte est délimité à droite et à gauche par un trait vertical à l'encre et guidé par une réglure visible, constituée de trente lignes. La largeur des marges témoigne du fait qu'aucun souci d'économie n'a présidé à la transcription.

Le cartulaire comprend 616 actes, numérotés postérieurement [12], dont 31 doublets. Sur les 585 textes, il y a 321 serments, dont la plupart sont des serments féodaux pour un château, 79 actes de nature féodale [13], 109 textes qui effectuent des mutations de droits [14], 57 convenientiae ou accords bilatéraux et 19 autres actes de types divers.

Quant à la langue des chartes, elle se caractérise généralement par des structures grammaticales latines et un vocabulaire issu de la langue vernaculaire. Ce latin farci est tout à fait comparable à celui des actes méridionaux ou catalans contemporains. C'est surtout dans le cas des serments que les rapports entre latin et occitan sont significatifs. Comme l'a remarqué M. Zimmermann [15], la langue vernaculaire apparaît essentiellement dans les verbes conjugués qui manifestent la volonté du vassal. Le fidèle «se contente de prononcer oralement les premiers termes de l'engagement que le notaire ou un clerc détaille ensuite à l'aide du texte écrit» [16]. Mais le cartulaire présente aussi un nombre non négligeable de serments entièrement rédigés en occitan, qui transcrivent sans doute fidèlement les paroles effectivement prononcées [17]. La preuve en est que dans ces mêmes textes l'introduction de la liste des témoins, qui ne

---

11. Un fragment de parchemin, impossible à identifier, est du reste contenu dans la tranche.

12. En fait, 615 et un bis.

13. 61 inféodations, 11 reprises en fief, 7 reconnaissances de fief.

14. 48 donations, 21 ventes, 9 déguerpissements, 21 impignorations, 10 testaments.

15. *Aux origines de la Catalogne féodale : les serments non datés du règne de Ramon Berenguer I*, dans *La formació i expansió del feudalisme català, Estudi General*, t. V-VI, Barcelone, 1985-1986, p. 109-149, aux p. 146-148.

16. *Ibid.*, p. 148.

17. Voir par exemple l'acte n° 10, fol. 3v-4, du 14 juillet 1158 (serment de Frotarz Peire à Raimond Trencavel et Roger II, pour Brens, Gaillac, Cahuzac et Montaigu dans le Tarn) : «Aus tu Raimon Trencavel fils de Cecilia e tu Rogers fils de Saura, eu Frotarz Peire fils de Richa, d'aquesta hora adenant, lo castel de Berengs, ni achel de Galac, ni achel de Causac, ni achel de Mont Agud, las fortezas que ara i sunt ni adenant i seran, no las vos tolrei ni vos en tolrei, no las vos vendarei ni no las vos devedarei et per las sazos che vos las me demandarez, eu las vos redrei senes lo vostre engan, e si om era ni femna che las vos tolgues ni o sen tolges, ab achel ni ab achels amor ni societat non auria...»

fait pas partie des engagements du vassal et qui n'était pas dite oralement par celui-ci, est faite en latin [18]. Sur ce problème de la langue vulgaire, on sait qu'il faut observer la plus grande prudence envers les transcriptions des bénédictins, qui ont sans cesse cherché à «corriger» la langue des chartes, afin qu'elle corresponde mieux à leur idée du latin classique, déformant ainsi ou occultant un certain nombre d'occurences de l'occitan qu'il faut rétablir.

III. LA DATATION

Chronologiquement, le plus ancien acte daté est de juillet 1028 [19], mais un certain nombre de serments prêtés à Aton II, non datés, doivent être antérieurs. Le texte plus récent est du 7 mai 1214 [20], mais il s'agit là d'un ajout postérieur, l'acte le plus récent intégré au cartulaire est daté du 14 mai 1206 [21]. Il est difficile d'opérer des répartitions par siècles. De nombreux textes ne sont en effet pas datés, le seul élément de datation est alors la mention du vicomte, quand elle est présente. Approximativement, on peut dénombrer un cinquième d'actes du XIe siècle, trois quarts du XIIe et seulement 7 du XIIIe.

Les textes datés le sont très majoritairement par le millésime, suivi parfois du quantième julien. Sept actes seulement comportent comme unique datation l'année de règne du roi de France [22]. La mention du roi est par contre beaucoup plus fréquente, souvent sous la forme : *regnante Lodovico rege in Francia* [23]. Une date très intéressante est à remarquer : *in illo anno quando fuit magna famis* [24], malheureusement sans autre précision.

Le problème du style de l'année est une question complexe. Les scribes utilisent le style de l'Annonciation, généralement selon le comput florentin. Mais il faut souligner un certain nombre de dates calculées selon l'Annonciation pisane, qui doivent être ajoutées aux éléments recueillis par Damien Garrigues et Charles Higounet [25] : sur les 85 actes datés pour lesquels la vérification

---

18. «*Hujus rei sunt testes...*» (n° 10, fol. 3v-4) ou bien : «*Hoc fuit factum quod superius scriptum est in presentia...*» (n° 479, fol.187v).

19. Acte n° 33, fol.8v-9.

20. Acte n° 615, fol. 247-248.

21. Acte n° 610, fol. 245.

22. Actes n° 62, fol. 15v-16 ; n° 89, fol. 23v-24v ; n° 326, fol. 107v-108 ; n° 349, fol. 117v-118 ; n° 494, fol. 194v-195 ; n° 552, fol. 216 ; n° 567, fol. 221v.

23. Par exemple, acte n° 18, fol. 5v, daté du 17 mai 1149. Sur cette expression, voir M. Zimmermann, *La datation des documents catalans du IXe au XIIe siècle : un itinéraire politique*, dans *Annales du Midi*, 1981, p. 345-375, à la p. 366.

24. Il semble, d'après les auteurs et souscripteurs, que ce texte date de la première moitié du XIIe siècle. En l'absence de toute référence au vicomte et de données précises sur les famines dans le Midi à cette époque, il est impossible de préciser davantage.

25. D. Garrigues, *Les styles du commencement de l'année dans le Midi, l'emploi de l'année pisane en pays toulousain et en Languedoc*, dans *Annales du Midi*, 1941, p. 237-270 et p. 337-362 ; C. Higounet, *Le style pisan, son emploi, sa diffusion géographique*, dans *Le Moyen Age*, 1952, p. 31-42. Nous sommes d'accord avec toutes les dates rectifiées par D. Garrigues, sauf

est possible, nous avons en effet trouvé 26 dates pisanes certaines. La rectification est surtout intéressante pour le dossier de la révolte de la noblesse languedocienne contre le vicomte Bernard Aton IV en 1124-1125 [26]. Le cartulaire contient seize textes, des inféodations de tours de Carcassonne pour la plupart, qui s'échelonnent du 12 janvier au 27 avril 1125 : tous les actes postérieurs au 25 mars sont datés de 1126 [27]. La diffusion du style pisan en Languedoc occidental apparaît ainsi un peu plus précoce que ne l'avait affirmé Charles Higounet [28] : le premier acte daté selon ce comput remonte à 1117 dans notre cartulaire [29]. Ce mode de calcul semble assez courant et répandu dans le Languedoc du XIIe siècle et surtout dans notre cartulaire [30]: ce n'est pas le fait d'un scribe particulier.

IV.COMPOSITION DU CARTULAIRE

Après cette description, les problèmes les plus intéressants qu'il faille aborder concernent la composition du manuscrit. Le cartulaire a été rédigé en deux temps. L'indice le plus évident en est un texte de 1175 transcrit deux fois dans le manuscrit : la première fois avec la date de février 1175 [31], la seconde avec cet ajout tout à fait significatif : *hoc instrumentum transtulit Poncius de Genestars ab instrumento quod continetur in libro instrumentorum vicecomitalium, nichil augens nec minuens, in operatorio Bernardi Marcini publici Biterris notarii ... anno M˙CC˙IIII°* [32]. Cette mention explicite du

---

le n° XXI (la date donnée par le cartulaire est «*III idus aprilis*», sans férie, et non «*feria III, idus aprilis*», comme le donne par erreur *H.G.L.*) et le n° XXIV (le texte est daté 1156 dans le cartulaire et non 1146, ce qui ne nécessite aucune rectification).

26. Comme l'a souligné Sylvie Rouillan-Castex, *De nouvelles datations languedociennes en style pisan*, dans *Annales du Midi*, 1969, p. 313-319.

27. Par exemple, les deux accords avec Roger comte de Foix sont datés : «pridie kalendas aprilis, die martis, anno M°C°XXVI°». Il faut rétablir : mardi 31 mars 1125 (actes n° 348, fol. 117-v ; n° 373, fol. 134v-135). Nous proposons donc de rectifier toutes les dates données par *H.G.L.*, V, col. 921 à 926 : tous ces textes sont de 1125. Il nous semble par ailleurs qu'il faut supposer une erreur du scribe pour le texte n° 390 (fol. 142v-143 = *H.G.L.*, V, col. 925, XIV) qui est daté de MCXXVII alors qu'il est identique aux douze autres inféodations et comporte la même liste de témoins. La rectification effectuée par S. Rouillan-Castex pour le texte n° 392 (fol. 143v-144 = *H.G.L.*, V, col. 925, XII) n'est pas justifiée : la date dans le cartulaire est bien MCXXVI (1125 n. st.), et non MCXXV comme l'ont transcrit par erreur les bénédictins.

28. C. Higounet, *Le style pisan...*, p. 40 et carte p. 41.

29. Acte n° 405 (fol. 152v-153), daté : «*II idus februaris, feria II, anno M˙C˙XVII*˙». Le 12 février 1117 étant bien un lundi, il faut maintenir la date de 1117, et non corriger 1118 comme l'ont fait les bénédictins (*H.G.L.*, V, col. 853) : en l'absence de tout autre style attesté (comme celui de Noël par exemple), on peut supposer que l'on a affaire à un calcul selon l'année pisane.

30. Comme l'a déjà remarqué D. Garrigues, *Les styles*, p. 358.

31. Acte n° 425, fol. 160v-161. Ce texte est une reconnaissance de fief pour Mèze (Hérault), inédite. A cause du manque de précision de la date, on ne peut décider s'il faut la corriger en 1176 selon le style florentin, ou maintenir 1175 en style pisan.

32. Acte n° 612, fol. 246.

liber instrumentorum vicecomitalium montre que celui-ci existait déjà en 1204, et était conçu comme un volume auquel l'on pouvait faire référence.

Dans la composition du cartulaire, ces deux temps de rédaction apparaissent aussi clairement. Il y a un hiatus très net entre les vingt-neuvième et trentième cahiers : les trois derniers folios du vingt-neuvième cahier sont entièrement blancs, et l'on constate un changement de main au premier folio du trentième cahier [33]. Tous les actes de la première partie du cartulaire sont antérieurs à 1186, le texte daté le plus récent étant de février 1186 [34]. Après le folio 222 par contre, dans la deuxième partie du cartulaire, tous les actes non redoublés sont postérieurs à cette date [35].

Le cartulaire a donc bien été rédigé en deux étapes successives. L'initiative de la rédaction d'un cartulaire est à mettre à l'actif de Roger II, vicomte de 1167 à 1194. Il a vraisemblablement lancé cette entreprise dans les années 1186-1188 [36], ce qui en fait donc le plus ancien cartulaire laïque français connu. Son oeuvre a sans doute été poursuivie par son fils Raimond Roger, vicomte de 1194 à 1209, qui a ordonné la suite de la transcription au tout début du XIIIe siècle, au plus tôt en 1201 [37]. Le cartulaire ne comporte pas de préface qui exposerait le contexte ou les raisons qui ont présidé à la transcription, le plan et la logique de copie des actes ne sont pas non plus explicités. L'ordre de transcription et la cohérence interne sont à reconstituer acte après acte, folio après folio.

A la première lecture, la logique de la transcription n'apparaît pas clairement, elle n'est ni chronologique ni strictement géographique. Il ne semble pas y avoir de véritable classement des originaux recopiés, ce qui peut faire douter de l'utilité d'un tel document pour la gestion des vicomtés. Si l'on compare ce cartulaire avec celui des Guilhem de Montpellier, à peine postérieur et géographiquement très proche, la différence de qualité comme instrument de gestion est évidente.

Le plan d'ensemble, si l'on peut parler ici de plan, est une suite de dossiers par châteaux dépendant des Trencavel, classés plus ou moins géographiquement. Cette organisation est bien respectée au début du cartulaire, il semble qu'ensuite elle se dilue et que les actes soient recopiés sans grand ordre. Les neuf premiers cahiers respectent strictement ce plan, ils sont constitués en grande

---

33. Fol. 222.

34. Acte n° 104, fol. 32 ; même remarque pour la date que plus haut, note 31.

35. Sauf trois actes qui semblent avoir été oubliés dans la première partie : n° 596, fol. 238-v (1185) ; 601, fol. 240 (1176) ; 605, fol. 242-v (1177). Tous les autres actes antérieurs à 1186 sont des doublets déjà retranscrits dans la première partie du cartulaire.

36. L'acte le plus récent de la première partie (1186) est en effet intégré sans hiatus au début du cartulaire, au fol. 32.

37. Le premier acte retranscrit dans la deuxième partie est en effet daté du 5 avril 1201 (n° 568, fol. 222).

majorité de serments féodaux groupés par châteaux et classés géographi-quement : Albigeois, Montagne Noire, Lauragais, Pays de Sault, Kercorbès, Terménès, Razès [38]. Ces dossiers sont souvent suivis de quelques lignes vierges ou parfois d'une page blanche, comme si le scribe avait réservé de la place pour recopier des serments ultérieurs. Il faut signaler que pourtant aucune addition n'a été portée et qu'il n'y a pas de changement brusque de main ni de date. Ces neuf premiers cahiers sont du reste copiés avec plus de soin que le reste du cartulaire et contiennent neuf des douze initiales à entrelacs [39]. Ce premier groupe de transcriptions peut sans doute être considéré comme le noyau originel du cartulaire, soigné et organisé. Il se différencie du reste nettement de la suite du manuscrit : il en est séparé par cinq folios entièrement blancs [40].

Un autre groupe de cahiers se distingue ensuite, du dixième au vingt-quatrième. Là alternent des dossiers pour des châteaux et des ensembles d'actes divers. On trouve tout d'abord une série de textes concernant la zone méridionale des domaines Trencavel, le Razès, le Terménès et le Kercorbès jusqu'aux limites de l'Ariège, puis vient le Carcassès [41] et la vicomté de Béziers. A partir du quinzième cahier, les serments féodaux se font plus rares et apparaissent des actes plus variés. Le classement géographique se fait moins rigoureux, les actes concernent majoritairement le Minervois, le Biterrois et le Carcassès mais avec des incursions vers le Razès ou l'Albigeois. On retrouve un certain nombre de dossiers, comme celui de l'inféodation des tours de Carcassonne en 1125 [42].

Un nouveau hiatus se situe entre les vingt-quatrième et vingt-cinquième cahiers, avec trois pages entièrement blanches. Cette fin de la première phase de transcription, jusqu'au cahier vingt-neuf, est beaucoup moins bien organisée. On n'y trouve plus de dossier de serments et l'on y voit apparaître des châteaux qui avaient déjà fait l'objet d'un dossier précédemment. Il y a cependant des groupes de textes organisés, en particulier des séries d'accords avec les comtes de Barcelone [43] ou avec ceux de Toulouse [44].

La dernière partie du cartulaire, celle qui correspond au deuxième temps de la rédaction, ne semble plus du tout organisée. On y voit recopiés des

---

38. Voir par exemple les dossiers pour Brens, Cahuzac, Montaigu et Gaillac (Tarn) (actes n° 2 à 14, fol. 1v à 5) des années 1030 à 1158 ; ou pour Niort, Castelpor et Belfort (Aude) (actes 156 à 171, fol. 52 à 55) des années 1070 à 1178.

39. Ces initiales sont rehaussées à la fois de rouge et de vert dans ces neuf premiers cahiers. L'encre verte est par contre totalement absente à partir du dixième cahier.

40. Foliotés 71bis à 71^{VI}, ils constituent les cinq premiers folios du dixième cahier.

41. Voir par exemple le dossier de serments pour les châteaux de Cabaret (Aude) (actes 274 à 286, fol. 90 à 93).

42. Actes 387 à 399 (fol. 141 à 148v).

43. Actes 482 à 492 (fol. 188v à 194), 495 (fol. 195-v) et 497 (fol. 196-v).

44. Actes 496 (fol. 195v-196) et 504 à 513 (fol. 199 à 202).

actes récents, après 1188, et de très nombreux doubles. Le dernier acte du cartulaire, la donation par Bernard Aton VI de ses vicomtés de Nîmes et d'Agde à Simon de Montfort, datée du 7 mai 1214, a été transcrit postérieurement, par une main différente.

L'organisation interne du cartulaire, jamais explicitée, paraît donc assez complexe. La volonté rationnelle présente au début semble se diluer peu à peu. Des dossiers de serments féodaux groupés par châteaux ont été constitués, souvent suivis par un espace libre en prévision de serments futurs qui n'y ont jamais pris place, à cause de la conquête du début du XIIIᵉ siècle. Le cartulaire n'a cependant pas été composé dans un contexte de crise. Bien au contraire, l'initiative de la transcription est le fait de Roger II, dans les années 1186-1188, à un moment où il est en position de force, allié à Alfonse II roi d'Aragon et à Richard Coeur de Lion, contre un Raimond V de Toulouse bien esseulé [45].

*
* *

Il nous est impossible de décider si ce cartulaire a jamais servi de véritable instrument de gestion, son organisation interne bien floue semble montrer le contraire. L'intention du commanditaire fut sans doute plutôt de recopier, pour les conserver, des originaux devenus pléthoriques, doublée peut-être aussi d'une volonté de prestige. Et l'on ne peut que louer cette initiative de Roger II, qui nous a permis de conserver un grand nombre d'actes dont les originaux sont aujourd'hui perdus. Il n'est donc pas possible de vérifier la qualité et la fiabilité des copies. Le nom même des scribes qui ont rédigé le cartulaire nous est inconnu, mis à part ce *Poncius de Genestars* cité plus haut [46].

Imaginer que le cartulaire est une transcription fidèle de la totalité des archives de la maison Trencavel à la fin du XIIᵉ ou au début du XIIIᵉ siècle est sans doute une illusion. Mais aucun moyen ne nous est donné pour comprendre les choix qui ont présidé à la rédaction. On peut cependant remarquer le grand nombre de serments féodaux transcrits (321 sur 585 textes) : ce

---

45. Sur les péripéties de la grande guerre méridionale et les hostilités des années 1179-1185, C. Higounet, *Un grand chapitre de l'histoire du XIIᵉ siècle : la rivalité des maisons de Toulouse et de Barcelone pour la prépondérance méridionale*, dans *Mélanges Louis Halphen*, Paris, 1951, p. 313-322, à la p. 320, et R. d'Abadal, *A propos de la «domination» de la maison comtale de Barcelone sur le Midi français*, dans *Annales du Midi*, 1964, p. 315-345, aux p. 342-344.

46. Voir ci-dessus, note 32. C'est là la seule mention de ce personnage dans le cartulaire, nous ne savons rien sur lui. Le toponyme semble pouvoir être identifié avec un *castrum* de la plaine languedocienne aujourd'hui appelé Ginestas (Aude), entre Lézignan et Capestang.

type d'actes revêt de toute évidence une importance capitale pour les vicomtes. Il est à notre sens une clé essentielle pour la définition du pouvoir des Trencavel, pour la compréhension de la féodalité méridionale et de ses spécificités.

Avec ses maladresses, le cartulaire des Trencavel reste néanmoins le premier exemple aujourd'hui connu de cartulaire émanant d'une autorité seigneuriale laïque, dans l'actuel espace français.

CARTULAIRES ET INVENTAIRES DE CHARTES DANS LE NORD DE LA FRANCE

par

Bernard DELMAIRE

Parmi les thèmes de réflexion suggérés par les organisateurs de la table ronde sur les cartulaires, trois ont été plus particulièrement retenus dans cet article : le dénombrement critique des cartulaires sur une longue période des origines à leur disparition, les relations avec d'autres types de documents, ici les inventaires d'archives, et enfin, les âges du cartulaire, de leur vie active à leur mort, par la concurrence d'autres genres de documents, surtout à l'époque moderne.

Le cadre géographique retenu, les actuels départements du Nord et du Pas-de-Calais, est tout à fait artificiel, je le reconnais volontiers, mais après tout c'est celui que les archivistes utilisent pour leur classements. Au civil, il correspond aux anciennes provinces d'Artois, de Boulonnais, du Cambrésis et à une partie de la Flandre et du Hainaut, partagés aujourd'hui entre la France et la Belgique ; au plan religieux, à l'ancien évêché d'Arras et à une partie plus ou moins vaste de ceux de Cambrai, Tournai, Thérouanne (jusqu'en 1559) et Amiens. Je retiens les cartulaires composés jadis dans ces régions, même s'il sont conservés ailleurs maintenant et j'écarte les rares cartulaires composés ailleurs et conservés aujourd'hui dans le Nord ou le Pas-de-Calais.

Comme beaucoup de médiévistes travaillant sur une région déterminée, je me suis refait à mon usage personnel le vieux et indispensable répertoire de H. Stein, paru en 1907, pour ce qui est de la région du Nord, retranchant ici, ajoutant là, corrigeant ça et là. Le bilan présenté ici est encore provisoire, d'autant plus que je n'ai pas encore examiné tous les cartulaires que j'évoque ici. Cet article est l'occasion de comparer ce qui existe aujourd'hui à la liste de Stein, de voir ce qu'il faut enlever de celle-ci, ce qu'il faut y ajouter, sans prétendre faire le travail minutieux du «nouveau Stein» entrepris par l'Institut de recherche et d'histoire des textes. Pour ce qui est des inventaires anciens, très nombreux et jamais étudiés dans leur ensemble, il n'existait pas de précédent: il a fallu partir des répertoires et inventaires imprimés et de mes propres recherches ; ce que j'ai pu rassembler n'est certainement pas exhaustif et sera augmenté par des recherches plus approfondies.

L'idée était de vérifier dans quelle mesure les cartulaires - genre médiéval par excellence - avaient été concurrencés ou supplantés, et à quelle époque, par d'autres recueils plus pratiques ou plus complets.

*

* *

La première tâche, la plus délicate, a été de faire un tri dans les documents à retenir au nombre des cartulaires ; pour les inventaires le choix était beaucoup plus facile.

Inutile de rappeler longuement la difficulté sur laquelle nous butons tous : qu'est-ce qui distingue un «vrai» cartulaire de tant d'autres recueils dans lesquels sont rassemblés des actes diplomatiques ? Je suis parti de la définition donnée par les organisateurs de la rencontre : «toute transcription organisée (sélective ou exhaustive) de documents diplomatiques, réalisée par le détenteur de ceux-ci ou pour son compte» et de celle de R. van Caenegem : «livres ou rouleaux dans lesquels on a recopié les actes, et éventuellement d'autres documents, du chartrier d'une institution déterminée» [1] et j'ai pris les partis suivants.

De la liste de Stein, j'ai retiré un certain nombre de recueils que l'on peut classer ainsi (annexe n° 1) :

- les éditions de documents, tirés ou non de cartulaires, faits en grand nombre au siècle dernier par des érudits, souvent imprimés sous le titre abusif de cartulaire au sens de recueil d'actes ;

- les cartulaires disparus, connus par des extraits plus ou moins copieux de l'époque moderne, des analyses, des résumés, voire même de simples mentions ;

- les doublets ou cartulaires comptés deux fois ;

- un cartulaire attribué par erreur à la région (Claimarais) ;

- deux recueils factices comptés comme cartulaires par Stein et supprimés par l'archiviste du Nord Max Bruchet, qui a reversé les feuilles de ces recueils dans les «layettes» ou pièces isolées ;

- enfin, et c'est là le plus délicat et le plus subjectif, les très nombreux cartulaires factices, plus ou moins homogènes, faits par des archivistes et des érudits, surtout aux XVIIᵉ et XVIIIᵉ siècles, grands siècles déjà de l'érudition ; ces transcriptions ne répondent pas bien à la définition du cartulaire, ou elles n'y répondent qu'en partie : ou bien le compilateur est étranger à l'institution (par exemple des érudits connus, comme dom Queinsert, le copiste de Moreau dans ces régions, ou le savant Mutte, doyen de Cambrai), ou bien le travail n'est ni systématique ni organisé, ou bien le compilateur a recours à d'autres chartiers, etc. Il faut noter qu'un certain nombre de

---

1. R. Van Caenegem et F.-L. Ganshof, *Encyclopedie van de geschiedenis der Middeleeuwen. Inleiding tot de geschreven bronnen van de geschiedenis der westerse Middeleeuwen*, Gand, 1962, p. 76.

ces recueils sont des créations d'archivistes ; le docteur André Le Glay, premier archiviste du Nord, s'était fait une spécialité de ce genre de recueil en reliant des copies d'actes, voire des actes originaux, de toute époque et de toute provenance. On a dit plus haut que l'un de ses successeurs, Max Bruchet, réintégra des pièces parmi les originaux : ce qui prouve qu'un archiviste a le pouvoir de créer et de détruire des cartulaires !

Il est souvent malaisé de fixer la limite entre un cartulaire de bon aloi et un cartulaire factice. Un autre grand archiviste du Nord, Pierre Pietresson de Saint-Aubin, a écrit jadis une étude sur les cartulaires de l'église (évêché et chapitre) de Cambrai [2] ; il retient 22 cartulaires complets : de ces 22, je n'en ai retenu que 13 (les numéros I à XIII) et en ai écarté 9 (les numéros XIV à XXII), qui sont des recueils factices d'actes faits aux XVIIe, XVIIIe et même XIXe siècles : ses cartulaires XIX à XXII ont été assemblés et reliés par Le Glay à partir de copies du siècle précédent. D'autres sont des recueils composites de pièces utiles aux négociations politiques avec la France et l'Espagne. D'autres chercheurs ont été beaucoup plus stricts : dans les pages qu'elle a consacrées aux cartulaires des comtés d'Artois, de Flandre et de Hainaut [3], Madame Sornay a manié la hache et n'a retenu qu'un nombre assez restreint de cartulaires, rejetant un grand nombre de recueils de pièces d'intérêt domanial, fiscal et politique composés du XVe au XVIIIe siècle et j'ai suivi ses choix. Bref, la politique, l'érudition et la chicane se sont conjuguées pour brouiller les genres.

J'ai aussi écarté quelques documents dans lesquels se sont glissées des ébauches de cartulaires, par exemple un rentier de l'hôpital de Saint-Jean-Baptiste d'Aire du XVe siècle dans lequel on trouve quatre feuillets de transcriptions de chirographes du XIIIe siècle [4] : c'est un terrier avec un élément de cartulaire, non un cartulaire véritable. En règle quasi générale, et ceci n'apparaît pas bien dans les définitions citées en commençant, un cartulaire, rouleau ou *codex*, a une unité matérielle, il coexiste très rarement avec un document d'un autre type, que le volume soit relié ou non.

Il a fallu naturellement tenir compte des pertes de la première guerre mondiale : onze cartulaires.

Une fois ce tri fait, il était plus facile de faire la liste des cartulaires à retenir en y mettant :

- les cartulaires de Stein correspondant, par le fond et par la forme, à la définition du cartulaire, quelles que soient l'épaisseur de ces registres et la longueur des quelques rouleaux conservés ;

2. P. Pietresson de Saint-Aubin, *Les cartulaires de l'église de Cambrai*, dans *Revue du Nord*, 1958, p. 363-373, et 1959, p. 15-22.
3. R.-H. Bautier et J. Sornay, *Les sources de l'histoire économique et sociale du Moyen Age*, II, *Les Etats de la Maison de Bourgogne*, 1. *Archives des principautés territoriales*, fasc. 2, *Les principautés du Nord*, p. 22-24, 242, 528-530.
4. B.M. Saint-Omer, ms 858, fol. 21-24v.

- les fragments ou restes de cartulaires jadis plus volumineux, bien que l'on puisse parfois hésiter devant des épaves de quelques feuillets : Stein avait bien retenu des cartulaires réduits à un seul feuillet !

- les copies complètes de cartulaires disparus, dues le plus souvent à des archivistes ou à des érudits : par exemple les cartulaires du chapitre de Lens, de l'abbaye de la Brayelle ; mais n'est-ce pas le cas également de quelques textes autrement célèbres ? Le cartulaire-chronique de Saint-Bertin composé vers 962 par Folcuin n'est conservé que par des copies dont la plus ancienne est du XIIᵉ siècle ; le cartulaire-chronique-polyptyque de Saint-Vaast d'Arras dressé vers 1170 par le moine Guiman n'est connu que par des copies du XVIᵉ et du XVIIᵉ siècle.

- enfin et surtout, de nombreux cartulaires des séries G et H des Archives du Nord, classées depuis le début du siècle par ces grands travailleurs que furent Max Bruchet, Pierre et Anne-Marie Pietresson de Saint-Aubin et leurs collaborateurs.

*
* *

Les tableaux qui suivent donnent en bref le nombre connu à ce jour des cartulaires conservés, dont la liste est à l'annexe n° 2 ; le nombre des inventaires donné ici est plus appoximatif et il est sûrement inférieur à la réalité ; on a renoncé à en donner la liste, pour ne pas abuser de l'hospitalité des éditeurs des actes du colloque.

Cartulaires	Liste Stein	Liste 1993
Erreur de localisation géographique	1	
Supprimés par Max Bruchet	2	
Comptés deux fois	2	
Editions d'actes	24	
Extraits, analyses, mentions de cartulaires disparus	25	
Cartulaires factices et sources de type différent	50	
Détruits ou disparus en 1914-1918	11	
Total des cartulaires écartés	115	
Cartulaires communs aux deux listes	177	177
Cartulaires inconnus de Stein		79
Total	292	256

L'attribution d'un cartulaire à tel ou tel siècle est commode, mais un peu trompeuse ; j'ai choisi l'époque de première rédaction, quelle que soit l'importance des ajouts postérieurs. Lorsqu'un *codex* ancien unit sous la même reliure deux cartulaires ou deux rédactions de siècles différents, j'ai retenu le siècle le plus récent : ainsi les cartulaires du XIIIᵉ siècle de Saint-Amé de Douai et de Marchiennes réunissent-ils chacun un cartulaire du XIIᵉ siècle et un du XIIIᵉ. Enfin, il est souvent bien délicat de distinguer une écriture de la fin du XVᵉ d'une écriture du début du XVIᵉ siècle ou une écriture de la fin du XVIᵉ et du début du XVIIᵉ siècle : seule une étude critique de tous les cartulaires permettra de lever les incertitudes.

Quant aux inventaires, il est plus facile d'en faire le compte, avec parfois une incertitude chronologique due à l'écriture. J'ai pour le moment retrouvé 192 inventaires antérieurs à 1790, en excluant les nombreux fragments d'inventaires qui se trouvent dans les chartriers et en écartant aussi les inventaires, souvent intéressants, dressés après la nationalisation des biens du clergé.

Voici la répartition par siècle de ces cartulaires et inventaires :

	Cartulaires	Inventaires
Xᵉ	1	
XIIᵉ	7	
XIIIᵉ	53	6
XIVᵉ	41	10
XVᵉ	57	14
XVIᵉ	40	21
XVIIᵉ	33	41
XVIIIᵉ	24	103
Total	256	192

Le tableau montre que l'âge d'or des cartulaires a duré du XIIIᵉ au XVIᵉ siècle, mais que l'époque moderne a bien conservé ce genre médiéval. Avec de notables inflexions il est vrai : les cartulaires du XVIIᵉ et surtout du XVIIIᵉ siècle sont de moins en moins des instruments de gestion et de plus en plus des cartulaires érudits ou encyclopédiques, ce qui ne saurait étonner : l'ordre en devient souvent chronologique et le contenu exhaustif, comme dans les énormes cartulaires en dix volumes de Marquette (par Waymel) et de Saint-Bertin (par dom Dewitte). C'est alors que fleurissent les copieurs d'actes, plus ou moins doués pour cet exercice, ce qui multiplie les recueils factices que Stein avait accueillis en grand nombre dans son répertoire.

La progression du nombre des inventaires est lente, mais régulière du XIIIᵉ au XVIIᵉ ; au XVIIIᵉ, c'est une véritable explosion, coïncidant avec le recul des cartulaires. Les inventaires peuvent être plus ou moins détaillés, plus ou moins complets. Avant le XVIIᵉ siècle, ils donnent rarement une analyse détaillée des actes, sauf exception [5] : cela va du simple répertoire avec les cotes à l'indication sommaire du contenu, fort semblable à ce que l'on trouve au dos des actes et dans les tables initiales ou finales des cartulaires : sans doute y a-t-il parfois des liens entre tous ces éléments. Mais au XVIIIᵉ siècle, les analyses sont souvent très détaillées, proches des analyses d'actes que faisaient et font encore les érudits, ce qui gonfle considérablement les registres d'inventaires : celui de l'abbaye de Licques, en dix volumes, en est un exemple [6] : les copistes de ce siècle ne craignent pas de gaspiller du papier et écrivent très large. Pour l'historien c'est une aubaine, car certains de ces inventaires peuvent, dans une certaine mesure, remplacer des actes et des cartulaires disparus.

Dernière remarque : la répartition géographique des cartulaires et des inventaires fait apparaître des zones favorisées et de vrais déserts documentaires. A vrai dire, le poids de Lille est un peu grossi parce que, pour des raisons de commodité, j'y ai placé les cartulaires du Hainaut, jadis au Quesnoy, qui furent transportés à Lille en 1438 après la mainmise de Philippe le Bon sur ce comté. Mais même ainsi, les deux grands pôles sont Cambrai et Lille, le premier surtout ecclésiastique, le second plutôt civil ; viennent ensuite les abbayes de la plaine de la Scarpe avec les villes d'Arras et de Douai auxquelles on peut joindre Valenciennes sur l'Escaut ; puis la région de Saint-Omer et enfin les abbayes de la région d'Avesnes en Hainaut. Les régions presque vides sont les régions rurales, sans grande abbaye et sans grande ville : le haut Artois, le Boulonnais et la Flandre intérieure et maritime (malgré l'abbaye de Bourbourg). Les côtes sont également absentes des listes.

Cette géographie est dominée par les archives des abbayes et des chapitres : les 4/5 de nos cartulaires en proviennent :

Abbayes bénédictines (hommes et femmes)	85
Chapitres de chanoines	51
Abbayes de chanoines réguliers	17
Chartreux, Mendiants, etc.	14
Hôpitaux et léproseries	18
Villes	29
Seigneuries, principautés	27
Evêchés	9
Paroisses	4
Béguinage	1
Confrérie	1
Total	256

5. Ainsi un inventaire du Mont-Saint-Eloi du XIVᵉ siècle, La Haye, Arch. Gén. Royaume, collection Gérard, n°2 bis ; cf. E. Brouette, *Une tabula libri cartarum du Mont-Saint-Eloi*, dans *Scriptorium*, 1960, p. 103-104.

6. B.M. Boulogne ms 103 C.

Quant aux inventaires, la part des établissements religieux y est aussi écrasante : il est vrai que le chapitre cambrésien de Saint-Géry n'a pas laissé moins de 66 inventaires, plus ou moins complets, ce qui fausse passablement les statistiques.

*

* *

Au terme de ce travail, très partiel, qui a laissé dans l'ombre quantité de thèmes de recherche, je voudrais souligner seulement deux points. D'abord, la densité de ces cartulaires. Sur ce petit territoire de quelque 12400 km², soit moins de 2% de l'espace (l'ancienne Gaule) qu'il avait pris pour cadre, H. Stein avait compté plus de 6% de ses cartulaires, soit une «densité de cartulaires» trois fois supérieure à la moyenne. Pourquoi ? Densité des établissements religieux, des seigneuries, des villes ? Cela renvoie-t-il à une autre richesse, celle du sol et du commerce ou à l'abondance des hommes ? Ou ne s'agit-il que d'une vogue plus grande des cartulaires, ou d'une meilleure conservation des archives ?

Cette étude fait apparaître aussi l'importance des XVIIe-XVIIIe siècles dans la conservation ou le sauvetage des actes médiévaux. Cette importance apparaîtrait encore davantage si l'on étudiait aussi, ce qui reste à faire, l'activité des nombreux érudits, plus ou moins obscurs, plus ou moins savants, qui ont proliféré avec l'essor de l'érudition moderne : Bénédictins comme François de Bar à Anchin, Le Pez à Saint-Vaast, Dewitte à Saint-Bertin, Cisterciens comme de Vissery à Clairmarais, Delebarre et Gouzelaire à Loos, Dominicains comme le père Turpin pour le comté de Saint-Pol, chanoines séculiers comme Doutard à Saint-Pierre de Douai, Mutte et Tranchant au chapitre cathédral de Cambrai, chanoines réguliers comme Baudouin de Glen et Jean de Thélu à Hénin-Liétard, laïcs comme l'Airois Hannedouche de Rebecque, les Valenciennois d'Oultreman et Leboucq, la dynastie des Godefroy, placée par Colbert après la conquête de Lille à la tête des archives de la Chambre des comptes, et tant d'autres. Ils ont fait une oeuvre considérable, faisant le lien entre l'ancienne pratique du cartulaire et l'édition de documents. C'est grâce à eux que les pertes de l'époque révolutionnaire et de la première guerre mondiale peuvent être atténuées.

Vers 962, un moine de Saint-Bertin nommé Folquin écrivait ses *Gesta abbatum Sithiensium* dans lequel les médiévistes voient l'un des plus anciens cartulaires-chroniques ; huit siècles plus tard, en 1790, un autre moine de Saint-Bertin, Charles-Joseph Dewitte, chassé de son abbaye par la Révolution, emportait chez lui les dix volumes du grand cartulaire qu'il rédigeait depuis vingt ans et qu'il allait terminer, avec les sentiments que l'on devine, durant le reste de sa vie ; des milliers d'actes originaux qu'il avait copiés, il ne reste quasiment rien, sauf ce qui était au prieuré de Poperinge. Quelle meilleure illustration de l'intérêt multiple des cartulaires ?

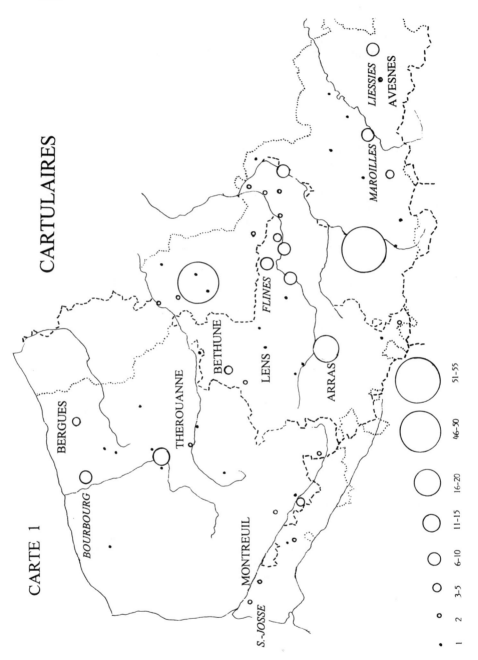

CARTULAIRES

CARTE 1

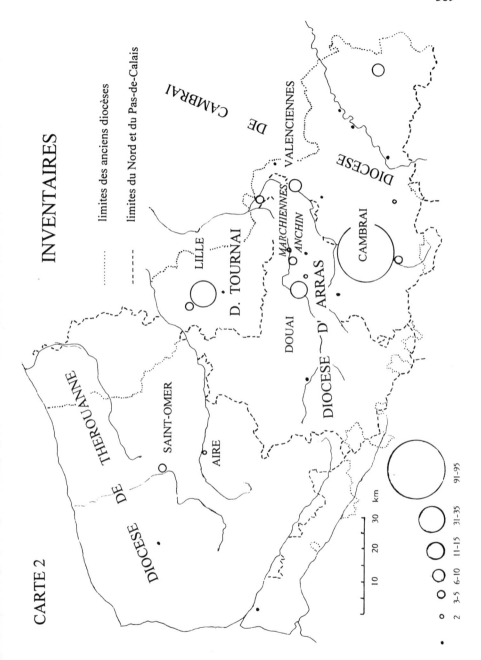

INVENTAIRES

CARTE 2

.... limites des anciens diocèses

– – – – limites du Nord et du Pas-de-Calais

DIOCESE DE CAMBRAI

VALENCIENNES

MARCHIENNES
ANCHIN

CAMBRAI

LILLE

D. TOURNAI

DOUAI

DIOCESE D'ARRAS

DIOCESE DE THEROUANNE

SAINT-OMER

AIRE

10 20 30 km

2 3-5 6-10 11-15 31-35 91-95

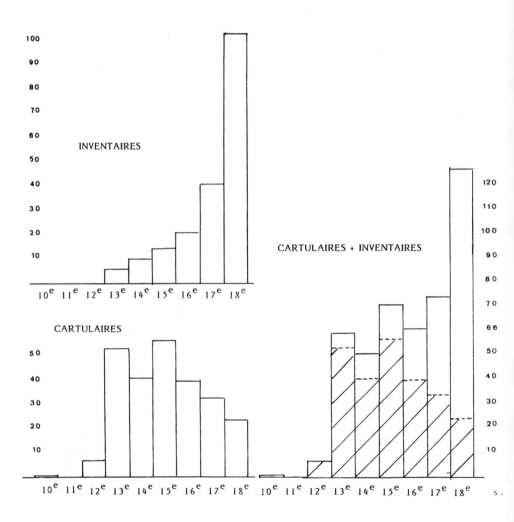

ANNEXE I

CARTULAIRES RETENUS PAR H. STEIN

ET ECARTES DE LA LISTE PROVISOIRE DES CARTULAIRES

A) Cartulaires disparus, connus seulement par des résumés, extraits, mentions de l'époque moderne : 25.

n° 41 (chapitre d'Aire), 210 (abbaye Saint-Vaast d'Arras), 211, 212 (chapitre d'Arras), 220 (évêché d'Arras), 226 (ville d'Arras), 747 (chapitre cathédral de Cambrai), 770 (hôpital Saint-Julien de Cambrai), 1104 (abbaye de Crespin), 1636 (abbaye Saint-Léonard de Guînes), 1660 (comté de Hainaut), 1666 (abbaye de Ham), 2091 (abbaye du Verger), 2590 (abbaye Saint-Saulve de Montreuil), 2594 (ville de Montreuil), 2726 (prieuré de Nieppe), 3291 et 3295 (abbaye de Saint-Amand), 3300 (prieuré de Saint-André-lès-Aire), 3645 (chapitre de Seclin), 3646 (hôpital de Seclin), 4014 (prieuré de Beaumont), 4084 (abbaye de Vicoigne), 4348 (prieuré de Houdain), 4354bis (abbaye de La Capelle).

B) Cartulaires-registres d'une autre nature : 50.

1. Terriers ou descriptions de biens : n° 2377 (abbaye Sainte-Aldegonde de Maubeuge), 3294 (abbaye de Saint-Amand) : 2.

2. Registres de chancellerie : n° 232, 233, 234, 235 (comté d'Artois), 1327, 1328, 1329 (comté de Flandre), 1330 (idem, 4 volumes sur 9), 1648 et 1649 (comté de Hainaut), 4015 et 4016 (ville de Valenciennes), 4155 et 4156 (Yolande, dame de Cassel) : 14.

3. Recueils factices, recueils de copies : n° 753, 754, 755, 757, 759 (évêché de Cambrai), 768 (Saint-Géry de Cambrai), 900 (abbaye de Château-l'Abbaye), 1331, 1333 à 1346 (comté de Flandre), 1652 à 1659 (comté de Hainaut), 2328 (abbaye de Marchiennes), 2591 (abbaye Saint-Saulve de Montreuil), 3455 (abbaye Saint-Josse-au-Bois), 3527 (comté de Saint-Pol) : 34.

C) Editions d'actes et de documents : n° 42 (chapitre d'Aire), 217 (confrérie Notre-Dame des Ardents d'Arras), 218 (ville d'Arras), 237 (comté d'Artois), 327 (ville de Bailleul), 410 (prieuré de Beaurain), 412 (Beaurieux et Sobre-le-Château), 567 et 568 (ville de Boulogne), 569 (abbayes du Boulonnais), 566 (abbaye Saint-Wulmer de Boulogne), 763 (évêché de Cambrai), 1661 (comté de Hainaut), 1678 (Hospitaliers de Haute-Avesnes), 2100 (abbaye de Licques), 2165 (chapitre Saint-Pierre de Lille), 2593 (maladrerie de Montreuil), 2766 (chartreuse de Neuville-sous-Montreuil), 2791 (prieuré d'Oeuf), 3187 (prieuré de Renty), 3332 (abbaye de Saint-Bertin), 3511 et 3513 (ville de Saint-Omer) : 24.

D) Cartulaires comptés deux fois : n° 236 (copie de 230, premier cartulaire d'Artois), 762 (copie de 752, évêché de Cambrai) : 2.

E) Cartulaire attribué par erreur au Nord de la France : n° 970 (Clairmarais, abbaye de Cisterciennes du diocèse de Reims et non de Cisterciens du diocèse de Thérouanne) : 1.

F) Cartulaires factices supprimés par un archiviste : n° 2329 et 2330 (abbaye de Marchiennes) : 2.

G) Cartulaires détruits ou disparus en 1914-1918 : n° 39 et 40 (chapitre d'Aire), 110 (fabrique de Crémarest), 210bis (abbaye Saint-Vaast d'Arras), 219 (chapitre cathédral d'Arras), 775 (ville de Cambrai), 1014 et 1015 (hôpital de Comines), 1689 (ville d'Hénin-Liétard), 2326 (abbaye de Marchiennes), 4187 (paroisse Sainte-Croix d'Ar-ras) : 11.

Nota : certains cartulaires disparus entre 1914 et 1918 ne sont peut-être pas détruits : le «livre blanc» d'Hénin-Liétard se cache peut-être en Allemagne où des documents des archives de la ville (emportées en Allemagne de 1917 à 1926) ont été rachetés en 1974 ; de même les archives de l'hôpital de Comines ont peut-être été emportées par les religieuses à Cambrai, puis ailleurs (communication orale de Jean-Marie Duvosquel, secrétaire de la Société historique de Comines-Warneton).

ANNEXE II

LISTE PROVISOIRE DES CARTULAIRES DU NORD DE LA FRANCE

Cette liste succincte ne comprend que des cartulaires existant en 1993. Elle n'est sûrement pas exempte d'omissions et d'erreurs, de datation notamment ; je précise que je n'ai pas encore vu tous ces manuscrits. Seules ont été indiquées les éditions et analyses complètes.

Abréviations : AD : Archives départementales ; AM : Archives municipales ; BM : Bibliothèque municipale.

AIRE-SUR-LA-LYS (Pas-de-Calais, ch.-l.c.), ville ; XVIIIe s., BM Aire, 11204 A (= ms 48-49), 2 vol.

ANCHIN (com. Pecquencourt, Nord, arr. Douai), abbaye OSB ; XVIIe s., cartulaire de Neuville-Saint-Remy, AD Nord, I H 476.

ANDRES (Pas-de-Calais, arr. Calais), abbaye OSB ; cartulaire-chronique de Guillaume d'Andres, 1226-1234 ; éd. d'Achéry, *Spicilège*, IX, p. 338-671, 2e éd., II, p. 781-871, d'après un ms perdu de 1627.

ARRAS (Pas-de-Calais, préf.), évêché ; fragments du *registrum kartarum* (à l'évêché d'Arras jusqu'à la première guerre mondiale) rachetés en Allemagne par A.C.J. Koch, archiviste de Deventer, décédé récemment ; XIIIe s. ; Stein 220 ; analyse A. Guesnon «Le cartulaire de l'évêché d'Arras analysé chronologiquement», *Mém. Académie Arras*, 1902, p. 165-323.

ARRAS, chapitre cathédral ; livre blanc, XIIIe s. ; BN lat. 9930 ; Stein 214 ; éd. A. De Loisne, *Le cartulaire du chapitre d'Arras*, Arras, 1896.

- idem ; cartulaire des chapellenies ; 1282 ; BN lat. 17737 ; Stein 216 ; analyse A. De Loisne, « Le cartulaire des chapellenies d'Arras...», *Mém. Académie Arras*, 1907, p. 185-394.

- idem ; fragment (10 fol.) de l'*antiquum cartulare*, XIIIe s. ; arch. Pas-de-Calais, 3 G, non coté ; Stein 213 (qui le disait perdu).

- idem ; XIVe s. ; La Haye, Bibl. Royale, 70 H 54 ; Stein 218.

- idem ; XVe s. ; BN n.a.l., 6270 ; Stein 215.

ARRAS, abbaye Saint-Vaast, OSB ; XIIe s. ; BM Arras, ms 1266 ; Stein 209 ; analyse A. Guesnon, «Un cartulaire de Saint-Vaast d'Arras, codex du XIIe s.», *Bull. Phil. et hist. Comité travaux hist.,* 1896, p. 240-305.

- idem ; XVIe s. ; cartulaire avec la copie du livre de Guiman de 1170 env. ; AD Pas-de-Calais, 1 H 1 ; Stein 208 ; voir le suivant.

- idem ; XVIIe s. ; cartulaire dit «Guiman de l'évêché» avec une autre copie du livre de Guiman ; AD Pas-de-Calais, 9J/AA (dépôt des archives diocésaines) ; Stein 208bis ; éd. A. Van Drival, *Cartulaire de l'abbaye de Saint-Vaast d'Arras rédigé au XIIe s. par Guiman,* Arras, 1875.

ARRAS, ville ; XIVe s. ; AM Arras ; AA 5 ; Stein 223.

- idem ; XVe s. ; AM Arras, AA 6 ; Stein 224.

- idem ; XVe s. ; AM Arras, AA 7.

- idem ; XVe s. ; AM Arras, AA 8 ; Stein 227.

- idem ; XVe s. ; AM Arras, AA 9 ; Stein 225.

ARRAS, hôpital Saint-Jean-en-l'Estrée ; XIVe s. ; archives hospitalières en dépôt à la B.M. Arras, I A 3 ; Stein 222 ; éd. J.-M. Richard, «Cartulaire de l'hôpital Saint-Jean-en-l'Estrée d'Arrras», *Mém. Académie Arras,* 2e série, 16, 1880, p. 331-425.

ARROUAISE (com. Le Transloy, Pas-de-Calais, arr. Bapaume) ; abbaye de chanoines réguliers ; XIIe s. ; BM Amiens, ms 1077 ; Stein 229.

- idem ; XVIIe s. ; cartulaire D, abbaye du Mont-César à Louvain (retrouvé en 1976).

ARTOIS, comté ; premier cartulaire ; XIIIe s. ; AD Nord, B 1593 ; Stein 230.
- idem ; 2e cartulaire ; XVe s. ; AD Nord, B 1594 ; Stein 231.

AUBIGNY (Pas-de-Calais, arr. Arras), prieuré de l'abbaye du Mont-Saint-Eloi, chanoines réguliers ; XIVe s. ; AD Pas-de-Calais, H, prieuré d'Aubigny, non coté ; Stein 252.

AUCHY-LES-HESDIN (Pas-de-Calais, arr. Arras), abbaye OSB ; XIVe s. ; AD Pas-de-Calais, H, Auchy ; Stein 263 ; éd. dom Betencourt, *Cartulaire de l'abbaye de Saint-Silvin d'Auchy en Artois,* s.l. n.d.

- idem ; 1680 ; BM Abbeville, ms 189 ; Stein 264.

AVESNES-LES-BAPAUME (Pas-de-Calais, arr. Arras), abbaye OSB de femmes ; XIVe s. ; château de Tramecourt (Pas-de-Calais).

AVESNES-SUR-HELPE (Nord, ch.-l. arr.), seigneurie ; XIVe s. ; Avesnes, Société archéologique ; Stein 4191 ; éd. E. Leclercq, *Cartulaire de la Terre d'Avesnes,* Avesnes, 1911.

AVESNES-SUR-HELPE, ville ; livre rouge ; XVIe s. ; AM Avesnes, BB1 ; Stein 306 (pas d'actes médiévaux).

AYMERIES (com. Aulnoy-Aymeries, Nord, arr. Avesnes) ; prieuré OSB de l'abbaye d'Anchin ; XVIe s. ; AD Nord, 1 H 1704 ; Stein 322.

BEAUPRE (com. La Gorgue, Nord, arr. Dunkerque), abbaye OSB de femmes ; 1473 ; petit cartulaire de Ribecourt, AD Nord, 29 H 3/24.

BERGUES (Nord, arr. Dunkerque), ville ; XVe s. ; AM Bergues, AA 11.

- idem ; XVIIe s. ; AM Bergues, AA 10.

- idem ; livre rouge ; 1694 ; AM Bergues, AA 9.

BERGUES, abbaye Saint-Winoc, OSB ; XIIIe s. ; Bruxelles, Bibl. des Bollandistes, ms 285 ; Stein 453 (éd. A. Pruvost, *Chronique et cartulaire de l'abbaye de Bergues-Saint-Winoc*, Bruges, 1875-1878, 2 vol.)

BETHUNE (Pas-de-Calais, ch. - l. arr.), ville ; XVIe s. ; AM, AA 4 ; Stein 474.

- idem ; XVIIe s. ; AM, AA 5 ; Stein 475.

BETHUNE, chapitre Saint-Barthélemy ; XIIIe s. ; AD Pas-de-Calais, G non coté ; Stein 473 (éd. A. de Loisne, *Le cartulaire de Saint-Barthélemy de Béthune*, Saint-Omer, 1895).

BETHUNE, confrérie des charitables de Saint-Nicolas ; 1462 ; AD Pas-de-Calais, 2 E, non coté ; Stein 472 (qui l'attribue par erreur à la confrérie des charitables de Saint-Eloi).

BOMY (Pas-de-Calais, arr. Saint-Omer), église paroissiale ; XVII-XVIIIe s. ; archives paroissiales ; Stein 514 (seulement moderne ; introuvable actuellement, selon une communication du chanoine Berthe, archiviste diocésain).

BOURBOURG (Nord, arr. Dunkerque), ville ; XVIIIe s ; AM Bourbourg, AA 1 ; Stein 581.

BOURBOURG, abbaye OSB de femmes ; XIIIe s. ; BN, lat. 9920 ; Stein 575.

- idem ; XVe s. ; BN, lat. 9922 ; Stein 578.

- idem ; XVIe s. ; BN, lat. 9923 ; Stein 579.

- idem ; XVIe s. ; BN, lat. 9924 ; Stein 580.

- idem ; XVIe s. ; BN, lat. 9926 ; Stein 576 (éd. I. de Coussemaker,*Un cartulaire de l'abbaye Notre-Dame de Bourbourg (1104-1313)*, Lille, 1882-1891, 3 vol. (a utilisé les cartulaires BN, lat. 9920 et 9926).

- idem ; XVIIe s. ; BN, lat. 9921 ; Stein 577.

CAMBRAI (Nord, ch.-l. arr.), évêché ; XVe s. ; 1er cartulaire de Henri de Berghes, AD Nord, 3 G 536 ; Stein 749 ; Pietresson de Saint-Aubin (v. n. 2), n° X.

- idem ; XVe s. ; 2e cart. de Henri de Berghes, AD Nord, 3 G 537 ; Stein 752 ; Piétresson n° XI (Stein 762 n'en est qu'une copie de la BM Cambrai).

- idem ; XVe s. ; 3e cart. de Henri de Berghes, AD Nord, 3 G 538 ; Stein 751 ; Piétresson n° XII.

- idem ; XVe s. ; AD Nord, 3 G 539 ; Stein 750 ; Piétresson n° XIII.

- idem ; XVe s. ; cartulaire de la maltôte (fragment) ; AD Nord, 3 G 535 ; Stein 749 ; Piétresson n° X.

CAMBRAI, chapitre cathédral ; fin XIIe ; BN, la. 10968 ; Stein 746 ; Piétresson n° I..

- idem ; XIIIe s. ; BN, lat. 10969 ; Stein 748 ; Piétresson n° II.
- idem ; XIIIe s. ; BM Cambrai, ms 1152 ; Stein 761 ; Piétresson n° III.
- idem ; XIIIe s. ; rouleau ; AD Nord, 4 G 1/3.
- idem ; XIIIe s. ; rouleau (partiel) ; AD Nord, 4 G 1/2.
- idem ; XIIIe s. ; rouleau (Villers-Pol et Orsinval) ; AD Nord, 4 G 1/1.
- idem ; XIVe s. ; rouleau ; AD Nord, 4 G 1/4.
- idem ; 1348 ; rouleau (cartulaire du gavène) ; AD Nord, 4 G 1/6.
- idem ; XIVe s. ; AD Nord, 4 G 842 ; Piétresson n° IV.
- idem ; XIVe s. ; AD Nord, 4 G 843 ; Piétresson n° V.
- idem ; XIVe s. ; BM Cambrai, ms 1151 ; Piétresson n° VI.
- idem ; XIVe s. ; cartulaire de Maresches et Villers-Pol ; AD Nord, 4 G 850.
- idem ; 1391 ; cartulaire de la vidamie ; AD Nord 4 G 845.
- idem ; XVe s. ; AD Nord, 4 G 844 ; Stein 758 ; Piétresson n° VII.
- idem ; XVe s. ; *Arthesium* ; BN, lat. 17736 ; Stein 756 ; Piétresson n° VIII.
- idem ; XVe s. ; AD Nord, 4 G 846.
- idem ; 1440 ; cartulaire du cellier ; AD Nord, 4 G 847.
- idem ; XVIIe s. ; cartulaire des fondations ; AD Nord, 4 G 848 (seulement moderne).
- idem ; XVIIe s. ; cartulaire des bourses du collège ; AD Nord., 4 G 850 (seulement moderne).

CAMBRAI, abbaye Saint-Aubert (chanoines réguliers) ; XVe s. ; BM Cambrai. ms 1144-1145, 2 vol. ; Stein 741.
- idem ; XVe s. ; AD Nord, 36 H 438.
- idem ; XVIIIe s. ; fragment ; AD Nord, 36 H 440.

CAMBRAI, chapitre Sainte-Croix ; XVe s. ; BM Cambrai, ms 1042 ; Stein 764.
- idem ; XVe s. ; AD Nord, 6 G 167.

CAMBRAI, chapitre Saint-Géry ; XIIIe s. ; cartulaire de Hem-Lenglet ; AD Nord, 7 G 545.
- idem ; XVe s. ; BM Cambrai, ms 1342 ; Stein 767.
- idem ; XVe s. ; AD Nord, 7 G 538 ; Stein 766.
- idem ; XVe s. ; cartulaire de Villers-Cauchie ; AD Nord, 7 G 546.
- idem ; XVIe s. ; AD Nord, 7 G 539 ; Stein 765.
- idem ; XVIe s. ; cartulaire de la fabrique ; AD Nord, 7 G 540.
- idem ; XVIe s. ; cartulaire de Clamecy, Gussy et Cericy ; AD Nord, 7 G 547.

CAMBRAI, abbaye de Saint-Sépulcre, OSB ; XIIe s. ; BM Cambrai, ms 1222 ; Stein 742.
- idem ; 1492 ; BM Cambrai, ms. 1041 ; Stein 743.
- idem ; XVe s. ; AD Nord, 3 H 256.
- idem ; XVIe s. ; AD Nord, 3 H 255 ; Stein 745.

- idem ; XVIᵉ s. ; AD Nord, 3 H 257.

- idem ; XVIIᵉ s. ; BM Cambrai, ms 1148 ; Stein 744 (seulement moderne).

CAMBRAI, léproserie Saint-Lazare ; XIIIᵉ s. ; AD Nord, 19 H 1 ; Stein, n° 773.
- idem ; XIVᵉ s. ; AD Nord, 19 H 2.

CAMBRAI, hôpital Saint-Julien ; XIIIᵉ s. ; Cambrai, Arch. Hosp. I A 11 ; Stein 769 (Stein 770 est une copie de ce cartulaire datant du XVIIᵉ s.).

CAMBRAI, hôpital des Grands Chartriers ; XIIIᵉ s. ; rouleau ; Cambrai Arch. Hosp., IX B 55 et 56 (je réunis, peut-être à tort, ces deux rôles aujourd'hui séparés).

CAMBRAI, aumône de la paroisse Notre-Dame ; XVᵉ s. ; Cambrai, Arch. Hosp., XVIII A 1.

CAMBRAI, hôpital général ; XVIᵉ s. ; Cambrai, Arch. Hosp., IX A 2 ; Stein 771 (la cote donnée par Stein est fausse).

- idem ; XVIᵉ s. ; Arch. Hosp., IX A 3 ; Stein 772.

CAMBRAI, ville ; XVᵉ s. ; livre à la chaîne ; AM AA 1, Stein 774.

CAMBRESIS, XVᵉ s. ; AD Nord, B 1590 ; Stein 4273 (à rattacher aux cartulaires du comté de Flandre).

CANTIMPRE (faubourg de Cambrai), béguinage ; XIVᵉ s. ; AD Nord, 161 H 1.

CASSEL (Nord, arr. Dunkerque), ville ; XVIIIᵉ s. ; AM AA 1.

CERCAMP (com. Frévent, Pas-de-Calais, arr. Arras), XIIIᵉ s. ; APDC, H, Cercamp ; Stein 812.

- idem ; XIVᵉ s. ; APDC, H, Cercamp ; Stein 813.

CHATEAU-L'ABBAYE (Nord, arr. Valenciennes), abbaye de Prémontrés ; XVIᵉ s. ; AD Nord, 58 H 117 ; est sans doute le Stein 899 (que Stein disait perdu).

COMINES (Belgique prov. Hainaut et France, arr. Lille), ville ; XVIIIᵉ s. ; AM, AA 2 ; Stein 1002.

COMINES, seigneurie ; 1470 ; Tournai, Archives de l'Etat, cartulaire n° 28 ; Stein 1015 (qui le cite dans une collection privée) ; autres exemplaires : Bruges, Arch. Etat, nouv. acquisitions n° 6663 ; Gand, Arch. Etat, fonds Borluut, n° 576.

CONDE-SUR-l'ESCAUT (Nord, arr. Valenciennes) chapitre ; XIIIᵉ s. ; BN, lat. 9917 ; Stein 1034.

CYSOING (Nord, arr. Lille), abbaye de chanoines réguliers ; 1517 ; Mons, Arch. de l'Etat, cartulaire n° 12 ; Stein 1114 ; éd. I. de Coussemaker, *Cartulaire de l'abbaye de Cysoing*, Lille, 1886.

- idem ; XVIIᵉ s. ; BN, Flandre, n° 73 ; Stein 1116.

DOUAI (Nord, ch.-l. arr.) ; chapitre Saint-Amé ; XII-XIIIᵉ s. ; AD Nord, I G 13 ; Stein 1221.

- idem ; XVIIᵉ s. ; cart. des chapelains ; AD Nord, I G 14.

DOUAI, Abbaye des Prés (Cisterciennes) ; XIIIᵉ s. ; Londres, British Library, Add. mss 23933 ; Stein 1220.

- idem ; XIVᵉ s. ; Londres, British Library, Add. mss. 23932 ; Stein 1219.

DOUAI, Chartreux ; XVIIIᵉ s. ; AD Nord, 61 H 1.

DOUAI, ville ; XIVᵉ s. ; Arch. Mun., AA 84 ; Stein 1222.

- idem ; XVᵉ s. ; Arch. Mun., AA 85 ; Stein 1223.

ESQUERCHIN (Nord, arr. Douai), prieuré de l'abbaye d'Anchin ; XVIᵉ s. ; AD Nord, I H 1738.

FIVES (Nord, arr. Lille), prieuré de l'abbaye de Saint-Remi de Reims ; XVIᵉ s., AD Nord 14 H 1.

FLANDRE, comté ; XIIIᵉ s., cartulaire rouge ou d'Audenarde, AD Nord, B 1570.

- idem ; XIVᵉ s. ; 1ᵉʳ cartulaire de Flandre ; AD Nord B 1561 ; Stein 1330 (sous ce numéro, Stein a regroupé 9 volumes différents dont celui-ci et les 4 suivants).

- idem ; XIVᵉ s. ; 2ᵉᵐᵉ cart. de Flandre ; AD Nord, B 1562 ; Stein 1330.

- idem ; XIVᵉ s. ; 3ᵉᵐᵉ cart. de Flandre ; AD Nord, B 1563 ; Stein 1330.

- idem ; XIVᵉ s. ; 4ᵉᵐᵉ cart. de Flandre ; AD Nord, B 1564 ; Stein 1330.

- idem ; XIVᵉ s. ; 8ᵉᵐᵉ cart. de Flandre ; AD Nord, B 1568 ; Stein 1330.

- idem ; XIVᵉ s. ; 10ᵉᵐᵉ cart. de Flandre ; AD Nord B 1595[1] ; Stein 1332.

- idem ; XVᵉ s. ; cart. «des empereurs» ; AD Nord, B 1592.

- idem ; XVᵉ s. ; cart. «de Gand» ; AD Nord, B 1572.

- idem ; XVᵉ s. ; cart. du Franc de Bruges, Bruxelles, Arch. Gén. du Royaume, Ms divers, nᵒ 1956.

- idem ; XVᵉ s. ; cart. du gavène de Cambrésis ; AD Nord, B 1590.

FLINES (Nord, arr. Douai), abbaye de Cisterciennes ; XIVe s. ; AD Nord, 31 H 100 ; Stein 1354.

- idem ; XIVᵉ s. ; AD Nord, 31 H 101 ; Stein 1355.

- idem ; XIVᵉ s. ; AD Nord, 31 H 102 ; Stein 1356.

- idem ; XVᵉ s. ; cart. du Baroeul ; AD Nord, 31 H 105.

- idem ; XVIᵉ s., AD Nord, 31 H 98 et 99, 2 vol., Stein 1353.

- idem ; XVIᵉ s. ; AD Nord, 31 H 103 ; Stein 1357.

- idem ; XVIᵉ s. ; AD Nord, 31 H 104.

- idem ; XVIIIᵉ s. ; AD Nord, 31 H 106 ; Stein 3158 ; les actes de ces cartulaires ont été édités par E. Hautcoeur, *Cartulaire de l'abbaye de Flines*, 2 vol., Lille, 1873-1874.

GOSNAY (Pas-de-Calais, arr. Bethune) Chartreuse du Val-Saint-Esprit (hommes) ; XVᵉ s., BM Béthune, Ms 3-5 (3 vol.) ; Stein 1585.

GOSNAY, Chartreuse du Mont-Saint-Marie (femmes) ; XVᵉ s., AD Pas-de-Calais, H, Gosnay ; Stein ; 1586.

HAINAUT, comté ; 1296/1297 ; BM Valenciennes, Ms 784 et AD Nord, B 1582 ; Stein 1646.

- idem ; 1299 ; La Haye, A.R.A., Leen-en-Registerkamer van Holland, 1 A.

- idem ; XIVᵉ s. ; «2ᵉᵐᵉ cart. du Hainaut» ; AD Nord, B 1583.

- idem ; XIVᵉ s. ; BN, fr. 5608 ; Stein 1647.

- idem ; XIVᵉ s. ; «1ᵉʳ cart. de Valenciennes», AD Nord, B 1588.

- idem ; XIVᵉ s. ; «2ᵉᵐᵉ cart. de Valenciennes», AD Nord, B 1589.

- idem ; XVᵉ s. ; Bruxelles, A.G.R., CC 45670.

- idem ; XVIᵉ s. ; «4ᵉᵐᵉ cart. de Hainaut», AD Nord, B 1585 ; Stein 1650.

- idem ; XVIᵉ s. ; Tournai, Arch. Etat, Cartulaires.

- idem ; XVIᵉ s. ; Lille, BM, Ms 572, fᵒ 11-147 (copie d'un cartulaire plus ancien) ; Stein 1651.

- idem ; XVIIᵉ s. ; domaine du Quesnoy ; BN, Flandre, vol. 78 (copie un cartulaire de 1462) ; Stein 3120.

HASNON (Nord, arr. Valenciennes), abbaye OSB ; XIIIᵉ s. ; Mons, Arch. Etat, cart. n° 29 ; Stein 1670.

- idem ; XVᵉ s. ; BM Douai, ms 1342 ; Stein 1671.

HAUTMONT (Nord, arr. Avesnes), abbaye OSB ; XIIIᵉ s. ; BN, n.a.l. 1386 ; Stein 1682.

HESDIN (Pas-de-Calais, arr. Montreuil), ville ; XIVᵉ s. ; Cart. dit «Matreloge», AM ; Stein 1696.

LA BRAYELLE (Com. Annay-sous-Lens, Pas-de-Calais, arr. Lens), abbaye de Cisterciennes ; XVIIᵉ s. (copie d'un cart. plus ancien) ; BM Arras, ms 606 ; Stein 1772 ; éd. A. Demarquette, *Cartulaire et abbesses de la Brayelle d'Annay de 1194 à 1504*,1, Lille, 1885-1886.

LE CATEAU (Nord, arr. Cambrai), abbaye OSB ; XVIᵉ s. ; AD Nord, 8 H 264

- idem ; 1604; cart. d'Audregnies; AD Nord, 8 H 262.

- idem ; XVIIᵉ s. ; incomplet, AD Nord, 8 H 265.

- idem ; XVIIIᵉ s. ; AD Nord, 8 H 263; Stein 1957.

LENS (Pas-de-Calais, ch.-l. arr.), chapitre; XVIᵉ s. ; copie d'un cart. de la fin XIIIᵉ s. ou du début XIVᵉ s. ; AD Nord, ms 176 ; Stein 4363.

LE QUESNOY (Nord, arr. Avesnes) ; hôpital Sainte-Elisabeth ; XVIᵉ s. ; AD Nord, 49 H 86 ; Stein 2038.

LIESSIES (Nord, arr. Avesnes) ; abbaye O.S.B. ; XIIIᵉ s. ; Mons, Arch. Etat, cartulaire, n° 118 ; Stein 2148 (il était alors à la Bibl. Royale à Bruxelles, ms 7437).

- idem ; XVᵉ s. ; AD Nord, 9 H 8 ; Stein 2143.

- idem ; XVIᵉ s ; AD Nord, 9 H 9 ; Stein 2144.

- idem ; XVIIᵉ s. ; AD Nord, 9 H 10 ; Stein 2146.

- idem ; XVIIᵉ s. ; AD Nord, 9 H 11 ; Stein 2145.

- idem ; XVIIe s. ; AD Nord, 9 H 12 (actes modernes).
- idem ; XVIIIe s. ; AD Nord, 9 H 13 ; Stein 2147.
- idem ; Mons, Archives de l'Etat, cartulaire, n° 93.

LILLE (Nord, préfecture),

chapitre Saint-Pierre; XIIIe s. ; *liber catenatus*; BN Lille, ms 274; Stein 2164.

- idem ; XIIIe s. ; *decanus*; BN Lille, ms 205; Stein 2163.
- idem ; XVe s. ; confrérie Saint-Jean l'évangéliste; AD Nord, 16 G 467.
- idem ; XVIe s. ; vicairies ; AD Nord, 16 G 466.
- idem ; 1607; chapelle Saint-Michel ; AD Nord, 16 G 469.
- idem ; XVIIe s. ; chapelle Saint-Firmin ; AD Nord, 16 G 468.
- idem ; 1615; chapelle Saint-Thomas ; AD Nord, 16 G 472.
- idem ; XVIIe s. ; chapelle Saint-Thomas ; AD Nord, 16 G 473.
- idem ; XVIe s. ; cart. de l'ancien hôtel de l'évêque de Tournai, rue d'Angleterre, AD Nord, 16 G 470.
- idem ; XVIIIe s. ; Lille, AM ; Stein 2166.

LILLE (Nord), couvent des Dominicains ; XIIIe s. ; Lille, BM, ms 298 ; Stein 2161.

- idem ; XVIe s. ; AD Nord, 127 H 49.

LILLE (Nord), couvent de l'Abbiette (Dominicaines) ; XIVe s. ; Bruxelles, Bibl. Royale, ms 4537; Stein 4369.

- idem ; 1516 ; AD Nord, B 130 H 137 ; Stein 2160.
- idem ; XVIe s. ; AD Nord, 130 H 138 ; Stein 2159.
- idem ; XVIIe s. ; AD Nord, 130 H 139.

LILLE (Nord), couvent des Minimes ; XVIIIe s. ; AD Nord, 139 H 1 ; Stein 2162 (actes mo-dernes).

LILLE (Nord), couvent des Augustins ; XVIIIe s. ; AD Nord, 47 H 2 ; Stein 2158.

LILLE (Nord), hospice Comtesse; XVe s. ; BM, Lille, ms 688 ; Stein 2167.

- idem ; 1676 ; Lille, Arch. hosp., n°4329 ; Stein 2168.

LILLE (Nord), hôpital Notre-Dame ou des Grimaretz ; 168 1 ; Lille, Arch. hosp., XIX A 2 ; Stein 2169.

LILLE (Nord), hôpital Saint-Sauveur ; XVIe s. ; Lille, Arch .hosp., VI A 6 ; Stein 2170.

LILLE (Nord), hospice Gantois ; XVe s. ; Lille, Arch. hosp., VIII A 3 ; Stein 2171.

LILLE (Nord), ville; XIVe s. ; «livre Roisin», Lille, AM, AA 209 (n°15910) ; Stein 2172 ; éd. E. Brun-Lavainne, *Roisin; Franchises, lois et coutumes de la ville de Lille*, Lille, 1842.

- idem ; XVIe s. ; Lille, AM, AA 2-15 ; Stein 2173.
- idem ; XVIIIe s. ; Lille, AM, AA 21-35 ; Stein 2174.
- idem ; XVIIIe s. ; Lille, BM, ms 210 ; Stein 2175.

LOOS (Nord, arr. Lille), abbaye de Cisterciens ; 1647; AD Nord, 27 H 60-64 ; Stein 2230.

MARCHIENNES (Nord, arr. Douai), abbaye OSB ; XIIᵉ-XIIIᵉ s. ; AD Nord, 10 H 323 ; Stein 2327.

- idem ; XIIIᵉ s. ; Londres, Br. Library, add. ms n°16611 ; Stein 2331.

- idem ; XVIIIᵉ s. ; Bruxelles, Bibl. Royale, ms divers, 5205 ; Stein 4387.

MAROEUIL (Pas-de-Calais, arr. Arras), abbaye de chanoines réguliers ; XVᵉ s. ; AD Pas-de-Calais H, Maroeuil ; Stein 2356 ; éd. P. Bertin, *La chronique et les chartes de l'abbaye de Maroeuil*, Lille, 1959.

MAROILLES (Nord, arr. Avesnes), abbaye OSB ; XVIᵉ s. ; AD Nord, 11 H 37 ; Stein 2357.

- idem ; XVIᵉ s. ; AD Nord, 11 H 38 ; Stein 2357 (même cote que le précédent).

- idem ; 1765 ; AD Nord, 11 H 39-43 ; Stein 2358 (cf plus bas).

- idem ; XVIIIᵉ s. ; AD Nord, 11 H 44.

- idem ; XVIIIᵉ s. ; AD Nord, 11 H 45 ; Stein 2358 (cf plus bas).

- idem ; XVIIIᵉ s. ; AD Nord, 11 H 46 ; Stein 2358 (cette cote couvre trois cartulaires).

MARQUETTE (Nord, arr. Lille), abbaye de Cisterciennes; XIIIᵉ s. ; BN, lat. 10967; Stein 2360.

- idem ; 1757-1769; AD Nord, 33 H 89-98 ; Stein 2361.

MONTREUIL (Pas-de-Calais, ch.-l. arr.), ville ; XIVᵉ s. ; BN, lat. 17146 ; Stein 2595.

MONTREUIL, Hôtel-Dieu ; 1477, Arch. hosp. ; Stein 2592.

NOORDPEENE (Nord, arr. Dunkerque), couvent de Guillelmites ; XVᵉ s. ; BM Lille, ms 1209 ; Stein 1268 (qui le considérait comme introuvable).

ORCHIES (Nord, arr. Lille), hôpital de Théomolin ; XIVᵉ s. ; Arch. hosp., A 1.

- idem ; 1511 ; Arch. hosp., A 2.

RAVENSBERG (com. Merckeghem, Nord, arr. Dunkerque), abbaye de Cisterciennes; XIIIᵉ s., BN, lat. 10970 (fragment) ; Stein 3138.

ROUBAIX (Nord, arr. Lille), ville; XVIIIᵉ s. ; AM, AA 3 ; Stein 3235.

SAINT-AMAND (Nord, arr. Valenciennes), abbaye OSB; XIIIᵉ s. ; AD Nord, 12 H 1 et 2; Stein 3292.

- idem ; XIVᵉ s. ; AD Nord, 12 H 3 ; Stein 3293.

SAINT-ANDRE-AU-BOIS (com. Gouy-Saint-André, Pas-de-Calais, arr. Montreuil), abbaye de Prémontrés ; XVIIᵉ s. ; livre rouge, AD Pas-de-Calais H, Saint-André-au-bois ; Stein 3298.

SAINT-AUGUSTIN (com. Thérouanne, Pas-de-Calais, arr. Saint-Omer), abbaye de Prémontrés; XIIIᵉ s. ; Gand, Arch. de l'Etat, Varia D 3328 ; Stein 3314 (était alors à la Bibl. Royale à Bruxelles).

SAINT-GEORGES-LES-HESDIN (Pas-de-Calais, arr. Arras), prieuré OSB de l'abbaye d'Anchin; XIIe s. ; AD Nord, 1 H 1757; Stein 1695; éd. R. Fossier, *Cartulaire-Chronique de Saint-Georges d'Hesdin*, Paris, 1984.

- idem ; XIIIe s. ; AD Nord, 1 H 1758.

- idem ; XVe s. ; AD Nord, 1 H 1759.

SAINT-JOSSE-AU-BOIS ou DOMMARTIN (com. Tortefontaine, Pas-de-Calais, arr. Montreuil), abbaye de Prémontrés ; XIIIe s. ; Metz, BM, ms 1197 ; Stein 3454.

- idem ; 1666, AD Pas-de-Calais, H, Saint-Josse (copie de deux cartulaires plus anciens); Stein 3456.

SAINT-JOSSE-SUR-MER (com. Saint-Josse, Pas-de-Calais, arr. Montreuil), abbaye OSB ; XIIIe s. ; AD. Pas-de-Calais, H, non coté ; Stein 3457.

- idem : XVIIe s.; Abbeville, BM, ms 190 ; Stein 3458.

SAINT-OMER (Pas-de-Calais, ch.-l. arr.), chapitre ; XIVe s. ; Saint-Omer, BM (archives en dépôt), 2 G 54.

- idem ; XVe s. ; Saint-Omer, BM, 2 G 53 ; Stein 3509.

SAINT-OMER, ville ; XIIIe s. ; BM, ms 829 : Stein 3512.

SAINT-OMER, paroisse Saint-Denis ; 1415 ; BM, ms 893 ; Stein 3510.

SAINT-OMER, abbaye Saint-Bertin ; vers 962 ; cartulaire-chronique de Folcuin ; Boulogne-sur-Mer, BM, ms 146 [A] (copie du XIIe s.) ; Stein 3325.

- idem ; XIIe s. ; cartulaire-chronique de Simon ; Boulogne, BM ms 146 [B] ; Stein 3326 (les oeuvres de Folquin et de Simon ontété éditées par B. Guérard, *Cartulaire de l'abbaye de Saint-Bertin*, Paris, 1841, corrigé par F. Morand, *Appendice au cartulaire de Saint-Bertin*, Paris, 1867 ; ces deux livres sont le cartulaire 3332 de Stein).

- idem ; XIIIe s. ; Saint-Omer, BM, ms 578.

- idem ; XIIIe s. ; Boulogne, BM, ms 144 ; Stein 3328.

- idem ; XIVe s. ; Arras, BM, ms 473 (fragments de plusieurs manuscrits); Stein 3329.

- idem ; XIVe s. ; BN, lat. 10971 ; Stein 3331.

- idem ; 1671 ; BN, lat. 5439 ; Stein 3330.

- idem ; XVIIIe s. ; «grand cartulaire» de dom Ch.-J. Dewitte, Saint-Omer, BM ms 803 (13 vol.) ; Stein 3327 (édité par D. Haigneré et O. Bled, *Les chartes de Saint-Bertin, d'après le Grand Cartulaire de Dom Ch.-Jos. Dewitte (648-1779)*, Saint-Omer, 1886-1899, 4 vol.).

SECLIN (Nord, arr. Lille), hôpital ; XIIIe s.; Arch. hosp. a 1, (fragment); Stein 3647.

SOLESMES (Nord, arr. Cambrai), prieuré de l'abbaye de Saint-Denis ; 1607 ; AD Nord, 17 H 1.

THEROUANNE (Pas-de-Calais, arr. Saint-Omer) ; évêché ; XIIIe s.; Bruges, Archief Bisdom, Y 283 ; Stein 4491.

- idem, XIIIe s., Bruges, Archief Bisdom, Y 284 ; Stein 3813.

VALENCIENNES (Nord, ch.-l. arr.), ville ; XIVe s. ; livre noir, BM Valenciennes ms 679 ; Stein 4017.

- idem, XVIIe s., BM, ms 675-676 ; Stein 4018.

VALENCIENNES, abbaye Saint-Saulve ; XIIIe s. ; BM, ms 751, f. 26-37 (fragment) ; Stein 4011.

VALENCIENNES, abbaye Saint-Jean-Baptiste (ordre de Cluny) ; XIIIe s. ; AD Nord, 40 H 187 (fragment) ; Stein 4008.

VALENCIENNES, paroisse Saint-Géry ; XIIIe s. ; BM, ms 751, fol. 65-76 (fragment) ; Stein 4012.

VALENCIENNES, paroisse Saint-Jean ; XIVe s. ; AD Nord, 40 H 357 ; Stein 4009.

VALENCIENNES, écolâtrerie dépendant de l'abbaye Saint-Jean ; XVe s .; AD Nord, 40 H 211 ; Stein 4010.

VALENCIENNES, béguinage Sainte-Elisabeth ; XVe s. ; AD Nord, 40 H 642.

VAL-SAINTE-ALDEGONDE (com. Longuenesse, Pas-de-Calais, arr. Saint-Omer), chartreuse ; XVe s. ; Saint-Omer, BM ms 901 ; Stein 2075 (éd. J. de Pas, *Cartulaire de la chartreuse du Val de Sainte-Aldegonde, près Saint-Omer*, Saint-Omer, 1905).

VAUCELLES (com. Crèvecoeur-sur-l'Escaut, Nord, arr. Cambrai), abbaye de Cisterciens ; XIIIe s. ; cartulaire de Baudival, AD Nord, 28 H 96 ; Stein 4036.

VICOIGNE (com. Raismes, Nord, arr. Valenciennes), abbaye de Prémontrés ; fin XIIe s. ; AD Nord, 59 H 95 ; Stein 481.

- idem ; XIIIe s. ; AD Nord, 59 H 96-97, 2 vol. ; Stein 4082 et 4083.

WALINCOURT (Nord, arr. Cambrai) couvent de Guillelmites ; XVe s. ; AD Nord, 65 H 88 ; Stein 4140.

WATTEN (Nod, arr. Dunkerque), abbaye de chanoines réguliers ; XVIe s. ; Saint-Omer BM, ms 852 ; Stein 4142.

REMARQUES ET DISCUSSION

Henri PLATELLE : *J'ai été très sensible à ce survol des richesses documentaires de nos régions du Nord. J'accrocherai cependant un détail. Vous faites partir l'époque où l'on a commencé à rédiger de vrais cartulaires des années 1170. Or, je puis vous signaler un antécédent notable. A l'abbaye de Saint-Amand, un cartulaire fut établi en l'an 1117 par le moine Gautier. Il a disparu à la Révolution mais, grâce aux copies de la collection Moreau, j'ai pu le reconstituer presque entièrement et ce travail a été publié dans* Le Moyen Age *en 1956 (p. 301-329).*

Ce cartulaire comporte une préface et il est disposé selon l'ordre chronologique (tout au moins aussi longtemps que Gautier en a eu la responsabilité). C'est une oeuvre dominée par le souci historique et orientée vers la glorification du monastère. Au contraire, le superbe cartulaire toujours existant, qui fut réalisé en 1296-1300, est un instrument administratif, mélangeant habilement classement thématique et géographique.

CARTULAIRES BRETONS MÉDIÉVAUX

par

HUBERT GUILLOTEL

Le rôle assigné aux cartulaires est en Bretagne paradoxal : à la différence d'autres régions, comme la Normandie, bien peu de recueils de titres y furent compilés, autant qu'on puisse l'assurer, et sur cette rare matière le travail d'édition s'est concentré dans le demi-siècle qui précède la guerre de 1914[1]. Cette période de référence permet de comprendre qu'il s'agit trop souvent de publications vieillies, où la part accordée à la critique historique est très inégale, qu'il s'agisse des problèmes d'authenticité ou de simple datation des textes. Si depuis quelques années ces questions se trouvent à l'honneur[2], il reste encore beaucoup à faire. Certains recueils attendent toujours l'édition ou la reconstitution. Pour tenter d'orienter les énergies vers de telles perspectives une présentation de ces cartulaires doit être esquissée, ce qui permet d'envisager ensuite le pourquoi de leur compilation.

I

Pour parvenir à une meilleure connaissance des cartulaires bretons médiévaux il convenait de retenir des critères de sélection. Par cartulaire nous entendrons un recueil d'actes à portée juridique tels que concessions, accords, jugements, ventes, confirmations... dont avaient pu bénéficier un sanctuaire, une seigneurie

---

1. De la période 1840-1863, qui voit se concrétiser le projet d'édition du *Cartulaire de l'abbaye bénédictine de Redon en Bretagne* publié par... Aurélien de Courson, Paris, 1863 *(Collection de documents inédits sur l'histoire de France)* à 1913, année de la soutenance par Jacques Aubergé de sa thèse de doctorat en droit, *Le cartulaire de la seigneurie de Fougères connu sous le nom de Cartulaire d'Alençon...*, Rennes, 1913.

2. Cf. à titre d'exemple les recherches consacrées au cartulaire de Redon: Wendy Davies, *The composition of the Redon Cartulary*, dans *Francia, Mittelalter-Moyen Age*, t. 17/1, 1990, p. 769-789, et spécialement, p. 783-789, l'appendice classant les actes carolingiens et proposant des datations qui ne sont pas forcément celles que nous suggérions çà et là dans *La Bretagne des saints et des rois*, Rennes, 1984, p. 208 et suiv., ou celles que retenait Jean-Pierre Brunterc'h, *Le duché du Maine et la marche de Bretagne*, dans *La Neustrie. Les pays du Nord de la Loire de 650 à 850. Colloque historique international publié par Hartmut Atsma, avec une introduction par Karl-Ferdinand Werner, Sigmaringen, 1989 *(Beihefte der Francia, Bd. 16)*, vol. I, p. 29-127.

ou une famille seigneuriale. Cette approche limitative impliquait que fût laissée de côté l'étude des registres de la chancellerie des ducs de Bretagne [3]. Leurs caractères spécifiques emportaient également que les documents nécrologiques des églises cathédrales de Dol et de Rennes ne soient pas répertoriés. Pourtant le nombre élevé d'actes capitulaires et de transcriptions recueillis dans le Livre rouge du chapitre de Dol [4] explique très certainement qu'il faille attendre le troisième quart du XVe siècle pour que soit compilé l'*Alanus*, cartulaire du chapitre de Dol. D'un autre côté l'étude des concessions sommairement analysées dans les deux obituaires de l'église cathédrale de Rennes pourrait contribuer à une restitution du cartulaire de ce sanctuaire [5]. A l'inverse le ms connu sous le nom de cartulaire de Landévennec a été retenu, encore que les textes transcrits appartiennent en majorité au genre hagiographique. Toutefois l'aspect homogène de la partie constituant le recueil d'actes comme l'ampleur de la controverse à son sujet interdisait de l'ignorer.

Treize recueils ont été inventoriés, plus ou moins bien conservés, auxquels doivent être ajoutés dix autres aujourd'hui perdus dont la mise en oeuvre au moyen âge ne saurait prêter à discussion. Une présentation systématique, détaillée en annexe permet d'identifier les manuscrits et de les localiser. Pour éviter tout amalgame une liste des cartulaires compilés aux temps modernes a été dressée, dont se trouve exclu le pseudo-cartulaire de l'abbaye cistercienne de Prières, car il s'agit en réalité d'une histoire du monastère écrite au XVIIe siècle par dom Guillaume Gautier, puis continuée pour le XVIIIe. Elle est maintenant connue par une transcription de 1768 présentement conservé à l'abbaye de Bellefontaine [6]. Une dernier genre a enfin été écarté, celui du déal, qui peut être défini comme un inventaire d'archives répertoriées dans l'ordre chronologique de la documentation [7].

Il est peu probable que de futures découvertes révèlent des sources insoupçonnées, mais on peut espérer qu'en dehors des manuscrits dont la

3. Cf. sur ce problème Michael Jones, *The Chancery of the Duchy of Brittany from Peter Mauclerc to Duchess Anne, 1213-1514*, dans *Landesherrliche Kanzleien im Spätmittelalter*, Munich, 1984, p. 681-728, aux p. 683-684.

4. Arch. dép. Ille-et-Vilaine, G 281 ; *Répertoire des documents nécrologiques français* publié... par Jean-Loup Lemaître, vol. I, Paris, 1980 (*Recueil des historiens de la France... Obituaires*, t. VII), p. 403, n° 765.

5. Les deux obituaires de l'église cathédrale de Rennes, l'un du XIIIe, l'autre du XIVe siècle, sont toujours conservés dans les archives capitulaires de l'Eglise de Rennes ; cf. J.-L. Lemaître, *op. cit.*, p. 359, n° 639.

6. Ces renseignements ont été communiqués par l'un des moines de Bellefontaine, à Begrolles en Mauges, Frère Gérard, qui a bien voulu nous adresser la photocopie d'une analyse établie en 1958 par dom Bernard Péan ; qu'il trouve ici l'expression de notre gratitude.

7. C'est semble-t-il un inventaire de ce type qu'Henri-François Buffet, *Guide des archives d'Ille-et-Vilaine*, t. I, Rennes, 1965, p. 100, avait répertorié comme cartulaire pour les Augustins de Rennes. Les Archives départementales des Côtes-d'Armor préservent de tels répertoires : H 36 (Livre déal de l'abbaye de Beauport), H 199 (Livre déal de l'abbaye de Bonrepos).

destruction est avérée[8], d'autres soient préservés dans des collections privées. Il faut ici spécialement penser au cartulaire de La Vieuville, qui au milieu du XVIIe appartenait au marquis de Molac, ou encore au cartulaire in-4° de Sainte-Croix de Quimperlé[9].

Par comparaison avec d'autres régions, le chiffre global de vingt-trois cartulaires, y compris les volumes perdus, peut paraître limité. Il convient toutefois de nuancer les conséquences qu'on serait tenté de déduire du point de vue documentaire en se rappelant que les monastères angevins, normands et tourangeaux bénéficièrent de la piété bretonne ; leurs archives et spécialement leurs cartulaires apprennent beaucoup sur l'histoire bretonne. Dépassant cet énoncé brut et l'ordonnant, les proportions sont révélatrices, que l'on s'arrête au nombre des manuscrits palpables ou à celui des recueils dont l'existence a pu être attestée de façon formelle. Se limitant au chiffre des volumes toujours conservés, peuvent être distingués sept cartulaires d'abbayes, trois de chapitres cathédraux, auxquels s'ajoute un recueil largement formé de dispositions de juridiction gracieuse, enfin deux de seigneuries. Elargissant la vision au dénombrement global, il faut parler de quinze cartulaires d'abbayes ou de prieurés, de cinq de chapitres cathédraux et de trois de seigneuries.

Le travail de publication et de critique ne concerne guère que les mss toujours utilisables. A l'exception du cartulaire des sires de Rays, ce sont les recueils les plus anciens qui ont fait l'objet des examens les plus attentifs. Réserve faite de l'édition du cartulaire de Landévennec par René-François-Laurent Le Men et Emile Ernault, les impressions ont passablement vieilli, mais elles existent, pourvu que l'on s'attache à contrôler certaines leçons, plus encore l'authenticité des textes et que l'on veuille bien renouveler certaines datations. Le cartulaire de Vitré constitue toutefois un cas aberrant ; Bertrand de Broussillon en a certes publié le contenu, mais de façon totalement désintégrée[10]. Il faudrait à tout le moins présenter le manuscrit et établir des tables de concordance.

D'autres recueils attendent un éditeur. En principe, Mesdames Chauvin et Reydellet doivent proposer dans un délai raisonnable une publication du

8. Hubert Guillotel, *La place de Châteaubriant dans l'essor des châtellenies bretonnes (XIe-XIIe siècles)*, dans *Mémoires de la Société d'histoire et d'archéologie de Bretagne*, t. 66, 1989, p. 5-46, à la p. 29, n. 109, sur la destruction du cartulaire du prieuré de Marmoutier à Béré ; Abbé P. Grégoire, *Bénédictins et Bernardins, Chartreux et Minimes dans l'ancien diocèse de Nantes*, Nantes, 1929, p. 167, sur la disparition de La Savate, recueil de titres de l'abbaye de La Melleray.

9. Cf. sur ce ms : *Cartulaire de l'abbaye de Sainte-Croix de Quimperlé*, par Léon Maître et Paul de Berthou, 2e éd., Rennes-Paris, 1904 (*Bibliothèque bretonne armoricaine...*, fasc. IV), p. 2.

10. *La maison de Laval 1020-1065. Etude historique accompagnée du cartulaire de Laval et de Vitré, Les Laval 1020-1264*, Paris, 1895-1903, 5 vol., t. I, p. III, p. 154 n. 2 où se trouve évoqué le projet de reproduction, p. 167 etc.

cartulaire de Saint-Melaine de Rennes. La restitution d'une large partie de l'*Alanus*, le cartulaire du chapitre cathédral de Dol, est concevable. D'un côté Henri Bourde de La Rogerie avait récupéré sur les reliures de registres d'état civil des fragments plus ou moins homogènes qui permettraient en particulier de reconstituer l'agencement de six cahiers à partir du fol. CCII [11]. De l'autre le jurisconsulte Pierre Hévin avait analysé un certain nombre d'actes transcrits dans ce recueil [12] que les Mauristes bretons devaient à leur tour assez largement recopier [13]. Pour le chapitre cathédral de Rennes la tâche paraît singulièrement ardue ; il existe bien des copies modernes extraites «d'un ancien cartulaire sur vélin de plusieurs fondations dans l'Eglise de Rennes» [14], mais, outre qu'elles sont peu nombreuses, ces transcriptions ne fournissent que bien peu d'éléments sur l'ampleur et le contenu de ce recueil.

Une reconstitution du cartulaire breton de Marmoutier serait enfin aisée, puisqu'il en subsiste une transcription fragmentaire par Etienne Baluze [15] ainsi qu'une description très précise par l'abbé Bétencourt [16]. Mais cette solution ne serait certainement pas la bonne, car quantité de concessions subsistent en original et leur nombre dépasse de beaucoup le chiffre de celles qui furent insérées dans le cartulaire breton. Les originaux d'actes des XIe et XIIe siècles concernant la Bretagne viennent en majorité du fonds de Marmoutier, qui fournit à lui seul plus de la moitié des documents de référence, or ce même cartulaire breton ne comptait que quarante sept feuillets. Il faudrait donc établir pour la Bretagne l'équivalent du *Cartulaire manceau de Marmoutier* publié par Ernest Laurain [17], travail qui de nos jours impliquerait la constitution d'une équipe diligente. Ainsi pourrions-nous saisir l'objectif qu'on s'était fixé à Marmoutier en compilant ce cartulaire breton. Les moines qui, fort heureusement pour nous, avaient conservé les originaux, n'en hésitèrent pas moins à transcrire des versions remaniées [18].

Ainsi se trouve posée la question du rapport entre le contenu des cartulaires et l'existence de fonds d'archives, que la carte localisant les recueils retenus

11. Arch. dép. Ille-et-Vilaine, G 380ᴳ.

12. Arch. dép. Ille-et-Vilaine, 1 F 63.

13. Au ms. lat. 5211ᶜ, ordinairement indiqué par les répertoires, comme celui d'Henri Stein, *Bibliographie générale des cartulaires français*, Paris, 1907, p. 166, n° 166, il faut préférer le ms. fr. 22329, p. 67-112, que dom Antoine Le Gallois a recopié pour Roger de Gaignières dans ce qui est devenu le lat. 5211ᶜ.

14. Arch. dép. Ille-et-Vilaine, G 165.

15. Bibl. nat., Baluze 77, fol. 121-137v.

16. Bibl. de l'Institut, ms. 2383, *Cartulaire* [factice] *du prieuré de la Sainte-Trinité de Combourg... rédigé en 1780 en faveur de M. de la Sépouze, ..., commandataire de ce prieuré par son ami l'abbé Bétencourt*, fol. II.

17. Laval, 1911-1945, 3 vol.

18. Cf. à titre d'exemple H. Guillotel, *La pratique du cens épiscopal dans l'évêché de Nantes. Un aspect de la réforme ecclésiastique en Bretagne dans la seconde moitié du XIe siècle*, dans *Le Moyen Age*, t. 80, 1974, p. 5-49, aux p. 33-40, pièce annexe n° II.

permet d'envisager sous un autre angle. L'examen de cette projection montre qu'il n'y a aucun cartulaire pour les ressorts des évêchés de Saint-Pol de Léon et de Tréguier et un seul pour Saint-Brieuc, celui de l'abbaye cistercienne de Saint-Aubin des Bois qui ne date que du XIVe siècle. Or pour le haut moyen âge l'histoire politique et sociale du territoire correspondant à ces trois circonscriptions échappe presque totalement. Sans les cartulaires de Redon, le très ancien passé du Vannetais serait également à peu près ignoré. Ces observations font comprendre que la mise en oeuvre d'un cartulaire, même lorsqu'il intègre des faux assez nombreux, suppose l'existence d'archives dont l'exploitation fut variable, selon qu'il s'agit de transcriptions dignes de confiance ou d'une entreprise plus complexe de falsification. Quel que soit le résultat il faut au départ un fonds adéquat. Une telle problématique rend exemplaire le cas des évêchés de Saint-Brieuc et de Tréguier. Ce sont deux monastères élevés à la dignité de sièges épiscopaux vers le troisième quart du Xe siècle et dont les ressorts ont été constitués aux dépens de ceux d'Alet et de Saint-Pol de Léon [19]. Les archives susceptibles de se trouver à Saint-Brieuc comme à Tréguier pouvaient-elles fournir matière à la compilation de cartulaires prêtant à ces évêchés une ancienneté et une canonicité suffisante [20] ?

Ces constatations débouchent plus largement sur un double problème, rencontré par tous ceux qui s'efforcent d'aller au delà d'une utilisation de type linéaire : celui de la confiance que méritent de telles transcriptions et celui du mobile qui pouvait sous-tendre ces compilations.

II

Une critique d'authenticité pour être irréfragable devrait procéder d'une comparaison entre originaux et copies. Suivant que celles-ci apparaîtront scrupuleuses, négligées, incomplètes ou encore trompeuses, la démarche du copiste pourra être analysée. Malheureusement, de telles confrontations sont assez rarement possibles et l'absence inexpliquée d'originaux éveillera une légitime suspicion. Encore faut-il nuancer cette approche, car les incendies, les pillages, l'incurie ou les destructions révolutionnaires expliquent la disparition de certains dépôts et interdisent les contrôles directs.

Au XIXe siècle, des fonds furent partiellement démembrés. Ainsi certaines pièces originales venant des archives du château de Vitré se retrouvent dans les collections d'Arthur de la Borderie d'où elles passèrent aux Archives départementales d'Ille-et-Vilaine [21]. De façon comparable pour Saint-Melaine

19. H. Guillotel, *Le premier siècle du pouvoir ducal breton (936-1040)*, dans *Actes du 103e congrès national des Sociétés savantes, Nancy-Metz 1978. Section de philologie et d'histoire jusqu'à 1610*, Paris, 1979, p. 63-84, à la p. 77.

20. H. Guillotel, *Le dossier hagiographique de l'érection du siège de Tréguier*, dans *Bretagne et pays celtiques... Mélanges offerts à la mémoire de Léon Fleuriot (1923-1987)*, Rennes-Saint-Brieuc, 1992, p. 213-226.

21. Arch. dép. Ille-et-Vilaine, 1 F 1529.

de Rennes, des chartes de la série relative à l'église de Bréhand (Côtes d'Armor) se trouvaient à la fin du siècle dans des mains privées, qu'il s'agisse de la concession vers les années 1167 par Geoffroy, évêque de Saint-Brieuc, du droit de présenter le desservant, offerte à Mgr Fallières, son lointain successeur, en 1890 [22], ou de la confirmation de ce droit en 1200 par l'évêque de Saint-Brieuc Pierre, aujourd'hui dans les archives du Cogner [23].

Les transcriptions faites aux temps modernes, spécialement par les érudits, permettent de remédier aux destructions de la Révolution et leur défaut se fait cruellement sentir pour les périodes plus reculées. Le premier développement de l'imprimerie entraîne *a contrario* l'indifférence pour les manuscrits ordinaires [24], encore que certains collectionneurs avisés en aient profité, comme Sébastien deuxième marquis de Rosmadec et baron de Molac qui au second quart du XVIIe siècle, possédait le cartulaire de l'abbaye de la Vieuville [25]. Les campagnes des Ligueurs, quand elles ne servent pas d'alibi, expliquent certaines lacunes d'archives [26] et *a fortiori* les guerres médiévales ou plus prosaïquement les infortunes accidentelles. L'absence à peu près complète de textes antérieurs au XIIIe siècle dans l'*Alanus* tient à l'incendie de la cathédrale de Dol par les routiers de Jean sans Terre en 1203 [27]. Ces rappels font comprendre que les malheurs de l'histoire monumentale éclairent toute enquête documentaire.

---

22. Procès-verbal de la remise du présent dans *Mémoires de Société archéologique et historique des Côtes-du-Nord*, 2e série, t. 4, 1890, p. V ; le chanoine du Cleuziou, secrétaire archiviste de l'évêché de Saint-Brieuc et Tréguier, a bien voulu nous faire parvenir une reproduction de l'original toujours conservé à l'évêché, ce dont nous lui sommes particulièrement reconnaissant.

23. Bibl. nat., Archives du Cogner, n° 4, série H, art. 21.

24. Le cas de la bibliothèque capitulaire de Quimper est dans ce domaine révélateur ; le sort des 103 volumes dénombrés en 1365 demeure une énigme : *Catalogue général des manuscrits des Bibliothèques publiques de France. Départements*, t. 22, Nantes-Quimper-Brest, par Auguste Molinier, Paris, 1893, p. 425.

25. La constitution de cette collection ainsi que sa dispersion mériteraient une enquête approfondie dont certains aspects dans une étude sur les *Gesta sanctorum Rotonensium*, à paraître dans les *Cahiers de civilisation médiévale*.

26. Le cas de Tréguier est évoqué par B. de Xivrey, *Prise de Tréguier par les ligueurs en 1589*, dans *Bibliothèque de l'Ecole des chartes*, t. 18, 1857, p. 346-351. Un «etats des dépots publics et particuliers auxquels on peut avoir recours pour la recherche des anciennes chartes et titres qui peuvent servir de preuves à l'histoire de France et perfectionner le droit public» évoque le pillage du convent des Bernardins de Lanveaux (diocèse de Vannes) pendant la Guerre de la Ligue : Bibl. nat., Moreau 362, fol. 151.

27. La date est donnée par Guillaume le Breton, *Oeuvres de Rigord et de Guillaume le Breton, historiens de Philippe-Auguste*, publiés... par Henri-François Delaborde, t. I, Paris, 1882 (*Société de l'histoire de France*), p. 212. L'incendie et le pillage sont évoqués dans une charte de janvier 1223 (n. st.) relatant le sort de reliques doloises finalement restituées par l'archevêque de Rouen à l'évêque de Dol, Jean de Lysenech, texte publié entre autres par dom Hyacinthe Morice, *Mémoires pour servir de preuves à l'histoire ecclésiastique et civile de Bretagne*, t. I, Paris, 1742, col. 849, d'après l'*Alanus*.

Dans le contexte lignager, une observation voisine montre que le défaut de successeur mâle et la reprise en main ultérieure sont à l'origine de la compilation des trois cartulaires seigneuriaux bretons: Philippa, héritière du dernier Vitré, André III, épouse en 1239 Guy VI de Laval et les destinées des seigneuries seront désormais unies [28] ; la baronnie de Fougères, passée dans les mains de Philippe le Bel, sera finalement concédée par Philippe VI de Valois à son frère Charles de Valois, comte d'Alençon, d'où le nom de cartulaire d'Alençon souvent donné au recueil composé vers 1330 [29] ; Prégent de Coëtivy qui avait épousé en 1442 Marie, l'héritière du célèbre Gilles de Rays, à la faveur du transfert à Taillebourg du chartrier de Rays fit transcrire le manuscrit connu sous le nom de cartulaire des sires de Rays [30].

La lacune initiale qui dépare le cartulaire de l'abbaye de Saint-Aubin des Bois interdit de suggérer une raison à ce travail. En revanche le siège de Rennes par les armées de Charles de Blois en 1342 justifie la compilation de celui de Saint-Melaine de Rennes. Le défenseur de la ville avait en effet incendié les faubourgs où se trouvait le monastère que l'abbé, Nicolas de Bréal, avait jugé plus prudent d'abandonner pour se réfugier derrière les remparts. Les risques alors encourus ont fait mesurer le danger d'une destruction des archives et l'utilité de posséder une copie des titres. Ce souci permet également de comprendre pourquoi le manuscrit transcrit en 1344 comporte les textes des différentes confirmations d'un même acte [31]. La situation du couvent de Saint-Georges à Rennes n'était guère moins dangereuse, car l'établissement, bien que situé intra muros, jouxtait les remparts. Il ne paraît donc pas aventuré d'avancer l'hypothèse que les moniales aient suivi l'exemple de Saint-Melaine.

Ces déductions mettent en valeur l'existence de deux groupes bien distincts : d'une part les recueils compilés au XIe siècle et dans la première moitié du XIIe, d'autre part les manuscrits transcrits à partir du XIIIe siècle. Un examen comparatif, qui pour la seconde série ne saurait prétendre à l'exhaustivité, montre que plus nous avançons vers la fin du Moyen Age, moins nous constatons l'intégration de faux.

28. A défaut d'une présentation synthétique, les dépouillements de Bertrand de Broussillon fournissent les jalons qui permettent de comprendre ce qui s'est passé: *La maison de Laval...*(note 10), t. I, p. 236-238, n° 412, teneur de la dot de Philippe, p. 154 n. 2, raison de la compilation du cartulaire de Vitré. La notice de Charles Samaran, *Archives de la maison de La Trémoïlle (Chartriers de Thouars et de Serraut. Papiers Duchatel)*, Paris, 1928 (*Inventaires d'archives privées conservées en France*), p. 219, n° *2151, est des plus sommaires.

29. *Cartulaire de la Seigneurie de Fougères* (note 1), p. 9-20.

30. *Cartulaire des sires de Rays (1160-1449)* publié par René Blanchard, dans *Archives historiques du Poitou*, t. 28, 1898 et t. 30, 1899, t. 28, p. I-IX.

31. H. Guillotel, *A propos des cartulaires*, dans *Trésors des bibliothèques de Bretagne* [catalogue de l'exposition organisée au] château des ducs de Rohan, Pontivy, 15 juin-15 sept. 1989, Vannes, 1989, p. 39-48, à la p. 46.

Il semble bien que le premier cartulaire de Quimper comporte au moins un texte interpolé [32]. Au fol. 16 du cartulaire de Saint-Melaine de Rennes se trouve insérée la pseudo-donation de l'église de Moulins par le très problématique évêque de Rennes Jacques, pièce forgée à partir de la charte de Philippe évêque de Rennes, confirmant vers 1179-1184 au même sanctuaire l'église de Louvigné de Bais [33]. Les transcriptions du cartulaire de Saint-Aubin des Bois sans être impeccables paraissent fidèles aux originaux encore conservés aux Archives des côtes d'Armor. Il est probable que d'autres falsifications insérées dans ces recueils seront identifiées, mais il y a peu de chances qu'elles soient aussi nombreuses et aussi flagrantes que celles qui furent perpétrées au XIe et dans la première moitié du XIIe siècle. cette distorsion tient en partie à la plus grande technicité des voies procédurales proposées dès le XIIIe siècle ; elle s'explique également par la sévérité des sanctions encourues depuis le pontificat d'Alexandre III à propos d'actes pontificaux : pour les clercs privation du bénéfice et réclusion dans un monastère [34].

A l'image de certains textes hagiographiques, les cartulaires offrent également la possibilité de faire le bilan d'une période. Toutefois aux XIIIe, XIVe et XVe siècles, leur compilation paraît surtout répondre au souci de préserver les textes originaux toujours susceptibles de servir comme preuve. Cette légitime inquiétude [35], qui évoque l'actuelle utilisation des microfilms, n'était pas absente des préoccupations de ceux qui ordonnèrent aux XIe et XIIe siècles la transcription de recueils de titres ; mais elle ne suffit pas toujours à expliquer la décision de compiler un cartulaire ou d'utiliser un dossier préexistant pour le compléter à l'aide de textes plus ou moins largement falsifiés. Les moines de Marmoutier avaient certes inséré dans leur cartulaire breton au moins un acte suspect, pour autant ils veillèrent à préserver les concessions originales dont ils avaient bénéficié. Le pittoresque est même que de nos jours

32. H. Guillotel, *Le privilège de 1166 de Bernard de Moëlan, évêque de Quimper, pour l'abbaye de Quimperlé*, dans *Charpiana. Mélanges offerts par ses amis à Jacques Charpy*, s. l., 1991, p. 545-548.

33. Confirmation de la concession de l'église de Louvigné de Bais : Arch. dép. Ille-et-Vilaine, Fonds de La Borderie, 1 F 1619. Le procédé de falsification a été identifié par Mademoiselle B. Olichon, qui travaille sur le cartulaire de Saint-Melaine de Rennes sous la direction d'Olivier Guillot ; nous lui sommes particulièrement reconnaissant de nous avoir permis de faire état de sa trouvaille. Sur l'hypothétique épiscopat de Jacques à Rennes : *Pouillé historique de l'archevêché de Rennes* par l'abbé Guillotin de Corson, t. I, Rennes-Paris, 1880, p. 61.

34. Le Père Joseph Avril nous a souligné l'importance dans ce domaine de la *Compilatio prima*, qu'il veuille bien trouver ici le témoignage de notre gratitude ; *Quinque compilationes antiquae necnon collectio canonum Lipsiensis* ad librorum manu scriptorum fidem recognovit et adnotatione critica instruxit Aemilius Friedberg, Leipzig, 1882, p. 59-60, lib. V, tit. XVI, *De crimine falsi* ; Décrétales de Grégoire IX, V, 20, *De crimine falsi*.

35. Alain de Boüard, *Manuel de diplomatique française et pontificale*, t. I, *Diplomatique générale...*, Paris, 1929, p. 214 n. 2.

ces pièces soient ordinairement les plus anciens documents préservés en original dans les dépôts publiques d'archives de Bretagne. A l'inverse les fonds de Landévennec, de Redon et de Sainte-Croix de Quimperlé paraissent dépourvus de leurs originaux les plus anciens dès la fin du Moyen Age. L'auteur probable du *Chronicon Briocense*, Hervé le Grant [36], comme Pierre Le Baud à qui l'on devrait la *Vetus collectio manuscripta de rebus Britanniae* [37], n'ont guère consulté pour ces trois sanctuaires que les manuscrits dont nous nous servons toujours ; le malheur veut même que leurs copies ne permettent pas de combler les lacunes qui déparent ces sources. Ces rapprochements prouvent que très vite à Landévennec, comme à Redon ou à Quimperlé, on s'est limité à certaines informations.

A la différence des moines de Redon et de Quimperlé, ceux de Landévennec, autant qu'on puisse le savoir, n'ont pas été prisonniers de la spirale du procès qui entraîne à justifier par des moyens de plus en plus contestables la demande ou la dénégation. C'est aux années 1047-1055 qu'ont été transcrits à la suite d'un véritable dossier hagiographique consacré au fondateur de la maison, saint Guénolé, des éléments de pancartes de peu antérieures où intervient un Gradlon où l'on a voulu reconnaître un roi contemporain de Guénolé, donc en pleine période mérovingienne, voire au delà [38]. Tout laisse croire que, face à l'actuelle fondation de Quimperlé appelée à drainer les concessions des comtes de Cornouaille, les moines de Landévennec aient voulu réagir en faisant de leur sanctuaire le bénéficiaire des donations consenties par les anciens rois de Bretagne. Sans doute espéraient-ils raviver par ce moyen la charité des comtes de Cornouaille en leur faveur [39].

A Redon, la situation est différente puisque l'abbaye entre en concurrence avec Marmoutier pour la possession de Saint-Sauveur de Béré, près de Châteaubriant. Deux procès se dérouleront, chaque fois perdus, qu'il s'agisse de celui de 1063 ou de celui des années 1067-1068. Dans l'un et l'autre cas le détail de la procédure n'est connu qu'au travers de deux notices instrumentées par les moines de Marmoutier [40]. A les suivre leurs confrères de Redon n'auraient pas excipé d'une concession écrite et pourtant il existe dans le premier cartulaire de Redon une notice relatant les différentes étapes de la donation qu'ils revendiquaient et s'achevant par une confirmation de

36. M. Jones, *The Chancery...* (note 3), p. 709-710.

37. Arch. dép. Ille-et-Vilaine, 1 F 1003.

38. H. Guillotel, *Les origines de Landévennec*, dans *Landévennec et le monachisme breton dans le haut moyen âge. Actes du colloque du 15ᵉ centenaire de l'abbaye de Landévennec. 25-26-27 avril 1985*, Landévennec, 1986, p. 97-114, aux p. 101-104.

39. H. Guillotel, *A propos des cartulaires...* (note 31), p. 45-46.

40. Dom Morice, *Preuves* (note 27), t. I, col. 417-419 pour le procès de 1063 ; col. 419-421 pour celui de 1067-1068. Sur la chronologie de ce dernier procès, cf. Jean-Pierre Brunterc'h, *Puissance temporelle et pouvoir diocésain des évêques de Nantes entre 936 et 1049*, dans *Mémoires de la Société d'histoire et d'archéologie de Bretagne*, t. 61, 1984, p. 29-82, à la p 60 n. 199.

l'évêque de Nantes Airard en 1050, donc peu après sa nomination à ce siège par le pape Léon IX [41]. D'un autre côté, l'examen du manuscrit montre que le travail de compilation avait été entrepris sous l'abbatiat d'Aumod vers les années 1070 et qu'ensuite des transcriptions successives ont été ajoutées vers la fin du XIe siècle [42]. Tout laisse donc penser que la décision d'établir un cartulaire fut prise à la suite de l'échec du second procès contre Marmoutier. Son existence n'est peut-être pas non plus étrangère au retournement qui conduit, en 1107 lors du concile célébré à Nantes sous la présidence du légat pontifical Gérard d'Angoulême, les moines de Marmoutier à s'accorder avec ceux de Redon qui, moyennant la concession de l'île d'Her en Brière et d'une chapelle portative achetée vingt livres, renoncèrent à la plainte qu'ils formulaient encore pour Béré [43].

Ce demi-succès pourrait expliquer le procès intenté presque dix ans plus tard par un nouvel abbé de Redon, Hervé, pour revendiquer Belle-Ile à l'encontre des moines de Quimperlé. L'affaire est soumise au même légat, Gérard d'Angoulême, et une fois encore l'enchaînement de la procédure n'est connu que par la version mise au net à Quimperlé [44]. A la revendication des moines de Redon ceux de Quimperlé auraient répliqué en se prévalant d'une paisible possession trentenaire, décomptée à partir de 1066 lorsque Benoît, fils du fondateur, avait accédé à l'abbatiat. En réponse aux questions posées par le légat, les moines de Redon auraient déclaré avoir porté plainte devant Léon IX au concile de Verceil, puis à Saintes, Rennes et Issoudun ; comme il leur était demandé s'ils disposaient d'un écrit sur ce point émané d'un quelconque cardinal - celui qui aurait pu présider l'un des trois conciles allégués - ou de témoins, les moines de Redon auraient déclaré ne disposer d'aucun témoin, mais avoir laissé à Redon un écrit non scellé. Finalement leur plainte fut repoussée et ils furent condamnés. Serait-ce à la suite de ce demi-échec qu'aurait été interpolé dans le premier cartulaire de Redon le bifolium où se trouve transcrite la pseudo-notice du 22 mars 1026 relatant les différentes étapes d'une concession de Belle-Ile [45] ?

A Quimperlé, le succès de 1117 s'est traduit par la compilation d'un cartulaire vers 1124-1128, où était intégrée la nouvelle chronologie découlant des moyens de défense utilisés avec succès de 1116, la paisible possession trentenaire. La contrepartie de ce choix paraît bien être la décision de faire disparaître

41. *Cartulaire de... Redon* (note 1), p. 252-254, n° CCCII.
42. H. Guillotel, *Les cartulaires de l'abbaye de Redon*, dans *Mémoires de la Société d'histoire et d'archéologie de Bretagne*, t. 63, 1986, p. 27-48, aux p. 34-36.
43. Original aux Arch. dép. Loire atlantique, H 112 ; dom Morice, *Preuves...* (note 27), t. I, col. 421-422.
44. *Cartulaire de... Quimperlé* (note 9), p. 291-293, n° CXXXI.
45. *Cartulaire de... Redon* (note 1), p. 246-248, n° CCXCVI ; sur l'insertion de ce bifolium, H. Guillotel, *Les cartulaires de l'abbaye de Redon* (note 42), p. 31.

les originaux qui situaient la fondation du sanctuaire aux années 1047-1050[46]. Dans un monastère, c'est l'abbé qui exerce la plus haute autorité et c'est donc à l'abbé Gurwand qu'il faut imputer cette responsabilité.

Pour Redon les choses sont moins claires ; certes c'est l'abbé Aumod qui a ordonné la compilation du premier cartulaire, mais ce n'est qu'au temps de ses premiers successeurs que furent insérés les faux les plus notoires. Qui parmi eux décida de faire disparaître les actes carolingiens qui existaient encore aux années 1070 : Robert, Justin, Hervé ou encore Yves ? Cette interrogation confère un poids singulier à l'une des réponses proposées par la règle de saint Benoît à la question «quels sont les instruments des bonnes oeuvres ?» : «...obéir en tout aux commandements de l'abbé, même s'il agit lui-même autrement...»[47].

---

46. H. Guillotel, *Sainte-Croix de Quimperlé et Locronan*, pour paraître dans les actes du colloque «saint Ronan et la Troménie» organisé du 28 au 30 avril 1989 à Locronan.

47. *La Règle de saint Benoît*. Introduction, traduction et notes par Adalbert de Vogüé. Texte établi et présenté par Jean Neufville, Paris, 1971-1972 (*Sources chrétiennes*, 181-186), t. I, p. 460-462, art. 4 et 61.

ANNEXES

I. - CARTULAIRES EXISTANTS

1. **Cartulaire de l'abbaye bénédictine de Saint-Guénolé de Landévennec** (Stein 1853).

Bibl. mun. Quimper, ms 16 ; 1 vol. de 164 fol. de parchemin mesurant 270 mm de haut sur 180 mm de large ; transcriptions à longues lignes allant pour le cartulaire proprement dit du fol. 140v au fol. 164v (où manquent deux feuillets) ; reliure de parchemin sur ais de bois. Recueil mixte regroupant des documents hagiographiques et un petit cartulaire mis en oeuvre aux années 1047-1055. Plus ancien acte authentique transcrit : début Xe s.

A l'édition médiocre d'Arthur de La Borderie, *Cartulaire de Landévennec publié pour la Société archéologique du Finistère*, Rennes, 1888, il faut préférer celle de René-François-Laurent Le Men et Emile Ernault, *Cartulaire de Landévennec*, Paris, 1886 (*Collection des documents inédits sur l'histoire de France...*, *Mélanges historiques*, V), p. 533-600, reproduite en 1985 par Jean-Luc Deuffic, avec notes et commentaires sur les chartes, dans *Britannia christiana*, série *Bretagne monastique*, fasc. 5/1-2.

2. **Premier cartulaire de l'abbaye bénédictine de Saint-Sauveur de Redon** (Stein 3143).

Arch. de l'archevêché de Rennes ; 1 vol. de 147 fol. de parchemin mesurant 375 mm de haut sur 275 mm de large, transcriptions à longues lignes ; reliure du XIXe s. Recueil de titres mis en oeuvre aux années 1070 et complété jusqu'aux années 1160 [1]. Plus ancien acte authentique transcrit : fin VIIIe s.

Cartulaire de l'abbaye bénédictine de Redon en Bretagne publié par... Aurélien de Courson, Paris, 1863 (*Collection de documents inédits sur l'histoire de France...*). La chronologie doit toujours être vérifiée.

3. **Cartulaire de l'abbaye bénédictine de Sainte-Croix de Quimperlé** (Stein 3125).

British Library, ms Egerton 2802 ; 1 vol. de 164 fol. de parchemin mesurant 170 mm de haut sur 113 mm de large ; transcriptions à longues lignes, reliure du XIXe s. Recueil mixte regroupant à côté de textes hagiographiques, de listes pontificales, d'une liste des comtes de Cornouaille et d'annales, le cartulaire proprement dit du fol. 52 au fol. 163. Recueil compilé aux années 1124-1128 et utilisé jusqu'au milieu du XIIIe s. Plus ancien acte authentique transcrit : milieu XIe s.

Cartulaire de l'abbaye de Sainte-Croix de Quimperlé, par Léon Maître et Paul de Berthou, 1ère éd., Paris, 1896 ; 2e éd. revue, corrigée et augmentée, Rennes-Paris, 1904 (*Bibliothèque bretonne armoricaine...*, fasc. IV). L'une et l'autre éditions doivent être contrôlées, car elles ont été établies d'après une copie faite par Léon Maître en 1881 sans qu'intervienne ensuite aucune vérification sur le ms original.

4. **Deuxième cartulaire de l'abbaye bénédictine de Redon** (Stein 3144).

Représenté par une feuille conservée à la mairie de Redon et deux autres à la

---

1. Pour une étude systématique du ms, voir H. Guillotel, *Les cartulaires de Redon* (note 41), p. 28-36.

Bibl. nat., nouv. acq. lat. 2208 ; c'était un vol. de parchemin mesurant 364 mm de haut sur 260 mm de large ; transcriptions sur deux colonnes ; compilé au deuxième quart du XIIe s.[2]. Plus ancien acte authentique transcrit : 2e quart du IXe s.

En 1840, le ms.comportait encore 14 fol., dont la transcription exécutée par Touzé se trouve à la mairie de Redon. A. de Courson, qui semble-t-il, avait alors connu le ms, a publié dans l'*appendix* de son éd., avec comme référence «Petit cartulaire de Redon», ceux des textes qui ne figuraient pas déjà dans le premier cartulaire.

5. **Premier cartulaire de l'église cathédrale Saint-Corentin de Quimper** (Stein 3121).

Bibl. nat., lat. 9890 ; 1 vol. de 69 fol. de parchemin, mesurant 277 mm de haut sur 204 mm de large ; transcriptions tantôt à longues lignes, tantôt sur deux colonnes ; les feuillets ont été reliés dans un grand désordre sous la Restauration ; compilé au milieu du XIIIe s. Les actes concernent aussi bien les évêques que le chapitre. Plus ancien acte authentique transcrit : milieu XIe s.

Cartulaire de l'Eglise de Quimper par M. l'Abbé Peyron, Quimper, 1909 [extrait du *Bulletin diocésain d'histoire et d'archéologie du diocèse de Quimper et Léon*] travail médiocre établi non d'après l'original mais d'après une copie de Martonne conservée à la Bibl. mun. de Quimper.

6. **Cartulaire de l'abbaye bénédictine de Saint-Melaine de Rennes** (Stein 3311).

Bibl. mun. Rennes, ms 271 (= 15820, cote de la Bibl. mun.) ; 1 vol. de 266 fol. de parchemin, mesurant 293 mm de haut sur 202 mm de large, transcriptions à longues lignes ; reliure du XVIe s. ; compilé en 1344. Plus ancien acte authentique transcrit : première moitié du XIIe s.

7. **Cartulaire de l'abbaye cistercienne de Saint-Aubin-des-Bois** (Stein 3311).

Arch. dép. Côtes d'Armor, ms 2 ; 1 vol. de 104 fol. de parchemin, paginés en chiffres arabes, mesurant 219 mm de haut sur 166 mm de large ; transcriptions à longues lignes ; lacunes en début de ms ; compilé au XIVe s. Plus ancien acte authentique transcrit : troisième quart du XIIe s.

Les actes ont dans leur majorité été publiés dans l'ordre chronologique par J. Geslin de Bourgogne et A. de Barthélemy, dans *Anciens évêchés de Bretagne*, t. III, Paris-Saint-Brieuc, 1864, p. 34-202.

8. **Deuxième cartulaire de l'église cathédrale de Quimper** (Stein 3122).

Bibl. nat., lat. 9891 ; 1 vol. de 65 fol. de parchemin, mesurant 288 mm de haut sur 196 mm de large ; transcriptions sur deux colonnes ; reliure de la Restauration ; compilé dans la seconde moitié du XIVe s. (rénovation du premier cartulaire), utilisé jusqu'au XVe s. Plus ancien acte authentique transcrit : milieu XIe s.

Ed. citée (notice n° 5), tenir compte des observations présentées.

9. **Troisième cartulaire de l'Eglise cathédrale de Quimper** (Stein 3123).

Bibl. nat., lat. 9892 ; 1 vol. de 94 fol. de parchemin (+ 1 fol. de papier ajouté) mesurant 316 mm de haut sur 214 mm de large ; transcriptions à longues lignes ;

_____

2. *Ibid.*, p. 37-46.

reliure de la Restauration ; compilé dans la seconde moitié du XIVe s., utilisé jusqu'au XVe pour enregistrer des dispositions testamentaires et des constitutions d'anniversaire. Plus ancien acte authentique transcrit : XIVe s.

Ed. citée (notice n° 5) ; tenir compte des observations présentées.

10. **Cartulaire de l'abbaye de moniales bénédictines de Saint-Georges de Rennes** (Stein 3184).

Arch. dép. Ille-et-Vilaine, 23 H 1 ; 1 vol. de 16 fol. de parchemin mesurant 518 mm de haut sur 364 mm de large ; transcriptions à longues lignes ; broché ; compilé dans la seconde moitié du XIVe s. Plus ancien acte authentique transcrit : première moitié du XIe s.

Cartulaire de l'abbaye de Saint-Georges de Rennes, publié par Paul de La Bigne Villeneuve, Rennes, 1876 [extrait des *Bulletin et Mémoires de la Société archéologique d'Ille-et-Vilaine*]. La chronologie doit être vérifiée.

11. **Cartulaire de la seigneurie de Vitré** (Stein 4127).

Arch. nat., 1 AP 2151 ; 1 vol. de 63 fol. de parchemin (plus un fol. correspondant au plat supérieur de l'ancienne reliure souple présentant une courte analyse et une cote d'archives) mesurant 295 mm de haut sur 260 mm de large ; transcriptions à longues lignes ; reliure du XIXe s. ; compilé à la fin du XIVe s. Plus ancien acte authentique transcrit : milieu XIIe s.

Arthur Bertrand de Broussillon, *La maison de Laval 1020-1065. Etude historique accompagnée du cartulaire de Laval et de Vitré, Les Laval 1020-1264*, Paris, 1895, a donné une édition quasi intégrale de ce recueil dont les éléments se trouvent malheureusement dispersés dans son travail selon l'ordre chronologique.

12. **Cartulaire des sires de Rays** (Stein 3139).

Arch. nat., 1 AP 1994 ; 1 vol. de 353 fol. de parchemin mesurant 395 mm de haut sur 260 mm de large ; transcriptions à longues lignes ; reliure du XIXe s. ; compilé aux années 1446/7-1450. Plus ancien acte authentique transcrit : deuxième moitié du XIIe s.

Cartulaire des sires de Rays (1160-1449) publié par René Blanchard, dans *Archives historiques du Poitou*, t. 28, 1898, t. 30, 1899, t. 28

13. **Cartulaire du chapitre cathédral de Dol**, connu sous le nom d'*Alanus* (Steins 1202 et 1203).

Arch. dép. Ille-et-Vilaine, G 380^G : où se trouvent en particulier les éléments de 6 cahiers à partir de l'ancien fol. CCII ; c'était un vol. mesurant 415 mm de haut sur 317 mm de large ; le ms. avait été compilé vers 1456-1474. Le plus ancien acte authentique transcrit pourrait être une bulle du pape Alexandre III.

II. - CARTULAIRES PERDUS.

14. **Cartulaire du prieuré de Béré**, dépendant de Marmoutier (Stein -).

Utilisé par dom Denys Briant, Bibl. nat., fr. 22331, p. 233-235 ; disparu en 1791 lors du pillage des archives du château de Châteaubriant [3]. Plus ancien acte authentique transcrit : troisième quart du XIe s.

3. Cf. *supra*, n. 8.

15. **Cartulaire du prieuré de Combour**, dépendant de Marmoutier (Stein 1012).

Utilisé par Etienne Baluze en 1715, Bibl. nat., Baluze 77, fol. 137-v.

16. **Cartulaire de la seigneurie de Fougères** (Stein 1411).

Détruit lors de l'incendie de la Chambre de Comptes de Paris en 1737. Plus ancien acte authentique transcrit : deuxième moitié du XIIe s.

Restitué par Jacques Aubergé, *Le cartulaire de la seigneurie de Fougères connu sous le nom de Cartulaire d'Alençon*. Publié avec une introduction, des notes et des tables, Rennes, 1913.

17. **Cartulaire de l'abbaye cistercienne de La Melleray** (Stein 2407).

Utilisé par les mauristes bretons, Bibl. nat., fr. 22319, p. 197-215. Plus ancien acte authentique transcrit : 1142.

18. **Cartulaire de l'abbaye cistercienne Saint-Sauveur et Notre-Dame de La Vieuville** (Stein 1936).

Communiqué par son dernier possesseur connu, Sébastien, 2e marquis de Rosmadec, baron de Molac, à André Duchesne : Bibl. nat., Baluze 47, fol. 208-217 ; fr. 22325, p. 511, 542, 575-593. Plus ancien acte authentique transcrit : 1137.

19. **Cartulaire breton de Marmoutier** (Stein 2344).

Ms de 47 fol. mesurant 10 pouces 1/2 de hauteur sur 8 pouces de large, dimension évoquant la taille initiale du cartulaire de Marmoutier pour le Dunois (Bibl. nat., lat. 12874) ; mais alors que ce dernier ms est daté du début du XIIe s., le cartulaire breton aurait été du XIIIe, selon l'abbé Bétencourt (cf. Bibl. de l'Institut, ms 2283, fol. II). Plus ancien acte authentique transcrit : deuxième quart du XIe s.

20. **Cartulaire de l'abbaye de chanoines de Saint-Jacques de Montfort** (Stein).

Utilisé par dom Joseph Rougier, Bibl. nat., fr. 22325, p. 417-425, où le recueil est donné comme du XIIIe s. ; p. 427-428 figurent d'autres extraits de titres de la même abbaye pris dans un autre cartulaire qui aurait été, lui, du XIVe s. Plus ancien acte authentique transcrit : deuxième moitié du XIIe s.

21. **Cartulaire de l'abbaye de chanoines de Notre-Dame de Paimpont** (Stein -).

Utilisé par les mauristes bretons, Bibl. nat., fr. 22322, p. 421-423, sous la rubrique «Livre noir de Paimpont» ; p. 449, où figure la mention: «Tous les actes cy devant écrits à la réserve du dernier ont été tirés sur un cartulaire de l'abbaye de Nostre Dame de Paimpont fait et écrit en l'anné 1438 et signé de P. de Marezac de mandato officialis S[ti] Maclovii de Bedano [Saint-Malo de Beignon]». Plus ancien acte authentique transcrit : début XIIIe s. (?)

22. **Cartulaire in-4° de l'abbaye de Sainte-Croix de Quimperlé** (Stein 3126).

Utilisé par dom Placide Le Duc au XVIIe s. Cf. *Histoire de l'abbaye de Sainte-Croix de Quimperlé...*, publiée par R.-F. Le Men, Quimperlé, 1881, p. 6-8. Plus ancien acte authentique transcrit : milieu XIe s.

---

4. Stein , sous la rubrique «Rennes, chapitre métropolitain», n° 3186, signale un autre ms qui est en réalité la «Réduction des anciennes fondations cy après écrites» faites sur l'ordre de Mgr François Larchiver, évêque de Rennes de 1604 à 1619.

23. Cartulaire de l'Eglise cathédrale Saint-Pierre de Rennes (Stein -) [4].

Sommairement décrit comme «un ancien cartulaire sur velin de plusieurs fondations dans l'église de Rennes», Arch. dép. Ille-et-Vilaine, G 165 (comporte dix pages d'extraits). Plus ancien acte authentique transcrit : 1263.

III.- CARTULAIRES COMPILÉS AUX XVIᵉ, XVIIᵉ ET XVIIIᵉ SIECLES FAISANT CONNAÎTRE DES ACTES MÉDIÉVAUX.

24. Cartulaire factice du prieuré de Combour, dépendant de Marmoutier (Stein).

Bibl. de l'Institut, ms 2383: compilé par l'abbé Bétencourt en faveur de M. de La Sépouze, commandataire du prieuré, à partir des archives de Marmoutier - originaux, Cartulaire breton, copies - et de copies faites pour Roger de Gaignières (Bibl. nat., lat. 5441³) ; contient beaucoup d'actes inédits ou partiellement publiés. Plus ancien acte authentique transcrit : deuxième moitié du XIᵉ s.

25. Cartulaire des privilèges, franchises, libertés et exemptions des manants et habitants de Saint-Aubin du Cormier (Stein 3313).

Arch. dép. Ille-et-Vilaine, dépôt de la commune de Saint-Aubin du Cormier. Plus ancien acte authentique transcrit : 1225.

26. Cartulaire de l'abbaye de moniales bénédictines de Saint-Sulpice La Forêt (Stein 3574).

Bibl. mun. Rennes, ms 2735 (= 2439, cote de la Bibl. mun.) ; *Cartulaire de l'abbaye de Saint-Sulpice-La-Forêt*, publié par dom Anger, Rennes, 1911 [extrait des *Bulletin et Mémoires de la Société archéologique d'Ille-et-Vilaine*). Plus ancien acte authentique transcrit : troisième quart du XIIᵉ s.

27. Cartulaire de Liré (Stein 2189).

Arch. dép. Maine-et-Loire, 41 H 5 ; compilé à partir des sources médiévales après que l'établissement eut cessé d'être un prieuré de Marmoutier pour être rattaché au collège de Bonne nouvelle. Plus ancien acte authentique transcrit : vers 1070.

28. Cartulaire de Notre-Dame de Montonac (Stein -).

Arch. paroissiales de Saint-Dolay (Morbihan) ; *Cartulaire de Notre-Dame de Montonac. Prieuré Augustin en la paroisse de Nivillac, diocèse de Nantes*. Texte avec préface, introduction, notes, observations et table analytique et chronologique par le comte Paul de Berthou, Vannes, 1964. Plus ancien acte authentique transcrit : première moitié du XIIᵉ s.

REMARQUES ET DISCUSSION

M. BAUDOT : *Dans le cartulaire de l'évêque de Dol, dont il n'a été conservé que quelques cahiers, est-il question des paroisses de l'exemption de Dol situées dans le diocèse normand de Lisieux à l'estuaire de la Risle et de la Seine ?*

M. GUILLOTEL : *Il ne semble pas que les fragments de l'*Alanus *retrouvés par Henri Bourde de La Rogerie comportent d'acte relatif à l'enclave de Saint-Samson-sur-Risle en Basse-Seine.*

Mme HIGOUNET-NADAL : *Vous n'avez pas mentionné le nombre de folios et celui des actes de vos cartulaires, mais pas les dimensions du texte. Celui de Saint-Denis a été indiqué comme étant très gros, mais il y loin du cartulaire de poche à l'in-folio.*

M. GUILLOTEL : *Pour tenir compte de ces* desiderata *la présentation des recueils donnée en annexe indique le nombre de folios. En revanche, faute de temps, il n'a pas été possible d'arrêter le nombre des actes. L'ampleur de la recherche et sa complexité du fait de l'existence de doublons rendaient également trompeurs les dénombrements déduits des éditions.*

CARTULAIRES ANGLAIS DU MOYEN ÂGE

par

Jean-Philippe GENET

Lorsqu'on m'a demandé, il y a près d'un an, d'évoquer ici les cartulaires anglais, j'ai hésité : les cartulaires anglais sont bien connus, décrits avec précision dans le remarquable catalogue de G.R.C. Davis [1] ; on continue à les publier à un rythme et avec une régularité qui laissent pantois le médiéviste français [2] ; ils ont fait l'objet d'excellentes études d'ensemble [3] ; et enfin j'avais déjà observé d'assez près, il y a une quinzaine d'années, une centaine de cartulaires anglais dans une optique, il est vrai, spécifique : il s'agissait, au-delà de la fonction principale, essentiellement pratique, du cartulaire, de s'interroger sur sa signification culturelle à travers les rapports de la technique du cartulariste et de celle de l'historien (parfois une seule et même personne) [4].

---

1. G.R.C. Davis, *Medieval Cartularies of Great Britain. A Short Catalogue*, Londres, 1958.

2. La plupart des éditions de cartulaire étant le fait des sociétés locales, il est possible de compléter la catalogue de Davis avec le supplément du répertoire d'E.C. Mullins, *Texts and Calendars II*, Londres, 1983 (Royal Historical Society). On trouvera en annexe une liste de quelques-unes des publications les plus récentes. Un grand nombre de cartulaires ou de registres n'est connu que par des copies fragmentaires d'*antiquaries* du XVIe ou du XVIIe siècle (Dering, Dodsworth, Spelman etc.) ; il arrive donc que l'on retrouve des manuscrits indiqués *untraced* par Davis, tandis que certains des nombreux cartulaires qui sont encore en mains privées entrent peu à peu dans les collections publiques : on rassemblera ces informations en dépouillant le *Bulletin of the Institute of Historical Research* ou le *Journal of the Society of Archivists*. Signalons que notre collègue Jacques Beauroy s'est attaqué à la lourde tâche d'éditer les documents d'Holkham pour le compte de la British Academy.

3. David Walker, *The organization of material in medieval cartularies*, dans D.A. Bullough et R.L. Storey éd., *The study of medieval records : essays in honour of Kathleen Major*, Oxford, 1971, p. 132-150 et Trevor Foulds, *Medieval Cartularies*, dans *Archives*, t. XVIII (77), 1987, p. 3-35.

4. J.-Ph. Genet, *Cartulaires, registres et histoire : l'exemple anglais*, dans Bernard Guenée, *Le Métier d'Historien au Moyen Age*, Paris, 1977, p. 95-138.

Je me suis donc fixé ici pour objectif de donner une vue d'ensemble de la production des cartulaires anglais en partant du catalogue de G.R.C. Davis qui donne une liste de 1125 cartulaires religieux : je laisse de côté les cartulaires écossais qui renvoient à un autre contexte politique et religieux, et je n'évoquerai que secondairement les 158 cartulaires laïcs qui, souvent, ne présentent pas les mêmes caractères de régularité formelle que les documents ecclésiastiques. Je m'attacherai tout d'abord à décrire les structures de répartition géographique et chronologique des cartulaires anglais, avant de m'interroger sur la nature de ces documents et leur évolution.

I. LES STRUCTURES DE REPARTITION

Dans un premier temps, nous prendrons telles quelles les unités définies par G.R.C. Davis, sans essayer de distinguer registres et cartulaires, pour essayer d'en dégager la répartition géographique et chronologique.

La répartition géographique

Il convient ici de distinguer cartulaires laïcs et cartulaires ecclésiastiques. La répartition régionale des cartulaires religieux est possible, une fois éliminés les cartulaires «nationaux» (il y en a six pour l'ordre de l'Hôpital de Saint-Jean de Jérusalem et un pour celui du Temple), même si certains cartulaires contiennent des actes concernant par exemple à la fois une maison mère et un prieuré dépendant qui peuvent être situés dans deux régions différentes. La difficulté principale réside dans la notion de région, qui a peu de sens pour la période médiévale, si du moins l'on excepte le Pays de Galles (dont les cartulaires et registres ne représentent que moins de 1% du total, ce qui est de toutes façons bien peu significatif) : j'utilise ici un classement assez arbitraire en huit régions qui, s'il est sans doute discutable, permet néanmoins les comparaisons [5].

Il est beaucoup plus difficile de donner une répartition signifiante des documents laïcs. Le recensement de G.R.C. Davis pourrait d'ailleurs être remis en cause sur un point qui a ici son importance : parmi les cartulaires qu'il mentionne dans la catégorie des cartulaires laïcs, figurent plusieurs cartulaires «administratifs» (par exemple ceux de l'honneur de Tutbury et

---

5. Nord : Cumberland, Durham, Lancashire, Northumberland, Westmoreland, Yorkshire.

N(orth) Mi(dlands) : Derby, Leicestershire, Lincoln, Northamptonshire, Nottinghamshire, Rutland.

W(est) Mi(dlands) : Chester, Gloucestershire, Herefordshire, Salop, Staffordshire, Warwickshire, Worcestershire.

Centre : Bedfordshire, Berkshire, Buckinghamshire, Hertfordshire, London, Middlesex, Oxfordshire.

E(ast) An(glia) : Cambridgeshire, Essex, Huntingdonshire, Norfolk, Suffolk.

S(ud) S(ud)-E(st) : Hampshire, Kent, Surrey, Sussex.

S(ud) S(ud)-O(uest) : Bristol, Cornwall, Devon, Dorset, Somerset, Wiltshire.

Wales.

de l'honneur de Richmond), ou encore des cartulaires que l'on pourrait qualifier de «princiers» et qui ont été fait aussi par des gens proches de l'administration royale (pour le duché de Lancastre ou pour Edmond de Cornouailles). Il est clair que cette catégorie de documents pourrait être étendue, car plusieurs départements de l'administration royale ont utilisé la technique du cartulaire à de multiples reprises. L'exemple du duché d'Aquitaine révèle l'ampleur du phénomène. Les Anglais avaient perdu une bonne partie de leurs archives gasconnes, puisqu'en 1294 l'équipage du navire qui les transportait, n'ayant pas été payé, les avait débarquées chez les Augustins d'Oléron. John Hildesley reçut ainsi en 1318 l'ordre de compiler pour les officiers du duché, avec l'aide du *Custos Processorum et Memorandum Ducatum Aquitanie tangencium*, Elias de Joneston, et de six autres clercs, un registre à partir des documents contenus dans 45 coffres fermés à clé conservés au Trésor de la Garde-Robe à la Tour de Londres. Cinq registres de 991 folios furent ainsi compilés en un an, les scribes étant payés par les Bardi à l'issue du travail [6]. Expédiés en Gascogne, ils furent ramenés, car jugés par trop défectueux une fois confrontés avec les originaux. Au fil des ans, on entreprit d'abord un résumé de ces registres (Henry de Canterbury), puis une nouvelle série de quatre registres fut ensuite entreprise sur l'ordre d'Edouard III par Andrew Ufford [7].

La «localisation» de tels documents n'a évidemment aucun sens ; tout aussi impossible est la localisation des six cartulaires de l'ordre de l'Hôpital, et celle du cartulaire de l'ordre du Temple. Il est de même difficile de faire rentrer dans un cadre régional la bonne trentaine de cartulaires des grandes familles de l'aristocratie, Mowbray, Stafford, De Vere, Mortimer, Beauchamp etc., dont les domaines s'étendent sur plusieurs comtés, avec plusieurs centres de gestion administrative. Ajoutons que certains cartulaires «laïcs» sont ceux de religieux qui les ont faits en tant qu'individus pour leur usage personnel : mais si celui d'un Thomas Anlaby, un clerc passé par Cambridge mais qui n'est peut-être pas rentré dans les ordres [8], montre surtout de l'intérêt pour ses affaires familiales, ceux d'Anthony Bek, évêque de Norwich et de John Blaunchard, archidiacre de Worcester [9], sont nourris des problèmes de leurs

6. Seul subsiste aujourd'hui le registre A, British Library Cotton Julius E I, édité par G.P. Cuttino et Jean-Paul Trabut-Cussac, *Gascon Register A*, Oxford, 1975 (British Academy, Records of Social and Economic History).

7. Seul subsiste le manuscrit B, Wolfenbüttel 2311, édité par Charles Bémont, *Recueil d'actes relatifs à l'administration des rois d'Angleterre en Guyenne au XIIIᵉ siècle*, Paris, 1914 *(Documents inédits de l'Histoire de France)*. Sur tous ces registres, voir, outre l'introduction de G.P. Cuttino: J.-P. Trabut-Cussac, *Les cartulaires gascons d'Edouard II, Edouard III et Charles VII, dans Bibliothèque de l'Ecole des chartes*, t. 111, 1953, p. 65-106.

8. Davis n° 1187 : cf. A.B. Emden, *Biographical Register of the University of Cambridge*, Cambridge, 1963, p. 13 ; cf. M.R. James, *The Anlaby Chartulary*, dans *Yorkshire Archaeological Journal*, t. 31, 1934, p. 337-347.

9. Londres, Brit. Libr., Harley 3720, Davis n° 1193 (Bek) et Davis n° 1196 (Blaunchard).

églises respectives. Au total, 108 cartulaires et registres laïcs seulement ont pu être localisés, pour 1118 religieux[10]. Cette situation figure sur le tableau I.

Tableau I

RÉPARTITION GÉOGRAPHIQUE DES REGISTRES ET CARTULAIRES

	RELIGIEUX		LAÏCS	
Nord	158	14,1 %	19	17,6 %
NMi	126	11,3 %	30	27,8 %
WMi	142	12,7 %	10	9,3 %
EAn	224	20,0 %	14	13,0 %
SSE	188	16,8 %	7	6,5 %
SSO	118	10,6 %	6	5,6 %
Centre	153	13,7 %	21	19,4 %
Wales	9	0,8 %	1	0,9 %
TOTAL	1118		108	

En dépit de la fragilité des données, le contraste entre les deux répartitions est tout à fait frappant. Les deux régions du Nord qui représentent le quart des cartulaires religieux, ont à elles deux plus de 45% des cartulaires laïcs. Les deux régions les plus méridionales, qui ont elles aussi 25% à peu près des cartulaires religieux, ont à peine 12% des cartulaires laïcs. Le contraste est donc net, accentué par le fait que les régions méridionales sont en partie vidées de leur gentry au profit de la région centre (19,4%), bien des promoteurs de cartulaires laïcs étant soit des bourgeois de Londres possessionnés dans les *home counties* (un lord-maire de Londres, des marchands de l'Etape de Calais), soit des membres de la haute administration royale (un baron de l'Echiquier, un *serjeant-at-law*). Cette comparaison fait donc ressortir, du point de vue des laïcs, la forte personnalité culturelle de la gentry septentrionale ainsi que le rôle de capitale de Londres.

Sur le plan strictement religieux, il serait possible d'aller plus loin, par exemple en étudiant la répartition géographique des cartulaires en fonction du statut des producteurs ecclésiastique (ordres religieux etc.). Mais, en dépit

10. Les calculs présentés ici sont faits à partir d'une base de données construite sous FoxBase, dans laquelle ont été rentrées, à partir du catalogue de G.R.C. Davis les informations suivantes : numéro du cartulaire, nom et nature de la maison religieuse productrice, comté, date, période, nom d'auteur, autre contenu ; le document est-il un *roll*, a-t-il fait l'objet d'une continuation, est-il perdu, quelle est sa cote, sa taille, sa nature, quel est l'arrangement des matériaux, en existe-t-il des copies anciennes, est-il édité ? Cette base ne portait, quand cette communication a été présentée, que sur 700 cartulaires au lieu de 1125, les chiffres présentés ici sont donc différents.

des hasards de la conservation [11], le poids des grands établissements religieux est très fort, dans la mesure où pour certains d'entre eux, nous le verrons, il convient mieux de parler de «système de cartulaires» que de cartulaire *stricto sensu* : les dix établissements les mieux représentés se partagent environ 20% des la totalité des registres et cartulaires. Sans tenir compte du problème que pose l'unité statistique qu'est ici l'entrée dans le catalogue Davis (un même cartulaire en plusieurs volumes comptera pour plusieurs unités, mais deux cartulaires reliés ensemble compteront pour une seule ; une unité peut correspondre à un folio grand format ou à deux fragments récupérés sur une reliure ancienne ...), on obtient, suivant en fonction du nombre d'entrées dans le catalogue Davis, le classement porté sur le tableau II.

Tableau II

1. Bury St-Edmunds	40
2. Durham (Pr. Cath.)	30
3. Canterbury (Pr. Cath.)	27
4. Glastonbury	22
5. Peterborough	20
6. St-Albans	19
7. Canterbury (St. Augustin), Fountains (O.C.)	17
9. Evêché de Lincoln, Ely (Pr. Cath.)	16
11. Evêché de Lichfield, Norwich (Pr. Cath.)	15
13. Ramsey	14
14. Evêché de Chichester	13
15. Lanthony (Aug.)	12
16 Evêché de Londres, archevêché d'York, Worcester (Pr. cath.)	11
19 Battle	10

A part Fountains (cistercien), Lanthony (augustin), l'archevêché d'York et les évêchés de Lichfield, Lincoln et Chichester, il ne s'agit ici que d'établissements bénédictins dont certains, il est vrai, sont aussi, en tant que prieurés cathédraux, dotés d'un rôle important au niveau du diocèse, ne serait-ce que par l'entretien et la gestion de la cathédrale (Durham, Christ Church de Canterbury, Ely, Norwich, Worcester) : ce sont les seuls établissements à pouvoir prétendre disposer de ce «système» de cartulaires, que les petits prieurés augustins, par exemple, peuvent rarement se permettre. La carte des cartulaires traduit donc un peu l'image des implantations bénédictines et des grandes cathédrales. L'East-Anglie et le Sud-Est (avec le Kent et le Hampshire) sont donc naturellement dominants.

On est donc ramené ici au problème des ordres religieux, c'est-à-dire au

---

11. Cf. Davis, *Medieval cartularies...* (note 1), p. XIV-XVI.

statut des producteurs religieux de registres et de cartulaires, problème qui se combine bien évidemment avec celui de la périodisation, car les ordres religieux et les institutions séculières n'ont pas connu la fortune et le succès aux mêmes moments [12].

Périodisation et producteurs des cartulaires et registres

Les cartulaires et registres ecclésiastiques, sur lesquels je me concentrerai maintenant, n'ont pas tous survécu, je l'ai déjà dit. Il est donc impossible d'attribuer une date précise aux témoins manquants. En tenant compte des incertitudes de datation que tout le monde connaît bien, on arrive à la répartition suivante, par périodes et par ordres de producteurs religieux, répartition qui porte sur 1000 témoins datés. Dans les tableaux qui suivent ne figurent pas les Xe (4 témoins), XIe (8) et XVIIe siècles (4), non plus que les cartulaires et registres des mendiants et assimilés : Carmes, Franciscains, Ermites de Saint-Augustin auxquels on ajoute ordinairement les Trinitaires, bien qu'il ne s'agisse pas à proprement parler d'un ordre mendiant, n'ont que dix registres dont six datables. Il a été procédé à quelques regroupements : si l'évolution divergente des Prémontrés et des Clunisiens nécessite leur présence sur le tableau en dépit du nombre réduit de leurs productions, les autres ordres ont été réunis sous l'appellation «Div.O.», Hospitaliers (10 cart.), Templiers (2), Gilbertins (2), Bonshommes (2) et Chartreux (5), et ceci en dépit de leurs différences [13]. Sous la rubrique «Episc.» se retrouvent les documents concernant les évêchés et les cathédrales qui ne sont pas des prieurés bénédictins ; sous la rubrique «Eglises» se retrouvent paroisses, collégiales, *chantries* et chapelles, et sous la rubrique H/C, les hôpitaux (dont quelques-uns, pourtant, sont gérés par des Augustins), les collèges, les guildes et les fraternités.

L'individualité de chaque type de producteur saute aux yeux. Le principal contraste est celui qui oppose les ordres religieux en général, dont les maxima se situent aux XIIe et XIIIe siècles (Bénédictins, Augustins, Prémontrés, Cisterciens) et les hôpitaux, collèges, églises collégiales et paroissiales, dont l'essentiel de la production est nettement centré sur le XVe siècle. Se situent entre ces deux pôles évêchés et cathédrales, avec une activité soutenue sur

---

12. On consultera avec intérêt la chronologie donnée par T. Foulds, *Medieval cartularies...* (note 3), qui est beaucoup plus sélective et porte sur seulement 366 cartulaires subsistant, mais inclue les cartulaires écossais. La grande différence entre sa courbe et la mienne est l'écrasement de la production du XIIIe siècle ; par contre, sa courbe, plus fine, met mieux en valeur les fluctuations de la fin du Moyen Age : « ...What perhaps is less expected is the sharper rise in compilations in the late fourteenth century, peaking by the early fourteenth century, but dropping dramatically by the middle of this century, only to rise again with moderation at the end of the century and again levelling in the early sixteenth century» (p. 16).

13. D. Knowles et R.N. Hadcock, *Medieval Religious Houses. England and Wales*, Londres, 1971.

Tableau III

A. Registres, cartulaires etc. (n=1125) par siècles et par statut des producteurs ; chiffres bruts.

Siècles	OSB	Aug.	OC	Pr.	Cl.	Div. O.	Episc.	H/C	Eglises	N
XIIᵉ	20	3	4		1		7			35
XIIIᵉ	120	51	30	15	3	6	17	8		250
XIVᵉ	158	59	25	8	7	4	40	16	11	328
XVᵉ	104	43	19	2	8	7	27	40	26	276
XVIᵉ	34	16	4	1	3	4	13	7	7	89
N	436	172	82	26	22	21	104	71	44	978

B. Registres, cartulaires etc. (n=1125) par siècles et par statut des producteurs ; pourcentages horizontaux.

Siècles	OSB	Aug.	OC	Pr.	Cl.	Div. O.	Episc.	H/C	Eglises	N
XIIᵉ	57,2	8,6	11,4		3,8		20			35
XIIIᵉ	48	20,4	12	6	1,2	2,4	6,8	3,2		250
XIVᵉ	48,2	18	7,6	2,4	2,1	1,2	12,2	4,9	3,4	328
XVᵉ	37,7	15,6	6,9	0,7	2,9	2,5	9,8	14,5	9,4	276
XVIᵉ	38,2	18	4,5	1,1	3,4	4,5	14,6	7,9	7,9	89
N	436	172	82	26	22	21	104	71	44	978

C. Registres, cartulaires etc. (n=1125) par siècles et par statut des producteurs ; pourcentages verticaux.

Siècles	OSB	Aug.	OC	Pr.	Cl.	Div. O.	Episc.	H/C	Eglises	N
XIIᵉ	04,6	1,7	4,9		4,5		6,7			35
XIIIᵉ	27,5	29,7	36,5	57,7	13,6	28,6	16,3	11,3		250
XIVᵉ	36,2	34,3	30,5	30,8	31,9	19	38,5	22,6	25	328
XVᵉ	23,9	25	23,2	7,7	36,4	33,4	26	56,3	59	276
XVIᵉ	07,8	9,3	4,9	3,8	13,6	19	12,5	9,8	16	89
N	436	172	82	26	22	21	104	71	44	978

l'ensemble de la période, et un maximum au XIVᵉ siècle ; les Clunisiens, qu'une grave crise a amené à réorganiser leur gestion à partir du XIVᵉ siècle, et les divers ordres, dont la poussée au XVᵉ siècle est en fait entièrement imputable aux Chartreux. Il est par contre difficile de tirer des conclusions pour le XVIᵉ siècle, certains des registres et cartulaires ayant été composés comme instruments de gestion de la dissolution des monastères, mais par les nouveaux propriétaires plutôt que par les communautés monastiques.

On remarque que l'activité dans le domaine de la production des registres et.des cartulaires reste chez les Bénédictins et Augustins très élevée pendant toute la période, avec des minima tout relatifs de 37,7% et 15,6% de la production au XVe siècle, compte tenu du retard des Augustins au XIIe siècle. A partir du XIIIe siècle, les Augustins restent aussi très importants. Par contre les Cisterciens et les Prémontrés mettent en place avec une extrême énergie leurs instruments de gestion au XIIIe siècle. Un magnifique exemple est fourni par les archives de l'abbaye cistercienne de Beaulieu où l'on trouve des comptes comme specimen non seulement pour chaque grange et chaque manoir, mais aussi pour chaque officier et chaque serviteur [14]. Mais l'activité des Prémontrés dans ce domaine semble ensuite baisser de façon spectaculaire, comme s'ils se désintéressaient, à quelques exceptions près, de leurs archives et de la gestion de leurs affaires. Les Cisterciens continuent à se montrer actifs dans la gestion de leurs archives, mais sans égaler les Bénédictins.

Importants dès le XIIe siècle, les registres des évêchés et des cathédrales représentent une production active tout au long de la période, au contraire de la production des églises collégiales, paroisses, hôpitaux et collèges qui occupent une place considérable à la fin du Moyen Age : ce sont les changements mêmes des structures de l'Eglise qui sont ainsi reflétés par la production des registres et des cartulaires, qui témoignent à la fois de l'engouement pour les collégiales (les grandes maisons aristocratiques fondent désormais des collégiales, là où auparavant on aurait fondé des monastères), et de l'ouverture grandissante de l'Eglise sur la société laïque avec la multiplication et l'enrichissement des établissements de soins et d'enseignement. On notera cependant que la baisse de l'activité productive de ce secteur au XVIe siècle est parallèle à la baisse que connaissent les monastères : peut-être faut-il y voir déjà une désaffection pour les «oeuvres» en direction d'une église catholique en perte de vitesse.

Si la production de cartulaires et de registres est un bon miroir de l'activité d'ensemble des institutions ecclésiastiques, il serait fort intéressant de voir si ces chiffres anglais sont exceptionnels par rapport à ceux que l'on peut observer ailleurs qu'en Angleterre. La conclusion majeure qui se dégage en tous cas de cette répartition chronologique est que le rythme de production atteint son maximum au XIVe et qu'elle continue à un rythme élevé au XVe siècle : ces deux siècles, s'ils ne sont peut-être pas la période de production des oeuvres les plus spectaculaires, sont la période la plus intense de production et il faudra garder ce fait en mémoire pour essayer d'interpréter la signification de la production des cartulaires et registres associés.

14. S.F. Hockey et P.D.A. Harvey, *The Beaulieu Cartulary*, Southampton Record Series, XVII, 1974 ; S.F. Hockey, *The account-Book of Beaulieu abbey*, Camden Fourth Series, XVI, 1975.

II. LES PRODUITS

Les produits dans le domaine qui nous intéresse ici dépendent évidemment de la fonction qu'on leur assigne. Ces fonctions sont fort diverses. On peut trouver des cartulaires faits pour effacer une gestion douteuse : ainsi celui qu'entreprend Thomas Pype, un abbé cistercien qui a dilapidé le temporel de son monastère avec sa maîtresse [15] ; ou pour rêver à des domaines perdus : William Langley fait faire deux cartulaires, un pour ses domaines, et l'autre pour les terres qui ont un jour échappé à sa famille [16]. D'ailleurs les fonctions sont différentes selon que l'on a affaire à un cartulaire laïc ou à un cartulaire ecclésiastique.

L'oscillation constante entre mémoire historique et célébration idéologique de la grandeur religieuse et politique d'une maison ecclésiastique ou d'une famille aristocratique [17] et le souci de gestion se retrouve aussi bien dans le choix de la forme retenue pour garder la copie des actes que dans l'organisation même du cartulaire. Les plus anciennes copies d'actes se trouvent consignées dans des volumes dont le caractère sacré est très fort : à Bury St-Edmund, les chartes de Knut et de Guillaume le Conquérant sont recopiées sur les dernières pages d'un Evangile [18] ; même chose dans les Evangiles de «Macdurnan» et d'«Aethelstan», ainsi que dans deux autres Evangiles du XIᵉ siècle à Christ Church de Canterbury [19] ; même chose enfin au prieuré bénédictin de Worcester avec le célèbre Evangile d'Offa avec lequel saint Wulstan lui-même avait ordonné que l'on relie un abrégé (fait sous la direction d'Hemming) du plus ancien cartulaire anglais connu, rédigé aux environs de 1023-1025 à Worcester [20].

Le cartulaire ne s'est imposé qu'au XIIIᵉ siècle. Pendant longtemps, il a disputé le premier rôle aux chroniques et annales qui pouvaient incorporer de nombreux documents : je ne reviendrai pas sur ce point. Le cartulaire répondait sans doute mieux aux besoins apparus au XIIIᵉ siècle, à partir du moment où la nécessité de disposer d'une preuve écrite de ses possessions se fait primordiale. Mais la tentation de l'histoire est restée. Jusqu'au XVIᵉ siècle, on trouve soit des cartulaires-chroniques, soit des chroniques incorporant un grand nombre d'actes (par exemple l'*Historia Sancti Augustini* de Thomas de Elmham). De plus, plusieurs cartulaires incorporent des narrations, pour un motif ou un autre : celui des dames augustines de Crabhouse dans le

---

15. R.H. Hilton, *The Stoneleigh Leger Book*, Dugdale Society Publications XXIV, 1960.

16. P.R. Coss, *The Langley Cartulary*, Dugdale Society Publications XXXII, 1980.

17. Un point sur lequel je ne reviens pas puisqu'il était au centre de mon précédent article (note 4).

18. Davis n°122.

19. Davis n°177 à 180.

20. Davis n°1069 ; cf. N.R. Ker, *Hemming's Cartulary*, dans R.W. Hunt, W.A. Pantin et R.W. Southern, *Studies in Medieval History presented to Frederick Maurice Powicke*, Oxford, 1948, p. 49-75.

Norfolk contient une narration en français de la fondation pour l'édification des chanoinesses ! Dans tel autre, les chartes anglo-saxonnes devenues incompréhensibles sont complétées par une narration qui permet de comprendre leur contenu.

Néanmoins il est clair que le souci de gestion l'a emporté, comme il a aussi dicté l'organisation interne du matériau la plus répandue, l'organisation topographique, par comtés et par lieux, ou simplement par domaines ou paroisses. Toutefois, il y a le plus souvent au début du cartulaire (et surtout des cartulaires généraux) une section de «prestige», qui comprend les documents royaux, pontificaux ou baroniaux ayant trait à la fondation du monastère. Par ailleurs, on trouve aussi des arrangements chronologiques, ou par donateurs, qui respectent mieux les préoccupations historiques : au total, les trois quarts des cartulaires semblent avoir un arrangement qui privilégie la gestion, le quart restant ayant une organisation plus soucieuse de la mémoire et de l'histoire.

Pour aller plus loin et faire une étude rigoureuse, il faudrait repartir des manuscrits, sans se contenter de reprendre la nomenclature adoptée par G.R.C. Davis. C'est évidemment un travail qui dépasse les limites de ce qu'il m'a été possible d'entreprendre, mais ayant pu contrôler cette nomenclature pour une bonne centaine de cas (notamment pour les cartulaires et registres qui, ayant un «auteur» connu, rentrent dans ma propre base de données sur les auteurs anglais actifs dans le domaine de l'histoire et du politique entre 1300 et 1600, base désormais achevée), je partage l'opinion de Trevor Foulds qui, lui aussi confronté à ce problème, a repris la distinction fondamentale opérée par G.R.C. Davis entre registres et cartulaires : il cite d'ailleurs sur ce point le catalogue de la grande bibliothèque des Augustins à Sainte-Marie des Prés à Leicester dont l'auteur, William Charite, savait de quoi il retournait, puisqu'il était aussi l'auteur d'au moins l'un de ces cartulaires ; or il prend bien soin de distinguer les *chartwary* et les autres *books* [21]. En s'appuyant sur la nomenclature de G.R.C. Davis, on obtient les catégories suivantes :

- cartulaire général, transcription de toutes les archives importantes d'un individu ou d'un établissement religieux. Il y en a 204 ;

- cartulaire : ils répondent à des objectifs plus particuliers ; ils peuvent ne concerner qu'une partie des domaines, une partie des archives, ou un utilisateur particulier. Le cas le plus frappant dans les monastères bénédictins est celui des cartulaires d'obédientiaires ; chaque obédientiaire disposant d'une partie des domaines du monastère fait rédiger un cartulaire pour la fraction dont il a la gestion. Il y en a 293 ;

- registres : il en existe de toutes sortes, et la désignation regroupe simplement la tentative d'enregistrer de façon systématique soit un certain type de document, soit une variété d'information ayant trait à tel ou tel problème. Il est clair

---

21. Cf. T. Foulds, *Medieval cartularies* (note 3), p. 6 et suiv.

que G.R.C. Davis n'a pas pu être exhaustif dans son catalogue, et que sa classification est nécessairement fragile car, comme il le dit très honnêtement, il est impossible d'établir des frontières précises entre ces différents types de documents. De plus, un grand nombre de registres (et même de cartulaires) sont composites, c'est-à-dire qu'ils incorporent sous une même reliure des ouvrages de natures différentes ;

- les sommaires (*abstracts*) d'une part, les inventaires et les listes de l'autre, sont des outils d'aide au maniement des archives ;

- les actes, sont des copies de chartes d'une part, sans effort d'arrangement et d'organisation, et des *inspeximus* et autres actes reliés en volume ou recopiés sur des rouleaux ;

- les documents de gestion, *rentals, surveys*, terriers, *lease-books, court-rolls*, qui, organisés en volumes, se présentent parfois sous une forme très proche des registres. C'est la catégorie qui est sans aucun doute la plus sous-représentée dans le catalogue de G.R.C. Davis.

Les incertitudes sur la nomenclature sont donc telles que les résultats chiffrés ne peuvent être pris, tout au plus, que comme des indications de tendance, que l'on trouvera sur le tableau IV. L'intéressant est que la tendance confirme celle qui est observée pour les registres et les cartulaires (voir le tableau V), à ceci près que le maximum du XIVe siècle est beaucoup moins net, le niveau de production restant presqu'aussi élevé au XVe siècle et au XVIe siècle, compte tenu de la dissolution des monastères en 1536. Il semble même y avoir plus d'inventaires au XVe qu'au XIVe siècle.

Tableau IV

RÉPARTITION CHRONOLOGIQUE DES TEXTES DIVERS

Siècles	Actes	Inventaires	Sommaires	Documents	T
XIe	4				4
XIIe	8	2		2	12
XIIIe	27	22	2	7	58
XIVe	31	12	4	17	64
XVe	23	13	9	14	59
XVIe	19		2	11	32
	112	49	17	51	229

En tous cas le tableau V montre que chez les Bénédictins notamment, la production des cartulaires spécifiques est allée de pair avec celle des cartulaires généraux, la dépassant même au XIVe siècle. Et cette tendance est encore plus nette dans le cas des registres : pour le XIVe siècle, 24 cartulaires généraux, mais 30 cartulaires et 70 registres ; les ordres de grandeur sont identiques pour les évêchés. Au contraire, les petites maisons d'Augustins sont restées plus fidèles au genre du cartulaire général.

Tableau V

GENRES DE REGISTRE PAR SIECLE ET PAR PRODUCTEUR
Cartulaires généraux

Siècles	OSB	Aug.	OC	Div. O.	Ev./Ca.	Eglises	H/Coll.	T
XIIe	2		1		2			5
XIIIe	35	22	9	10	5		2	83
XIVe	24	21	4	7	2	2	2	62
XVe	14	8	4	3	4	1	5	39
XVIe	2	3	1				1	7
	77	54	19	20	13	3	10	196

Cartulaires

Siècles	OSB	Aug.	OC	Div. O.	Ev./Ca.	Eglises	H/Coll.	T
XIIe	5	2	1		1			9
XIIIe	36	15	13	6	5		4	79
XIVe	30	14	7	3	9	4	4	71
XVe	13	11	11	4	2	7	11	59
XVIe	7	7			1		3	18
	91	49	32	13	18	11	22	236

Registres

Siècles	OSB	Aug.	OC	Div. O.	Ev./Ca.	Eglises	H/Coll.	T
XIIe	6				2			8
XIIIe	12	4	1	2	3			22
XIVe	71	9	6	5	17	2	5	115
XVe	46	13	1	3	14	9	16	102
XVIe	12	1	1	1	3	3	2	23
	147	27	9	11	39	14	23	270

On voit donc nettement que c'est au XIVe siècle que l'outil documentaire de gestion, une gestion juridique et économique à la fois, se met en place, au moins chez les Bénédictins et dans les évêchés ; l'évolution est un peu moins nette, on l'a vu, pour d'autres catégories de producteurs ecclésiastiques. Il est difficile de ne pas établir un lien avec ce que Rodney Hilton a si admirablement mis en évidence, à savoir la «réaction seigneuriale» qui aboutit au déclenchement de la grande révolte de 1381[22], même si l'exploitation des paysans n'est pas, en général, l'objectif conscient de cette documentation ainsi assemblée : les archives ont souvent été, comme à Bury ou lors de la révolte de 1381, l'objectif des paysans qui avaient mesuré le poids de l'écrit au point d'essayer d'obtenir à prix d'or, dans les années précédant la révolte, des copies du Domesday Book dont ils pensaient tirer des garanties pour leur statut.

C'est ce souci de disposer de la meilleure documentation à la fois pour faire respecter leurs droits et pour mieux les exploiter qui explique la mise en place par les grands monastères de ces «systèmes» de cartulaires et de registres. A titre d'exemple, je donne ici un organigramme de ces systèmes pour Durham et pour Bury St-Edmunds (les numéros entre parenthèse renvoyant au catalogue de Davis).

Tableau VI

LES «SYSTEMES» DE DURHAM ET DE BURY

BURY	DURHAM
1) Cartulaire XIIIᵉ s. (95) (fragment)	1) 2 cartulaires XIIIᵉ s. (324-5 et 326), 2 Cartulaires généraux en 3 vol. (327-32)
2) Registre contenant des privilèges royaux et pontificaux (96) *inter alia*	2) Registre (350).
3) Registre destiné à compenser la perte des registres brûlés en 1327 (97).	
4) Copies de chartes royales et pontificales concernant la liberté de Bury (98).	
5) 6 registres concernant chacun un manoir (99 à 104).	
6) 2 registres concernant chacun un groupe de domaines (109-12).	
7) 2 cartulaires concernant chacun obédientiaire (108, 117).	7) 6 Cartulaires concernant chacun un obédientiaire (343-348)
8) 8 registres concernant chacun un obédientiaire (114-6, 118-21 et 131).	
9) 6 registres concernant chacun un type de document (124-127, 132, 134).	
10) 3 inventaires (105-107).	10) 10 inventaires (333-42).

22. Voir entre autres R.H. Hilton, *Class conflict and the Crisis of Feudalism. Essays in Medieval Social History*, Londres, 1975 et *Les mouvements paysans du Moyen Age et la révolte anglaise de 1381*, Paris, 1979.

Encore cette énumération est-elle très incomplète. Sans parler des pertes, il faut y ajouter dans les deux cas les registres d'actes de l'abbé ou du prieur, à Bury un *Liber de Consuetudinibus*, dans les deux cas des chroniques maisons, nourries d'une documentation d'archive de première main. Le formidable essor de la production historique bénédictine aux XIVe et XVe siècles, qui est l'un des thèmes majeurs de la somme d'Antonia Gransden[23], s'enracine donc dans l'activité fébrile de gestionnaires. La liste des oeuvres de l'un des plus éminents Prieurs de Durham, John Wessington, dressée par R.B. Dobson, juxtapose ainsi à côté de la monumentale histoire de l'Eglise de Durham des dossiers historiques et archivistiques sur des sujets plus terre à terre : *Quod prior gaudere debet terris in culturam et pratum redactis in Spennyngmoor absque perturbacione tenencium villarum adiacencium* ; et la liste de ces «oeuvres», mêlant ainsi dossiers d'archives et oeuvres hagiographiques ou proprement historiques, ne comporte pas moins de 49 oeuvres, dont la plupart sont aujourd'hui encore dans les archives de Durham, parfois en plusieurs exemplaires, et ne figurent ni dans le catalogue de G.R.C. Davis, ni dans le «système» ébauché au tableau VI [24].

*
* *

Cet essai est bien sûr limité par les limites de ses sources. Tout de même, grâce au beau travail de G.R.C. Davis, grâce aux recherches et aux publications de tous ces érudits anglais qui ne dédaignent pas, dans le cadre le plus souvent de sociétés locales bien vivantes, de décrire et de publier des cartulaires, on peut ébaucher une vue d'ensemble. Et cette vue d'ensemble s'articule bien avec ce que nous pouvons savoir de l'évolution culturelle (la soif de racines anciennes et authentiques, le respect du document écrit, l'essor de l'historiographie) comme de l'évolution économique et sociale (la réaction seigneuriale) de l'Angleterre de la fin du Moyen Age. Ebauche bien sûr, puisqu'il faudrait repartir des documents eux-mêmes ; ébauche aussi, puisque ces documents ont sans aucun doute disparu en grand nombre. Mais au fait, est-ce si sûr ? Des études récentes viennent d'éclairer d'un jour nouveau les motifs des érudits qui dès le XVIe siècle se sont mis à rechercher activement les cartulaires et les vestiges des documents de gestion ecclésiastiques [25], limitant ainsi les pertes : sans doute les hérauts et les membres de la gentry y cherchaient-ils des informations sur l'antiquité de leurs propres familles

23. A. Gransden, *Historical Writing in England II, c. 1307 to the Early Sixteenth Century*, Londres, 1982.

24. Cf. R.B. Dobson, *The Priory of Durham in the Time of John Wessington, 1416-1446*, Oxford, 1962, p. 480-546 ; je tiens à remercier R.B. Dobson de m'avoir communiqué la liste, plus complète encore, qu'il avait publiée dans sa thèse dactylographiée (p. 580-586).

25. K. Sharpe, *Sir Robert Cotton, 1586-1631 : History and Politics in Early Modern England*, Oxford, 1970 ; R.B. Manning, *Antiquarianism and the Seigneurial Reaction : Sir Robert and Sir Thomas Cotton and their Tenants*, dans *Historical Research*, t. 63, 1990, p. 277-288.

ou de celles de leurs voisins ou de leurs clients. Mais, plus prosaïquement, d'autres cherchaient à utiliser leur science historique et juridique exactement comme les producteurs initiaux de ces documents, à savoir pour obtenir de leurs terres et de leurs paysans un maximum de profit. Produits d'abord pour sacraliser et conserver, produits ensuite pour gérer et enfin pour soutenir la réaction seigneuriale, ces mêmes cartulaires et registres n'ont-ils pas aussi été en partie conservés à cause d'une autre réaction seigneuriale, celle du début du XVIIe siècle ?

ANNEXE

BIBLIOGRAPHIE SELECTIVE
DES DERNIERES EDITIONS DE CARTULAIRES ANGLAIS

Abingdon : C.F. Slade et G. Lambrick, *Two Cartularies of Abingdon Abbey*, Oxford Historical Society, n.s., XXXII et XXXIII, 1990-1991.

Battle : E. Searle et B. Ross, *The cellarers' rolls of Battle Abbey*, Sussex Record Society LXV, 1967.

Beaulieu : S.F. Hockey et P.D.A. Harvey, *The Beaulieu Cartulary*, Southampton Record Society XVII, 1974.

Beaulieu : S.F. Hockey, *The account-Book of Beaulieu abbey*, Camden Fourth Series XVI, 1975.

Blyth : R.T. Timson, *The Cartulary of Blyth Priory*, Thoroton Society XXVII et XXVIII, 1973.

Blythburgh : C. Harper-Bill, *Blythburg Priory Cartulary*, Suffolk Record Society, Suffolk Charters II-III, 1980 et 1981.

Bolney : M. Clough, *The Book of Bartholomew Bolney*, Sussex Record Society LXIII, 1964.

Bolton : I. Kershaw, *Bolton Priory rentals and minister's Accounts, 1473-1539*, Yorkshire Record Series CXXXII, 1970.

Boxgrove : L. Fleming, *The chartulary of Boxgrove priory*, Sussex Record Society LXI, 1960.

Bradenstoke : V.C.M. London, *The Cartulary of Bradenstoke Priory*, Wiltshire Record Society XXXV, 1979.

Canonsleigh : V.C.M. London, *The Cartulary of Canonsleigh abbey : a calendar*, Devon and Cornwall Record Society, n.s. XXXII, 1965.

Clare : C. Harper-Bill, *The Cartulary of the Augustinian Friars of Clare*, Suffolk Record Society, Suffolk Charters XI, 1991.

Creake : A.L. Bedingfield, *A Cartulary of Creake Abbey*, Norfolk Record Society XXXV, 1966.

Dale : A. Saltman, *The Cartulary of Dale Abbey*, Derbyshire Archaeological Society, Record Series II, 1976.

Daventry : M.J. Franklin, *The Cartulary of Daventry Priory*, Northamptonshire Record Society XXXV, 1988.

Edington : J.H. Stevenson, *The Edington Cartulary*, Wiltshire Record Society, XLII, 1987.

Ely : E.O. Blake, *Liber Eliensis*, Camden Third Series XCII, 1962.

Fitznell : C.A.F. Meeking et Ph. Shearman, *Fitznells Cartulary : a calendar*, Somerset Record Society XXVII, 1968.

Fountains : D.J.H. Michelmore, *The Fountains Abbey Leasebook*, Yorkshire Record Series CXL, 1981.

Hôpital : M. Gervers, *The Hospitaller Cartulary in the British Library (Cotton MS Nero E VI) : a study of the manuscript and its composition with a critical edition of two fragments of earlier cartularies for Essex*, Toronto, 1981.

Hôpital : M. Gervers, *The Cartulary of the Knights of St John of Jerusalem in England, Secunda Camera, Essex*, Oxford (British Academy : Records of Social and Economic History), 1982.

Hotot : E. King, «Estates Records of the Hotot Family», in *A Northamptonshire Miscellany*, Northamptonshire Record Society XXXII, 1983, p.1-58.

Hylle : R.W. Dunning, *The Hylle Cartulary*, Somerset Record Society LXVIII, 1968.

Knyveton : A. Saltman, *The Kniveton Leiger*, Derbyshire Archaeological Society, Record Series VII, 1977.

Lacock : K.H. Rogers, *Lacock Abbey Charters*, Wiltshire Record Society XXXIV, 1979.

Langley : P.R. Coss, *The Langley Cartulary*, Dugdale Society Publications XXXII, 1980.

Leiston et Butley : R. Mortimer, *Leiston Abbey Cartulary ans Butley Priory Charters*, Suffolk Record Society, Suffolk Charters I, 1979.

Newnham : J. Godber, *The cartulary of Newnham Priory*, Befordshire Record Society XLIII, 2 vol., 1963-1964.

Peterborough : C.N.L. Brooke et M.M. Postan, *Carte nativorum : a Peterborough Abbey Cartulary of the fourteenth century*, Northamptonshire Record Society XX, 1960.

Reading : B.M. Kemp, *Reading Abbey Cartularies*, Camden Fourth Series XXXI et XXXIII, 1986-7.

Sibton : P. Brown, *Sibton Abbey Cartulary*, Suffolk Record Society, Suffolk Charters VII-X, 1985-1988.

Southampton : J.M. Kaye, *The Cartulary of God's House, Southampton*, Southampton Record Society XIX-XX, 1976.

Southampton : E.O. Blake, *The Cartulary of the Priory of St-Denis, near Southampton*, Southampton Record Society XXIV-XXV, 1981.

Southwick : K.H. Hanna, *The Cartularies of Southwick Priory*, Hampshire Record Society IX-X, 1988-1989.

Stoke by Clare : C. Harper-Bill et R. Mortimer, *Stoke by Clare Cartulary*, Suffolk Record Society, Suffolk Charters IV-VI, 1982-1984.

Stoneleigh : R.H. Hilton, *The Stoneleigh Leger Book*, Dugdale Society Publications XXIV, 1960.

Thurgarton : T. Fould, *Thurgarton Priory and its benefactors with an edition of the cartulary*, Unpubl. Univ. of Nottingham Ph.D. diss., 3 vol., 1984.

Tutbury : A. Saltman, *The cartulary of Tutbury Priory*, Staffordshire Record Society, Collections... Fourth Series LXXV, 1962.

Wakebridge : A. Saltman, *The Cartulary of the Wakebridge chantries at Crich*, Derbyshire Archaeological Society, Record Series VI, 1976.

REMARQUES ET DISCUSSION

G. BEECH : *How can one explain the absence of cartularies in England during the Anglo-Saxon period ? This cannot have been due to ignorance given English contacts with the continent (France, Italy, Germany) before the Conquest (1066).*

Jean-Philippe GENET : *Je n'ai pas de réponse à offrir sur ce point, si ce n'est que cette absence (relative, puisqu'il y au moins un cartulaire pré-normand, celui fait à Worcester vers 1023-1025) n'est pas due à des motifs technologiques; au contraire, les chancelleries ecclésiastiques anglo-saxonnes avaient un niveau remarquable. Peut-être pourrait-on avancer une explication paradoxale, tenant à la qualité même des chartes anglo-saxonnes. Mais je suppose que des spécialistes comme Michael Clanchy ou Rosamund McKitterick pourraient offrir une bien meilleure réponse.*

George BEECH : *Are the earliest English cartulaire after the Conquest attributable to Norman influence and models ?*

Jean-Philippe GENET : *Je ne le pense pas. Le plus ancien est encore une fois celui de Worcester, là où précisément il y avait déjà le seul cartulaire anglo-saxon. Par contre, il est clair que c'est la désorganisation des temporels ecclésiastiques que la conquête normande a provoquée qui a poussé à la rédaction des premiers cartulaires ou cartulaire-chroniques; le* Liber Eliensis *est lié à l'*Inquisicio Eliensis, *et Hemming s'est mis au travail à la demande de son évêque (anglo-saxon) pour essayer de retracer l'historique des domaines de Worcester : la deuxième partie de son* Libellus de possessionibus huius nostri monasterii *est intitulée* Enucleatio...

Patrick GEARY : *I would point out that the earliest part of the Hemming's cartulary (Cotton Tiberius A.XIII) dates from ca. 1000. It contains charters and leases grouped by shires. Texts and notes are in Anglo-Saxon and particularly interesting is the fact that the leases were updated to indicate original and subsequent lease holders.*

Jean-Philippe GENET : *C'est exact, encore que la partie due à Hemming soit beaucoup plus tardive que les 117 premiers folios de l'actuel manuscrit avec lequel elle est reliée; d'après N.R. Ker, cette première partie serait datable de 1023-1025. Mais je n'ai pas personnellement étudié ce manuscrit et je dépend entièrement de son interprétation.*

Mathieu ARNOUX : *La production de cartulaires normands suit un rythme parallèle à celle des cartulaires anglais. Il convient donc de s'interroger sur le statut des cartulaires des possessions anglaises des abbayes normandes. On doit aussi déplorer que la publication incomplète (par défaillance de l'érudition normande) du cartulaire de l'abbaye-aux-Dames (Trinité de Caen) empêche de s'interroger sur les modes de compilation d'un cartulaire très riche en documents insulaires.*

Jean-Philippe GENET : *Je ne puis qu'approuver votre suggestion. Il est vrai que l'on a du mal à faire le lien entre Angleterre et Normandie, malgré les excellents travaux de Marjorie Chibnall, à commencer par son premier travail sur les terres anglaises de l'abbaye du Bec; en tous cas, on trouve des traces normandes dans bien des fonds éloignés, parfois très éloignés, chronologiquement. C'est ainsi que dans le fonds d'Ewelme, une fondation De La Pole du milieu du XVᵉ siècle, j'ai pu remonter jusqu'à l'abbaye normande de Grestein, puisque William De La Pole avait récupéré les manoirs des prieurés dépendant de cette abbaye au milieu du XIVᵉ siècle. Il faut aussi se méfier de certains cartulaires refaits au XIVᵉ et au XVᵉ pour échapper à la législation sur les prieurés «étrangers», et masquant donc tout lien entre Angleterre et Normandie.*

Marcel BAUDOT : *Le recensement des cartulaires des prieurés des abbayes françaises, surtout normandes, sis en Angleterre, conservés en Angleterre ou restés en France, serait très souhaitable. Je songe notamment au cartulaire du prieuré de l'abbaye Saint-Pierre de Conches à Wotton au comté de Warwick demeuré dans le fonds de l'abbaye de Conches aux Archives départementales de l'Eure et qui n'a jamais été étudié.*

Les abbayes de Normandie et leurs prieurés avaient reçu dans la seconde moitié du XIᵉ siècle et au XIIᵉ siècle de nombreux biens sis en Angleterre et au Pays de Galles ; parmi ces abbayes figure l'abbaye bénédictine N.-D. du Bec-Hellouin qui put fonder outre-Manche treize prieurés implantés dans une dizaine de comtés. Leur histoire est relativement bien connue au cours des XIIIᵉ-XIVᵉ siècles grâce aux archives de l'abbaye-mère aujourd'hui disparue, mais utilisées de façon très satisfaisante par un moine du Bec, dom Jouvelin, auteur d'un Chronique de l'abbaye du Bec.

Il nous est ainsi permis de retracer le sort de ces possessions anglaises face aux conflits intervenus entre France et Angleterre au cours des XIIIᵉ, XIVᵉ et XVᵉ siècles, provoquant la saisie de ces biens par Jean sans Terre entre 1208 et 1213-1215, puis par le roi Edouard II de 1327 à 1351, par Richard II de 1370 à 1399, par Henry V en 1415 enfin. La chronique du Bec relate les protestations des abbés du Bec, l'appui des papes, les drames suscités par la résistance du prieur d'Okeburne, Laurent de Bonneville de 1442 à 1445.

La politique anglaise est d'obtenir l'arrentement des domaines des prieurés au profit de l'abbaye-mère au retour de la paix avant de procéder à leur cession à une abbaye anglaise ou à un collègue (Cambridge, Eton).

Le cartulaire du prieuré de Saint-Lambert de Malassis de 1457 qui détient un manoir à Weedonbeck au Northamptonshire, qui se présente sous forme de memorandum pour le recouvrement des biens, droits et privilèges tombés en désuétude, ne mentionnera aucune démarche pour la recouvrance de ce manoir.

Jean-Philippe GENET : *En théorie, ils devraient se trouver dans le catalogue de G.R.C. Davis. Mais ce n'est pas le cas de celui que vous citez, et il se peut que ce catalogue, pour remarquable qu'il soit, ne mentionne pas tous les cartulaires conservés dans les fonds français. Il en mentionne cependant quelques-uns (par exemple celui du prieure bénédictin de Throwley, mêlé à un cartulaire de saint Bertin conservé à Saint-Omer).*

Dietrich LOHRMANN : *Les registres spéciaux du XIVe siècle à Westminster compilés pour le trésorier, cellérier, aumônier etc. sont précédés d'inventaires très développés de la mense de ces offices dès 1150. Ces inventaires se reflètent alors dans les longues énumérations de biens contenus dans plusieurs privilèges pontificaux publiés par Walter Holtzmann* (Papsturkunden in England, *t. II*).

Jean-Philippe GENET : *C'est en effet une pratique courante dans la plupart des grands monastères bénédictins anglais et l'exemple que vous donnez illustre bien l'interpénétration des différentes classes de documents.*

Monique BOURIN : *Ces établissements anglais qui disposent d'un nombre considérable de cartulaires différents procèdent-ils à leur fabrication dans un ordre à peu près défini (cartulaires généraux en premier lieu, puis cartulaires particuliers, rentals, etc...) ?*

Jean-Philippe GENET : *Excellente question, mais il faudrait des études minutieuses, cas par cas, pour y répondre. Tels qu'ils subsistent aujourd'hui, les cartulaires et registres sont très souvent composites, incorporant des fragments de cartulaires ou de registres plus anciens; souvent, on ne recopiait pas, on découpait et on remontait. Il faut donc identifier et décomposer les pièces de gigantesques puzzles, et essayer de les recombiner : des études de ce genre ont été parfois tentées (par exemple pour Peterborough) ou amorcées dans les meilleures éditions, par exemple pour Bury St-Edmund (par Antonia Gransden).*

Monique BOURIN : *Les registres sont-ils fabriqués en une seule venue à partir de documents existants ou bien sont-ils ouverts et remplis au fur et à mesure que s'accumulent de nouvelles pièces (par exemple pour les baux ?)*

Jean-Philippe GENET : *C'est tout à fait variable. Nombreux sont les cartulaires qui sont restés «vivants» pendant des décennies, parfois même un siècle ou plus : certains sont faits de cahiers incomplètement écrits, de façon à ménager la possibilité d'introduire de nouvelles entrées au fur et à mesure.*

CARTULAIRES DE CHANCELLERIE ET RECUEILS D'ACTES DES AUTORITÉS LAÏQUES ET ECCLÉSIASTIQUES

par

Robert-Henri BAUTIER

L'étude et l'édition des registres de chancellerie constituent l'une des traditions les mieux affirmées de la diplomatique, de même que la phase de constitution des «dossiers» dans les administrations ou de formation de la «Registratur» en pays de tradition germanique a toujours été un des chapitres importants de l'histoire de l'archivistique. Mais on n'a pas toujours fait une place suffisante dans l'histoire des chancelleries à une phase antérieure, celle où l'on a simplement copié, dans des livres ou dans des cahiers, des documents qu'on estimait utiles pour l'administration, sans procéder encore ni à l'enregistrement systématique des actes expédiés, ni à l'établissement de dossiers d'affaires. C'est l'âge des «cartulaires de chancellerie» : on y transcrivait des actes d'époques diverses sur lesquels étaient fondés des droits ou par lesquels on entendait se défendre des prétentions d'autrui. Ces documents pouvaient être des traités, des accords, des actes d'hommage, des règlements, des ordonnances, des privilèges accordés ou reçus, des chartes d'achat ou de donation, des constitutions de douaire, des enquêtes, éventuellement aussi certains comptes, autrement dit, - comme dans tout cartulaire -, des «titres». En somme, à une époque où s'instaurait une véritable politique gouvernementale et où s'organisait une administration, époque aussi où nombre des conseillers ou des officiers ayant des responsabilités en matière de gouvernement ou d'administration étaient des clercs, il était normal que royaumes ou principautés territoriales n'agissent pas autrement que les institutions ecclésiastiques qui depuis longtemps déjà disposaient de cartulaires.

I. LE ROI ET LES PRINCES DE LYS

Il semble bien que, dans le royaume de France, ce soit la chancellerie du roi qui, la première, entra dans cette voie. Ses méthodes étaient certainement plus archaïques que celles de la chancellerie pontificale qui depuis un temps immémorial, en raison de ses racines romaines, tenait des registres des actes par elle expédiés. De son côté, la chancellerie royale anglaise, qui, par son héritage anglo-normand, bénéficiait d'institutions beaucoup plus perfectionnées (dont certaines avaient été imitées par le roi de France au temps de Louis VII), enregistrait les actes royaux sur des rouleaux (qui nous sont conservés depuis 1199), de même qu'elle conservait des séries de comptes, et notamment les «Pipe rolls». Ce fut un incident bien connu qui provoqua en France cette innovation. En 1194, Philippe Auguste avait perdu, à la bataille de Fréteval, non pas,- comme on l'a souvent prétendu - ses archives, mais l'ensemble des documents courants qu'il emportait à sa suite pour les besoins de son gouvernement. Il s'agissait évidemment des actes récents de caractère féodal ou financier qui permettaient au roi de connaître les devoirs envers lui de ses vassaux, des églises et des communes, les états des cens du domaine, les exemptions, les serments de fidélité, hommages et aveux qui lui avaient été prêtés ou rendus, et tout spécialement - puisqu'un témoignage de l'époque nous le précise -, les engagements qui avaient été pris envers lui par les propres vassaux de son adversaire Richard Cœur de Lion. Il fut décidé que le chambrier Gautier - cela ressortissait à son *ministerium* - reconstituerait ces actes et ces relevés domaniaux et féodaux. De vastes enquêtes furent alors menées et les résultats de ce minutieux travail de reconstitution aboutirent matériellement à la constitution d'un grand ensemble de documents qu'on entreprit de retranscrire dans un volume. Venant à la suite des recherches de plusieurs de ses prédécesseurs, Michel Nortier, qui poursuit l'édition des actes du règne de Philippe Auguste, a abouti, par des recoupements précis, à la conclusion que le travail de reconstitution des archives avait dû commencer au cours de l'année 1200 et s'était poursuivi jusqu'à la fin de 1204. De ces documents on établissait, au fur et à mesure, une transcription en registre qui est aujourd'hui perdue, mais dont l'honneur revient au chambrier Gautier.

Puis, au début de 1205, on recopia d'un bloc ce livre primitif et on le poursuivit ensuite jusqu'en 1211 ; cela se fit sans doute sous la direction de frère Guérin, alors garde des sceaux du roi. C'est le *Registrum veterius*, autrement dit le registre *A* de Philippe Auguste selon la terminologie de Léopold Delisle qui l'a reproduit en héliotypie en 1883 ; il est aujourd'hui conservé à la Bibliothèque Vaticane (Ottoboni, lat. 2796). De même que le volume qu'il recopie et poursuit, on peut d'autant moins le considérer comme un registre d'enregistrement des actes de la chancellerie que, non seulement on y trouve des actes antérieurs et des actes reçus par le roi, mais que - comme Michel Nortier l'a démontré - le texte, souvent racourci dans ses formules, initiales et autres, n'est pas sans présenter des différences, notamment de style, avec les originaux conservés ou avec des copies qui ont été directement tirées de ceux-ci. On avait pensé autrefois que le registre aurait été fait de minutes de la chancellerie - ce qui est impensable - ou tout au moins qu'il aurait recopié ces minutes. Il est plus vraisemblable que ce qui a été transcrit correspondrait davantage à des avant-projets d'actes, préparés par les officiers compétents et qui étaient ensuite mis en forme diplomatique et littéraire correcte par les clercs de la chancellerie [1].

Quoiqu'il en soit, ce registre, d'une apparence assez désordonnée et qui constituait une sorte de documentation permanente de l'administration royale, fut recopié en un deuxième volume, le *Liber cancellariae ad nudos asseres de quercu* (Arch. nat., JJ 7), désigné par Léopold Delisle comme le registre *C*. La matière y était complétée et arrangée méthodiquement en dix chapitres, tels que fiefs, aumônes, services dûs par les fiefs, services des chevaliers de Normandie, communes, etc. A la fin de chaque chapitre, de même que sur un cahier blanc placé en tête du volume, la chancellerie enregistra, toujours sur une base approximativement systématique, des actes datés de 1211 à 1220, ce qui signifie une mise à jour de la documentation de l'administration royale. Il semble que celle-ci s'était simultanément constitué un chartrier royal, noyau du «Trésor des chartes», installé à Paris et confié au concierge du Palais.

Vers 1220, sur l'ordre du garde des sceaux, puis chancelier, Guérin, le registre précédent fut de nouveau transcrit par l'un de ses clercs, Etienne de Gallardon, qui y incorpora des additions, mais celui-ci adopta un nouvel ordre méthodique en 17 chapitres, avec des suppléments : c'est le *Registrum Guarini* (Arch. nat., JJ 26), le registre *E* de Léopold Delisle. Il devait ensuite servir à un enregistrement successif, mais très sélectif, des actes du règne de Louis VIII et surtout de celui de saint Louis, marquant bien ainsi le passage du registre-cartulaire au registre de chancellerie.

Avant de partir pour la croisade, Saint Louis, en 1247, fit exécuter une copie textuelle de ce registre et il l'emporta outremer où l'on y ajouta des actes de 1248 à 1255. Par la suite, on y reporta aussi des actes qui, entre temps, avaient été transcrits dans le volume demeuré en France. Saint Louis l'emporta de nouveau à sa croisade de Tunis en 1270. C'est le registre *F* dans la nomenclature de Léopold Delisle (ancien registre XXVII du Trésor des chartes, aujourd'hui Bibl. nat., lat. 9778).

Ainsi depuis 1204 et jusqu'au milieu du XIIIe siècle, la chancellerie royale

---

1. Sur les registres de Philippe Auguste, voir Michel Nortier, *Les actes de Philippe Auguste. Notes critiques sur les sources dipolomatiques du règne*, dans *La France de Philippe Auguste. Le temps des mutations (colloque, Paris, 1980)*, sous la dir. de R.-H. Bautier, Paris, 1982 *(Colloques internationaux du C.N.R.S.*, 602), p. 429-453 et spéc. p. 435-442 ; édition (sous presse) par John W. Baldwin, avec la collaboration de Françoise Gasparri, M. Nortier et Elisabeth Lalou, sous la dir. de R.-H. Bautier, *Les registres de Philippe Auguste*, t. I, *Textes (Recueil des historiens de la France, Documents financiers et administratifs*, 7).- Voir aussi J.W. Baldwin, *Philippe Auguste*, trad. fr., Paris, 1991, p. 518-525 ; F. Gasparri, *Notes sur le Registrum veterius. Le plus ancien registre de la chancellerie au Moyen Age*, dans *Mélanges de l'Ecole française de Rome*, t. 73, 1971, p. 363-388 ; de la même, sur un recueil de lettres établi par le chancelier de France de Louis VII, Hugues de Champfleury, *Manuscrit monastique ou manuscrit de chancellerie ? A propos d'un recueil épistolaire de l'abbaye de Saint-Victor*, dans *Journal des savants*, 1976, p. 13-40.

avait procédé à la copie d'actes nombreux et de nature fort diverse et, en même temps, à un enregistrement très sélectif des actes par elle expédiés, et ce à seule fin de conserver une documentation de titres utiles au gouvernement et à l'administration du royaume.

Tout changea quand saint Louis revint de la croisade, au moment où il réorganisait les institutions du royaume et où le Parlement, notamment avec l'établissement des *Olim* par son greffier, ainsi que les gens des Comptes, commencèrent à donner à leurs activités une forme plus «moderne». En s'appuyant sur le témoignage d'un inventaire du Trésor des chartes par Pierre d'Etampes en 1318, ainsi qu'en tenant compte du fait que la série chronologique des registres de la chancellerie est conservée depuis 1302, on a tradition-nellement estimé que c'était en 1302 que la chancellerie royale avait commencé l'enregistrement de ses actes ; cette date coïncidait avec la nomination à la tête de la chancellerie de l'archidiacre de Bruges et futur cardinal Etienne de Suizy, qui succéda alors à Pierre Flotte tué à la bataille de Courtrai. Cependant Georges Tessier a démontré que l'enregistrement systématique n'aurait vraiment débuté qu'en 1307 avec l'investiture de Guillaume de Nogaret [2].

En fait, il convient de s'en rapporter au relevé que fit le garde du Trésor des chartes Gérard de Montaigu lorsqu'il prit en charge le reclassement des archives qu'il avait trouvées en grand désordre. En effet, dans le premier brouillon de son inventaire, nous relevons bien des registres antérieurs, qui tous ont aujourd'hui disparu. : il en était de Saint Louis, de «1260, 1250 et avant», a-t-il écrit sans autre précision, d'autres de Philippe III le Hardi en 1273, et d'autres encore, annuels, de Philippe le Bel, des années 1288, 1289 et 1290. Il paraît donc extrêmement vraisemblable que le registre emporté par Saint Louis à la croisade ayant reçu un enregistrement d'actes royaux jusqu'à 1255, la chancellerie a continué par la suite à procéder à la tenue de registres de ses actes. Sans doute ces cahiers ne figurent-ils plus dans

---

2. G. Tessier (*L'enregistrement à la chancellerie royale française*, dans *Le Moyen Age*, t. 62, 1956, p. 39-62) a démontré que le registre Arch. nat. JJ 38 se composait, en fait, de deux éléments, dont le premier commençait dès janvier 1300 (n.st.) et qu'il précédait donc le registre JJ 37, ouvrant ainsi la série conservée des registres de la chancellerie. L'initiative en reviendrait donc à Pierre Flotte. Mais cet enregistrement demeurait fort incomplet puisque, en moyenne, de 40 à 60 actes seulement se trouvent enregistrés jusqu'en 1307. Avec l'investiture de Nogaret, en septembre 1307, le changement se fait significatif puisque la moyenne des actes enregistrés après cette date s'élève à 200-250 par an. C'était donc pour Georges Tessier «le véritable point de départ de l'institution». C'était, en tout cas, le début d'un enregistrement plus systématique pour les lettres scellées de cire verte, avec, en outre, un double enregistrement en séries parallèles. Un enregistrement des lettres politiques du Conseil du roi, scellées de cire blanche, avait d'autre part eu lieu dès 1302, lui aussi en double exemplaire (Arch. nat., JJ 35 et 36). Quant aux lettres de don, elles furent enregistrées de 1290 à 1320 dans le *Liber rubeus*, perdu, mais dont Ch-V. Langlois a tenté la reconstitution.

les inventaires postérieurs, ayant sans doute été éliminés, en raison de leur date lors du reclassement des archives - et la preuve en est qu'ils ne figurent plus dans les inventaires ultérieurs -, mais il n'en reste pas moins qu'on peut tenir pour extrêmement vraisemblable que la chancellerie royale française a cessé de tenir des registres-cartulaires au milieu du XIIIe siècle et que les vrais registres, sous une forme d'ailleurs fort sélective à l'origine, remontaient à 1255. Cette conclusion nous est confirmée par toute une série de références antérieures à 1300 et faisant allusion à la tenue ou à la conservation de registres qui ne sont point ceux du Parlement [3].

Cette conclusion est confirmée par le fait que les princes des lys imitèrent assez strictement, et vers le même temps, l'exemple donné par le roi. Ainsi **Alphonse de Poitiers** commença par faire dresser pour les besoins de ses services un recueil de copies, portant sur les premières années de l'administration de son domaine, en 1257-1267 [4]. Par la suite furent établis des registres des lettres de sa chancellerie, classés par «pays» et dans un ordre chronologique [5] : c'est la fameuse «correspondance administrative» d'Alphonse, qui fut publiée par Auguste Molinier [6]. Cela n'empêcha nullement que fussent également rédigés, en une forme analogue à celle des cartulaires, des livres des hommages rendus à Alphonse dans ses divers domaines (Agenais, Albigeois, Auvergne, Poitou, Quercy, Rouergue, Saintonge et Venaissin) [7].

Il en fut de même en **Artois** où en 1282 le comte Robert II faisait tenir

---

3. Ainsi des actes de 1288 et de 1290 (Arch. nat., K 36, n° 15 et n° 21 bis) portent sur le repli : *Collatio fit cum registro*. De même, une copie contemporaine d'un acte royal de mars 1293 (Arch. nat., J 1020, n° 9) porte une mention analogue : *Collatio facta est cum registro unde transcriptum assumptum fuit per me... de Edua*. Le 8 mai 1288, la chancellerie, vidimant trois lettres relatives à des rentes sur des foires de Champagne, donne ordre de les déposer aux archives avec les actes et les registres : *et ea jussimus in thesauro nostro reponi et custodiri cum aliis scriptis et registris nostris* (Arch. dép. Côte-d'Or, 11 H 160). Une note marginale d'un registre (Arch. nat., JJ 1¹², fol. 48) précise que sont dans un même coffre le *registrum veterius*, les autres registres déjà cités et le *registrum quod fecit mag. P. de Bituris*, donc la tête de la série. Enfin l'ordonnance de l'Hôtel de 1291 cite, parmi les notaires du roi, Nicolas de Chartres et Robert de la Marche en précisant qu'ils *seront a Paris pour les registres et pour les parlemens*. Or, si nous connaissons bien leur activité pour les Parlements, avec leurs volumes d'arrêts et d'enquêtes qui portent le nom d'*Olim*, de 1274 à 1298 (dont l'un est perdu), une allusion est faite à leurs «registres» dans l'inventaire du Trésor des chartes dressé par Pierre d'Etampes en 1318 (fol. 83-v), qui cite un registre de Nicolas de Chartres, *sine asseribus, pilosus*, et deux registres de Robert de la Marche, l'un *cum asseribus* et l'autre *sine asseribus*.

4. Arch. nat., J 304, n° 55 ; Bibl. nat., lat. 10918. Il imitait ainsi à la fois le roi son père et en une certaine manière, son prédécesseur Raymond VII, dont nous possédons un cartulaire (Arch. nat., JJ 19).

5. Arch. nat., JJ   24ᴮ-24ᴰ : 1267-1268 et 1269-1270.

6. A. Molinier, *Correspondance administrative d'Alfonse de Poitiers*, 2 vol., Paris, 1894-1900 (*Documents inédits in-4*).

7. Arch. nat., JJ 11 et 24ᴬ.

registres de ses actes, comme le fera la comtesse Mahaut après lui [8], mais on n'en compila pas moins vers le même temps un «cartulaire d'Artois» [9].

En **Provence**, comté de Charles d'Anjou, son sénéchal Jean de Burlats établit pour son administration, en 1279, un cartulaire qui demeure pour nous une source fondamentale, car il contient les textes de conventions sur les limites du comté, des accords avec les vassaux, des privilèges, les statuts de Marseille, des tarifs de péages, des enquêtes etc. ; il fut du reste poursuivi jusqu'au XIVᵉ siècle, et, par la suite, on établit encore, à partir de 1308, des *Mémoriaux* qui contiennent des documents analogues ainsi que des lettres reçues de la Cour royale ou bien expédiées par la cour provençale. Cela est d'autant plus à noter que, dans son royaume de Sicile, Charles Iᵉʳ avait continué l'usage de son prédécesseur Frédéric II, en faisant tenir soigneusement, et dès son investiture en 1265, des registres de chancellerie, les fameux «registres angevins de Naples», qui jusqu'à leur destruction en 1943 constituaient l'une des sources fondamentales de l'histoire des pays méditerranéens.

II. LES GRANDES PRINCIPAUTES

C'est, semble-t-il, la **Champagne** qui a été la première principauté territoriale à imiter l'initiative de la chancellerie royale française quant à l'établissement d'un cartulaire par sa chancellerie. Il s'agit du gros cartulaire dit de la comtesse Blanche, dressé vers 1220 [10]. On sait les difficultés que rencontra la comtesse Blanche de Navarre durant la longue minorité de son fils (1201-1222) et les menées de son compétiteur au comté, Erard de Brienne, qui pour se procurer des alliés bradait les domaines champenois. C'est certainement dans cette conjoncture qu'elle fit entreprendre la confection de ce premier cartulaire. Celui-ci avait été précédé de l'établissement d'une vaste *Extenta comitatus* ou «état du domaine comtal» par châtellenie, sans doute vers 1215, obtenu après une enquête très minutieuse sur les droits du comte : il est aujourd'hui perdu et n'est connu que par un fragment relatif à la châtellenie de Château-Thierry, publié par Auguste Longnon [11]. Presque simultanément était établi un autre cartulaire, beaucoup plus développé - il compte 356 folios -, connu sous l'appellation de «cartulaire de Thou», du nom de son ancien possesseur [12]. La matière en était encore reprise vers

---

8. Seuls des fragments en sont conservés, pour deux mois de 1282 (Arch. dép. Pas-de-Calais, A 1, 12 fol., 63 actes) et de l'automne 1297 au printemps 1299 (*ibid.*, A 2, 32 fol., 189 actes) ; il est à noter qu'ils furent dénommés «cartulaires». Les deux registres de la comtesse Mahaut, qui contenaient respectivement 408 et 316 actes de juin 1302 à décembre 1320, ont aujourd'hui disparu ; on ne possède plus que des fragments du premier, mais ils ont pu être reconstitués par Pierre Bougard, grâce aux analyses de l'inventaire de Godefroy.

9. Arch. dép. du Nord, B 1593*, 110 fol., 287 actes (de 1092 ax additions de 1293).

10. Bibl. nat., lat. 5993, 181 fol.

11. A. Longnon, *Documents relatifs au comté de Champagne et de Brie*, t. II, Paris, 1904 (*Documents inédits in-4*), p. VI-VII et 1-7.

12. Bibl. nat., lat. 5992, 356 fol.

1230-1232 dans un nouveau cartulaire de Champagne, encore plus gros, aujourd'hui aux Archives nationales [13].

En 1272, lorsqu'Edmond de Lancastre prit en charge le gouvernement du comté pour sa femme Blanche d'Artois, on procéda encore à l'établissement d'un nouveau et énorme cartulaire, en deux volumes, l'un contenant essentiellement des actes provenant d'autorités ecclésiastiques, le *Liber pontificum* [14], l'autre des actes d'autorités laïques, le *Liber principum* [15]. Simultanément était dressée la grande *Extenta terre comitatus Campanie et Brie* [16]. Celle-ci est simplement une enquête sur tous les droits et domaines comtaux, extrêmement détaillée certes, mais sans référence à des documents. Mais de telles inititiatives n'en prouvent pas moins l'intérêt que l'on attachait alors à la réunion de tous les éléments, passés et présents, permettant une gestion administrative parfaite du comté. Aussitôt après, commença l'enregistrement des actes comtaux : il est aujourd'hui perdu et personne, à ma connaissance, n'en a signalé l'existence, mais j'en ai trouvé autrefois, aux Archives départementales de l'Aube, des épaves qui avaient par la suite servi de reliure à des registres d'archives ecclésiastiques.

Ce n'est sans doute pas un hasard si la même année 1272 voit la compilation du premier cartulaire des comtes de **Blois**, dont on sait les étroites relations avec le comté de Champagne. Vers 1266, le comte avait fait le dépôt de ses chartes à l'église Saint-Sauveur de Blois et on en dressa peu après le recueil. Ce «Vieux cartulaire», qui contient 80 chartes de 1219 à 1266 (avec des additions jusqu'en 1282), est établi selon un plan géographique par châtellenie [17]. Au début du XIVe siècle, fut dressé un nouveau cartulaire, avec des titres remontant à 1166 [18]. Mais un travail infiniment plus important fut encore entrepris en 1319 sous la direction du gouverneur du comté, Jean de Villesavoir [19] ; il a donné lieu en 1976 à une édition et à une étude par Marie-Anne Corvisier pour une thèse d'Ecole des chartes qui mériterait d'être publiée. Le travail de préparation de ce cartulaire est, en effet, caractéristique de la peine qu'on a prise à cette époque pour mettre en oeuvre la documentation rétrospective d'une principauté territoriale. On commença, en effet, par procéder à un classement des originaux par châtellenies et, dans chacune de celles-ci, par langues, latin ou français ; puis on écrivit au dos de chaque pièce une analyse et l'on y porta une cote. On a ensuite

13. Arch. nat., KK 1064, 393 fol. Au milieu du siècle était dressé un rôle des fiefs du comté de Champagne sous le règne de Thibaud le Chansonnier, 1249-1252 (éd. A. Longnon, Paris, 1877).
14. Bibl. nat., lat. 5993ᴬ, 552 fol. ; cf. Arch. nat., KK 1065ᴬ-1065ᴮ.
15. 484 fol., dont on possède des copies et des extraits ; cf. Arch. nat., KK 1064.
16. Arch. nat., KK 1066 ; cf. A. Longnon, *Documents...* (note 11), p. VII-XX et 9-215.
17. Bibl. nat., lat. 10108, 38 fol.
18. Arch. nat., KK 895, 66 fol.
19. Arch. nat., KK 894, 114 fol.

dressé une table sommaire de ces analyses, en les classant par châtellenies :
cet inventaire est devenu la table des matières du cartulaire, qui indique
les cotes. On a distribué la matière par cahiers, chacun d'eux étant affecté
à une châtellenie (Blois, Romorantin, Châteaudun, Marchenoir, Fréteval,
Châteaurenault) ou à une matière particulière (rentes perçues par le comte
sur le Temple à Paris, accords familiaux). La copie de chaque cahier a été
confiée à un scribe différent, en laissant, à la fin de chacun, des feuillets
vides pour des additions ultérieures. Dans chaque cahier figurent, en tête,
les actes en français, puis les actes en latin. Le tout fut complété par des
aveux et dénombrements concernant les éléments septentrionaux du domaine
comtal : Guise et la Thiérache, ainsi qu'Avesnes. A ces 170 actes primitifs,
dont le plus ancien remonte à 1073, on ajouta par la suite, sur les feuillets
demeurés blancs, de nouveaux actes jusqu'à 1339, au nombre de 67, mais
sans se préoccuper du contenu des cahiers et, par conséquent, en désordre.

C'est encore en 1272 que la chancellerie du duché de **Bourgogne** établit,
selon une méthode analogue, un cartulaire-inventaire de ses titres [20]. On y
distinguait deux parties, consacrées l'une aux «lettres des fiefs» avec une
table chronologique, l'autre aux «lettres du domaine» avec une table méthodique
et topographique. Le tout était complété d'éléments utiles pour la gestion
du duché : liste des vassaux du duc, des villages astreints au gîte des chiens
ducaux, liste des acquêts du duc Robert. Le tout fut tenu à jour jusqu'en
1284. Ce cartulaire donna lieu à une continuation, de 1284 à 1294, selon
le même plan [21]. Il faut attendre ensuite le milieu du XVe siècle pour qu'on
pense de nouveau à établir un «cartulaire des fiefs de Bourgogne», dans
l'ordre des bailliages [22].

Il est curieux de constater que, devenu baron de **Vaud**, Pierre de Savoie,
dont on connaît les liens étroits avec l'Angleterre, avait déjà peu auparavant
fait dresser, vers 1267, un cartulaire comportant des actes importants pour
son administration depuis le début de son gouvernement, mais en adoptant
le système du rouleau, en usage dans bien des services du royaume anglo-
normand ; son successeur, Philippe de Savoie, fera de même en 1279 pour
ses fiefs du Vaud et du Genevois. En revanche, plus tard, le comte Louis
de Savoie, faisant établir en 1339 un cartulaire des privilèges par lui reçus
de l'autorité impériale et le faisant suivre d'un cartulaire d'actes concernant
son administration, adopta la forme classique du registre sur parchemin, mais
établi par un notaire [23].

Vers la fin du XIIIe siècle l'on voit s'étendre la pratique des cartulaires
des principautés territoriales.

---

20. Arch. dép. Côte d'Or, B 10423.
21. Bibl. mun. Dijon, ms 1142.
22. Arch. dép. Côte d'Or, B 10424.
23. Les deux rouleaux et le registre sont conservés à Turin, Arch. di Stato, Baronnie de Vaud,
busta 1.

Tout naturellement la **comté de Bourgogne** imite le duché ; mais il est curieux de constater qu'il y a simultanéité à la fois dans le temps et dans la conception avec ce que nous avons vu pour le comté de Blois, comme si c'étaient les mêmes besoins qui au même moment contraignaient aux mêmes opérations. C'est, en effet, en 1318 que l'on entreprit successivement le classement du chartrier et la transcription des pièces : le volume comprend donc, d'abord, «l'ordenence des lettres appartenant au contez de Bourgogne, coment elles sont mises...», qui constitue donc la table de l'ouvrage ; puis la «copie des lettres et des privileges... qui est traicte des originaux mot a mot l'an CCC et XVIII». On y a joint un fragment d'un cartulaire plus ancien et quelques additions [24].

Vers la même époque était dressé un cartulaire des comtes de **Bar**, qui devait recevoir des additions au cours du XIVe siècle [25], et avant 1304 un énorme cartulaire de **Lorraine** [26].

En réalité, il y eut un certain retard pour les principautés du Nord, sinon pour le **Hainaut**, ce qui est dû à certaines conditions exceptionnelles En effet, après l'avènement de Jean d'Avesnes qui se produisit en 1280 dans des circonstances particulièrement difficiles, les chartes du Hainaut qui étaient précédemment conservées à Mons et sans doute, plus précisément, à la collégiale Sainte-Waudru, furent transférées au château du Quesnoy, tandis qu'une partie en était portée auprès de la chancellerie et trésorerie comtale à Valenciennes. Des séditions éclatèrent, puis de grands procès se déroulèrent à Paris, au Parlement, où le comte même fut un moment amené prisonnier. C'est très vraisemblablement à ce moment (1292-1293) que l'on procéda au classement et à la cotation des archives. Un cartulaire en fut établi en 1296-1297. On en possède à la fois la minute et une mise au net, qui l'une et l'autre reçurent des additions au cours des années suivantes [27]. En outre, en raison de la grave controverse qui portait sur l'Ostrevant, un petit recueil spécial, le «Premier cartulaire de Valenciennes», fut établi, contenant les pièces relatives à Valenciennes et à la dépendance impériale de l'Ostrevant [28].

D'autre part, quand le comte de Hainaut, Jean d'Avesnes, eut succédé en novembre 1299 à son cousin Florent V au comté de **Hollande** et Zélande, il fit dresser immédiatement, dès le mois de décembre, un recueil des chartes

---

24. Bibl. mun. Dijon, ms 790 (anc. Bouhier D 73), 296 fol. ; cf. Arch. dép. Doubs, B 1.
25. Bibl. nat., fr. 11853, 317 fol.
26. Arch. dép. Meuse, B 256.
27. Minute : Bibl. mun. Valenciennes, ms 784, 257 fol., 178 actes (de 1176 à 1296 et add. de 1296 à 1306) ; mise au net : Arch. dép. Nord, B 1582*, fol. 1-186 (add. fol. 186 v-203, de 1297 à 1300). Sur les cartulaires hennuyers, cf. Marinette Bruwier, *Etude sur les cartulaires de Hainaut*, dans *Bulletin de la Commission royale d'histoire*, t. 115, 1950, p. 173-218 ; R.-H. Bautier et Jeannine Sornay, *Les sources de l'histoire économique et sociale du Moyen Age*, 2e série, *Les Etats de la maison de Bourgogne*, t. I-2, Paris, 1984, p. 525-534.
28. Arch. dép. du Nord, B 1588*, 9 fol. (de 1287 à 1291).

conservées dans le chartrier hollandais et se le fit envoyer : à sa mort, il le conservait dans son coffre avec six autres cartulaires. On n'avait procédé, d'ailleurs, dans le chartrier qu'à une sélection de pièces puisqu'on ne relève dans ce cartulaire de Hollande que 73 des 119 chartes antérieures à cette époque qui sont encore aujourd'hui conservées à La Haye et 43 des 120 chartes mentionnées dans un inventaire de 1409. D'autre part, dans les derniers mois de son gouvernement, Jean d'Avesnes commença à procéder à l'enregistrement de ses actes, en texte intégral ou en analyse, et à la suite de ceux-ci furent transcrits diverses pièces importantes relatives à son gouvernement. Il s'agit, en somme, d'un type mixte de «registre-cartulaire». Dès son avènement au comté (1304), Guillaume Ier continua cette pratique, dans les mêmes formes, sur ce même registre et sur les suivants jusqu'en 1333 [29]. De plus, il fit faire une copie du cartulaire de Hollande qui fut envoyée en ce comté [30].

C'est vers le même temps qu'était apparu le premier cartulaire du **comté de Flandre**, dit «Cartulaire rouge» ou encore «Cartulaire d'Audenarde», qui contient du reste un petit nombre d'actes (104). Mais c'est seulement avec la nomination du Bourguignon Guillaume d'Auxonne comme chancelier du comte Louis de Nevers que l'on entreprit, entre 1330 et 1340, d'établir un grand cartulaire de Flandre, en même temps que l'on commençait à tenir des registres de la chancellerie comtale [31]. En fait, l'on ne dispose plus que de six volumes de ces «Cartulaires de Flandre» (1er-4e, 8e et 10e), certains commençant très tôt (819 pour le 2e ; XIe siècle pour le 1er et le 4e) et s'étendant jusqu'à une date variant entre 1294 et 1340. Certains sont considérables (671 actes dans le 2e, 632 dans le 1er). Il me semble qu'il s'agit en fait moins d'un cartulaire au sens strict, que d'une transcription de l'ensemble des pièces du grand Trésor des chartes de Flandre ; mais faute d'une étude particulière - qui à ma connaissance n'a jamais été faite - de cet énorme ensemble, il est impossible de déterminer quelle est la proportion, la nature et le classement des actes ainsi copiés. Parallèlement, Guillaume d'Auxonne et son successeur Seger van der Beke avaient fait établir des recueils particuliers, comme le cartulaire relatif aux terres d'Empire [32] ou

29. Ces registres sont aujourd'hui dispersés : Arch. d'Etat de Mons, Cartulaires, n° 19 et 20 ; Arch. dép. Nord, B 1587*, B 1584* ; La Haye, Algemeen Rijksarchief, Leen- en Registerkamer van Holland, 36 C.

30. *Ibid.*, 1 A.

31. Les deux premiers registres vont de 1330 à 1338 : Arch. dép. Nord, B 1595-2 et B 1565, le second (234 fol.) étant abusivement qualifié de «5e cartulaire de Flandre», puis la série continue sous le gouvernement de Louis de Male (1348-1384), avant de donner lieu sous le régime des ducs de Bourgogne (après 1386) à la double série des «Registres aux chartes» (pour les lettres patentes relatives aux domaines et aux finances) et des registres sous le sceau de l'Audience de la chancellerie.

32. Arch. dép. Nord, B 1592*, 43 fol., 25 actes (de 1220 à 1324).

le «registre de Brabant et de Malines», pour des pièces provenant du chartrier de Brabant [33].

A **Namur**, c'est le comte Jean Ier qui fit établir vers 1321 un cartulaire du comté, où la plupart des pièces se rapportent au temps de Guy de Dampierre (1263-1297) [34], et il ne semble pas qu'il y ait été tenu de registre de chancellerie. Dans le comté de **Luxembourg**, qui ne connut pas non plus de registre de chancellerie, on établit en 1307 un «cartulaire», qui est en fait un livre des fiefs (*antiquus liber feudorum*), comportant essentiellement des hommages et des reconnaissances féodales du temps de Henri V (1288-1307), avec des documents antérieurs, depuis 1222 ; on en possède plusieurs copies [35]. Il en est pratiquement de même du «cartulaire», dit de 1343, qui renferme 221 actes d'hommages des vassaux, ainsi que des actes d'acquisition de seigneuries par le comte ou relatifs à l'exercice de droits de garde sur Verdun et sur Chiny [36].

III. RENOUVEAU ET EXTENSION DE LA PRATIQUE DES REGISTRES DE COPIES

A partir du milieu du XIVe siècle et plus encore au XVe siècle, on constate, avec le développement évident des administrations, un certain renouveau de la compilation de cartulaires. En particulier, des pays qui jusqu'alors en étaient dépourvus ou qui en avaient connu fort anciennement, se mettent à établir des recueils de documents. Ainsi en **Bretagne** c'est en 1407 qu'est dressé le cartulaire du duché [37], et au milieu du XVe siècle on y établit un cartulaire des privilèges judiciaires (1451) et un bullaire (1456) [38]. De même en 1347 est rédigé le cartulaire du **Brabant et Limbourg**, dont, deux ans plus tard, on tira le «petit cartulaire» et peu après le recueil des privilèges du duché [39]. Un nouveau cartulaire est établi pour le duché de **Bar** en 1363 [40]. Il en va de même en **Hainaut** où apparaît en 1411, outre des dénombrements généraux des fiefs et des actes de reconnaissances, un livre des privilèges et constitutions, comportant la copie des privilèges, des ordonnances comtales, des coutumes [41]. En **Franche-Comté**, un cartulaire des fiefs est compilé avant 1444 [42] et les exemples pourraient être multipliés.

Dans certaines chancelleries, on va alors beaucoup plus loin : on entreprend la transcription de l'ensemble des pièces conservées dans le Trésor des chartes.

33. Bruxelles, Arch. gén. du Royaume, Mss divers, n° 1, 145 fol. (de 1184 à 1358).
34. Arch. dép. Nord, B 1591*.
35. Arch. d'Etat de Luxembourg, A X, n° 6.
36. Bruxelles, Arch. gén. du Royaume, CC n° 29, 86 fol.
37. Arch. dép. Loire-Atlantique, E 236, 114 fol., 190 actes (de 1220 à 1407).
38. *Ibid.*, E 113, 96 fol., 86 actes ; E 55, 148 fol.
39. Bruxelles, Arch. gén. du Royaume, CC 1, 127 fol. ; CC 2, 44 fol. (suivi d'additions) ; CC 9, 43 fol.
40. Bibl. nat., Lorraine 718-719, 212 et 208 fol., 1687 chartes.
41. Bibl. mun. Arras, ms 400.
42. Arch. dép. Côte d'Or, B 10440 (de 1109 à 1417).

Le cas le plus net est sans doute celui de la **chancellerie royale** elle-même, où l'ensemble des chartes antérieures à 1411 et provenant de 252 «layettes» fait l'objet d'une transcription en dix volumes, les *Transcripta* [43]. En **Lorraine,** on s'applique à un travail gigantesque, la copie par châtellenie de toutes les pièces du trésor des chartes du duché [44].

Un nouveau type de recueil d'actes fait, d'autre part, son apparition au cours ou à la fin du XIVᵉ siècle et surtout se développe au XVᵉ. Il s'agit de copies de pièces se rapportant spécialement à une région ou bien formant dossier à propos d'un contentieux. Ces «recueils de pièces» sont d'une importance matérielle fort variable ; ils sont établis tantôt par des notaires de la chancellerie, tantôt par des clercs de la Chambre des comptes, ailleurs encore par un archiviste. Ils constituent parfois des ensembles considérables : c'est ainsi qu'en **Dauphiné,** la série dite des *Libri copiarum* est composée d'une soixantaine de recueils de copies (et parfois d'originaux), classés par judicatures et pourvus chacun d'une table initiale. On y trouve pêle-mêle des documents de toute nature : accensements, albergements, accords, reconnaissances, sentences, franchises, ordonnances, enquêtes etc. [45]. Cette série est complétée par une autre, dite des *Tituli*, concernant surtout les rapports du dauphin avec les villes de son domaine [46], et, en outre, par une très importante série de recueils divers - plus d'une centaine de cahiers ou registres - tantôt consacrés à un type de documents (lettres de sauvegarde du dauphin), tantôt à des droits du dauphin en telle matière ou sur telle région (par exemple, droits du dauphin à Gap et conflits avec l'évêque depuis le XIIᵉ siècle ; droits du dauphin en Oisans et en Trièves ; privilèges concédés à Vienne ou encore à Lyon etc.) [47]. En **Provence,** de tels recueils de copies, réunis à fin de documentation permanente ou d'information sur des affaires contentieuses, ont été établis par l'archivaire de la Chambre des comptes : ils concernent les relations du comte avec le pape, avec ses voisins, avec des villes, ou bien des questions comme les salins, la taxation des nobles en chevaux, les droits sur les îles du Rhône etc. [48].

Il en va de même dans la plupart des «Etats» du bas Moyen Age. Ainsi en **Bretagne,** on dresse un cartulaire des fiefs du duc en Angleterre [49] ; en **Luxembourg,** ce sont, entre autres exemples, le dossier de l'engagère du duché, de Chiny et de l'Alsace par Elisabeth de Görlitz [50] et le dossier

---

43. Arch. nat., JJ ᴬ⁻ᴷ
44. Arch. dép. Meurthe-et-Moselle, B 327 à 426.
45. Arch. dép. Isère, B 2945-3008.
46. *Ibid.*, B 3009-3011, 3013-3017.
47. *Ibid.* On en trouvera la liste dans R.-H. Bautier et Jeannine Sornay, *Les sources de l'histoire économique et sociale du Moyen Age*, Iᵉ série, *Provence, Comtat Venaissin, Dauphiné*, t. I, Paris, 1968, p. 107-108.
48. *Ibid.*, p. 51-52.
49. Arch. dép. Loire-Atlantique, E 116, 40 fol. (de 1066 à 1398).
50. Bruxelles, Arch. gén. du Royaume, CC 4 (de 1356 à 1451).

fourni à ce sujet à la Cour impériale de Spire [51]. En **Brabant** aussi bien qu'à Dijon, de tels dossiers surabondent [52].

Sans doute peut-on hésiter à classer ces divers types de recueils parmi les cartulaires. Encore faudrait-il pouvoir définir un cartulaire de façon incontestable. Le «cartulaire» est un recueil de copies de chartes conservées dans les archives d'une institution donnée. Ces copies peuvent être classées par ordre chronologique, par ordre topographique des lieux concernés, par ordre hiérarchique des autorités dont émanent les actes, par ordre de matières, ou encore selon le classement des pièces dans les archives. Quand il s'agit d'une chancellerie ou, plus généralement, d'une institution ayant la garde des archives et, en même temps, la responsabilité de leur utilisation dans l'intérêt du prince, il devient fort difficile d'établir, à partir du milieu du XIVᵉ siècle une nette distinction entre un cartulaire et un recueil de copies de chartes. Dans la terminologie de ces institutions, comme dans celle des archives de l'époque, les mots *cartularium, liber cartarum, liber* ou *registrum copiarum* et parfois même *liber feudorum*, sont pratiquement interchangeables, et un inventaire d'archives qui fournit le texte intégral des chartes se distingue mal d'un cartulaire au sens strict.

Il peut en aller de même dans le cas d'autorités ecclésiastiques. Je prendrai un exemple à mes yeux caractéristiques, celui du cartulaire-inventaire de l'**évêché d'Auxerre**, dont le prélat jouit d'ailleurs de droits extrêmement étendus, au point de partager, avec le comte, l'exercice de l'autorité publique dans sa ville épiscopale et ailleurs aussi. Le titre exact du *Liber cartarum* - conservé aujourd'hui à la Bibliothèque de l'Institut de droit canonique de l'Université de Berkeley aux Etats-Unis - est «Livre des chartes de l'évêque d'Auxerre qui se trouvent dans les boîtes marquées selon l'alphabet». Le Livre reproduit le texte intégral des chartes du chartrier, classées par matière selon l'ordre des archives, les pièces secondaires faisant seulement l'objet d'une analyse. Le premier chapitre concernent «le droit et la juridiction de l'évêque dans la cité» et il s'ouvre par l'arbitrage rendu par saint Bernard en 1145, puis par l'évêque de Langres en 1164, que suit le grand privilège pontifical du pape Clément IV en 1266 ; viennent des chapitres contenant les chartes relatives aux droits de l'évêque sur la monnaie, sur les marchés, sur des châteaux ou des fiefs, sur des paroisses ou des abbayes etc., et il s'achève par le budget type de l'évêché en recettes et en dépenses, établi sur 13 pages. Les actes les plus récents sont de 1281 et le tout semble avoir été établi sous l'épiscopat de Pierre de Mornay, qui fut conseiller de Philippe le Bel. On ne peut que constater combien, à cette époque, avaient évolué les cartulaires classiques, qui auparavant constituaient l'une des sources fondamentales pour l'histoire.

51. *Ibid.*, CC Chartes de Luxembourg, layette 25, n° 48, 34 fol., 41 pièces.
52. Dépouillement dans R.-H. Bautier et Jeannine Sornay, *Les sources de l'histoire économique* (note 27), p. 402-404.

*
* *

Ainsi les «cartulaires» des autorités laïques et, éventuellement, ecclésiastiques étaient apparus lorsque précisément ces autorités se sont donné des institutions organisées. En France, les cartulaires de chancellerie ont fait leur apparition avec les premiers recueils dont se soit pourvue la chancellerie royale sous Philippe Auguste, vers 1200. On a vu leur progression, au reste lente et géographiquement fort inégale, au cours du XIII⁰ siècle et jusque vers 1340, alors qu'ils tiennent lieu, au moins très partiellement, de registres d'enregistrement des chancelleries, dont l'usage s'impose peu à peu. Avec le gonflement des archives et, en même temps, les progrès de l'instruction des affaires dans les divers services, ils évoluent vers d'autres formes. Ce sont désormais : soit des copies intégrales ou partielles des documents renfermés dans le chartrier de la puissance publique ; soit un inventaire de ce chartrier, renforcé de la copie des actes essentiels ; soit, plus souvent encore, surtout au XV⁰ siècle, la constitution de dossiers de documents, aussi complets que possible, sur les divers problèmes qui se posent au gouvernement ou à son administration : relations avec les pays voisins ou avec les villes, étendue des franchises et privilèges, exercice de droits en matière féodale prouvés par des actes d'hommage et par des reconnaissances, contestations ou revendications de toute nature.

Ces nouvelles formes de cartulaires-inventaires ou bien de cartulaires-dossiers - ceux-ci en nombre sans cesse croissant - ont eu tendance à se substituer aux cartulaires antérieurs, et, il faut bien le dire, pour le plus grand profit de nos recherches. Malheureusement on y a attaché beaucoup moins d'intérêt qu'à ceux de la période précédente. Bien peu ont été publiés ou même décrits ; mieux encore, fort peu ont été vraiment mis à profit par les historiens qui se satisfont des chartriers si souvent lacunaires, alors que ces documents nous fournissent des dossiers beaucoup plus complets et qu'en particulier les dossiers consacrés aux questions litigieuses sont pour nous d'une importance souvent inestimable. Je pense donc qu'il serait d'un grand prix pour les études historiques qu'on y prête vraiment l'attention qu'ils méritent.

REMARQUES ET DISCUSSION

Michel NORTIER : *Je remercie vivement Monsieur Bautier d'avoir bien voulu couvrir de son autorité la proposition que j'ai faite de l'existence très probable d'un registre de la chancellerie royale antérieure à celui conservé au Vatican.*

Je voudrais avancer ici une proposition encore plus révolutionnaire. Le plus ancien registre ne serait-il pas cet ensemble de lettres (164 au total) écrites par Suger ou reçues par lui quand il assurait la régence du royaume (1147-1149)? Le manuscrit original de cet ensemble, sans doute constitué à Saint-Denis, est perdu, mais il a été publié par Duchesne. Suger disposant alors de la chancellerie royale, n'est-ce pas au sens large un registre de la chancellerie et le plus ancien ?

CARTULAIRES FRANÇAIS LAÏQUES : SEIGNEURIES ET PARTICULIERS

par

Lucie FOSSIER et Olivier GUYOTJEANNIN *

Descendant un degré après l'étude de Robert-Henri Bautier, nous avons choisi de nous tourner vers les laïques de rang ni princier ni comtal : seigneurs de tout niveau, familles, particuliers proprement dits, tous engagés dans la gestion, la constitution, la défense de seigneuries ou de simples patrimoines et attirés, à un moment bien précis de leur histoire personnelle ou familiale, à leur initiative ou à celle de leurs officiers, par la compilation de cartulaires [1].

Un double constat doit être fait. Le premier est celui du prodigieux intérêt de ces documents, dispersés, parfois mutilés, mais qui offrent le moyen de saisir la composition de chartriers laïques et d'archives familiales par ailleurs si maltraitées. Lire les 546 documents engrangés dans les années 1260-1270 par un Renier Acorre, Florentin enrichi au service du comte de Champagne et qui, à acheter terres, manoirs et seigneuries autour de Provins, a dépensé deux fois plus que le trésor royal à sacrer Philippe le Bel ; lire les 650 chartes compilées sur ordre de Hugues de Chalon, sire d'Arlay, avant 1322 ; suivre sillon après sillon, créance après créance, la construction de petites seigneuries dans la Normandie des XIVe-XVe siècles ; ou encore lire, recopié à chaud, si l'on ose un douteux jeu de mots, le chartrier de Gilles de Rays : autant d'occasions d'opérer une saisie globale du processus de constitution, parfois de défense, de seigneuries et de patrimoines laïques. Le second constat, en contrepoint, est celui du long désintérêt du diplomatiste pour ces documents, certes retenus par Henri Stein dans sa *Bibliographie générale des cartulai-*

---

* Lucie Fossier s'est plus particulièrement chargée de l'étude des cartulaires de particuliers, et Olivier Guyotjeannin de celle des cartulaires de seigneuries.

1. Les documents dont nous avons pu avoir connaissance, au terme de dépouillements dont on verra qu'ils sont loin d'être exhaustifs, sont brièvement décrits ci-dessous, annexes I et II. Ils ne seront cités dans le cours du texte que sous leur nom usuel (seigneurie ou commanditaire). Le champ couvert est celui de la France actuelle, Lucie Fossier ayant élargi l'enquête à des documents du Valais et du Vaud.

res français, mais sûrement mieux cernés, voire recensés, en Allemagne ou en Angleterre. Il est vrai que leur seul repérage est particulièrement ardu et qu'il n'est pas moins délicat, on y reviendra, d'en dégager la typologie.

L'analyse a été scindée entre deux volets, que l'usage en quelque sorte nous a imposés à l'origine de l'enquête, mais dont nous ne dissimulons pas les imperfections : d'un côté, les «cartulaires de seigneurie», cartulaires de seigneuries plus encore que de seigneurs parce que, même s'il est commode de les placer sous le patronage du commanditaire («Cartulaire de Beatrix de Montfort», «Cartulaire d'Hugues de Chalon»), ils sont dès leur naissance placés sous le signe du temps long, souvent séculaire, de la progressive constitution d'une seigneurie et d'un chartrier, et qu'ils en reflètent souvent non seulement la naissance mais encore le devenir ; ou encore parce qu'ils sont moins, dans le versant concret de leur compilation, de leur mise à jour, de leur usage, le fait du seigneur que de ses délégués. D'un autre côté, les «cartulaires de particulier» : cartulaires d'individus ; cartulaires de parvenus ; cartulaires de seigneuries mort-nées (Enguerrand de Marigny, Renier Acorre), dont la dispersion ou la confiscation a seule empêché le passage dans la catégorie des «cartulaires de seigneurie» ; à tout le moins, cartulaires portant profondément la griffe d'un individu (Thomas le Peigny), passant au «je» et truffés de remarques attestant ses soucis de gestionnaire des acquisitions et des relations féodales (Robert Mignon). La limite entre «seigneuries» et «particuliers», on le voit, peut être dangereusement floue ; une fréquente confrontation a permis, du moins l'espère-t-on, de pallier ses inconvénients majeurs.

*
* *

I. Cartulaires de seigneurie

Du «cartulaire de seigneurie», on a adopté une définition stricte quant aux commanditaires (seigneurs laïques de rang inférieur au comté), excluant donc les cartulaires de seigneuries relevant de comtés ou de principautés et compilés dans ce cadre [2], les fausses attributions à des seigneuries laïques de cartulaires

---

2. En même temps qu'ils lancent en 1319 leur grande compilation pour le comté de Blois, les Blois-Avesnes commanditent un «cartulaire d'Avesnes» (éd. E. Leclercq, dans *Mémoires de la Société archéologique d'Avesnes,* t. 7, 1907, p. 3-169 et t. 8, 1910, p. 165-269, avec tables au t. 9) et un «cartulaire de la seigneurie de Guise» (cf. Raymond Cazelles, *Pierre de Becoud et la fondation du collège de Boncourt,* dans *Bibliothèque de l'Ecole des chartes,* t. 120, 1962, p. 55-103, aux p. 101-103 ; Georges Tessier, *Encore les archives de la Chambre des comptes de Blois, ibid.,* t. 123, 1965, p. 179-186, à la p. 181) ; il en va de même vers 1330 pour le «cartulaire de la seigneurie de Fougères», compilé sur ordre de Charles de Valois, comte d'Alençon, après son acquisition de la seigneurie (éd. Jacques Aubergé, *Le cartulaire de la seigneurie de Fougères, connu sous le nom de cartulaire d'Alençon,* Rennes, 1913). Ce type, bénéficiant du croisement de l'érudition et du service (domanial) du prince, se développe sous l'Ancien Régime : on connaît au XVIᵉ siècle les fameux «cartulaires lorrains» compilés, seigneurie par seigneurie,

spécialisés pour des seigneuries d'abbaye, les cartulaires qui semblent émaner plutôt de l'initiative d'une communauté d'habitants [3] ou d'un officier seigneurial qui a voulu se former un petit manuel d'administration - ce qui, bien entendu, est loin d'enlever de l'intérêt à de tels recueils - [4]. La définition a été tout aussi sévère du point de vue typologique : on a naturellement exclu les cartulaires factices [5] et les «cartulaires» qui se révèlent être des registres d'enregistrement [6],

par la Chambre des comptes de Nancy à l'initiative de Thierry Alix (Arch. dép. Meurthe-et-Moselle, B 337-426) ou ceux qui sont lancés par la Chambre des comptes de Bar-le-Duc (Arch. dép. Meuse, B 228-256). Une entreprise analogue est assurée, au milieu du XVIIIe siècle, pour l'apanage d'Orléans, avec le souci affiché de préserver les droits du domaine royal, par Jacques Leclerc de Douy, procureur du roi au présidial d'Orléans (Arch. nat. R[4] 497-498 [Neuville-au-Bois], 543-545 [Nemours], 546-547 [Chéroy], 584-629 [Orléans], 695-708 et 1140 [Palais-Royal], 711-719 [Coucy, les t. 9 à 11 perdus], 750 [Montargis, à compléter du volume Q[1] 542[2]*], 1101-1107 [Vicomté d'Auge, Domfront] : cf. Léonce Célier, *Répertoire critique des anciens inventaires d'archives, Archives nationales, série R*, Paris-Toulouse, 1930, p. 47-48). Ce gigantesque inventaire-cartulaire, transcrivant surtout des reconnaissances mais aussi des titres de propriété et des fragments de comptes, est présenté comme un simple préliminaire à l'établissement d'un terrier, comme le dit bien son titre, *Sommaires des titres du duché d'Orléans (...) pour parvenir à la confection du terrier du même duché*, ainsi que sa pompeuse préface (Arch. nat., R[4] 584, fol. 1 et 4-6).

3. Les cartulaires de Miglos [= Stein 2452] et Mirepoix (auj. Arch. nat. 436 AP 222 ; Stein 2463) me semblent être des cartulaires municipaux enregistrant des actes seigneuriaux réglementaires. Mais j'ai mis sous l'initiative seigneuriale la réalisation d'un recueil analogue pour Joinville en Champagne.

4. Le «cartulaire» de Lautrec-Villemur (Arch. dép. Pyrénées Atlantiques, E 489 ; Stein 1924) tourne autour du sénéchal de Toulouse : il enregistre des ordonnances royales (monnaie, notariat, administration), des statuts du sénéchal, une supplique des consuls de Toulouse au roi, trois documents concernant Villemur. De même l'un des «cartulaires» de Commercy (Bibl. nat., fr. 19832, fol. 69v-119 ; Stein 1020) est un recueil de morceaux choisis, illustrant en particulier les relations des seigneurs avec les communautés religieuses et d'habitants ; il complète une compilation de textes juridiques et de formules ; on y trouve au fol. 69v, juste avant le début du prétendu «cartulaire», la mention de sa rédaction, achevée le 10 mai 1473, par Giovanni Fagoletto, chambrier du nouveau titulaire de la seigneurie, le napolitain Cola di Campobasso ; le caractère pratique de ce recueil avait déjà été bien vu par Simone François-Vivès, *Les seigneurs de Commercy au Moyen Age (XIe siècle-1429)*, deuxième partie, dans *Mémoires de la Société d'archéologie lorraine et du Musée historique lorrain*, t. 75, 1937-1939, p. 1-134, à la p. 3 (p. 69 du t. à p.), n. 7.

5. Ainsi le «cartulaire» de Craon (Mayenne, ch.-l. cant.), composé d'originaux reliés (Arch. nat. 1 AP *1593-*1595) ; le «cartulaire» d'Aumont (Oise, cant. Noailles, com. La Neuvile-d'Omont) et Méru (Oise, ch.-l. cant.), composé de copies parfois collationnées d'actes (1391-1524), reliées après avoir été conservées isolément comme le montrent au dos de certaines feuilles les notes dorsales d'archivage, les pliures ou encore les trous d'enliassage (Bibl. nat., fr. 5477 ; Stein 268) ; ou encore le «cartulaire» de Betz-en-Valois [= Stein 476].

6. Ainsi les justement célèbres «cartulaires de la dame de Cassel» (Jeanne de Bretagne puis Yolande de Flandre dans les années 1350 puis 1370-1390 : Arch. dép. Nord B 1573-1575 ; Stein 1740) ; ou le non moins intéressant «cartulaire» d'Apremont (Bibl. nat., fr. 11835 ; Stein 180), épave d'un registre d'enregistrement de lettres et actes intitulés au nom de Geoffroi seigneur d'Apremont, datés de 1348 à 1354 et numérotés 1245 à 1617 (description détaillée dans Paul Marichal, *Catalogue des manuscrits conservés à la Bibliothèque nationale sous les n° 1 à 725 de la collection de Lorraine*, Nancy, 1896, p. 374-377).

mais aussi, avec des limites plus floues qu'il n'y paraît au simple énoncé, les recueils d'érudits [7], les inventaires d'archives comprenant à l'occasion des transcriptions intégrales [8], les recueils de copies spécialisés en matière féodale, autrement dits «cartulaires des fiefs» [9]. Il faut encore écarter du champ les recueils d'actes notariés tenus pour le compte d'un client seigneurial, même si leur évolution n'est pas sans lien, on y reviendra, avec le cartulaire seigneurial [10].

1) Géographie et chronologie du cartulaire de seigneurie.

Ceci posé, on a pu repérer (pas toujours voir, qu'ils soient détruits ou trop éparpillés) environ 70 documents, du XIIᵉ siècle à la fin de l'Ancien Régime, chiffre qu'une prospection tant soit peu poussée permettra sans aucun doute d'accroître assez notablement. Il importe de ne pas perdre de vue la continuité du genre, toujours pratiqué, par les seigneurs comme par les princes, à la veille de la Révolution. Mais si l'on se tient à un Moyen Age un peu extensif, l'on peut dégager trois grandes périodes, dont chacune voit s'adjoindre un nouveau type de commanditaire [11].

7. Un cas-limite, sous bénéfice d'inventaire, avec les feudistes-érudits de l'Ancien Régime qui composent des recueils conservés dans les archives du commanditaire : c'est peut-être le cas, délicat à analyser, du cartulaire perdu de Condé, et sûrement celui du cartulaire de Talleyrand (ci-dessous n. 20).

8. Très bon exemple dans le *Sommaire des tiltres et documentz de la baronnie de Perignan, tiré des archifs (...) de haulte et puissante dame Clayre Dupuy*, XVIᵉ siècle, paginé 169-235 (Arch. nat., T 166²⁷). On a à Nieul en Limousin un bel exemple de confection simultanée d'un cartulaire et d'un inventaire, le second conçu en même temps comme table du premier, par un feudiste-érudit : on y transcrit trois actes du XIVᵉ siècle, de riches dossiers des XVᵉ-XVIIIᵉ siècles (avec additions de 1740 à 1749), y compris un p.-v. de visite des bâtiments et un inventaire d'archives de 1714 (ce dernier mentionne en tête, après la mesure à grain, un terrier, mais aucun cartulaire antérieur).

9. Par exemple à Villars-lès-Dombes au XVᵉ siècle [= Stein 4100] ou à Montmorrency au XIVᵉ siècle (Arch. du Musée Condé à Chantilly, 107 B 4).

10. Nombreux exemples de ce type documentaire : voir par exemple Antoine Thomas, *Cartulaire de Bertaud de Ry, gentilhomme normand, capitaine de Felletin sous Charles VII*, dans *Bulletin philologique et historique*, 1915, p. 214-249 (où, contrairement à ce que dit l'éditeur, on voit bien transparaître un principe général d'enregistrement chronologique des actes). La pratique, on le sait, se développe assez tôt chez les notaires méridionaux qui ouvrent un registre spécial de minutes pour un client important. Lorsqu'il s'agit d'un registre d'ordonnées, ce dernier peut même passer dans les archives du client. Une formule encore plus originale consiste à délivrer les expéditions authentiques non sous forme de feuilles volantes mais en registre : en 1216-1217 par exemple, les chanoines de la cathédrale de Reggio d'Émilie se font ainsi livrer par un de leurs notaires 258 *instrumenta*, relatifs à une vaste opération de remembrement de terres, grossoyés sur 31 grands cahiers de parchemin, prêts pour la reliure ; même pratique à Plaisance au XVᵉ siècle, pour laquelle on conserve un volume d'expéditions notariées transcrites progressivement sur un registre de 1454 à 1483 pour le compte du marchand-drapier Bertolomeo dei Cremaschi et de ses héritiers (Bibl. nat., nouv. acq. lat. 1419).

11. Voir ci-dessous annexe 1 et carte jointe.

Première période, jusqu'au milieu du XII^{le} siècle : celle des origines, obscures, qui nous livrent quelques superbes pièces, émanant de l'initiative de puissants seigneurs, sous l'influence des princes qui les dominent, et confirmant la précoce maîtrise du sud-ouest dans l'écrit, avec une avance, assez vraisemblable, de plus d'un demi-siècle sur le nord. Les «cartulaires de seigneuries» se comptent alors sur les doigts d'une main. Le groupe languedocien (fin du XIIe, début du XIIIe siècle), avec les Trencavel de Béziers et les Guilhem de Montpellier, offre deux cartulaires nourris (respectivement 616 et 570 actes), dont les disparités de facture semblent surtout conjoncturelles, la hâte dans laquelle le premier est rassemblé contrastant avec la maîtrise du second. A Montpellier en effet, le compilateur reprend l'esprit et la pratique du *Liber feudorum major* d'Aragon, rédigé avant 1196 par le doyen de la cathédrale de Barcelone et regroupant un millier de documents [12] ; il remonte aussi loin dans le temps que de riches archives le lui permettent (Xe siècle) il reprend aussi le plan aragonais, largement topographique, mais qu'il ouvre par une dizaine de chapitres méthodiques ; il ne donne pas de miniatures, mais dépasse son modèle dans le préambule ; sa compilation est si maîtrisée que la suite donnée de 1260 à 1302 par les Aragono-Majorquins successeurs des Guilhem fait assez pâle figure. Tout en bref traduit la maîtrise de l'écrit, pourquoi pas celle du cartulaire [13].

Huit petits feuillets montés en cahier, jadis reliés et passés, sans doute, des archives des vicomtes de Millau à celles des comtes de Toulouse, puis de celles-ci au Trésor des chartes du roi de France, écrits dans le courant du XIIe siècle, en tout cas après 1110, constituent peut-être l'un des premiers anneaux de la longue chaîne aujourd'hui brisée. Leur dernier historien, Jérôme Belmon, penche pour le rattachement à un cartulaire perdu. Le cahier n'a sans doute pas été établi seul : à transcrire une liste de cens du début du XIIe siècle et une notice du milieu du siècle précédent, sans autre rapport avec le premier document que l'implication des vicomtes de Millau, en les munissant d'une petite analyse, consacrerait-on un petit cahier plutôt qu'une grande peau ou un rouleau, si ce n'était pour l'intégrer à un ensemble plus vaste ? Quand bien même le cahier aurait été accroché à un manuscrit quelconque, avant d'en être arraché, il marquerait toujours, comme cartulaire ou comme «proto-cartulaire», une étape antérieure aux grands ensembles de Béziers et Montpellier.

A l'autre extrémité du royaume, le cartulaire des vidames de Picquigny est, sous réserve de nouvelle découverte, la pièce la plus ancienne : il faudrait

---

12. Francisco Miquel Rosell, *Liber feudorum maior*, 2 vol., Barcelone, 1945-1947 ; en dernier lieu, sur la maîtrise archivistique des rois d'Aragon, Robert I. Burns, *Society and documentation in Crusader Valencia*, Princeton (N.J.), 1985, spéc. p. 15-25.

13. Le cartulaire du comte de Toulouse, dit «cartulaire de Raymond VII» (Arch. nat. JJ 19 ; Stein 3866), plus tardif et beaucoup moins imposant, prolonge, sinon dans l'esprit, du moins dans la facture et la présentation, cette famille languedocienne.

du reste parler plutôt des cartulaires-registres des vidames, pièces aujourd'hui rassemblées par la reliure, commencées juste avant le milieu du XIIIᵉ siècle, couvrant toute la seconde moitié du siècle, et qui surtout intègrent, comme à la chancellerie royale, comme dans le cartulaire du comte de Ponthieu [14], des actes intitulés au nom des vidames et tout ce qui peut servir l'administration : des listes, des blocs d'actes concernant l'estage et les hommages dûs aux seigneurs, des actes de dotation d'églises. Le retard du nord sur le sud est à la fois dans le temps et dans le nombre des parchemins conservés. Les seigneurs s'offrent pourtant une «compilation» - le mot est employé par *Quintinus,* l'auteur, inconnu, du premier noyau -, ordonnée selon un plan de classement un rien torturé pour nous, mais rigoureux et sans doute pratique car il se fonde sur la qualité des terres et des relations, avec des tables, des analyses, des initiales et des titres rubriqués [15]. Impossible ici de savoir si le cartulaire seigneurial a déjà une tradition ou, plus vraisemblablement, s'il naît tout armé des raffinements mis au point dans les milieux ecclésiastiques et princiers.

Une deuxième période s'ouvre dans les années 1270-1280 et se poursuit jusqu'au milieu du XIVᵉ siècle. Des seigneurs, puissants ou de moindre envergure, lancent la compilation de cartulaires dans une aire géographique beaucoup plus vaste. On peut gager que la pratique est déjà bien ancrée, à tout le moins dans les régions où des groupes assez nourris apparaissent, où des filiations, ici encore, se dessinent avec les chancelleries princières, où des communautés de plan semblent attester la circulation de modèles, plus ou moins diffus. Un Renier Acorre, Lucie Fossier y reviendra, avait lancé une compilation massive et bien maîtrisée dans la Champagne où les comtes perfectionnaient leurs cartulaires depuis près d'un demi-siècle, et l'on ne peut dans ce contexte que regretter amèrement l'absence de tout indice de datation du grand cartulaire de Joinville, perdu après 1629. En Bourgogne, ce sont les mêmes années 1270 qui voient les ducs investir dans le cartulaire, très peu de temps avant les seigneurs de Nesle ou ceux de Chassagne-Montrachet. Les exemples sont encore plus probants et plus nombreux dans la Comté, avec les grosses compilations lancées à Arlay par Hugues de Chalon (650 actes jusqu'en 1319, encore sept feuillets manquent-ils) et à Montfaucon (446

14. Sur le cartulaire de Ponthieu [= Stein 3060], voir l'édition d'Ernest Praron, Paris, 1898, mais aussi les nombreuses remarques et corrections de Clovis Brunel, *Notice sur le cartulaire de Ponthieu,* dans *Bulletin philologique et historique,* 1912, p. 9-49.

15. Le premier noyau du cartulaire, qui se trouve aujourd'hui aux fol. 48-63v du volume, comprend des actes de 1204 à 1249, très nombreux pour les années 1247-1248. La table est aux fol. 40-41v, sous le titre *Hic incipiunt rubrice cartarum Pinconii quas Quintinus cumpilavit.* Les chapitres entre lesquels les analyses sont reproduites, puis les transcriptions ordonnées, sont : 1) sans titre (acquisitions de terres et «héritages»),- 2) *emptiones ab ecclesiastica curia confirmate* (incluant les actes concernant la collégiale de Picquigny),- 3) *de donis,-* 4) *incipiunt stationes militum* (reconnaissances d'estage),- 5) *chi cummenchent les teneures sans estages.*

actes jusqu'en 1315), alors que le comte compile en 1318 [16]. C'est aussi la Lorraine (Apremont) ; c'est mieux encore, dans les premières décennies du XIVᵉ siècle, la «France» propre, le très vieux domaine royal, jusqu'en ce Berry où les lambeaux du cartulaire de Graçay montrent tout juste qu'au siècle précédent (mais quand exactement ?) l'on savait déjà travailler. Car au temps d'un Enguerrand de Marigny ou peu après, une Montfort, un Bouville, un rien plus tard un Sully, commanditent des recueils imposants, tous aujourd'hui disparus : chez les Montfort, aux actes se joignent des enquêtes et des recensements féodaux aussi parfaits que les censiers-inventaires, globaux et détaillés à la fois, que l'on entreprend un peu partout au même moment ; chez Hugues de Bouville, c'est par centaine qu'on transcrit les actes ; à Sully, le chapelain seigneurial travaille sans doute autant, et sûrement bien [17]. Plus au sud, sur la fin des années 1330, un seigneur conquérant des contreforts de la Margeride, Armand de *Castronovo,* seigneur de Mallet, fait établir un volume compact, au moment précis où, dans la plaine bitéroise, les descendants des envahisseurs, Philippe et Bertrand de Levis, demandent au juge royal de Montpellier l'autorisation, et donc l'autorité, de compiler le cartulaire de leurs seigneuries de Poussan et Florensac.

La troisième période voit un nouvel élargissement social de la pratique. Chronologiquement, elle forme un bloc cohérent depuis les décennies médianes du XIVᵉ jusqu'aux premières décennies du XVIᵉ siècle. Le plus frappant est l'apparition, la floraison même, du cartulaire de petite seigneurie, lorraine ou normande. L'ordre de présentation, jusque-là essentiellement thématico-topographique, cède du terrain à l'ordre chronologique et, surtout, l'on a désormais recours aux notariats ou aux tabellionnages pour établir, authentifier,

16. La communauté de plan des divers recueils seigneuriaux est frappante. Le plan annoncé à Arlay (ensuite mal suivi) répartit les chapitres entre : 1) fiefs,- 2) achats et *conquises,-* 3) *gagieres,* - 4) échanges,- 5) donations et confirmations,- 6) quittances, *accordances et convenances,-* 7) possessions, alliances, associations, pariages. A Montfaucon, à Chilly-le-Vignoble, les actes de fiefs confirment leur importance ; à Chilly, deux grandes masses, les *lettres de fié* et les *vendicions de heritaiges perpetuels,* les «accords, échanges, quittances» étant parsemés de-ci de-là. Plus tard à Neuchâtel, les rapports avec les communautés d'habitants (matière tout aussi importante dans divers cartulaires lorrains) se hissent à la première place, avant les rapports avec les ecclésiastiques et les fiefs, le reste, assez disparate, suivant par paquets.

17. Une copie (Bibl. nat. fr. 15642, fol. 144) a conservé l'incipit du cartulaire : *Ce sont les lettres et previleges de monseigneur de Suily (...) devisee par chappitres, par rebruiches et par nombre en chacune chatelenie de toute sa terre, faites par Jehan de La Celle, vicaire de Borges et chappelain doudit seignour ; et sera trouvé chacune lettre et chacun previlege en chacune chastelenie dont les lettres appartandront par rebruiches et par nombre, faict l'an mil trois cens vingt neuf. Premierement, lettres et privilleges sus la terre de Limozin, c'est assavoir lettre comant le roi Philippes ha retenues les lettres de Limol et faict chanceler confermer* (sic) *l'eschange et le don que il a faict de la terre de Maumont, faict en latin* [suivent les analyses des actes n° II à XXIII de ce premier chapitre, «terre de Limozin», dont le nom devait être repris en titre courant, puisqu'il est transcrit tel quel par la copie, avant le titre général].

et même tenir à jour le recueil (Sorbey en Lorraine, partout en Normandie). On l'appelle ici «chartrier», comme on le fait des cartulaires de seigneuries ecclésiastiques, ce qui traduit bien la volonté de reproduire l'ensemble des archives [18], puisqu'aussi bien on lui donne souvent trois parties successives : actes, listes de cens, aveux. A Sorbey de même, le cartulaire s'achève par un état de la censive et une liste d'amendes perçues. Même pullulement, mais souvent sans authentification notariale, dans un vaste sud-ouest, où le châtelain limousin, la famille rouergate, le seigneur pyrénéen ou cévennol trouvent eux aussi leur intérêt à des compilations ouvertes à toutes les influences, livre de raison ici, censier là.

Dernière période : l'Ancien Régime, de la fin du XVIe siècle à la Révolution. Ce n'est pas la moins intéressante, ni la moins spectaculaire dans certaines réalisations : l'on y voit, comme chez les princes, se fondre archivistique, érudition et défense du domaine. Le moule, on l'a déjà dit, est souvent un inventaire ; le but, un terrier. La décoration avait été absente des cartulaires seigneuriaux, ou limitée aux armes du commanditaire : simple marque de possesseur à Bretteville en 1460, elles étaient mises en perspective dans le censier-cartulaire de Castelloubon de 1405, où le blason, tenu par un Maure, venait s'inscrire dans l'initiale ornée du titre. L'illustration, outil de vanité aussi bien que de gestion, s'installe maintenant au coeur du cartulaire et rapproche encore davantage le genre de celui du terrier : il en va ainsi des plans de la seigneurie insérés dans le cartulaire de La Forêt ; et sans doute pourrait-on rappeler ici les illustrations des albums de Croÿ, dont la juste célébrité occulte parfois que le moteur premier de l'entreprise a été, dans les années 1596-1598, la compilation d'un cartulaire, plus précisément d'un censier/livre des fiefs incluant des transcriptions d'actes [19]. Chez les Talleyrand,

18. Voir le titre donné à Bretteville-l'Orgueilleuse : *En l'an de grace mil IIIIᶜ soixante, le trezesme jour de fevrier, Colin Perrotte, escuier, de la paroisse de Bretheville l'Orgueilleuse, alors saisy de pluseurs lettres hereditalles, dont les teneurs cy aprés ensuivent, bien et deuement signees, selles et aprouvees, saines et entieres en seel et escripture, tant faites et passees en son nom que eu nom de pluseurs autrez personnes, dont il a le droit et cause, considéré le bien, utilité et prouffit de luy et de ceulx qui aprés que Dieu aura fait son commandement et plaisir de l'ame de luy recevreront sa succession, du double d'icelles lettres mot a mot, sans riens mettre ne adjouster, fist faire cest present livre de chartrier, collationné aux originaulx par moy, Richart du Brieul, tabellion juré commis et estably pour le roy nostre sire es mettes des sergenteries de Cheux et de Creully, eudit an et jour en tant que d'iceulx doubles et extraitz il est mis cy aprés, collation faite a l'original et signee de mon saing manuel* [suivent le seing manuel et les armes du seigneur]. Un demi-siècle plus tard à Lion-sur-Mer : *Chartrier des lettres, escriptures et enseignemens faisantes mencion des heritages, rentes, revenus, terres et possessions qui sont, competent et appartiennent pour le present a noble et venerable personne monseigneur maistre Nicolle Lescus, prestre curé de Reviers, seigneur temporel de Lyon sur la mer, et aux enffans de deffunct noble homme Jehan Lescus, frere dudit curé, en son vivant seigneur dudit lieu de Lyon, tant a cause de la succession de deffunct noble homme maistre Guillaume Lescus, en son vivant seigneur de Crisseront* [auj. Cresserons], *leur pere, que de leurs acquisitions* (...).

19. En attendant l'étude d'ensemble de Jean-Marie Duvosquel, voir les premiers volumes parus

Pl. 1. - Cartulaire-censier de Castelloubon, 1405.
Début du sommaire (Bibl. nat., nouv. acq. fr. 23286, fol. 15 ; cliché Bibl. nat.).

autre cas limite, l'ordre purement chronologique, la science de l'érudit et jusqu'à la formule de collation par le garde de la Bibliothèque du roi servent une reconstitution historiographique et généalogique, qui n'a plus en commun avec le cartulaire que la transcription d'actes originaux d'un chartrier [20].

Les blancs n'en ressortent que mieux sur la carte et ne sont sans doute pas dûs qu'aux imperfections du recensement. L'ouest est très mal représenté ; la Bretagne n'apparaît qu'avec le cartulaire de Vitré, fort réussi du reste, et il faut vraisemblablement incriminer la pauvreté, à plusieurs ressorts, des archives de la zone. La conclusion est mieux assurée pour un vaste sud-est, qui pourtant a pratiqué l'écrit sur une tout autre échelle. Ici en effet, l'indispensable «Bautier-Sornay» permet d'être catégorique [21] : d'un large Moyen Age, seuls demeurent le cartulaire de Châteauneuf, de la fin du XIIIe siècle mais manifestement influencé par la brillante production documentaire de l'administration princière, et le petit cartulaire d'Aiglun. Le genre n'a pas de succès : la faute assurément au notaire.

2) Circonstances et finalités.

Le genre «cartulaire de seigneurie» connaît ainsi de grandes variations dans le temps et l'espace. Ces variations apparaissent tout aussi clairement quand on ouvre les volumes. Certains des recueils sont manifestement des essais de prise en compte globale des archives du seigneur [22] : on peut en être sûr pour le Languedoc des origines, la Comté du XIVe siècle, la Normandie des XVe-XVIe siècles, parfaits outils de construction princière au petit pied ou de gestion domaniale âpre au gain. Que certains actes, comme à Vitré, ne soient qu'indiqués parce que répétitifs ou passés d'intérêt par rapport à d'autres, ne change rien, même si la voie est alors mieux tracée vers l'inventaire d'archives [23]. Ailleurs pourtant, l'on peut douter que l'on ait cherché autre chose qu'une sélection : à Montfort-l'Amaury, déjà, l'accent est mis

sous sa direction : *Albums de Croÿ*, t. I et III, *Propriétés des Croÿ*, Lille-Bruxelles, 1988 et 1985.

20. Bibl. nat., lat. 9146 : les copies, arrangées dans l'ordre chronologique à la manière d'un volume de pièces justificatives, sont tirées des «archives de Monsieur le prince de Chalais à la Bibliothèque du roy», collationnées le 27 septembre 1741 et certifiées le 26 janvier 1742 par Sallier, garde de la Bibliothèque.

21. Robert-Henri Bautier et Jeannine Sornay, *Les sources de l'histoire économique et sociale du Moyen Age, Provence, Comtat Venaissin, Dauphiné, États de la Maison de Savoie*, 3 vol., Paris, 1968-1974.

22. Objectif haut proclamé à Arlay : *En cest livre sunt escriptes totes les latres que haut et puissant baron monsignor Hugues de Chalons, sires d'Arlay, a, quex que elles soient ne de quel matiere que elles parloient, soit de heritage, d'achat de terre, de fiez ou d'autre choses, dont les latres s'enseguent ci aprés.* La compilation, de fait, ne néglige ni les traités de paix ni des lettres missives en matière féodale.

23. Par exemple après la transcription de l'acte n° 69 (fol. 39) : *Nota qu'il est assavoir qu'il y a aultres lettres doud. Chabot, qui ne sont pas ci escriptes pour quoy n'estoit jà mestier, attendu l'effect d'elle.*

sur les listes et enquêtes féodales, les 70 actes transcrits semblant plutôt des justificatifs de quatre grands états et dénombrements, étagés des années 1210 à 1280. A côté de cela apparaissent des cartulaires-dossiers, plus ou moins fournis : la plupart, on ne s'en étonnera pas, sont composés à l'occasion d'une succession embrouillée. C'est le cas peut-être chez les vicomtes de Narbonne (cinq actes seulement) ; sûrement chez les seigneurs de Vénès, rameau des Lautrec, où de longues annotations généalogiques contribuent à accroître l'intérêt d'un épais cartulaire des premières années du XVI⁰ siècle [24]. Autre type de cartulaire-dossier, celui qui en Champagne, après 1325, est spécialement consacré aux relations entre les seigneurs et la communauté des habitants de Joinville.

Après le contenu, la finalité de la composition est plus difficile à percer. Les cartulaires posés, rassis, sont les outils d'une gestion attentive, parfois agressive, le moyen de faire le point, méthodiquement, sur la genèse et le développement de la seigneurie. Le cartulaire de parvenu, en patient gagne-petit, engrange, l'un après l'autre, les actes comme son commanditaire le fait du grain et des deniers. Mais l'on rencontre aussi le cartulaire critique, avec sa variante extrême du cartulaire-catastrophe, qui, dans une hâte parfois extrême, transcrit le chartrier d'une seigneurie à la mort du détenteur (Apremont en 1302), au partage entre héritiers (Vienne-le-Château après 1312, Sorbey autour de 1513), dans les dangers d'une minorité (Commercy en 1506) [25], voire dans la menace du démembrement ou de la saisie, ainsi à Rays en 1446-1447, où le gendre fait transcrire les actes comme on les tire des coffres du déménagement ; absence de classement, omission de pièces qui sont ajoutées ou récupérées en 1449, torture du latin, mauvaises lectures du français : tout dit l'urgence extrême de l'entreprise.

---

24. Le titre le dit bien : *Coppie de toutes les cartes de testamens, cartes matrimoniales de la maison et viconté de Venez, de Lautrec et de Soissac etc. despuis l'an mil III⁰ IIII*ˣˣ *XVIII le second jour du moys de fevrier, jusques au jour d'uy mil V⁰ et XVI, commensantz aux cartes matrimoniales de feu ven.* [lecture incertaine pour *venerable* ?] *Huc viconte de Carmaing et de Beatrix de Perillhe sa femme* [acte de 1435] *et des autres heretiers et successeurs dud. Huc viconte de Carmaing en ladicte maison de Venes, commensé (...) par ordre de ses hoirs.*

25. Le titre porte : *Cartulaire de la terre et seigneurie de Commercy commencé de l'ordonnance de haulte et puissante dame madame Marie d'Amboize, contesse de Braine et de Roucy, dame dudit Commercy, ayant la garde de hault et puissant seigneur monseigneur Amé de Sarrebruche, son fils myneur d'an, conte et seigneur desdits contés et seignourie, par Pierre Grimault, procureur dudit Commercy, le IX*ᵐᵉ *jour de novembre l'an 1506.* Le recueil s'ouvre sur un florilège des pièces sans doute jugées les plus importantes : en tête, les chartes de franchises (fol. 1-34), puis les actes de partage de la seigneurie et les actes clefs de sa construction (acquisitions, fortifications, aveux au roi etc., fol. 36 sq.), une nouvelle charte de franchise (fol. 59-61). A partir du fol. 63, avec une écriture moins soignée, des actes plus courants (aveux divers, accords, affaires soutenues en justice etc.) et en général plus récents. Il est malheureusement imposible de savoir en quoi ce classement procède d'un tri volontaire ou ne fait que refléter le classement du chartrier (un noyau ancien bien classé, le reste à l'avenant, par dossiers).

Notaires et tabellions exceptés, la personnalité des rédacteurs se laisse rarement saisir mais ne fait que confirmer l'évolution du personnel domanial : après des clercs, sans doute le *Quintinus* de Picquigny, sûrement le chapelain de Sully, la fin du Moyen Age voit apparaître au sud comme au nord des hommes de loi, spécialement engagés comme ce *magister* de Tarbes en 1405 pour Castelloubon, ou nommés à demeure comme ces officiers seigneuriaux de Commercy (en 1476 le chambrier-chambellan, pour un formulaire plus qu'un vrai cartulaire, on l'a dit ; en 1506 le procureur).

Selon les types, selon les époques aussi, le cartulaire est plus ou moins figé - sans parler du cas de Ceilhes, qui est sans doute d'un cartulaire inachevé -. Les cartulaires de prestige et les cartulaires-catastrophe sont très rarement tenus à jour. Les cartulaires de gestion méthodique sont plus volontiers enrichis d'additions (Bouville sans doute) mais souvent le cartulaire reflète un moment bien précis dans l'histoire de la seigneurie ; les successeurs en tiennent compte, mais ne l'enrichissent plus : ainsi à Arlay comme à Mallet, dont les gros cartulaires se méritent le nom du commanditaire et sont aussitôt fermés (à Mallet, une seule addition est le fait de Bérenger, fils d'Armand) ; la limite de ces entreprises individuelles avec les cartulaires de particulier en est d'autant plus floue. Le paysage change du tout au tout avec les cartulaires des seigneuries lorraines et normandes aux XVe-XVIe siècles : outils de gestion quotidienne, les cartulaires sont aussi ouverts que les autres étaient fermés ; il y vient même à s'établir un rapport dynamique entre le seigneur et le tabellion ou le notaire qui, après avoir compilé le recueil, est invité à le tenir à jour sur plusieurs années ou quelques décennies. A Sorbey, un notaire public compile en 1512-1513 vingt-cinq actes, dont le plus ancien remonte à 1250 ; puis de 1513 à 1527, en concurrence avec d'autres collègues, il procède à des mises à jour par petits paquets de transcriptions.

Rarissimes sont les entreprises de traduction des actes, comme à Vitré où les versions vernaculaires sont rejetées en bloc à la fin du volume [26]. Il est vrai que très vite les actes sont majoritairement en langue vulgaire, ou que des analyses explicites suffisent pour se repérer. Il n'en reste pas moins que, dans les cas les plus anciens, une distinction se fait assez bien entre les cartulaires de particulier, qui font traduire systématiquement les actes (Acorre, Marigny), et les cartulaires des seigneuries bien constituées, que ceux-ci soient surtout destinés à des praticiens plus avertis, ou représentent plutôt des recueils de sécurité pour les archives.

Les plans de classement, qui ont déjà été évoqués et dont le raffinement est souvent proportionnel à la taille du cartulaire (donc aux dimensions de la seigneurie comme à l'habileté de son personnel), sont un bon témoignage

---

26. Cette section s'ouvre par un titre (fol. 56) : *Ci ensuit la tenour et substance d'aulcunes des lettres de cest papier transcriptes dou latin en franczois pour aucuns n'entendanz pas le latin.*

des buts de la compilation. Le plan topographico-méthodique des débuts plaide en faveur de la fonctionnalité des recueils (ou des archives qu'ils reflètent), instruments de référence pour les gestionnaires avisés des seigneuries qui s'offrent un tel luxe. Sans parler du cartulaire-catastrophe, qui fait ce qu'il peut dans la hâte, le «chartrier» d'après la guerre de Cent ans voit progresser l'ordre chronologique : ses inconvénients sont sans doute facilement compensés dans le cadre d'une petite seigneurie, où l'on saute, devant le tabellion, devant le juge, pour un impayé ou une contestation, d'une preuve à une autre. L'ordre chronologique triomphe encore dans les derniers avatars du «cartulaire», compilation érudite dressée à la gloire du lignage (Talleyrand) ou enregistrement des faits et titres de la famille (Chastellux).

3) Une typologie flottante.

Que dire en conclusion de cette brève revue ? Comme d'autres témoignages, parfois plus anciens, toujours plus allusifs, ces cartulaires, dans leur état actuel de blocs erratiques, prouvent à l'évidence, dès le courant du XIIᵉ siècle dans le sud, ailleurs à partir du XIIIᵉ siècle, l'aptitude des laïques à déployer une efficace «stratégie» archivistique sur le temps long. Mais il faut nuancer le bilan, assez faible quantitativement : les pertes n'expliquent pas tout, les terriers par exemple nous restent en un nombre bien supérieur. Même bien conçu, même mal conservé, le «cartulaire de seigneurie» ne semble posséder en France ni la richesse numérique ni la cohérence typologique de son équivalent anglais. Si on leur doit une grande reconnaissance pour les quelques beaux coups de projecteur qu'ils permettent de jeter, la compilation de cartulaires n'a pas été l'une des activités privilégiées des gestionnaires de seigneuries laïques ; et l'on peut même douter, dans bien des cas, de leur utilité véritable. Car si cohérence et utilité quotidienne il y a (avec ce que cela implique d'une part de communauté de plan, de présentation et de finalités, donc de circulation de modèles ; et d'autre part de traces de mises à jour, à tout le moins de lecture, d'annotations), elles se définissent au niveau régional, et seulement pour quelques zones propices : car il y a bien un cartulaire de grand seigneur languedocien, un cartulaire de seigneur comtois ou lorrain, un «chartrier» de hobereau normand. Pour le reste, la cohérence est surtout une vue du recenseur, qui fait rentrer des documents de conception assez disparate dans le moule du «cartulaire», catégorie définie par et pour les ecclésiastiques des Xᵉ-XIIIᵉ siècles. Et ce que l'on parvient à regrouper sous le titre générique de «cartulaires de seigneurie» est un ensemble de recueils dont le seul trait commun est la transcription d'actes conservés en originaux dans un chartrier. Les uns, quel qu'en soit le motif (sécurité, gloriole, gestion, ou tout à la fois) permettent la transcription en un même volume de l'ensemble du chartrier, les autres servent tout juste de mise au point lors d'une succession ou du règlement d'une indivision. Certains ouvrent la voie aux inventaires d'archives avant d'être absorbés par eux, d'autres ne viennent qu'en appoint, justificatif, à un censier, ainsi à Castelloubon en 1405 [27], ou à un terrier, comme à Yerres vers 1560. Dans des cas plus limites encore, ils sont comme aspirés vers d'autres types, plus fermes : «cartulaire des fiefs» ; registre d'enregistrement des lettres expédiées ; registre de justice même, enrichi de quelques transcriptions d'actes ; voire chronique familiale [28] ou livre de raison. C'est après tout l'époque qui le veut et l'on constaterait la même évolution chez les ecclésiastiques de la fin du Moyen Age, mais l'antériorité et le prestige de ceux-ci contribuent à masquer à nos yeux une communauté d'expériences archivistiques sans doute plus forte qu'à première vue.

*
* *

II. Cartulaires de particulier

A la différence de ceux que dressèrent institutions religieuses ou détenteurs de seigneuries, les cartulaires de particulier sont ceux qui «portent la griffe d'un individu», quand bien même leur rédaction a été poursuivie par leur descendance directe, ce qui est du reste assez rare. Le rang que cet individu tient dans la société importe peu : ce peut être un noble, tel Enguerrand de Marigny, un bourgeois comme Thomas le Peigny, de Saint-Lo, ou Geoffroy de Saint-Laurent, de Paris. Sa fonction ou sa charge n'importe pas davantage : qu'ils soient hommes de gouvernement (Enguerrand de Marigny), d'église (Aubry Raoul, Guillaume d'Ercuis), d'affaire (Renier Acorre, Raimond del Olm), de loi (Guillaume de Croismare), officier royal (Robert Mignon), tous ont fait établir leur cartulaire pour y consigner ce qui concerne la constitution et la gestion de leur domaine propre, hors de toute considération professionnelle. En revanche, les raisons qui les ont incités à dresser de telles compilations, pour autant qu'on puisse les connaître ou les deviner, sont diverses et nous y reviendrons.

27. Comme le montre le titre qui parle de «censier» (*samsuau*). Toujours selon le titre, le compilateur se propose de transcrire en *letra formada* les *sees he (he) fieus he devees de la baronia de Casted Lobon he deu baylhadge de Barazan, de Bad, e cartas apertiens au dreit deus locgz desuus diitz he augunas cartas tocan au dreit de Andrest he de Syaroy* (pl. 1, pl. 387). La copie, qui reproduit les chirographes et seings manuels, mélange les chartes et les listes de cens ou de péages, faisant souvent référence à des actes déjà transcrits *en lo samsuau vielh* ou *deu samsuau antic*.

28. Plusieurs cartulaires comportent des mises au point généalogiques explicites, qui permettent à l'utilisateur de se retrouver dans l'enchevêtrement des prénoms et des successions : elles peuvent être spécialement composées pour le cartulaire (deuxième cartulaire de Bricquebec, Le Chevalier, Lion-sur-Mer), ou reprises aux archives mais mises à jour (cartulaire de Rays, éd. R. Blanchard, n° CCCXV-CCCXVI, notes de 1403 et 1415, dont la seconde est mise à jour jusqu'en 1450 et recopiée en tête du recueil). Un cas extrême et passionnant à La Haye en Normandie, où c'est la narration généalogique elle-même qui sert de canevas à la transcription ou à l'analyse des documents (pl. 2).

Pl. 2 - Cartulaire collationné en forme de chronique familiale,
La Haye, 1498-1505.
(Bibl. nat., nouv. acq. fr. 10682, fol. 101v-102 ; cliché Bibl. nat.).

L'étude de tels documents se heurte à deux difficultés :

- La première est que le nombre de documents existant encore à l'heure actuelle est infime et leur recensement malaisé. Non qu'il soit plus improbable de retrouver, s'il existe encore, un cartulaire de particulier qu'un cartulaire de seigneurie : car tandis que ce dernier peut se nicher dans un fonds d'archives privées encore inaccessible, le premier peut être entré dans le fonds d'un établissement religieux bénéficiaire des générosités du commanditaire ou de ses héritiers (Capdenier, Guillaume d'Ercuis, Enguerrand de Marigny), ou remis dans un fonds public par un membre de la famille ou par un collectionneur (Renier Acorre, Jean Artaud d'Avignon, Robert Mignon), ou bien encore versé dans une étude notariale (Georges de Supersaxo de Sion). Il n'empêche que la collecte d'informations reste difficile à cause de la diversité des fonds où ces documents peuvent avoir pris place : l'inestimable «Bautier-Sornay» est le seul instrument susceptible d'assurer un relevé exhaustif mais, hélas, encore géographiquement limité ; à quelques exceptions près, mentionnées par Henri Stein ou connues par ailleurs, l'enquête archivistique s'est donc ici limitée au sud-est.

- La seconde difficulté, si le propos est d'esquisser une typologie, réside dans le fait que la distinction entre le livre de raison et le cartulaire de particulier n'est pas toujours facile à établir : certes, entre le registre de Guillaume d'Ercuis, mêlant dans un certain désordre comptes, listes de redevances seigneuriales, actes divers, mentions de faits marquants (maladies, voyages), formules épistolaires, et l'austère et impersonnel relevé d'acquisitions d'un Geoffroy de Saint-Laurent, il n'y a guère de points communs. Entre ces deux extrêmes, l'on trouve quantité de variantes : une recette médicale ou des comptes personnels se glissent au milieu des actes (Jean Artaud, Humbert Gimel) ; une chronique familiale précède le relevé des acquisitions (François Bouvier de Lausanne) ; des notes et des commentaires autographes émaillent les marges du manuscrit (Robert Mignon). Même difficulté, mais on l'a déjà dit plus haut, à tracer la démarcation entre «cartulaire de seigneurie» et «cartulaire de particulier» quand le commanditaire est noble et détenteur de droits seigneuriaux. Malgré cette diversité, nous pouvons tenter de dégager quelques traits constants que nous passerons rapidement en revue [29].

En premier lieu, à l'exception des cartulaires-livres de raison du type de celui de Guillaume d'Ercuis, ces cartulaires sont pour la plupart des «documents instantanés», rédigés d'un seul trait ou tout au moins dans un temps limité. Ils sont aussi rédigés pour une raison précise, qui peut être variable. Le cartulaire de particulier est comme le «symbole d'une réussite sociale», selon l'heureuse expression de Jean Favier. A coup sûr, c'est ce qu'il représente pour un Enguerrand de Marigny ou un Geoffroy de Saint-Laurent, qui y recensent les acquisitions ayant abouti à la formation de leur domaine et

---

29. Les notes et la bibliographie concernant les cartulaires ont été regroupées dans l'annexe II.

à l'édification de leur fortune. Leur rédaction fait alors souvent l'objet d'un certain soin : main posée, initiales ornées et même, pour le cartulaire de Guillaume de Croismare, peintures. On retrouvera le même souci dans le cartulaire, un peu plus tardif, de George de Supersaxo, chevalier, bourgeois de Sion. Mais parfois, ce sont des circonstances particulières, par exemple l'acquisition de nouveaux domaines, qui suscitent l'entreprise : Robert Mignon entreprend son travail lorsqu'il hérite de son frère Jean, archidiacre de Blois, les domaines de Villeneuve et du Tramblay ; le cartulaire de Guillaume de Croismare concerne les biens acquis d'un écuyer endetté, Pierre Morel, puis de deux autres écuyers, Jean de Longchamp et Jean de Varennes. Le premier noyau du cartulaire de Renier Acorre détaille les achats réalisés à Gouaix et Flamboin ; le second cartulaire de Thomas le Peigny concerne l'acquisition par lui faite des francs-fiefs de La Meauffe et d'Airel, dans la paroisse de Notre-Dame-de-Rampan. A l'inverse, un cartulaire peut être rédigé à l'occasion du legs de l'ensemble d'un patrimoine à un établissement religieux : Pons Capdenier, sans descendance, lègue au soir de sa vie à l'abbaye de Grandselve des biens qu'il détaille dans le cartulaire dressé à cet effet ; Aubry Raoul, chancelier de l'église de Langres, primicier de Verdun, consigne dans un recueil l'origine des biens qu'il destine à la fondation de la chapelle Saint-Ignace dans la cathédrale de Langres ; l'initiative et le soin de la compilation peuvent même revenir à l'établissement légataire : c'est sans doute le cas pour Jean Majoris, bourgeois de Vex, dont le cartulaire (à tout le moins, le recueil de copies d'actes) se trouve dans le fonds du chapitre de Sion.

Normalement limités à une vie, les actes dans quelques cas couvrent la génération suivante ou précédente : le cartulaire de Thomas le Peigny nous permet de remonter jusqu'à son grand-père et de suivre l'ascension sociale de ses fils ; celui de Robert Mignon nous éclaire, on l'a vu, sur l'origine des biens qu'il hérite de son frère Jean, mais son fils Michel en poursuit la rédaction. Ces cas cependant font exception : le plus souvent, on ne «remonte» pas, pour la bonne raison que les intéressés sont des hommes nouveaux : Geoffroy de Saint-Laurent était le fils d'un modeste artisan ; Enguerrand de Marigny a édifié lui-même sa fortune. En aval, la rédaction du cartulaire est rarement poursuivie, soit que la descendance n'ait pu disposer des biens - confisqués (Enguerrand de Marigny, Renier Acorre) ou légués à d'autres (Capdenier) - soit qu'une postérité fallote n'ait pas poursuivi la tâche de compilation menée par une forte personnalité (Geoffroy de Saint-Laurent).

Autre trait commun : dans la majeure partie des cas, la compilation a pour objet, non de déboucher sur un recueil de titres à archiver, mais de forger un instrument de travail et de gestion destiné à être compulsé fréquemment, aussi bien sur le terrain qu'à la maison. «Lesquelles [lettres] sont cy mises et aloees par vraye collacion faite aux originaulx pour ce que non tant seulement ennuieuse seroit et greveuse, mais trop perilleuse de porter les avec soy ou de remuer de lieu en lieu, meismement tant pour le froissement des sceaux comme pour le debrisement (...) des chartres (...) eschiver» : ainsi s'exprime Guillaume de Croismare. On retrouve certes presque mot pour mot la même formule en tête du cartulaire d'Enguerrand de Marigny [30], mais cette forme stéréotypée ne met pas nécessairement en cause, nous semble-t-il, la vraisemblance du souci.

Des documents de ce type doivent répondre à deux conditions :

- La première est que l'organisation du volume en facilite la consultation. Aussi la plupart de ces cartulaires comportent-ils tables préliminaires et répartition de la matière en chapitres, le plus souvent topographiques, mais aussi thématiques (Capdenier). Il faut dire qu'à cet égard les cartulaires de particuliers ne sont pas spécialement originaux. D'autre part, certains cartulaires comportent deux transcriptions du même acte (Renier Acorre, Geoffroy de Saint-Laurent) : il n'est pas impossible, au moins pour le premier d'entre eux, que ce procédé ait été utilisé pour replacer un même acte dans des contextes différents [31].

- La seconde condition est que le contenu des pièces doit être immédiatement compris par l'utilisateur, qu'il s'agisse du propriétaire lui-même ou de ses gestionnaires. D'où la réduction très fréquente des actes à des analyses n'en comportant que l'essentiel (Renier Acorre, Thomas le Peigny, Jean Artaud, Humbert Gimel etc.) ; d'où surtout l'utilisation de la langue vulgaire, précisément pour la rédaction de ces analyses, et pour la traduction d'actes dont les originaux sont en latin. Ainsi en est-il pour le cartulaire de Geoffroy de Saint-Laurent (dans un cas, la traduction d'un même acte par deux scribes différents en accroît encore l'intérêt) et pour celui de Renier Acorre, qui offre concurremment des traductions et des analyses très étoffées, en français, d'actes probablement latins, des transcriptions d'actes originellement en langue vulgaire (ceux des comtes de Champagne en particulier), mais guère d'actes en latin : 9 seulement sur les 546 actes ou analyses d'actes que Pascale Verdier, éditrice du cartulaire, a relevés.

Enfin, la majeure partie de ces documents ne comporte pas seulement des actes in extenso ou sous forme réduite, mais aussi bien entendu tout texte utile à la gestion du domaine : listes de cens, de corvées ou d'hommes de corps, comptes, sans oublier cette remarquable table des fiefs, assortie de commentaires juridiques, que Patricia Guyard étudie actuellement avec

---

30. Éd. Jean Favier, p. 15 : *mis et aloé par vraie collacion faite aus originaus, en une compilacion contenue en cest registre (...) pour ce que non tant seulement ennuieuse chose seroit et greveuse, mes trop perillieuse, de porter les avec soi ou remuer de lieu en lieu, meesmement tant pour le froissement des seaus comme pour le debruisement et empirement de ces chartres et lettres eschiver.*

31. C'est ce que suggère Pascale Verdier dans l'étude détaillée qui précède son édition du cartulaire de Renier Acorre.

le reste du cartulaire de Robert Mignon.

Culminant dans les dernières décennies du XIIIᵉ et au XIVᵉ siècle, le cartulaire de particulier a tendance à disparaître au XVe siècle. Le développement du notariat en est pour une bonne part responsable : les actes passés par les notaires sont pour la plupart conservés dans leurs études. Les notaires ont du reste tendance à regrouper dans un même registre les actes concernant une même famille : le cartulaire des Cabassole à Avignon, ceux des Gimel, des Crostel, des Bouvier à Sion ou à Lausanne, peuvent être considérés comme les premiers exemples de cette nouvelle génération. Les notaires y ont la plupart du temps fait reproduire leur seing manuel : ces documents, destinés à être archivés dans les minutiers, acquièrent une valeur probatoire dont ils étaient jusqu'alors dépourvus.

En conclusion, les cartulaires de particuliers méritent plus d'intérêt qu'ils n'en ont suscité jusqu'à présent : centrés sur un personnage, ils nous en reflètent l'ascension sociale, les qualités de gestionnaire, les soucis quotidiens parfois. Ils jettent sur la propriété laïque un éclairage que ne procurent pas toujours les documents ecclésiastiques que nous pratiquons plus fréquement. Leur valeur est encore accrue du fait que les originaux des actes qu'ils font connaître ont disparu dans une très forte proportion. Il faudrait donc en multiplier des recensements analogues à ceux que livre le «Bautier-Sornay». Il faudrait d'autre part envisager la publication des plus captivants : Jules Petit avec Guillaume d'Ercuis, plus récemment Jean Favier avec Enguerrand de Marigny, ont montré l'exemple. Le catalogue du cartulaire de Geoffroy de Saint-Laurent vient de paraître, accompagné d'une introduction étoffée, rédigée en 1976 par Anne Terroine avant son décès. A Lausanne, on nous promet l'édition du cartulaire de François Bouvier et l'on attend avec impatience la publication du travail de Pascale Verdier. Mais il restera encore à faire pour les gens de bonne volonté.

ANNEXE I

CARTULAIRES DE SEIGNEURIES LAÏQUES (FRANCE ACTUELLE)

Sauf exception et renvoi en cas de dénomination usuelle ou de nom de famille, les cartulaires sont classés au nom du chef-lieu de la seigneurie concernée. Il a malheureusement été impossible d'examiner tous les manuscrits : ne sont donc reprises sur la carte jointe que les données suffisamment sûres. Les dates indiquées sont celles, précises ou approximatives, de confection du cartulaire et, en cas d'ajouts ultérieurs, de composition du noyau initial. Les lieux de conservation et les cotes sont à la date de 1993 (en cas contraire, on mentionne entre parenthèse l'année à laquelle se rapporte l'information). La mention [I.R.H.T.] indique que le repérage du manuscrit a été rendu possible grâce aux divers suppléments de la *Bibliographie* de Stein conservés à l'Institut de recherche et d'histoire des textes. Les additions qui peuvent être proposées à ces sources d'information proviennent essentiellement d'un dépouillement des instruments de recherche des Arch. nat. et de la Bibl. nat., du fichier tenu par le service des Archives personnelles et familiales des Arch. nat. (auquel Madame A. Ducrot, conservateur en chef, et Mademoiselle N. Gastaldi, conservateur, m'ont très aimablement introduit), de la bibliographie et d'informations aimablement fournies par plusieurs conservateurs d'archives et chercheurs (Mademoiselle B. Poulle, le regretté M. Baudot, Messieurs J. Belmon, A. Girardot, M. Parisse et G. Quincy). Il reste, on le comprendra, à mener une vaste prospection dans les dépôts d'archives et bibliothèques de province.

- Agen (Lot-et-Garonne) : voir Le Castela.

- Aiglun (Alpes de Haute-Provence, cant. Digne-ouest). 1333.- Arch. com. Aiglun [= Stein 32 ; R.-H. Bautier et J. Sornay, *Les sources de l'histoire économique et sociale du Moyen Age, Provence, Comtat Venaissin, Dauphiné, Etats de la Maison de Savoie*, t. I, Paris, 1968, p. 565].

- Alès (Gard, ch.-l. arr.). XIVᵉ siècle.- Archives du baron Girardot (1883) puis égaré (1907) [= Stein 55].

- Amblie (Calvados, cant. Creully) : voir Fallet (famille).

- Amou (Landes, ch.-l. cant.) : voir Caupenne.

- Apremont (Meuse, cant. Saint-Mihiel). Début XIVᵉ siècle.- Arch. dép. Meurthe-et-Moselle, B 508 ; régeste : *Inventaire des titres et papiers des duchés de Lorraine et de Bar conservés à la citadelle de Metz*, 1697-1698, sous la cote «layette Apremont, n° 69», Arch. nat., KK 1116, fol. 748v-779 [= Stein 181].

- Argoules (Somme, cant. Rue). 1713.- Archives du château d'Argoules (1907) [= Stein 192].

- Arlay (Jura, cant. Bletterans). Début XIVᵉ siècle (dernier acte 1319).- Brit. Mus., Add. Mss 17305 ; édition : Bernard Prost, S. Bougenot et Jules Gauthier, *Cartulaire de Hugues de Chalon (1220-1319)*, Lons-le-Saunier, 1904 [= Stein 826].

- Avreuil (Aube, cant. Chaource). XVIᵉ siècle.- Bibl. mun. Tonnerre, ms 36 [I.R.H.T.].

- Barbazan (Hautes-Pyrénées, cant. Séméac) : voir Castelloubon.

- Bourlémont (Vosges, cant. Coussey, com. Frebécourt). 1565.- Archives du prince d'Hénin au château de Bourlémont (1907) ; édition de quatre actes dans *Documents rares ou inédits concernant l'histoire des Vosges*, t. IV, Paris, 1877, p. 106-119 [= Stein 143].

- Boussac (Guilhem Boussac, seigneur d'Hublanges). 1437.- Arch. dép. Corrèze,

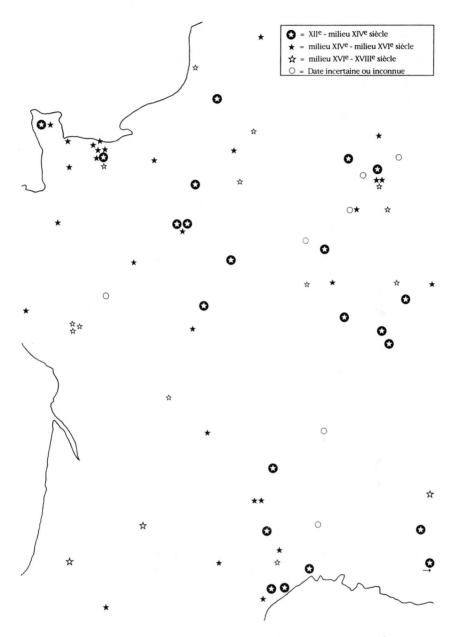

CARTULAIRES DE SEIGNEURIES LAÏQUES (FRANCE ACTUELLE)

6 F 226 (anciennes archives Clément-Simon au château de Bach) ; extraits : Gustave Clément-Simon, *Documents sur l'histoire du Limousin tirés des archives du château de Bach près Tulle*, Brive, 1904 (*Archives historiques du Limousin*, I, 9), n° XXV, p. 128-144 (quatorze analyses d'actes, 1305-1432) ; *Recherches de l'histoire civile et municipale de Tulle avant l'érection du consulat*, t. I, Tulle, 1904 (réimpr. de *Bulletin de la Société des lettres, sciences et arts de la Corrèze*, 1896-1900), nombreuses citations et extraits en notes ; éd. dact. : Bernard Gane, 2 vol., 1976 (Arch. dép. Corrèze, bibliothèque 1/221) [= Stein 607].

- Boussigny (Calvados, cant. Evrecy, com. Saint-Martin de Salle). XVe siècle.-Arch. dép. Calvados, 1 E 32 [I.R.H.T.].

- Bouville (Eure-et-Loir, cant. Bonneval). Trois cartulaires (dits «A», «B» et «C» par Marc Bloch), XIVe siècle.- Perdus ; extraits XVIIe siècle par Baluze : Bibl. nat., Baluze 54, respectivement fol. 170-217v, 219-228v, 229-v ; étude : M. Bloch, *Notes sur les sources de l'histoire de l'Ile-de-France au Moyen Age, II, Les cartulaires des sires de Bouville ; une enquête sur les droits du roi à Chelles en 1303*, dans *Bulletin de la Société de l'histoire de Paris et de l'Ile-de-France*, t. 40, 1913, p. 153-154 [I.R.H.T.].- N.B. : l'analyse de ces cartulaires dont les extraits de Baluze font encore plus regretter la perte est délicate à mener. Les maigres extraits du cartulaire C (dernier acte copié 1384, plus grand n° d'acte cité 260) laissent supposer qu'il était postérieur aux deux autres ; les deux cartulaires A (dernier acte copié 1369 et non 1341, sans numérotation) et B (dernier acte copié 1333, plus grand n° d'acte cité 540) donnent comme acte le plus ancien (d'après les extraits) le même acte de Louis VII (1177) et des transcriptions très nourries pour la fin du XIIIe et le début du XIVe siècle, avec des dossiers jusqu'aux années 1330 (et même quelques actes des années 1340 et un de 1369 pour le cartulaire A) ; le cartulaire A tourne nettement autour du chambellan Hugues de Bouville qui pourrait en avoir été le commanditaire, avant une série d'ajouts portés par ses successeurs ; le cartulaire B pourrait être une nouvelle version, non tenue à jour, ou un cartulaire spécialisé pour la seigneurie de Milly.

- Bretteville-l'Orgueilleuse (Calvados, cant. Tilly-sur-Seulles ; famille Perrotte, seigneurs de Cairon). 1460 (a.st.).- Arch. dép. Calvados, F 1650 ; indiqué : M. Boudin, *Du laboureur aisé au gentilhomme campagnard, les Perrote de Cairon, de Bretteville-l'Orgueilleuse (1380-1480)*, dans *Annales de Normandie*, 1963, p. 237-268 ; *En France après Jeanne d'Arc [Exposition Archives nationales, 3 décembre 1980-1er mars 1981]*, Paris, 1980, p. 53, n° 192 [= Stein 4221].

- Bricquebec (Manche, ch.-l. cant.). Deux cartulaires (mi-XIVe siècle et 1405) et un fragment de cartulaire (XIVe siècle).- Respectivement Bibl. mun. Rouen, ms suppl. 139 ; Bibl. mun. Caen, coll. Mancel 3858 ; collection Henri Stein (1907) étude des deux premiers, avec régeste : Léopold Delisle, *Les cartulaires de la baronnie de Bricquebec*, dans *Annuaire de la Manche*, 1899, p. 11-34 ; sur le deuxième, note complémentaire de G. Saige, *Cartulaire de Fontenay...* (ci-dessous, notice Fontenay-le-Marmion), p. XV-XVI [= Stein 632, 631, 633].

- Caen (Calvados) : voir Le Chevalier.

- Cardonville (Calvados, cant. Isigny). Début XVe siècle (dernier acte copié 1404).-Arch. dép. Calvados, 1 E 255 [I.R.H.T.].

- Caraman (Haute-Garonne, ch.-l. cant.) : voir Vénès.

- Castelloubon (Hautes-Pyrénées, cant. Lourdes-est, com. Ourdis). Cartulaire-censier de la baronnie de Castelloubon et Barbazan, 1405.- Bibl. nat., nouv. acq. fr. 23286 ; édition : Gaston Balencie, dans *Société académique des Hautes-Pyrénées, Bulletin documentaire*, t. 1, 1901-1911, p. 1-323 [= Stein 1931, qui ignore l'original].

- *Castronovo* (Armand de) : voir Mallet.

- Caupenne (famille possessionnée à Saint-Pée-sur-Nivelle et Amou). XVIIe siècle.- Archives privées [I.R.H.T.].

- Ceilhes-et-Rocozels (Hérault, cant. Lunas). 1558 ou peu après.- Arch. nat., T* 166[68].- N.B. : La date du 17 novembre 1558 est portée (fol. 1) pour l'achat à Pézenas du registre (blanc), pour le compte de Claude de Roquozel, en faveur de qui les trancriptions sont faites. Les copies commencent par une formule d'authentification notariale (au nom de Guillaume du Puy, juge de Saint-Sernin et Balaguier pour le roi), mais sans formule finale ni seing manuel ; comme d'autre part les copies ne contiennent que des actes de 1261 à 1471 et qu'il reste encore à la fin de registre une large place inoccupée, il est possible que la compilation du volume ait été interrompue avant achèvement et, en tout cas, avant collation.

- Chambley (Meurthe-et-Moselle, ch.-l. cant.). XVIe siècle.- Arch. dép. Meurthe-et-Moselle, E 238* [= Stein 852].

- Chantilly (Oise, ch.-l. cant.). Fin XIVe siècle (dernier acte 1397).- Archives du Musée Condé de Chantilly, 107 B 28 [= Stein 868].

- Chassagne-Montrachet (Côte d'Or, cant. Nolay). XIIIe siècle (années 1270).- Arch. dép. Côte d'Or, E 433 [= I.R.H.T.].

- Chastellux (Yonne, cant. Quarré-les-Tombes). «Vieux livre noir», XVIIe siècle.- Archives du château de Chastellux (1907) ; extraits : comte de Chastellux, *Histoire généalogique de la maison de Chastellux*, Auxerre, 1869, appendice, p. 363 et suiv. [= Stein 891].

- Château-du-Loir (Sarthe, ch.-l. cant.). Fin XIVe ou début XVe siècle (dernier acte 1397).- Original aux archives de la Chambre des comptes, détruit ; extraits XVIIIe siècle : Bibl. nat., lat. 9067, fol. 250-383 ; édition : Eugène Vallée, *Cartulaire de Château-du-Loir*, Le Mans, 1906 (*Archives historiques du Maine*, 6) [= Stein 893].

- Châteauneuf (Alpes-Maritimes, cant. Le Bar-sur-Loup). Fin XIIIe siècle (tourne autour de l'acquisition de la seigneurie et de ses conséquences en 1267-1269, actes rajoutés des années 1270).- Grasse, Bibliothèque du Musée régional d'art et d'histoire [R.-H. Bautier et J. Sornay, *Les sources*, t. III, Paris, 1974, p. 1498 (addition à la p. 569) ; I.R.H.T.].

- Châteauroux (Indre). Début XVIe siècle (dernier acte 1508).- Arch. nat., Q[1]* 337 [= Stein 903].

- Chilly-le-Vignoble (Jura, cant. Lons-sud). Milieu XIVe siècle (dernier acte 1344).- Bibl. nat., fr. 12278 [I.R.H.T.].

- Cinqpeyras : voir Saint-Côme.

- Comines (Nord, cant. Quesnoy-sur-Deûle). 1470.- Archives A. de Ghellinck à Elseghem (Belgique) (1907) [= Stein 1015].

- Commercy (Meuse, ch.-l. arr.). Deux cartulaires, XVe siècle (partiel) et 1506.-

Respectivement Wiesbaden Staatsarchiv, Nassau, A 21 (aimablement signalé par A. Girardot et M. Parisse, non consulté) et Bibl. nat. fr. 11837 [= Stein 1018].

- Condé-en-Barrois (Meuse, cant. Vaubecourt et Vavincourt, com. Les Hauts-de-Chée). Cartulaire du XIVᵉ siècle (sic) rédigé par Dom Claude de Custine, perdu (1907) [= Stein 1033].

- Cornillon (Saint-Paul-en-Cornillon, Loire, cant. Firminy). Date inconnue.- Copie XIXᵉ siècle (non consultée) : Bibl. mun. Saint-Etienne, ms 171 [= Stein 1070].

- Dreux (Eure-et-Loir, ch.-l. arr.) : voir Montfort-l'Amaury.

- Fallet (famille à Amblie). XVᵉ-XVIᵉ siècle.- Arch. dép. Calvados, 2 E 280.

- Florensac (Hérault, ch.-l. cant.) : voir Poussan.

- Fontenay-le-Marmion (Calvados, cant. Bourguébus). Mi-XIVᵉ siècle (dernier acte copié du noyau initial 1328).- Archives princières de Monaco, fonds Matignon (1895) ; édition : Gustave Saige, *Cartulaire de la seigneurie de Fontenay-le-Marmion provenant des archives de Matignon*, Monaco, 1895 (*Collection de documents historiques publiés par ordre de S.A.S. le prince Albert Iᵉʳ*) [= Stein 1388].

- Fresney (Calvados, cant. Bretteville). 1771.- Arch. dép. Calvados, série E [I.R.H.T.].

- Gastellier (famille) : voir Saint-Thibaut.

- Graçay (Cher, ch.-l. cant.). XIIIᵉ siècle.- Original autrefois conservé aux Arch. dép. Cher, détruit dans l'incendie de 1859 et dont ne restent que 18 fol. endommagés [= Stein 1592].

- Guilhem : voir Montpellier.

- Hublanges (Corrèze, cant. Corrèze, com. Bar) : voir Boussac.

- Joinville (Haute-Marne, ch.-l. cant.). Un ou deux cartulaires, perdus.- 1) Cartulaire médiéval, conservé à la Chambre des comptes au château de Joinville en 1561 (inventaire des archives, Arch. nat., KK 906, fol. 1) et en 1629 (inventaire des archives, première rédaction, Arch. nat. KK 907, fol. LVIII ; mise au propre en deux exemplaires, Arch. nat. KK 908, fol. LVIII, aujourd'hui folioté 61, et Arch. nat. R⁴ 1139*, fol. 46 : «Ung libvre couvert de peau noire, dont les feuilletz sont en parchemyn, communément appelé le Cartullaire de Joinville, dans lequel sont transcriptz en lettres fort anciennes plusieurs tiltres des droictz des seigneurs de Joinville avec la table au commancement dudict libvre ; le premier desquelz est ung don faict par le roy saint Louis a Jehan sire de Joinville de la somme de deux cens livres de rente au camp de Joppen en Terre Sainte, le deuxième apvril M IIᶜ LII [Jaffa, avril 1253] ; ledict libvre non signé» ; le cartulaire n'est plus dans les archives d'Orléans (Arch. nat. sous-séries R⁴ et 300 AP) [Stein-].- 2) La seconde mention semble renvoyer à un autre cartulaire, dont le contenu a été copié et analysé en 1741 : Bibl. nat., fr. 11570 (une main anonyme a porté en son début : «Copie d'un cartulaire abrégé de la principauté de Joinville que j'ay cédé à Monsieur le duc d'Orléans, faite par le sieur Mirabel de Voisin attaché à Monsieur le duc d'Orléans» ; original non retrouvé aux Arch. nat.) ; la copie de 1741, qui semble suivre l'ordre du cartulaire, transcrit onze actes (1270 et 1302-1325, mais l'ensemble forme justificatif du premier acte, de 1325), mentionne ensuite deux actes intitulés «chartre des doaires de Joinville» et «li sires ne puet gagier a Joinville» ; tous les documents intéressent les rapports entre les seigneurs et la communauté d'habitants de Joinville ; la copie signale enfin que le cartulaire aurait été enrichi au XVIᵉ siècle d'une liste d'autres actes relatifs au même sujet et de la transcription de trois nouveaux actes, plus généraux («On y trouve encore à la suite de cette dernière une note des chartres données depuis celles cy-dessus par les seigneurs de Joinville à leurs bourgeois et habitans. Le caractère de cette note ne m'a pas esté inconnu et m'a paru tout à fait semblable à celuy dont on s'est servi en plusieurs chartres du seisiesme siècle du temps d'Antoinnette de Bourbon et qui sont à présent aux archives, ce qui m'a fait croire que ce cartulaire avoit esté entre les mains des officiers de cette princesse quoiqu'il ait esté égaré durant fort longtemps et qu'on ne l'ait retrouvé que depuis quelques années comme par hazard», fol. 27-v) [= Stein 1745].

- La Forêt-sur-Sèvre (Deux-Sèvres, cant. Cerizay). Fin XVIIIe siècle (dernier acte 1773).- Brit. Mus., Add. Mss 17316 [= Stein 1809].

- La Haye (Manche, cant. Tessy-sur-Vire), 1498-1505.- Bibl. nat., nouv. acq. fr. 10682 [I.R.H.T.].

- Lautrec (Tarn, ch.-l. cant.) : voir Vénès.

- Le Castela (famille agenaise). Fin XVIe siècle (dernier acte 1598).- Arch. dép. Lot-et-Garonne, E [= Stein 800].

- Le Chevalier (famille de Caen). 1462-1470 et 1502.- Arch. dép. Calvados, F 5266 ; étude : Lucie Larochelle, *Sur les traces d'une famille bourgeoise de Caen au XVe siècle : l'ascension sociale des Le Chevalier*, dans *Annales de Normandie*, 1988, p. 3-17.

- Le Plessis-Brion (Oise, cant. Ribécourt-Dreslincourt). XVIIe siècle (dernier acte copié 1646).- Copie XVIIIe siècle : Bibl. mun. Compiègne, ms 139 [I.R.H.T.].

- Le Ranc (Hérault, cant. Le Caylar, com. Saint-Maurice-Navacelles). Début XVIe siècle (dernier acte 1511).- Bibl. mun. Montpellier, ms suppl. 123 [I.R.H.T.].

- Lion-sur-Mer (Calvados, cant. Douvres-la-Délivrande). 1512.- Microfilm : Arch. dép. Calvados, 1 Mi 356 (1).

- Machecoul (Loire-Atlantique, ch.-l. cant.). Cartulaire des sires de Rays, 1446-1447.- Arch. nat., 1 AP *1994 ; édition : René Blanchard, *Cartulaire des sires de Rays (1160-1449)*, 2 vol., Poitiers, 1898-1899 (*Archives historiques du Poitou*, 28, 30) [= Stein 3139].

- Mallet (Haute-Loire, cant. Ruynes-en-Margeride, com. Faverolles). «Cartularius Armandi de Castronovo», vers 1338-1340.- Bibl. nat., nouv. acq. lat. 1924 [= Stein 803].

- Millau (Aveyron, ch.-l. arr.).- Cahier (8 fol., avec traces de couture), XIIe siècle, qui aurait pu appartenir à un cartulaire des vicomtes de Millau, comprenant une description de la terre des vicomtes (après 1110/1112) et un accord sur la paix dans le diocèse de Mende (XIe siècle).- Arch. nat., J 304, Toulouse II, n° 112 ; édition des deux documents : Clovis Brunel, *Un nouveau document linguistique du Gévaudan : censier des seigneurs de Payre au XIIe siècle*, dans *Bibliothèque de l'Ecole des chartes*, t. 118, 1960, p. 37-50 et *Les juges de la paix en Gévaudan au milieu du XIe siècle*, ibid., t. 109, 1951, p. 32-41 (aux p. 34-36 bibliographie et datation «fin du XIe siècle») ; étude : Jérôme Belmon, *Les vicomtes de Rouergue-Millau (X^e-XIe siècles)*, thèse d'Ecole des chartes, dactyl., Paris, 1992, p. 265-275 et 300-316.

- Montfaucon (Doubs, cant. Besançon-sud). Début XIVe siècle (dernier acte 1315).-

Archives du duc de La Rochefoucauld à Bonnétable (1907) puis Archives d'Etat de Neuchâtel (Suisse) ; copies XVIIIᵉ siècle (actes reclassés dans l'ordre chronologique) : Bibl. nat., Moreau 891 et Bibl. mun. Besançon, Droz 23 [= Stein 2530].

- Montfort-l'Amaury (Yvelines, ch.-l. cant.). «Cartulaire blanc», ensuite dit «Cartulaire de Béatrix de Montfort», début XIVᵉ siècle (dernier acte connu 1311).- Original aux archives de la Chambre des comptes, détruit ; extraits divers [aux indications de Stein, on doit ajouter la table ancienne, Arch. nat., PP 105, fol. 34-36, avec analyse des actes, le dernier se trouvant au fol. 100 du cartulaire ; cf. Charles-Victor Langlois, *Registres perdus de la Chambre des comptes de Paris*, Paris, 1916, p. 203] ; la courte étude d'Alfred de Dion (Rambouillet, s.d.) est aujourd'hui remplacée par la reconstitution de Marc-Antoine Dor, *Seigneurs en Ile-de-France occidentale et en Haute-Normandie : contribution à l'histoire des seigneurs de Montfort-l'Amaury, des comtes d'Evreux et de leur entourage au XIIᵉ siècle et au début du XIIIᵉ siècle*, thèse d'Ecole nationale des chartes, dact., Paris, 1992, p. 325-370 (suivie, p. 373-511, de l'étude et de l'édition des *scripta feodorum* intégrés au cartulaire) [= Stein 2532].

- Montpellier (Hérault). «Liber instrumentorum memorialis», ensuite dit «Mémorial des nobles», début XIIIᵉ siècle.- Arch. mun. Montpellier, AA1 ; édition : Alexandre Germain, *Liber instrumentorum memorialium [sic], cartulaire des Guillems de Montpellier*, Montpellier, 1884-1886.- Relié avec un plus petit cartulaire le poursuivant, composé dans les années 1260 et complété jusqu'en 1302, pour les rois d'Aragon et de Majorque comme successeurs des Guilhems ; édition : Joseph Berthelé, *Archives de la ville de Montpellier, Inventaires et documents*, t. III, fasc. 3-5, Montpellier, 1904, p. 331-504 (avec remarques générales et planches h.-t. : nᵒ I-III pour le cartulaire des Guilhems et nᵒ IV-VI pour celui des Aragonais) [= Stein 2574].

- Montsoreau (Maine-et-Loire, cant. Saumur-sud). Cartulaire de la baronnie de Chantemerle.- Perdu ; cité par dom Villevieille, Bibl. nat., fr. 31894, fol. 119v (acte de 1289) [I.R.H.T.].

- Narbonne (Aude ; vicomtes). XVᵉ siècle (derniers actes 1427).- Bibl. nat., lat. 9998 [= Stein 2686].

- Nesle (Côte d'Or, cant. Laignes). 1269-1271.- Archives du Musée Condé de Chantilly, XIVᶠ [= Stein 2710].

- Neuchâtel (Doubs, cant. Pont-de-Roide). XVᵉ siècle.- Collection privée ; copie partielle XVIIIᵉ siècle, Bibl. nat., Moreau 898 [= Stein 2714].

- Nieul (Haute-Vienne, ch.-l. cant.). XVIIIᵉ siècle (dernier acte 1740, avec ajouts jusqu'en 1749), recueil de feuilles montées sur onglet, avec pagination d'époque.- Bibl. nat., nouv. acq. fr. 3248.- N.B. : l'archiviste de la baronnie a réalisé simultanément un inventaire d'archives *stricto sensu*, incluant quelques copies d'actes anciens et conçu comme une table du cartulaire, auquel il renvoie sous le nom de «livre» : Bibl. nat., nouv. acq. fr. 3249 [I.R.H.T.].

- Oiselay (Haute-Saône, cant. Gy). XVIIᵉ siècle.- Arch. dép. Doubs, ms 21 [I.R.H.T.].

- Perrotte (famille) : voir Bretteville-l'Orgueilleuse.

- Picquigny (Somme, ch.-l. cant. ; vidames). Deux cartulaires : 1) «Livre rouge», composite, deuxième moitié XIIIᵉ siècle (premier noyau peu après 1249).- Arch. nat., R¹ 35 [= Stein 3029]. 2) Fragment d'un cartulaire du XVᵉ siècle, qui aurait repris la matière du précédent ; indiqué : Joseph Estienne dans *Bulletin de la Société des antiquaires de Picardie*, t. 33, 1929-1930, p. 272-273 (étude Duthoit à Amiens, ensuite déposé à la bibliothèque de la Société) [I.R.H.T.].

- Portery : voir Saint-Côme.

- Poussan (Hérault, cant. Mèze) et Florensac. 1339.- Bibliothèque de la Société archéologique de Montpellier, ms 11 ; étude : Alexandre Germain, *Notice sur un cartulaire seigneurial inédit*, dans *Mémoires de la Société archéologique de Montpellier*, t. 4, 1858, p. 439-480 [= Stein 3081].

- Pouzauges (Vendée, ch.-l. cant.). Deux cartulaires : 1) collationné en 1562 (actes de 1255 à 1561), copie XVIIᵉ siècle, Arch. nat., 1 AP *1264 [Stein-].- 2) compilé au début du XVIIᵉ siècle (actes de 1256 à 1601), Arch. nat., 1 AP *1271 [= Stein 4492].

- Rays : voir Machecoul.

- Romilly-la-Puthenaye (Eure, cant. Beaumont-le-Roger). Fin XVᵉ siècle (dernier acte 1487).- Arch. dép. Eure, 2 F 443 (1935 ; signalé par le regretté M. Baudot).

- Saint-Côme d'Olt (Aveyron, cant. Espalion ; famille Cinqpeyras). Fin XVᵉ siècle (dernier acte 1492).- Bibl. nat., nouv. acq. fr. 10787.

- Saint-Cosme (Aveyron, cant. Espalion ; famille Portery). XVIᵉ siècle (achevé 1600).- Bibl. nat., nouv. acq. fr. 10788.

- Saint-Pée-sur-Nivelle (Pyrénées-Atlantiques, cant. Ustaritz) : voir Caupenne.

- Saint-Thibaut (Côte d'Or, cant. Vitteaux ; famille Gastellier). 1425.- Collection Ernest Petit au château de Vausse (Yonne, 1942) [= Stein 3575, qui le considère à tort comme le cartulaire du prieuré du lieu ; I.R.H.T.].

- Savines (Hautes-Alpes, ch.-l. cant.]. XVIIᵉ siècle.- Arch. dép. Hautes-Alpes, fonds Roman, n° 79, 2 vol. [R.-H. Bautier et J. Sornay, *Les sources...*, t. III, p. 1502 (addition à la p. 599)].

- Sorbey (Meuse, cant. Spincourt). 1512-1513.- Collection privée ; microfilm : Arch. dép. Meurthe-et-Moselle, 1 Mi 448 ; microfilm d'une transcription dactylographiée : Arch. nat., 176 Mi 1.

- Sully-sur-Loire (Loiret, ch.-l. cant.). 1329.- Perdu ; extraits : a) XVIIᵉ siècle, fr. 15642, fol. 144-159v (copie le titre et, dans le désordre, les 23 [premiers ?] actes du chapitre premier, «la terre de Limozin») ; b) 1720, Bibl. nat. Clairambault 718, p. 103-104 («Extrait d'un cartulaire de différens titres et partciulièrement de la maison de Sully, écrit l'an 1329, in-4° relié en bazanne, fol. 249 ; ce cartulaire appartenoit à Monseigneur le duc de Beauvillier comme seigneur des Ais d'Angillon et qu'il a remis à Monsieur Boutillier de Chavigny en lui cédant la terre des Ais d'Angillon par échange avec la chastellenie d'Argy ; il appartient aujourd'hui 24 février 1720 à Monsieur Bouthillier») [I.R.H.T.].

- Tiffauges : voir Pouzauges.

- Trencavel. 1186-1188, complété début XIIIᵉ siècle.- Bibliothèque de la Société archéologique de Montpellier, ms 10 ; voir l'étude d'Hélène Débax dans le présent volume.

- Vénès (Tarn, cant. Lautrec). Cartulaire réalisé pour Guilhem de *Carmaing* [Carman], vicomte de *Rodda* et Lautrec, seigneur de Vénès. 1516.- Arch. nat., MM 745ᴮ

[= Stein 792].

- Vienne-le-Château (Marne, cant. Ville-sur-Tourbe). Début XIVe siècle (dernier acte 1312).- Archives du Musée Condé de Chantilly, 107 B 10 [= Stein 4088].

- Ville-Issey (Meuse, cant. Commercy, com. Euville). Fin XVIIIe siècle (dernier acte 1782).- Arch. dép. Meuse J 36²*.

- Vitré (Ille-et-Vilaine, ch.-l. cant.). Fin XIVe siècle (dernier acte 1394).- Arch. nat. 1 AP 2151* ; copie 1874 par Ulysse Robert, Bibl. nat., nouv. acq. lat. 1229 [= Stein 4127].

- Yerres (Essonne, ch.-l. cant.). Cartulaire et terrier, vers 1560.- Arch. dép. Essonne, A 1010 ; copie XVIIe siècle, A 1012 [= Stein 4154].

ANNEXE II

CARTULAIRES DE PARTICULIERS

Les documents sont ici rangés dans l'ordre chronologique, au moins approximatif, de confection. Le lieu porté après le nom du commanditaire est le lieu d'origine ou de résidence accoutumée, qui ne coïncide pas nécessairement avec les centres de possession ou de seigneurie documentés par le cartulaire. Les dates indiquées sont, sauf mention contraire, les dates extrêmes des actes transcrits ou analysés, suivies, entre parenthèses, du nombre total d'individus impliqués dans la compilation pour le cas où il y en a d'autres que le commanditaire. Suivent quelques observations sur le contenu et la fabrication : langue, nature des transcriptions si elles ne sont pas systématiquement in extenso, nombre de mains repérables. Les microfilms des cartulaires conservés en Suisse et dont il est ici question nous ont été communiqués par le Professeur Pierre Dubuis, de l'Université de Lausanne. De leur côté, Pascale Verdier et Anne-Marie Hayez ont bien voulu nous autoriser à consulter, la première l'introduction dactylographiée de son édition, la seconde la notice très détaillée qu'elle a consacrée au cartulaire de Jean Artaud : qu'ils trouvent ici tous trois l'expression de notre gratitude.

XIIIᵉ siècle

- Bernard et Pons Capdenier, hommes d'affaires, Toulouse. 1161-1226 (père et fils) ; latin ; une main.- Arch. dép. Haute-Garonne, D St B, reg. 138 ; étude : Pierre Gérard, *Un cartulaire privé du XIIIᵉ siècle : le cartulaire des Capdenier*, dans *XIIᵉ Congrès d'études de la Fédération des Sociétés académiques et savantes Languedoc-Pyrénées-Gascogne*, Albi, 1958, p. 9-27.

- Geoffroy de Saint-Laurent, homme de loi, Paris. 1235-1279 ; traductions ; deux mains.- Arch. nat., LL 40 ; étude : A. Terroine, *Un cartulaire privé du XIIIᵉ siècle conservé dans le fonds de l'abbaye de Saint-Magloire*, dans *Bibliothèque de l'École des chartes*, t. 107, 1947-1948, p. 5-32 ; étude et régeste : Ead., *Un bourgeois parisien du XIIIᵉ siècle, Geoffroy de Saint-Laurent (1245?-1290)*, édité par Lucie Fossier, Paris, 1993 (*Documents, études et répertoires publiés par l'I.R.H.T.*).

- Sicard Alamand le Vieux et le Jeune, nobles, Albigeois. 1235-1304 (père et fils) ; latin.- Arch. not. Laïsgrasses (Tarn) en 1907 ; édition : Edmond Cabié et Louis Mazens, *Un cartulaire et divers actes des Alaman, XIIIᵉ et XIVᵉ siècles*, Toulouse, 1882 [= Stein 1922].

- Renier Acorre, homme d'affaires et receveur de Champagne, Provins. 1257-1289 ; langue vulgaire, latin (rare) et traductions ; analyses et textes in extenso ; trois mains.- Bibl. nat., fr. 8593 ; édition : P. Verdier, *Édition du cartulaire de Renier Acorre (1257-1289)*, thèse d'École des chartes, 1992 [= Stein 9].

- Elie Carpenter, changeur, Bordeaux. Fragment de 7 feuillets (fol. 157-162 et 166), 1259-1281 ; langue vulgaire.- Arch. mun. Bordeaux, II ; édition : Gaston Ducaunnis-Duval, *Fragments d'un cartulaire de famille (1259-1281)*, dans *Archives historiques du département de la Gironde*, t. 43, 1908, p. 166-211.

- Guillaume d'Ercuis, chanoine et archidiacre de Thiérache, précepteur de Philippe le Bel. XIIIᵉ-XIVᵉ siècle ; latin et langue vulgaire ; analyses et textes *in extenso* ;

plusieurs mains.- Bibl. Sainte-Geneviève, Lf in-fol. 25 ; étude : Léopold Delisle, *Guilaume d'Ercuis, précepteur de Philippe le Bel*, dans *Histoire littéraire de la France*, t. XXXII, Paris, 1898, p. 154-171 ; édition : J. Petit, *De libro rationis Guillelmi de Erqueto*, Paris, 1900.

XIVᵉ siècle

- Enguerrand de Marigny, chambellan de Philippe le Bel, Paris. Compilé en 1312-1314 ; chaque texte est transcrit en latin et donné en traduction ; une main.- Bibl. nat., lat. 9785 ; édition : J. Favier, *Cartulaires et actes d'Enguerrand de Marigny*, Paris, 1965 (*Documents inédits in-8*).

- Robert Mignon, clerc de la Chambre des comptes, Paris. 1317-1337 (sans les additions), père et fils ; langue vulgaire ; analyses et textes in extenso ; deux mains.- Arch. dép. Yvelines, 5 J 39 (copie médiévale) ; études : Adolphe de Dion, *Un gros propriétaire foncier au XIVᵉ siècle*, dans *Bulletin de la Commission des antiquités et arts de Seine-et-Oise*, t. 9, 1889, p. 201-208 ; Charles-Victor Langlois, *Inventaire d'anciens comptes royaux dressés par Robert Mignon*, Paris, 1899 (*Recueil des historiens de la France*, série in-4*), p. XV-XIX ; Patricia Guyard, thèse d'École des chartes en cours.

- Raimond del Olm, homme d'affaires, Marseille. Compilé en 1348 ; langue vulgaire ; analyses ; deux mains.- Arch. dép. Bouches du Rhône, 1 HD, H3.

- Jean Artaud, bourgeois d'Avignon. 1364-1412 ; latin, langue vulgaire ; analyses ; une main.- Bibl. mun. Avignon, ms 3047 ; étude dact. par A.-M. Hayez.

- Aubry Raoul, chanoine, chancelier de Langres. 1366-1395 ; latin ; une main.- Arch. dép. Haute-Marne, 2 G 217.

- Philippe Cabassole, laïque, Cavaillon. 1373-1389 ; langue vulgaire ; analyses et textes in extenso ; une main.- Arch. dép. Vaucluse, 3 E 53/1160.

- Thomas le Peigny, bourgeois de Saint-Lô. 1388-1439 (ascendants et descendants) ; langue vulgaire ; analyses ; trois mains.- Bibl. nat., nouv. acq. fr. 1122.- N.B. : un autre cartulaire, consacré aux acquisitions dans la paroisse Notre-Dame-de-Rampan, est conservé aux Arch. dép. Calvados, F 2279 [= Stein 2028].

- Guillaume de Croismare, homme de loi, bourgeois de Rouen. Compilé en 1389 ; langue vulgaire ; une main.- Conservé en 1895 dans les archives de la famille de Polignac ; édition : L. Delisle, *Le cartulaire de Guillaume de Croismare*, dans *Bulletin de la Société d'histoire de la Normandie*, t. 7, 1893-1895, p. 122-151 [= Stein 1106].

XVᵉ siècle

- Jean Majoris, bourgeois de Vex. 1400-1430 ; latin ; plusieurs mains.- Arch. du chapitre de Sion, Minut. A 244.

- François Bouvier, bailli de Chablais. 1400-1450 ; latin et langue vulgaire ; une main (celle de son fils).- Arch. cant. Vaud, Af6 ; édition en préparation.

- Georges de Supersaxo, citoyen de Sion. Fin XVᵉ siècle ; latin ; une main.- Arch. cant. Valais, Supersaxo 11R4.

- Humbert Gimel, *domicellus et civis* de Lausanne. 1460-1490 ; latin ; analyses ; mains à déterminer.- Arch. cant. Vaud, Af8.

REMARQUES ET DISCUSSION

Marcel BAUDOT : *Les archives départementales de l'Eure conservent sous la cote II F 43 un cartulaire de la seigneurie de Romilly en Ouche (aujourd'hui Romilly-la-Putheraye) contenant des actes s'échelonnant de 1221 à 1487, seigneurie ayant appartenue à la famille des Minières, à Godefroi d'Harcourt, à des Espois (origine picarde) et confisquée sous l'occupation anglaise.*

Hubert GUILLOTEL : *A propos du cartulaire de Vitré et des traductions qu'il propose, lors de son examen avec J.P. Brunterc'h celui-ci a souligné devant moi la grande qualité et la fidélité de ces traductions. De mon côté, j'ai noté qu'à la différence des actes latins qui figurent en tête du recueil et qui portent à chaque fois un numéro dans la marge, ces traductions en sont dépourvues. C'est la preuve du soin avec lequel ce volume a été établi et cela témoigne pour l'avenir du souci d'éviter toute confusion dans l'utilisation de ces textes.*

Hélène DÉBAX : *Je voudrais apporter une nuance quant à la cohérence typologique régionale des cartulaires : celle-ci n'existe pas dans le cas du Languedoc. Le cartulaire des Guilhem de Montpellier est très bien organisé, les actes sont classés, alors que le cartulaire des Trencavel ne laisse pas apparaître de plan explicite (bien qu'il ne soit pas un «cartulaire-catastrophe», sa rédaction étant antérieure à la Croisade albigeoise). Il me semble avoir remarqué une corrélation entre cette absence de classement et des flottements dans la gestion : les Trencavel se sont fait «voler» un certain nombre de châteaux sur la frange orientale de leu domaine, par les Guilhem. Avez-vous constaté ailleurs cette relation entre l'essor et la réussite d'une seigneurie et la précision et le classement de son cartulaire ?*

Olivier GUYOTJEANNIN : *C'est l'axiome de base. Cela dit, il faudrait étudier précisément, cas par cas, et l'histoire de la seigneurie et le cartulaire, ce qui dépassait les bornes de mon investigation. Les raffinements, l'habileté apportée à la confection du cartulaire peuvent être du reste mis au service, soit d'une gestion affermie, soit d'une ascension, soit d'une réaction.*

Dominique BARTHELEMY : *Je crois qu'on peut parler d'un «cartulaire de douairière» dans le Vendômois du XIVe siècle avec le «livre» de la comtesse Alix. Est-ce un cas fréquent ?*

Olivier GUYOTJEANNIN : *Je n'en ai pas rencontré d'autre, si c'est au sens strict de cartulaire documentant l'acquisition et la gestion des terres et des droits constituant un douaire, et confectionné à l'occasion de l'administration de celui-ci. Mais l'enquête est lacunaire.*

Jean-Marie MOEGLIN : *Je me demande si la distinction cartulaire de seigneurie-cartulaire de particulier n'est pas en partie artificielle. Ne pourrait-on pas parler de cartulaire de lignage ?*

Olivier GUYOTJEANNIN et Lucie FOSSIER : *Entièrement d'accord pour le premier point, nous nous y sommes déjà arrêtés. Cela dit, l'expression «cartulaire de lignage» sous-entend que le cartulaire est fondamentalement un outil de mémoire généalogique, ou une défense et illustration du lignage. Cela nous semble être le cas très rarement, au moins en France : l'épine dorsale, presque toujours, ce n'est pas le lignage, c'est le patrimoine.*

Robert-Henri BAUTIER : *Je m'étonne du classement du livre de Guillaume d'Ercuis parmi les «cartulaires». A mes yeux, avec mes notes personnelles (achat de livres, notes familiales, relevés de comptes), c'est le type même du «livre de raison» de l'époque. Si on devait le ranger au nombre des cartulaires, on devrait insérer parmi ceux-ci de nombreux livres de raison, notamment dans le Sud-Est, et jusque vers l'époque moderne.*

Lucie FOSSIER : *Les livres de raison que vous signalez dans vos* Sources de l'Histoire économique et sociale (Sud-Est) *sont généralement, m'a-t-il semblé, des livres de comptes de négociants ou d'hommes d'affaires et, avant le XVe siècle, ils sont rares. L'acception du terme se modifie ensuite puisque le livre de raison, tel que nous le concevons à présent, est avant tout un recueil familial où l'on consigne les comptes domestiques, mais aussi, au jour le jour, les événements marquants de la vie familiale. Je conviens que le manuscrit de Guillaume d'Ercuis, qui comporte quantité de notations personnelles, se rattache à ce type. Si je l'ai mentionné dans mon relevé (tout en précisant qu'il constituait un cas limite), c'est qu'il se présente comme un volume organisé, écrit, sinon d'une traite, du moins en peu de temps, et dont une bonne moitié concerne la gestion du domaine de Guillaume d'Ercuis.*

Arlette HIGOUNET-NADAL : *Pour éclairer la difficulté de la distinction entre le livre terrier et le cartulaire, je voudrais citer en particulier l'exemple du terrier de la famille Bernabé (Arch. dép. Dordogne, 1 H 37) qui est qualifié de terrier et ressemble fort à un cartulaire.*

Lucie FOSSIER : *Un livre terrier consiste en principe en une énumération de biens fonciers, sans qu'y soient détaillés les modes d'acquisition de ces biens. Je suppose que, dans le cas des Bernabé, l'auteur a voulu donner à l'appui de son relevé copie d'actes, ce qui apparenterait le recueil à un cartulaire. D'une manière plus générale, il est difficile d'établir des classifications rigoureuses pour des recueils établis par des particuliers, libres de les concevoir au mieux de leurs besoins.*

Patricia STIRNEMANN : *Il y a donc deux types de cartulaires, un vrai, coûteux et inutilisable comme élément de gestion, l'autre, vulgaire. Qu'en pensez-vous ?*

Lucie FOSSIER : *Pas forcément : un cartulaire comme celui d'Enguerrand de Marigny, plus encore celui de Guillaume de Croismare, sont des instruments de gestion, mais de belle présentation. «Ces symboles de réussite sociale», comme dit Jean Favier, ne pouvaient être griffonnés.*

LE CARTULAIRE DE SIGMUND I VON THÜNGEN (FRANCONIE, 1448/49)

par

Joseph MORSEL

Toute reprise et réorganisation de textes antérieurs est un discours explicite sur le temps (les historiens le savent bien), mais également sur cet «engin si soutil» qu'est l'écriture pour Guillaume de Machaut [1]. Par l'écriture, le scribe «re-présente» (c'est-à-dire rend de nouveau présent) un texte, lui restitue une certaine actualité, mais également crée entre celui-ci et les autres textes copiés un rapport d'intertextualité qui donne à chaque texte un sens nouveau (ou un surcroît de sens). La réécriture d'un texte n'est donc pas seulement un acte de copie : c'est aussi un acte de (re)création qui véhicule son propre sens en plus de celui de chaque texte.

Ce sens ne se résume toutefois pas seulement à celui du rapport d'intertextualité créé par la compilation de plusieurs textes : en réécrivant, le scribe rappelle (re-présente) le passé et fixe le présent de son acte (la compilation, dotée de son propre sens), mais également met en oeuvre un certain nombre de schémas mentaux qui accordent à l'écriture un pouvoir considérable, un pouvoir de création. Ce pouvoir créateur est corollaire de son statut dans la société considérée, notamment du niveau de développement de ce que nous appellerions «scripturalité» (correspondant à l'anglo-saxon *literacy* et à l'allemand *Schriftlichkeit*), c'est-à-dire le recours à l'écriture pour communiquer des informations au lieu de le faire de manière purement orale (on parle alors d'«oralité»). Il n'est pas dans notre intention de nous attacher ici à ce phénomène de scripturalité, dont nous traitons ailleurs [2], mais simplement de rappeler qu'une interrogation sur un type de document écrit ne saurait être complète sans une interrogation sur l'écriture au Moyen Age.

1. Voir Jacqueline CERQUIGLINI, «*Un engin si soutil*». *Guillaume de Machaut et l'écriture au XIVe siècle*, Paris, 1985.
2. Nous consacrons à ce problème plusieurs pages de notre thèse de doctorat *Une société politique en Franconie à la fin du Moyen Age: les Thüngen, leurs princes, leurs pairs et leurs hommes (1275-1525)* (sous la direction du Professeur Henri Dubois, Paris-IV).

Il faudrait également ajouter à cela la forme même de la compilation : un livre. La confection d'un livre peut en effet être sans doute difficilement réduite à un aspect technique et/ou pratique (relier pour rassembler et ne pas perdre, classer pour retrouver), dans une société où le Livre (*biblion*) constitue le fondement de la religion révélée. Le caractère d'objet de représentation, voire magique, qui est certainement celui du livre médiéval, est une donnée vraisemblablement non secondaire dans la démarche d'élaboration d'un cartulaire, mais nous manquons d'éléments (ou d'études) pour la mesurer correctement [3].

L'utilisation adéquate d'un cartulaire dépend donc pour une part essentielle de la perception correcte des objectifs qui ont guidé la constitution de celui-ci et, d'une manière générale, de ce qu'est un cartulaire. Il n'est pas possible de considérer sans sourciller cet objet comme une simple collection de textes dont beaucoup ont aujourd'hui disparu en original : produit d'une action délibérée dans un contexte socio-culturel qui assigne une importante valeur sociale à l'écriture et au livre, le cartulaire est lui-même un langage, donc un témoignage en soi pour l'historien.

Ce double apport du cartulaire (les textes qui le composent et le discours sur ceux-là qu'il représente en tant que tel) en fait donc un objet particulièrement digne d'intérêt, sans même parler des manipulations historiques qu'il peut éventuellement révéler et auxquelles il a pu se prêter facilement par la falsification voire l'invention pure et simple de documents qu'il feignait de reproduire fidèlement: l'étude de la falsification de l'écrit déborde en fait très largement le cadre des cartulaires, qui n'en ont été qu'un moyen parmi d'autres, et ne doit pas oblitérer l'étude des autres mobiles.

Qu'est-ce qui a donc pu pousser les hommes du Moyen Age à faire recopier des documents dans des cartulaires? Les motivations sont sans doute très variables, de la recherche d'une sécurité archivistique à une volonté «monumentale» (rassembler et présenter les éléments principaux d'une histoire familiale, c'est-à-dire un «passé-à-montrer» valant comme un moyen d'éternisation), en passant par les partages successoraux d'archives ou la volonté de classer et normaliser matériellement des documents considérés comme importants (équivalant au microfilmage d'aujourd'hui). Mais la réponse à cette question, qui met en jeu tant le contenu que la forme du cartulaire, n'est pas importante en soi : ce qui l'est, c'est surtout ce qu'elle implique au niveau de l'utilisation du cartulaire par l'historien.

Prenons l'exemple d'un cartulaire privé allemand, celui de Sigmund (I)

---

3. Les actes (incomplets) du colloque de Wolfenbüttel consacré en 1989 au livre comme objet magique et de prestige (Peter GANZ (éd.), *Das Buch als magisches und als Repräsentationsobjekt*, Wiesbaden, 1992 *[Wolfenbütteler Mittelalter-Studien*, 5]) n'étaient pas encore parus au moment d'élaboration du présent texte. Ils nous confirment dans notre opinion au sujet de la forme en soi extrêmement valorisante des livres cartulaires.

von Thüngen, noble franconien (ca. 1398-1456), traditionnellement daté de 1449 [4]. D'un point de vue strictement documentaire, ce cartulaire s'avère être une source précieuse. D'une part, c'est l'un des plus anciens cartulaires de particuliers conservés dans la région [5], fort éprouvée du point de vue archivistique par la guerre des Paysans, la guerre de Trente ans et la Seconde Guerre Mondiale.

Par ailleurs, il s'agit du seul cartulaire médiéval des Thüngen (qui détiennent par ailleurs plusieurs autres cartulaires d'époque moderne, compilant entre autres des textes médiévaux). Enfin, 60% des 117 pièces qu'il comporte ne sont connues que par lui [6]. Mais cette valeur documentaire n'épuise pas l'intérêt du cartulaire de Sigmund : les aspects formels de celui-ci fournissent d'utiles éclairages sur les projets de Sigmund et, partant, sur sa valeur historique.

En premier lieu, ce cartulaire est remarquablement homogène :

- les huit cahiers de papier qui le composent sont faits du même papier au même filigrane [7] ;

---

4. Encore aujourd'hui propriété de la famille von Thüngen (lignée cadette) et conservé dans son fonds privé déposé au Staatsarchiv Würzburg sous la cote : Archiv Thüngen zu Weißenbach, Bände, Nr 1 ; il s'agit d'un codex de papier in-2° de 22x31 cm, comportant 85 folios (10 autres folios ont été coupés, qui correspondent selon toute vraisemblance à des feuilles blanches réutilisées ensuite) présentant 116 textes (13 pages, disséminées dans le volume, sont blanches) et reliés sous une couverture constituée par un parchemin remployé ; le cartulaire n'est ni daté ni attribué explicitement: l'attribution et la datation traditionnelles découlent d'une notice figurant sur la première page (*Item anno d[omi]ni M °CCCC °XLIX am dienstag vor Unnsers Her[r]n Leichnamstag wart mir, Sigmu[n]d von Tungen, ein dangk zu Heidelberg, do was ein torner*); la foliotation en chiffres arabes et à l'encre verte est postérieure à la découpe des feuilles manquantes et omet le premier folio.

5. Rolf SPRANDEL (*«Die Ritterschaft und das Hochstift Würzburg im Spätmittelalter»*, dans *Jahrbuch für fränkische Landesforschung*, 36, 1976, p. 117-143, ici p.125) signale l'existence d'un fragment de cartulaire d'un petit noble, Erkinger von Seinsheim-Schwarzenberg, datant de 1420. Symptomatique des liens entre écriture et pouvoir nous semble être le fait que cette plus ancienne trace correspond précisément au seul lignage de petite noblesse qui ait accédé à la haute noblesse (avec le titre de baron), accession datant de 1429: il nous semble difficile de rejeter d'office tout lien entre l'ascension socio-politique et la préoccupation scripturale. Les Thüngen, pour leur part, sont certes restés de rang chevaleresque, mais ils ont joué un rôle notable dans l'organisation‚ politique et militaire de la noblesse franconienne à la fin du Moyen Age.

6. 30% des pièces recopiées sont conservées en original et 10 % le sont sous forme de copie dans d'autres cartulaires. Précisons d'autre part que ce cartulaire a lui-même été recopié en 1568, à une époque où certains originaux n'étaient sans doute déjà plus entre les mains des Thüngen, dans le cartulaire de Bernhard et Eberhard von Thüngen (où il voisine avec d'autres documents) : Julius-Spitals Archiv zu Würzburg, Literalien, Nr 105, p. 3-248. Signalons enfin que le nombre de 117 inclut le texte figurant sur le parchemin de couverture, absent (de même que le fol. 84r-v) du cartulaire de Bernhard et Eberhard.

7. Filigrane du type «Monts [plantés d'une croix]» et correspondant au n°11785 de C.M. Briquet, *Les filigranes. Dictionnaire historique des marques du papier dès leur apparition vers 1282 jusqu'en 1600 (A fac-similé of the 1907 edition with supplementary material contributed by a number of scholars, ed. by Allan Stevenson)*, 4 tomes, Amsterdam, 1968, ici tome II, p. 594, et IV (ill.) ;

- l'écriture est visiblement d'une seule main, à l'exception de quelques rajouts postérieurs sur des pages laissées vides [8] ;

- la présentation matérielle des textes est systématique sous la première main : encre brune, titre concis, initiale du texte surdimensionnée et ornée, écriture soignée ;

- enfin, les textes ne sont pas copiés pêle-mêle [9] : même si le principe d'organisation n'est pas d'une rigueur parfaite (certains textes isolés auraient pu être rattachés à un groupe précédemment composé), on peut tout de même observer une organisation interne, dominée par une bi-partition fondamentale : les fol. 1 à 33v produisent des textes concernant les grand-père (Dietrich I, chevalier), père (Wilhelm I, chevalier) et éventuellement oncle paternel (Hildebrand I) de Sigmund, tandis qu'aux fol. 34-82 on a des textes concernant Sigmund lui-même, seul ou souvent avec son cousin germain Balthasar I. A l'intérieur de chacune de ces deux parties, on peut en outre repérer une organisation plutôt thématique et surtout géographique [10], comme en témoigne d'ailleurs le type de titre le plus généralement utilisé : un toponyme.

La première partie montre donc plutôt un Sigmund héritier, tandis que la seconde le montre comme seigneur et «chef de famille» (puisqu'on y trouve non seulement des actes concernant des biens, mais aussi l'acte de son mariage avec Lorch von Kronberg, celui de son fils Hildebrand III et des deux de ses trois filles dont on sait qu'elles ont vécu assez longtemps pour être mariées).

Bref, si l'on rassemble ces quatre aspects (papier, scribe, présentation et organisation interne), se dégage du cartulaire une impression d'homogénéité dans la réalisation de celui-ci, dont on peut vraisemblablement inférer une homogénéité du projet, ce qui est déjà un premier point significatif : ce

ce filigrane et ses variantes ont été produits de 1444 (Nuremberg) à 1447-50 (Wurtzbourg), c'est-à-dire précisément dans la Franconie où vivaient et agissaient les Thüngen.

8. Le premier folio (non numéroté) et les fol. 34v, 35, 61v, 76-78, 79v, 83-v ; le plus tardif des textes copiés par la main principale date du 27 avril 1448, ce qui correspond à la fourchette des dates du filigrane : on peut ainsi penser que le cartulaire a été réalisé fin 1448-début 1449 ; le texte du fol. 37v, non daté dans le cartulaire mais apparaissant sans grande modification dans un acte notarié original de 1453 (Sta Würzburg, Würzburger Urkunden, Nr 42/121) n'infirme sans doute pas ceci puisqu'il s'agit d'une consignation par écrit de la coutume et que la fixité de la forme n'implique donc pas nécessairement un lien de filiation.

9. Un autre cartulaire des Thüngen, traditionnellement baptisé *Codex Schweinfurt* (Sta Würzburg, Thüngen-Archiv zu Weißenbach, Bände, Nr 9), montre clairement ce que peut être un cartulaire non organisé : les textes se suivent sans lien logique, certains étant même incomplets ou s'interrompant pour reprendre quelques pages plus loin, et on y a même recopié une chronique rédigée par un autre noble, n'appartenant pas au lignage des Thüngen.

10. Par exemple: fol. 1-6 : 7 textes concernant Büchold ; 6v-7 : 1 texte sur Rundelshausen ; 7v-8v : 2 textes sur Altbessingen ; 8v-10v : 3 textes sur Hirschfeld ; 10v-12v : 2 textes sur Burgsinn, etc ; fol. 40v-42 : 3 textes de Sigmund et Balthasar sur Büchold et autres biens communs, etc.

cartulaire a été réalisé à l'instigation de quelqu'un qui s'est donné les moyens matériels (papier, encre) et humains (un bon scribe, sans doute attelé plusieurs semaines à cette tâche de copie et peut-être aussi de classement) d'obtenir un objet, coûteux, conçu selon un projet apparemment réfléchi, donc signifiant, sorte de récapitulatif de l'identité de Sigmund I, replacé dans son espace familial et seigneurial.

Ceci nous amène à un second point : les documents ont été globalement classés, mais ont-ils été triés, sélectionnés selon un principe plus précis encore que la seule volonté d'organiser le fonds d'archives personnelles et (en partie) familiales ? En d'autres termes, il s'agit de savoir ce qui a été recopié: tout ce dont Sigmund disposait, ou un choix de documents (ce qui permettrait de préciser le projet de celui-ci) ?

Si l'on compare dans un premier temps les documents copiés et ceux aujourd'hui conservés et concernant Sigmund ou ses grand-père ou père, on obtient une première certitude : tous les documents que Sigmund aurait pu avoir entre les mains ne sont pas recopiés ; mais s'agit-il d'un choix (en ce cas, quel est-il ?) ou Sigmund a-t-il fait recopier tout ce qu'il avait en fait par devers lui, les autres documents non recopiés étant ceux détenus, vers 1449, par d'autres membres du lignage, voire des personnes étrangères à celui-ci (par exemple, lorsqu'une terre est vendue, les archives partent avec elle, comme le stipulent clairement les actes de vente) ?

Une donnée matérielle du cartulaire peut nous donner peut-être un premier éclairage là-dessus : il s'agit de la couverture, constituée par une lettre sur parchemin de l'automne ou début de l'hiver 1438 [11], en vertu de laquelle Sigmund est constitué garant d'une dette contractée par la veuve de son cousin éloigné Konrad III von Thüngen, Guta, envers un autre noble franconien, Georg Zollner von Rotenstein l'Aîné. Le fait que cette lettre soit en possession des Thüngen signifie que la dette a été finalement remboursée (ou du moins que Sigmund a été relevé de sa garantie), en conséquence de quoi ladite lettre a été restituée. Or, cette lettre n'est pas recopiée dans le cartulaire, où l'on trouve une lettre postérieure correspondant à une étape ultérieure de la dette [12]. Il semblerait donc que, n'ayant plus d'utilité, cette lettre ait été jugée bonne à «recycler», mais ce, plusieurs années après : elle a donc été conservée plusieurs années dans les archives de Sigmund avant de trouver sa destination définitive.

Certes, on n'a pas de certitude quant à la date à laquelle le cartulaire a été ainsi couvert (en tout cas après 1448/49), mais le fait que la lettre concerne précisément Sigmund est d'une troublante coïncidence (sans compter

11. La date est incomplète à cause de l'usure du bord inférieur du parchemin ; on a cependant encore l'indication de l'année (1438) et Guta apparaît dans le texte en tant que veuve de Konrad von Thüngen, dont on sait qu'il est mort le 25 septembre 1438.
12. Fol. 46v-48 (1440).

qu'il n'y a aucune trace de reliure antérieure et que le modèle de reliure est caractéristique de l'Allemagne du XVᵉ siècle [13]). Cela incite à considérer que la rédaction du cartulaire ne relevait pas d'une volonté (somme toute bien moderne) de préservation des archives et que n'ont été en fin de compte retenus que les documents qui devaient, ou semblaient, avoir encore une utilité, les autres étant laissés de côté quand ils n'avaient pas déjà été jetés.

La consultation d'une source complémentaire de peu d'années antérieure nous semble confirmer tout ceci. Il s'agit de la liste des archives que Balthasar I et Sigmund I ont mises en dépôt auprès du Conseil de la ville de Schweinfurt en 1437 [14]. 41 des pièces inventoriées ont été recopiées dans le cartulaire de Sigmund. Les autres n'y figurent pas (et 37 ont, sans doute par conséquent, aujourd'hui disparu), soit parce qu'elles concernaient spécifiquement Balthasar (ainsi les actes de son mariage ou de celui de sa soeur), soit parce qu'elles se rapportaient à des biens vendus entretemps et avec lesquels les archives ont été transférées [15]. Mais il en est d'autres qui échappent à ces deux catégories et qui ne figurent plus dans le cartulaire de Sigmund [16] : elles ont donc selon toute vraisemblance été éliminées du projet de compilation.

Combien sont ainsi «passées à la trappe» ? On ne le saura jamais, mais on sait en revanche que ce cartulaire relevait selon toute vraisemblance d'un projet homogène, perceptible dans son mode d'exécution, et d'un projet documentaire, perceptible dans sa composition, sans doute fermement arrêtés par le commanditaire : ne retenir que ce qui sert encore (cet «utilitarisme», qui se comprend d'autant mieux que le papier était un produit cher et que les gages d'un bon scribe devaient être élevés, n'a cependant pas empêché que des pages restassent blanches, ce qui semble confirmer que l'important n'était pas la copie en elle-même mais le choix des documents). Mais l'«utilité»

---

13. Voir Maria MAIROLD, *Die gotischen Bucheinbände des Stiftes Seckau, Codices Manuscripti. Zeitschrift für Handschriftenkunde*, I/1, 1975, p.13-22 (nous remercions ici Monsieur J. Vezin de nous avoir indiqué cet article).

14. Sta Würzburg, Archiv Thüngen zu Weißenbach, Bände, Nr 9, p.7-9. Nous éditons cette liste en annexe à notre thèse signalée *supra*, note 2 ; elle mentionne au moins 129 textes, dont 25 sont trop sommairement décrits pour être éventuellement identifiables : des 104 (au moins) restantes, 67 sont aujourd'hui conservées (en original ou en copie).

15. C'est par exemple le cas de la vente du château et de biens de Burgjoß, vendus au lignage von Hutten en 1443 : les textes évoqués en 1437 sont conservés aujourd'hui en copie dans un cartulaire de ce lignage (Sta Marburg, K 372). Ces biens ayant été ensuite revendus à l'archevêque de Mayence au début du XVIᵉ siècle, les originaux subsistants se trouvent aujourd'hui dans le fonds «Mainzer Urkunden» du Hauptstaatsarchiv München.

16. C'est par exemple le cas du texte du partage successoral réalisé par Dietrich I en 1372 : le texte est évoqué dans la liste de 1437, mais est absent du cartulaire de Sigmund. Or, il n'avait pas disparu entretemps puisque l'on en trouve deux copies dans des cartulaires de l'époque moderne (Sta Würzburg, Archiv Thüngen zu Weißenbach, Bände, Nr 2, et Sta Würzburg, Mainzer Regierungsakten, Ritterschaft, K 580/2413), dont l'une d'après l'original. Et il n'y avait aucune raison pour que le document en question quitte le lignage.

du texte écrit n'est sans doute pas alors la même qu'aujourd'hui et dépend largement de l'objectif assigné au cartulaire.

Si l'on ajoute à cela la pratique signalée du transfert des documents avec les biens, on se rend compte que le cartulaire de Sigmund fonctionne comme un *terminus ante quem* pour tous les textes qui y figurent. Quelle que soit leur date d'émission, les documents recopiés sont encore considérés comme valables à l'époque de l'élaboration du cartulaire, ce qui est une précieuse indication lorsqu'on ne dispose pas d'une série de documents permettant de suivre régulièrement les péripéties d'une terre, par exemple ; alors qu'on n'a bien souvent pas d'autre solution que de constater que tel bien est acheté ou détenu par un individu A en l'an x et que celui-là est, en l'année y, détenu par un autre individu B, la présence d'une copie de la lettre de l'an x dans un cartulaire comme celui de Sigmund indique que ce bien aurait très probablement été encore détenu par A en 1449.

Ceci permet d'affiner considérablement l'utilisation du cartulaire par le médiéviste, d'une part parce que copier n'est pas un acte gratuit mais un signe très fort de l'intérêt porté au texte, d'autre part parce que l'on sait que cet intérêt était sélectif dans le cas du présent cartulaire. Sélectif par nécessité (dans le cas du départ des archives avec les biens) et par choix (dans le cas de la mise de côté de certains textes pourtant détenus).

Un troisième problème, crucial également, est celui de la fiabilité des transcriptions : ceci conditionne bien sûr l'usage du cartulaire par l'historien, mais aussi pose le problème essentiel du rapport à l'écrit dans les sociétés médiévales : dans la mesure où les documents recopiés ne sont pas explicitement authentifiés, comme ce sera le cas ultérieurement par l'adjonction d'une mention de vidimus scellée par une autorité compétente, quelle valeur avaient ces textes ? La tiraient-ils du fait même d'être écrits, en vertu du pouvoir intrinsèque de l'écriture, ou alors du fait que théoriquement seul un clerc devait être en mesure de réaliser une telle tâche ?

A défaut de pouvoir répondre à cette dernière question, nous nous sommes attaché au premier aspect : peut-on s'appuyer sur un texte du cartulaire de la même manière que sur un original ; bref, quels sont les procédés de copie, voire de réécriture, mis en oeuvre dans ce cartulaire. On pouvait certes comparer un à un tous les originaux conservés avec leur transcription dans le cartulaire, mais cela eût demandé un travail colossal (même en recourant à l'ordinateur) pour des résultats peut-être maigres. Nous nous sommes donc contenté de comparer deux originaux avec leur transcription, à savoir le plus ancien original conservé qui soit également transcrit (1368 : annexe 1) et l'un des plus récents (1444 : annexe 2).

Comme on pouvait s'y attendre, les variations stylistiques sont minimes entre l'original de 1444 et la copie de 1449 : les deux textes appartiennent à la même période linguistique ; on repère cependant quelques différences stylistiques mineures, tenant pour les unes au style du scribe (par exemple

JOSEPH MORSEL

la transcription en -*in* des finales non accentuées toniquement -*en*) et pour les autres, peut-être, à la tâche même de la transcription : le texte du cartulaire est écrit un peu plus «économiquement», avec moins de signes (598 au lieu de 606, abréviations résolues, soit une moyenne de 5,29 par mot au lieu de 5,36 dans l'original) et beaucoup plus d'abréviations (26 au lieu de 3), comme si le scribe avait cherché à gagner un peu de temps face à la quantité de textes à transcrire ; en revanche, il n'y a aucune variation syntaxique ou lexicale : mis à part la «restylisation», la transcription est donc très fidèle.

La situation est cependant différente lorsque l'on considère le texte le plus ancien : la réécriture stylistique est beaucoup plus importante, par suppression de l'accentuation phonétique «ᵉ», conversion de la diphtongue -*ou*- en -*au*- et de la voyelle -*y*- en -*i*-, simplification de -*zc*- en -*z*- etc. ; en outre, des mots ou segments de phrase ont été omis ou inversés syntaxiquement, si bien qu'au total la copie présente 3521 signes et 663 mots contre 3566 (les «ᵉ» suscrits non comptabilisés) et 667 mots dans l'original ; on repère en outre deux erreurs de transcription : *alte* devient *aller* et *ader* se transforme en *alter* ; tout ceci ne porte pas, en fin de compte, à grande conséquence, mais semble montrer que plus l'écart est grand entre la date de l'original et le moment de la copie, plus les distorsions formelles et fondamentales s'accroissent, ce qui devrait inciter à la prudence dans le cas d'études sémantiques reposant sur des textes copiés.

Dans tous les cas, ce qui semble avoir été important pour le premier scribe est la conservation du contenu, peut-être aussi, du fait de la réécriture stylistique, la mise à la portée de ses contemporains de textes importants mais lisibles immédiatement, quitte à se reporter ensuite à l'original en cas de nécessité juridique : ce cartulaire serait ainsi à mi-chemin entre une épitomé, un mémento et un vidimus. On ne peut toutefois négliger l'éventualité que cet objet ait été confectionné à des fins symboliques : un mémento de droits ne justifierait pas une bonne qualité matérielle, la validité juridique d'un texte dépend de l'indication du scripteur et d'une forme de corroboration.

On ne peut négliger deux aspects qui pourraient permettre de comprendre le sens de la démarche de Sigmund. En premier lieu, celui-ci est un quinquagénaire, c'est-à-dire un homme vieux pour son époque. Il est donc tout à fait possible qu'il ait voulu se construire ainsi une sorte de cénotaphe, récapitulant les aspects importants de sa vie (il est d'ailleurs mort peu d'années après). Mais on ne peut non plus exclure le fait que les Thüngen étaient alors un des grands lignages de la petite noblesse franconienne, qui avait notamment réussi à mettre en échec l'évêque de Wurtzbourg dans les années 1430, ni oublier que l'exemple des Seinsheim-Schwarzenberg cité précédemment montre que la confection d'un cartulaire peut se replacer dans un contexte de renforcement socio-politique. On aurait donc peut-être là un objet de représentation à fonction non pas mémoriale mais proclamatoire.

Par la suite, ce cartulaire a poursuivi tranquillement sa vie : il n'a été troublé que par quelques notes écrites du vivant de Sigmund sur les «pages de garde» et des pages blanches dans le recueil, puis par le fils de Sigmund, Hildebrand III, vers 1457, et enfin par un des fils de Hildebrand, Balthasar II, vers 1492 ; comme ces dates correspondent à chaque fois à celle de la mort du détenteur précédent (Sigmund meurt en 1456, Hildebrand en 1492), on peut se demander s'il ne s'agit pas là de manifester l'appropriation (à défaut d'un remplacement d'ex-libris) ; quoi qu'il en fût, étant donné que des textes devenus sans doute inutiles n'ont pas été barrés (comme c'est le cas dans certains registres de chancelleries princières), il est très difficile de savoir, nonobstant sa fonction symbolique, en quoi le cartulaire de Sigmund pouvait encore être utile à la fin du XV⁰ siècle (sans qu'il soit devenu complètement inutile, sans quoi on l'eût jeté).

Le double intérêt d'un cartulaire réside donc indissolublement d'une part dans les documents qu'il transmet et d'autre part dans les conditions qui ont présidé à son élaboration. Le cartulaire de Sigmund von Thüngen fournit diverses données implicites (à défaut de donner une explication dans une note liminaire, comme cela peut arriver ailleurs [17]) qui permettent de subodorer ce que furent ces conditions et donc de lui restituer sa dimension historique. Mais il faut pour cela renoncer à une exploitation du cartulaire qui ne s'attacherait qu'au contenu et recourir aux armes de la codicologie et de la linguistique comparative. Un cartulaire n'est pas qu'une collection de textes, mais l'historien n'est pas toujours bien armé pour faire face à cet objet étrange venu d'ailleurs.

ANNEXES

Les transcriptions suivantes signalent en italique les abréviations résolues. Les -u- et les -v- ont été transcrits en -u- et -v- en fonction non de la graphie originale mais de la graphie courante des mots. Pour des raisons techniques, les «ᵉ» suscrits, dans le texte original, au-dessus des voyelles dont ils doivent modifier la prononciation ont été ici placés en exposant juste après les voyelles au-dessus desquelles ils étaient notés.

1. 1368, 26 juin : *l'abbé Heinrich de Fulda engage au chevalier Dietrich von Thüngen les villages de Hundsfeld et Morlesau ainsi qu'un bien à Obereschenbach.*

A. Original sur parchemin scellé de deux sceaux appendus sur double queue, disparus (Sta Würzburg, Archiv Thüngen zu Weißenbach, Urkunden, Nr 1345).

---

17. Le cartulaire cité à la note 2 ne laisse ainsi aucun doute sur sa date et son attribution : la première page présente comme titre *Kopialbuch der Juncker von Thüngen, Ganerben zum Sodenberg, angelegt auf Geheiß des Bernhard und Eberhard von Thüngen zu Burgsinn 1568* [...].

Wir, Heinrich, von Gotis gnaden apt zcu^e Fulde, bekenen offenlich an diser briefe, daz
wir mit wißen, willen und rate der erbern und geistlichen Dy^{e}trich, dechands, und des
covents gemeyne unsers stifften unser lieben in Got dem vesten ritter Dy^{e}tzen von
Tu^{e}ngden, unserm lieben getruwen, und allen sinen erben recht und redelich zcu^e eynem
wiederko^{e}uffe vorkoufft und ingesaßt haben unser dorffer Hu^{e}ndisfelt und Morso^{e}uw^e
und bysundern ouch daz gu^{e}t zcu^e Oberneschenbach, daz unserm nesten vorfarn, dem
Got gnade, von Lamprechte seligen ledig wart, mit lu^{e}ten, guten, zcinsen, gu^{e}lden,
rendten, gevellen, gewonheiden, rechten und gemeynlich mit allem dem, daz zcu^e
denselben dorffern und gu^{e}te geho^{e}rt, dersu^{e}cht und undersu^{e}cht, in do^{e}rffen und in
felden, und als wir und unser stifft dy^e bizher bracht und gehabt haben, ußgenomen doch,
daz der schepffen eyme von Hu^{e}ndisfelt unser zcente zcu^e Hamilnburg su^{e}chen sal und
sal ouch umb nicht vorbußen noch ru^{e}gen, dann waß hals und hant antriffet an^e geverde
(aber dy^e von Morso^{e}uw^e sullen unser zcente und geri^{e}chte zcu^e Hamilnburg su^{e}chen, als
recht ist), fur dry^{e}tu^{e}sent phu^{e}nd heller und dry^{e}hu^{e}ndert phu^{e}nd heller an^e zcwentzig
phund heller guter fuldischer werunge, der der vorgnante Dy^{e}tze der erbern Petzen,
ettewann Gotfridis von Tu^{e}ngden seligen elicher wirtin, eylffhu^{e}ndert phu^{e}nd heller umb
den wiederko^{e}uff des vorgnanten dorffes Hu^{e}ndisfelt von unser wegen geben hat; so hat
er der grafen von Rynegke mannen und dy^{e}nern fur uns bestalt sechzcehenhu^{e}ndert
phund heller an^e zcwentzig phund heller; so haben wir yme selbis von alte geborgctze,
leistunge, atzunge, pherde, koste und schaden wegen, als er von unser und unders stifften
wegen getan und genomen hat biz uff diser genwertigen tag vierhu^{e}ndert phu^{e}nd heller
an der vorgnanten summen geldes uffgeslagen; so was sinen eldern und yme daz
vorgnante dorff Morso^{e}uw^e und daz gu^{e}t zcu^e Oberneschenbach fur zweyhu^{e}ndert phund
heller zcu^e eynem bu^{e}rggu^{e}te zcu^e Salegke zcu^e vordinen von unser vorfarn seligen vor
vorschrieben, und wir, unser nachkomen und stifft mogen ouch dy^e vorgenanten dorff
und gut und waß dartzu^e geho^{e}rt, als vorgeschrieben stet, wiederkouffen welchs iars wir
wollen fur dy^e obgenante summen geldes dry^{e}unddryßighu^{e}ndert phund heller an^e
zcwentzig phund heller ader werunge darfur, als dann zcu^e Fulde genge und gebe ist an^e
alle hindernis und wiederrede der vorgenanten kouffer an^e argelist, also doch, daz wir yn
daz eyn vierteil iars vor sent Peters tage, als er uff den stu^{e}l wart gesaßt, der do gevellet
umb dy^e vasenacht, vorsagen und vorkunden sullen und dy^e betzalunge sullen wir ouch
tu^{e}n in viertzehen tagen den nesten vor dem vorgnanten sent Peters tage ader in
viertzehen tagen den nesten darnach an^e geverde; ez sal ouch der kyrcho^{e}ff zcu^e
Hu^{e}ndisfelt nymande offen sin noch hu^{e}lffelich wieder uns, unser nachkomen und stifft
an^e argelist an^e den vorgenanten ko^{e}uffern und iren erben, ab wir sie anders an den
vorgenanten dorffen ader andern iren gu^{e}ten und rechten hindern ader vorunrechten
wolden an^e geverde; wann ouch wir, unser nachkomen und stifft den wiederko^{e}uff tu^{e}n,
als vorgeschrieben stet, so sullen dy^e egenanten ko^{e}uffer dy^e vorgenanten zcweyhu^{e}ndert
phu^{e}nd heller bu^{e}rggu^{e}tis an^e vortzog anlegen an ander gut ader gulde unser egenanten
vesten gelegen ader sullen ires eygens sovil uffgeben, als sich darfur gebu^{e}rt nach glichen
dingen und sullen daz zcu^e bu^{e}rggu^{e}t von uns empfhahen und haben und zcu^e unsern und
unsers stifften no^{e}ten vordi^{e}nen uff der obgenanten vesten Salegke als ander unser
borgman doselbis an^e argelist; doch sullen sie von desselben bu^{e}rgu^{e}tis wegen uff der
vorgenanten unser vesten Salegke stetiklich zcu^e sitzen von uns, unsern nachkomen und
stiffte unbedrungen bliben und sin an^e alle geverde; und des alles zcu^e bekentnis und
stetem urkunde geben wir disen offen brieff mit unserm und unsers covents insigiln hiran
gehangen vestiklich besigilt; und wir, Dy^{e}trich, dechand, und der covent gemeyne des
vorgnanten stifften zcu^e Fulde, haben zcu^e bekentnis unsers wißen, willen und ratis zcu^e

allen vorgeschrieben dingen unsers covents insigil nach des erwirdigen in Got unsers gnedigen vorgenanten herren sigil ouch an disen brieff gehangen, nach Cristen geburt dry^{e}tzenhu^{e}ndert iar in dem achtundsechtzigisten iare, an mantage nach sent Johannes tage des Touffers, als er geboren wart, den man sonnewenden nennet.

B. Copie dans le cartulaire de Sigmund von Thüngen (f°15v-16v):

[15v] Wir, Heinrich, von Gots gnaden apt zu Fulde, bekennen offentlich an dissem brieff, daz wir mit wißin, wilen und rat der erbern und geistlichin Diterich, techantz, unnd des covents gemeyne unsers stiffts unserem lieben in Got dem vesten ritter Ditzen von Thungen, unßerm lieben getruwen, und allen synen erben recht unde redelich zu einem widderkauff verkaufft und ingesetzt haben unsere dorffer Huntzfeylt und Morsauwe und bisundern auch daz gut zu Oberneschenbach, daz unserm nehsten vorfarn, dem Got gnade, von Lamprecht seligen ledig wart, mit lewten, guten, zinsen, gulten, renten, gefellen, gewonheyten, rechten und gemeinlich mit allen dem, daz zu denselben dorffern und gute gehoret, dersucht und undersucht, in dorffen, in velden und als wir und unsere stifft die bißher bracht und gehad haben, ußgenomen doch, [16r°] daz der schepphen einer von Huntzfeylt unser zent zu Hamelburg suchen sal und sal auch ummbe nicht verbußen noch rugen, dann waz hals und hant antriffet an geverde (aber die von Morsauwe sullen unser zent und gericht zu Hamelburg suchen, als recht ist), fur dreytusent phunt heller und driehundert phunt hellere an zwenzig phunt hellere guter fuldischer werung, der der vorgnante Dietz der erbern Petzen, etwen Gotfrides von Thungen seligen eliche wirthinne, eylffhundert phunt hellere ummbe den widderkauff des vorgnanten dorffs Huntzfeylt von unsern wegen gegeben had; so had er der graffen von Rieneck mannen und dienern fur uns bestalt sechzenhundert phunt heller an zwenzig phunt hellere; so haben wir im selbist von aller geburgniß, leistung, atzung, pherd, koste und schaden wegen, als ir van unser und unsers stiffts wegen gethan und genomen had biß uff disen gegenwertigin tag, vierhundert phunt hellere an der vorgnant summe gelts ufgeslagen; so waz sinen eldern unde ime daz vorgnante dorff Morsauw und daz gut zu Oberneschenbach fur zweyhundert phunt hellere zu einem burggut zu Saleck zu verdienen von unserm vorfarn seligen vor verschribin, und wir, unser nachkumen und stifft mugen auch die vorgnanten dorffere und gute und waz darzu gehoret, als vorgeschribin stet, widderkauffen wilchs jars wir wullen fur die obgnante summe gelts dreyunddrißighundert phunt hellere an zweinzig phunt heller alter werung darfur, als dann zu Fulde genge und gebe ist an alle hinderniße unde widderrede der vorgnanten kauffer an argelist, also doch, daz wir in daz zu einem viertel jars vor sant Peters tag, als er uff den stul wart gesetzt, der da gevellet ummbe die vasenacht, vorsagen und verkunden sullen und die bezalunge sullen wir auch tun in vierzehen tagen den nehsten vor dem vorgnanten sanct Peters tag adder den nehsten darnach in vierzehen tagen an geverde; ez sal auch der kirchoff zu Huntzfeylt nymant uffen sin noch hulfflich widder uns, unsern nachkumen und stifft an argelist an den vorgnanten kauffern unde iren erben, ab wir sie anders an den vorgnanten durffern adder an andern iren gutern und rechten hindern adder verunrechten [16v] wolden an geverde; wann auch wir, unser nachkomen und stifft den widderkauff tun, als vorgeschribin stet, so sullen die egnanten kauffer die vorgnanten zweyhundert phunt heller burgguts an verzug anlegen an andere gute adder gulte vnser egnanten vesten gelegen adder sullen irs eygens sovil uffgeben, als sich darvor geburt nach glichen dingen und sullen daz zu burggut von uns enphahen und haben, zu unserm und unsers stiffts noten verdienen uff der obgnanten vesten Saleck, als andere unser burgmanen daselbst an argelist, doch sullen sie von desselben burgguts wegen uff der vorgnanten unser vesten Saleck steticlichen sitzen, von uns, unserm

nachkumen und stifft unbedrungen bleyben und sein an alle geverde; und des allez zu
bekentniße und stetem urkunde geben wir disen uffen brieff mit unserm und unsers
covents ingesigel hiran gehangen vesticlichen besigelt; und wir, Diterich, techand, und
der covent gemeyne des vorgnanten stiffts zu Fulde, haben zu bekentniße unsers wißin,
willen und rats zu allen vorgeschriben dingen unsers covents insigil nach des erwirdigin
in Got unsers gnedigen vorgnanten hern sigill auch an dissen brieff gehangen, nach Crists
geburt dreyzenhundert jar in dem achtundsetzigistem jare, am mantag nach sant Johans
tage des Tauffers, den man da nennet sunbenden.

  2. 1444, 4 décembre : *l'évêque Gottfried de Wurtzbourg concède en fief à Sigmund von
Thüngen le moulin sur le Riedener Bach.*

  A. Original sur parchemin scellé d'un sceau appendu sur double queue, conservé (Sta
Würzburg, Würzburger Urkunden, Nr 218 ^{d}/16):

  Wir, Gotfrid, von Gots gnaden bischove zu Wirtzpurg, bekennen gein allermeniglich,
das wir unnserm lieben getreuwen Sigmund von Tungen zu rechtem manlehen verlihen
haben die mule uff dem Riederbach mit iren zugehorungen, die von uns und unserm
stifft tzu lehen rurt, und wir verleihen dem vorgnanten Sigmund das obgnante lehen in
craft dies briefs, was rechts er doran hat und wir im von rechts wegen doran verleyhen
sullen und mugen, doch mit beheltnus unnser, unnser nachkomen und stiffts rechten und
gewonheiten, die wir doran haben ongeverde. Zu urkunde ist unnser insigele an disen
brief gehangen, geben zu Wirtzpurg an sant Barbaran tag, noch Cristi geburt viertzehen-
hundert jare und darnach in dem vierundviertzigsten jare.

  B. Copie dans le cartulaire de Sigmund von Thüngen (Sta Würzburg, Archiv Thüngen
zu Weißenbach, Bände, Nr 1, fol. 67r°).

  Wir, Gotfrid, von Gots gnaden Bischoff zu Wirzburg, bekennen gein allermenlich, daz
wir unserm lieben getruwen Sigemond von Thungen zu rechtem manlehen verlihin haben
die mule uff dem Riderbach mit iren zugehorungen, dy von uns und unserm stifft zu
lehen roret, und wir verlihin dem vorgnanten Sigemunde daz obgnante lehen in crafft
diß brieffen, waz rechts er daran had und wir im von rechts wegin daran verlihin sullen
und mugen, doch mit beheltnus unser, unser nachkumen und stiffts rechten und
gewonheiten, dy wir daran haben angeverd. Zu urkunde ist unser ingesigel an dissen
brieff gehangen, geben zu Wirzburg an sant Barbaren tag, nach Cristi geburt vierzehin-
hundirt jare und darnach in dem vierundvierzigistin jare.

CARTULAIRES UNIVERSITAIRES FRANÇAIS

par

Jacques VERGER et Charles VULLIEZ

L'expression même de «cartulaire universitaire» n'est pas médiévale. Ce sont les érudits du XIXᵉ siècle, Alexandre-Charles Germain à Montpellier, Victorin Laval à Avignon, Heinrich Denifle et Emile Châtelain à Paris, qui l'ont introduite dans l'usage courant pour désigner les recueils de pièces qu'ils réunissaient et publiaient. Ce ne sera évidemment pas de ces recueils, à la composition plus ou moins rigoureuse, qu'il sera question ici.

La notion même de cartulaire nous a cependant semblé utilisable pour désigner un type de documents que l'on rencontre normalement dans les archives des anciennes universités françaises. Nous avons pensé qu'elle pouvait s'appliquer aux registres officiels dans lesquels les universitaires médiévaux conservaient les textes proprement constitutifs de l'institution. Autrement dit, nous avons retenu sous la dénomination de «cartulaires universitaires», des registres formés majoritairement, sinon exclusivement, de transcriptions de documents de nature diplomatique, bulles pontificales, lettres épiscopales et royales, statuts octroyés ou émanés de l'université elle-même. Cette définition nous a donc amenés à exclure de notre étude d'une part les chartriers proprement dits, quelle qu'en soit la présentation matérielle, d'autre part d'autres types de registres, comme ceux des procureurs des nations de Paris ou Orléans, faits pour l'essentiel de procès-verbaux de délibération et de titres et notices divers. *A fortiori* ont été bien sûr écartés les documents de type comptable.

Les collèges, fort nombreux en particulier à Paris et à Toulouse, posaient un problème. Certains nous ont légué d'authentiques cartulaires, rassemblant actes de fondation, statuts, donations. Ils mériteraient une étude particulière, mais nous n'avons pu les retenir ici, sous peine d'alourdir à l'excès le présent travail. De plus, il faut souligner que les cartulaires de collèges n'éclairent pas les mêmes aspects de la vie universitaire que les «cartulaires universitaires» proprement dits. La constitution et la gestion des temporels, problèmes dont les universités comme telles n'avaient pas à connaître, y occupent une grande place. Il n'était donc pas illégitime, nous a-t-il semblé, de concentrer notre attention sur les cartulaires universitaires *stricto sensu*.

Une limite dans le temps devait aussi être fixée. On a continué à composer des cartulaires universitaires jusqu'au XVIIIe siècle. Mais il ne s'agit parfois que de copies de cartulaires plus anciens et, de toute façon, ces cartulaires tardifs, quel qu'en soit par ailleurs l'intérêt documentaire, ont été confectionnés dans des conditions et à des fins qui n'étaient plus celles des cartulaires d'époque médiévale. Nous nous en sommes donc tenus à ces derniers, sans rejeter cependant quelques registres du début du XVIe siècle pour lesquels la continuité semblait évidente.

En théorie, les «cartulaires universitaires» tels que nous venons de les définir étaient des documents produits par les autorités universitaires elles-mêmes et conservés dans les archives des universités. On observera cependant que des documents universitaires ont pu être enregistrés dans d'autres types de cartulaires. Certains cartulaires épiscopaux, comme le célèbre *Livre blanc* de l'archevêché de Toulouse [1], contiennent les copies de bulles et de statuts concernant l'université de la ville. Ces enregistrements s'expliquent évidemment par l'autorité exercée par les évêques sur les universités, mais il n'est pas exclu que les universitaires eux-mêmes aient pu recourir à l'occasion à ces documents. Le fait méritait au moins d'être signalé ici. Mieux encore, de véritables «cartulaires universitaires», au sens de registres réunissant uniquement des documents relatifs à une université donnée, ont pu être composés et possédés, à leurs fins propres, soit par des personnes privées, soit par des autorités non-universitaires (on pense pour Orléans au «cartulaire Ottoboni» qui a vraisemblablement appartenu au Moyen Age à la municipalité de la ville). On ne saurait les passer complètement sous silence.

Les deux plus anciennes universités françaises, Paris et Montpellier (médecine), sont nées au tout début du XIIIe siècle. En 1500, sur le territoire de la France actuelle, on comptait dix-huit *studia generalia* actifs, quoique d'importance très variable. Il n'était pas question, dans cette rapide étude, d'envisager toutes ces institutions, qui ont d'ailleurs laissé des archives inégalement abondantes. Nous nous en sommes donc tenus aux universités les plus anciennes et les plus importantes, réparties en deux groupes. Charles Vulliez a examiné les cas de Paris et Orléans, Jacques Verger celui des principales universités méridionales, Toulouse, Montpellier (médecine et droit) et Avignon, pour lesquelles la documentation conservée est d'ailleurs nettement moins riche.

Pour les deux groupes ainsi délimités, nous avons d'abord essayé de dresser un rapide inventaire des cartulaires subsistants. Nous en décrirons ensuite le contenu. Enfin, nous tâcherons de saisir, à travers une rapide histoire de l'«incartulation» universitaire, ce que la confection même de ces registres peut nous apprendre du fonctionnement de l'institution universitaire, dans ses phases chronologiques successives.

---

1. Arch. dép. Haute-Garonne, G 347.

I. Les cas orleanais et parisien

Nous avons choisi dans cette communication de nous attacher aux deux universités médiévales d'Orléans et de Paris : celle d'Orléans parce que la direction de nos recherches nous a conduit à nous y intéresser plus spécialement[2], parce que l'étude de ses cartulaires en est facilitée par l'excellent répertoire dressé pour ses sources universitaires par Madame M.-H. Jullien de Pommerol[3], et enfin parce qu'elle offre, dans ce domaine, la plus riche collection de cartulaires de nations connue pour l'espace français ; celle de Paris, parce qu'elle est bien sûr l'université de la capitale du royaume, la plus ancienne aussi dans cet espace géo-historique et comme telle la plus susceptible d'avoir pu fournir aux autres *studia* des modèles quant à l'«incartulation», enfin celle qui offre aussi pour la France médiévale le plus large éventail de types de cartulaires.

Après un inventaire succinct de ceux dont nous disposons pour les deux universités, nous procèderons brièvement à une analyse comparative du contenu des registres concernés ; les dimensions de cette étude et la complexité du cas parisien nous amèneront cependant à limiter nos tentatives de reconstitution de l'histoire desdits cartulaires et plus généralement de l'«incartulation» universitaire, essentiellement à l'exemple orléanais.

Le petit dossier que nous avons constitué[4] pour les cartulaires universitaires de nos deux *studia* nous permet de ne pas nous attarder trop longuement sur les aspects de l'inventorisation.

Pour Orléans, qui a possédé un *studium* de type universitaire dès au moins les dernières décennies de la première moitié du XIIIe siècle, mais n'a obtenu le statut d'université qu'avec la bulle du pape Clément V du 27 janvier 1306[5], qui est restée pendant toute son histoire médiévale et moderne une université «monofacultaire» - les seuls enseignements de la faculté de droit, sous leur double volet civil et canonique, y étaient officiellement constitués -, l'éventail typologique, s'agissant des cartulaires, est restreint. En dehors du «livre» dit des recteurs[6], postérieur en fait sous sa forme actuelle à l'époque médiévale (XVIe siècle), nous ne possédons que des cartulaires «nationaux». L'université d'Orléans comprenait jusqu'en 1538 - date à laquelle le système fut aligné sur celui de Paris - dix nations, à savoir par ordre de préséance

---

2. Ces recherches s'intègrent en effet dans le cadre de notre thèse de doctorat d'Etat sur *Les écoles et l'université d'Orléans au Moyen Age (XIe-XVe siècles)*, sous la direction de M. Pierre Riché.

3. *Sources de l'Histoire des universités françaises au Moyen Age. Université d'Orléans*, répertoire établi par Marie-Henriette Jullien de Pommerol, Paris, 1978 (en abrégé à présent : *Sources*).

4. *Annexes* I et II.

5. *Sources* 14.01 ; éd. Marcel Fournier, *Les statuts et privilèges des universités françaises depuis leur fondation jusqu'en 1789* (en abrégé à présent : *Statuts*), t. I, Paris, 1890, n° 19.

6. Arch. dép. Loiret, D 3, premier «livre» de notre recension des cartulaires universitaires orléanais (*Annexe* I, n° 1).

(cet ordre que l'on retrouve dans l'«anneau» desdites nations présent dans la plupart de leurs cartulaires), celles de France, Lorraine, Allemagne, Bourgogne, Champagne, Normandie, Picardie, Touraine, Ecosse et Aquitaine. Six d'entre elles nous ont laissé - du moins au vu de la documentation parvenue jusqu'à nous - un (ou des) cartulaire(s), celles d'Allemagne et de Champagne, dont les «livres» sont actuellement conservés aux Archives départementales du Loiret, celles de Picardie et de Touraine («livres» à la Bibliothèque nationale), celle d'Ecosse (Vatican, Reg. lat. 405) et celle de France [7]. De cette dernière, nous avons conservé en fait trois «livres» (présents respectivement à Orléans, à Paris et à la Bibliothèque de Wolfenbüttel), originalité qui est peut-être à mettre en rapport avec l'importance de cette nation, qui conduisit en décembre 1400 le recteur Géraud Bagoilh à en faire la division en cinq provinces [8]. En tout, ce sont donc huit cartulaires «nationaux» qui sont parvenus jusqu'à nous pour Orléans. S'agissant des livres des procureurs, receveurs et autres assesseurs, que nous n'étudierons pas ici, car ils nous paraissent plus difficilement entrer dans le cadre de ce qu'on peut appeler «cartulaires», rappelons que les deux seules nations d'Allemagne et de Picardie-Champagne nous en ont conservé des exemplaires [9] et que ceux-ci sont tardifs : le plus ancien (le seul dont le point de départ au moins soit médiéval), le premier livre des procureurs de la nation germanique, ne débute quant aux rapports de ces derniers, qu'en 1444 ; signalons toutefois que ce registre initial donne dans sa première partie la copie, outre d'un certain nombre de statuts de la nation germanique elle-même, des principaux statuts généraux de l'université jusqu'en 1368 [10]. Nous voudrions faire un sort particulier enfin, pour clore cette revue des cartulaires universitaires orléanais, à un «livre» qu'on a souvent fait entrer dans la liste de ces derniers, le cartulaire dit Ottoboni, parce que conservé sous le numéro 3083 de ce fonds de la Bibliothèque du Vatican. Malgré la nature de son contenu [11] - un ensemble de bulles pontificales, lettres royales et autres documents couvrant la période 1285-1389 (exception faite d'une lettre du roi Louis VII de 1147) et se rapportant tous à partir de 1306 à l'université d'Orléans -, ce gros registre de 192 feuillets transcrit dans une écriture bâtarde de la fin du XVe siècle (selon Madame M.-H. Jullien de Pommerol), ne nous paraît pas devoir être rangé parmi les cartulaires universitaires proprement dits. Sa ressemblance formelle très accusée avec le «petit cartulaire municipal orléanais» conservé sous la cote 11988 du fonds français de la Bibliothèque nationale [12], la traduction en langue

7. *Annexe* I, n° 2 à 9.

8. *Sources* 18.3.04, éd. dans *Statuts* I, 238.

9. Arch. dép. Loiret, D 213 et suiv., pour la nation germanique ; D 265 pour la nation de Picardie-Champagne.

10. Arch. dép. Loiret, D 213, analysé dans *Sources* 13.2.1.

11. Analyse dans *Sources* 12.1.2.

12. Henri Stein, *Bibliographie générale des cartulaires français ou relatifs à l'histoire de France*, Paris, 1907, n° 2838.

vernaculaire systématiquement donnée dans ce cartulaire dit Ottoboni de toutes les pièces en langue latine concernant l'université d'Orléans - ce qui n'apparaît jamais dans les neuf cartulaires universitaires précédemment évoqués - suggèrent une autre origine, selon toute vraisemblance bourgeoise et «municipale» dirons-nous, et pointent sur une autre finalité que ceux-là, fournir aux milieux urbains, dans cette ville d'Orléans où les rapports dits traditionnellement de type «Town and Gown» ont été particulièrement riches en péripéties, une base documentaire et juridique pour leurs démêlés avec l'université du lieu. Il n'en reste pas moins que, sans pouvoir le compter vraiment parmi les «livres» proprement universitaires, nous avons là un intéressant exemple - témoin peut-être unique en son genre - des cartulaires auxquels a pu donner naissance indirectement le phénomène universitaire médiéval.

Pour l'université de Paris, l'éventail des spécimens ressortissant au genre qui nous intéresse ici est à la fois plus large et plus difficile à cerner, la précellence du *studium* parisien ayant entraîné une multiplication dans l'espace et le temps de ce type de documents, ayant généré aussi une «exportation», si l'on peut s'exprimer ainsi, de certains «produits» du modèle parisien, telle cette collection de privilèges de l'université de Paris rédigée à l'usage de l'université de Vienne dont H. Denifle nous signale, dans l'Introduction de son *Chartularium* (premier volume), l'existence dans le manuscrit Latin 4929 de la bibliothèque de la capitale autrichienne[13]. Aussi ne saurait-il être question pour nous présentement, s'agissant du *studium* parisien, de proposer un inventaire exhaustif.

Tous les types de cartulaires universitaires apparaissent représentés pour Paris. A ne nous en tenir qu'aux plus importants, mentionnons d'abord le «livre» dit des Recteurs, conservé dans le manuscrit Additional 17304 de la British Library[14] ; mis en route au XIVe siècle, ce n'est cependant pas le plus ancien des «livres» de l'université de Paris qui ont survécu jusqu'à nous. Deux spécimens peuvent revendiquer ce titre, ceux contenus dans les manuscrits Vatican, Reg. lat. 406 et Paris, Bibl. nat., Nouv. acq. lat. 936 (ancien Phillipps 876) - les numéros 2 et 3 de notre liste -, tous deux cartulaires généraux de l'université de rédaction contemporaine du tout début du XIVe siècle. Sans nous attarder autrement sur les autres recueils non spécialisés concernant cette institution, recueils dont notre liste donne une énumération provisoire, sans prétention - rappelons-le - à l'exhaustivité, au titre 4, il nous faut faire état des cartulaires «nationaux. L'université de Paris n'avait que quatre nations, celles de France, d'Allemagne-Angleterre, de Normandie et de Picardie : les trois premières nous ont laissé des «livres»

13. *Chartularium universitatis Parisiensis*, éd. Heinrich Denifle et Emile Châtelain, Paris, 1889, t. I, p. XXXIX.
14. *Annexe* II, n° 1.

développés, conservés en double exemplaire pour la nation anglo-allemande (cf. respectivement les n° 5 à 8 de notre liste) ; de la nation de Picardie, nous ne possédons par contre qu'un recueil embryonnaire, constituant le manuscrit 1655 de la Bibliothèque Sainte-Geneviève[15]. Il faut ajouter à ceux-ci les «livres» des facultés spécifiques. Il semble avoir existé très précocement un *registrum* de la faculté des Arts, puisqu'un statut en date du 1er avril 1272 en fait mention (cf. notre liste n° 14), mais celui-ci ne semble pas nous avoir été conservé. Par contre, la Bibliothèque nationale a acquis, provenant de la Collection Phillipps, un très beau «livre» de la faculté de Décret de Paris, dont une copie tardive était déjà présente à la Bibliothèque de l'Arsenal (n° 10 et 11 de notre liste). Moins bien structurés et moins spécifiques de leur fonction de cartulaires «disciplinaires» sont les deux «livres» mentionnés au titre 12 de notre liste concernant la faculté de médecine de la capitale. Quant à la faculté de théologie, malgré l'importance qu'elle a revêtue dans l'université médiévale de Paris, il ne semble pas qu'elle nous ait laissé de véritable cartulaire organisé pour elle : aucune des collections de statuts qui la concernent et que nous mentionnons au n° 13 de notre liste ne nous paraît mériter ce titre.

A cette variété de types, peut-on faire correspondre une diversité sensible dans les contenus ou au contraire les éléments de similitude l'emportent-ils ? Le jugement à ce niveau mérite d'être nuancé. Il semble en effet qu'il existe, assurément pour Orléans, pour laquelle le fait est manifeste, mais même aussi pour Paris, malgré la diversité typologique des spécimens considérés, un fonds commun propre à une majorité des «livres» universitaires - ceux au moins pour lesquels la complétude des recueils permet une analyse significative.

C'est ainsi que les cartulaires universitaires parisiens les plus typés, ceux des nations, offrent dans leur économie un ensemble commun dont l'ordonnance relativement rigoureuse et le parallélisme assez strict des composantes (exception faite pour la version donnée par l'exemplaire de la Sorbonne du livre de la nation d'Angleterre)[16] dénotent une volonté de classement logique des *instrumenta* : à la suite du calendrier, des serments et des Evangiles, inégalement présents certes, privilèges pontificaux, royaux, statuts généraux de l'université et ceux de la faculté des Arts s'y succèdent et s'y retrouvent avec une relative cohérence et *grosso modo* de manière concordante jusqu'au milieu du XIVe siècle ; ce n'est qu'avec les statuts nationaux et postérieurement au terme précité que les divergences s'accusent entre les divers «livres» des nations.

---

15. Nous n'évoquons pas ici les «livres» des procureurs et des receveurs des nations de l'université de Paris. On en trouvera un état succinct, ainsi que des éditions existant pour certains d'entre eux, dans *Sources*, p. 123, n. 14.

16. Numéro 6 de notre liste (*Annexe* II).

Malgré une économie d'ensemble parfois bouleversée et des champs chronologiques davantage diversifiés, le livre du recteur et les cartulaires généraux du début du XIVe siècle au moins, offrent un contenu, voire un agencement des matières qui n'apparaissent pas fondamentalement différents, au moins dans les principes qui ont présidé à la sélection et à l'agencement de ces dernières. On pourrait encore, dans une certaine mesure, retrouver certains de ces éléments communs dans tel «livre» de faculté spécialisée, ainsi pour celle de Décret, même si les «livres» des institutions «disciplinaires» se révèlent moins réductibles au schéma général. En tout état de cause, il apparaît, au vu d'un examen comparatif sommaire, qu'il n'est pas possible ainsi de considérer tel ou tel de ce que nous pourrions appeler les «préalables» au cartulaire - calendrier, extraits des Evangiles ou collation des serments - comme l'apanage de tel ou tel type de «livre», non plus que de contester un relatif mais égal souci chez les rédacteurs des différentes unités typologiques d'organiser dans un cadre globalement thématique et plus ou moins chronologique (non sans beaucoup d'exceptions au niveau du détail) la présentation de leur matière.

Pour l'université d'Orléans, pour laquelle l'éventail typologique des «livres» est plus restreint, l'existence d'un fonds commun partagé aussi bien par le «livre» dit des Recteurs que par l'ensemble des cartulaires «nationaux» (à quelques nuances près peut-être s'agissant de celui de la nation de Picardie) est à ce point patente que nous avons cru pouvoir tenter de proposer, avec le tableau synoptique de l'Annexe III, établi à partir de la codification utilisée par Mme de Pommerol dans son répertoire des *Sources* de l'université, une reconstitution de l'*ordo* des *instrumenta* qui le composent.

Que comprend donc ce que nous avons appelé le «tronc commun», ce tronc commun propre à l'ensemble des «livres» orléanais ? Après le calendrier[17], les extraits des Evangiles[18] et les serments des suppôts de l'université qui en sont, comme dans le modèle parisien, le préalable plus ou moins obligé, auxquels s'ajoutent, pour les cartulaires «nationaux», l'«anneau» desdites nations (c'est-à-dire la liste de celles-ci présentée matériellement de façon annulaire) et éventuellement l'énumération des diocèses qui les composent - deux éléments qui paraissent propres aux «livres» nationaux orléanais, absents en tout cas de leurs homologues parisiens -, nous nous trouvons en présence d'un ensemble de pièces, bulles pontificales, lettres et ordonnances royales ou émanées des cours souveraines (essentiellement le Parlement de Paris) et statuts universitaires (à l'exclusion stricte de tout document spécifique de telle ou telle nation particulière), qui se retrouvent dans un ordre partagé à un minimum d'exceptions près - cet *ordo* que met en évidence notre tableau synoptique - dans la totalité ou la presque to-

17. *Sources*, p. 121, n. 2.
18. *Sources*, p. 121, n. 3.

talité (si l'on peut émettre quelques réserves pour le cas du *Liber nationis Picardie)* des «livres» orléanais, ordre rigoureux mais qui n'apparaît cependant dans le détail, ni totalement chronologique, ni tout à fait thématique, l'ensemble couvrant un champ chronologique bien délimité, allant des bulles constitutives du pape Clément V du 27 janvier 1306 au statut du 2 mai 1368 (codé 17.21 par Mme de Pommerol) et au règlement de l'évêque d'Orléans du 4 octobre 1367 (code 17.19), qui en constitue le dernier élément.

Ce «tronc commun» ne rassemble pas assurément - sauf dans le cas un peu exceptionnel du manuscrit Paris, Bibl. nat. 4223 A (exemplaire «parisien» du «livre» de la nation de France, le n° 3 de notre liste «orléanaise»), qui est un manuscrit tronqué - la totalité des pièces de nos «livres». Il est suivi dans le «livre des recteurs» de divers documents généraux de l'université (et ce jusqu'au XVIᵉ siècle), à l'exclusion de toute pièce propre à telle ou telle nation - c'est d'ailleurs là la seule particularité importante qui le différencie des «livres» desdites nations. Dans ces derniers, ce sont des séries composites de documents «nationaux» (y compris les notes de procureurs) ou généraux plus ou moins mêlés, sans véritable ordre délibéré cette fois et sans parallélisme entre les divers «livres» des différents ressorts géographiques, qui font suite audit «tronc commun», lequel n'en reste pas moins, comme dans le «livre des recteurs» d'ailleurs, la partie quantitativement la plus importante de nos cartulaires.

Que représente donc ce «tronc commun» dans cet ensemble de nos «livres» orléanais ? Quelle est sa place dans l'histoire de l'«incartulation» universitaire d'Orléans ? Pour pouvoir apporter des réponses à ces questions, il faudrait reconstituer la vie des «produits» conservés (ou aussi perdus) de celle-là, de leur mise en route à leur désuétude. Les limites de cette étude et plus encore les insuffisances et les lacunes de notre information nous interdisent de proposer une telle reconstitution : nous nous bornerons donc à présenter quelques considérations générales sur la vie de nos cartulaires et à suggérer quelques hypothèses sur les étapes les plus probables de l'«incartulation».

Le terme final de l'existence «active» de nos cartulaires, leur entrée en désuétude est relativement le plus facile à déterminer. Trois livres «nationaux», ceux de Champagne, Touraine et Ecosse cessent d'être utilisés peu après la suppression desdites nations à Orléans en 1538 ; les dernières mentions de procureurs ne dépassent pas, pour le plus tardif des «livres» de la nation de France, celui actuellement conservé à la Bibliothèque de Wolfenbüttel, l'année 1541/42. Quant aux cartulaires restés le plus longtemps en usage, ceux des nations d'Allemagne et de Picardie, ainsi que le «livre dit des recteurs», ils ne vont guère (au vu des dernières mentions y afférentes) au-delà des dernières années du XVIᵉ siècle [19] - la question étant d'ailleurs pour

19. 1596 pour la nation d'Allemagne (*Sources*, p. 132), notations ponctuelles de procureur

ceux-là celle des raisons de leur désaffectation, le problème aussi de leur remplacement pour les années postérieures, toutes questions que nous n'aborderons pas ici.

Bien plus difficiles à reconstituer sont les premières phases de la vie de nos cartulaires, les premières étapes et les modalités de l'«incartulation». A partir de l'analyse de l'économie d'ensemble de ceux-là quant à leur contenu, conjuguée avec l'étude des caractères externes des registres (écriture, diverses mains), bien menée par Mme M.-H. Jullien de Pommerol, il apparaît toutefois possible, nous semble-t-il, de mettre en évidence dans une majorité de nos «livres» ce que nous appellerions volontiers un «noyau initial», c'est-à-dire un premier ensemble documentaire que l'on peut supposer plus ou moins contemporain de la mise en route du registre - cela semble le cas pour six de nos cartulaires nationaux, à savoir ceux d'Allemagne, Champagne, Ecosse, Touraine et les deux spécimens de Paris et de Wolfenbüttel des «livres» de la nation de France, pour lesquels semble s'individualiser assez nettement un premier «noyau» regroupant les «préalables» précédemment mentionnés, le «tronc commun» et, au moins pour trois ou quatre desdits «livres», un premier jeu de statuts nationaux, l'ensemble datable par son contenu du dernier quart du XIVe siècle, ce que corrobore l'écriture à peu près, contemporaine (gothique du XIVe siècle) ou peu postérieure (bâtarde du début du XVe).

De ce «noyau initial», le «tronc commun» occupe assurément la place principale. Une courte notation, qui fait suite dans deux des trois «livres» de la nation de France - la mutilation finale du troisième spécimen, celui conservé à la Bibliothèque nationale de Paris, ne permet pas de savoir si elle s'y trouvait aussi - à la dernière des pièces qui le composent, la lettre de l'évêque d'Orléans du 4 octobre 1367 (code 17.19), nous offre la possibilité d'en dater la rédaction : elle précise en effet que ce «livre des statuts et privilèges» de l'université (*hunc librum vulgariter appellatum liber statutorum et privilegiorum dicte universitatis*) fut écrit sur l'ordre des *domini nationis Francie* et commencé par Johannes de Molandino, procureur de ladite nation le 2 août 1375, terminé la même année par le procureur suivant Petrus Billouardi[20]. Il devient dès lors loisible (et tentant) de supposer qu'une importante entreprise de compilation des cartulaires de l'université d'Orléans fut mise en oeuvre dans ces années, à l'instigation peut-être, pourquoi pas, des responsables de la nation de France, la plus nombreuse et sans doute la plus dynamique dans le contexte politique de cette époque - puisque seuls des livres de cette nation nous ont en effet conservé la notation précitée - et que ce *compendium* de la législation afférente à l'université d'Orléans fut repris et intégré dans les autres livres nationaux, dont la mise en route

de 1585, 1586 et 1618 pour le *Liber nationis Picardie* (*Sources*, p. 148).

20. *Sources*, 18.3.01 (fol. 41 pour le spécimen orléanais du *Liber nationis Franciae*, fol. 68v pour l'exemplaire de la Bibl. de Wolfenbüttel).

probablement contemporaine était alors exigée par la nécessité de consigner, de mettre par écrit les premiers statuts nationaux - rappelons que les plus anciens de ces derniers (tels qu'ils nous sont connus du moins) datent en effet pour notre université précisément des années qui suivent la mise au point de cette compilation (grosso modo, les années 1378-82), une preuve a contrario étant fournie par l'absence presque totale (à une exception près s'agissant du *Liber nationis Picardie*) [21], de toute pièce de caractère proprement «national» (qu'il s'agisse de la consignation d'*instrumenta* de législation spécifique ou de mentions de procureurs) dans nos «livres» antérieurement à ce début du dernier quart du XIVᵉ siècle. Ajoutons encore que le «livre» dit des recteurs [22], qui est sans doute en fait, sous sa forme actuelle, la copie tardivement faite (dans les premières décades du XVIᵉ siècle) de quelque homologue antérieur et qui nous a conservé, rappelons-le, le même «tronc commun», fait référence dans la table des matières analytique qu'il donne au folio 7 du registre à des *statuta antiqua in vetero libro contenta* et à des *privilegia tam apostolica quam regia auctoritatibus in Universitate concessa et contenta in eidem veteri libro* : on est alors tenté de penser que ce *vetus liber* n'est rien d'autre en fait qu'un exemplaire, peut-être l'original, des livres qui nous ont conservé la transcription de cette compilation que nous avons appelée «tronc commun».

Tout ceci souligne l'importance de cette période de la seconde moitié du XIVᵉ siècle dans l'histoire de l'«incartulation» universitaire à Orléans, importance qui trouve une sorte de répondant dans le cas parisien : c'est en effet des années immédiatement postérieures au milieu de ce siècle que l'on peut dater aussi le «noyau initial» qui constitue le plus gros ensemble des trois livres des nations de France, d'Angleterre-Allemagne et de Normandie. Ajoutons encore que la période du troisième quart du XIVᵉ siècle correspond, semble-t-il, à un temps de grande vitalité du fait universitaire dans notre cité ligérienne. Il n'est pas indifférent de noter ainsi que le texte de l'évêque d'Orléans Hugues du Fay qui clôt la séquence des pièces de notre «tronc commun» (code 17.19) est précisément celui qui nous a conservé la première mention effectivement datée de la légende destinée à une longue postérité d'une université orléanaise fondée par un empereur Aurelius et le pape Vigile (ou le poète latin Virgile) [23], signe assurément d'une volonté de la part des universitaires de notre cité de rattacher l'existence de leur institution et d'en faire remonter les origines à un passé lointain et prestigieux. La concomitance

21. Paris, Bibl. nat., nouv. acq. lat. 1610, fol. 74 : présence d'une notation faisant état d'une gratification accordée par la nation à un licencié en décrets, en date du 31 janvier 1349 (n. st.) (*Sources* 18.6.01).
22. Arch. dép. Loiret, D 3 (analyse dans *Sources* 12.1.1).
23. Ed. dans *Statuts* I, 174 : *ad nostrum florens et fructiferum Universitatis Aurelianensis... studium cui tanquam orto deliciarum a tempore Aurelii gloriosissimi imperatoris mirifice plantato et per Virgilium [Vigilium,* selon certains manuscrits] *scientifice inchoato...*

entre ce qui peut apparaître comme le signe peut-être d'une prise de conscience plus aiguë de l'originalité du fait universitaire dans les milieux de l'Université et la mise en route d'une compilation de la législation antérieure concernant celle-ci nous paraît ici digne d'être relevée.

Nous nous trouvons donc là (s'agissant du moins du cas orléanais, en l'occurrence) en présence d'un temps fort dans l'histoire de l'«incartulation», d'une importante étape dans l'enregistrement de la législation universitaire à Orléans. Cette présente oeuvre d'enregistrement, est-il possible d'en préciser quelque peu les modalités, d'en évoquer les tenants et les aboutissants ?

A défaut de pouvoir en déceler les motivations, il nous est toutefois possible d'apporter quelques éclaircissements quant aux choix faits par les compilateurs de cet élément essentiel du noyau initial de nos registres que constitue ledit «tronc commun». Les indications portées dans la colonne J de notre tableau d'analyse synoptique des cartulaires [24], permettent d'effectuer une comparaison entre les *instrumenta* inclus dans l'enregistrement constitutif de ce dernier et le «stock» de pièces individuelles conservées à Orléans en 1550, tel que nous le fait connaître l'inventaire du chartrier de l'université réalisé à cette date et qu'a édité Mme de Pommerol (à partir de l'original conservé aux Archives départementales du Loiret, dans le fonds Jarry [25]. On note ainsi que sur les 53 *items* qui composent la séquence des documents compilés dans le «tronc commun», 20 seulement correspondent à des pièces recensées dans l'inventaire de 1550, dont aucune postérieure à l'année 1337. Inversement la vingtaine de pièces communes ne représente guère beaucoup plus que le 1/5 des quelques 97 documents présents dans le chartrier en 1550, ou du moins recensés comme tels, pour la période correspondant à l'espace chronologique couvert par le «tronc commun». L'enregistrement apparaît donc comme fort sélectif. Sans entrer dans le détail d'une comparaison plus fine qui prendrait en compte la répartition de nos documents en fonction de leur nature (que fait apparaître le triptyque des colonnes P, pièces émanées de l'autorité pontificale apostolique, S, actes émanant de l'autorité royale française ou des cours souveraines, St, statuts ou autres actes de réglementation interne de l'Université), auxquelles les limites de cette communication nous empêchent de procéder ici, on relèvera seulement d'une part la faible proportion des actes de la législation extérieure faite pour l'Université faisant l'objet d'un enregistrement par les autorités de celles-ci (du moins au vu de notre «tronc commun») - impression de sous-enregistrement que doit cependant nous amener à nuancer le constat de la présence dans ce dernier des actes d'importance majeure, telles les principales bulles des pontifes romains ou les lettres des souverains capétiens -, d'autre part l'absence pres-

24. *Annexe* III.
25. Arch. dép. Loiret, 2 J 564 (éd. dans *Sources*, 1ère partie, p. 39-44).

que totale dans le chartrier des *instrumenta* de la réglementation interne de ladite université. Un seul, parmi la vingtaine d'*items* recensés dans la colonne St. à ce titre se retrouve dans la colonne J de l'inventaire de 1550 : la quasi-totalité des statuts et autres *instrumenta* de même nature conservés pour notre université l'ont été sous forme enregistrée. On devine la raison de ces différences de contenu : il était sans doute plus nécessaire pour nos universitaires de conserver les témoins originaux des interventions de toute sorte des autorités extérieures à leur institution - ne serait-ce qu'à titre probatoire - que ceux des actes de leur propre réglementation interne auxquels leur simple *consensus* pouvait suffire à donner force de loi. Ces constatations, jointes à celle précédemment faite du petit nombre de pièces communes à la fois au «tronc commun» et au chartrier de 1550, nous amènent, malgré les précautions qu'impose l'examen comparatif de deux documents si éloignés dans le temps, à la conclusion que le rapport entre chartriers et cartulaires est à envisager davantage, du moins dans le cas particulier qui nous occupe ici de la législation universitaire, sur un plan de complémentarité plutôt que de parallélisme.

L'histoire de l'«incartulation» universitaire à Orléans ne se résume cependant pas à ce seul temps fort dont le «tronc commun» que nous venons de présenter constitue la manifestation principale. Qu'en est-il pour la période précédente, ou celle qui fait suite à ce dernier quart du XIVe siècle ?

Il est malaisé de retrouver la trace d'éventuelles étapes antérieures de l'«incartulation», faute de témoins survivants. Nous en sommes réduit en fait là aux notations occasionnelles ou aux allusions présentes au fil des documents conservés. Celles-ci nous permettent cependant en l'espèce de supposer une incartulation précoce. Si les allusions faites par exemple aux souscriptions des procureurs ou les mentions d'apposition de sceaux au bas d'un certain nombre des *instrumenta* retranscrits dans les registres impliquent la confection initiale de pièces originales conservées individuellement, d'autres notations font explicitement référence à un enregistrement : ainsi, pour tel statut de 1323 (code 17.03) est évoquée l'insertion dans la *matricula* (registre) des statuts de l'université [26], de même pour des statuts de 1338 (code 17.14) et de 1341 (code 17.15)[27]. Qu'était donc cette première *matricula* des statuts de l'université ? Nous l'ignorons, car elle ne nous a pas été conservée. L'allusion faite d'autre part dans un statut du 16 septembre 1336, le dernier retranscrit dans le *Liber nationis Picardie* (code 17.13), à un *lib[er] nov[us] statutorum*[28] ajoute à notre perplexité. Y avait-il eu à cette date confection d'un nouveau registre de statuts, d'un nouveau cartulaire, dont on pourrait

---

26. *Statuts* I, 80 : *nulli ergo Universitatis predicte filio liceat hanc paginam nostrorum statutorum, de communi consensu aliorum perpetuorum statutorum nostrorum matricule incorporatam, infringere...*

27. *Statuts* I, 121 et 130.

28. Paris, Bibl. nat., nouv. acq. lat. 1610, p. 69 (*Statuts* I, 119).

alors être tenté de penser que le *Liber nationis Picardie* serait l'unique témoin survivant, puisque le «noyau initial» dont il se compose est de peu postérieur à cette date ? Le caractère unique dudit témoin ne permet pas de le dire, mais les notations précédemment évoquées suffisent, nous semble-t-il, à attester l'existence, sous une forme ou une autre, d'un registre ayant conservé au moins les produits de la réglementation interne de l'université dès les premiers temps de son existence statutaire.

Postérieurement au dernier quart du XIVᵉ siècle, le problème est plus simple, en raison de la conservation d'un certain nombre des cartulaires apparemment mis en route à cette époque. A leur sujet, on peut être frappé par l'opposition entre le caractère ordonné et (à quelques exceptions près) systématiquement parallèle de la partie correspondant à ce que nous avons considéré comme le «noyau initial» et le désordre plus ou moins accusé de la présentation des *instrumenta* postérieurs à cet ensemble : tout semble se passer comme si dès lors nos «livres» de nations avaient servi de registres plus ou moins polyvalents à l'usage de ces dernières, dans lesquels on consignait, au gré des aléas de la vie desdites communautés ou des priorités de l'histoire de la vie universitaire, délibérations, statuts ou autres élections ou mentions de procureurs, sans ordre ou logique d'ensemble - élargissement de la vocation de nos cartulaires au-delà de leur finalité primitive d'enregistrement du fait institutionnel. Il faut en fait attendre la fin du XVᵉ ou les premières décades du XVIᵉ siècle pour trouver, parallèlement à la mise en route du «livre» dit des Recteurs et celui «d'Orléans» de la nation de France une nouvelle phase d'«incartulation» et de compilation plus systématique au moins dans certains de nos «livres», des *instrumenta* relevés, derniers signes de vitalité d'un système d'enregistrement, dont la suite du siècle verra l'entrée en désuétude.

II. LES UNIVERSITES DU MIDI

Si l'on passe maintenant aux universités du Midi, tout au moins aux quatre que nous avons retenues ici, c'est-à-dire les universités de Toulouse et d'Avignon et les deux universités de Montpellier (médecine et droit), le bilan archivistique se présente comme nettement plus modeste. Une fois éliminés un certain nombre de recueils de pièces transcrits entre la fin du XVIᵉ et la fin du XVIIIᵉ siècle [29], on peut retenir comme cartulaires universitaires les documents suivants.

29. Toutes les universités ici considérées ont laissé des recueils de pièces, plus ou moins assimilables à des «cartulaires», copiées à l'époque moderne, que l'on citera ici sans prétendre à aucune exhaustivité. Pour Toulouse : Bibl. univ. Toulouse, ms 2 ; Arch. dép. Haute-Garonne, 16 D 1 ; Bibl. nat., lat. 4222, lat. 4354 C. Pour Montpellier : Arch. dép. Hérault D 1, G 1315 ; Arch. Faculté de médecine, S 3 (décrit dans *Cartulaire de l'Université de Montpellier*, t. I, Montpellier, 1890, p. XXIII). Pour Avignon : Arch. dép. Vaucluse, D 4, 9, 11, 13, etc. A quoi il faudrait encore ajouter les copies manuscrites de cartulaires plus ou moins factices, oeuvres d'érudits du XIXᵉ siècle, comme Alexandre-Ch. Germain à Montpellier qui compila un *Cartulaire de l'Ecole*

Avignon :

. le manuscrit 800 de la bibliothèque de Carpentras, sans doute composé en plusieurs temps dans la seconde moitié du XVᵉ siècle [30] ;

. les registres D 3 (qui est avant tout un bullaire et date de 1512) et D 10 (bulles de fondation et statuts de 1503) des Arch. dép. du Vaucluse [31].

Montpellier médecine : on a ici deux cartulaires tardifs, à peu près contemporains [32] :

. le «Livre des privilèges et statuts» des archives de la faculté de médecine (S 1), sans doute de l'extrême fin du XVᵉ siècle ;

. les «Privilèges de l'université de médecine de Montpellier» (Arch. dép. Hérault, G 1277), datant pour l'essentiel de 1506.

Montpellier droit :

. le *Liber rectorum* (Bibl. univ. Montpellier, ms 595, aujourd'hui à la faculté de médecine) dont la partie essentielle date de 1453 [33].

Toulouse : la moisson est ici un peu moins maigre [34], puisque l'on a :

. deux manuscrits de la Bibl. nat. : lat. 4221 D (recueil de statuts de 1341 aux fol. 1-23) et lat. 4221 C (première partie datant également des années 1340 et enregistrements ultérieurs allant jusqu'en 1459) ;

. le «manuscrit d'Auch» (jadis dans une collection privée, aujourd'hui Bibl. univ. Toulouse, ms 261), dont la première partie date sans doute de la fin du XIVᵉ siècle et qui a été ensuite poursuivi au cours du XVᵉ siècle ;

. un livre des statuts dit «Livre rouge» (Bibl. univ. Toulouse, ms 1), qui est, pour la plus grande partie, de l'extrême fin du XVᵉ ou du début du XVIᵉ siècle.

Au total donc, dix registres seulement, parmi lesquels on n'en compte que cinq nettement antérieurs à 1500. Ce petit nombre ne s'explique pas uniquement, nous semble-t-il, par le hasard des pertes et des survies archivistiques. Il

---

de médecine et un *Cartulaire de l'Université de droit*, aujourd'hui conservés à la Bibl. mun. Montpellier, ms 103-105 et 117 (voir *Catalogue général des manuscrits des bibliothèques publiques de France*, t. XLII, Paris, 1904, p. 315-343 et 345-352).

30. Voir la description de ce manuscrit dans *Catalogue général des manuscrits des bibliothèques publiques de France*, t. XXXIV, Paris, 1901, p. 477-480.

31. Analyse sommaire de ces registres dans Léopold Duhamel, *Inventaire sommaire des Archives départementales de Vaucluse. Séries C et D*, Avignon, 1913, p. 213-222 ; voir aussi Victorin Laval, *Cartulaire de l'université d'Avignon (1303-1791)*, Avignon, 1884, p. LIV-CX.

32. Présentation détaillée de ces deux registres dans *Cartulaire de l'Université de Montpellier*, t. I (note 29), p. IX-XXIII.

33. Présentation détaillée de ce registre *ibid.*, p. XXIV-XXXII.

34. Voir René Gadave, *Les documents sur l'histoire de l'Université de Toulouse et spécialement sa Faculté de droit civil et canonique (1229-1789)*, Toulouse, 1910 (*Bibliothèque méridionale*, 2ᵉ s., XIII), et Cyril E. Smith, *The University of Toulouse in the Middle Ages. Its Origins and Growth to 1500 A.D.*, Milwaukee, 1958, spéc. p. 226-230.

tient aussi aux structures mêmes des universités ici envisagées, universités dépourvues de «nations» organisées et où les facultés, lorsqu'elles existaient, n'avaient pas l'autonomie institutionnelle des facultés parisiennes. D'autre part, il faut prendre en compte la nature et la fonction de ces «cartulaires» universitaires.

Le «livre des statuts» ou «livre du recteur» était en effet, en théorie du moins, un livre officiel et unique. Il faisait partie du trésor de l'université et le recteur sortant le transmettait à son successeur avec les clefs de l'*archa* où il était déposé à côté de l'argent liquide, des sceaux et des *instrumenta* (pièces originales) importants conservés par l'université [35]. C'était normalement un registre d'assez grand format et de belle facture (reliure solide, écriture soignée, parfois enluminure initiale) [36].

Notons cependant qu'en pratique, il pouvait exister plusieurs exemplaires de ce livre, en sus de celui qu'utilisait couramment le recteur : anciens exemplaires remplacés par des copies plus récentes mais cependant conservés, doubles officiels (pour le bedeau, le chancelier, le coffre, etc.), sans parler peut-être d'exemplaires «privés» [37].

Quoiqu'ils fussent incontestablement officiels et solennels, les «livres des statuts» n'étaient sans doute pas considérés comme des documents authentiques. Ils n'étaient guère utilisés, en tout cas, lors des procès. On produisait alors plutôt les pièces du chartrier, originaux ou vidimus. Cet usage fréquent explique que les chartriers universitaires aient souvent été en désordre, avec de nombreuses pièces dérobées, perdues ou égarées. A la fin du Moyen Age et au XVIᵉ siècle, de nombreux textes déplorent cet état de choses. On essaya d'y porter remède soit en reliant les chartriers [38], soit en les répartissant dans des sacs dont on dressa l'inventaire [39]. Au total cependant, les archives

35. Le contenu de l'*archa* de l'université est détaillé, par ex. pour Avignon, dans Marcel Fournier, *Les statuts et privilèges des universités françaises depuis leur fondation jusqu'en 1789*, t. II, Paris, 1891, n° 1322.

36. Voir par ex. la première page enluminée (fol. 17) de la partie principale du *Liber rectorum* de l'université de droit de Montpellier reproduite dans *Cartulaire de l'Université de Montpellier*, t. I (note 29), pl. h.-t. IV.

37. A Toulouse, les statuts de 1314 prévoyaient qu'une copie du livre des statuts, à l'usage de tous les étudiants, serait enchaînée à un pilier de l'église des Jacobins (M. Fournier, *Statuts*, t. I [note 5], n° 545, *cap.* 30) ; à Montpellier, les statuts de 1339 signalent qu'une copie des statuts devra être remise au bedeau (*Ibid.*, t. II, n° 947, *cap.* 27) ; le ms Bibl. nat., lat. 4354ᶜ est un cartulaire moderne de l'université de Toulouse dont il est indiqué, au fol. 140v, qu'il a été copié sur un ancien registre en parchemin (donc, sans doute, «privé») ayant appartenu à un archevêque de Toulouse.

38. Un bon exemple de chartrier relié (au début du XVIᵉ siècle) provient de l'université d'Avignon (Arch. dép. Vaucluse, D 2).

39. Un inventaire détaillé des archives de l'université a été dressé à Avignon en 1563 (Arch. dép. Vaucluse, D 1), à Montpellier en 1583 (inventaire publié dans *Cartulaire de l'Université de Montpellier*, t. II, Montpellier, 1912, p. 3-208).

universitaires ont conservé jusqu'à nos jours assez peu de pièces originales.

En plus de leur valeur symbolique d'objet du trésor universitaire, les «livres des statuts» avaient une fonction avant tout administrative, permettant aux recteurs et autres officiers universitaires de connaître les privilèges et réglements de leur institution. On retrouve toujours à peu près les mêmes éléments dans les «cartulaires universitaires» méridionaux, quoiqu'en proportions et selon des dispositions variables. Il s'agissait essentiellement :

- de bulles pontificales (spécialement des bulles de fondation) ;

- de lettres, épiscopales ou royales, concédant ou confirmant des privilèges ;

- de statuts, certains octroyés par un légat pontifical, d'autres confirmés par l'évêque ou le chancelier, d'autres enfin émanés de l'université elle-même, sous sa seule autorité [40].

En revanche, c'est de manière beaucoup plus rare et non systématique que l'on rencontre dans ces registres un calendrier de l'université (au début du volume), des pièces relatives à des transactions ou à des procédures judiciaires, d'autres concernant des collèges ou encore des notations de type annalistique [41].

Comment les rédacteurs de ces «cartulaires» ont-ils procédé ? Il semble qu'il y ait eu, au moins au moment de la rédaction initiale, un effort de mise en forme, les pièces étant regroupées de manière systématique, soit par genres (bulles, lettres royaux, etc.), soit par facultés (droit, théologie) puis, à l'intérieur de chaque section, classées en ordre à peu près chronologique. Peut-on établir, pour chaque université, l'existence d'un modèle ou, au moins, d'un «fond commun» ? Le petit nombre des témoins subsistants rend la réponse difficile mais il semble qu'il y ait eu des habitudes locales. A Toulouse et à Montpellier, les statuts étaient copiés avant les bulles, alors qu'on trouve l'ordre inverse à Avignon. A Toulouse, les quatre manuscrits subsistants possèdent entre eux, à l'évidence, un fort «air de famille» (cf. ci-dessous annexe IV), le plus original étant le Bibl. nat., lat. 4221 C qui, lié à la chancellerie plutôt qu'au rectorat, est seul à avoir enregistré un certain nombre de statuts de réforme partielle du début du XVe siècle, dus à des commissaires pontificaux pris dans le clergé local [42].

40. Cf. Jacques Verger, *Les statuts des universités françaises du Moyen Age : quelques remarques*, dans *Dall' università degli studenti all' università degli studi*, a cura di Andrea Romano, Messine, 1992, p. 43-64.

41. On trouve par ex. un calendrier dans Bibl. nat., lat. 4221c, fol. 3-8v ; dans le *Liber rectorum* de Montpellier, fol. 2-7v ; dans Bibl. mun. Carpentras, ms 800, fol. 1-5. Des pièces de procédure diverses dans Bibl. univ. Toulouse, ms 1, fol. 49v-51v ; dans Bibl. univ. Toulouse, ms 261, fol. 52-53v ; dans le *Liber rectorum* de Montpellier, fol. 43-v, 59-61v. Les actes de fondation des collèges de Narbonne à Toulouse (Bibl. univ. Toulouse, ms 261, fol. 27) et du Verger à Montpellier (*Liber rectorum*, fol. 126v). Des notes annalistiques dans Bibl. univ. Toulouse, ms 261, fol. 38 (entrée de Charles VI à Toulouse en 1389 et procession en l'honneur de Charles VII en 1436), etc.

L'examen des «livres des statuts» universitaires, comme de tout cartulaire, amène évidemment à se poser deux questions classiques.

Ces cartulaires étaient-ils de simples doubles du chartrier ? Il est difficile de se prononcer car, nous l'avons vu, les chartriers universitaires paraissent avoir souffert précocement de pertes et de désordres multiples. En tout cas, il semble bien que les statuts *stricto sensu* (quoiqu'ayant incontestablement fait l'objet de lettres scellées, d'instruments notariés, de placards, etc.) n'ont subsisté durablement que sous leur forme enregistrée. Pour ces documents avant tout «internes» à l'université (à la différence des bulles, lettres royaux, etc.), le registre aurait donc primé, assez logiquement, sur l'original.

Ces cartulaires, d'autre part, étaient-ils complets ? Et, sinon, comment interpréter erreurs et lacunes ? On relèvera sans surprise que certains textes semblent un peu abrégés, que d'autres sont précédés d'une courte analyse qui permet d'en connaître rapidement la substance [43]. On relèvera aussi des absences qui, ne semblant pas dues à l'état actuel des registres (folios ou cahiers manquants), sont sans doute volontaires (encore qu'on ne puisse exclure que des pièces n'aient pas été recopiées parce qu'elles avaient très tôt disparu du chartrier). Voici quelques-unes de ces lacunes, dont certaines sont d'ailleurs difficilement explicables.

Certes, on comprend assez bien qu'à Avignon, le texte de la réforme avortée de 1459, que le pape Pie II ne parvint pas à imposer aux docteurs en droit, n'ait pas été enregistré [44]. De même, il n'est pas très étonnant que les statuts donnés dès 1242 par un évêque de Maguelone à une assez mythique «faculté des arts de Montpellier» n'aient trouvé place dans aucun cartulaire mont-pelliérain [45]. En revanche, on comprend mal que ceux-ci n'aient enregistré ni les pièces relatives à l'université de droit antérieures à 1339 (même pas la bulle de fondation de 1289) [46], ni les grands statuts de la faculté de médecine de 1340 [47]. A Toulouse enfin, on observera qu'aucun des quatre «cartulaires» anciens ne contient la clause du traité de Paris (1229) relatives à la fondation des écoles de la ville et que deux seulement reproduisent la première bulle

42. M. Fournier, *Statuts,* t. I (note 5), n° 731, 735, 737, 738, 774, 778, 780, 782, 797, 805, 815.

43. Le livre des privilèges de l'université de médecine de Montpellier (Arch. dép. Hérault, G 1277, fol. 5-6) contient une simple liste de 32 documents *in presenti libro minime insertorum, quinymo in captia dicte universitatis existentium* (liste publiée dans *Cartulaire de l'Université de Montpellier,* t. I [note 29], p. XVI-XVII) ; dans le *Liber rectorum* de Montpellier, de nombreux documents, parfois légèrement abrégés, sont précédés d'une brève analyse (nombreux exemples dans M. Fournier, *Statuts,* t. II [note 35], n° 979, 1112, 1117, 1133, 1144, 1147, 1168, 1169, 1185, etc.).

44. M. Fournier, *Statuts,* t. II (note 35), n° 1362.

45. *Ibid.,* n° 886.

46. *Ibid.,* n° 903.

47. *Ibid.,* n° 947*quater.*

pontificale, celle de 1233, alors que les bulles suivantes de 1245 et 1264 figurent dans tous les registres ; sans doute étaient-elles perçues, à juste titre d'ailleurs, comme les textes véritablement fondateurs du *studium* toulousain [48].

Peut-on retracer l'histoire de l'«incartulation» universitaire méridionale ?

Des «livres des statuts» ont certainement existé ici antérieurement aux plus anciens témoins subsistants. On en trouve mention à Toulouse dès 1313 [49], à Montpellier-droit sans doute dès 1355, voire 1339, en tout cas 1400 [50], à Avignon enfin en 1407 [51]. Pour Montpellier-médecine en revanche, rien de net n'apparaît avant la fin du XVe siècle et les registres que nous possédons sont peut-être bien les premiers à avoir été composés [52].

On ne peut évidemment rien dire des exemplaires primitifs disparus. De ceux qui ont survécu, on saisit à peu près l'origine et l'histoire. Au départ de chacun, il y a eu l'initiative prise par un recteur ou un chancelier, dont on connaît généralement le nom, de faire copier un nouveau livre des statuts ; un scribe professionnel était engagé, qui devait recourir à d'éventuels livres antérieurs mais aussi aux pièces originales conservées. Cet enregistrement, nous l'avons dit, suivait un certain ordre.

Le «livre des statuts» était un document vivant. On continuait à y copier, en ordre à peu près chronologique, bulles et lettres importantes reçues par l'université, ainsi que les statuts qu'elle promulguait (lesquels faisaient cependant toujours l'objet d'une première expédition authentique par les soins d'un notaire) [53]. Cet usage prolongé s'accompagnait évidemment d'un nombre généralement croissant d'omissions, de négligences, de fantaisies. C'est vers le milieu du XVIe siècle que, dans les universités du Midi, les cartulaires anciens semblent avoir cessé d'être utilisés. Quelques notes isolées et insignifiantes y sont encore jetées, au hasard des blancs et des marges, jusqu'au siècle suivant, puis c'est le silence. Peut-être des registres anciens furent-ils alors perdus. Ceux qui nous sont parvenus ont parfois servi, dès le XVIIIe siècle, à des recteurs ou à des bibliothécaires érudits [54]. Mais, dans leur

48. M. Fournier, *Statuts,* t. I (note 5), n° 505, 506, 523, 524.

49. *Ibid.,* n° 544 (*cap.* 58).

50. M. Fournier, *Statuts,* t. II (note 35), n° 947 (*cap.* 24), 984, 1065.

51. *Ibid.,* n° 1280.

52. Notons que c'est à la même époque que les textes font mention pour la première fois d'un greffier et d'un secrétaire de l'université de médecine (*ibid.*, n° 1194, 1202).

53. Cf. J. Verger, *Les statuts des universités* (note 40), p. 62.

54. De nombreux cartulaires anciens contiennent, dans les marges et les derniers folios, des notes portées par des recteurs du XVIe et du début du XVIIe s. ; c'est par ex. le cas des trois cartulaires montpelliérains (ci-dessus notes 32 et 33) ou du «Livre rouge» de Toulouse (Bibl. univ. Toulouse, ms 1, fol. 161-193). D'autre part, on constate que certains des «cartulaires» les plus récents (fin XVIIe-XVIIIe s.), composés à des fins sans doute plus érudites qu'administratives, comme le ms Bibl. nat., lat. 4222, qui est un autographe de Baluze, ou le registre S 3

fonction administrative, sans doute avaient-ils été remplacés soit par des copies modernes, soit par un recours plus fréquent aux originaux, désormais possible grâce au reclassement des archives qui semble avoir souvent accompagné la rédaction des inventaires mentionnés plus haut [55].

*

* *

Cette présentation rapide de quelques-uns des «cartulaires» des plus anciennes universités françaises ne dispensera certainement de reprendre et d'approfondir l'enquête naguère lancée par Madame Marie-Henriette Jullien de Pommerol sur les sources de l'histoire des universités françaises [56]. Au contraire, elle voudrait y inciter. Notre but ici était simplement de montrer que, par-delà l'intérêt objectif des documents qu'ils nous ont transmis et qu'ils sont souvent seuls à nous faire connaître, ces cartulaires sont, par eux-mêmes, comme des «miroirs» de la vie de ces anciennes universités. Leur composition et leur long usage, qui étaient principalement de la responsabilité des recteurs et des procureurs des nations, éclairent le fonctionnement de l'institution. Leurs insistances et leurs lacunes dessinent à l'évidence l'image que ces universités aimaient à (se) donner d'elles-mêmes.

Leur histoire enfin suggère une chronologie sans doute significative. Dans le Nord comme dans le Midi, un premier moment fort de l'«incartulation» universitaire semble coïncider avec le second tiers du XIVe siècle ; c'est le temps de la stabilisation, pour ne pas dire de la visibilité, institutionnelle ; le temps peut-être aussi des premières difficultés. Le second moment dégagé par notre recherche, et lui aussi attesté pour toutes les universités ici considérées, est le tournant des XVe et XVIe siècles. Sans doute les cartulaires alors réalisés ont-ils connu une fortune moins durable et leur mise en chantier même est d'interprétation délicate : nouvel essor de la Renaissance ou reprise en main institutionnelle dans un contexte politique plus autoritaire ? Du moins témoignent-ils de la conscience de soi de ces universités désormais riches d'un long passé et dont la vitalité ne se démentait pas.

---

des Arch. Faculté de médecine Montpellier, composé entre 1769 et 1780 sur l'ordre du chancelier Imbert, ont été copiés sur des registres médiévaux encore accessibles, sinon utilisés.

55. Cf. ci-dessus note 39.

56. M.-H. Jullien de Pommerol et Jacques Monfrin, *Les archives des universités médiévales. Problèmes de documentation*, dans *Revue française de pédagogie*, t. 27, 1974, p. 6-21 ; je remercie à ce propos Madame Jullien de Pommerol qui a mis très aimablement à ma disposition plusieurs de ses dossiers, actuellement déposés à l'Institut de recherche et d'histoire des textes, en particulier ceux relatifs à l'université de Toulouse [J. V.].

Economie des cartulaires universitaires orleanais

1. *«Livre» des recteurs* : Orléans, Arch. dép. Loiret, D 3 ; 70 fol. ; 330 x 230 mm (justific. : 250 x 170), 2 col./p. (*Sources* 12.1.1).

- Calendrier, Evangiles, Serments, «Tronc commun» (jusqu'en 1338), réforme de Charles VII (1447), *nova statuta* (1510-14), ensemble en écrit. bâtarde d'une main du déb. XVIᵉ s. (fol. 1-5 et 7-59).

- addit. de doc. généraux divers (1496 et 1519-52) d'une deuxième main (fol. 59v-70v).

- encore en usage en juillet 1572, date d'un doc. copié au fol. 6.

2. *«Livre» de la nation de France* : Orléans, Arch. dép. Loiret, D 6 et D 7 ; 54 + 32 fol. ; 285 x 220 mm (justific. : 200 x 145). 2 col./p. (*Sources* 13.1.3.).

- Cal., Serments, «Tronc commun», réforme de Charles VII (1447), divers doc. généraux ou nat. essentiellement du XVᵉ s., ens. en écrit. bâtarde d'une main de fin XVᵉ ou début XVIᵉ s. (fol. I-LXXXI v + (3-4 v ?).

- addit. de doc. généraux ou nat. + notes de procureurs, de diverses mains de la 1ᵉ moitié du XVIᵉ s.

- dernières mentions (notes de proc.) datées de 1533.

3. *Livre de la nation de France* : Paris, Bibl. nat., lat. 4223ᴬ ; 72 fol. ; 285 x 190 mm (justific. : 195 x 120), 2 col./p. (*Sources* 13.1.4).

- Cal., Anneau, Evang., Diocèses de la nation, Serments, «Tronc commun», ens. en écrit. bâtarde (2 mains), de fin XIVᵉ ou déb. XVᵉ s.

- pas de notes de proc. ; le ms est coupé dans la transcription d'un statut de 1368.

4. *Livre de la nation de France* : Wolfenbüttel, ms 78.8 Aug. fol. ; 88 fol. ; 220 x 200 mm, 2 col./p. (*Sources* 13.1.7).

- Cal., Anneau, Evang., Diocèses de la nation, Serments, «Tronc commun» se terminant par une note de rédaction du 2/8/1375, ens. (fol. 1-68v) en écrit. gothique d'une main de fin XIVᵉ s. + addit. (fol. 69) d'un statut nat. de 1395 (d'une main légèrement postérieure).

- doc. généraux (réforme de Charles VII [1447] ; stat. de 1461) ou nat. en écrit. bâtarde d'une main du début de la 2ᵉ moitié du XVᵉ s. (fol. 70-77v).

- addit. d'autres doc. généraux ou nat. + notes de proc. de diverses mains des XVᵉ et 1ᵉ moitié du XVIᵉ s. (écrit. à longues lignes), au début du ms et à partir du fol. 78.

- dernières ment. en date de 1541 (notes du *proc. nat. Francie J. Tuchetus*, aux fol. 68v et 80).

5. *«Livre» de la nation d'Allemagne* : Orléans, Arch. dép. Loiret, D 4 ; 113 fol. ; 262 x 175 mm (justific. : 188 x 110), 1 col./p. (*Sources* 13.1.1.).

- Evang., Anneau, Cal., Serments, «Tronc commun» + stat. nat. (1378-1382), ens. en écrit. gothique d'une main de la fin du XIVᵉ s. (fol. 16v-77v).

- addit. de doc. généraux (rares) et surtout nat. et notes de proc. de diverses mains des XVᵉ et XVIᵉ s. au début du ms (feuillets rajoutés) et à partir du fol. 77v.

- encore en usage en 1596 (statut du 16/6).

6. *«Livre»* de la nation de Champagne : Orléans, Arch. dép. Loiret, D 5 ; 81 fol. ; 255 x 170 mm (justific. : 185 x 120), 1 col./p. (*Sources* 13.1.2).

- Cal., Anneau, Evang., Serments, «Tronc commun» + arrêts du Parl. de 1387/89 et peut-être un stat. nat. (1396), ens. en écrit. bâtarde d'une main du début du XVᵉ s. (fol. 1-58).

- addit. de doc. généraux ou nat. et notes de proc. de diverses mains du XVᵉ et de la 1ᵉ moitié du XVIᵉ s. au début du ms et à partir du fol. 58.

- en usage jusqu'en 1539, date des dernières mentions de proc. et au lendemain de la suppression de la nation (1538).

7. *Livre de la nation de Picardie* : Paris, Bibl. nat., nouv. acq. lat. 1610 ; 38 fol. ; 285 x 200 mm (justific. : 220 x 150), 2 col./p. (*Sources* 13.1.6).

- Anneau, Diocèses de la nation, Cal., Evang., Serments, «Tronc commun» (jusqu'en 1338), ens. en écrit. gothique d'une main du XIVᵉ s. (p. 1-73).

- addit. de doc. nat. (peu nombreux) et de notes de proc. du XIVᵉ au XVIᵉ s. (au début et en fin de registre).

- dernières ment. (notes de proc.) datées de 1585-1586.

8. *Livre de la nation de Touraine* : Paris, Bibl. nat., lat. 4354ᴰ ; 104 fol. ; 245 x 170 mm (justific. : 185 x 120), 1 col./p. (*Sources* 13.1.5).

- Cal., Serments, «Tronc commun» + doc. nat. (statut de 1381), ens. en écrit. bâtarde d'une main de la fin du XIVᵉ s. (fol. 1-61v).

- addit. de doc. généraux (dont 2 ens., respect. d'une main du mil. XVᵉ, fol. 68-79v et d'une autre du début XVIᵉ s., fol. 83-89v) et nat., ainsi que de notes de proc. des XVᵉ et 1ᵉ moitié XVIᵉ s. (au début du ms et de manière ponctuelle, puis continue à partir des fol. 62, 79v et 89v).

- en usage jusqu'en 1540, date des dernières ment. de proc. et deux ans après la suppression de la nation (1538).

9. *Livre de la nation d'Ecosse* : Rome, Bibl. Vat., Reg. lat. 405 ; 68 fol. ; 255 x 170 mm (justific. : 185 x 110), 1 col./p., (*Sources*, 13.1.8).

- Evang., Cal., Anneau, Serments, «Tronc commun» + stat. nat. (1378-1382), ens. en écrit. gothique d'une main de la fin du XIVᵉ ou déb. XVᵉ s. (fol. 4v-63).

- addit. de doc. généraux (1457, 1451) et surtout nat., ainsi que de notes de proc. de diverses mains des XVᵉ et 1ᵉ moitié XVIᵉ s., au début du ms et à partir du fol. 63v.

- dernière ment. (note de proc.) datant de 1544, bien que la nation ait été supprimée en 1538.

ANNEXE II

PRINCIPAUX CARTULAIRES UNIVERSITAIRES PARISIENS (liste provisoire)

1. *«Livre du Recteur»* : Londres, Brit. Lib., Addit. 17304 ; 220 fol. ; 210 x 140 mm.

- Evang., Cal., Serments, Cartulaire (à partir du fol. 5v) regroupant privilèges pontificaux, statuts universitaires, statuts de la faculté des arts, privil. royaux (172 doc., s'étageant de 1215 à 1482).

- Description faite à partir de l'analyse contenue dans le Paris, Bibl. nat., fr. 14491.

2. *«Livre»* de *l'Université de Paris* : Bibl. vat., Reg. lat. 406 ; 77 fol. ; 233 x 161/3 mm.

- Serments, Cartulaire (à partir du fol. 4) : *privil. papalia* (fol. 4 ->), actes des cardinaux (fol. 23 ->), *statuta* de l'Univ. et fac. des arts (mêlés) (fol. 53v ->), ens. de doc. présentés, à l'intérieur de chaque rubrique, dans un ordre globalement chronol. (avec nombreuses exceptions de détail et s'étendant de 1219 (bulle d'Honorius III) au tout début du XIVe s., le doc. le plus récent (*Chartularium universitatis Parisiensis*, éd. H. Denifle et E. Chatelain, Paris, 1889-1899, 4 vol. [abrégé à présent *CUP*], n° 642) étant daté du 2/2/1304.

- Anal. : André Wilmart, *Bibl. Apost. Vat. codices manu scripti. Codices Reginenses latini*, t. II, Rome, 1945, p. 477-482.

3. *«Livre»* de *l'Université de Paris* : Paris, Bibl. nat., nouv. acq. lat. 936 (Phillipps 876) ; 72 fol. ; 218 x 152 mm.

- Evang., Serments, Cartulaire (à partir du fol. IIIv) : *privil. papalia* (fol. IIIv ->), *card.* (fol. XXIXv), *regalia*, etc. (fol. LI ->), *statuta...* (fol. LVI ->) ; ens. de doc. dans ordre globalement chronol. et parallèle (malgré quelques divergences) à celui du Reg. lat. 406 (ci-dessus, n° 2), s'étendant de 1200 (privil. de Philippe Auguste) au tout début du XIVe s., le doc. le plus récent (*CUP* n° 628) étant daté du 24/8/1302 + ajout au bas du fol. LXXII d'une lettre du roi Philippe IV datée du 25/3/1313 (n. st.).

- Anal. : Henri Omont, *Catal. Coll. Phillipps*, Paris, 1909, p. 16-27.

4. *«Livres»* divers de l'université de Paris cités dans le *CUP* mais non consultés ou non pris en compte :

- Vienne, Osterreich. Nat. bibl. 450 (fragm.), 4929 (fragm.), 7219.

- Rome, Bibl. vat., Reg. lat. 870, 1283.

- Oxford, Corpus Christi College, ms 283 (fragm., fol. 156-160) : quelques documents intéressant le XIIIe siècle.

- Paris, Bibl. nat., lat. 9950 : doc. divers copiés au XVIIe s., dont des privilèges pontificaux (jusqu'en 1358), +, à partir du fol. 33, un petit groupe de *statuta nationis gallicanae* (écriture fin XIVe ou début XVe s.).

5. *«Livre de la nation de France»* : Paris, Bibl. nat., nouv. acq. lat. 2060 ; 189 fol. ; 295 x 220 mm.

- Cal., Serments, Evang., Cartulaire (fol. 10-121v + Table des matières, 123-128v), sans doute du début de la 2e moitié XIVe s. : *privil. papalia* (fol. 10), *regalia* (fol.

55), *statuta Univ.* (67 v), *stat. facult. Artium et juramenta varia* (fol. 88v), *stat. nat. [Gallicanae]*, (fol. 110).

- Addit. de doc. généraux ou nat., voire d'actes privés (actes de vente, etc.) de 1366 à 1522 et notes de procureurs de 1504/1507 à 1537, insérés ponctuellement dans le cartulaire ou copiés après celui-ci.

- En usage sans doute jusqu'en 1537, date de l'ouverture d'un second registre (Paris, Bibl. Maz., ms 3312 [anc. 2682 A]).

- Anal. : H. Omont, *Le Livre ou Cartulaire de la nation de France de l'Université de Paris*, dans *Mémoires de la Société historique de Paris et de l'Ile-de-France*, t. 41, 1914, p. 1-30.

6. *«Livre» de la nation d'Angleterre* : Paris, Bibl. univ. de la Sorbonne (Archives de l'Univ. de Paris), reg. 100 (94), 126 p. ; 305 x 225 mm.

- Cartulaire uniquement : *privil. papalia* (fol. 1 -> 57, 121-126), *stat. facult. artium* (fol. 59 ->), *privil. regalia* (fol. 75 ->), *stat. Univ.* (fol. 88 ->), doc. numérotés de 1 à 124, s'étageant de 1200 à 1355.

7. *«Livre» de la nation d'Angleterre (ou d'Allemagne)* : Paris, Bibl. nat., nouv. acq. lat. 535 ; 175 fol. ; 235 x 165 mm.

- Evang., Cal., Cartulaire (fol. 13-131v + Table des matières, 141-145v) et Serments (fol. 132 ->), copiés en 1356 : *privil. papalia* (fol. 13 ->), *regalia* (fol. 60 ->), *statuta Univ.* (fol. 72 ->), *stat. facult. Artium et juramenta* (fol. 100 ->).

- add. de doc. généraux ou nat. (à partir de 1358), insérés ponctuellement à l'intérieur du cartul. ou copiés à sa suite, ainsi que de notes de procureurs, jusqu'au XVII\[e\] s.

- Anal. : E. Châtelain, *Le Livre ou Cartulaire de la nation d'Angleterre et d'Allemagne dans l'ancienne Université de Paris*, dans *Mémoires de la Société historique de Paris et de l'Ile-de-France*, t. 18, 1891, p. 73-100.

8. *«Livre» de la nation de Normandie* (dit aussi *Cartul. du Collège d'Harcourt*) : Chartres, Bibl. mun., ms 595(662) ; 220 fol. ; 270 x 205 mm.

- Cal. et Serments, Cartulaire (fol. 2-152 + Table des matières, 153-157v), de la fin du XIV\[e\] s.: *privil. papalia* (fol. 2 ->), *regalia* (fol. 63 ->), *Statuta. Univ.* (fol. 81 ->), *stat. facult. Artium et juramenta* (fol. 113 ->), *stat. nat. [Normanniae]* (fol. 137 ->).

- Addit. de doc. généraux ou nat. (surtout du XV\[e\] s.), de notes de procureurs (1526-1710), dont certains *socii* du Collège d'Harcourt, insérés ponctuellement dans le Cartulaire ou copiés à sa suite.

- Anal. : H. Omont, *Le Livre ou Cartulaire de la nation de Normandie de l'Université de Paris*, dans *Mélanges, Documents publiés et annotés... la Société de l'histoire de Normandie*, 8\[e\] série, Rouen-Paris, 1917, p. 1-114.

9. *«Livre» de la nation de Picardie* (?) : Paris, Bibl. Sainte-Geneviève, ms 1655 ; 24 fol. ; 237 x 165 mm : ens. composite et fragmentaire, du XIV\[e\] au XVI\[e\] s., avec Cal., Serments, et quelques statuts.

10. *«Livre» de la Faculté de décret* : Paris, Bibl. nat., nouv. acq. lat. 937 (Phillipps 2863) ; 16 + 77 fol. ; 222 x 150 mm.

- Office des défunts, Cal., Table des matières (fol. 1-16), Evang., Cartulaire regroupant statuts de la Faculté, serments exigés de ses membres et privilèges pontificaux, voire royaux, en majorité du XIIIᵉ s. (1219-1279), avec cependant quelques documents postérieurs des XIVᵉ et XVᵉ s., les derniers en date se rapportant à l'année 1461 (sauf addit. d'une main postérieure, aux fol 76v-77, d'un acte du 26/1/1497-8).

- Anal. : H. Omont, *Catalogue des manuscrits latins et français de la Collection Phillipps*, Paris, 1909, p. 27-39.

11. Autres *«Livres»* de la *Faculté de décret* : Paris, Bibl. de l'Arsenal, ms 1121 (copie du précédent, faite au XVIIIᵉ s.) et 1123 (recueil de statuts, du XIVᵉ au XVIIᵉ s.).

12. *«Livres» (?) de la Faculté de médecine* : Paris, Arch. nat., MM 266 (XVIIᵉ s.) et sa copie, Paris, Bibl. de la Fac. de médecine, ms 575 (2004) (XVIIIᵉ s.) ; 419 p. ; en fait, recueils de pièces de procédure avec cependant quelques *decreta* de la Faculté : doc. de 1311 à 1397 + suppl. 1395 à 1441.

13. Collections de *Statuts de la Faculté de Théologie* : Paris, Bibl. nat., lat. 10402 (XVᵉ s., 1ᵉʳ fragm.), 12851 (XVIᵉ s.) ; Arch.nat., M 69 A (XVIIᵉ s.), MM 247 (1528), etc.

14. Un *Registrum* de la faculté des arts (apparemment perdu) est mentionné dans un statut de cette faculté du 1ᵉʳ avril 1272 (*CUP* n° 441).

15. *«Cartulaire en latin et en français abrégé de Paris et de l'université»* : Paris, Arch. nat., LL 1144 ; analyse ou copie de pièces diverses intéressant l'université, (fol. 99v-111v).

ANNEXE III

ANALYSE SYNOPTIQUE DES CARTULAIRES DE L'UNIVERSITE D'ORLEANS

(«tronc commun»)

Contenu des pièces	Datation	P	S	St	Livre du recteur	Livres de la nat. France	Livres des autr. nations	Livre de nat. Picardie	J	M. Fournier Statuts
Lettres de Cl.V	27/1/06	+			14.01	14.01	14.01	14.01	+	19
Lettres de Cl.V	27/1/06	+			14.04	14.04	14.04	14.04	+	21
Lettres de Cl.V	27/1/06	+			14.02	14.02	14.02	14.02	+	20
Lettres de Cl.V	27/1/06	+			14.06	14.06 (1)	14.06	14.06	+	22
Privil. de Toulouse	18/1/09	+			14.08	14.08	14.08	14.08	-	25
Réforme Cl.V	22/4/09	+			:	14.10	14.10	14.10	+	26
Statut. Univ.	30/6/07			+	: (2)	17.01	17.01	17.01	+	23
(Statut. Univ.)	(24/8/24)			(+)	:	|	|	(17.04)		
(Statut. Univ.)	26/11/25)			(+)	:	|	|	(17.05)		
Lettres de Jean XXII	15/11/19	+			21.20	21.20	21.20 (3)		-	55
Lettres de Phil.V	-/4/20		+		15.1.21	15.1.21	15.1.21		-	(64)
Lettres de Jean XXII	1/2/21	+			14.18	14.18	14.18	14.18	+	76
(Statut. Univ.)	(29/6/21)			(+)	|	|	|	(17.02)		
Lettres de Phil.IV	-/7/12			+	31.02	31.02	31.02	31.02	-	37
Lettres de Phil.IV	21/12/12			+	31.03	31.03	31.03	31.03	-	40
Lettres de Phil.IV	-/7/12			+	31.01	31.01	31.01	31.01	+	38
Lettres de Phil.IV	-/7/12			+	15.1.10	15.1.10	15.1.10	15.1.10	+	39
Arrêt du Parlement	29/3/11			+	15.1.06	15.1.06	15.1.06	15.1.06	+	29
Lettres de Phil.IV	17/7/12			+	15.1.08	15.1.08	15.1.08	15.1.08	+	36
Lettres de Lo X	10/6/15			+	15.1.14	15.1.14	15.1.14	15.1.14	+	46
Lettres de Lo X	11/2/15			+	15.1.13	15.1.13	15.1.13	15.1.13	+	45
Lettres de Lo X	11/2/15			+	15.1.12	15.1.12	15.1.12	15.1.12	+	44
Lett. de Phil., régent	31/7/16			+	15.1.15	15.1.15	15.1.15	15.1.15	+	48
(Lettres de Jean XXII)	(15/17/19)	(+)			|	|	|	(21.20)		
(Lettres de Phil.IV)	(-/4/20)		(+)		|	|	|	(15.1.21)		
Statut. Univ.	28/5/23			+	17.03	17.03	17.03	17.03	-	80
Statut. Univ.	14/5/35			+	17.07	17.07 (4)	17.07	17.07		107
(Stat. Univ.)	26/11/25			(+)	(17.05)	|	|	|		
(Stat. Univ.) double	(28/5/23)			(+)	(17.03)	|	|	|		
Stat. Univ.	14/5/35			+	17.08	17.08	17.08	17.08	-(5)	108
Stat. Univ.	28/8/30			+	17.06	17.06	17.06		-	72
Stat. Univ.	24/8/24			+	17.04	17.04	17.04		-	84
Lettres de Phil.IV	15/6/12		+			15.1.07	15.1.07		+	35
Lettres de Phil.V	11/4/13		+			32.1.04	32.1.04		-	41
Lett. de Lo X double	11/2/15		+			15.1.13	15.1.13		+	45
Lett. de Charles IV	20/4/27		+			15.1.25	15.1.25		-	88
Lettres de Phil.IV	3/1/21		+			15.1.20	15.1.20		+	75
Statut. Univ.	26/11/25			+		17.05	17.05		-	85
(Statut. Univ.) double	(28/5/23)			(+)		(17.03)				
Statut. Univ.	29/6/21			+	17.02	17.02	17.02		-	78
Lettres de Phil.VI	-/9/33			+	16.2.01	16.2.01	16.2.01	16.2.01	+	103
(Lettres de Jean XXII)	(18/3/32)	+			(14.19)	|	|			
(Statut. Univ.)	(24/8/30)			(+)	|	|	|	(17.06)		
Règlem. de l'official	11/9/36			+	17.10	17.10	17.10	17.10	-	116
Statut. Univ.	24/3/38			+		17.14	17.14	17.14	-	121
Lettres de Phil.VI	-/6/37		+			15.1.49	15.1.49	15.1.49	+	123
Lettres de Jean XXII	18/3/32	+				14.19	14.19	14.19	+	91
Statut. Univ.	15/9/36			+	17.11	17.11	17.11	17.11	-	117
Statut Univ.	15/9/36			+	17.12	17.12	17.12	17.12	-	118

Contenu des pièces	Datation	P	S	St	Livre du recteur	Livres de la nat. France	Livres des autr. nations	Livre de nat. Picardie	J	M. Fournier Statuts
(Statut. Univ.)	(24/3/38)			(+)	(17.01)					
(Lettres de Phil.IV)	(-/6/37)		(+)		(15.1.49)					
Règlem. de différend	13/5/36			+	17.09	17.09	17.09	17.09	-	109
(Statut. Univ.)	(16/9/36)			(+)				(17.13)		(119)
(Lettres du cardinal de Palestrina)	(26/4/08) (?)	(+)						(6)		(24)
(Lettres de Jean XXII) double	(15/11/19)	(+)				(21.20)		(14.09)		
(Lettres de Phil.V) double	(-/4/20)		(+)			(15.1.21)				
(Statut. Univ.) double	(28/5/23)			(+)		(17.03)				
Statut. des libraires	10/10/41			+		17.15	17.15		-	130
Stat. Univ.	23/9/60			+		17.16	17.16		-	154
Stat. Univ.	4/10/61			+		17.17	17.17		-	155
Serment du prévôt	[37]		+			16.4.06	16.4.06		-	p.108
Serment du bailli	[37]		+			16.4.07	16.4.07		-	p.108
Stat. Univ.	16/9/65			+		17.18	17.18		-	167
Stat. Univ.	27/1/68			+		17.20 (7)	17.20		-	161
Lettres de Charles V	10/3/68		+			15.2.03	15.2.03		-	170
Lettres de Charles V	10/3/68		+			15.2.04	15.2.04		-	171
Lettres de Vharles V	-/68		+			15.2.09	15.2.09 (8)		-	173
Lettres de Charles V	10/3/68		+			15.2.05	15.2.05		-	172
Statut. Univ.	2/5/68			+		17.21 (9)	17.21		-	175
Règlem. de l'évêque	4/10/67			+		17.19	17.19		-	174

La codification des pièces relevées dans le tableau, ainsi que les sigles des manuscrits cités, sont ceux utilisés par M.H. Jullien de Pommerol, *Sources de l'Histoire des Universités françaises au Moyen Age,* Université d'Orléans, Paris, 1978.

P = Actes émanant de l'autorité pontificale apostolique.

S = Actes émanant de l'autorité royale française ou des cours souveraines.

St = Statuts ou actes de réglementation interne de l'Université (Sources, 17...).

Livres du recteur = Arch. dép. Loiret (D3 (= L. Rect).

Livres de la nat. France : Arch. dép. Loiret D6 et D7 (=0) ; Paris, Bibl. nat. lat. 4223ᴬ (=P) ; Wolfenbüttel, 78.8, Aug. fol (=W).

Livres des autres nations (sauf Picardie) : Allemagne, Arch. dép. Loiret, D4 (=L.N.All) ; Champagne, Id; D5 (=L.N.Camp) ; Touraine, Paris, Bibl. nat. Lat. 4354ᴰ (=L.N.Tur) ; Ecosse, Bibl. vat., Reg Lat. 405 (=L.N.Scoc).

Livre nat. Picardie = Paris, Bibl. nat. Nouv. acq. Lat. 1610 (=L.N.Pic).

J = Inventaire du Chartrier de l'Université d'Orléans de 1550 (Arch. dép. Loiret, 2 J 564), édit. M.H. Jullien de Pommerol, Sources 1ʳᵉ partie (p.39-94).

M. Fournier, *Statuts = Les statuts et privilèges des universités françaises depuis leur fondation jusqu'en 1789,* t.2, Paris, 1890.

(1) O et P donnent la séquence 06.02.

(2) Lacune dans le Ms (fol. XIVv - XXIII).

(3) Lacune entre 17.01 et 31.02 dans L.N.Tur (fol. XIII-XXII).

(4) Lacune dans O entre 17.07 et (17.03) - entre D6 et D7.

(5) Quoique non inventoriée dans le chartier de 1550, la pièce était encore conservée en 1940 (Arch. dép. Loiret, D38).

(6) Ces deux documents ne nous sont connus que par L.N.Pic.

(7) Lacune dans le texte de 1720 dans 0 (entre D7 et D6).

(8) L.N.Tur. et L.N.Scoc. donnent la séquence 05.09.

(9) P. s'interrompt brutalement en 17.21.

ANNEXE IV

COMPOSITION COMPAREE DES QUATRE CARTULAIRES MEDIEVAUX
DE L'UNIVERSITE DE TOULOUSE

(les numéros sont ceux de l'édition de M. Fournier, *Statuts*, I).

B.N. lat. 4221 D	B.N. lat. 4221 C	Toulouse B.U. 261	Toulouse B.U. 1
			506
506	506		
519	519	519	
	520		
	521		
	522		
523	523	523	523
524	524	524	524
542	542	542	542
543	543	543	543
544	544	544	544
545	545	545	545
553	553		553
554	554	554	554
555	555	555	555
556	556	556	556
558	558		558
		595	595
	596		596
	670	670	670
			692
	701	701	701
	714	714	714
	715	715	715
		716	
	731		
	735		
	737		
	738		
	748	748	
		757	757
			764
			765
			766
			768
		769	769
		771	771
		772	772
	774		
		776	776
	778		
	780		
	782		
		785	785
		796	796
	797		
			798
	805		
		814	
	815		
		858	858
			860
		866	866
			867
		868	868
		869	

CARTULAIRES DES ORDRES MILITAIRES
XIIe - XIIIe siècles
(Provence occidentale - Basse vallée du Rhône)

par

Daniel LE BLÉVEC et Alain VENTURINI

La région retenue pour cette étude est bornée par deux commanderies parmi les plus importantes de l'ordre de l'Hôpital en Occident, celles de Saint-Gilles et de Manosque. Entre les deux, la vallée du Rhône et le Comtat Venaissin offrent une densité assez remarquable de maisons, relevant aussi bien de l'Hôpital que du Temple, ayant possédé un cartulaire. En revanche, à l'ouest, il faut aller jusqu'à Soriech pour trouver un autre cartulaire hospitalier, réalisé du reste seulement au XVe siècle [1], et , en ce qui concerne le Temple, jusqu'à Douzens [2] et le Mas-Deu [3]. A l'est de Manosque, nous n'avons plus rien en Provence, pour aucun des deux ordres. Au nord, le premier cartulaire que l'on rencontre est assez éloigné : c'est celui de l'Hôpital de Saint-Paul-lès-Romans [4]. C'est dire que cette région du Bas-Rhône offre une concentration notable de cartulaires ecclésiastiques, qui n'est d'ailleurs pas spécifique aux ordres militaires. On peut en effet y signaler également la relative abondance

1. Soriech : Hérault, com. Lattes, 2e cant. Montpellier, anc. dioc. Maguelone. Ce cartulaire est conservé aux Arch. dép. Bouches-du-Rhône, sous la cote 56 H 1428. Il se présente sous la forme de deux registres papier de 158 et 552 feuillets. Nous ne l'avons pas pris en compte pour le présent travail, car il n'entrait pas dans le cadre chronologique retenu. Son exploitation ultérieure devrait être facilitée grâce au classement récent du fonds de la commanderie de Montpellier de l'ordre de Malte des Arch. dép. Hérault (sous-série 55 H).

2. Douzens : Aude, cant. Capendu, anc. dioc. Carcassonne. Édition : *Cartulaires des Templiers de Douzens*, publiés par Pierre Gérard et Élisabeth Magnou, sous la direction de Philippe Wolff, Paris, 1965 (*Collection de documents inédits sur l'histoire de France*, série in-8°, 3).

3. Le Mas-Deu : Pyrénées-Orientales, cant. Thuir, com. Trouillas, anc. dioc. Elne.

4. Saint-Paul-lès-Romans : Drôme, cant. Romans, anc. dioc. Valence. Le cartulaire est conservé aux Arch. dép. Drôme, sous la cote 48 H 2814. Il a été édité par Ulysse Chevalier, *Collection de Cartulaires dauphinois*, III, 1e livraison, Vienne, 1875, p. 1-58.

de cartulaires d'évêchés et de chapitres cathédraux [5] : rappelons que la pratique de la confection des cartulaires remonte ici au XIe siècle (Saint-Victor de Marseille) et s'intensifie au siècle suivant.

Si l'on met à part le cartulaire de la commanderie de Montfrin, qui ne fut réalisé qu'en 1619 [6], nous nous appuierons pour cette étude sur sept cartulaires, dont cinq avaient été répertoriés par Henri Stein [7] : quatre de l'Hôpital et trois du Temple, dont les dates de confection s'échelonnent entre le milieu du XIIe et le milieu du XIIIe siècle.

Le plus ancien, celui de Richerenches, a été réalisé progressivement dans le troisième quart du XIIe siècle. Il contient non seulement les actes relatifs à la commanderie elle-même, mais aussi dix actes concernant Roaix, qui en dépendait avant de devenir une maison autonome en 1148 [8]. La majorité des cartulaires a été réalisée au début du XIIIe siècle : Temple de Saint-Gilles, Hôpital de Saint-Gilles, Hôpital de Trinquetaille, Temple de Roaix. Enfin les deux derniers, ceux des Hospitaliers de Manosque et d'Avignon, datent des années quarante du XIIIe siècle.

Tous sont des cartulaires de commanderie, essentiellement domaniaux, qui permettent de retracer les étapes de la constitution des temporels. Mais le cartulaire de l'Hôpital de Saint-Gilles est aussi, dans sa partie la plus récente, celui du Prieuré, dont la maison est le siège depuis les débuts de l'expansion de l'ordre de l'Hôpital en Occident [9]. Il contient pour cette raison un certain nombre d'actes de portée générale : par exemple des privilèges accordés par l'empereur et d'autres princes territoriaux [10]. De son côté, le cartulaire de Manosque ne contient que des privilèges pontificaux et comtaux accordés à l'Hôpital, ce qui s'explique par les conditions d'acquisition par l'ordre du domaine de la ville et de son territoire. Cela toutefois ne suffirait pas à le singulariser s'il n'y avait également une série d'actes réglant les droits ecclésiastiques respectifs de l'église de l'Hôpital et du chapitre de Forcalquier.

A partir de la fin du Moyen Age, l'ordre des Hospitaliers a fait rédiger

5. Il en est ainsi pour Aix, Apt, Arles, Avignon, Nîmes, Orange ; cf. Robert-Henri Bautier et Janine Sornay, *Les sources de l'histoire économique et sociale du Moyen Age. Provence, Comtat Venaissin, Dauphiné, États de la Maison de Savoie*, vol. II, *Archives ecclésiastiques, communales et notariales, archives des marchands et des particuliers*, Paris, 1971, p. 697-750.

6. Montfrin : Arch. dép. Bouches-du-Rhône, 56 H 2564, un registre papier de 306 feuillets.

7. Voir ci-dessous les notices en annexe.

8. *Cartulaire de la commanderie de Richerenches de l'ordre du Temple (1136-1214)*, publié et annoté par le marquis de Ripert-Monclar, Avignon-Paris, 1907, p. XI et 231-232.

9. Pierre Santoni, *Les deux premiers siècles du prieuré de Saint-Gilles de l'ordre de l'Hôpital de Saint-Jean de Jérusalem*, dans *Des Hospitaliers de Saint-Jean de Jérusalem, de Chypre et de Rhodes hier aux Chevaliers de Malte aujourd'hui*, actes du colloque du Barroux (2-4 septembre 1983), Paris, 1985, p. 114-183.

10. Empereurs: actes n° 341 et 343 ; comtes de Toulouse : notamment n° 322-327 ; comtes de Forcalquier : n° 328-340 ; comtes de Provence : n° 344-346.

par des notaires des cartulaires d'un nouveau type quant à leur valeur juridique, mais qui demeurent des cartulaires de commanderies : c'est le cas des deux cartulaires de Soriech et de Montfrin déjà mentionnés [11]. On y trouve la transcription de l'ensemble des documents originaux de la période médiévale, mêlant les archives templières et hospitalières.

Pour cette communication, n'ont été envisagés que les plus anciens cartulaires, les sept qui datent des XIIe et XIIIe siècles, dont on va voir d'abord les conditions de réalisation, avant de poser le problème des motifs qui ont conduit à celle-ci.

I. LES CONDITIONS DE REALISATION

1) Auteurs des cartulaires.

En ce qui concerne les cartulaires de Douzens, Pierre Gérard et Elisabeth Magnou ont mis en évidence le rôle primordial d'un scribe, Guilhem de *Palacio* [12]. Étienne Delaruelle a attribué la réalisation de ces cartulaires à l'existence, à Douzens, d'un véritable *scriptorium* [13]. Qu'en est-il pour nos cartulaires du Bas-Rhône? Nous n'avons rien d'aussi net. Pour Richerenches, le marquis de Ripert-Monclar semble admettre une rédaction interne [14]. Pour Trinquetaille en revanche, le P. Amargier avance l'hypothèse d'une réalisation dans le milieu notarial arlésien, donc en dehors de la commanderie [15]. Il est vrai que la rédaction des cartulaires est contemporaine de l'essor du notariat dans les villes du Bas-Rhône [16]. Faut-il pour autant exclure l'éventualité d'une rédaction interne ? Si, dans le cas du cartulaire de l'Hôpital de Saint-Gilles, la qualité des deux miniatures qui s'y trouvent - une initiale S en forme de Tarasque et un I anthropomorphe figurant le Christ [17] - ne suffit pas pour laisser supposer l'existence d'un atelier de copistes au sein de la maison, quelques indices permettent cependant d'affirmer que les Hospitaliers disposaient bien, eux aussi, d'un personnel spécialisé dans l'écriture. Il y avait au moins un scribe attaché à la personne du prieur de Saint-Gilles [18] et, d'autre part, l'un des frères dont la présence est attestée entre 1177 et 1204 porte un nom qui semble bien renvoyer à sa fonction : *Johannes Scriba.*

---

11. Ces deux maisons ont été héritées du Temple en 1312.

12. *Cartulaires des Templiers de Douzens* (note 2), p. XII-XIV.

13. Étienne Delaruelle, *Templiers et Hospitaliers en Languedoc pendant la croisade des Albigeois*, dans *Cahiers de Fanjeaux*, n° 4, Toulouse, 1969, p. 318.

14. *Cartulaire de la commanderie de Richerenches* (note 8), p. XI.

15. *Cartulaire de Trinquetaille*, publié par P.-A. Amargier o.p., Aix-en-Provence, 1972 (*Centre d'études des sociétés méditerranéennes*), p. II.

16. En particulier à Saint-Gilles, Arles, Avignon. Sur cet aspect, voir par exemple Roger Aubenas, *Étude sur le notariat provençal*, Aix, 1951, et André Gouron, *La science du droit dans le Midi de la France au Moyen Age*, Londres, 1984.

17. Authentique de l'Hôpital de Saint-Gilles, acte n° 54 (Tarasque) et acte n° 341 (Christ).

18. *Ibid.*, n° 330 (Guilhem Jacob, clerc du Prieur, est le rédacteur de cet acte daté de 1168).

A la commanderie de Manosque, l'existence de frères lettrés est confirmée par la présence d'un compte de voyage par voie de terre de Manosque à Gênes, tenu par un Hospitalier et placé à la fin du cahier [19]. Globalement, compte tenu de ces observations, il serait tentant de conclure en faveur de la rédaction interne de la majeure partie de ces cartulaires.

2) Y a-t-il un classement préalable du fonds à copier?

Tous les volumes reproduisent tout ou partie du fonds d'archives original de chaque maison. Celui-ci paraît avoir fait l'objet d'un traitement préalable : on relève ainsi, pour le cartulaire de l'Hôpital de Saint-Gilles, l'identité des analyses portées au dos des pièces et des titres destinés à être rubriqués. Dans certains cas, et au moins pour la période initiale de rédaction, le fonds a été ventilé suivant des critères topographiques, selon un ordre à peu près logique. Pierre Gérard et Elisabeth Magnou ont eux-mêmes relevé cette façon de procéder dans les cartulaires A et B de Douzens [20]. Si l'on prend le cas du cartulaire de l'Hôpital d'Avignon, on trouve tour à tour les actes relatifs à onze quartiers distincts du terroir rural de la cité, sans classement géographique strict [21]. En revanche, dans la partie initiale du cartulaire de l'Hôpital de Saint-Gilles, l'organisation géographique est plus marquée, avec une progression en spirale autour de la ville de Saint-Gilles [22]. Pour les Templiers, on retrouve cette organisation en fonction de la géographie, aussi bien dans le cartulaire de Richerenches [23] que dans celui de Saint-Gilles [24]. En revanche, la répartition topographique des actes se laisse plus malaisément saisir dans le cartulaire de Trinquetaille. Elle n'est donc pas une règle absolue.

3) La reproduction des originaux.

Le copiste avait donc sous les yeux les originaux, déjà classés ou non. Même dans le premier cas, cela n'empêche pas la présence d'actes en double exemplaire. Faut-il y voir une distraction du rédacteur ? Nous pensons qu'en fait celui-ci a fidèlement reproduit le contenu des archives et que si, dans

---

19. Cartulaire de Manosque, p. 27.

20. *Cartulaires des Templiers de Douzens* (note 2), p. X-XI.

21. La Bastide, les Pulvériers, la Motte, Caton, Manope, Terderie, les Fontaines, Clos d'Enganel, les Rivaux, Barnoin, Mataron. Cf. D. Le Blévec, *L'Hôpital de Saint-Jean de Jérusalem à Avignon et en Comtat Venaissin au XIIIe siècle*, dans *Des Hospitaliers de Saint-Jean de Jérusalem* (note 5), p. 17-61.

22. On trouve successivement : Petite Camargue, Grande Camargue, Terre d'Argence, agglomération de Saint-Gilles et son terroir immédiat. Cf. D. Le Blévec et A. Venturini, *Le pouvoir, la terre et l'eau en Camargue d'après l'«Authentique de l'Hôpital de Saint-Gilles» (1142-1210)*, dans *Actes du 63e congrès de la Fédération historique du Languedoc méditerranéen et du Roussillon (Montpellier, 24-25 mai 1991)*, Montpellier, 1992, p. 69-88.

23. *Cartulaire de la commanderie de Richerenches* (note 8), p. X-XI.

24. La logique de la classification topographique (Saint-Gilles, Saliers, Aubais, Générac, Calvisson, Argence) est moins nette que dans la partie initiale du cartulaire de l'Hôpital.

un cartulaire, un acte figure plus d'une fois, c'est qu'il en existait deux originaux au moins [25]. En contrepartie, on ne saurait affirmer que le scribe a copié exhaustivement le fonds original. Ripert-Monclar le souligne pour Richerenches [26]. Nous pouvons faire de même pour l'Hôpital de Saint-Gilles et pour celui de Manosque. S'il peut parfois s'agir d'oublis, c'est, à d'autres occasions, volontairement que le scribe a retenu l'acte le plus récent, dont l'existence lui permettait de faire l'économie des actes précédents devenus caducs. Dans le premier cas, il faut par exemple relever l'absence de la concession, qui est faite aux Hospitaliers en 1158 par l'abbé de Saint-Gilles, du droit d'élever une église [27] : c'est qu'en réalité l'acte est très restrictif et n'avantage que partiellement l'ordre. Autre exemple : à la commanderie de Manosque, l'une des donations du comte de Forcalquier Guillaume IV, celle de 1180, n'est pas reproduite car elle a été reprise et confirmée, voire amplifiée, par celles de 1207 [28]. Ces exemples témoignent d'une réflexion préalable et critique face aux pièces originales de la part du rédacteur et/ ou de ses supérieurs. Mais cet effort n'est pas constant et, d'une façon générale, il n'y a pas de logique selon nos critères modernes.

Les transcriptions sont-elles fidèles? La réponse à cette question ne saurait avoir de valeur absolue, puisqu'elle dépend du nombre de pièces originales parvenues jusqu'à nous. Nous avons pu établir le pourcentage d'originaux conservés par rapport aux actes transcrits dans les cartulaires des quatre maisons de l'Hôpital : Avignon, Manosque, Saint-Gilles, Trinquetaille. Les chiffres sont les suivants [29] :

. Avignon : 43 %,
. Manosque : 68,4 %,
. Saint-Gilles : 13,2%,
. Trinquetaille : 11,8 %.

Les observations doivent donc être prudentes. Cette précaution étant prise, la fidélité à la lettre des originaux est dans l'ensemble assez grande. S'il y a des passages oubliés et quelques rares modifications orthographiques, il n'existe pas d'interpolations. Notons en particulier que les Hospitaliers paraissent n'avoir pas recouru à la confection d'actes faux : ce n'est que plus tard qu'ils corrigeront, par exemple, le privilège de décembre 1177 du

25. Citons quelques exemples relevés dans l'Authentique de l'Hôpital de Saint-Gilles : actes n° 80 et 88, 304 et 306, 332 et 337, 358 et 361, et surtout 330 et 338 (trois originaux conservés).

26. *Cartulaire de la commanderie de Richerenches* (note 8), p. XI.

27. Arch. dép. Bouches-du-Rhône, 56 H 4101 et Arch. dép. Gard, H 632.

28. Donation de 1180 : Arch. dép. Bouches-du-Rhône, 56 H 4627. Donations de 1207 : actes n° 339 et 340.

29. Si l'on ne tient pas compte des actes «privés» sur lesquels on revient ci-après, les pourcentages sont : Avignon 43,6 % ; Saint-Gilles 15,3 % ; Trinquetaille 12,8 %. Le chiffre de Manosque reste inchangé.

comte de Toulouse Raimond V en supprimant la clause relative aux *feuda rusticorum* [30] ; plus tard encore, au XVᵉ siècle, un acte du cartulaire de Saint-Gilles (ou son original ?) leur servira de base pour la fabrication d'un faux [31]. Au total, bien peu de chose en comparaison des pratiques de certains autres établissements ecclésiastiques.

4) Composition des fonds.

Dans son dernier ouvrage, Georges Duby rappelle la présence, dans le recueil des chartes de l'abbaye de Cluny, de «débris» d'archives familiales, notant au passage leur caractère rare et précieux [32]. Or nous avons la chance de disposer, dans quelques-uns de nos cartulaires méridionaux, d'une assez forte proportion d'actes «laïcs» intégrés aux archives des maisons concernées.

Cette remarque ne concerne ni Manosque, dont le cartulaire est composé à 100% d'actes intéressant l'ordre, ni Richerenches, qui n'a qu'un acte «étranger» sur 272 (au reste, l'un des deux seuls rédigés en provençal) [33]. En revanche, quatre maisons permettent des observations intéressantes, puisque leurs cartulaires ont reproduit les dossiers laïcs antérieurs à l'acquisition des biens, dans les proportions suivantes :

. Temple de Saint-Gilles : 15,4 % (60 actes laïcs sur 388),
. Hôpital de Saint-Gilles : 14 % (53 sur 378),
. Trinquetaille : 9,9 % (31 sur 311),
. Avignon : 6,4 % (6 sur 93).

Pour une bonne part, ces dossiers retraçant l'histoire antérieure du bien concernent des possessions importantes : par exemple, pour l'Hôpital de Saint-Gilles, les tènements des Iscles et de Coute, en Petite Camargue, acquis des seigneurs du Cailar [34] ; à Avignon, les actes conservés se rapportent au donateur principal et premier commandeur de la maison, le chevalier Brocard [35]. On peut se demander quels sont les critères qui ont présidé à la copie de ces actes et si ces derniers étaient les seuls parvenus aux mains des ordres. On peut seulement proposer un début de réponse à la première interrogation : ont été transcrits les actes de valeur perpétuelle, qu'ils soient au bénéfice de l'Hôpital ou qu'ils engagent celui-ci, en tant que successeur des précédents seigneurs.

---

30. Authentique de l'Hôpital de Saint-Gilles, acte n° 324. La clause en question ne figure plus dans le vidimus établi vers 1260 par Jean des Arcis, sénéchal du Venaissin, et Gui Folqueis, assistés de l'évêque de Carpentras Guillaume Béroard (Arch. nat., J 309, n° 1).

31. Arch. dép. Bouches-du-Rhône, 56 H 4148, pseudo-acte de 1194, forgé d'après le n° 37 de l'Authentique.

32. Georges Duby, *L'histoire continue*, Paris, 1991, p. 28.

33. *Cartulaire de la commanderie de Richerenches* (note 8), n° 90.

34. D. Le Blévec et A. Venturini, *Le pouvoir, la terre* (note 22).

35. D. Le Blévec, *L'Hôpital de Saint-Jean* (note 21), p. 21-22.

5) Y a-t-il une hiérarchie des cartulaires entre eux ?

Cette question ne vaut bien entendu que pour chaque ordre envisagé séparément. En effet, si l'on prend l'exemple de Richerenches, on note que le cartulaire contient dix actes relatifs à Roaix. Ripert-Monclar a mis en évidence que la rédaction de cette partie du cartulaire avait été abandonnée aussitôt que le membre de Roaix était devenu une maison autonome, dotée ensuite de son propre cartulaire [36].

Dans le cas de Manosque, de nombreux actes figurent dans le cartulaire de Saint-Gilles. Mais nous ne pensons pas que le cartulaire de Manosque dérive, pour ces actes communs, de celui de Saint-Gilles. Il nous paraît plutôt composé localement à partir des originaux dévolus aux archives propres de la commanderie [37].

Pour Avignon, il faut remarquer l'absence dans le cartulaire de la donation initiale du chevalier Brocard (1199), qui figure en revanche dans le cartulaire de Saint-Gilles [38]. Il semble donc possible de conclure que cet acte primordial n'a pas figuré dans les archives propres de la commanderie d'Avignon, du moins au XIIIe siècle. Cependant la maison de Saint-Gilles, au moment de la rédaction de son cartulaire, ne détenait sans doute plus d'autres documents relatifs à Avignon.

On s'attendrait à ce que des liens de même nature rattachent Trinquetaille à Saint-Gilles. Cependant l'on ne note rien d'aussi affirmé. C'est que les deux cartulaires ont été entrepris simultanément, à un moment où l'autonomie de la commanderie de Trinquetaille était acquise vis-à-vis de Saint-Gilles.

Ces remarques posent le problème, difficile à résoudre, de l'organisation administrative du Prieuré et de la constitution des fonds d'archives propres à chaque maison, lors de l'érection en commanderies autonomes [39]. Le classement actuel du fonds de Malte des Archives des Bouches-du-Rhône (sous-série 56 H) contribue du reste à brouiller la perception de ce phénomène ancien. Un autre exemple le montre bien : l'acte de donation à l'Hôpital de Saint-Gilles de la *villa* de Puimoisson, sise en Haute-Provence, dans la région de Digne, et future commanderie, se trouve actuellement dans les chartes propres de cet établissement, alors qu'en réalité il était initialement conservé parmi les privilèges des comtes de Provence, ce qui signifie qu'il relevait des archives priorales. De fait, on en retrouve la transcription dans

---

36. Voir ci-dessus note 8.

37. Voir ci-dessous note 39.

38. Authentique de l'Hôpital de Saint-Gilles, acte n° 342.

39. L'existence d'archives propres aux commanderies paraît à peu près assurée dès la fin du XIIIe siècle au plus tard. Pour le Temple, elle apparaît clairement dans les inventaires rédigés par les officiers royaux en 1308, à l'occasion de la saisie des biens de l'ordre (Arch. dép. Bouches-du-Rhône, B 151-155). Quant à l'Hôpital, elle peut se déduire de l'histoire administrative ultérieure de l'ordre.

la dernière partie du cartulaire de Saint-Gilles, consacrée essentiellement à celles-ci [40].

II. LES RAISONS DE LA REDACTION DES CARTULAIRES

Après ces remarques sur le contenu, reste à poser le problème essentiel : pourquoi a-t-on entrepris la confection de ces recueils ?

Les ordres militaires, on l'a dit plus haut, ne font pas en ce domaine oeuvre originale. Autour d'eux, évêques, chapitres et abbayes avaient confectionné depuis longtemps leur cartulaire ou étaient en train de le faire. Mais, de même que les évêchés, chapitres et abbayes du Midi n'en ont pas tous réalisé (notamment les abbayes de Saint-Gilles, de Psalmodi, de Montmajour, les évêchés et chapitres de Cavaillon, Carpentras, Vaison, entre autres), un tiers seulement des commanderies des ordres militaires en possède. Le mouvement, dans des ordres en principe bien hiérarchisés, n'est donc pas général, à moins de supposer d'importantes pertes ou destructions d'archives au cours des siècles.

La possibilité de produire en justice le cartulaire à la place des originaux ne semble pas une raison majeure. En effet, on constate pendant toute la fin de la période médiévale le recours systématique aux vidimus des originaux sans référence aux cartulaires [41]. C'est donc que ceux-ci n'ont pas une valeur juridique suffisante. La raison en est que leurs transcriptions ne sont pas authentiquées. C'est du reste à cette lacune que va remédier la «nouvelle génération», si l'on peut dire, de cartulaires qui apparaît dans la seconde partie du XVe siècle, avec le cartulaire de Soriech, entièrement rédigé par un notaire royal qui atteste l'authenticité de sa transcription. Le cartulaire de Montfrin, quoiqu'il soit bien postérieur, relève du même souci : il est dû lui aussi à un notaire, commis par le Parlement de Toulouse. Ce sont ces cartulaires établis par des officiers publics qui prennent à bon droit le titre d'«Authentiques». Cette appellation, devenue courante pour les cartulaires médiévaux du Temple et de l'Hôpital de Saint-Gilles, et aussi de l'Hôpital de Trinquetaille, semble ne pas s'être appliquée à eux au début du XVIIe siècle, lorsque l'érudit provençal Nicolas Fabri de Peiresc en fait des extraits. Il ne les cite que comme des cartulaires (*cartologia*) [42]. Le terme d'«Authentique» s'officialise avec les Raybaud, avocats et archivaires du Grand-Prieuré de Saint-Gilles à la fin du XVIIe et au début du XVIIIe siècle. On relève également que c'est à partir de 1655 que se multiplient les copies prises sur le cartulaire de l'Hôpital sans recourir désormais aux originaux [43].

Toutefois, il faut nuancer ces remarques plutôt négatives sur un éventuel

40. Acte n° 345. L'original est dans la liasse 56 H 4825.

41. Pour l'Hôpital de Saint-Gilles, par exemple, on peut fournir au moins treize exemples de copies médiévales confectionnées à partir des originaux, sans référence au cartulaire.

42. Bibl. mun. Carpentras, ms 1816, fol. 598 et 603.

43. Voir tradition des actes n° 15, 21, 31, 62, 93 , 244, 313, 329, 331-333. Notons toutefois qu'au milieu du XVIIIe siècle, l'on préférera recourir aux originaux, lorsqu'ils existent encore, le cartulaire faisant foi à défaut de ceux-ci.

usage judiciaire des cartulaires. En effet, nous avons déjà signalé qu'on trouve, à la fin du cartulaire de Manosque, les comptes d'un voyage effectué en 1248 de Manosque à Gênes. Le recueil a donc voyagé lui aussi et peut-être servi de début de preuve dans un débat contentieux entre l'Hôpital et le chapitre de Forcalquier, l'affaire étant portée devant le pape Innocent IV [44].

Il nous paraît plus probable que l'on ait entrepris la confection de ces cartulaires pour éviter le maniement fréquent de chartes précieuses, dans la gestion courante : perception des redevances, vérification de limites de terres, recherche de témoins etc. Ce souci a pu naître assez tôt dans l'histoire de certaines maisons : ainsi à Richerenches, comme du reste à Douzens, l'entreprise est lancée du temps des tout premiers commandeurs. Ailleurs en revanche, on a attendu une cinquantaine d'années et la constitution d'un temporel de quelque ampleur : c'est le cas du Temple et de l'Hôpital de Saint-Gilles, ainsi que de Trinquetaille et de l'Hôpital d'Avignon.

Se pose alors la question de l'absence de mise à jour de ces recueils : aucun, en effet, des sept cartulaires médiévaux étudiés ici, même quand leur confection s'est étendue sur une longue période, n'a été complété au fur et à mesure des nouvelles acquisitions [45]. Il est vrai que l'essentiel des temporels des maisons est constitué aux alentours de 1200, et pour Avignon avant 1250. Mais le chartier des maisons contient quelques acquisitions ultérieures non négligeables, qui n'ont pas été transcrites [46]. Sans doute avait-on trouvé dans des recueils plus frustes et plus maniables des substituts aux cartulaires : par exemple des terriers et des censiers, qui suffisaient à des vérifications courantes. Le fonds du Grand-Prieuré de Saint-Gilles contient plusieurs recueils de cette nature. Pour deux au moins des commanderies qui nous intéressent (Manosque et Avignon), ce qui subsiste des archives permet de supposer leur existence et leur utilisation dès la seconde moitié du XIIIe siècle [47]. Mentionnons toutefois que quelques-uns des cartulaires ont continué à être utilisés, malgré leur inachèvement. Celui de l'Hôpital de Saint-Gilles a été annoté et muni d'une table des actes au XVe siècle. Celui du Temple de Saint-Gilles et celui du Temple de Roaix comportent quelques annotations de la même époque.

Compte tenu de la date de rédaction des cartulaires de l'Hôpital de Saint-Gilles (ap. 1206 - av. 1214) et de Trinquetaille (ap. 1212 selon son éditeur),

44. Voir ci-dessus note 19. Les événements troublés de 1247-1248 à Manosque sont exposés dans Félix Reynaud, *La commanderie de l'Hôpital de Saint-Jean de Jérusalem, de Rhodes et de Malte à Manosque (XIIe siècle-1789)*, Gap, 1981, p. 45.

45. Toutefois, seule exception, le cartulaire du Temple de Saint-Gilles contient deux actes ajoutés postérieurement et nettement plus récents que tous les autres (1259 et 1266).

46. Par exemple, pour l'Hôpital de Saint-Gilles, le rachat en 1248 du cens annuel pesant sur le tènement des Iscles (Arch. dép. Bouches-du-Rhône, 56 H 4109).

47. On conserve pour Manosque un fragment de terrier de la fin du XIIIe siècle (Arch. dép. Bouches-du-Rhône, 56 H 1038) et pour Avignon une liève de cens de 1319 (56 H 1304).

peut-on penser que la croisade albigeoise a pu inciter l'ordre à mettre ses affaires à jour, dans l'incertitude où il se trouvait quant à l'issue des événements ? On sait en effet que les Hospitaliers ne cachaient pas leur sympathie pour la maison de Toulouse qui, d'ailleurs, le leur a bien rendu [48] : on trouve dans le cartulaire de Saint-Gilles nombre de privilèges et de confirmations bienveillantes de Raimond V et de Raimond VI en leur faveur [49]. Il est difficile de trancher : en faveur d'une réponse positive à la question posée, on peut faire valoir que l'un des deux cartulaires (Trinquetaille) a bien été confectionné au moment où la croisade battait son plein. Quant à l'autre (Saint-Gilles), il a été entrepris lorsque la situation devenait tendue en Languedoc et sa rédaction a été poursuivie pendant les premières années de la croisade. Une chose, par ailleurs, est sûre : ce dernier cartulaire, en tant qu'il est aussi celui du Prieur, responsable de l'ordre dans le Midi de la France, contient la transcription des actes relatifs à la soumission du comte de Toulouse Raimond VI au légat pontifical Milon en 1209 [50]. Les Hospitaliers ont-ils voulu ainsi être parmi les garants de ces accords ou bien affirmer leur obéissance à l'Eglise romaine ? Cette question subsidiaire reste ouverte.

En faveur d'une réponse négative, il faut souligner que, de leur côté, les Templiers de Saint-Gilles avaient commencé leur cartulaire dès 1202-1203, le terminant très probablement avant 1208. Leur exemple a pu entraîner le début de la rédaction de l'Authentique de l'Hôpital.

*

* *

Pour conclure, notre apport à la problématique de cette table-ronde sera nuancé. Si nous pensons avoir apporté quelques éléments sur la manière dont sont confectionnés les cartulaires, il nous est difficile de répondre clairement à la question : pourquoi les rédige-t-on ? Il ne nous a pas été possible, notamment, de déterminer qui en a pris l'initiative au sein de la hiérarchie de l'ordre (commandeur ? prieur ? grand maître ?), ni les circonstances qui ont pu motiver la décision. On peut en revanche avancer qu'il n'y a pas de type spécial de cartulaire propre aux ordres militaires : ceux-ci paraissent se conformer à des modèles courants. Ces observations, faites d'après les cartulaires de la basse vallée du Rhône, sont corroborées par la comparaison avec les cartulaires des Templiers de Douzens. Il conviendrait à présent d'élargir ces comparaisons en confrontant nos cartulaires méridionaux à ceux d'autres provinces. S'agissant d'ordres aussi hiérarchisés et organisés que le Temple et l'Hôpital de Saint-Jean de Jérusalem, à l'inverse des chapitres ou des grandes abbayes bénédictines, une telle confrontation apporterait sans doute un éclairage intéressant sur les questions imparfaitement élucidées.

48. É. Delaruelle, *Templiers et Hospitaliers* (note 13), p. 315-334.
49. Voir ci-dessus note 10.
50. Actes n° 354-357.

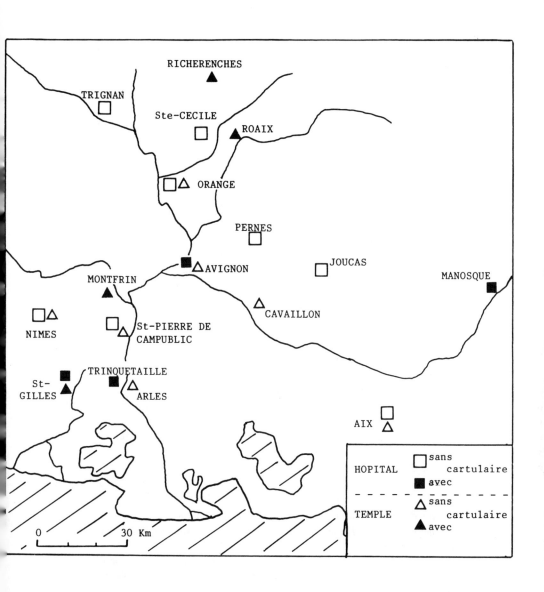

CARTULAIRES DE COMMANDERIES DES ORDRES MILITAIRES
(Sud-Est, XIIIᵉ siècle)

ANNEXE

NOTICES DESCRIPTIVES DES CARTULAIRES

[Les dimensions données sont des moyennes.]

1. Commanderie d'Avignon (Hôpital).

Situation : com. Avignon (Vaucluse, ch. - l. de dép.), anc. dioc. Avignon ; *date de fondation* : 1200-1205.

Lieu de conservation du cartulaire : Arch. dép. Bouches-du-Rhône, 56 H 1281.

Date de confection : vers 1244-1246.

Description matérielle : 23,6 x 14,8 cm ; 118 fol. parch. ; reliure parch. XIIIe siècle.

Type de transcription : pleine page, à longues lignes.

Nombre d'actes : 93 ; *dates extrêmes* : 1185-1245.

Édition : - ; Stein n° 308.

2. Commanderie de Manosque (Hôpital).

Situation : com. Manosque (Alpes de Haute-Provence, ch. - l. de cant.), anc. dioc. Sisteron-Forcalquier ; *date de fondation* : second quart XIIe siècle.

Lieu de conservation du cartulaire : Arch. dép. Bouches-du-Rhône, 56 H 849.

Date de confection : ap. 1239-av. 1248.

Description matérielle : 25 x 18,5 cm ; 16 fol. parch. ; non relié.

Type de transcription : sur deux colonnes.

Nombre d'actes : 19 ; *dates extrêmes* : 1149-1239.

Édition : - ; Stein -.

3. Commanderie de Richerenches (Temple).

Situation : com. Richerenches (Vaucluse, cant. Valréas), anc. dioc. Saint-Paul-Trois-Châteaux ; *date de fondation* : 1145.

Lieu de conservation du cartulaire : Bibl. mun. Avignon, ms 2488 et Arch. dép. Vaucluse, H Richerenches 1.

Date de confection : 1150 env. - 1214 env.

Description matérielle : 27,5 x 19,5 cm ; [163 fol. initialement, réduit actuellement à] 160 fol. parch. ; reliure d'époque moderne (fin XVIIe-XVIIIe siècle).

Type de transcription : pleine page, à longues lignes.

Nombre d'actes : 272 (dont 10 concernant Roaix avant son érection en commanderie) ; *dates extrêmes* : 1136-1214.

Édition : Marquis de Ripert-Monclar, Avignon-Paris, 1907 (chartes de Richerenches proprement dites, plus deux chartes de Roaix ne se retrouvant pas dans le cartulaire propre de cette maison) ; Stein n° 3203.

4. Commanderie de Roaix (Temple).

Situation : com. Roaix (Vaucluse, cant. Vaison-la-Romaine), anc. dioc. Vaison ; *date de fondation* : 1148.

Lieu de conservation du cartulaire : Bibl. nat., lat. 11082.

Date de confection : ap. 1225.

Description matérielle : dimensions très variables selon les fol. ; [40 fol. subsistant au XVIII⁰ siècle, réduits actuellement à] 32 fol. parch. (les fol. 25 à 32 ont disparu) ; reliure XIX⁰ siècle.

Type de transcription : pleine page, à longues lignes.

Nombre d'actes : 85 ; *dates extrêmes* : 1137-1225.

Édition : Ulysse Chevalier, *Collection de cartulaires dauphinois*, III, 1⁰ livraison, Vienne, 1875, p. 59-136 ; Stein n° 3211.

5. Commanderie de Saint-Gilles (Hôpital).

Situation : com. Saint-Gilles (Gard, ch. - l. de cant.), anc. dioc. Nîmes ; *date de fondation* : 1113 (Prieuré), 1158 (commanderie).

Lieu de conservation du cartulaire : Arch. mun. Arles, GG 89.

Date de confection : ap. 1206-av. 1214.

Description matérielle : 34,5 x 23 cm ; 185 fol. parch. ; vers 1980, la reliure en basane d'époque moderne (XVIII⁰ siècle ?), en mauvais état, a été remplacée par une reliure en cuir traitée à l'ancienne.

Type de transcription : pleine page, à longues lignes.

Nombre d'actes : 378 ; *dates extrêmes* : 1129-1210.

Édition : en cours par Daniel Le Blévec et Alain Venturini ; Stein n° 3434.

6. Commanderie de Saint-Gilles (Temple).

Situation : com. Saint-Gilles (Gard, ch. - l. de cant.), anc. dioc. Nîmes ; *date de fondation* : vers 1150.

Lieu de conservation du cartulaire : Arch. mun. Arles, GG 90.

Date de confection : ap. 1201-av. 1208.

Description matérielle : 25,5 x 17,5 cm ; 218 fol. parch. ; vers 1980, la reliure en basane d'époque moderne (XVIII⁰ siècle ?), en mauvais état, a été remplacée par une reliure en cuir traitée à l'ancienne.

Type de transcription : pleine page, à longues lignes.

Nombre d'actes : 388 ; *dates extrêmes* : 1134-1202 [1266].

Édition : - ; Stein -.

7. Commanderie de Trinquetaille (Hôpital).

Situation : com. Arles (Bouches-du-Rhône, ch. l. d'arr.), anc. dioc. Arles ; *date de fondation* : vers 1160.

Lieu de conservation du cartulaire : Arch. dép. Bouches-du-Rhône, 56 H 3217.

Date de confection : ap. 1212.

Description matérielle : 41 x 29 cm ; 85 fol. parch. ; reliure XVIII⁰ siècle.

Type de transcription : sur deux colonnes.

Nombre d'actes : 311 ; *dates extrêmes* : 1114-1212.

Édition : Paul Amargier, Aix-en-Provence, 1972 ; Stein n° 3952.

REMARQUES ET DISCUSSION

Jacques CHIFFOLEAU : *Comment comprendre les pratiques différentes des ordres religieux à l'égard du cartulaire, de la forme-cartulaire ? Pourquoi, en Provence, les cisterciens ne semblent pas produire de cartulaires, les Hospitaliers et les Templiers si ? Comment expliquer, au XIIe et au XIIIe siècle au moins, l'attitude différente des chapitres cathédraux et des évêques à l'égard de ce même système (cartulaires pour Apt, Avignon et, tardivement, Arles, mais rien pour Marseille, Aix, etc...) ?*

Daniel LE BLEVEC : *Je suis tout à fait d'accord avec les remarques de Jacques Chiffoleau : dans la région considérée, il existe en effet très peu de cartulaires monastiques, rien pour les cisterciens, ni pour les chartreux par exemple. En revanche, en prenant en compte, comme nous l'avons fait, les pays situés sur les deux rives du Rhône, on dispose globalement d'un nombre notable de cartulaires d'évêchés et de chapitres (Arles, Avignon, Orange, Aix, Nîmes, Maguelone). Mais, c'est vrai, pour ce qui est des ordres religieux, il faut bien reconnaître ici la situation exceptionnelle des ordres militaires.*

Michel PARISSE : *Vous éditez un cartulaire, alors qu'existent encore des originaux. Quel texte retenez-vous, celui du cartulaire ou celui des originaux ? En second lieu, ces cartulaires ont-ils une spécificité par rapport à ceux des autres ordres ?*

Alain VENTURINI : *Nous respectons l'ordre des actes présenté par le cartulaire. Mais quand les originaux subsistent, nous éditons leur texte, en donnant en notes les variantes du cartulaire.*

Daniel LE BLEVEC : *En ce qui concerne l'originalité des cartulaires de commanderie, elle n'apparaît pas pour ceux que nous avons étudiés. «Nos» cartulaires semblent au contraire se conformer à des modèles courants du type monastique.*

Jean-Marie MARTIN : *L'édition doit, à mon avis, respecter le cartulaire, quel que soit le mode de publication choisi, mais ce respect entraîne des contraintes. Lorsque le cartulaire comporte, outre les copies de chartes ou notices, des textes composés, l'édition doit, me semble-t-il, respecter l'ensemble du document, en le laissant dans son ordonnance réelle. Lorsque le cartulaire ne contient que des actes (ou notices), on peut (et parfois on doit) remettre ces actes en ordre chronologique mais il faut, dans une introduction, et grâce à un tableau de concordances, permettre au lecteur de reconstituer à coup sûr l'ordre réel des pièces dans le cartulaire, en indiquant les sections, etc. Quand on possède l'original (ou une copie ancienne) d'un acte copié dans un cartulaire, il faut évidemment publier aussi cet original. Mais dans le cadre de l'édition d'un cartulaire, il ne me semble pas totalement aberrant de publier les variantes de l'original par rapport au texte transmis par le cartulaire, considéré* **dans ce cadre** *comme la version principale.*

Arlette HIGOUNET-NADAL : *En ce qui concerne la présentation et le classement des actes des cartulaires, j'ai opté, à propos du cartulaire de la Sauve Majeure (Gironde), pour le respect strict du manuscrit, quitte à mentionner les cas où des actes postérieurs ont été ajoutés dans les marges ou dans les espaces restés blancs en bas des pages (ce cartulaire est numéroté par page et non par folio). Le cartulaire original a un classement légèrement topographique. Les index doivent aider les chercheurs.*

Alain VENTURINI : *Pour notre projet d'édition, nous conservons l'ordre géographique que présente la partie initiale du cartulaire, puis l'ordre des actes tels qu'ils viennent.*

Monique BOURIN : *1) La ventilation par type d'établissement religieux et par ordre fait apparaître à l'ouest du Rhône une situation très différente : ici, la plupart des établissements religieux, chapitres, évêchés, abbayes rédigent un cartulaire dans les premières années du XIIIe s., à l'exception des ordres militaires.*

2) J'ai quelque doute sur le rôle de la Croisade des Albigeois comme facteur principal déclenchant la rédaction des cartulaires, du moins à l'ouest du Rhône. Certains cartulaires sont antérieurs. Dans la plupart, les traces de la Croisade sont des plus ténues, notamment les éventuelles conséquences de certaines confiscations. L'impression fondamentale est celle d'une double rupture dans la pratique et la conservation des actes écrits avec l'organisation du notariat : les derniers biens acquis par les établissements religieux donnent lieu dans le cartulaire à de volumineux dossiers de chartes et les notaires sont désormais chargés de la conservation des instruments.

Daniel LE BLEVEC : *Effectivement, le contraste est assez saisissant entre la Provence et le Languedoc en ce qui concerne la date de rédaction des cartulaires, sauf toutefois le Languedoc «rhodanien» (diocèse de Nîmes) qui présente des parentés évidentes avec la Provence.*

Pour ce qui est de l'influence de la croisade albigeoise, nous sommes bien persuadés qu'elle n'est pas un facteur essentiel puisque, en effet, plusieurs cartulaires ont été confectionnés avant, en particulier celui du Temple de Saint-Gilles. La question ne pouvait cependant pas être éludée, dans la mesure où nous avons dans le cartulaire des Hospitaliers de Saint-Gilles la reproduction des actes relatifs à la soumission du comte Raimond VI en 1209. Mais il s'agit là de la seule référence explicite aux événements.

CARTULAIRES DE LÉPROSERIE
DANS LA FRANCE DU NORD
(XIIIe-XVe SIECLE)

par

FRANÇOIS-OLIVIER TOUATI

Dans la *Bibliographie des cartulaires français* dressée par Henri Stein en 1907, n'apparaissent, sur les quelque 4522 numéros recensés, que 24 cartulaires ou collections écrites issus de 18 léproseries du Moyen Age, toutes situées, à une seule exception - la maladrerie Saint-Thomas de Millau (Aveyron)-, au nord de la Loire [1].

En fait, pour s'en tenir à l'espace considéré et aux seuls recueils produits à l'époque médiévale dont se soit au moins conservée la trace, le décompte, certes toujours révisable [2], conduit aujourd'hui :

- à écarter quatre recueils factices constitués par les copistes ou les éditeurs

---

1. Stein 2453 (Millau) ; on trouvera l'ensemble des références dans les notes qui suivent ainsi que dans les tableaux placés en annexe.

2. Tel est en particulier le cas pour la léproserie de Breteuil-sur-Iton (ch.-l. cant., Eure), pour laquelle un «cartulaire», signalé par certains auteurs qui ne l'ont pas consulté (Auguste Le Prévost, *Mémoires et notes pour servir à l'histoire du dép. de l'Eure*, t. I, Évreux, 1862, p. 433 ; Charpillon, *Dictionnaire historique de toutes les communes du dép. de l'Eure*, Les Andelys, 1868, t. I, p. 568 ; Jacques Charles, *Les maladreries du département de l'Eure*, dans *Connaissance de l'Eure*, 1982, n° 84, p. 30-47, à la p. 35), n'est toutefois pas mentionné dans la description sommaire du fonds par Amédée-Louis Lechaudé-d'Anisy, *Recherches sur les léproseries et maladreries, dites vulgairement maladreries qui existaient en Normandie* dans *Mémoires de la Société des Antiquaires de Normandie*, t. 17, 1847, p. 172, ni par Albert Joseph Devoisins, *Histoire de Notre-Dame-du-Désert*, Paris, 1901, p. 198 n. 1, ni, plus récemment, par Claude Lannette, *Guide des Archives de l'Eure*, Évreux, 1982, p. 490. En l'absence de versement public de ces archives aujourd'hui encore maintenues à l'Hospice de Breteuil, ce fonds nous est demeuré provisoirement inaccessible ; M. Roquebernou, actuel directeur de cette institution, a bien voulu nous indiquer que les documents les plus anciens (bulle de Célestin III) lui semblaient avoir disparu et qu'il n'avait connaissance d'aucun registre datant de l'époque médiévale.

modernes (cas de ceux relatifs aux communautés de Montreuil-sur-Mer, Pierrefonds, Pontfranc et Royon) et cités par Stein [3] ;

- à ajouter au moins sept registres supplémentaires non signalés, dont un probable, consignant les actes de six léproseries distinctes : Saint-Lazare de Cambrai, Saint-Denis à Léchères, le Grand-Beaulieu à Chartres, Saint-Lazare de Pontoise, Notre-Dame de Beaulieu à Caen et la maladrerie de Château-Renault [4].

Mettant de côté l'imposante série de documents de même ordre (au nombre de six gros registres de confection relativement tardive) qui émanent des deux communautés lépreuses de Bruges et momentanément à part le dossier des actes de la léproserie du Quesne, inclus dans le *Cartulaire de Ponthieu* [5], le corpus rassemblé porte donc sur 20 «cartulaires» répartis entre 16 établissements.

Seule une dizaine de ces recueils a fait l'objet d'une première approche, pour l'essentiel des plus réduites : transcription partielle ou totale de leur contenu par quelques érudits ou copistes depuis le XVIIe siècle donnant parfois l'unique attestation d'un document aujourd'hui perdu, tel le cartulaire de Saint-Lazare de Blois, reconstituable grâce aux notes de Jean de Mondonville [6] ; éditions déjà anciennes pour quatre d'entre eux (le «cartulaire» du Grand-Beaulieu à Chartres, recueil factice à partir d'originaux et de deux cartulaires

---

3. Auguste de Loisne, *La maladrerie du Val de Montreuil. Histoire et cartulaire*, Abbeville, 1903 [= Stein 2595] ; Cartulaire de la maladrerie de Pierrefonds, ms du XVIIe siècle, Arch. dép. Oise, non coté [= Stein 3031] ; Henri Stein, éd., *Recueil des chartes de la maladrerie de Pontfraud près Château-Landon (XIe-XVe siècle)*, dans *Annales de la Société historique et archéologique du Gâtinais*, t. 16, 1908, p. 37-109 [= Stein 3058] ; Edouard de Barthélemy, *Notice historique et archéologique sur les communes du canton de Ville-sur-Tourbe (Marne)*, dans *Annuaire de la Marne*, 1865, p. 480-481 [= Stein 4469].

4. Cf. ci-dessous, tableaux en annexe.

5. Le Quesne, Somme, arr. Amiens, c. Hornoy. Stein 4241 à 4245 ; Bibl. nat., lat. 10112, fol. 354-365 ; voir ci-dessous, la carte de cette répartition.

6. Bibl. nat., fr. 24133, p. 369-379 et Arch. nat., S 4831B ainsi que Bibl. nat., Champagne 146, fol. 44-48 et Jean Bernier, *Histoire de Blois*, Paris, 1682, p. 64-66, *Preuves*, p. XV ; Charles Métais, *Maladrerie de Saint-Lazare de Blois*, Blois, 1892, paginé 61 à 69 et Joseph de Croy, *Notice sur le cartulaire de la léproserie de Saint-Lazare de Blois*, dans *Revue de Loir-et-Cher*, t. 140, 1899, col. 169-186 ; pour Saint-Lazare de Pontoise, analyse des titres par Métivier de Saint-Liébault : Joseph Depoin dans *Mémoires de la Société historique et archéologique de l'arrondissement de Pontoise*, t. 37, 1922, p. 55-64. Egalement pour Saint-Lazare de Meaux, copie entre 1746 et 1748 par Eustache Marie Joseph Delaunay, administrateur de l'Hôtel-Dieu de Meaux, dans le Cartulaire de l'Hôtel-Dieu [= Stein 2402] ; pour Saint-Lazare de Cambrai, Arch. dép. Nord, 19 H 3 (tables d'un cartulaire disparu et inventaire) et copies par le chanoine Tranchant, guillotiné en 1794, Bibl. mun. Cambrai, ms 1007 [905], fol. 1 à 56 ; pour Saint-Nicolas d'Evreux, copie par l'abbé P. F. Lebeurier (1851-1874), conservateur des Archives de l'Eure, Bibl. nat., nouv. acq. lat. 94 ; pour la léproserie de Bolleville, copie par P. Smith (1878), Bibl. nat., nouv. acq. fr. 4162.

distincts, celui de la léproserie des Deux-Eaux à Troyes et le registre de Saint-Denis de Léchères) ; attrait plus récent enfin, dans une semblable perspective d'édition, pour quatre autres (les cartulaires de Saint-Lazare de Paris, de Saint-Gilles de Pont-Audemer, de Saint-Lazare de Meaux et du Popelin), travaux non définitifs et, en tout état de cause, confidentiels pour les deux premiers cités [7].

Equivalents à 0,4 % de la masse des recueils de même nature actuellement repérés en France, toutes provenances institutionnelles confondues, ces monuments archivistiques n'ont pratiquement jamais été considérés pour eux-mêmes ni étudiés dans leurs rapports avec la vie et la gestion des communautés auxquelles ils ont servi : ils en forment pourtant encore des témoins privilégiés «suppléant à la perte d'innombrables originaux» [8].

Face à une catégorie de documents peu nombreux, que seule distingue a priori la spécificité des groupes humains concernés, le panorama proposé ici désire uniquement faire oeuvre de reconnaissance. Il sera cantonné aux aspects majeurs pour lesquels une enquête menée sur la lèpre, les lépreux et les léproseries de la province ecclésiastique de Sens jusqu'au milieu du XIVe siècle et appelée à être géographiquement étendue a permis une exploration initiale : 11 des 20 registres qui fondent cette étude relèvent de ce dernier espace [9].

I. Repartition et typologie : ou et quoi ?

Au seuil de plus amples investigations, ressort un premier trait frappant : la rareté et la dissémination des recueils considérés. Une simple comparaison avec la proportion de cartulaires hospitaliers, estimable à environ 2,3 % des cartulaires répertoriés, parviendrait-elle à tempérer ce constat ? En leur sein, les registres relatifs aux léproseries ne comptent que pour moins d'un

7. René Merlet et Maurice Jusselin, éd., *Cartulaire de la léproserie du Grand-Beaulieu*, Chartres, 1909 (*Collection des cartulaires chartrains*, 2) ; J. Harmand, *Notice historique sur la léproserie de la ville de Troyes*, Troyes, 1849 ; Léon Le Grand, *Tableau d'une léproserie en 1336. Saint-Denis de Léchères au diocèse de Sens*, dans *Bibliothèque de l'Ecole des chartes*, t. 61, 1900, p. 479-508 ; Simone Lefèvre, éd., *Recueil d'actes de Saint-Lazare [de Paris]*, t. I, 1124-1254, Paris, s.d. [1968 ?], dactyl. ; Simone Mesmin, *The leper hospital of Saint-Gilles de Pont-Audemer : an edition of its cartulary and an examination of the problem of leprosy in the twelfth and early thirteenth century*, Ph. D., University of Reading, 1978 ; F.-O. Touati, *Actes et cartulaire de la léproserie de Saint-Lazare de Meaux, XIIe-XIIIe siècles* et *Actes et cartulaire de la léproserie du Popelin, 1108 (?)-1256*, à paraître au C.T.H.S.
8. Définition du genre par Alain de Boüard, *Manuel de diplomatique française et pontificale*, I, Paris, 1929, p. 217 ; à Paris, 102 actes sont seulement connus grâce au cartulaire de Saint-Lazare.
9. F.-O. Touati, *Lèpre, lépreux et léproseries dans la province ecclésiastique de Sens jusqu'au milieu du XIVe siècle*. Thèse de doctorat d'Histoire, sous la dir. de P. Toubert, Université de Paris I, 1992, 7 vol.

cinquième [10]. Ce caractère se trouve grossi du nombre important de communautés dont l'existence antérieure au XIVᵉ siècle a pu être démontrée : 395 pour les seuls huit diocèses de la province de Sens [11]! Encore convient-il d'opérer un tri pour lequel - entre autres indices - la présence d'un ou de plusieurs cartulaires servirait en quelque sorte de «marqueur» : il y a en effet fort peu de chance, si l'on tient compte par exemple de l'étroitesse patrimoniale de la plupart des 48 établissements du diocèse de Paris, visités et décrits en 1351 par le délégué épiscopal, pour que l'élaboration de tels recueils ait partout revêtu la même utilité [12]. Corroborant à la fois l'étendue de leur patrimoine, le poids de leurs effectifs communautaires en relation avec la pression démographique environnante, la taille de leurs constructions ou la multiplicité des échanges tissés avec d'autres institutions laïques ou ecclésiastiques, il n'y a nul étonnement à voir ainsi 8 des 16 léproseries pourvues de tels instruments écrits se situer à l'ombre des principales cités : Paris, Cambrai, Chartres, Bayeux, Évreux, Meaux, Sens et Troyes.

A l'inverse, des communautés d'envergure comparable, elles-mêmes situées auprès de sièges épiscopaux - Amiens, Beauvais, Reims, Rouen, Nevers, Le Mans, Tours ou Angers - n'en ont conservé aucune trace : faut-il invoquer l'absence ou la perte ? Cette dernière hypothèse, confirmée par la disparition de la quasi-totalité des archives, est vraisemblable dans les cas de Saint-Lazare d'Orléans ou de Saint-Lazare de Nevers [13]. Des témoignages postérieurs permettent de le vérifier et d'en reconstituer pour partie le contenu pour deux autres établissements qui, sans être implantés auprès de centres diocésains, équipent toutefois des villes aux dimensions reconnues : Saint-Lazare de Blois et Saint-Lazare de Pontoise. Leur niveau ainsi que l'attention dont ils sont l'objet de la part de l'ensemble des pouvoirs permet de les comparer aux léproseries d'Abbeville, de Caen et de Pont-Audemer pour lesquelles ont été également constitués trois remarquables recueils d'actes. Le cas du cartulaire de Bolleville, de rédaction tardive, aurait pu passer complètement inaperçu,

---

10. Décompte à partir du répertoire de Stein, 104 unités.

11. F.-O. Touati, *Lèpre, lépreux et léproseries* (note 9), chapitre VI, «L'apparition des léproseries».

12. Arch. nat. L 409 : éd. L. Le Grand, *Les maisons-Dieu et léproseries du diocèse de Paris au milieu du XIVᵉ siècle*, Paris, 1899, et F.-O. Touati, *op. cit.*, p. 570-574 et p. 920-928 («Un développement inégal»).

13. Voir notamment : Jacques Godard, *La maladrerie de Saint-Ladre et la condition des lépreux à Amiens au Moyen Age*, dans *Bulletin de la Société des Antiquaires de Picardie*, t. 35, 1933-1934, p. 173-291 ; Victor Leblond, *Cartulaire de la maladrerie de Beauvais*, Paris, 1922, CXV-624 p. ; Paul Hildenfinger, *La léproserie de Reims du XIIᵉ au XVIIᵉ siècle*, Reims, 1906 ; Eugène Jarry, *Notes et documents sur la maladrerie (Hôtel Saint-Ladre) d'Orléans*, dans *Mémoires de la Société archéologique de l'Orléanais*, t. 35, 1919, p. 195-259 ; Abbé Sery, *Une léproserie de Nevers : Saint-Lazare-les-Nevers*, dans *Bulletin de la Société nivernaise*, 3ᵉ série, t. 8, 1900, p. 421-440 ; G. Bachaud, *Notes d'histoire sur le Mouesse*, *ibid.*, t. 28, 1931-1934, p. 398-419 et p. 465-600 ; Henri de Berranger, *Répertoire des archives de la maladrerie Saint-Lazare du Mans*, Le Mans, 1934.

comme celui de Léchères, si certaines circonstances spécifiques n'avaient prévalu à leur réalisation. En revanche, les fonds archivistiques volumineux de certaines communautés telles que Saint-Lazare de Beauvais, Pontfranc, Saint-Florentin ou Le Roule à Paris n'offrent aucun recueil datable de l'époque médiévale [14].

Si donc la confection d'un cartulaire témoigne pour une léproserie du franchissement d'un certain seuil patrimonial - en cela le cas ne diffère guère de celui d'autres types de seigneuries ecclésiastiques -, ce stade n'est pas suffisant pour justifier à lui seul une opération qui dépasse de loin le simple phénomène de la copie.

De quoi s'agit-il et à quelles formes de documents a-t-on affaire ?

Des caractères communs unissent ces recueils d'actes dès lors que l'on prend soin de distinguer deux ensembles qui répondent à deux réalités chronologiques différentes. Des volumes de dimensions réduites, maniables, forment un premier groupe : ils ne dépassent pas un format de 252 mm de hauteur sur 176 mm de largeur (Saint-Lazare de Meaux), allant d'une épaisseur de 25 folios (Saint-Nicolas d'Évreux) à 139 folios (Saint-Lazare de Paris). «Grand comme la main», disent les inventaires du XVIIe siècle de ce type de cartulaires [15], confectionnés avec un soin relatif mais non excessif : titres ou rubriques à l'encre rouge, texte orné de lettrines initiales de couleur rouge ou bleue parfois alternée (Saint-Lazare de Paris, Saint-Nicolas d'Evreux) ou chatironnées (Saint-Lazare de Paris, fol. 1 ; Le Popelin, fol. 17), occupant une pleine page, marges et réglures préparées avec minutie, parfois dotés de réclame (Saint-Lazare de Meaux) et d'une numérotation apportée dès l'origine en chiffres romains par cahier (comme à Chartres ou à Saint-Nicolas d'Evreux) ou par page (Saint-Lazare de Paris), munis enfin d'une table en tête du volume dans le cas du Cartulaire rouge du Grand-Beaulieu et des deux copies qui lui font suite. La reliure d'origine, lorsqu'elle subsiste, est constituée d'une feuille de parchemin plus épaisse mais souple, recouvrant l'ensemble (Saint-Lazare de Meaux, Le Popelin, premier cartulaire de Saint-Lazare de Cambrai) ; une couverture sans doute légèrement postérieure, comme l'atteste le réemploi de manuscrits ajoutés en renfort intérieur, faite de plats rigides en pleine peau brun foncé décorée de doubles traits géométriques, protège et solennise deux de ces cartulaires : ceux de Saint-Nicolas d'Evreux et de Saint-Gilles de Pont-Audemer.

La seconde catégorie réunit des volumes de dimensions et de poids plus imposants, tels les cartulaires des léproseries de Caen, Bayeux (7,820 kg !) ou de Troyes, de près de 40 cm de haut sur 28 cm de large pour une épaisseur

---

14. Examen de ces fonds dans F.-O. Touati, *Lèpre, lépreux et léproseries* (note 9), t. I, p. 29 et suiv. et t. II («Atlas-répertoire»).

15. Par exemple dans les extraits faits pour Gaignières à partir de l'un des cartulaires du Grand-Beaulieu, Bibl. nat., lat. 17048, p. 179 (p. 179-183).

susceptible d'atteindre plus de 400 feuillets. Ecrits sur le modèle des registres de tabellionnage, parfois précédés d'une table en proportion de leur épaisseur comme à Bayeux, leurs cahiers assemblés suivant un repère alphabétique (A, B, C, chacun sous-numéroté en chiffres romains, AI à AVIII, BI à BVIII) comme à Troyes, ils sont le plus souvent couverts d'une reliure de plein cuir (en veau à Bayeux, coloré en vert à Troyes) montée sur deux ais de bois ou de carton fort.

Formant transition entre ces deux groupes, trois documents hétérogènes ont pour première particularité d'utiliser un support de papier, à la différence des précédents, respectivement sur parchemin ordinaire ou sur velin. Véritable registre (*registrum*), comme le dénomme son auteur Manuel de Plaisance, chambrier du chapitre de Paris prenant possession de la léproserie de Léchères en 1336, le recueil relatif à cet établissement est un petit in-quarto de 53 folios ; il dresse en fait un inventaire des biens et des comptes de la maison ordonné en sept parties ; l'une d'entre elles, consacrée aux titres de propriété qui l'accompagnent, livre ainsi la teneur de 20 actes de 1211 à 1319, sans autre ordre que celui où les originaux se sont offerts au regard immédiat [16]. Les deux autres pièces se rattachent au fonds de Saint-Lazare de Cambrai, pour lequel subsiste un premier cartulaire déjà cité, et à celui de la maladrerie de Château-Renault. Elles se présentent sous la forme de simples feuilles jointes ou simplement emboîtées, d'épaisseur minime (9 folios et 13 folios) d'un format pratiquement identique d'environ 29 cm sur 21. Elles s'apparentent davantage à des dossiers préparatoires ou à des copies de procédure qu'à des cartulaires proprement dits, malgré la nomenclature accordée par les inventaires actuels. Rédigé sur double colonne en 1373, le second recueil de Saint-Lazare de Cambrai ne collationne que 23 actes (depuis 1118), au milieu desquels s'intercalent un formulaire et une série de dispositions pratiques régissant la vie commune des frères et soeurs : par le titre que lui a donné le rédacteur - «Ch'est li copie des rentes de Saint Ladre» - auquel répond la sélection des actes produits, il ne s'agit ici que d'un instrument ponctuel de défense conjoncturelle face à des intérêts menacés [17]. Très dégradé et fragmentaire, ne contenant que 11 actes transcrits (entre 1252 et 1352 n.s.), parmi lesquels 6 sont datés entre 1283 et 1287, et une liste de dîmes, majoritairement en français ou comprenant une traduction ou un résumé traduit des actes en latin, ce qu'on peut encore lire du second document, malgré

---

16. Arch. nat., S 306, fol. 2 (éd. Le Grand, *Tableau d'une léproserie* [note 7], p. 479) : *Registrum continens bona tam immobilia quam mobilia, ac etiam jura, emolumenta et onera* ; fol. 26-35v (éd. citée, p. 496-503) : *Hoc est inventarium litterarum pertinentium ad jus et proprietatem ac etiam fundationem dicte domus ; continens substanciam et tenorem : ipsarum in generali, cum designatione sigillorum et data cujuslibet littere.*

17. Arch. dép. Nord, 19 H 2 : réaction en 1372-1373 de la communauté après l'incendie qui a détruit «chertaine maisons et manoirs» lui appartenant à Cambrai, la privant ainsi de ses droits et revenus normaux (au fol. 1, l'énoncé de cette affaire précède le corps du registre et le titre).

son rattachement à la communauté de Château-Renault, est essentiellement centré sur la question du partage des dîmes et des transactions dont elles ont fait l'objet entre le châtelain, le comte de Blois et la maladrerie : un dossier encore plus particulier dont la léproserie n'est qu'une des parties en cause, on oserait presque dire accessoire.

Il n'y a rien là que de très classique, du moins en termes d'évolution ou de besoins. Si le module de l'écriture et l'utilisation des abréviations est évidemment fonction de ces caractéristiques externes, le volume du contenu est des plus variables : uniforme, le cartulaire du Popelin à Sens contient la transcription de 52 actes pour un total de 27 folios ; de taille comparable, hormis le nombre, les 17 folios subsistants du cartulaire du Val de Buigny livrent quant à eux copie de 84 actes.

A la différence des volumes du deuxième groupe, ceux du premier sont loin, aux quelques exceptions près déjà relevées, de revêtir des formes de rédaction homogènes : cela suppose, dès l'origine, la prévision de compléments à venir et des montages ultérieurs dont l'ajout de cahiers est parfois le témoin. A défaut d'examiner chacun de ces documents un à un, trois exemples illustreront ces apports différents.

II. Chronologies et redactions : quand et comment ?

Tant par les diverses mains qui ont pu se succéder au sein d'un même recueil que par la diversité des retranscriptions ou la teneur de ce qu'ils renferment, la compréhension de tels documents suppose un véritable dégagement stratigraphique propre à éclairer leurs phases de rédaction et les mobiles qui les ont entraînées.

Premier exemple, le cartulaire de la léproserie Saint-Gilles de Pont-Audemer, riche de 106 folios, représente vraisemblablement un cas limite : plus d'une dizaine de mains peuvent au moins être discernées. Si la rédaction initiale de la partie la plus homogène ne commence qu'au folio 6 pour s'interrompre dans les dernières pages du 7e cahier au folio 51, regroupant un ensemble d'actes antérieurs à 1215-1219 ainsi que les éléments d'un censier (fol. 34v-43), le même scribe semble avoir achevé son travail en consignant un véritable dossier politique et juridique sans rapport direct avec le patrimoine de la communauté mais ô combien d'actualité et susceptible d'influer sur ses destinées et ses protections après la conquête de la Normandie par le roi de France Philippe-Auguste et son affirmation incontestable à Bouvines : décisions du concile de Lillebonne en 1205 concernant les rapports entre les barons normands et le clergé, ordonnances des baillis normands, traité de Lambeth entre Louis VIII et Henri III d'Angleterre (1217), accord entre Jean-sans-Terre et Etienne Langton (1213). Douze actes d'une copie différente, moins soignée (rubrication omise, initiales laissées muettes), datés entre 1217 et 1221, laissent ensuite place au texte incomplet du *Compendium in Job* de Pierre de Blois (fol. 54-68v, soit deux cahiers moins un folio coupé à la fin du second) et à une copie des canons de Latran IV (fol. 69-77va), chacun disposé sur double colonne. Leur font suite, à nouveau en pleine page, la transcription des arrêts pris par Louis IX envers les juifs (en 1230 et en 1234), une version en langue vulgaire de la Grande Charte de Jean-sans-Terre qui occupe pratiquement un cahier entier (fol. 81-87v) et un autre fragment de censier (fol. 88v-90) [18]. Les quinze derniers folios (91-105) comprennent enfin, en ordre chronologique, 65 actes non plus transcrits en une seule fois mais au fur et à mesure de leur rédaction originale et donc de leur arrivée dans les archives de l'établissement entre 1221 et 1251. Les espaces laissés vacants ont alors été comblés par l'ajout de quelques copies : c'est le cas d'un acte de vente passé en 1250 et d'un privilège pontifical donné par Grégoire IX à Saint-Gilles en 1228 (sur double colonne aux fol. 77vb-78, reprenant la mise en page immédiatement précédente), d'une note sur l'assiette des fouages en Normandie (fol. 87v-88) et de cinq enregistrements d'hommage au prieur de la léproserie entre 1250 et 1389 rapportés par quatre mains distinctes sur la même page (90v) ; un cahier de tête supplémentaire a en outre permis de joindre un acte du prieur de la léproserie daté de 1255 et une lettre de Galeran comte de Meulan au pape Eugène III dont l'authenticité mériterait d'être discutée (3v et 4v-5v) [19]. Objet de remaniements et d'additions aussi hétérogènes correspondant à de nouveaux cahiers finalement assemblés, l'ouvrage est non seulement le reflet d'une gestion évolutive, de sa transmission, mais aussi et surtout des préoccupations multiples sans distinction de genre de la part de ses utilisateurs.

Beaucoup plus claires apparaissent les différentes étapes de rédaction du cartulaire de Saint-Lazare de Paris, dont les 140 folios de parchemin ne comportent que des copies d'actes, si l'on excepte un fragment de censier qui occupe ses dernières pages. Le tableau ci-joint résume le processus de succession des scribes et de recouvrement des lots de chartes transcrites.

C'est à partir d'un travail archivistique initial mené d'un seul tenant, de façon très soignée et solennelle dont témoigne la première écriture, de fort module, peu abrégée, égale et harmonieusement calibrée, jusqu'en 1207, que le pli des transcriptions systématiques a été pris, on oserait presque dire par tranches de dix ans, même si ce rythme de collation semble ponctuellement bousculé par des copies de rattrapage intermédiaires reprenant de plus anciens actes (oubliés ou égarés ?) comme l'a accompli le quatrième copiste (D)

---

18. Voir l'analyse de ce contenu par Jane C. Holt, *A vernacular French text of Magna Carta, 1215*, dans *The English historical review*, t. 89, fasc. 351, avril 1974, p. 352-364 ; également Joseph Gildea, *Extant manuscripts of Compendium in Job by Peter of Blois*, dans *Scriptorium*, t. 30, 1976, p. 285-287 et Henri Omont, *Catalogue général des manuscrits des Bibliothèques publiques de France, Départements*, t. I, Rouen, p. 309, ms 1232 (Y 200).

19. Signalons l'analyse et la publication partielle de l'ensemble des actes des comtes de Meulan de ce manuscrit par Emile Houth, *Les Comtes de Meulan, IXᵉ-XIIIᵉ siècles*, dans *Mémoires de la Société historique et archéologique de Pontoise, du Val d'Oise et du Vexin*, t. 70, 1981.

Mains	Folios	Nb d'actes	Datation extrême des actes	Dimension des réglures h x l en cm
A	1-59v	80	1124-1207	16,2 x 9,8
B (A')	59v-90v	45	[1198] 1222-1233	16,7 x 10,4
C	90bis-120v	63	[1197] 1222-1243	16,5 x 9,6
D	121-128v	17	1210-1240	14,7 x 9,8
E	129v-134	19	[1207] 1243-1250	pleine page
E'	134v	1	1254	pleine page
E"	135v-139v	censier		double colonne

pour une série de chartes de moindre portée émises entre 1210 et 1240, ou par des doublons peut-être inscrits de manière involontaire mais en tous cas pas anodine : ceux-ci concernent notamment l'extension de la foire Saint-Lazare par Louis VII en 1137 (fol. 6, répété fol. 10), des assurances données par Philippe-Auguste en juin 1197 contre la réception par contrainte de nouveaux membres dans la communauté (fol. 18v, répété fol. 112v) et des garanties foncières confirmées par l'évêque de Paris en 1198-1199 (fol. 25v-26, répété fol. 67v). Profitant d'un demi-cahier laissé vacant (D) ou repartant sur de nouveaux quaternions (C et E), cette mise en ordre régulière voit la qualité de sa forme progressivement décliner : les lettrines restent en attente dès la première reprise (B), l'espace réservé aux rubriques disparaît à la seconde (C), tandis qu'une petite écriture cursive et une disposition très dense, semblables aux actes du censier (E), marquent en dernière partie la banalisation de l'ouvrage en outil de gestion. L'oeuvre s'interrompt alors au milieu du XIIIe siècle sans qu'on ait trace d'autres volumes.

Le cas des cartulaires relatifs à la léproserie du Grand-Beaulieu à Chartres se présente sous un angle différent, plus homogène du moins par la ligne suivie et la complémentarité des recueils utilisés par l'établissement à partir du milieu du XIIIe siècle : sur les cinq cartulaires médiévaux inventoriés au XVIIe siècle, quatre subsistent encore, à une exception près, dans leur version intégrale [20]. Le Cartulaire rouge, du nom de la reliure flambante dont il a été recouvert au XVIIe siècle sans modification visible de sa disposition

20. «Inventaire des titres et papiers du Grand-Beaulieu», Arch. dép. Eure-et-Loir, G 2958, fol. 1 ; précisions sur l'un de ces cartulaires disparus, datable avec ceux aujourd'hui conservés, par sa description externe dans une copie des «titres de la dixme d'Augerville tirés du cartulaire couvert de bois, p. 207v» (Arch. dép. Eure-et-Loir, G 3024).

originelle, hormis l'apport d'une table alphabétique et d'un répertoire des actes sur papier, est le premier d'entre eux. Il comprend 103 folios paginés postérieurement en chiffres arabes de 1 à 206 ; de dimensions réduites (17,2 cm x 11,5 cm), ils se répartissent en 8 principaux cahiers de 16, 12 ou 10 feuillets chacun, numérotés de I à VIII en chiffres romains à l'encre rouge, abrégés de *primus, secundus,* etc. au dernier verso. Outre la mention abrégée *quintus* à la fin du cinquième cahier, la réclame *et successores,* annonçant les premiers mots du cahier suivant, laisserait penser que la rédaction a pu être antérieure à la reliure primitive. Un cahier rédigé à part (p. 1 à 6), capital pour saisir à la fois l'identité et les intentions de l'auteur de ce volume, sans doute peu après sa confection initiale, a été placé en tête : il contient l'obituaire de la léproserie et des tables, on y reviendra plus bas. Deux «mains» dissemblables sont principalement reconnaissables : elles correspondent aux deux périodes essentielles de composition du cartulaire. La première se distingue par l'intensité de l'encre noire, le petit module de l'écriture, très régulière et quelque peu anguleuse (minuscule gothique ou gothique primitive ?), aux abréviations peu nombreuses ; de lecture aisée, elle est associée au tracé d'une grille de réglures, à l'emploi de lettrines bleues ou rouges (p. 7 ou p. 18), plus rarement noires (p. 36), et à une rubrication claire en minuscules également [21]. Cette phase de rédaction particulièrement soignée a une autre caractéristique : elle effectue pour la plupart des actes enregistrés soit une transposition sous forme de notices glissant du style personnel et du présent des originaux au style impersonnel et au passé, soit une copie abrégée qui, tout en maintenant le style et le temps des originaux, élague leurs formules corroboratives. Respectant toujours le corps du texte au détriment des noms des témoins, des suscriptions, des locutions d'adresse et de salut, d'invocation et de salutation finale remplacées par *etc.,* le scribe n'omet jamais la date lorsqu'elle figure sur l'original : le chartrier subsistant permet de le vérifier [22]. L'acte le plus ancien, recopié de cette main, remonte à 1110 environ, le plus récent date de 1258 [23]. Se mêlent à ces copies des notes de revenus, tels que certains cens (p. 23-29) ou des rentes en vin (p. 47) et des indications complémentaires sous forme de notules portées à la suite des actes auxquelles elles sont liées,

21. Rédaction des pages suivantes : 7-29, 30-32, 34-51, 62-115, 121-151, 154-157, 159-162, 166-169(?), 202-203 ; sur l'écriture, voir Bernhard Bischoff, *Nomenclature des écritures livresques du IXᵉ au XIIIᵉ siècle,* Paris, 1954, p. 11-13 ; rubrication préparatoire avant la copie des actes, p. 62 ou p. 66, parfois postérieure, p. 10.

22. Par exemple pour un acte de Thibaud IV, daté de 1146 (Arch. dép. Eure-et-Loir, G 2999), notice p. 22 et nouvelle transcription conforme au style de l'original mais abrégée, p. 36.

23. Bibl. nat., nouv. acq. lat. 608, p. 90, publié par R. Merlet dans *Cartulaire de Saint-Jean-en-Vallée de Chartres,* Chartres, 1906 (*Collection des cartulaires chartrains,* 1), p. 7, n° 10 : donation de l'église et de la dîme de Louville par Hugues, fils de Guinemer ; p. 45, publié par R. Merlet et M. Jusselin, *Cartulaire de la léproserie* (note 7), p. 149, n° 352 : donation d'une vigne à Launay par Gilbert Colrouge.

sur la valeur des biens décrits par exemple. Le rédacteur a systématiquement laissé la place en fin de cahier à des enrichissements futurs (un quart de l'ouvrage), auxquels il semble avoir lui-même contribué puisqu'une main assez proche, voire identique, y a ajouté aussitôt après (entre 1260 et 1264) une série de documents relatifs à la discipline intérieure de la léproserie, parsemés dans les espaces alors disponibles [24]. Toutes les pages n'ont du reste pas été couvertes par la suite : cinq avaient reçu une ornementation à l'avance [25].

Conçu comme un outil dynamique, le cartulaire était ainsi en mesure de recevoir de nouveaux compléments au gré des besoins et de l'accroissement patrimonial de l'établissement : ce qu'a effectué un second et principal «rédacteur», usant de toute marge et de toute page blanche pour actualiser l'ouvrage. On l'identifie par l'emploi d'une écriture cursive d'un module plus fort que celle de la première main, d'une encre délayée virant au marron, irrégulière, aux hastes bouclées pour les labiales, très courtes pour le «t», sans recherche décorative ni de mise en page. Il s'en dégage l'impression de notes griffonnées ; beaucoup sont cancellées, leur latin d'une syntaxe très voisine du français : concises, fournissant de précieuses données financières, elles concernent les redevances (cens, dîmes, champarts), des prébendes, des rentes, des dépenses d'achat, d'investissement ou encore des quittances [26]. Un grand nombre de ces notes porte une date comprise entre 1265 et 1306. A cette époque, le Cartulaire rouge est devenu l'instrument de gestion par excellence : le livre de compte [27]. En plus de ces deux étapes de création et d'utilisation, se sont greffés quelques ajouts hétérogènes ou occasionnels, en particulier la copie des deux seuls actes en français de ce volume, émis par Charles de Valois en 1293 et 1304 [28].

A la forme essentiellement utilitaire du Cartulaire rouge s'oppose celle du deuxième recueil relatif au Grand-Beaulieu, le Cartulaire noir, au moins à en juger par ce qu'il en reste après l'incendie qui a ravagé la Bibliothèque de Chartres en 1944 : cent dix fragments ainsi que huit feuillets conservés intacts par le «bonheur» des déprédations érudites du XIXe siècle [29]. Dépeint

24. Ajout p. 7-11 et p. 202-203 (accord sur les pitances), p. 185-188 (*Usus dispensatoris*), p. 171-177 (règlement par Pierre de Mincy) ; 6 pages laissées initialement pour le premier cahier, 5 pour le quatrième, 4 au début du septième et 7 à la fin, 17 pages pour le dernier.

25. Pages 120, 164-165 ; rubriquées : p. 61, 119, 139, 144, 146.

26. Par exemple p. 116, 180-184, 190-196, 204-205 ; cens : 29, 86, 162, 169, 179, 201 ; dîmes : 91, 178 ; champarts : 112 ; prébendes : 116, 182 ; rentes : 163, 195 ; quittances : 192 ; achats : 200 ; investissements : 190 et suiv.

27. Quelques pages (28 à 32) portent la trace presque effacée de chiffres (inscrits à la pointe graphite ?), vestiges d'une comptabilité improvisée.

28. Page 194 ; on se reportera à l'analyse de cette disposition, en annexe.

29. Bibl. nat., nouv. acq. lat. 1408, 365 fol. : transcriptions d'actes par O. Lefevre, «chef de division à la préfecture d'Eure-et-Loir, membre de plusieurs sociétés savantes», en 1854 à partir des manuscrits des Archives départementales et du Cartulaire noir (fol. 38 à 365), précédé d'un

par Henri Stein en 1907 comme un «manuscrit du XIVe siècle sur parchemin contenant des documents de 1109 à 1277, avec analyse du XVIIIe sur papier, in-8° de 272 folios», son format est proche de celui du Cartulaire rouge (environ 13 cm x 9 cm) ; il s'en distingue toutefois par le nombre de pages (plus du double) et par le plan géographique envisagé reconstituable à partir des actes partiellement publiés [30].

L'examen des vestiges ne permet pas de discerner plusieurs types d'écritures, synonymes d'ajouts successifs : assez homogène, la minuscule «gothique» employée est d'un module sensiblement plus important que celui de la première main du Cartulaire rouge, d'une encre noire, aux lettrines et titres à l'encre rouge portés après la copie du texte comme le prouve la place réservée sur certaines pages. Peu d'abréviations, transcription complète et fidèle au style des originaux : les traits dominants de ce mode de rédaction expliquent l'épaisseur de ce volume. Aucun des actes relatifs à la discipline intérieure de la léproserie n'y figure, ni aucune notice ou document comptable. Cartulaire au sens strict du terme, c'est-à-dire recueil d'actes géographiquement classés, uniquement destiné à «assurer la conservation des privilèges, des droits, des titres de propriété pour éviter de recourir sans cesse aux originaux» [31], il s'agit là d'un ouvrage plus solennel, ultime garant du patrimoine foncier de l'établissement mais non de sa gestion quotidienne : l'hypothèse d'une rédaction homogène fixe son *terminus ad quem* en 1277 [32].

Le recueil intitulé «Troisième cartulaire des chartres et tiltres du prioré de la Magdeleine du Grand-Beaulieu», marque une évolution dans la série incomplète des documents de ce genre relatifs à la léproserie chartraine. En parchemin recouvert de cuir brun clair, composé de cinq cahiers de quatre bifolios (16 pages chacun) et rédigé en cursive d'une encre brun pâle, il est à la fois plus grand (25 x 14,4 cm) et plus mince (80 pages postérieurement

historique et de ces feuilles de parchemin «provenant du petit cartulaire donnés par M. Garnier, imprimeur à Chartres» ; le bas du dernier feuillet porte la mention «1393» en chiffres arabes dans un encadré rectangulaire.

30. Voir le plan de cette disposition en annexe et note suivante ; Stein 1965 et Léopold Delisle, *Inventaire alphabétique des manuscrits latins et français ajoutés au fonds des nouvelles acquisitions pendant les années 1875-1891*, t. I, Paris, 1891, p. 174. Si toute trace de pagination a disparu, la reconstitution est possible, en particulier grâce aux indications fournies par l'édition Merlet-Jusselin (note 7), qui sse ignorer le contenu de 176 p., soit le tiers du manuscrit.

31. Selon la définition donnée par Arthur Giry, *Manuel de diplomatique*, Paris, 1894, p. 28 ; Bibl. mun. Chartres, ms 1059, p. 1-19 (20 ?) : privilèges commerciaux, franchises et revenus à Chartres ; p. 21-140 : actes de donations, confirmations, abandons de droits sur les biens situés en périphérie de Chartres (surtout au sud-est) ; p. 141-239 : au sud-est dans un rayon supérieur à 6 km de la ville ; p. 240-260 (262 ?) : en Dreugésin, au sud de l'Avre ; p. 363-368 et p. 372 : en Normandie ; p. 384-392 et 395-399 : au sud-ouest de Chartres ; p. 412-413, 416, 419, 428 : à l'est de Chartres.

32. Cartulaire noir, p. 404 : accord sur une pièce de terre à Mémont (R. Merlet et M. Jusselin, *Cartulaire de la léproserie* [note 7], p. 163, n° 371).

numérotées en chiffres arabes) que les précédents cartulaires. Son contenu offre toutefois une étroite parenté avec celui du Cartulaire rouge : liste des «anniversaires» (p. 1-2), tables (p. 3-4), règlement intérieur adopté en 1257 et confirmé en 1258 (p. 5-7), transcription des originaux sous forme de simples notices, suivant l'ordre dans lequel on les trouve dans le Cartulaire rouge, y insérant des fragments de censier (p. 14-16 par exemple) et des listes de revenus tant en argent qu'en nature (p. 17-18 ou 79-80). La proportion de ces notes comptables apparaît ici amplifiée jusqu'en 1300 (date des revenus enregistrés à la p. 79) de données économiques nouvelles. Rédigée de façon homogène, d'aspect austère et dense, cette version volontiers résumée des actes déjà consignés dans le premier cartulaire de la léproserie représente en fait le stade préparatoire à un dernier registre : le «Cinquiesme cartulaire copié» ou «copié», de forme plus apprêtée (rubriques et initiales en rouge), à la fois plus épais (114 p. sans compter la double couverture de réemploi) et plus grand (25,5 x 17,4 cm) mais de contenu rigoureusement identique s'il n'était une disposition plus aérée et l'ajout au dernier cahier (p. 108-111) de l'*Usus dispensatoris*, c'est-à-dire des coutumes régissant les distributions dues à chacun datées de 1271 [33]. Sans que l'on possède la moindre précision sur le «quatrième» cartulaire manquant - dont rien ne prouve qu'il eût à s'intercaler ici - ce dernier état est vraisemblablement le résultat d'une mise au propre des comptes de la communauté au début du XIVᵉ siècle : formant transition avec ses censiers, ces deux registres fournissent autant une double copie de sécurité qu'un instrument de gestion pratique, référencé, et à jour.

A qui a-t-on fait appel pour la réalisation de cette première série de recueils et quelles méthodes ont-elles été appliquées ? Le recours à une chancellerie ou à des spécialistes extérieurs était-il nécessaire ou bien les moyens dont disposaient les léproseries pouvaient-ils satisfaire à cette fin ?

Bénéficiant de la présence d'un personnel clérical au moins dès la construction et la consécration de leurs églises, leurs prieurs étant eux-mêmes investis d'une autorité qui leur permettait, au nom de leur établissement, d'émettre des actes et de les sceller, c'est d'abord au sein des communautés que s'est éveillé l'intérêt pour la conservation des chartes, garantes des droits acquis : un éventuel *scriptorium* ou une «salle du trésor» (*thesaurus*) ont même parfois été aménagés dans les plus grandes léproseries pour les abriter - vraisem-blablement classées - au côté des objets considérés comme les plus précieux, calices, livres sacrés ou réserve monétaire [34]. Cette familiarité archivistique dictée par les nécessités matérielles transparaît, dès l'origine des principaux

---

33. Arch. dép. Eure-et-Loir, G 2959 et G 2959 bis ; sur la couverture du premier, mention manuscrite à l'époque moderne : «Copie du cartulaire rouge 14ᵉ siècle».

34. A Saint-Nicolas de la Chesnaie près de Bayeux où subsistent des vestiges du XIVᵉ siècle, ou au Grand-Beaulieu (attesté dès 1260) : R. Merlet et M. Jusselin, *Cartulaire de la léproserie* (note 7), p. 150, n° 354 ; également p. 176, n° 394 et p. 178, n° 395. Sur ces bâtiments, leurs usages et le mobilier, F.-O. Touati, *Lèpre, lépreux et léproseries* (note 9), p. 725 et suiv.

groupes au début du XIIᵉ siècle, à travers leur souci de multiplier les confirmations d'un même acte par des suscripteurs différents et de les renouveler à chaque génération [35]. Le fait implique un suivi, plus ou moins attentif selon les circonstances, de l'intérieur même des léproseries ; en témoignent aussi, à posteriori, pour la plupart des maisons majeures, les listes récapitulatives des biens fonciers et de leurs provenances, incluses dans le corps de leurs privilèges pontificaux : la sollicitation directe ou indirecte (transmise grâce au concours d'un intermédiaire laïque ou ecclésiastique) préalable à l'obtention de ces bulles suppose, pour les communautés demanderesses, une manipulation des originaux, un travail préparatoire de compulsation des chartiers et, vraisemblablement, de rédaction [36]. Des «pancartes», c'est-à-dire la copie bout à bout d'actes authentiques sur de longs rouleaux de parchemin, comme celles réalisées à la léproserie de Beaulieu près de Chartres vers 1170, attestent ce premier degré d'élaboration [37]. La trace individuelle de ce type d'intervention est du reste donnée en la personne d'un membre de cette léproserie dont le nom - Jocelin de Vendôme, frère de Beaulieu - est mentionné vers 1180 au bas d'un acte qu'il avoue «avoir cherché par curiosité» [38]. L'accès immédiat aux documents, l'usage constant d'une majorité d'entre eux pour la perception des revenus ou les modalités d'exploitation selon des conventions fixées par avance, leur fonction référentielle indispensable à la gestion et à l'accroissement de patrimoines, à l'origine étroitement et régulièrement surveillés par l'ensemble des participants de chaque communauté, fait de la transcription partielle ou plus systématique des actes une affaire essentiellement interne dès lors que les léproseries gardent la maîtrise autonome de leurs destinées : au contraire des livres liturgiques qui, à moins d'être offerts ou achetés prêts à l'emploi, pouvaient donner lieu à la venue d'un scribe spécialisé, étranger aux lépreux, tel celui adressé par l'évêque de Chartres en 1126 à Saint-Lazare de Blois pour réaliser un missel, la copie demandée ne sort pas de la compétence des gestionnaires désignés par les groupes [39] ; elle résulte seulement d'un

---

35. Voir par exemple R. Merlet et M. Jusselin, *Cartulaire de la léproserie* (note 7), ou notre édition à paraître des actes de Saint-Lazare de Meaux et du Popelin.

36. Voir les détails des bulles d'Innocent II (1131) à la demande de l'évêque de Chartres et de Girard, prieur, et d'Alexandre III (1163) au Grand-Beaulieu (R. Merlet et M. Jusselin, *Cartulaire de la léproserie* [note 7], p. 3, n° 6 et p. 29-30, n° 64), d'Innocent III (1199) et de Grégoire IX à Saint-Lazare de Meaux (F.-O. Touati, *Actes et cartulaires* [note 7], n° 13-14 et n° 67 et 82) ou encore ceux des privilèges d'Alexandre III à Saint-Lazare de Cambrai en 1180 (Arch. dép. Nord, 19 H 1, fol. 3v-6v) et d'Eugène III (1152) à Saint-Gilles de Pont-Audemer (Bibl. mun. Rouen, Y 200, fol. 6).

37. Arch. dép. Eure-et-Loir, G 2986.

38. *Jocelin de Vendome, fratre de Bello Loco qui hoc scriptum curiose quesivit* (R. Merlet et M. Jusselin, *Cartulaire de la léproserie* [note 7], p. 47, n° 111).

39. J. de Croy, *Notice sur le cartulaire* (note 6), col. 176 : [...] *hic liber qui misalis dicitur a quodam normanico scriptore, supradicto jubente Gaufrido, Carnotensi episcopo* [...]. C'est sur ce livre, également intitulé (au XVIIᵉ par le prieur de Mondonville ?) *cartularium*, que les actes

stade supplémentaire parmi les tâches plus ordinaires et répétitives qui incombent à la conduite matérielle des établissements et y préparent. L'exemple le mieux éclairé est, sans aucun doute, toujours au Grand-Beaulieu, celui de Vincent : en 1256, alors qu'André dirige la maison, ce «prêtre et frère de la léproserie» agit comme «receveur» (*receptor*) à Dourdan où il est chargé de collecter les revenus de sa communauté ; en 1258, le prieur le mandate pour verser une indemnité à des donateurs. Malgré une origine probablement modeste, ces diverses missions de confiance et cette expérience de gestionnaire le désignent dès l'année suivante comme rédacteur du Cartulaire rouge ; il achève sans doute lui-même cette oeuvre en la dotant d'un cahier supplémentaire de tables, sur double colonne, ainsi paraphées en bas de la quatrième page :

> *Quecumque invenies scripta fuerunt et collecta per Vincentium fratrem et presbiterum Belli Loci, anno Domini M˙CC˙L˙ nono.*

L'entreprise couronne donc la croissance de ses responsabilités et la reconnaissance de ses compétences au sein du groupe : il accède au rang de maître de la léproserie, collégialement élu y compris par les malades, entre 1262 et 1273 [40]. Partout ailleurs, malgré cette rare et unique signature, le rôle direct ou l'impulsion des prieurs apparaissent en filigrane, du moins s'agissant de la création initiale des cartulaires de la première famille : Hervé avant 1207 à Saint-Lazare de Paris, Thomas à Saint-Gilles de Pont-Audemer entre 1214 et 1231, Étienne au Popelin vers 1218-1220, ou encore Adam à Saint-Lazare de Meaux dans les années qui précèdent sa mort en 1241 [41].

Le plan de ces recueils reflète les méthodes suivies par les rédacteurs. Nonobstant les variations dues aux changements de scribe, et hormis quelques habitudes générales - celle de placer en tête les actes regardés comme les plus importants par exemple, les critères en étant du reste variables, comme on le verra -, la disposition interne propre à chaque manuscrit, à chaque établissement et, le cas échéant, à chaque phase de rédaction, confirme la proximité requise de la part de leurs auteurs avec la vie des communautés, les enjeux auxquels ils doivent répondre et les intentions qui les guident. Ainsi, alors que l'on pourrait s'attendre à voir s'ouvrir chaque cartulaire par un énoncé des privilèges pontificaux, comme à Saint-Gilles de Pont-Audemer ou au Popelin, d'autres registres les rejettent quelques pages après - c'est le cas des deux cartulaires de Saint-Lazare de Cambrai et de celui de Saint-Lazare de Meaux et même, plus tardivement, dans celui de Bolleville

semblent avoir été consignés à la suite ; sur l'usage des livres dans les léproseries, F.-O. Touati, *Lèpre, lépreux et léproseries* (note 9), p. 721-722 et p. 1124.

40. Sur Vincent, *ibid.*, p. 638-641, 750-751, 869, 878-879, 967-970 et 975-985.

41. Ce qui ressort de la chronologie croisée des rédactions et de l'accession de ces prieurs à leur poste : ces derniers sont du reste très actifs, comme le montre la multiplication jusque-là inégalée de leurs actes et des affaires qu'ils traitent.

(fol. 20) -, voire beaucoup plus loin, à partir du folio 48 par exemple pour le recueil de Saint-Lazare de Paris, donc en fin de la première période de rédaction (main A) ; au Grand-Beaulieu, le Cartulaire rouge n'en retranscrit pratiquement aucun. L'ordre chronologique est exceptionnel : hormis peut-être la totalité du registre relatif à Saint-Lazare de Pontoise - ce n'est là qu'une hypothèse fondée sur une reconstitution tardive -, il n'affecte que certaines tranches limitées de copies généralement parmi les dernières ajoutées, une fois le cartulaire transformé en journal ou en livre de compte occasionnel (Cartulaire rouge de la léproserie de Chartres) ou après avoir passé en revue les actes des grandes autorités (Les Deux-Eaux à Troyes) [42]. Trois types de plan mais aussi trois conceptions souvent mêlées semblent avoir prévalu : par ordre de dignité des auteurs d'actes, par thèmes, par grandes zones géo-graphiques. La recherche d'une combinaison optimale de ces trois modes de répartition, en subdivisant par exemple le cadre des autorités émettrices (roi, comtes, évêques) en sous-catégories thématiques (donations foncières, rentes, cens, dîmes) puis topographiques ou inversement, comme on en pressent la volonté en de nombreux recueils, interdit une organisation rigide ; elle aboutit à une véritable complexité que seule une connaissance empirique de l'étendue des patrimoines, de leur histoire même et des habitudes prises à les gérer permet de maîtriser : en fait, la confection de ces volumes paraît davantage orientée vers leurs utilisateurs à l'intérieur des communautés que destinée à un regard extérieur.

La diversité des choix adoptés, également propres aux circonstances dans lesquelles ont été rédigés les cartulaires et aux relations des léproseries avec leur milieu d'implantation, on y reviendra, ressort de quelques exemples. A Paris, au début du XIIIe siècle, le premier rédacteur du registre de Saint-Lazare a opté pour une classification des chartes en fonction de leur provenance : actes royaux (fol. 1-19), épiscopaux et actes du doyen du chapitre cathédral (fol. 19v -33), actes des autorités ecclésiastiques régulières (fol. 33-36) entrecoupés d'un acte royal, puis à nouveau actes de diverses chancelleries ecclésiastiques séculières (fol. 36-40) suivis de réguliers (fol. 41-44), actes d'origine laïque «secondaire» (fol. 45-47), bulles papales (fol. 48-57) pour revenir à quelques actes indifférenciés mais tous datés de l'année 1207 (fol. 58-59) ; l'oeuvre se poursuit indépendamment sous la plume d'autres scribes par grandes vagues chronologiques et par dossier (compromis avec les chanoines de Sainte-Opportune par exemple aux folios 66-67 ou avec les Filles-Dieu, fol. 134v). Une direction analogue peut être discernée à la lecture du cartulaire de Saint-Nicolas d'Evreux (acte royal, actes comtaux puis épiscopaux,

---

42. Cartulaire rouge, p. 190 et suiv. ; Cartulaire des Deux-Eaux, à partir du fol. LV ; Cartulaire de Saint-Gilles de Pont-Audemer, fol. 92 à 105 ; sur ces types de disposition, David Walker, *The organisation of material in medieval cartularies*, dans Donald A. Bullough and R. L. Storey, éd., *Study of medieval records : essays in honour of K. Major*, Oxford, 1971, p. 132-150.

abbatiaux, et enfin actes d'autres laïcs répartis par biens) ou encore dans la phase initiale du cartulaire de Saint-Gilles de Pont-Audemer (privilèges pontificaux, actes des rois d'Angleterre puis des comtes de Meulan avant ceux de divers laïcs). Bien qu'il date dans sa majeure partie du XVᵉ siècle, le registre de la léproserie des Deux-Eaux confirme cette disposition de façon plus stricte : actes des comtes de Troyes, du roi ou des baillis, de la comtesse, de l'évêque de Troyes, du duc de Bourgogne, suivis d'un ensemble de lettres diverses, des bulles pontificales ; on glisse ensuite à un ordre thématique concernant les donations de la confrérie des bouchers, les modalités d'institution du maître et les droits de la ville, puis à un classement chronologique avant de terminer par l'administration de l'établissement et de ses revenus. Le premier cartulaire de Saint-Lazare de Cambrai montre la mixité de ces partis, également attestée par les tables d'un troisième recueil disparu [43] : il part du dossier relatif à la collation de la chapelle de Cantimpré regroupant un certain nombre d'actes épiscopaux au milieu desquels est insérée une confirmation pontificale (fol. 1-8v), et expose à la suite une série de titres de toutes provenances en rapport avec les possessions de la léproserie à Cambrai ou dans ses environs immédiats (fol. 8v-16) ; il se focalise plus loin sur deux de ses principaux domaines situés au sud de l'établissement, du plus près (Bracheul, com. Masnières) au plus distant (Besin, com. Busigny), énonçant successivement pour chacun d'eux donations, achats, droits et redevances (fol. 16-28v et 28v-38).

Ce qui n'est ici qu'ébauché apparaît enfin de façon élaborée au Grand-Beaulieu pour les recueils subsistants. Comme le souligne la table ajoutée par son auteur au début du volume et correspondant effectivement à sa présentation interne (voir l'analyse présentée en annexe), le Cartulaire rouge offre le résultat abouti de la combinaison par thèmes et par zones principales d'implantation patrimoniale de la léproserie : chaque entrée donne ainsi la faculté de balayer l'horizon concerné par telle forme de revenu, d'exploitation ou de propriété. Symétriquement inverse tant par la méthode que par son ordonnance géographique, le Cartulaire noir, tel qu'on peut le reconstituer, se développe, quant à lui, suivant un plan strictement topographique [44]. Dans

---

43. Arch. dép. Nord, 10 H 3 : «Table des munimens contenues en ce livre», entièrement rédigée en français (au XVIIᵉ siècle) à partir d'un cartulaire de 87 pages datable du milieu du XVᵉ siècle, comme le laisse penser la limitation du nombre de religieuses de cet établissement introduite en 1438 et confirmée par Eugène IV (1431-1437) portée en ses premières pages ; elle comprend l'analyse de 100 actes, chacune précédée d'un mot-vedette (auteur de l'acte, toponyme, ou objet juridique) : après les droits et obligations générales de la léproserie (p. 1-29), celle des tiers (p. 29-44), les donations (p. 44-57), les relations avec diverses églises (p. 58-61), donations (p. 61-63), achats et accords (p. 64-69), les rentes et donations de revenus (p. 69-74), des achats de marchandises et dépenses (p. 75-87) ; aucune date, exceptée celle de 1253 pour un acte ayant figuré p. 63, n'est indiquée.

44. Voir ci-dessus note 30 ; également V. Chevard, Copie du répertoire des actes (Bibl. mun. Chartres, ms 1512).

l'un et l'autre cas, comparables à celui des censiers de l'établissement, la vision concentrique de l'espace décrit une spirale schématique ayant la léproserie pour centre (d'arrivée ou d'origine) : les cartes proposées en annexe permettent de mieux appréhender cette construction.

Fruit d'un dessein arrêté à l'avance, un tel investissement méthodique traduit l'événement dont ces différents recueils sont chacun les vecteurs originaux.

III. Histoire des cartulaires et histoire des leproseries

En se fondant à la fois sur les caractères formels des cartulaires et sur la datation de leurs contenus respectifs, deux grands «moments» de rédaction peuvent être isolés. L'essentiel du mouvement initial se situe en ondes décalées, souvent surimposées, entre les années 1207-1210 (Paris), 1215 (Cambrai), 1217 (Abbeville) et 1257-1277 (Chartres). A quelques exceptions près, lorsque d'autres types de recueils fonciers tels que les censiers apportent un complément actualisé aux données rassemblées - au Popelin par exemple [45] -, ces documents font l'objet d'une utilisation repérable par les ajouts postérieurs qui les parsèment jusque dans les années 1320-1330. Hormis à Cambrai, où la communauté réussit étonnamment à maintenir son autonomie et réaliser un second cartulaire en 1372 et à Saint-Nicolas de la Chesnaie (Bayeux) où la léproserie survit sous forme priorale «vuide sans y avoir ladre» (1419), le relais est ensuite pris, non plus de l'intérieur des communautés mais par des initiatives externes dues aux institutions auxquelles échoient leur tutelle en même temps que leur patrimoine. Dès la fin du XIIIe siècle, sans que l'on puisse la définir strictement comme «cartulaire» - du moins sous l'aspect qui nous est parvenu - la petite série d'actes de la léproserie du Quesne est le témoin embryonnaire de cette tendance et des enjeux multiples dont ces établissements deviennent l'objet : initialement retranscrits par l'official d'Amiens, gardien des intérêts épiscopaux face à ceux d'Edouard Ier d'Angleterre, nouveau maître du Ponthieu en 1279, les documents enregistrés sont appelés à figurer ensuite, au nombre d'une vingtaine, parmi les pièces qui forment l'assemblage composite du cartulaire comtal, à toutes fins utiles, oserait-on dire, archives vivantes ou attendant peut-être d'être ranimées à la moindre opportunité. Le pas est ailleurs franchi à mesure des transferts opérés : en 1336, alors que la léproserie de Léchères vient d'être transmise au chapitre de Notre-Dame de Paris, Manuel de Plaisance, chanoine et chambrier du chapitre, englobe dans le registre d'inventaire et de comptes consigné sur place une série d'actes qui fondent ce patrimoine. De même voit-on le phénomène se reproduire au profit de l'abbaye de Lessay, dont le prieur commandite une première fois en 1436 à Jean Amechin, tabellion de Lessay, puis en 1469 à Colin Sorin, autre tabellion, le cartulaire de la léproserie de Bolleville [46]. Également bénéficiaires ou ayant réussi à étendre

---

45. Arch. dép. Yonne, H suppl. 3760 (1300) et 3761 (1258 et 1320).
46. Georges Beaurain, *La léproserie du Quesne et quelques maladreries environnantes*, dans

leur contrôle sur les établissements, les communautés d'habitants, en la personne de leurs représentants laïques, en sont aussi les instigatrices tardives : à Caen en 1433 ou aux Deux-Eaux près de Troyes à partir de 1480-1481. Des tabellions ou notaires royaux compilent et certifient conforme chacune des pièces retranscrites [47]. C'est à cette deuxième «vague» que l'on doit la forme sensiblement différente du second ensemble identifié plus haut. Cette chronologie est précieuse car, autant que le fonds et l'aspect des divers recueils, elle nous oriente vers les mobiles de leur réalisation.

Majoritairement rédigés d'un seul tenant, à une époque où l'écrit se répand largement, les registres les plus récents participent de la volonté de mainmise des nouveaux bénéficiaires : désireux de marquer leur tutelle plus ou moins récente par le rassemblement des titres, il ne s'agit en somme que de faire le tour du propriétaire, voire comme à Caen, d'opérer une sélection en focalisant l'attention sur ce qui semble être devenu leur seule forme d'intérêt, les rentes. L'image même des cartulaires qui en sont issus, oeuvre de juristes, traduit solennellement - notamment dans le cas des villes - l'intention d'affirmer cette puissance ou ces prérogatives dont les établissements hospitaliers sont devenus l'un des attributs. A l'inverse, dans les rares cas où ces institutions parvenaient à garder une relative indépendance, si ce n'est leur vocation première, la préservation jalouse de leurs «franchises» associée aux exigences probatrices des agents seigneuriaux particulièrement actifs sous les règnes de Charles V et de Charles VI ne pouvait qu'inciter à des mesures symétriques : le cartulaire de Saint-Nicolas de la Chesnaie en est l'un des produits les plus impressionnants.

Loin d'être un fait banal, comme l'a montré Charles-Edmond Perrin à propos de ces autres registres patrimoniaux que sont les censiers, l'impulsion première, due à une décision des établissements eux-mêmes, répond à une série de motifs complémentaires liés à leur propre histoire [48]. Deux raisons d'ordre général peuvent être invoquées : la volonté de relever une situation économique devenue conjoncturellement précaire ou menaçant l'avenir de l'institution ; le désir de consolider un patrimoine dont l'étendue désormais atteinte risquait de se muer en handicap sans un effort de rationalisation. De nombreuses léproseries connaissent en effet, à partir du dernier tiers du XIIe siècle, soit un ralentissement du rythme et du volume de leur accroissement patrimonial, soit - et le mouvement est concomitant - une pression massive de leurs effectifs et particulièrement de la partie valide de leurs personnels [49]. Plutôt qu'une

---

Bull. Soc. Antiquaires de Picardie, 33, 1930, p. 171-265 ; L. Delisle, *La léproserie de Bolleville*, Saint-Lô, 1892.

47. A Bayeux, Jean des Maires, tabellion royal et certificat du lieutenant général du bailli de Caen (Bibl. mun. Bayeux, ms 1, fol. 1) ; à Troyes, Pierre Pagier et Simon Coiffart, notaires royaux en 1481 ; au Beaulieu de Caen, Guillaume Denis, «tabellion pour le roy».

48. Charles-Edmond Perrin, *Recherches sur la seigneurie rurale en Lorraine d'après les plus anciens censiers (IXe-XIIe siècles)*, Strasbourg, 1935, p. 598-599.

ouverture nouvelle libérant les communautés des entraves économiques ou institutionnelles dont aurait jusque-là souffert leur développement, le décret canonique *Cum Apostolus* adopté lors du concile de Latran III en 1179 manifeste le signe d'une première crispation : celle des limites causées par la montée d'intérêts concurrents, seigneuriaux ou paroissiaux par exemple, expressément cités [50]. Dès cette période d'essoufflement, après l'essor sans précédent de la plupart des léproseries apparues massivement depuis la fin du XIᵉ siècle, surgissent les premières contestations de droits, les premiers impayés, les premiers conflits tournant autour de leurs biens avant de toucher l'équilibre de leur vie communautaire [51].

Telle est la toile de fond sur laquelle s'inscrit aussi l'exécution de leurs premiers cartulaires. L'inflexion donnée à leur disposition, selon la teneur des actes retranscrits, trahit cette situation. Ainsi, à Saint-Lazare de Paris, les deux phases de rédaction les plus précoces (mains A et B - ou A') correspondent-elles précisément à un palier atteint dans l'expansion foncière de la léproserie : plaçant les actes royaux en tête du volume, le scribe a eu soin, non de développer complètement chaque dossier propre à chaque type de biens, de revenus ou de droits, mais au contraire de donner un aperçu de leur étendue spatiale et de l'origine des opérations en cours (lotissement de La Villette, extension de la grange de Gonesse, remembrement de celle de Rougemont) en retenant par ordre d'importance, d'actualité au moment précis de son travail, les actes les plus fondamentaux. Le cartulaire s'ouvre par la copie de l'acte de Philippe Auguste attestant l'échange (et le déplacement) de la foire de Saint-Lazare contre 300 livres de rente annuelle : un revenu énorme, capital pour la survie de la communauté mais aussi l'amorce d'une mutation risquée pour la léproserie puisqu'elle détermine l'extension et la préservation de ses droits seigneuriaux jusque-là protégés par son droit de foire sur l'espace qui la borde et en particulier sur la censive Saint-Laurent, objet précis du second acte retranscrit [52]. La vacance de ce lieu était susceptible de réveiller d'autres prétentions que celles de Saint-Lazare : se prémunissant

49. Le phénomène observable à l'échelle de la province de Sens (F.-O. Touati, *Lèpre, lépreux et léproseries* [note 9], t. I-3, p. 945-987 : «Les symptômes de l'essoufflement» et p. 987-1017 : «Transformation des communautés») est également constaté ailleurs (à Saint-Lazare de Cambrai en 1373) ; voir de façon plus générale F.-O. Touati, «Convers et groupes de laïcs dans les hôpitaux et les léproseries au Moyen Age», dans *Les mouvances laïques des ordres religieux. Colloque du C.E.R.C.O.R., Tournus, juin 1992*, à paraître.

50. Canon 23, éd. Giuseppe Alberigo et al., *Conciliorum oecumenicorum decreta*, Bologne, 1973, p. 222-223 ; voir Joseph Avril, «Le IIIᵉ concile du Latran et les communautés de lépreux», dans *Revue Mabillon*, t. 60, 1981, p. 21-76.

51. F.-O. Touati, *Lèpre, lépreux et léproseries* (note 9), p. 946-960.

52. Arch. nat., MM 210, fol. 1 (acte de Philippe Auguste en 1181, éd. Henri-François Delaborde, *Recueil des actes de Philippe Auguste*, t. I, Paris, 1916, p. 42-43, nᵒ 31) et fol. 2 (acte de Louis VII en 1151-1152, éd. Robert de Lasteyrie, *Cartulaire général de Paris*, t. I, *528-1180*, Paris, 1885, p. 331, nᵒ 371).

de pressions déjà subies dans les années 1197-1198, suffisamment troublantes pour que les garanties apportées de façon conséquente soient recopiées deux fois dans le même recueil, la communauté y entame alors une campagne de rachat massif de droits (cens, dîmes) sur laquelle se clôt en 1207 la première phase de rédaction du cartulaire [53]. Celle qui fait suite confirme ces inquiétudes puisqu'elle est directement consacrée à ce que l'on peut appeler «l'affaire de la censive Saint-Laurent», aux donations qui lui sont liées et au litige survenu avec le chapitre de Notre-Dame de Paris, finalement conclu en 1225 [54].

A Cambrai, les droits de la léproserie ont été plusieurs fois contestés à partir des années 1170-1180, notamment à Bracheul où elle se trouve successivement opposée à l'abbaye bénédictine du Saint-Sépulcre et aux chanoines réguliers de Saint-Aubert ou encore à Besin contre le maire de Bevillers ; se heurtant de nouveau aux chanoines de Saint-Aubert en 1208 à propos des droits de chapellenie dans le faubourg de Cantimpré, elle n'a pu qu'être incitée à renforcer sa position face à ces contentieux en produisant un cartulaire qui débute précisément par les pièces relatives à cette remise en cause : un acte de l'évêque Alard, très actif envers les communautés de lépreux durant son bref épiscopat (1176-1178), comme en témoigne le règlement qu'il donne à la léproserie de Berlaimont, asseoit d'entrée la position de Saint-Lazare [55]. La coïncidence est également frappante au Val-de-Buigny, au sud-ouest d'Abbeville, entre la date présumée de confection du cartulaire (vers 1217) et la situation litigieuse que traverse la léproserie au sujet de son domaine voisin de la Wastine : contestation du montant des redevances par les héritiers du donateur, intimation de recevoir leur clientèle domestique dans la communauté, discussion sur la possession même des terres qu'elle s'était efforcée d'acquérir [56].

Rien ne répond mieux que son cartulaire, malgré son hétérogénéité et à cause d'elle justement, à la conjoncture difficile affrontée par la léproserie de Pont-Audemer au début du XIIᵉ siècle. Devant les mutations politiques majeures survenues en 1204 après la victoire de Philippe Auguste en Normandie, confirmée dix ans plus tard à Bouvines, on pressent l'extrême sensibilité des différents scribes, échos probables des soucis de la communauté, au

---

53. Cartulaire de Saint-Lazare de Paris, fol. 18v (acte de Philippe Auguste, répété fol. 112v), fol. 25v-26 (acte d'Eudes de Sully, répété fol. 67v), fol. 47 (acte de Mathieu de Montmorency, 1202-1203), fol. 58v-59 (achat du quart de la dîme Saint-Laurent, 1207).

54. *Ibid.*, fol. 59v-60 (donation de rentes et cens par Aubert de Saint-Léger et sa femme), fol. 60 (renonciation au profit de Saint-Lazare), fol. 61v-62 (accord avec le chapitre Notre-Dame).

55. Arch. dép. Nord, 19 H 1, fol. 22-23 (acte de Baudouin, abbé du Saint-Sépulcre, 1174), fol. 23v-24 (acte de Galand, abbé de Saint-Aubert, 1174), fol. 30 (acte de Jean, évêque de Cambrai, 1191), fol. 1 à 3 (Cantimpré). Cf R. Bérard, *La léproserie de Berlaimont*, dans *Mémoires de la Société d'archéologie et d'histoire de l'arrondissement d'Avesnes*, 1962, nᵒ 20, p. 74-78.

56. Cartulaire du Val-de-Buigny (fragmentaire), fol. 77 et 72 ; Germaine Hanote, *La léproserie du Val d'Abbeville du XIIᵉ au XVIIᵉ siècle*, thèse de l'École des chartes, 1936, p. 18-19.

tourbillon des événements qui les environnent et les dépassent : traités des souverains, mesures juridiques ou fiscales accompagnant la nouvelle administration du duché, décrets conciliaires, le recueil confectionné à Saint-Gilles est devenu au fil du temps un livre de références plus générales, un repère face aux incertitudes du présent. En 1214, au moment où Thomas apparaît comme prieur de la léproserie et où commence, vraisemblablement à son instigation, la rédaction du cartulaire, l'établissement atteint son plein épanouissement économique ; mais alors que la communauté avait profité du déclin de la famille de Meulan qui s'était longtemps posée comme fondatrice et protectrice de l'établissement, pour affirmer son autonomie par la voix et les initiatives multipliées de son prieur et de son chapitre, le roi de France venait juste de substituer une commune à l'autorité comtale [57]. La menace n'est donc pas tant à rechercher du côté de l'économie patrimoniale de l'établissement que vers ses réalités institutionnelles : elle résiderait plutôt dans les interrogations qu'engendrent le maintien de son autonomie jusque-là grandissante et son rejet de toute tutelle patronale, y compris dans la gestion de ses biens. Contrairement à l'interprétation donnée par Simone Mesmin, l'enjeu face à ces transformations politiques et administratives aussi subites qu'incontournables, ne serait-ce que pour obtenir l'authentification des actes juridiques par les nouveaux responsables municipaux, est de négocier une position qui préserve cette indépendance des pouvoirs communaux tout en continuant à bénéficier des largesses prodiguées par les milieux bourgeois : un cartulaire posant d'entrée les privilèges pontificaux (fol. 6-9) suivis des actes des rois d'Angleterre (fol. 9v-13) et des nombreux avantages accordés par la famille comtale déchue est l'instrument des garanties souhaitées [58].

A Saint-Lazare de Meaux, où la rédaction initiale du cartulaire s'interrompt en 1241 à la mort du prieur Adam, l'escamotage de l'ensemble du dossier relatif au différend entre l'évêque et la léproserie, cette dernière refusant de se soumettre à l'obédience épiscopale en 1235-1236, permet de soupçonner une situation symétrique, cette fois à l'égard du pouvoir ecclésiastique. Cette grave affaire, sur laquelle le registre d'actes reste muet, laisse supposer un certain trouble dans la vie de la communauté ; l'ordre rétabli, après l'intervention des délégués pontificaux en 1236, point de départ d'une reprise en main de la léproserie, est aussi l'occasion de clarifier sa gestion foncière et de remettre à jour ses titres : elle entraîne la confection du cartulaire [59].

Le cas exemplaire des recueils du Grand-Beaulieu à Chartres s'inscrit quant

---

57. S. Mesmin, *Waleran, count of Meulan and the leper hospital of S. Gilles de Pont-Audemer*, dans *Annales de Normandie*, 1982, p. 3-19 ; id., *Du comte à la commune : la léproserie de Saint-Gilles de Pont-Audemer*, ibid., 1987, p. 235-267.

58. Donation et authentification des actes n'impliquent pas obligatoirement - du moins en un premier temps, jusqu'à la seconde moitié du XIIIe siècle - l'intrusion de leurs auteurs dans l'administration des léproseries.

59. F.-O. Touati, *Actes et cartulaire* (note 7), p. 11-13, actes n° 81, 82, 87 et 96.

à lui dans un paysage plus global de réforme à la fois économique mais aussi spirituelle et disciplinaire. Après une première alerte qui perturbe les relations tissées entre différentes parties de la communauté au début du XIIe siècle, le ralentissement de la croissance patrimoniale de la léproserie fait sentir ses effets à partir de la décennie 1230-1240 : il conduit à l'aliénation de certains biens, à des emprunts et à la réalisation en 1237 de deux censiers qui marquent un changement profond des attitudes de l'établissement dans la direction de son temporel [60]. Malgré cette réaction, la crise financière empire, du propre aveu d'Alexandre, prieur de la léproserie, acculé à vendre la demi-prébende versée par l'église de Chartres et de nombreuses autres sources de revenus en 1245 «à cause de l'urgence et de l'impérieuse nécessité de la maison... et en raison de la demande pressante des créanciers et des marchands envers lesquels elle se trouve plus qu'endettée et grevée...» [61]. Douze ans plus tard, la situation critique mobilise l'ensemble des frères et soeurs du Grand-Beaulieu ; ils décident alors de limiter leurs effectifs directement mis en cause pour tenter d'enrayer l'aggravation des charges communautaires : c'est elle qui suscite la rédaction du Cartulaire rouge dont les pages liminaires ajoutées en 1259 mettent cette mesure en exergue ; s'y joint la copie de l'obituaire de la léproserie, à la fois objet sacré conservant la mémoire des donateurs dont la célébration était susceptible d'attirer d'autres fondations, mais aussi garant matériel des «avantages acquis» des membres de la léproserie, chacun bénéficiant des aumônes et des pitances distribuées individuellement en ces occasions [62]. Corroborant ce train de mesures auxquelles la rédaction du cartulaire participe, d'autres décisions concernant l'administration intérieure de la communauté s'ensuivent ; elles sont toutes consignées dans le Cartulaire rouge, isolément au milieu des pages restées vierges en attente de compléments ultérieurs : un raffermissement des conditions de répartition des pitances lors des anniversaires des défunts et la régularisation de leur attribution, les statuts de la léproserie promulgués en 1264 par l'évêque Pierre de Mincy et enfin, en 1271 (n. st.), l'établissement d'un cadre d'intendance précis (*usus dispensatoris*) propre à déterminer la portion alimentaire ou vestimentaire de chacun [63]. Une fois passée cette période agitée et l'oeuvre

60. R. Merlet et M. Jusselin, *Cartulaire de la léproserie* (note 7), p. 108, n° 280 ; p. 117, n° 305 ; p. 140, n° 332 ; Cartulaire rouge, Bibl. nat., nouv. acq. lat. 608, p. 198 ; Arch. dép. Eure-et-Loir, G 2961 et G 2960.

61. R. Merlet et M. Jusselin, *Cartulaire de la léproserie* (note 7), p. 140, n° 132 : [...] *propter urgentem et eminentem necessitatem domus nostre* [...].

62. *Ibid.*, p. 146-147, n° 345-346 et p. 149, n° 351 (Cartulaire rouge, p. 7 à 11 ; obituaire, p. 1-4, éd. Auguste Molinier, *Obituaires de la province de Sens*, t. II, Paris, 1906, p. 404-407).

63. Respectivement p. 202-203, 171-177, 185-188 ; éd. R. Merlet et M. Jusselin, *Cartulaire de la léproserie* (note 7), p. 150, n° 354 ; L. Le Grand, *Statuts d'Hôtels-Dieu et de léproseries*, Paris, 1901, p. 214-223. R. Merlet dans *Bulletin historique et philologique des travaux historiques*, 1895, p. 556-565 (seul le Cinquiesme cartulaire, Arch. dép. Eure-et-Loire G 2959 bis, p. 111, fournit une date à ce document, non relevée par son éditeur).

de restauration entamée dans l'urgence, peut commencer, dans une optique sensiblement distincte, la rédaction du Cartulaire noir. Remplaçant plus fidèlement encore la consultation du précédent recueil, on n'y relève aucune note de redevances ni notices semblables à celles qui foisonnent dans le Cartulaire rouge, ni traces des règlements adoptés antérieurement. D'un format aussi commode, il correspond plus étroitement à la définition du genre. Son utilité essentielle, en des circonstances redevenues plus sereines, est de former la collection aussi intégrale que possible des actes fondant les droits de la léproserie ; il les double par sécurité et par souci de référence foncière, méthodique, globale et pratique. Le Cartulaire rouge, dont les divers ajouts se poursuivent jusqu'au début du XIVᵉ siècle, finit par ressembler davantage à un «livre de gestion», une sorte d'aide-mémoire pour conduire, sitôt franchi le cap difficile, les affaires du Grand-Beaulieu : il recèle de précieuses informations sur les investissements accomplis dans la seconde moitié du XIIIᵉ siècle, présentées sans apparat. Sa copie partielle, à une période distante de sa création, atteste son importance aux yeux des utilisateurs [64]. Par force, ces registres se recoupent mais leur destination et leur contenu varient selon des impératifs du moment. Ils se complètent surtout les uns par rapport aux autres, formant ensemble la série des outils «indispensables à la bonne administration de toute seigneurie rurale» [65] : recueil des revenus et des charges, recueil des chartes, «livre de compte». Nés d'une attitude de «défense» et fruits d'une rationalisation d'actualité au XIIIᵉ siècle, ils sont désormais les auxiliaires inséparables de l'exploitation des biens de la léproserie en un moment aussi où l'économie-argent fait son entrée en force dans sa gestion : à travers eux, le regard changé sur les choses croise aussi celui, progressivement modifié, qui se porte sur les êtres.

*

* *

Définis par leur contenu essentiel, mais non exclusif, comme recueils d'actes, les cartulaires de léproserie sont l'un des témoins privilégiés de la réalité seigneuriale de ces établissements et de leur degré d'insertion dans l'économie qui les environne. Il n'est donc aucune raison - hormis peut-être leurs destinataires - de les dissocier de semblables outils provenant d'autres catégories de communautés ecclésiastiques voire d'autres seigneuries laïques avec lesquels une comparaison étendue mériterait d'être effectuée et une chronologie fine dressée : cette dernière mettrait davantage en lumière, selon toute vraisemblance, les occurrences conjoncturelles, les rythmes des besoins parallèles au moins à l'échelle régionale, la part de mode et d'innovation, les habitudes scripturaires

64. Cartulaire rouge, p. 193 et suiv.
65. Selon l'expression de C.-E. Perrin, *Recherches sur la seigneurie rurale* (note 48), p. 597.

qui les inspirent. Les divergences également ; on ne peut qu'être frappé, par exemple, de la double spécificité propre à l'espace aperçu ici et aux institutions concernées par la production de ce genre particulier de document : il n'existe pas, à notre connaissance, d'aire géographique où, toutes proportions gardées, autant de léproseries aient été munies de tels registres. Le constat est du reste un euphémisme : on l'a vu par opposition à la France subligérienne ; le cas de la Grande-Bretagne où seulement trois cartulaires de communautés analogues ont été recensés ne le démentirait sans doute pas davantage que celui de l'Italie où aucun autre registre que ceux relatifs à San Lazzaro de Côme ne semble repérable, malgré la richesse de la documentation existante [66]. Faut-il invoquer les aléas de la conservation archivistique ou de la transmission manuscrite, ou bien d'autres modalités écrites de garantie patrimoniale - notariales par exemple -, d'autres formes de gestion et, finalement, d'autres positionnements institutionnels des léproseries ? L'impression ne varie guère si l'on élargit l'observation aux cartulaires hospitaliers dans leur ensemble : malgré une réputation documentaire bien établie, ils ne représentent, en incluant ceux des léproseries, que 2,3 % du total inventorié par H. Stein, avec toujours une écrasante majorité septentrionale (90 contre 14).

La prise de hauteur, nécessaire à la synthèse, mène donc à s'interroger sur les facteurs de cette particularité géo-statistique. Elle appelle d'autres travaux portant sur la longue durée : dans quelle mesure des archives, notablement rassemblées au XVIIe siècle en France dans la mouvance du pouvoir central lors de la Réformation des hôpitaux, n'ont-elles pu connaître d'autre destin et être ailleurs délaissées ? Elle exigerait aussi une observation générale des conditions de production de l'ensemble des cartulaires. L'enquête resterait toutefois insuffisante si elle ne renvoyait au préalable à une analyse de la participation de ces documents à l'histoire des groupes humains auxquels ils ont servi : d'abord conçus de manière statique, couvrant et sélectionnant les titres juridiques selon une vision «arrêtée par avance», les cartulaires de léproseries constituent les marqueurs de profondes mutations dans la vie des institutions et des personnes auxquels ils se rapportent. Également évolutifs, il convient donc de dégager les besoins successifs et les intentions de chacun de leurs enregistrements ou remaniements. S'ils ne sauraient être ignorés

---

66. G. R. C. Davis, *Medieval Cartularies of Great Britain. A short catalogue*, London, 1958, n° 90 (Burton Lazars), n° 491 (Saint-Giles of Holborn), ces deux cartulaires ayant été effectués en 1402 et 1404 sous l'égide de Walter de Lynton, maître de Burton (rattaché à l'ordre de Saint-Lazare de Jérusalem) au moment de la réunion des deux établissements, et n° 1149 (Elgin) réalisé à partir de 1237, dans la même fourchette chronologique que ceux de notre premier groupe ; Cinzia Granata, *I documenti più antichi per la storia dell' ospedale di San Lazzaro di Como (1192-1493)*, dans *Aevum*, t. 54, 1980, p. 231-256 et A. Rossi Saccomani, *Le carte dei lebbrosi di Verona tra XII e XIII secolo*, Padova (*Fonti per la storia della Terraferma veneta*, 4), 1989, où un événement aussi important que le regroupement des lépreux en 1225 par l'évêque Iacopo da Breganze ne suscite aucune oeuvre de compilation particulière.

comme sources, les cartulaires sont aussi le vecteur d'une histoire particulière en fonction de leurs utilisateurs ; la remise en perspective est indissociable de la place qu'ils occupent parmi les autres outils de gestion dont se sont dotées les léproseries en certains moments cruciaux de leurs transformations : l'exemple du Grand-Beaulieu est, à cet égard, typique.

Paradoxalement, ces documents n'ont que très peu attiré les historiens des léproseries et n'ont pratiquement nourri, jusqu'à une période récente, aucune recherche sur la lèpre et les lépreux au Moyen Age : défaillance des travaux d'édition ou parti pris délibéré [67] ? Le phénomène peut étonner. Le plus souvent, leur «rareté» sert d'alibi à une utilisation quasi-exclusive de sources tardives, anachroniques par rapport à la situation initiale des communautés, décalées par rapport à l'évolution des réalités sociales, religieuses, voire pathologiques des lépreux dans les sociétés médiévales. A travers l'étude de l'archive, de son genre, de son élaboration et de son devenir, transparaît donc de la manière la plus sensible ici le problème des horizons plus larges, historiographiques.

67. Françoise Bériac, *Histoire des lépreux au Moyen Age. Une société d'exclus*, Paris, 1988, p. 8 : « nous avons tourné le dos à la masse la plus considérable de la documentation publiée ou inédite, mais il s'agissait là d'une nécessité, sinon on finit vite par parler des léproseries[...] en escamotant les lépreux[...]». Signalons toutefois, parmi quelques études, le mémoire de maîtrise soutenu à Caen en 1972 par E. Joly et P. Passilly sur *Le patrimoine de la léproserie de Saint-Nicolas de Bayeux* et les travaux en cours sur la léproserie d'Évreux par B. Tabuteau. Je tiens à remercier Sylvette Lemagnen, conservateur de la Bibliothèque municipale de Bayeux, Antoine Vernet, conservateur du Musée Baron-Gérard, et Damien Jeanne pour l'aide apportée à la consultation de ce «monument» exceptionnel qu'est le cartulaire de Saint-Nicolas de la Chesnaie, en attente de son éventuel éditeur scientifique.

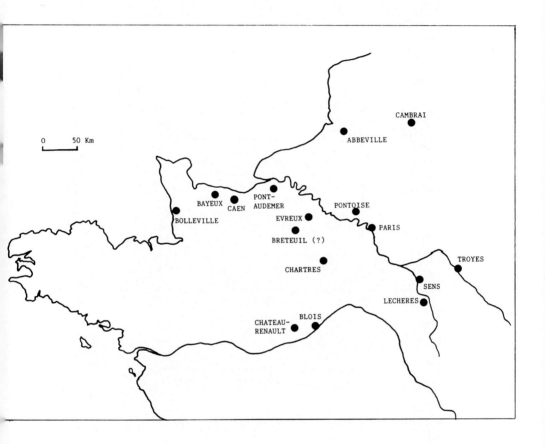

0   50 Km

CAMBRAI

ABBEVILLE

BAYEUX   PONT-
CAEN   AUDEMER   PONTOISE

BOLLEVILLE

EVREUX   PARIS

BRETEUIL (?)

TROYES

CHARTRES

SENS

LECHERES

BLOIS
CHATEAU-
RENAULT

CARTULAIRES DE LÉPROSERIES DE LA FRANCE DU NORD

*Pl. 1. - Cartulaire "noir" de la léproserie du Grand-Beaulieu.
Feuillet isolé monté dans un encadrement du XIXe siècle.
(Bibl. nat., nouv. acq. lat. 1408, fol. 28 ; cliché Bibl. nat.).*

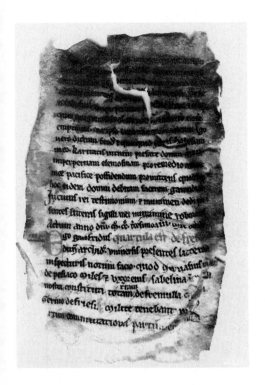

Pl. 2. - Cartulaire "noir" de la léproserie du Grand-Beaulieu.
(Bibl. mun. Chartres, ms 1059, p. 176 et p. 369).

ANNEXE I

Léproseries	STEIN	Cote	Dimensions h x l en mm	Nombre de pages	Nombre d'actes	Acte le plus ancien	Acte le plus récent	Dates de rédactions initiales
ABBEVILLE Val-de-Buigny	n° 2074	Bibl. nat. Coll. Picardie, 238, fol. 66 à 82	206 x 150	17 fol. = p. 26 à 47 (fragments)	84	[1164]	1217	vers 1217-1220 ?
BAYEUX St-Nicolas de la Chesnaie	n° 3506	Bibl. mun. Bayeux, ms 1	350 x 300	XXXIV-848 p.	987	vers 1173	1446	1438-1446
BLOIS Saint-Lazare	n° 508	Bibl. nat. fr. 24133	inconnues	inconnu	46 [+1]	1126	1325	1261-1262 ?
BOLLEVILLE La Madeleine	n° 513	British Library, Add. ms 17307	227 x 160	56 fol.	132	[1124]	1471	1) 1436 2) 1469-1476
CAMBRAI Saint-Lazare	n° 773	Arch. dép. Nord, 19 H 1	170 x 110	38 fol.	45	1117	1215	1215 ?
CAMBRAI Saint-Lazare	non recensé	Arch. dép. Nord, 19 H 2	280 x 210	9 fol.	23	1118	1372	1372
CAEN Notre-Dame de Beaulieu	non recensé	Arch. dép. Calvados, H non coté 293	326 x 304	46 fol.	79	1225	1455	1) 1433 2) 1455
CHARTRES Le Grand-Beaulieu	n° 1964	Bibl. nat., n.a.l. 608	172 x 115	103 fol.	env. 222	vers 1110	1304	1257-1259
CHARTRES Le Grand-Beaulieu	n° 1965	Bibl. mun. Chartres, ms 1059	130 x 90 (?)	272 fol.	270 [au moins]	1109 ?	1277	1277 ?
CHARTRES Le Grand-Beaulieu	non recensé	Arch. dép. Eure-et-Loir, G 2959	250 x 144	40 fol.	214	vers 1110	1289	1300

ANNEXE I

Léproseries	STEIN	Cote	Dimensions h x l en mm	Nombre de pages	Nombre d'actes	Acte le plus ancien	Acte le plus récent	Dates de rédactions initiales
CHARTRES Le Grand-Beaulieu	non recensé	Arch. dép. Eure-et-Loir, G 2959 bis	255 x 174	57 fol.	213 [+1]	vers 1110	1289	1300
CHATEAU-RENAULT	non recensé	Arch. dép. Loir-et-Cher, 72 H 1	294 x 215 (feuillets variables)	13 fol.	11	1252	1352 n.s.	1) vers 1290 ? 2) vers 1352
EVREUX Saint-Nicolas	n° 1299	Arch. dép. Eure, H dépôt G 7	218 x 175	25 fol.	[96] 97	vers 1140	1252	1) 1239 2) 1247-1252
LECHERES Saint-Denis	non recensé	Arch. nat. S 306	206 x 148	53 fol.	inventaire + 20 actes	1211	1319	1336
MEAUX Saint-Lazare	n° 2403	Arch. dép. Seine-et-Marne, 9 H dépôt A 3	252 x 176	34 fol.	84	vers 1160	1247	1) 1235-1241 2) 1241-1247 3) début XIVe s.
PARIS Saint-Lazare	n° 2956	Arch. nat. MM 210	222 x 155	139 fol.	219	1124	1254	1) 1207
PONT-AUDEMER Saint-Lazare	n° 3057	Bibl. mun. Rouen, Y 200	230 x 174	106 fol.	214	1135	1255 [1389]	1) vers 1214-1215
PONTOISE Saint-Lazare	non recensé	Bibl. mun. Pontoise, Fonds Pihan de la Forest, 3, n° 44	original disparu	inconnu	30 ?	av. 1135	1236	vers 1236 ?
SENS Le Popelin	n° 3682	Arch. dép. Yonne, H suppl. 3758	236 x 170	27 fol.	52	1142	1220	vers 1218-1220
TROYES Les Deux-Eaux	n° 3973	Arch. dép. Aube, 41 H 1	363 x 276	8 + 116 fol.	215	1123	1480 [+ 1531]	fin XVe s.

FRANÇOIS-OLIVIER TOUATI

Annexe II

Les tables et le plan du cartulaire rouge de la léproserie du Grand-Beaulieu
(Bibl. nat., n.a.l. 608)

ANALYSE	TABLES DU CARTULAIRE (titres des rubriques)	PAGES
- Obituaire		1 à 3
- Tables		4 à 6
- Règlement de la léproserie	(p. 5) *De Statuto Belli Loci et confirmatio*	7 à 11
- Activités commerciales à Chartres	(p. 5) *De feria Belli Loci... de quodam stallo in burgo*	12 à 20
- Revenus des fours à Chartres	(p. 5) *De furno episcopi... de furno e Castellet*	21 à 23
- Cens divers	(p. 5) *De censibus Benleugae... de Cerevilla*	23 à 29
- Revenus sur les moulins	(p. 5) *De molendino Leugarum... de molendino de Archis*	30 à 32
- Revenus sur les pressoirs et les vignes	(p. 5) *De pressoriis de Flaarvilla... de vinea de Porta Drocense*	34 à 38
- Sur la maison, terre et moulin de Gourdez	(p. 5) *De domo de Gordis...*	39 à 41
- Biens fonciers (donations)	(p. 6) *De pratis Belli Loci...*	44 à 46
- Cens et rentes diverses	(p. 6) *De II sol. census ad sanctum Martinum... de LX sol. Nogento Rotrodi*	62 à 67
- Biens fonciers et revenus seigneuriaux par implantation géographique	(p. 6) *De Mairolio... de Doovilla* (fin p. 6) *De X sol. apud Mollent* (toute la page 4)... *De Piborderia*	68 à 161
- Notices diverses ajoutées à la première rédaction,		162 à 206
dont descriptif et investissements des domaines en Thimerais		189 à 200

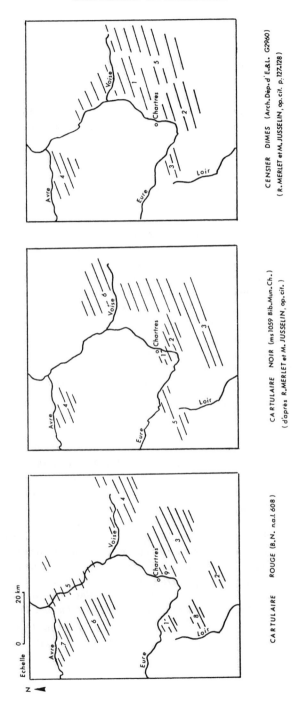

CENSIER DIMES (Arch.Dép. d' E.&L. G2960)
(R. MERLET et M. JUSSELIN, op. cit. p. 127.128)

CARTULAIRE NOIR (ms 1059 Bib.Mun.-Ch..)
(d'après R. MERLET et M. JUSSELIN, op. cit.)

CARTULAIRE ROUGE (B.N. n.a.l. 608)

PLAN GÉOGRAPHIQUE SUIVI DANS LES RECUEILS FONCIERS DU GRAND-BEAULIEU

REMARQUES ET DISCUSSION

Joseph AVRIL : *De quel type, religieux, clérical ou laïc, est l'encadrement dans ces établissements ? Que sait-on de leur régularité ?*

François-Olivier TOUATI : *Je vous renverrais volontiers à l'étude que vous avez conduite sur le décret* Cum Apostolus *du concile de Latran III concernant les communautés de lépreux et aux recherches que j'ai pu mener sur près de 400 établissements de la province de Sens.*

Lorsque la majorité des léproseries apparaît, au début du XIIe siècle, la question ne se pose pas : ces communautés existent suivant la conception large de la vie religieuse, telle que les préceptes de saint Augustin dont se réclament ultérieurement leurs règlements intérieurs et invoqués à leur sujet par Jacques de Vitry, peuvent le permettre. Etablies de façon indépendante les unes des autres, ces communautés que le vocabulaire de la pratique assimile à des couvents, des monastères, des fraternités, parlant aussi de saintes maisons, voire de maisons très religieuses, sont régies par l'assemblée des frères et soeurs, lépreux compris, réunis en chapitre sous la direction d'un maître élu, souvent un prêtre - mais parfois aussi un médecin, comme à Troyes - quelquefois assisté d'un chapelain et de clercs dans les maisons les plus importantes. Ce sont des religieux, clercs et laïcs associés, sans relever spécialement d'un ordre ou d'une famille d'établissements monastiques ou canoniaux.

L'aide que l'on devine de temps à autre, à Saint-Maur-des-Fossés ou à Saint-Benoît-sur-Loire, d'une communauté religieuse voisine a pu fournir l'encadrement clérical initial mais aussi, comme on le voit à Chartres, il peut avoir été recruté parmi les frères, quitte à recevoir l'ordination pour la circonstance.

Les lépreux eux-mêmes comprennent des prêtres ou des religieux envoyés par d'autres communautés : Saint-Lazare-de-Jérusalem n'a pas hésité à recruter son maître parmi eux.

Chacun, lépreux compris, prononce les trois voeux essentiels, après une année probatoire (ainsi à Saint-Lazare de Montpellier) ; c'est toutefois à la fin du XIIe siècle que cette régularité, dont les normes deviennent plus strictes comme le confirmera le Concile de Latran IV, commence à être battue en brèche : Pierre de Poitiers, Robert de Flamborough, se prononceront en faveur de la régularité des léproseries. Le doute insinué, une inadéquation croissante entre le niveau des exigences religieuses et le minimum requis de la part des lépreux remettra en cause leur admission à prononcer des voeux ; c'est en particulier le cas de la Summa Pastoralis *de l'archidiacre de Paris au milieu du XIIIe siècle. Ceci n'enlève rien de toute façon au statut ecclésiastique des léproseries qui jouissent la plupart du temps de leur église propre et d'un cimetière et sont, pour les plus importantes d'entre elles, à même de se soustraire à l'autorité épiscopale en obtenant l'exemption.*

Bernard DELMAIRE : *La rédaction d'un cartulaire dans une léproserie suppose l'existence d'une communauté de frères valides : existe-t-elle partout ?*

François-Olivier TOUATI : *A ma connaissance oui, et c'est du reste l'une des évolutions les plus curieuses de ces communautés que de voir la proportion de leurs membres valides tendre à l'emporter très largement sur les quelques lépreux qui y survivent. Il existe aussi des communautés spécifiquement féminines comme à la Saussaie au sud de Paris, sans compter outremer, à Jérusalem, la léproserie des femmes établie à l'opposé de Saint-Lazare : il est vrai qu'elles n'ont pas laissé de cartulaire...*

Quant à supposer que la rédaction des cartulaires puisse être le fait de frères valides, cela paraît le plus normal si l'on estime que ces outils résultent d'un patrimoine important et donc de la présence d'un personnel à même de les gérer : ce serait toutefois oublier que des clercs lépreux ont intégré ces communautés et ont pu éventuellement aider à la confection des cartulaires ; on voit bien que des lépreux ont résidé dans les exploitations domaniales de leur léproserie, pour changer d'air, s'y distraire, mais aussi sans doute pour contribuer à leur gestion.

LES CARTULAIRES :
COPIES OU SOURCES ORIGINALES ?

par

Michel PARISSE

Le choix du sujet portant sur les cartulaires a été fait par un groupe de recherche travaillant à l'édition des actes des évêques de France [1], et la réunion d'un colloque avait pour but à la fois d'aider à la critique des textes et de faire un pont entre les historiens universitaires et les chartistes. C'est pour cela que la réunion s'est tenue à l'Ecole des chartes, en association avec le groupe de recherches «Civilisation de l'écrit au Moyen Age», et que cet ouvrage paraît dans la collection de cette institution. Je ne me souviens pas avoir participé à une rencontre d'historiens au centre de laquelle se trouvaient les actes diplomatiques, diplômes, bulles, chartes ; ces thèmes semblent réservés à la Commission internationale de diplomatique, alors même que tous les historiens utilisent et critiquent ces sources. Même la Commission précitée porte son intérêt avant tout aux formes du document et aux milieux producteurs d'actes, mais, si les documents sont des sources d'informations pour l'historien, d'observations pour le diplomatiste, les conditions mêmes de leur établissement sont l'expression de la vie quotidienne et mentale d'une époque. Il n'est que temps de regarder d'un peu plus près ces textes, ces sources, de les replacer dans leur contexte, de s'interroger sur leur utilisation, sur leur fiabilité, sur les conditions de leur fabrication. Les cartulaires, qui nous conservent par exemple des séries d'actes, offrent l'avantage de susciter la réflexion. Ils sont connus de tous, existent encore en abondance, répondent à certaines demandes. Au cours de ce colloque, on s'est vite aperçu qu'il y avait beaucoup à dire et à faire. Trois jours de travail, alors que deux étaient initialement prévus, n'ont pas suffi à couvrir la matière, mais ont permis de progresser

---

1. Le GR 121 du CNRS existe depuis 1987. On trouvera son programme dans : *A propos des actes d'évêques. Hommage à Lucie Fossier,* Nancy, 1991. Ce groupe doit être fondu dans un groupe de recherche plus large du CNRS, appelé Groupe Gerson.

notablement dans notre connaissance du sujet. Sur ce point le but est atteint, il reste à tirer des conclusions.

On a d'abord voulu définir le cartulaire pour éviter les dérapages de certaines communications. La définition a été élaborée le plus simplement possible dans les termes suivants : recueil d'actes, sélectif ou exhaustif, réalisé à la demande d'une institution ou d'une personne. Dans le langage courant, les historiens désignent par cartulaires ces livres en parchemin dans lesquels les communautés religieuses du Moyen Age ont transmis les chartes, qu'elles y ont fait recopier avec soin. On a trop vu dans le cartulaire un simple recueil de chartes au point de le confondre avec un chartrier, et ce mot de cartulaire paraissant plus flatteur aux éditeurs de textes que le simple mot de chartes ou que l'expression «recueil de chartes», c'est sous ce nom, abusivement utilisé, qu'ont été publiées bien des collections d'actes. Les Allemands ont tenu à distinguer ces différents états en utilisant les vocables d'*Urbare* ou *Kopialbücher* pour les cartulaires, et d'*Urkundenbücher* pour les éditions d'actes. Le cartulaire est bien cette source fondamentale que rencontrent en premier les éditeurs des chartes d'évêques dont il est question plus haut, c'est pourquoi ils ont voulu se pencher sur elle. Mais il y a beaucoup plus à entendre derrière le vocable et derrière la source : d'abord saisir ce que fut la volonté de copier, de transcrire, de conserver un double des actes originaux, ensuite chercher la réponse à une situation historique donnée, qui sort le cartulaire de sa vocation première de transmetteur de textes, enfin répondre à la question de l'usage que les historiens et les linguistes peuvent en faire.

I. La copie et la transmission des actes originaux

Le cartulaire est né au VIIIe siècle en Francie orientale ; des moines ont, les premiers, entrepris de recopier dans un codex des actes de donation, des ventes, des achats, des échanges, qu'ils accumulaient par dizaines dans un coffre et qui jalonnaient la constitution de leur temporel. Pourquoi l'ont-ils fait ?

Certainement pas pour sauvegarder les précieux originaux, comme on le fera plus tard. Ni non plus pour fournir un document à produire devant le tribunal, comme l'idée en viendra quelques siècles après. Alors pourquoi ? Rien ne naît ainsi en histoire sans racines. Pour saisir l'origine, il convient de se reporter à la pratique plus générale qui depuis l'Antiquité romaine et byzantine consistait à regrouper des textes dispersés pour en rendre la consultation commode. On n'a pas agi autrement en créant des codes, où se trouvaient regroupées des lois, qui sans cela auraient été de consultation mal pratique, en raison de leur nombre et de leur dispersion. Pour faciliter la recherche, des esprits inventifs ont par ailleurs imaginé de faire précéder ces récapitulations de tables permettant de retrouver rapidement un texte, une source. Jean Hautfuney a élaboré un index pour faciliter l'utilisation du *Speculum historiale* de Vincent de Beauvais [2]. Mais aussi les scribes ont un jour ajouté en haut des pages des titres courants, auxquels on n'a pas assez prêté attention [3]. En fait toutes ces «inventions» relevaient d'un même souci, faciliter la consultation de textes nombreux, dispersés. Le premier cartulaire répondait à un tel réflexe, et pose, comme l'a fait Patrick Geary, la question de la mémoire et de l'oubli. Un ou plusieurs moines ont reçu d'un gestionnaire l'ordre de recopier, ce qu'ils ont fait avec un soin variable qui intéresse alors l'historien.

C'est aussi en Francie orientale, à cette haute époque, du VIIIe au Xe siècle, que sont nés des ouvrages mémoriaux, les livres de tradition, dans le même esprit et avec la même intention. Plutôt que de conserver en vrac ces bouts de parchemin sur lesquels étaient portées les «traditions» de terres et d'hommes, on a jugé utile de les recopier à la suite les uns des autres ; grâce à cet effort, cartulaires et livres de tradition ont transporté aux historiens des informations abondantes, qui manquent beaucoup quand les originaux ont été jetés ou détruits, et que leur copie a également disparu. Il est rare que, comme à Saint-Gall, les traditions originales aient été sauvegardée.

Mais l'on questionne encore : pourquoi cela s'est-il passé en Francie orientale, loin du coeur actif du royaume franc ? En fait si le réflexe est né loin au-delà du Rhin, ce n'est peut-être pas sans liaison avec l'influence anglo-saxonne, sans rapport avec ces hommes qui avaient fréquenté en Grande-Bretagne une documentation antique abondante et sont venus sur le continent, au-delà du Rhin et dès le VIIIe siècle, apporter leur science et leurs connaissances. Ainsi la tradition antique aurait-elle influé sur l'activité intellectuelle anglo-saxonne, avant de revenir sur le continent vers le coeur de l'Europe, avant qu'Alcuin se joigne à Paul Diacre et à Théodulf pour susciter la «renaissance» carolingienne sur les bords du Rhin et au-delà vers l'est. C'est ainsi que la Francie occidentale ne fut touchée que plus tard par le phénomène des cartulaires ; ils apparaissent en Lotharingie et en Bourgogne au début du XIe siècle, à Redon vers 1060. Enfin le cartulaire ne peut être considéré sans qu'on tienne compte de la réaction qui avait donné naissance aux polyptyques, eux aussi fruits d'un réflexe de récapitulation et de copie. Le cartulaire prend donc place dans un ensemble d'attitudes de mémorisation, rejoignant en cela aussi les *libri vitae* et *libri memoriales,* que l'on déposait

---

2. Voir sur ce point et sur d'autres points voisins : Anna-Dorothee von den Brincken, Tabula alphabetica. *Von den Anfängen alphabetischer Registerarbeiten zu Geschichtswerken (Vincenz von Beauvais OP, Johannes von Hautfuney, Paulinus Minorita OFM),* dans *Festschrift für Hermann Heimpel,* 2. Band, Göttingen, 1971, p. 900-923. M. B. Parkes, *The Influence of the Concepts of* Ordinatio *and* Compilatio *on the Development of the Book,* dans *Medieval Learning and Literature. Essays presented to Richard William Hunt,* Oxford, 1976, p. 115-141.

3. On le voit notamment dans les grandes bibles, où les titres des différents livres sont inscrits en tête des folios verso et recto qui se font face.

sur les autels et que l'on remplissait parfois aussi de traditions, comme ce fut le cas à Remiremont, pour confier à Dieu la sauvegarde des biens et le salut des personnes.

La période où la France fut atteinte n'est pas indifférente. Elle subit alors de nombreux bouleversements, voit naître les seigneuries, définir les pouvoirs, elle suscite les arbitrages entre les convoitises laïques et les résistances ecclésiastiques ; dans tous les cas elle invite à relire les titres anciens, à les regrouper, voire même à les falsifier, à les réinventer. Et sur ce plan l'histoire des cartulaires a son mot à dire dans celle des falsifications, des forgeries, des interpolations. N'était-il pas plus simple de reprendre un texte ancien, de le modifier, de faire disparaître l'original, avant d'exhiber la copie aménagée ? Sans vouloir généraliser une telle attitude, on ne peut nier qu'elle ait existé. Le mauvais état des diplômes mérovingiens et carolingiens invitait aussi à les recopier, à les reprendre sous forme de copies figurées, et donc à interpréter les mauvaises lectures, à forcer les traditions et les légendes. On n'est pas allé toujours jusqu'au cartulaire, on a trouvé d'autres moyens de garder le souvenir des actes. Souvent ils ont été recopiés dans des annales ou des chroniques, ou encore des vies d'évêques et d'abbés, dans des Gestes, simplement analysés ou résumés ; en tout cas ils sont venus à l'appui de l'histoire au même titre que des anecdotes, des événements.

Un acte diplomatique est une action juridique, un grand moment qu'il fallait solenniser, un document qui fondait des droits. La charte, le diplôme, la bulle étaient considérés comme des monuments de plus en plus précieux, remarquables par leur écriture, les signes qui y figuraient, les souscriptions qui y étaient portées, bientôt par le sceau ou la bulle qui y furent apposés ou appendus. Pliés, précieusement serrés dans un coffre, ils n'étaient exhibés que dans les moments les plus solennels, comme des preuves visuelles. Pour la gestion ordinaire, ils devenaient trop importants, trop précieux, trop fragiles. La défense et l'administration des biens provoquèrent des réflexes ; des situations politiques ou économiques particulières conduisirent à des regroupements très ciblés des actes concernant un bien, un groupe de possessions. A défaut de cartulaires les religieux de l'ouest de la France inventèrent les pancartes, ces grandes feuilles de parchemin où étaient transcrits à la suite les actes établissant les droits sur un ensemble de donations géographiquement groupées. Comme on étudie aujourd'hui les cartulaires, il faudra un jour analyser ces pancartes, qui sont devenues pour les cisterciens du XIIe siècle comme les livres de traditions des bénédictins du Xe.

Les actes ont servi un temps à farcir les récits, à appuyer une chronologie, à reconstituer une biographie. Quand la masse des actes l'a emporté sur le texte narratif qui les accompagnait, on est passé aux cartulaires-chroniques, dont un exemple parfait nous est présenté par l'abbaye italienne de Casauria. Les types de cartulaires se sont vite diversifiés. D'abord au lieu de recueillir tous les actes, ils se sont spécialisés, donnant lieu à des cartulaires-dossiers.

Pendant les XIᵉ et XIIᵉ siècles, ils se sont multipliés dans les communautés religieuses, anciennes et nouvelles, monastiques et canoniales.

Le début du XIIIᵉ siècle fut marqué par une extension brutale de l'écrit au monde laïc, et la pratique de la copie des actes se répandit vite : naissent alors les cartulaires de seigneurie, de chancellerie, d'ordre, puis ceux des personnes, des universités. Le souci de copier fait place à celui d'inventorier, à celui de garder le bref souvenir d'actes trop longs à recopier. Naissent les registres, les minutes, à la chancellerie pontificale, chez les notaires, dans toutes les chancelleries ; on tient alors le compte des actes expédiés, dont auparavant on n'avait aucune trace. Au bout de la chaîne apparaissent les inventaires d'archives. Le temps du cartulaire est passé ; après les derniers avatars du XVᵉ siècle, il renaît de manière artificielle avec les érudits de l'époque moderne, soucieux de reconstituer des chartriers. Ce ne sont plus alors ces cartulaires sur lesquels le colloque entendait se pencher.

II. Quand, pourquoi, comment ?

Penchons-nous avant toute chose sur ces cartulaires «classiques» du Moyen Age, les plus nombreux, de ceux que l'I.R.H.T. s'est donné pour tâche de retrouver et décrire pour corriger et compléter la célèbre bibliographie de Henri Stein (1907). Ce n'est certainement jamais sans raison qu'un jour la confection d'un cartulaire était décidé. Nul ordre religieux n'a établi pour règle que ses membres devaient rédiger une copie de ses archives. Pour qui que ce soit, l'initiative est toujours venue isolément et appartient à l'histoire individuelle de chaque maison. Deux occasions majeures d'engager une telle entreprise semblent l'avoir emporté : la nécessité de constituer un dossier, de faire une récapitulation, de voir clair dans une situation confuse d'une part, la volonté d'un supérieur, notamment au début de son gouvernement d'autre part. La demande des bulles générales de confirmation justifie bien de telles initiatives des années 1160-1170. Quant à l'action personnelle d'un abbé, elle est trahie par le nom donné à son oeuvre. Les deux circonstances pouvaient se confondre. Une fois la nécessité reconnue ou la décision prise, on devine comment l'opération se déroulait. Certains scribes s'en sont expliqué au début de leur ouvrage. Ils ont parfois développé quelques phrases sur leur volonté de sauvegarder des textes précieux et importants pour leur maison. Ils se sont plus rarement exprimés sur leur façon de faire, sur la difficulté de la lecture des anciens parchemins, sur leur refus de transcrire intégralement les actes au détriment des préambules, des clauses finales, des listes de témoins amputés ou supprimés. Ou s'ils ne l'ont pas dit, il n'est pas difficile de constater ce qu'ils ont fait. Les discussions animées qui ont suivi ici les interventions ont fourni fréquemment l'occasion d'en citer des exemples précis, qui n'ont pas trouvé place dans les communications.

Pour l'organisation de la matière, trois voies s'ouvraient : l'ordre chronologique, et on sait que, l'art du comput étant poussé dans les monastères, les notaires dominaient l'art de composer une date ; l'ordre hiérarchique qui privilégiait les bulles, les diplômes, les actes des princes ; l'ordre systématique enfin qui tenait compte des grands ensembles de biens. On n'a pas encore les moyens de savoir quel système l'a emporté, quand tel système a été préféré, quel ordre religieux était plus favorable à une voie plutôt qu'à une autre ; l'enquête actuellement menée nous le dira. Les auteurs des présentes communications énumèrent toutes sortes de possibilités : Casauria en Italie était attentive à la chronologie au début du XIe siècle, tout comme Gorze en Lorraine vers 1160 ; Saint-Victor de Marseille groupait les actes par domaines, et Marmoutier par grande région. A toute époque il y eut hésitation. Quant au déroulement précis des opérations, il a pu être décrit par Hubert Flammarion à propos du cartulaire du chapitre cathédral de Langres et fait apparaître ce que pouvait être le travail d'une équipe [4]. Il ne dit pas toujours les raisons des erreurs, des doublons, des ajouts, des pages blanches. Des notaires plus attentifs se sont ingéniés, par souci de rigueur ou par honnêteté, à reproduire les *rotae* des papes, les monogrammes des rois, les lettres étirées de la première ligne, voire à dessiner les sceaux.

Au bout du compte, le cartulaire était soigneusement relié, souvent doté d'une couverture dans une couleur qui lui donna son nom, livre blanc, cartulaire noir, devenant dès lors une nouvelle source historique à laquelle dès l'origine on se référa volontiers, et que l'on citait souvent, que l'on mettait à jour parfois, que l'on en venait aussi un jour à remplacer par un ouvrage plus complet, organisé différemment, qui répondait à d'autres besoins. Il y eut bien des étapes du premier cartulaire de Fulda au livre blanc de Saint-Denis, plus encore quand on arrive à l'oeuvre commandée au début du XIVe siècle par l'archevêque Baudouin de Trèves, qui fit écrire en double le cartulaire de son église et ajouter un troisième exemplaire de voyage, portable, comme un manuel.

L'Europe entière a connu ce phénomène, et l'on n'a que trop peu passé en revue les différentes attitudes, celles des notaires italiens dans un pays qui a peu connu les cartulaires jusqu'à l'enregistrement des actes des communes, mais l'Italie du Sud nous a réservé quelques beaux cartulaires-chroniques ; celles des moines du Nord de la France où la densité de ces ouvrages est la plus grande ; celles des pays rhénans ; celles de l'Angleterre enfin, où là encore la narration a pris une grande place. Dans un même pays, la France, l'analyse de la typologie serait infinie et le lecteur se contentera ici de suivre les moines de Saint-Victor de Marseille et de Marmoutier, les seigneurs de Trencavel, et puis plus largement les princes et les barons, les officiers royaux et les bourgeois, touchés par le démon de la mémoire ou poussés par la nécessité à gérer au mieux leurs fiefs ou leurs revenus, les universitaires,

---

4. Hubert Flammarion, *Une équipe de scribes au travail au XIIIe siècle : le grand cartulaire du chapitre cathédral de Langres*, dans *Archiv für Diplomatik*, t. 28, 1982, p. 271-305.

les hospitaliers. Comme on mettrait des diplômes sous verre, on mettait ses achats sous reliure. Comme on enregistre aujourd'hui les actes en machine et qu'on archive en disquettes, on s'assurait d'avoir des doubles pour prévenir les pertes et les destructions.

III. Q UELLE FIABILITE ?

Mais le cartulaire n'offre rien d'autre que des copies des actes originaux. Alors même que les historiens tendent trop à les considérer à l'égal des sources originales. Aucune maison religieuse ne nous offre en fait de garantie pour son histoire, si elle n'a conservé que des copies de ses actes, qu'un cartulaire. La question, lancinante, revient en effet sans cesse. Jusqu'à quel point peut-on se fier les yeux fermés au travail des scribes ? Pour le savoir il fallait comparer des actes originaux et des transcriptions. On l'a fait et on a constaté que toutes les possibilités ont existé : la parfaite transcription, la transcription tronquée, les erreurs de transcription, les falsifications, les interpolations. Devant un tel bilan on ne peut que rester méfiant, tout en sachant qu'il n'y a pas de remède miracle.

La transcription pouvait être parfaitement fiable quant au fond, sans l'être pour autant pour la forme. A cet égard les linguistes sont particulièrement gâtés pour leurs analyses de l'évolution de la langue quand les scribes ont aménagé le style, la syntaxe et l'orthographe des textes anciens pour les faire correspondre à la langue qu'ils pratiquaient. Pour les philologues le cartulaire est véritablement devenu une source originale. Du XIIIᵉ siècle à une copie du XVᵉ les différences peuvent être grandes. On le remarque partout, comme Joseph Morsel nous invite à le faire avec un exemple allemand. Le scribe peut aller au-delà de son devoir : il lui suffit de mettre un nom complet à la place d'une initiale pour risquer l'erreur et nous induire en erreur. Laurent Morelle s'est attaché à examiner cette fiabilité et aboutit à une conclusion qui n'est pas négative.

Même sérieux dans l'acte de copie, le scribe garde une redoutable marge de manoeuvre. Vers 1170 le moine de Gorze qui s'est chargé de composer un cartulaire de son abbaye a cru bon de classer chronologiquement des actes dont beaucoup n'étaient pas datés et il a dû «inventer» des dates qui ont été ensuite prises pour argent comptant par des historiens privés d'originaux pour la période des origines à 1032. Pour la période postérieure la possibilité de comparer originaux et copies a permis de constater ces ajouts, voire dans un cas celui d'une liste de témoins. La confrontation des expériences a permis de montrer que ce cas n'est pas unique. Ce dernier cas attire l'attention sur un problème qui ne semble pas avoir été suffisamment souligné. Les moines et les clercs étaient souvent conduits à préparer la rédaction des actes qu'ils portaient ensuite à sceller aux princes ecclésiastiques ou laïcs chargés de les authentifier ; ils n'obtenaient pas toujours satisfaction, et rapportaient avec eux des pièces qui ne portaient ni noms de témoins, ni date, ni signe de validation. Ce n'était plus rien d'autre que des brouillons, sans utilité autre qu'indicative, qu'ils gardaient cependant dans leurs coffres avec les pièces authentiques. En présence de la pièce originale l'historien peut se rendre compte de l'échec de cette tentative et utiliser avec prudence de tels actes. Il ne le peut plus guère quand il ne trouve ces pièces que dans un cartulaire, quand il n'est pas précisé que les signes de validation sont restés absents. Le cartulaire de Gorze cité plus haut a ainsi conservé les deux falsifications proposées d'un diplôme d'Otton Iᵉʳ, que l'éditeur des actes de ce souverain a pu cependant reconstituer à partir d'elles. Par sa transcription aveugle, le scribe nous a fourni de précieuses informations.

Quant à l'introduction dans l'ouvrage de pièces entièrement forgées ou astucieusement interpolées, elle plonge l'utilisateur dans l'erreur. Il est bien difficile de savoir jusqu'à quel point la méfiance est justifiée. En l'absence d'archives originales, le cartulaire devient la source fondamentale, essentielle, et elle est tenue pour une source originale, aussi fiable que les chartes, ce qu'elle est en tant que cartulaire, mais on oublie volontiers qu'elle n'est plus qu'une source secondaire, au même titre, et parfois moins valablement, que les copies d'érudits, ou que les éditions anciennes. Cette fonction de source première est confirmée par les cas où le cartulaire est *a posteriori* objet de grattages, de corrections [5]. Il convient donc de voir dans le cartulaire deux objets différents, le recueil de copies d'actes qu'il a voulu être, et l'ouvrage d'un homme ou d'une institution que l'historien y voit.

IV. LE CARTULAIRE, REFLET D'UN MOMENT

Le cartulaire est une oeuvre historique, qu'il faut soumettre à la critique avec autant d'acribie que des annales, une chronique, des *Gesta*, une *Vita*. Il peut être entièrement fiable ou transporter la partialité d'un auteur, qui a orienté son choix des pièces à citer. Il doit être daté et étudié dans son contexte historique. Il devient respectable jusque dans ses défauts. Ces remarques orientent évidemment l'attitude à observer dans son exploitation. Comme recueil d'actes il devient une source importante pour la reconstitution d'un chartrier. Il bénéficiait au XIXᵉ siècle d'une telle audience que les érudits se sont attachés à la publication de cartulaires entiers. Dans ce cas il leur fallait respecter parfaitement la présentation, le style et la forme du cartulaire. Au risque de conduire à cette anomalie, qui était de publier des copies déficientes au détriment d'originaux encore conservés. La logique imparable de ce système est en effet, comme le défend Jean-Marie Martin, que l'on doit respecter le travail du scribe jusqu'à ses erreurs, quitte à publier en note, *horribile dictu* !, les variantes de l'original. Cette attitude se justifie en effet pour l'éditeur d'un cartulaire-chronique italien. Le réflexe consiste plus généra-

---

5. Cf à cet égard les remarques d'Olivier Guillot sur le cartulaire de Saint-Aubin d'Angers (*Le comte d'Anjou et son entourage*, t. I, Paris, 1972, p. 444-445).

lement, à l'inverse, à introduire dans l'édition le texte de l'original en rejetant celui, fautif, de la copie, au risque de trahir le cartulaire. Il n'y a pas de solution satisfaisante, si l'on s'en tient à la publication intégrale et intègre d'un cartulaire, comme cela est le cas pour ces cartulaires-blocs que sont les cartulaires-chroniques, du type de celui d'Hesdin. Dans ce cas il faut admettre qu'une chose est de reconstituer un chartrier et d'en publier tous les actes conservés, y compris ceux qui ne sont connus que par le cartulaire, une autre chose de donner à l'édition un cartulaire en tant qu'oeuvre littéraire. Les deux démarches sont parfaitement défendables. Moins défendable serait la publication fidèle d'un cartulaire qui ne contient qu'une succession d'actes ; dans ce cas il convient mieux de reconstituer le chartrier en retrouvant l'ordre chronologique des actes, et de réserver au cartulaire et au travail du cartulariste une étude historique particulière, une analyse littéraire, bref un destin qui est celui de toute oeuvre historique.

V. Conclusion

Une fois que l'on a clairement distingué les cartulaires des pancartes, des registres, des inventaires, que l'on a classé les cartulaires-dossiers, les cartulaires-chroniques, les cartulaires d'ordre, de seigneurie, de particulier, que l'on a examiné les ordres différents dans lesquels est proposée la matière, il reste à déterminer précisément l'usage à faire de cette source. De même qu'il existe des manuels qui exposent la manière de conduire la critique des actes, de même il convient d'enseigner celle d'utiliser les cartulaires, car ils constituent une source bien particulière qui ne peut connaître ni le même traitement que les chartes et les sources narratives, ni un traitement différent d'elles. Les meilleurs manuels de diplomatique n'ont pas réservé suffisamment de place à la critique des cartulaires, à l'art et la manière de les bien utiliser. Jusqu'ici la démarche n'a pas été engagée, et l'on ne dispose que de traitements particuliers, comme celui qu'Olivier Guillot a réservé au cartulaire de Saint-Aubin d'Angers ou Hubert Flammarion à celui de Langres. Quant aux éditions tant de fois utilisées comme celles de Gorze, de Saint-Victor ou de Marmoutier, elles doivent être reprises dans une nouvelle optique. Une critique élargie des actes originaux, notamment en relation avec le vocabulaire daté, devrait permettre d'avoir des bases de travail plus solides, que viendra compléter l'inventaire analytique des cartulaires entrepris aujourd'hui. Dans tous les cas il importe que les historiens se montrent attentifs en même temps à l'édition et à l'analyse diplomatique qu'à l'exploitation historique ; c'est bien le but que se donnait le présent colloque.

REMARQUES ET DISCUSSION

Patricia STIRNEMANN : *Le cartulaire, comme d'autres instruments administratifs,
est un témoin de toute première importance pour le paléographe, le codicologue
et l'historien d'art. A la fois datables et localisables, ces documents offrent dans
leur écriture et leur décor des informations indispensables pour l'étude de l'histoire
du manuscrit à travers le moyen âge. En tant que repères, ils ont la même valeur
et la même autorité que les manuscrits datés et les livres liturgiques.*

*Ils nous fournissent des renseignements précieux sur la production des manuscrits
en dehors des grands centres, autour des princes et des seigneurs, et sur les
liens entre leurs chancelleries et leurs bibliothèques.*

*Leur décor figuré, complémentaire de l'écrit et souvent riche de signification, mérite
une analyse fouillée. Cette iconographie peut mettre en lumière une hiérarchie
relative des actes et des personnages (cartulaire de Causauria), ou des points
forts dans l'histoire des personnes physiques ou morales (cartulaire du Mont-Saint-
Michel). Puissant instrument de propagande, le décor peut prêter un éclat fastueux
aux documents dans le but de donner une apparence d'authenticité à un dossier
de faux. Ainsi faut-il dans certains cas se méfier devant la reproduction de signes
d'autorité (rotae, monogrammes, croix) à la fin des actes, devant l'interpolation
d'un dossier dans un contexte luxueux (Beatus de Saint-Sever), devant des scènes
de donation développées (cartulaires de Vierzon).*

*Les mêmes remarques sont valables pour la charte enluminée, déjà étudiée pour
illustrer des nuances de la propagande politique (Elisabeth Danbury), pour faire
l'histoire des portraits de Charles V (Claire Sherman) et pour reconstruire l'itinéraire
d'un artiste (François Avril).*

*Une description soignée du décor, appuyée par des planches, doit trouver sa place
dans l'édition d'un cartulaire et dans un catalogue collectif de cartulaires (comme
l'a fait G.R.C. Davis pour la Grande Bretagne). La mise en lumière de cette richesse
créera un pont supplémentaire entre la diplomatique et d'autres domaines de l'histoire.*

TABLE DES ILLUSTRATIONS

Cartes et graphiques

Planches

Reproduction de répertoires de cartulaires

TABLE DES MATIERES

Typologies

ACHEVÉ D'IMPRIMER
SUR LES PRESSES DE
L'IMPRIMERIE CHIRAT
42540 ST-JUST-LA-PENDUE
EN DÉCEMBRE 1993
DÉPÔT LÉGAL 1993 N° 8432